www.ingramcontent.com/pod-product-compliance
Lightning Source LLC
Chambersburg PA
CBHW051837230426
43671CB00008B/986

LES
ARCHIVES DE LA FRANCE

OU

HISTOIRE

DES ARCHIVES DE L'EMPIRE, DES ARCHIVES DES MINISTÈRES, DES DÉPARTEMENTS
DES COMMUNES, DES HOPITAUX, DES GREFFES, DES NOTAIRES, ETC.

contenant

L'INVENTAIRE D'UNE PARTIE DE CES DÉPOTS

PAR HENRI BORDIER

ANCIEN ARCHIVISTE AUX ARCHIVES DE L'EMPIRE
ANCIEN MEMBRE DE LA COMMISSION CENTRALE DES ARCHIVES DÉPARTEMENTALES
ET COMMUNALES DE FRANCE

PARIS
DUMOULIN, QUAI DES AUGUSTINS, 13
RORET, RUE HAUTEFEUILLE, 12
—
M DCCC LV

de janvier 1854, il a pris différentes mesures dans le but de faire imprimer un inventaire détaillé de tous les documents renfermés dans les archives de préfectures. J'ai donc l'espérance, quelque insuffisants que puissent paraître mes efforts, qu'un livre dans lequel j'ai tâché de rassembler des notions de quelque étendue sur tous les dépôts publics d'archives existant en France, sera l'objet d'un accueil bienveillant et rendra soit au public soit à l'administration elle-même un incontestable service.

Maisons-sur-Seine, 1er novembre 1854.

AVANT-PROPOS.

« Je pense qu'il serait avantageux pour l'administration,
« pour les familles, pour la science historique, de publier
« des extraits étendus des inventaires d'archives. Si beau-
« coup d'archives paraissent n'avoir jamais provoqué l'inté-
« rêt public, c'est parce qu'on n'a pas connu l'utilité qu'elles
« peuvent offrir, ni même ce qu'elles contiennent. Les ar-
« chives de l'ancienne chambre des comptes de Lille ont
« été fréquentées par le public érudit avec une assiduité
« précédemment inconnue, depuis qu'une simple notice de
« l'archiviste a donné l'éveil. »

C'est en ces termes que M. le ministre de l'intérieur appelait de ses vœux, dans un rapport adressé au roi, le 8 mai
1841, la publication d'ouvrages ayant pour objet de faire
connaître les richesses conservées dans nos divers dépôts
d'archives. Le Gouvernement ne s'est pas contenté d'encourager ces sortes de travaux : il a lui-même donné
l'exemple et fait paraître, en 1847, le *Catalogue général
des cartulaires*, en 1848 le *Tableau général numérique* des
archives départementales; tout récemment encore, au mois

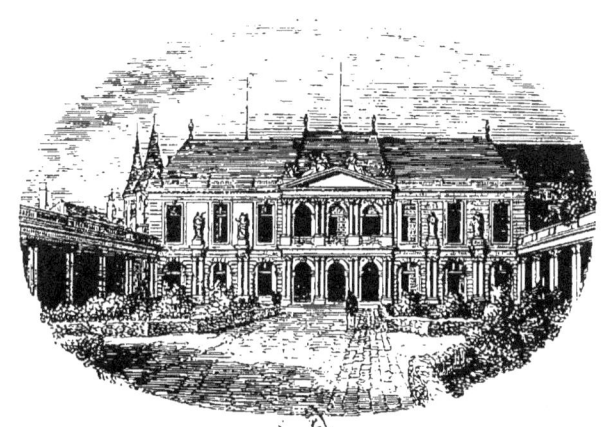

ARCHIVES DE L'EMPIRE.
(Hôtel Soubise.)

ARCHIVES DE LA FRANCE.

ARCHIVES DE L'EMPIRE.

PREMIÈRE PARTIE.
HISTOIRE ET ADMINISTRATION.

CHAPITRE Ier.

HISTORIQUE DES ARCHIVES GÉNÉRALES DE FRANCE DEPUIS LEUR CRÉATION EN 1789 JUSQU'A NOS JOURS.

L'unité qui règne aujourd'hui dans l'administration de la France rend des plus simples à nos yeux l'idée d'un établissement destiné à renfermer les documents relatifs à l'histoire générale du pays. Il n'en était pas de même avant la révolution de 1789. Le roi de France avait son trésor des chartes, le parlement ses registres; l'Église, les monastères, les communes avaient leurs chartriers; chacun gardait avec un soin jaloux ses archives particulières, sans qu'aucun de ces dépôts eût encore de lien avec les autres et sans qu'on pût imaginer la possibilité de jamais les réunir. Ce n'est donc point en exécution d'un plan conçu et médité à l'avance que se sont formées nos archives générales de France, appelées aujourd'hui Archives de l'empire, qui ont absorbé à Paris la plus grande partie des papiers administratifs de l'ancienne monarchie; assis sur des fondements plus solides, cet établissement s'est élevé de lui-même, par la marche irrésistible des événements.

Lorsque l'Assemblée constituante, au début de ses travaux, s'occupa de sa discipline intérieure, elle n'oublia pas les mesures

propres à garantir la conservation matérielle des actes officiels dont elle allait prendre l'initiative et des pièces de tout genre qui allaient affluer sur son bureau ou dans ses comités. Elle consacra un chapitre à ses archives dans son règlement du 29 juillet 1789, chapitre composé de six articles, dont le premier et le principal était ainsi conçu :

« Il sera fait choix, pour servir durant le cours de la présente session, d'un lieu sûr pour le dépôt de toutes les pièces originales relatives aux opérations de l'Assemblée, et il sera établi des armoires fermantes à trois clefs, dont l'une sera entre les mains du président, la seconde en celles d'un des secrétaires, et la troisième en celles de l'archiviste, qui sera élu entre les membres de l'Assemblée au scrutin et à la majorité. »

En vertu de ces derniers mots, l'Assemblée procéda peu de jours après à l'élection de son archiviste. Ce fut le 4 août 1789, dans la réunion des bureaux qui précéda la séance du soir, cette séance mémorable où sur la motion du duc d'Aiguillon fut décrétée l'abolition des priviléges de noblesse et des droits féodaux. Le scrutin désigna M. Camus, avocat au parlement et député de Paris. Il y avait dans l'Assemblée 631 votants; il réunit 172 suffrages. Celui qui en réunit le plus ensuite (127) fut Dupont de Nemours. Quelques voix se portèrent sur divers noms déjà célèbres ou qui le devinrent plus tard : Lebrun en eut 35, Treilhard 21, Buzot 9, Sieyès et Péthion 3 chacun, le comte de Clermont-Tonnerre et le cardinal de La Rochefoucauld chacun 2, le marquis de Boulainvilliers une.

Armand-Gaston Camus était un avocat de talent, mais plus encore un érudit, et par dessus tout il était la probité même. Il avait eu pour père un avocat très-considéré lui-même qui possédait l'entière confiance de la maison de Rohan et la gestion de ses affaires. C'est du fameux cardinal de Rohan, le héros d'un si triste procès sous le règne de Louis XVI, qu'il tenait ses deux prénoms, dont l'alliance remontait sans doute à quelque épisode de l'histoire des querelles et des rapprochements du grand Armand (le cardinal de Richelieu) et du duc d'Orléans, Gaston de France. La carrière de M. Camus avait été longue déjà : il atteignait sa cinquantième année. Un grand fonds de piété qu'il conserva toute sa vie, avec une forte teinte janséniste, avait d'abord dirigé son esprit vers le droit canonique : son premier essai fut un ouvrage relatif aux lois matrimoniales (1770), et son dernier travail, resté inachevé, était une disserta-

tion sur les Bibles imprimées sans date au xv⁰ siècle. En 1772, il donna aux jeunes légistes ces excellentes *Lettres sur la profession d'avocat*, dont il a paru cinq éditions (la dernière en 1832), et publia d'autres écrits de jurisprudence. Camus, helléniste aussi bien que jurisconsulte, traduisit le *Traité des animaux* d'Aristote (1783), le *Manuel* d'Épictète et le *Tableau de Cébès* (1794). En 1785, il avait été nommé par le roi membre de l'Académie des Inscriptions, et il inséra dans les *Mémoires* de cette compagnie différentes notices : l'une sur l'origine et les progrès de l'imprimerie, une autre sur la collection des grands et petits voyages, une troisième sur une chronique manuscrite ornée de miniatures, travail qui montre que les idées d'art n'étaient pas non plus étrangères à cet esprit non moins étendu que solide. L'administration des hospices, le soin des pauvres, le régime des prisons, furent aussi l'objet de sa préoccupation constante. Sa vie politique est encore au-dessus de sa vie littéraire et de sa vie privée par le dévouement et l'austérité dont il donna maintes preuves. Il prit une part active aux événements de la révolution et se distingua dans l'épisode de la trahison du général Dumouriez. Lorsque les projets de Dumouriez se dévoilèrent, ce fut Camus qui proposa dans le sein de la Convention de choisir des commissaires chargés d'aller signifier au général l'ordre de venir se justifier à Paris. Il fut l'un des commissaires désignés, et ce fut lui qui porta la parole pour ses collègues. Dumouriez les ayant livrés aux Autrichiens, Camus subit pour prix de son ardeur deux ans et demi d'une dure captivité. Il demeura jusqu'à la mort, quoiqu'ayant vu commencer l'empire, un inflexible républicain, et ce n'est pas sans raison, je crois, qu'on a reproché à ses habitudes austères d'aller quelquefois jusqu'à la rudesse.

Ce caractère énergique du premier archiviste sur qui tomba le choix de la république aida puissamment à la fondation de nos archives nationales.

A peine investi de ses fonctions, c'est-à-dire dès le milieu du mois d'août 1789, Camus avait déjà rédigé un plan provisoire d'organisation du dépôt qu'on lui confiait et fait diligence auprès de diverses administrations pour obtenir les versements qui devaient être faits entre ses mains.

L'Assemblée s'occupa bientôt après de régler cette organisation d'une manière définitive. Le 19 mai 1790, par un premier décret, elle nomma une commission chargée de préparer le

travail. On conserve aujourd'hui, au secrétariat des Archives, le projet de cette commission ; il est écrit de la main de Camus et chargé de corrections des commissaires de l'Assemblée. Gossin, l'un de ces derniers, fit le rapport (le 29 juin) et présenta un projet de décret qui, voté les 4 et 7 septembre 1790, fut sanctionné le 12. Il se compose de seize articles, dont voici les dispositions principales :

« Les Archives nationales sont le dépôt de tous les actes qui établissent la constitution du royaume, son droit public, ses lois et sa distribution en départements. L'archiviste exercera ses fonctions pendant six ans et pourra être réélu. L'Assemblée nommera deux commissaires pris dans son sein pour s'occuper des archives. L'archiviste sera tenu d'habiter dans le lieu même où les archives seront établies ; il ne pourra s'en absenter que pour cause importante et après en avoir donné avis aux commissaires. Il ne pourra accepter aucun autre emploi ni place, la députation à l'Assemblée nationale exceptée. Le nombre des commis aux Archives sera provisoirement de quatre personnes, nommées et révocables par l'archiviste ; ils auront le titre de secrétaires-commis. Le sceau des expéditions portera pour type ces mots : *La nation, la loi et le roi ;* pour légende : *Archives nationales de France.* Le traitement de l'archiviste sera de 6,000 livres, hors le temps où il sera membre de l'Assemblée. Celui des secrétaires-commis sera de 1,800 livres. Un garçon de bureau aux gages de 600 livres, et 100 livres pour un frotteur. Les Archives seront ouvertes, pour répondre aux demandes du public, trois jours de la semaine (Camus, dans son projet, avait mis *tous les jours*). Les actes et pièces déposés aux Archives ne pourront en être emportés qu'en vertu d'un décret exprès de l'Assemblée. »

Dans la discussion de ce décret, un député avait proposé qu'aucun membre de l'Assemblée ni aucun de ses parents jusqu'au second degré inclusivement ne pût être élu archiviste. La proposition fut appuyée par quelques voix, mais repoussée par la question préalable. Alors, un autre membre se leva et dit : « Messieurs, ce que l'Assemblée vient de faire est sage ; mais si elle veut être juste, elle votera des remercîments à M. Camus pour les soins qu'il a déjà pris des archives de la nation. » Les remercîments furent aussitôt votés, et les assemblées décernèrent plusieurs fois cet hommage à Camus.

Telle fut l'organisation tracée par la loi du 12 septembre

1790. Mais c'était seulement l'organisation des archives particulières à l'Assemblée. Dans le cours des délibérations de la commission qui avait préparé cette loi, Camus avait déjà proposé la création d'un grand dépôt général de toutes les archives de l'ancienne monarchie. Sa proposition n'avait pas été admise [1]; mais l'Assemblée commençait d'elle-même alors à opérer cette concentration en ordonnant par un premier décret, en date du 7 août 1790, la réunion de plusieurs dépôts importants disséminés dans Paris [2]. Un peu plus tard, le 12 brumaire an II (2 novembre 1793), la Convention compléta cette mesure en appliquant à la masse formée par cette concentration une première classification qui eut pour résultat de soumettre tous ces dépôts à l'autorité de l'archiviste de la république et d'en préparer l'annexion sous le titre de *Sections* [3].

---

1. Probablement parce qu'elle tendait à mettre ce dépôt hors des mains de l'Assemblée. Elle était ainsi conçue : « L'Assemblée nationale avisera incessamment au moyen de réunir dans un seul et même dépôt les actes relatifs à l'état ancien de la monarchie, ainsi que les actes émanés des Cours et autres établissements qui seront supprimés, de manière que tous lesdits actes puissent être conservés sûrement comme monuments historiques, les Archives nationales ne devant contenir que les actes relatifs à la nouvelle Constitution, à l'état présent et à l'état futur du royaume et de ses diverses parties. »
2. Ce décret place sous la direction d'un dépositaire unique, et sous la surveillance de la municipalité de Paris : 1° le dépôt des minutes et expéditions extraordinaires du Conseil royal des finances existant au Louvre sous la garde de M. Boyetet ; — 2° le dépôt des minutes du Conseil privé existant à Sainte-Croix-de-la-Bretonnerie, sous la garde de M. Laurent ; — 3° le dépôt existant au Louvre, sous la garde de M. Farcy (en 1791, sous la garde de M. Léchevin de Précourt), et comprenant : 1. Les titres et états relatifs à la maison du roi ; 2. Les minutes des arrêts des différents conseils du roi qui ont rapport à la ville de Paris et aux anciennes généralités de Paris, Limoges, Soissons, Orléans, Poitiers et la Rochelle ; 3. Les minutes et expéditions des lois enregistrées dans les anciennes Cours de la capitale ; 4. Les minutes arrêtées au Conseil des états du roi et états au vrai, pour les payements faits et à faire dans les villes et généralités ci-dessus énoncées ; — 4° le dépôt existant aux Grands-Augustins, à la garde de M. Lemaire, contenant les mêmes objets que ceux énoncés sous les numéros 2, 3 et 4 pour celles des autres généralités du royaume, comprises dans le département du secrétaire d'État de Paris ou de la maison du roi ; — 5° le dépôt existant chez M. Cochin, avocat, des minutes des conseils du feu roi de Pologne, duc de Lorraine, transportées en 1766, après son décès, à Paris.
3. Voici les trois premiers articles de ce décret :
Art. 1er. Les différents dépôts dont la réunion a été ordonnée par l'art. 1er du décret du 7 août 1790, et le dépôt dit *de la maison du roi*, dont était dépositaire le citoyen Léchevin, seront réunis et formeront deux dépôts ou sections des Archives nationales, sous les ordres et la surveillance immédiate de l'archiviste de la république.
Art. 2. La première de ces sections contiendra les titres, minutes et registres qui concerneront la partie domaniale et administrative, ce qui a rapport aux biens des religionnaires fugitifs et les titres concernant les domaines de la république qui étaient dans les greffes des ci-devant bureaux des finances des différents départements ; et le tout sera réuni au dépôt du Louvre, dont est dépositaire le citoyen Cheyré.
Art. 3. La seconde section contiendra tout ce qui peut intéresser les monuments historiques, la partie judiciaire et contentieuse, et sera particulièrement formée des dépôts de Sainte-Croix-de-la-Bretonnerie et de celui dont était dépositaire le citoyen Léchevin,

La suppression générale des anciennes corporations civiles et religieuses avait fait naître l'espoir d'enrichir l'État, de lui créer par là de grandes ressources financières et de remettre à sa discrétion une énorme quantité d'objets mobiliers de haute valeur. Les archives répandues sur tout le territoire de la république n'étaient pas la moindre de ces richesses et bien des projets furent émis pour en proposer l'organisation. Il en existe un entre autres du ministre Roland, en date du 14 janvier 1793, pour faire rassembler au Louvre toutes les archives ayant quelque rapport aux travaux de législation. Une commission, prise dans le sein de la Convention, fut chargée de faire passer les projets dans le domaine de la pratique. Les travaux de cette commission aboutirent au remarquable décret du 7 messidor an II (25 juin 1794), qui fut et qui est demeuré depuis, ainsi que le rapport dont il est précédé, la base de tout le système des archives de la France; c'est le travail le plus important dont elles aient été l'objet.

Voici le résumé du rapport : Le comité des domaines, pour empêcher qu'on n'éludât les décrets de confiscation des biens du clergé et autres corps supprimés, en faisant disparaître les titres de propriété, fit rendre un décret (celui du 12 brumaire an II) pour soumettre les titres domaniaux à la surveillance du garde des Archives nationales. Le comité des finances fit rendre un décret, de son côté (le 10 frimaire an II), concernant les domaines aliénés. Les dispositions de ces deux décrets étaient contradictoires. Alors, une commission prise dans les comités des domaines, des finances, de législation et d'instruction publique, et nommée *Commission des archives,* fut chargée de préparer la partie de la législation relative à la recherche et à la conservation des titres. « La commission porta ses regards, dit le rapporteur, sur l'immensité des titres et pièces manuscrites qui existent dans les dépôts publics, et elle crut devoir chercher la théorie du triage qu'il faut en faire et les moyens d'exécution pour y parvenir.... Le premier mouvement dont on se sent animé est de livrer tous les titres aux flammes et de faire disparaître jusqu'aux moindres vestiges des monuments d'un régime abhorré. L'intérêt public peut et doit seul mettre des bornes à ce zèle estimable, que votre commission partage loin de songer

---

connu sous le nom de *Dépôt de la maison du roi* (à l'exception des titres contenus dans ces dépôts qui concerneraient la première section). Cette seconde section réunira de plus tout ce qui se trouvera la concerner dans les autres dépôts.

à le refroidir. C'est pour mieux proscrire ce qui nous est justement odieux que nous provoquons un examen sévère. » La commission propose donc « de ne rien laisser subsister de ce qui porterait l'empreinte honteuse de la servitude, » mais de conserver les titres de propriété publique ou privée et ceux qui peuvent servir à l'instruction, c'est-à-dire qui concernent l'histoire, les sciences et les arts. Ces derniers seront remis aux bibliothèques des districts et à la Bibliothèque nationale, qui deviendra ainsi « la plus complète qu'aucun peuple ait jamais possédée. » Les collections de titres, chartes et manuscrits, ainsi dégagées de tout ce qui est du ressort de l'érudition littéraire, se réduiront à deux sections, l'une domaniale, l'autre judiciaire. Les titres de ces deux dernières classes existant à Paris seront placés dans deux dépôts distincts, et confiés à deux dépositaires subordonnés à l'archiviste, mais nommés par la Convention; les titres existant dans les départements ne leur appartiennent plus, mais la garde provisoire leur en est laissée. La commission propose enfin qu'il soit entrepris un triage de tous les titres existant sur le territoire entier de la république, et que cette opération soit confiée à des citoyens versés dans la connaissance des chartes, que la Convention nommera, qui seront au nombre de neuf au plus à Paris, dont les fonctions ne dureront que six mois et dont la réunion s'appellera *Agence temporaire des titres;* la Convention nommera de même dans les départements des *Préposés au triage,* au nombre de trois au moins et de neuf au plus pour chaque département. — « Il est temps, dit encore le rapporteur, que tout retentisse au centre et que tout se rapporte à l'unité. Ce grand principe doit être la base de nos diverses institutions, et c'est sur lui que reposent les dispositions du décret que nous vous soumettons. » Et plus bas, il ajoute : « Qu'on conserve ou qu'on établisse des dépôts de titres partout où la commodité des citoyens et l'activité du service l'exigeront; mais ces diverses collections éparses ne seront que des sections du dépôt central, auquel elles fourniront toutes un état sommaire de ce que contient chacune d'elles; la surveillance de votre commission doit les embrasser toutes, comme votre autorité doit les gouverner. »

Le décret, divisé en 48 articles, reproduit ces dispositions, en les complétant par diverses mesures accessoires [1].

---

1. Voir ce décret aux pièces justificatives.

Cette loi, dont on fait le principal honneur à son rapporteur, Baudin des Ardennes, a été de tout temps regardée comme une œuvre de haut mérite [1]. Tout en faisant au penchant destructeur de l'esprit révolutionnaire des concessions indispensables à cette époque, elle revendique avec fermeté les droits de la science et pose avec la plus grande netteté les mesures pratiques auxquelles nous devons le salut de tant de précieux débris qui nous sont restés. Mais au milieu des incertitudes politiques, des changements de gouvernement, des résistances opposées par les établissements supprimés ou de celles qu'inspiraient des intérêts moins avouables, combien d'obstacles ne fallait-il pas vaincre encore pour arriver à la formation d'un dépôt central de tous les titres de l'ancienne monarchie! Peut-être sans la vigueur de Camus, sans son esprit éclairé, sans ses vertus républicaines et la haute influence qu'elles lui assuraient, la réalisation de ce plan, qui devait empêcher une division inintelligente et prématurée de nos archives si véritablement nationales, aurait-elle échoué.

La section judiciaire, dont le fonds se composait du vaste et précieux héritage de titres laissés par le parlement de Paris dans les bâtiments du palais de justice, était vivement convoitée par les magistrats qui avaient succédé aux conseillers du parlement. La cour d'appel voulait que ce fût là son greffe, et renouvela plusieurs fois cette prétention jusque sous le commencement du règne de Louis-Philippe. Camus [2] et Daunou après lui (en 1836) démontrèrent combien cette prétention était mal fondée; mais ils furent heureux de se trouver appuyés dans cette lutte par le dépositaire ou chef de la section, M. Terrasse, administrateur de grand mérite et qui leur demeura toujours dévoué.

Il n'en fut pas de même à la section domaniale. Celle-ci était

---

[1]. Dans un mémoire adressé au ministre de l'intérieur, à la date du 25 pluviôse an IX (14 février 1801), Camus disait : « L'ignorance révolutionnaire était sur le point de livrer aux flammes tous les papiers provenant des établissements supprimés : heureusement des personnes instruites, membres de la Convention, firent adopter la loi du 7 messidor an II, base de tout ce que l'on a, et ce que l'on peut encore régler de plus sage, sur la conservation et le triage des titres. » — Voyez les éloges donnés à ce sujet à Baudin des Ardennes dans les discours de Portier au Tribunat et au Corps législatif lors de la discussion du projet de loi du 2 frimaire an IX. — La loi du 7 messidor an II figure dans la circulaire du ministère de l'intérieur du 16 avril 1841, comme étant encore la base de tout le système d'organisation de nos archives.

[2]. Par une note en date du 5 thermidor an XII (24 juillet 1804), imprimée, 5 pages in folio.

établie dans les salles du Louvre, où son dépositaire, M. Cheyré, s'habituant à l'indépendance, s'était formé une sorte de direction particulière des archives domaniales, composée de plusieurs bureaux, à la tête desquels il avait placé des chefs et des sous-chefs. Il en vint, malgré la loi, à refuser formellement de reconnaître l'autorité de l'archiviste de la république et de lui soumettre ses travaux. Ce fut seulement à la suite des plaintes amères que Camus porta contre Cheyré à la tribune du Corps législatif qu'il fit rentrer dans le devoir ce subordonné indocile, qui n'était d'ailleurs qu'un médiocre archiviste, quoique fort laborieux.

Les combats que Camus fut obligé de livrer pour gagner aux Archives nationales la section historique furent plus graves encore et la querelle plus intéressante.

On voyait pour l'État, comme j'ai dit tout à l'heure, une source de richesse financière dans les archives accumulées sur le territoire français depuis le commencement de la monarchie, et livrées en masse par la Révolution aux idées nouvelles : 1° la prise de possession de titres de propriétés, surtout des propriétés dévolues à la nation par les lois révolutionnaires; 2° le bénéfice brut provenant de la vente au poids de masses de papier et de parchemin : ce dernier bénéfice produisit des sommes considérables, et, chose inouïe, ne cessa de produire qu'en l'année 1823. Quant à des considérations d'une nature plus élevée sur le sort que méritaient ces vénérables débris, je crois qu'elles existaient dans tous les esprits; mais elles n'empêchaient pas que le plus grand nombre ne voulût tout jeter au feu, pour donner plus d'éclat à la haine nationale contre l'ancien régime.

La loi du 7 messidor fit beaucoup en ordonnant (art. 15 à 28) la création d'une *Agence temporaire des titres*, chargée de trier les documents et de les partager en trois parts : 1° celle des papiers utiles, destinée à entrer dans les sections domaniale et judiciaire des Archives de la république; 2° celle des papiers sans aucun intérêt pour les propriétés de l'État et des particuliers, ou purement féodaux, destinée à la destruction; 3° celle « des chartes et manuscrits appartenant à l'histoire, aux sciences et aux arts, ou pouvant servir à l'instruction, » qui devaient être « réunis et déposés, savoir : à Paris à la Bibliothèque nationale, et dans les départements à celle de chaque district. »

L'exécution de cette partie de la loi ne se fit pas attendre, car le 28 brumaire an III (18 novembre 1794) la Convention nomma

par un décret les membres de l'Agence temporaire des titres[1], et leur enjoignit d'entrer en fonctions le 1er frimaire (21 novembre).

Mais les auteurs de la loi de messidor, soit qu'ils ne se rendissent pas bien compte de ce qu'un tel travail renfermait de difficultés, soit qu'ils pensassent que le plus important était d'abord de mettre le travail en activité, sauf à prolonger plus tard le délai qu'ils fixaient à son achèvement, avaient déclaré (art. 18) que les fonctions de l'Agence des titres ne dureraient que six mois. Les membres de l'Agence se mirent aussitôt à l'œuvre, et poursuivirent le triage avec cette ardeur et ce dévouement que le patriotisme inspire; mais six années, et non pas six mois, s'étaient écoulées avant qu'ils eussent fini leur tâche. Pendant le cours de la première année, ils avaient rendu compte de leurs opérations au comité de la Convention chargé des archives; mais quand la Convention se fut retirée (26 octobre 1795), ils se trouvèrent sous les ordres immédiats du Directoire, qui les plaça par une loi du 11 frimaire an IV (2 décembre 1795) dans le département du ministre de la justice. En avançant dans leur travail, et surtout en contemplant l'importance et la quantité des matériaux historiques qu'ils allaient rassembler, ils furent frappés de l'inconvénient qui se présenterait si, obéissant ponctuellement à la loi du 7 messidor an II, on allait démesurément grossir la Bibliothèque nationale d'un monde de documents qui lui était étranger et qui pouvait à lui seul former un vaste et précieux dépôt. C'est ce qu'ils établirent dans un rapport adressé au Corps législatif sur l'un de leurs plus beaux travaux, la mise en ordre du Trésor des chartes. M. Camus comprit que, quand même les titres historiques ne seraient pas annexés à la Bibliothèque nationale, le dépôt des Archives générales de la France n'en serait pas moins morcelé d'une manière fâcheuse si l'Agence des titres parvenait à se constituer en établissement indépendant. Il se hâta de faire décréter une mesure qu'il méditait pour la suppression de plusieurs commissions temporaires également établies par les législatures précédentes, et le 4 ventôse an IV (23 février 1796) le Corps législatif rendit, sur sa proposition, une loi qui supprimait, à dater du 1er germinal suivant (21 mars), toutes les agences et commissions administratives temporaires, en auto-

---

[1]. Leurs noms sont rapportés dans la liste générale placée ci-après, au chapitre V.

risant le Directoire à former de nouveaux établissements pour la continuation des travaux utiles.

Le Directoire, par un arrêté du 5 floréal an IV (24 avril 1796), recomposa en effet l'Agence temporaire sous le nom de *Bureau du triage des titres*, mais avec des changements significatifs. Il réduisit de neuf à huit le nombre des membres de l'Agence, prononça la suppression de trois des auxiliaires qu'elle employait, et diminua notablement le traitement de toutes les personnes dont il conserva l'emploi [1]. De plus, le Bureau du triage des titres fut expressément subordonné par cet arrêté à l'archiviste de la république.

Pendant les cinq années qui suivirent, Camus hâta autant qu'il était en son pouvoir les opérations du Bureau du triage; mais ce furent cinq années de lutte constante entre son impatience de voir ces opérations terminées et le penchant des membres du Bureau à donner le temps et la maturité nécessaires à l'accomplissement d'un travail difficile et intéressant. Ils accusaient l'archiviste d'une ambition démesurée d'augmenter le cercle de son pouvoir, et l'archiviste taxait quelques-uns d'entre eux de mollesse [2], se plaignait de ce qu'ils s'occupaient d'inventaires et d'analyses au lieu de se borner à un triage, et leur reprochait de vouloir, aux dépens du trésor public, se perpétuer dans leurs fonctions. Suivant son esprit mobile, le Directoire penchait tantôt d'un côté, tantôt du côté opposé [3]; et la lutte se prolongea jusqu'à ce que le Bureau du triage eût à peu près terminé son travail de la manière qu'il l'entendait.

Ce comité d'hommes laborieux et dévoués contribua puissamment par son zèle et ses lumières à préserver, pendant les années les plus pénibles de la Révolution, les richesses historiques et littéraires qui forment le fonds de nos Archives nationales. Leur travail a été immense; car le nombre des dépôts de Paris et des environs dont ils ont opéré le triage et le classement s'élevait à plus de quatre cents [4], et quant aux lumières qu'ils

---

1. Voy. cet arrêté aux Pièces justificatives.
2. Les deux membres chargés de la recherche des titres judiciaires.
3. Voyez la suite d'arrêtés contradictoires des 21 prairial an IV, 27 germinal an V, 4 nivôse et 14 pluviôse an VII; puis d'une part les adresses, mémoires et lettres imprimées du Bureau, le rapport de Lebrun au Conseil des Anciens, du 4 prairial an V; d'autre part les comptes rendus annuels, faits par Camus, de l'état des Archives et des dépenses de cet établissement.
4. C'est le chiffre donné par le Bureau lui-même dans le compte rendu de ses travaux qu'il adressa au ministre des finances le 25 thermidor an VIII (13 août 1800). Dans un

ont apportées à ce labeur, il suffit de dire qu'au plus fort de ses démêlés avec eux l'inflexible Camus a toujours cru devoir leur rendre hommage à cet égard. Dans son compte rendu de l'état des Archives au 1er prairial an VII, il demandait la suppression du Bureau du triage au nom des intérêts du trésor; mais il ajoutait : « Les plaintes que je crois avoir à former contre eux sous d'autres rapports ne m'empêcheront pas de répéter ici la déclaration impartiale et vraie que plusieurs de ces citoyens sont des personnes intelligentes, actives, appliquées, et qu'il était impossible de confier le triage des titres à des mains plus habiles. »

Un arrêté des consuls, en date du 1er pluviôse an IX (21 janvier 1801), prononça la suppression du Bureau du triage, et vers la fin de la même année, le 1er prairial an X (23 octobre 1801), une partie de ses membres et des employés qu'ils s'étaient adjoints entrèrent en fonctions aux Archives nationales, où ils formèrent la division qui reçut le nom de *Bureau des monuments historiques*, et plus tard celui de *Section historique*.

Ainsi parvint M. Camus, après dix ans d'efforts, de luttes et de persévérance, à empêcher le morcellement des titres de l'ancienne monarchie, à réunir en un corps le dépôt des titres domaniaux, celui des titres judiciaires, celui enfin des documents relatifs à l'histoire, et à réaliser, pour Paris du moins, le projet qu'il avait formulé dès 1789, à l'Assemblée constituante, de rassembler dans un seul lieu tout ce qui restait de documents relatifs à l'histoire du passé de la France.

Quelque temps auparavant, le 8 prairial an VIII (28 mai 1800), un arrêté des consuls avait complétement modifié l'organisation des Archives de la république. Cet arrêté détache, en principe, de l'Assemblée nationale, c'est-à-dire, à cette époque, du Corps législatif, le dépôt des Archives qui en avait dépendu jusque-là, et déclare que ce dépôt sera établi dans un local distinct. Il annonce la proposition d'une loi qui devra déterminer

---

précédent rapport en date du mois de brumaire an VII (octobre-novembre 1798), le Bureau exposait au même ministre que cent trente-deux dépôts importants avaient été jusque-là examinés et qu'il en restait trente-cinq à soumettre au premier débrouillement. Parmi ces derniers se trouvaient ceux de l'archevêché de Paris, des abbayes de Sainte-Geneviève, Saint-Germain-des-Prés, Saint-Victor, les archives de la maison de Condé à Écouen et de la maison d'Aiguillon, formant à elles seules la charge de vingt voitures. Les membres du Bureau ajoutent « que les opérations par eux faites avaient produit plus « d'un million pesant de papiers ou parchemins inutiles qui avaient été mis à la disposi- « tion de la république. »

la nature, la forme et les époques des versements que feront désormais aux Archives nationales les divers corps constitués de la république. L'archiviste, jusqu'alors élu par l'Assemblée, est, depuis l'arrêté, nommé par le premier consul, et, s'il y a lieu, révoqué par lui. Son traitement est porté de 6,000 à 10,000 fr.; il présente l'état annuel des dépenses à faire et rend compte, en la forme ordinaire, des dépenses qui ont été faites; enfin il nomme lui-même tous les employés de ses bureaux, aussi bien que les simples gardiens et gagistes [1].

Tel est l'acte qui a constitué les Archives nationales sur le pied où elles sont à peu près aujourd'hui, en réalisant le projet conçu dès longtemps par les esprits éclairés d'en faire un établissement distinct des archives de l'assemblée.

Le premier consul prit, le 4 thermidor suivant (23 juillet 1800), un autre arrêté ainsi conçu : « Le citoyen Camus, archiviste actuel, est nommé garde des Archives nationales. » Le 2 frimaire an IX (23 novembre 1800), il fit présenter au Corps législatif une loi sur les versements que différents corps ou administrations devaient à l'avenir apporter aux Archives; mais cette loi n'ayant pas été adoptée, le mode et l'époque des versements demeurèrent, comme ils étaient auparavant, et comme ils sont encore aujourd'hui, affranchis de toute règle.

Camus n'était pas étranger à l'arrêté du 8 prairial [2]. Il se hâta de compléter l'heureux effet de cette mesure d'organisation en établissant dans son dépôt un classement des diverses parties dont il se composait, et en s'occupant d'y joindre des moyens suffisants de recherche pour satisfaire aux demandes du public. Il ne semble pas qu'il ait songé à faire exécuter d'inventaires complets des papiers des assemblées nationales, dont il possédait, ainsi que les employés placés sous ses ordres, une connaissance parfaite, et dont les plus importants étaient d'ailleurs l'objet d'une publication qui s'exécutait aux Archives sous sa direction [3]. L'immense dépôt des archives judiciaires, d'un usage également facile entre les mains de M. Terrasse, ne donna pas lieu non plus à beaucoup de travaux de ce genre; mais la partie domaniale s'enrichit vers cette époque des précieux répertoires

---

1. Voyez cet arrêté aux Pièces justificatives.
2. Correspondance de M. Camus avec Rœderer, Regnault de Saint Jean-d'Angely, Fourcroy et Cambacérès au sujet de la préparation de l'arrêté du 8 prairial an VIII (Archives de l'empire, papiers du secrétariat).
3. Les tables imprimées des procès-verbaux de l'Assemblée.

qu'elle possède aujourd'hui; et quant à la partie des monuments historiques, il y porta une ardeur qui me semble même n'avoir pas été exempte d'illusions. En effet, dans un rapport en date du 21 thermidor an IX (9 août 1801), il demandait au ministre de l'intérieur une somme seulement de 18,000 fr. une fois payée pour quatre travailleurs en chef et deux expéditionnaires, afin d'achever le classement, puis l'inventaire et trois tables, l'une, des matières d'après l'ordre chronologique, la seconde, des noms de lieux, et la troisième, des noms de personnes, de tous les documents remis en ses mains par le Bureau du triage des titres. Je crois que ce travail n'aurait pas produit le résultat qu'il en attendait; mais, par des raisons d'économie, le gouvernement le fit cesser au bout de quelques mois.

La réputation de Camus, non-seulement comme homme politique, mais simplement comme archiviste, s'étendait jusqu'à l'étranger [1], et chacun de ses rapports, chaque pièce de sa correspondance, porte l'empreinte de son zèle et de son excellent esprit.

En 1801, déjà fatigué par l'âge et par ses incessants travaux, il voulut bien se charger de la mission pénible d'inspecter et de diriger le triage des titres dans les deux départements du Nord et du Pas-de-Calais, dans les neuf départements formés récemment par l'adjonction de la Belgique et dans les quatre départements de la rive gauche du Rhin. Cette opération dura du 1er août au 8 novembre 1802. Elle présentait d'abord les difficultés inséparables d'un vaste triage de documents, difficultés dont on avait fait l'épreuve à Paris et surtout dans les départements français; mais, de plus, elle se compliquait d'obstacles nouveaux, puisqu'il s'agissait d'un pays étranger; plusieurs

---

[1]. On lui écrivait de Basle, le 19 brumaire an VII (9 nov. 1798) : « Citoyen, la commission du Grand Conseil helvétique nommée pour lui proposer un projet de loi sur l'organisation des archives et d'une bibliothèque nationales m'a chargé, comme son président, de m'adresser à vous pour vous prier de lui communiquer l'organisation des Archives et de la bibliothèque législative de la grande nation, etc. WERNHART-HUBER. » — Gaborria, imprimeur à Bruxelles, écrivait à Camus (30 pluviôse an IV) afin de le consulter sur la manière dont il devait disposer les registres qui se faisaient chez lui pour les différentes administrations de la Belgique, alors nouvellement réunie. Cet homme, plus intelligent et plus avancé que nous ne le sommes encore aujourd'hui, je parle de l'imprimeur, pensait que tous les registres des administrations publiques de la France devaient être disposés d'une manière uniforme, sous la surveillance de l'archiviste de la république. On ne se figure pas, en effet, à moins de l'avoir vu dans de grandes archives, l'encombrement de papier blanc et la difficulté de recherches qui résultent de ce que chaque administration et presque chaque employé tient ses registres à sa guise.

dépositaires avaient même été jusqu'à faire passer les plus précieux de leurs titres en Allemagne. L'archiviste de la république accomplit sa mission avec un plein succès [1].

Camus mourut le 2 novembre 1804, dans sa soixante-quatrième année. Un homme qui lui ressemblait par ses antécédents politiques et par l'esprit de méthode, Daunou, fut celui qui lui succéda.

Daunou était alors administrateur de la bibliothèque du Panthéon et confrère de Camus à l'Institut. Nommé député à la Convention par le district de Boulogne-sur-mer, sa ville natale, il avait été adjoint à Baudin des Ardennes le 1er novembre 1795 en qualité de commissaire de l'Assemblée près les Archives de la république. Sa conduite politique avait été admirable : dans toutes les questions, même aux jours les plus terribles, il avait défendu avec chaleur les principes de la justice et de la modération ; il avait, pendant le procès de Louis XVI, fait les plus grands efforts pour sauver le roi, et son courage avait été payé par une année de prison sous le régime de la terreur. Lorsqu'était arrivé Bonaparte, le nom respecté de Daunou, sa réputation d'homme de science et d'écrivain le firent appeler pour tenir la plume dans le comité qui élaborait sous les yeux du général la constitution de l'an VIII. Il était désigné d'avance par le dictateur et par son entourage pour être le troisième consul. Mais l'énergie républicaine qu'il déploya pendant la discussion du projet de constitution, la fermeté tranquille et douce, mais inébranlable, avec laquelle il disputa pied à pied contre Bonaparte lui-même les lambeaux de la liberté, changèrent les avis, et firent désigner Lebrun à sa place. Il acheva de mécontenter le pouvoir en refusant opiniâtrement les fonctions de conseiller d'État ; enfin, nommé membre, puis élu président du Tribunat, il continua de montrer tant d'indépendance dans ses discours et dans ses votes qu'au mois de nivôse an X (janvier 1802), comme il était proposé pour entrer au Sénat et que les sénateurs paraissaient disposés à lui donner leurs suffrages,

---

[1]. Il l'utilisa encore d'une autre façon. L'Institut désignait alors chaque année quelques-uns de ses membres pour faire des voyages dans l'intérêt des sciences et des arts. Camus offrit d'employer à ce titre les loisirs que lui laisserait le voyage qu'il allait exécuter pour le service des Archives, et il rapporta à l'Institut un assez volumineux mémoire sur les bibliothèques, les établissements d'instruction publique, et principalement sur les maisons pénitentiaires et les hôpitaux des pays qu'il avait visités (122 pages in-4°, impr. à Paris, pluviôse an XI, sous ce titre : *Rapport à l'Institut national d'un voyage fait à la fin de l'an X*.

le premier consul les fit venir aux Tuileries et leur dit : « Citoyens, je vous préviens que je regarderais la nomination de Daunou comme une insulte personnelle [1]. »

Cependant le premier consul savait choisir les hommes et les mettre à leur place. Lorsque Camus fut mort, plusieurs personnages briguèrent son héritage d'archiviste de la république [2]; mais aucune influence ne prévalut auprès du chef de l'État sur l'estime qu'il avait pour Daunou et la persuasion où il était que les fonctions d'archiviste convenaient à ses talents et à la nature de son esprit. Daunou fut nommé le 24 frimaire an XIII (15 décembre 1804). Il y avait à peu près six mois alors que Napoléon s'était revêtu du titre d'empereur et six semaines qu'il avait fait voter l'hérédité de la dignité impériale dans sa famille. Daunou se sentit peut-être adouci par la marque de confiance qui venait de lui être donnée; l'un de ses premiers actes fut d'écrire à l'empereur (le 28 janvier 1805) pour faire changer le nom des Archives nationales en celui d'Archives de l'empire. Du reste, les onze ans que dura la période impériale furent l'époque la plus laborieuse et la plus brillante que les Archives générales aient connue.

Dès la fin de la vie de Camus il avait été question de séparer matériellement du Corps législatif (alors au Palais-Bourbon) les Archives nationales; c'était l'objet d'une des principales dispositions de l'arrêté du 8 prairial an VIII. Ce fut aussi l'une des premières préoccupations de Daunou, qui eut à cet égard de nombreux pourparlers avec l'empereur et ses ministres avant qu'une décision fût prise. Le magnifique hôtel des ducs de Guise et de Soubise, placé dans un quartier central alors tranquille, semblait un lieu des plus favorablement choisis. Ces vastes bâtiments et ceux du Palais-Cardinal, qui leur est adossé, étaient convoités en vue de diverses destinations qui n'étaient pas moins importantes. Les habitants de cette partie de la ville désiraient y voir établir la Bourse et le Tribunal de commerce, et ils le désiraient vivement, si l'on en juge par le style de la pétition suivante, qu'ils adressèrent à l'empereur :

---

1. Voyez sur cette partie de la vie de Daunou les curieux détails qui sont rapportés par M. Taillandier dans ses *Documents biogr. sur P.-C.-F. Daunou*, 2ᵉ édit., Paris, 1847, in-8°, chapitre IX.

2. Entre autres le comte Germain Garnier, économiste, sénateur, ministre d'État, membre de l'Académie des Inscriptions.

« Sire,

« Tous vos jours sont empreints de la trace du bonheur; vous laissez après vous des témoignages de votre grandeur et de votre magnificence.

« Vos paisibles habitants du quartier du Marais de votre bonne ville de Paris réclament aussi la faveur de vous posséder un instant. Comme un coup d'œil de Votre Majesté vivifie tout ce qu'il embrasse, ils vous supplient respectueusement de venir visiter leur solitude. Ils ont ouï dire que l'établissement de la Bourse et du Tribunal de commerce à l'église de la Madeleine n'était pas définitivement arrêté; ils pensent que l'hôtel Soubise et le palais Cardinal, peu éloigné du tribunal actuel, remplirait davantage les vues de Votre Majesté : la disposition du local serait une grande économie et cet établissement ferait un bien infini à l'un des plus beaux quartiers de la capitale. »

Cette éloquence, de mode alors, n'eut point le succès qu'en espéraient les pétitionnaires[1]; après des délibérations fort longues, il parut, le 6 mars 1808, un décret ordonnant l'acquisition du palais Cardinal et de l'hôtel Soubise, le premier pour recevoir l'Imprimerie impériale, et l'autre les Archives de l'empire. L'exécution du décret ne se fit pas attendre; dans les deux derniers mois de l'année 1808, les Archives (sauf la partie judiciaire, qui demeura jusqu'en 1847 à la Sainte-Chapelle) furent transportées au lieu qu'elles occupent encore aujourd'hui. Cette vaste opération, pleine de fatigues matérielles, appelait en même temps de la part de M. Daunou et de ses employés des soins plus difficiles et d'une nature plus élevée : je veux parler du classement définitif de ces masses de documents. Camus avait commencé la classification en distribuant les papiers des Assemblées nationales en quatre divisions, désignées par les quatre lettres A, B, C, D. Son successeur se garda de rien changer à cet ordre, et après avoir donné en cela une preuve de son véritable esprit d'archiviste, il compléta le travail en partageant tout le reste du dépôt en catégories qui répondaient à la suite des lettres de l'alphabet. Dans un des chapitres suivants, je rendrai compte avec plus de détails de cette opération et de ses résultats. Elle paraît assez simple au premier abord; mais Daunou eut besoin, pour résoudre les difficultés pratiques auxquelles elle donna lieu, de toute la fermeté de son jugement et de toutes ses connaissances d'historien. Encore aujourd'hui, le classement est bien loin, pour les dé-

1. Napoléon fit écrire en marge : « Le ministre de l'intérieur leur répondra que je ne perdrai pas de vue, dans toutes les circonstances, tout ce qui pourra intéresser leur quartier et donner plus d'activité à la population. Saint-Cloud, le 23 avril 1806. »

tails, de ne rien laisser à désirer; mais les principaux jalons ont été nettement et sagement posés par le savant Daunou.

Plusieurs autres opérations importantes eurent lieu par ses soins vers la même époque. Au mois d'octobre 1808, il demanda au ministre de l'intérieur et obtint la formation aux Archives d'une bibliothèque où les employés trouvassent sous leur main les instruments de travail qui leur sont à chaque instant nécessaires. Il fit ensuite (janvier-juin 1809) opérer le transport à l'hôtel Soubise des papiers de la préfecture de la Seine, qui formaient un dépôt assez considérable pour occuper à lui seul quatre employés. Il y réunit de même, en vertu d'un décret impérial du 3 mai 1809, les papiers de la chancellerie de Lorraine, qui existaient en 1790 à Versailles dans les bureaux du ministère de la guerre. Les archives du Tribunat furent aussi réunies en 1809 aux Archives générales.

De 1810 à 1814, les travaux de Daunou et de ses collaborateurs devinrent, j'ose le dire, gigantesques. Toutes les administrations du pays, sans cesse grandissantes depuis les glorieuses guerres de la république et se compliquant à mesure que le territoire de la France s'étendait, prirent pendant ces quatre années un développement extraordinaire. Les Archives générales eurent leur large part de cette grandeur passagère de l'empire. On y vit affluer dès l'année 1810 les dépouilles de tous les pays voisins. Des chefs et des employés de l'établissement se partagèrent à leur tour le territoire ennemi et furent chargés d'aller faire le triage des archives étrangères, d'en extraire tout ce qui leur paraîtrait présenter un intérêt général, et de le diriger immédiatement sur Paris. Un ancien conventionnel, l'abbé Guiter, ami de Daunou et chef de la section administrative, se rendit en Espagne pour visiter de cette façon les archives de Simancas; un employé, Dupuy-Montbrun, se dirigea vers le Piémont; deux autres, Saint Aubin et Tourlet, partirent pour la Hollande. Daunou lui-même reçut la mission (13 août 1811) d'examiner les archives d'Italie, et notamment d'aller à Rome veiller au triage et à l'envoi des précieuses archives du Vatican. Toutes ces expéditions, un peu violentes, s'exécutèrent à la lettre avec une étonnante rapidité. Un choix de documents tirés de tous les dépôts que le continent possédait furent triés, empaquetés et chargés sur des voitures de roulage pour être conduits à l'hôtel Soubise. Tous n'arrivèrent pas, car les envois avaient encore à continuer pour longtemps lorsqu'en

1814 la catastrophe eut lieu ; mais toutes les contrées européennes, à l'exception de l'Angleterre, des États scandinaves et de la Russie, apportèrent leur contribution à ces voyages et leur part aux gémissements qu'ils firent naître. Le préfet des archives du saint-siége, célèbre érudit, déjà sexagénaire, Gaetano Marini, voulut, ainsi que ses principaux adjoints, l'abbé Martorelli et le prince Carlo Altieri, suivre ses documents à Paris, et il mourut pendant les Cent-Jours du chagrin de les voir retombés entre les mains de Napoléon lorsqu'il s'était cru au moment de les ramener au Vatican. Au contraire, le gardien des archives de Simancas, don Manuel Mogrovejo, retranché dans sa fierté castillane, refusa de mettre les pieds en France, quoiqu'il en fût sollicité. Napoléon voulait que Paris renfermât les archives générales du monde entier, et qu'il ne restât partout ailleurs que des succursales placées sous la surveillance de l'archiviste impérial. Il alla même jusqu'à se flatter de cette illusion, que le prix des communications et des expéditions qu'on y demanderait, croyait-il, des contrées les plus lointaines, formerait une branche de revenus publics.

Ses projets de concentration furent en partie exécutés. Les liasses et les registres s'amoncelèrent dans l'hôtel Soubise au point qu'on fut obligé d'abord d'établir des rayons tout le long de la galerie couverte qui règne autour de la cour d'honneur, de déposer diverses séries au couvent des Minimes de la place Royale, de construire ensuite deux bâtiments au milieu de la même cour, puis de louer une maison dans le voisinage. Enfin, tout cela se trouvant insuffisant, et ne pouvant constituer d'ailleurs qu'un état provisoire, l'empereur ordonna, par un décret du 21 mars 1812, la construction sur le quai de la rive gauche de la Seine, près le pont d'Iéna, d'un immense *Palais des archives*. On trouvera ci-après, parmi les pièces justificatives, un très-intéressant tableau, dressé par M. Daunou au 1er janvier 1813, non pas, tant s'en faut, de tous les titres étrangers qui devaient entrer dans nos Archives générales, mais de tous ceux qui étaient déjà rangés dans les salles de l'hôtel Soubise, ou en chemin pour y arriver. Les soins qu'il prit afin de classer tous ces documents furent si bien appréciés, que l'empereur d'Autriche lui fit remettre une riche tabatière en or pour le remercier de l'ordre qu'il avait mis dans les archives du conseil aulique durant le séjour qu'elles avaient fait à Paris.

En 1814, tout changea. Dès la première rentrée des princes

de la maison de Bourbon les restitutions commencèrent. Daunou ne fut pas atteint alors par la réaction et demeura à son poste; il évita du moins la précipitation et le désordre en satisfaisant aux demandes qui s'élevèrent de toutes parts. La plus empressée et la plus importante fut celle du saint-père. Une correspondance s'engagea sur ce sujet entre le ministre de l'intérieur et le garde des Archives, qui fit le compte des frais que le renvoi des archives du Vatican devait entraîner. C'était 620,000 francs [1]. Ni le roi, ni le pape ne voulant payer cette somme, les archives du Vatican restèrent pour le moment à Paris.

L'empereur revint, et ses volontés primitives furent renouvelées; mais pour peu de temps, comme on sait. L'un des plus honorables compagnons de sa défaite, Carnot, donna en quittant les fonctions de ministre de l'intérieur, qu'il avait acceptées pendant les Cent-Jours, un témoignage de sa vive sollicitude pour toutes les parties de son administration. Le lendemain de l'entrée des alliés à Paris, le 7 juillet 1815, il écrivit au garde des Archives de l'empire pour lui demander un précis de ce qui s'était fait dans son administration depuis le 20 mars 1815, et pour lui recommander, vu la gravité des circonstances, de veiller plus spécialement encore sur tout ce qui concernait le précieux établissement confié à sa garde. Daunou lui répondit, en quelques mots, que les Archives n'avaient jusqu'alors éprouvé aucun dommage, et qu'il n'en avait été rien distrait depuis le 20 mars 1815.

Un détachement de cavalerie prussienne fut installé dans les dépendances de l'hôtel Soubise; bien qu'il ne se permît aucun désordre, sa présence seule, les causes d'incendie qu'elle apportait auprès des dépôts, engagèrent M. Daunou aux plus grands efforts pour faire déloger ces intrus [2]. Il ne put y parvenir qu'en s'adressant à un savant étranger, M. Al. de Humboldt, son confrère à l'Institut.

Le nouvel ordre de choses ne laissa pas longtemps M. Dau-

---

1. 179,936 fr. 73 de Turin à Paris; dépense faite par Daunou lui-même. De Rome à Turin, la dépense n'a pas été faite par lui, dit-il; mais il a lieu de supposer qu'elle s'est élevée à 440,063 fr. 27; total 620,000. Le poids de ces documents, y compris les caisses qui les contenaient, était de 8,169 quintaux (Lettre du ministre de l'intérieur du 12 juillet 1814 et réponse de Daunou). En 1816, lorsque les archives pontificales durent définitivement retourner à Rome, la question des frais se représenta et les agents du saint-père ne purent la résoudre qu'en vendant aux bouquinistes de Paris, ou même aux épiciers, une notable partie de ces titres précieux.

2. Déjà, pendant la révolution, l'hôtel avait servi de caserne aux hussards de Chamboraud, qui avaient établi leur sellerie dans le vestibule et dans l'escalier.

nou dans ses fonctions. Il fut révoqué le 23 février 1816. Un nouveau garde des Archives prit sa place et reçut en même temps le titre de *Garde général* des Archives du royaume, titre qu'on voit paraître pour la première fois sur l'état d'appointements du mois de mars 1816. Celui que la restauration choisit pour succéder de cette manière au savant Daunou, était lui-même un homme respectable, mais dépourvu jusque-là de toute connaissance du service dont il se chargeait. M. de La Rue était né en 1765; il avait pris une part active aux premiers mouvements de la révolution, mais il s'était rallié de bonne heure à ceux qui la combattaient. Nommé en 1795 par son département (la Nièvre) député au conseil des Cinq-Cents, il s'y distingua par son ardeur, par ses discours contre le terrorisme, et bientôt par son opposition au Directoire. Aussi, dans la journée du 18 fructidor (4 septembre 1797), il fut l'un des premiers désignés pour la proscription et mis au nombre des députés que le Directoire fit déporter à la Guyane. Au bout de quelques mois de captivité sur cette terre funeste, il s'échappa dans une frêle pirogue avec Pichegru et huit autres de ses compagnons d'infortune, atteignit Surinam, colonie hollandaise, et de là se rendit en Angleterre, où il fut présenté au comte d'Artois. De sa captivité il fit plus tard le sujet d'un livre très-intéressant d'histoire et de géographie[1].

De La Rue quitta l'Angleterre pour suivre Pichegru en Allemagne, puis il rentra dans son pays, où son dévouement bien connu aux principes de la légitimité, et la part qu'il prit à de sourdes menées politiques, le firent tenir sous la surveillance de la police jusqu'en 1814. Soit qu'il eût pris part à quelque fait de guerre, soit qu'il eût été seulement gratifié d'un titre, il avait obtenu le grade de lieutenant-colonel dans l'armée vendéenne, et, après 1815, celui de maître des requêtes au conseil d'État. Tel était le nouveau garde général, animé d'ailleurs des meilleures intentions, mais tout à fait étranger aux archives et aux travaux qu'elles exigent. Par une conséquence nécessaire, son administration ne fut pas heureuse.

Un établissement issu de la république, et portant dans toutes

---

[1]. Ce livre est intitulé : « Histoire du dix-huit fructidor ou Mémoires contenant la vérité sur les divers évènements qui se rattachent à cette conjuration, précédés du Tableau des factions qui déchirent la France depuis quarante ans et terminés par quelques détails sur la Guyane considérée comme colonie; par le chevalier de La Rue, l'un des députés déportés à Sinamari, au 18 fructidor. » Paris, Demonville et Potey, 1821. Un vol. in-8° de 557 pages.

ses parties la trace des actes révolutionnaires, était de sa nature peu agréable au gouvernement de la restauration. Les constructions commencées depuis trois ans sur le quai, près du Champ-de-Mars, furent donc abandonnées. Toutefois, prononcer la suppression des Archives nationales, ne se pouvait pas plus qu'effacer le passé; mais on les laissa dans l'abandon et l'on favorisa les demandes de restitutions qui s'élevèrent de tous côtés contre elles. Dès la fin de l'année 1815, et dans le courant de 1816, disparurent d'abord toutes les archives étrangères, si injustement accumulées à l'hôtel Soubise. En France même un grand nombre de restitutions furent ensuite faites, surtout aux anciens émigrés. Le duc d'Orléans et le prince de Condé enlevèrent des séries de documents considérables; les héritiers de MM. d'Hozier se firent restituer le cabinet de documents nobiliaires rassemblées par cette famille de généalogistes, et qui formait la partie la plus importante de la série M; l'Université éleva la prétention de reprendre les archives de l'ancienne Université de Paris, bien qu'elle n'eût aucun rapport avec cette corporation éteinte, et elle obtint gain de cause. En même temps se produisirent des désordres d'une autre nature, de déplorables infidélités [1].

Par l'effet d'un revirement qu'on pourrait appeler étrange, si l'histoire contemporaine ne nous en avait mis tant d'exemples sous les yeux, M. de La Rue, qui avait pris la place de M. Daunou, fut obligé, après quinze ans de possession, de la lui restituer. La révolution du 29 juillet 1830, et la nouvelle de sa destitution, qu'il reçut le 13 août au matin, de la bouche même du ministre de l'intérieur, furent pour lui un double coup de foudre. Le jour même on le trouva mort.

M. Daunou rentra donc aux Archives, où il apporta de nouveau ses hautes lumières, son zèle et son activité. Mais quoi-

---

[1]. Voyez à ce sujet le Rapport sur le budget de 1857, fait à la Chambre des députés, par M. Amilhau. Un agent de l'administration des hospices, qui travailla aux Archives depuis 1810 jusqu'en 1832, et qui avait obtenu la faculté d'emporter les documents, commit dans la section domaniale des désordres qui ont été en partie réparés depuis. Mais un mal irréparable a été produit par deux garçons de bureau qui, principalement sous M. de La Rue, ont lacéré les plus beaux registres de la section historique pour vendre le parchemin à la livre. Des faits du même genre ont eu lieu à la section judiciaire, après la mort de Terrasse père, et lorsqu'elle était encore au Palais-de-Justice. Plus tard, de 1840 à 1846, un employé placé aux Archives par la faveur d'un ministre, et malgré le garde général, prouva l'irrégularité de sa présence par les soustractions qu'il fit subir à la section législative. Voyez sur ce dernier fait le *Dictionnaire de pièces autographes volées aux bibliothèques publiques de la France*, publié par Lud. Lalanne et H. Bordier, p. 11.

qu'il ait conservé jusqu'aux derniers jours ses habitudes de travail et ses rares qualités d'esprit, il avait atteint l'âge du repos. Il touchait à sa soixante-dixième année, et les dix années qu'il consacra encore aux Archives furent principalement employées à maintenir en bon état ce qu'il avait organisé sous l'Empire. Son premier acte fut de faire constater régulièrement les pertes que l'établissement avait subies par suite des désordres intérieurs sous l'administration précédente. En 1831, il eut une lutte grave à soutenir suscitée par le renouvellement des prétentions de la cour royale de Paris à se saisir de la section judiciaire des archives. Une ordonnance royale, en date du 11 mai 1831, avait donné gain de cause à la cour ; mais Daunou retrouva son énergie pour combattre une mesure dont Camus avait déjà démontré tous les inconvénients, et finit par triompher. L'ordonnance fut rapportée le 21 novembre 1836. En 1838, il prit encore une part active à la réorganisation des archives départementales et communales. L'année suivante furent réunies aux Archives du royaume celles de l'ancienne principauté de Montbéliard et de l'abbaye de Savigny. Enfin, Daunou assista, mais pour son malheur, aux premiers travaux par lesquels le Gouvernement fit augmenter les bâtiments de l'hôtel Soubise, afin d'y réunir la section judiciaire, toujours placée au Palais-de-Justice. Il désapprouvait très vivement le plan des architectes, les proportions fastueuses qu'ils entendaient donner aux constructions nouvelles et le poids dont ils se préparaient, sans vues d'économie suffisantes, à charger le trésor public. Le chagrin qu'il conçut de voir ses représentations dédaignées par les ministres, fit prendre un caractère grave à ses infirmités, jusque-là peu sensibles ; il avait songé à se retirer devant les abus qu'il ne pouvait arrêter ; mais s'il persista dans ce projet, il n'eut pas le temps de le mettre à exécution : la mort le prévint. C'était le 20 juin 1840. « Ceux, dit un de ses biographes, qui loueront la magnificence des nouveaux édifices de l'hôtel Soubise, ne pourront s'empêcher, en les contemplant, d'être attristés par des souvenirs funèbres, et d'apercevoir dans cette sombre architecture le tombeau de Daunou. »

Son successeur fut Letronne (5 août 1840). M. Letronne n'était point un archiviste, mais un savant illustre qui devait la réputation européenne déjà attachée alors à son nom, à la méthode féconde et à la sagacité que son esprit lucide apportait dans toutes les questions. Une imagination pleine de ressource

et un admirable bon sens suppléèrent à ce qui pouvait lui manquer d'expérience pratique, et firent, en somme, de son administration, une période de prospérité pour l'établissement. Le déboire qui avait troublé les derniers temps de la vie de M. Daunou, et son grand âge, d'ailleurs, l'empêchaient de surveiller les détails des vastes constructions entreprises malgré lui à l'hôtel Soubise. M. Letronne[1] n'avait pas les mêmes raisons de s'abstenir; il mit autant d'activité que de persévérance à faire écouter ses avis dans tout ce qui n'était pas définitivement accompli. Il contribua ainsi à faire modifier quelques parties du plan, surtout pour ce qui concernait la disposition intérieure des dépôts. Son accord avec l'architecte et son esprit ingénieux produisirent des améliorations sensibles qui, appliquées à des travaux d'une aussi grande importance, suffiraient seules à honorer son administration. Parmi ces obscurs mais utiles labeurs je citerai notamment les mesures qu'il prit pour faciliter le transport des papiers de la section administrative dans le rez-de-chaussée des nouveaux bâtiments.

Cependant, beaucoup de résultats plus importants sont dus à son zèle et à cette sollicitude bienveillante qui, chez Letronne, se portait de cœur au-devant de tout ce qui paraissait utile et bon. Les opérations principales auxquelles il présida furent surtout le transfèrement des archives judiciaires, qui eût enfin lieu en 1847, et l'annexion, en 1842, à l'hôtel Soubise d'une maison contiguë (l'hôtel d'Assy), dans laquelle on établit les bureaux de l'administration et les appartements du garde général. Letronne profita de ces derniers mouvements pour réaliser une innovation des plus salutaires : il créa une *salle de lecture* destinée au travail du public, qui, auparavant, s'installait dans les bureaux des diverses sections auxquelles il avait à s'adresser, et qui se trouve placé depuis lors dans de meilleures conditions de commodité pour lui, de surveillance et de bon ordre pour l'établissement. Letronne mit le plus grand soin à enrichir la bibliothèque des Archives, restée à peu près stationnaire depuis l'époque de sa fondation, en 1808, jusqu'à la mort de M. Daunou. Il forma un atelier de cartonnage et un atelier de reliure, pour la réparation journalière des cartons et

---

[1]. Je ne puis mieux faire, pour ce qui concerne l'administration de M. Letronne, que de suivre et de reproduire, en partie, la notice écrite après sa mort par son principal collaborateur, M. Natalis de Wailly, qui avait secondé déjà, pendant dix ans, M. Daunou dans la direction des Archives.

des registres endommagés, deux points qui sont de la première importance dans un grand dépôt d'anciens titres. Il a, d'une manière définitive, assuré la conservation de la série si précieuse des registres du Trésor des chartes, en les faisant revêtir d'une reliure somptueuse qui les recommande au respect des mains les plus inintelligentes. Ces registres sont placés dans un corps de bibliothèque formé par ses ordres avec les meilleurs débris de ces riches boiseries sculptées dans le style de Louis XV, dont l'hôtel Soubise était rempli jadis, mais dont il ne reste pas beaucoup plus que ce dernier vestige. Il fit restaurer aussi plusieurs peintures remarquables dont l'hôtel était décoré. C'est lui qui donna l'hospitalité à l'École des chartes dans les bâtiments où elle est si heureusement placée, et qui fit percer pour elle le porche de l'ancien hôtel Clisson, surmonté de ses tourelles gothiques sous lesquelles s'inclinent, en passant, les jeunes étudiants qui viennent s'initier à la connaissance de nos annales et à la critique historique. Il prit un soin extrême des plus vénérables d'entre les documents confiés à sa garde, les diplômes mérovingiens et les carlovingiens écrits sur papyrus; il les fit dérouler et étendre, mit les plus précieux sous verre, chercha les moyens les plus efficaces d'en assurer la conservation pour l'avenir, et se détermina à employer le meilleur, celui de les publier. M. Natalis de Wailly, chef de la section administrative, avait commencé, dans le cours de ses travaux scientifiques, à faire la description d'un choix des innombrables sceaux attachés au bas des chartes que renfermaient les cartons de l'hôtel Soubise, et un autre employé travaillait à les sauver de la destruction par le moyen du moulage[1]; Letronne saisit vivement cette idée, dont il jugea de suite la portée, et s'intéressa jusqu'à la fin de sa vie au succès de ce grand travail. Le jour même où l'atteignit la maladie qui l'emporta, on l'avait vu se rendre dans la salle qu'il destinait à l'exposition du *musée sigillographique* et s'occuper de ce musée qu'il espérait pouvoir bientôt ouvrir au public. L'année 1848, si pleine de périls et d'émotions, fut doublement fatale pour lui par le surcroît de peines que suscitèrent tout d'un coup, à l'administration des Archives, l'arrivée de masses considérables de papiers : les archives de la liste civile, que devaient bientôt suivre celles de la secrétairie d'État. Jeune encore par la vigueur de ses facultés, destiné en apparence à

[1]. Voyez plus loin le chapitre intitulé : *Collection des sceaux*.

continuer pendant longtemps une administration aussi active qu'intelligente, Letronne fut subitement enlevé, le 14 décembre 1848, à l'établissement dont il avait si bien mérité, à l'affection de ses subordonnés, à ses amis, à l'Europe savante, qui le pleura tout entière.

Quelques jours après fut nommé son successeur, M. de Chabrier, qui, au mois de juillet 1853, a obtenu le changement du titre de garde général en celui de directeur général des Archives de l'empire, titre qu'il porte encore aujourd'hui.

CHAPITRE II.

BATIMENTS. — AMÉNAGEMENTS INTÉRIEURS. — CONDITION MATÉRIELLE DES DOCUMENTS.

Après avoir décrit la formation des archives générales de France, et sommairement exposé les diverses phases d'existence qu'elles ont traversées, il faut entrer dans l'examen de leur organisation.

Trois mots suffisent à caractériser la destination et la fin de tout établissement d'archives. Conserver, classer, communiquer : voilà leur programme dans son entier. Ce doit être aussi le mien. Je parlerai donc en premier lieu de ce qui a trait à la conservation des documents, et d'abord des bâtiments où ils sont renfermés.

Tant que le principal noyau de nos archives, sous le nom d'*Archives nationales*, fut un annexe des Assemblées législatives, il suivit celles-ci dans leurs pérégrinations diverses. On l'avait établi d'abord dans une des salles de la Constituante à Versailles; un arrêté du 12 octobre 1789 chargea M. Camus de transporter ces premiers titres dans son cabinet (on voit que les archives n'étaient pas considérables alors) en attendant qu'il eût fait préparer un local convenable. Camus les plaça d'abord dans la bibliothèque des Feuillants, puis, au mois d'octobre 1790, dans celle de l'ancien couvent des Capucins de la rue Saint-Honoré. Les archives nationales allèrent ensuite avec l'Assemblée au château des Tuileries (en avril 1793), et de là au palais Bourbon (en 1800), où elles occupaient tout le premier étage et

quelques autres parties des bâtiments qui forment encore aujourd'hui la cour Montesquieu.

On a vu plus haut (p. 17) qu'en 1808 elles furent transférées à l'hôtel Soubise, acheté pour cet usage [1], et dans lequel elles sont demeurées depuis; mais que peu d'années après, le 21 mars 1812, l'empereur, dans ses projets de domination universelle, songeant à faire des archives de France celles de toute l'Europe, décréta pour cet objet la construction d'un *palais des Archives*, immense édifice qui devait être élevé à côté du Champ-de-Mars, à l'angle du quai d'Orsay et de l'avenue de la Bourdonnaie; c'est-à-dire flanquer le Champ-de-Mars à droite, pour former le pendant d'une grande caserne qui l'aurait bordé sur la gauche [2].

Le palais des Archives aurait occupé assez d'espace pour contenir cent mille mètres cubes de documents, et il devait embrasser des terrains disposés provisoirement en jardins, de manière que, dans la suite des temps, on pût doubler l'établissement si cela devenait nécessaire. Tels sont les termes du décret [3]. D'après le plan, lequel existe encore aux Archives, les bâtiments présentaient à l'extérieur une architecture extrêmement simple, et formaient un carré entouré de larges fossés pleins d'eau.

Avec sa rapidité habituelle, Napoléon fit commencer aussitôt les travaux, et la première pierre fut solennellement posée le 15 août 1812 [4]. Le ministre de l'intérieur, M. de Montalivet, présidait à la cérémonie et prononça le discours suivant :

« Les traditions se perdent ou s'altèrent : quelques esprits investigateurs les recherchent avec étude ; mais les plus habiles écrivains embrassent des

---

1. Voici les principales dispositions du décret du 6 mars 1808, par lequel cet achat fut arrêté. Les articles 1 et 2 stipulent la vente à la Banque de France de l'hôtel de Toulouse moyennant deux millions ; art. 3, l'achat moyennant 690,000 fr. de l'hôtel Soubise et du palais Cardinal; art. 4, l'affectation de 310,000 fr. aux réparations à faire à ces deux édifices et au transport de l'Imprimerie impériale dans l'un des deux. Art. 5 : « L'autre de ces palais sera destiné à placer toutes les archives existantes à Paris, sous quelque dénomination que ce soit. » Les articles 6, 7 et 8 ou dernier sont relatifs à la construction de la Bourse avec le second million à payer par la Banque.
2. Voir le *Plan de Paris* gravé et publié en 1815, chez Jean, rue Saint-Jean-de-Beauvais.
3. Voyez le texte, aux Pièces justificatives.
4. Dans cette première pierre était placée l'inscription suivante, gravée sur une plaque de métal : « 15 août 1812, jour heureux, anniversaire de la naissance de l'Empereur, pose de la première pierre par le ministre de l'intérieur Jean-Pierre Bachasson de Montalivet, comte de l'Empire. Frochot, préfet de la Seine ; Étienne-Louis Pasquier, préfet de police ; Louis Bruyère, directeur des travaux publics de Paris ; Piault, maire du 10e ; Denise et Huet, adjoints ; Daunou ; Jacques Cellérier, architecte. »

systèmes différents, et à l'exception de ces faits mémorables qui changent la face du monde, l'histoire, lorsqu'elle ne s'appuie pas sur des actes authentiques ou sur des monuments publics, présente autant d'erreurs que de vérités, plus de sujets de doute que de choses certaines.

« Sans actes authentiques, les filiations des plus illustres familles sont interrompues; leurs anciens droits, les services qu'elles ont rendus, tombent dans l'oubli; les progrès et les améliorations des plus grandes institutions cessent d'être constatés; les hautes leçons de l'expérience sont perdues pour les peuples et pour le génie même lorsqu'il est appelé à régner.

« C'est du plus vaste et du plus précieux dépôt de ces actes que nous allons poser la première pierre.

« De simples monastères, les villes, les moindres seigneuries, avaient leurs chartriers; les provinces, les royaumes, avaient leurs archives; mais il était réservé aux temps héroïques qu'a précédés une longue civilisation de réunir dans un même lieu les titres de dix siècles, ceux de la plus grande partie du monde éminemment policé.

« De nombreux Etats de l'Allemagne, l'Espagnol, le Romain, le Toscan, le Génois, le Piémontais, le Belge, le Flamand, le Hollandais, trouveront ici les annales de leur existence et de leur gloire confondues avec celles des Français.

« L'érection de ce monument devient elle-même un des grands événements de l'histoire.

« Le palais des Archives, créé pour conserver, doit présenter tous les caractères, donner toutes les garanties de la durée : la pierre et le fer en seront les seuls matériaux. Sa masse sera simple, mais imposante; aucun édifice n'eut encore une telle destination : sa construction ne doit ressembler à nulle autre.

« Si l'on se demande un jour par qui ce palais fut créé, la postérité répétera le nom à jamais attaché aux plus grands souvenirs, et dans le dépôt même confié à ce monument elle trouvera l'étonnante suite des faits du seul Napoléon, de ces faits qu'elle eût à peine osé attribuer à plusieurs monarques illustres si le défaut de preuves certaines eût permis un doute raisonné ! »

Les malheurs de 1813 et des deux années suivantes firent bientôt renoncer au palais du quai d'Orsay, bien qu'il fût élevé de terre à environ 2 mètres, et que les travaux n'en aient été complétement abandonnés qu'au commencement de 1816. Les archives de l'État ne songèrent plus dès lors à quitter les terrains de l'hôtel Soubise, désormais assez spacieux pour les contenir.

L'hôtel Soubise, tel qu'il existe aujourd'hui, s'est formé de l'agrégation successive de quatre hôtels différents, dont le premier fut fondé vers l'an 1371, et dont le dernier ne fut annexé au reste des bâtiments qu'en 1842. Ce sont les hôtels de Clisson, de Guise et de Laval réunis en un seul édifice, au commencement du XVIII siècle, par les ordres du prince de Soubise et par les talents d'un habile architecte; puis l'hôtel ou la maison d'Assy. Voici le plan de ces bâtiments :

BATIMENTS.

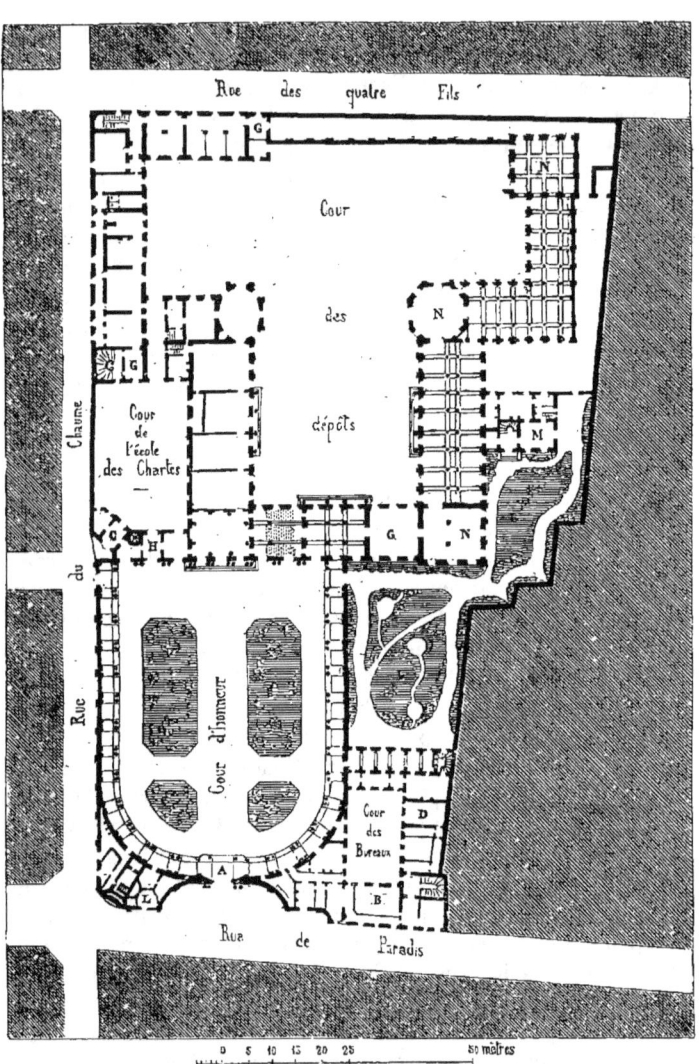

A. Entrée principale.
B. Bureaux.
C. Porte Clisson.
D. Appartements du directeur.
GGG. Bâtiments de l'ancien hôtel de Guise.
H. Chapelle.
L. Logements.
M. Maison Daunou (bibliothèque).
NNN. Bâtiments neufs construits en 1838.

L'hôtel de Clisson fut construit par Olivier de Clisson, le compagnon d'armes de Duguesclin, son successeur dans la charge de connétable de France, et l'un des plus vaillants capitaines de Charles V et de Charles VI. Clisson reçut du roi, en 1370 et 1371, un don de 4,000 livres pour se pourvoir, dit la cédule, d'un hôtel à Paris. C'est donc à cette époque que remonte l'origine de l'habitation féodale qu'il se fit élever dans la rue du Chaume, à côté de l'hôtel de Braque; il en subsiste encore aujourd'hui un petit bâtiment flanqué de deux tourillons dans lequel était pratiquée la porte d'entrée, qui est aujourd'hui la porte de l'École des chartes. La partie de l'édifice la plus ancienne après celle-ci est le mur où s'adosse cette entrée monumentale; il est percé de fenêtres surmontées de l'arc en tiers point, et soutenues par d'élégantes colonnettes dont la date appartient au commencement de la renaissance. C'était le mur de la chapelle.

A la mort du connétable (1407), l'hôtel Clisson passa au comte de Penthièvre; les Anglais le confisquèrent en 1423; un siècle après, il était entre les mains des Babou de la Bourdaisière, qui le vendirent à la duchesse de Guise en 1553. Dans l'intervalle de 1553 à 1561, les Guises achetèrent encore l'hôtel de la Roche-Guyon et une maison voisine, tous deux attenant à l'hôtel Clisson, puis l'hôtel de Laval, situé en face de ce dernier, à l'angle des rues du Chaume et de Paradis. De la sorte ils embrassaient à peu près dans son entier le vaste îlot compris entre les rues de Paradis, du Chaume, des Quatre-Fils et la rue Vieille-du-Temple, mais que divisait alors par le milieu une petite rue qu'on appelait la rue de la Roche, conduisant de la rue de Braque à la rue Barbette. C'est un quadrilatère d'environ 120 mètres sur chaque face qu'embrassait leur habitation, et dans cet assemblage princier de palais et de jardins vécurent, jusqu'à la fin du xviie siècle, ces redoutables personnages qui, sous les règnes de Henri II, François II, Charles IX et Henri III imposaient leurs volontés à la cour et faisaient trembler la France entière. Différentes parties des bâtiments subsistants aujourd'hui rappellent encore le temps des Guises. Dans la chapelle, ils avaient fait faire, par Nicolo Abbate, des peintures à fresque qu'on voyait encore en 1807, et dont il subsiste même un dernier fragment sur une frise cachée maintenant dans un faux plafond. L'aile qui fait le coin de la rue du Chaume et de la rue des Quatre-Fils fut l'ouvrage de ces princes, comme le

montrent les croix de Lorraine qui figurent dans les ornements de la rampe en fer de l'escalier. A l'angle extérieur de ces bâtiments, sur la rue du Chaume et vis-à-vis de la fontaine des Haudryettes, on aperçoit, à la hauteur du second étage, une grande fenêtre à balcon du haut de laquelle, suivant la tradition, le duc Henri de Guise fit précipiter Saint-Mégrin, qui passait pour amant de la duchesse [1].

Elisabeth d'Orléans, veuve du dernier duc de Guise, étant morte en 1696 sans laisser d'enfants, ses héritiers vendirent l'hôtel. Il fut acheté par François de Rohan, prince de Soubise, et il a pris depuis ce dernier nom, qu'il porte encore aujourd'hui.

Maître de cette demeure déjà célèbre, le prince de Soubise s'occupa du soin de l'embellir et de la transformer; mais les études et les préparatifs durèrent plusieurs années. Ce fut seulement en 1706 que commença l'exécution des grands travaux dont il avait conçu le projet.

Un obstacle, en apparence insurmontable, semblait s'opposer cependant à ce qu'il en fit rien de véritablement beau : c'était cette petite rue de la Roche, qui partageait la demeure en deux parties. Il avait agi de tous ses efforts pour en obtenir la suppression, mais vainement; tout ce qu'il put, fut de la faire changer en un passage interdit aux voitures et fermé pendant la nuit; de jour elle resta ouverte aux passants jusqu'en 1808. Grâce à l'habileté de l'architecte, de la Maire, cet obstacle devint précisément la cause du caractère d'élégance imposante qui fait de l'hôtel Soubise un monument sans rival. De la Maire prit le parti de sacrifier l'hôtel de Laval; il le rasa complétement, et, rejetant tous les bâtiments d'habitation du côté opposé, il établit, sur l'emplacement resté vide, une cour d'honneur [2] en forme de fer à cheval. La base de la courbe était la façade principale de l'hôtel, élevée sur la rue de la Roche, qu'on appela dès lors la rue ou plutôt le passage de Soubise; la courbe elle-même se développait en une longue colonnade composée de cin-

---

[1]. On conserve, au département des estampes de la Bibliothèque impériale, dans la collection formée sous le titre de *Topographie de Paris* (54 vol. in-fol.), plusieurs plans très-détaillés de l'hôtel de Guise, dessinés et lavés en 1697.

[2]. Les plans cités dans la note précédente paraissent être de la main même de de la Maire, car en certaines parties ils présentent, notamment pour la disposition de la cour d'honneur, de simples projets qui ne furent pas adoptés. Une épure signée par de la Maire et relative à l'hôtel Soubise, existe, dit-on, dans les portefeuilles de la bibliothèque Sainte-Geneviève.

quante-six colonnes accouplées deux à deux, et servant, avec cinquante-six pilastres engagés derrière elles dans le mur d'enceinte, à soutenir une galerie couverte ornée d'une balustrade à jour. Au point de la circonférence traversé par l'axe du fer à cheval, s'ouvrait, sur la rue de Paradis, une porte d'entrée surmontée de huit trophées d'armes et des statues d'Hercule et de Pallas, sculptées par Guillaume Coustou père[1]; enfin deux portes placées chacune à l'une des extrémités de la colonnade, laissaient la circulation publique exercer son libre cours en longeant la façade.

Celle-ci appliquée ou, comme dit Piganiol de la Force[2], plaquée sur les anciens bâtiments qu'on laissa subsister derrière, se compose, au rez-de-chaussée, de quatre doubles colonnes pareilles à celles de la cour, et dans l'intervalle desquelles s'ouvrent trois portes cintrées conduisant au vestibule et au pied du grand escalier. Six autres ouvertures, trois de chaque côté, complètent l'ordonnance de la façade; celles qu'on voit à droite sont des fenêtres qui contribuent, avec les trois principales, à éclairer le rez-de-chaussée; les trois autres, celles de gauche, étaient des voûtes conduisant à une cour (la cour de l'École des chartes, autrefois cour des Marronniers). Le vestibule, contigu à l'une de ces voûtes, s'ouvrait sur elle par une quatrième porte de la grandeur des trois premières, et par une cinquième, il donnait derrière sur les jardins. A travers les grilles, dont toutes ces portes étaient munies, se découpaient dans la lumière le bel escalier de l'hôtel et les piliers du vestibule. Cette disposition pleine d'élégance a été changée pour l'appropriation des Archives; on mura, en 1808, les portes qui donnaient sous la voûte et sur le jardin; les voûtes elles-mêmes ont été récemment fermées.

Au premier étage, comme au rez-de-chaussée s'ouvrent également neuf fenêtres, les trois du milieu accostées aussi de colonnes corinthiennes accouplées, au-dessus desquelles s'élève un fronton triangulaire dans lequel le sculpteur Robert le Lorrain avait taillé les armes des Rohan-Soubise. Deux grandes figures allégoriques représentant la Force et la Sagesse, Hercule et Pallas, sont à demi couchées sur ce fronton, et de petits génies des arts et des sciences occupent les encoignures. Des groupes

---

[1]. Blondel, *Architecture françoise*, t. II, p. 158, note.
[2]. *Description de Paris*, t. IV, article de l'hôtel Soubise.

de colonnes s'élèvent, en outre, de chaque côté de la façade, deux à droite, deux à gauche, supportant les statues des quatre Saisons. Tous ces ouvrages, ainsi que les trophées de la porte principale, sont dus au ciseau de Le Lorrain.

La cour des Marronniers était l'ancienne cour principale des hôtels de Clisson et de Guise. Elle dut son nom à des arbres dont la beauté causa la perte : ces marronniers étaient si hauts et si touffus que leurs branches, passant par-dessus le mur, s'allaient projeter sur les maisons bâties de l'autre côté de la rue du Chaume ; l'administration municipale exigea, du temps de M. Daunou, qu'ils fussent arrachés à cause de l'humidité qu'ils entretenaient dans cet endroit du quartier. Une autre cour, placée derrière celle-ci, se prolongeait jusqu'au fond de l'hôtel, situé sur la rue des Quatre-Fils : c'était la cour des cuisines ; réunie aujourd'hui au vaste espace qu'on appelle la *cour des Dépôts*, elle borde l'angle intérieur de ces bâtiments, noircis et dégradés maintenant, qui font le coin des rues du Chaume et des Quatre-Fils.

En même temps que le prince de Soubise changeait la sombre habitation des Guises en une demeure grandiose, Armand-Gaston de Rohan, évêque de Strasbourg, plus tard cardinal et grand aumônier de France, construisait sur l'emplacement de l'ancien hôtel de la Roche-Guyon, un édifice qui fut appelé d'abord hôtel de Strasbourg, puis palais Cardinal. L'une des façades du nouvel hôtel fut élevée vis-à-vis la façade latérale de l'hôtel Soubise, et mise en harmonie avec celle-ci par l'uniformité d'architecture. Les deux palais semblaient n'en former qu'un, comme les Soubise et les Rohan n'étaient qu'une même famille. Un jardin commun s'étendait de l'un à l'autre et resta ouvert au public depuis le commencement de la révolution jusqu'en 1808, époque où le palais Cardinal reçut l'imprimerie du gouvernement.

L'hôtel Soubise était incomparablement le plus vaste et le plus magnifique des deux. La grande façade et la cour d'honneur dont elle est précédée offraient un modèle de la plus noble architecture du temps de Louis XIV, et les ravages du temps ont moins contribué à les endommager qu'à les embellir. Les armoiries dont le fronton était chargé, les statues de la grande porte, les trophées d'armes disposés au-dessus de l'entrée, tous ces ornements ont disparu ; mais c'étaient des ornements recherchés qui donnaient à l'ensemble un peu d'afféterie. L'hôtel Sou-

bise, tel qu'on le voit maintenant, est l'un des beaux édifices de Paris.

La décoration intérieure du monument répondait jadis à son architecture. J'ai cité déjà les peintures de la chapelle, dues à l'Abbate, le grand artiste qui peignit avec le Primatice la salle de bal du palais de Fontainebleau. Le vestibule, l'escalier et l'antichambre avaient été somptueusement décorés par un autre Italien. Des pilastres, des colonnes, de riches entablements, les statues répétées encore d'Hercule et de Pallas, le tout admirablement peint en grisaille, remplissaient la cage de l'escalier. Sur le mur du fond s'élevait un large portique (celui qui existe aujourd'hui dans l'architecture en rappelle assez l'aspect) au balcon duquel on voyait des personnages de grandeur naturelle, et derrière, la perspective de parcs et de jardins qui se perdaient dans l'horizon. Ces grisailles étaient l'ouvrage de Brunetti. A l'époque où on les fit complètement disparaître (1838) elles n'avaient encore de comparables que celles d'Abel de Pujol au palais de la Bourse; quant à l'escalier lui-même, il était construit avec infiniment d'art, mais il n'a pas trouvé grâce devant les restaurations modernes.

On peut se figurer, d'après cette entrée, la richesse qui régnait à l'intérieur des appartements. Il en subsiste encore aujourd'hui de nombreux témoignages dans les lambris dorés, les riches moulures, les panneaux de bois sculptés[1], les serrures ciselées des portes, et même dans le peu qui reste des peintures. Ces dernières ont été restaurées par les ordres de M. Letronne. Le bon goût de ce grand archéologue a sauvé ce qui en existait encore de son temps[2]. Ces peintures ne manquent pas d'importance, bien qu'elles fussent de simples dessus de porte; en voici la liste avec les noms de leurs auteurs.

BOUCHER. Diane et Endymion. — Mercure apprenant à lire à l'Amour. — Un paysage. — Vénus. — Un sujet pastoral.

CARLE VANLOO. Mars et Vénus. — Castor et Pollux. — Mercure et le bûcheron. — La Toilette de Vénus.

RESTOUT. Jupiter et Junon. — Phébus et Borée. — Apollon apprenant à lire à l'Amour. — Minerve et le Silence.

---

[1]. Dans deux salles ces panneaux précieux sont encore à leur place; ceux de deux autres ont été déposés et sont dans les magasins des Archives.

[2]. Voyez un article du *Moniteur universel* du 7 février 1847 (p. 237), dans lequel on rend compte de cette restauration.

Trémolière. La Vérité. — Vénus dérobant son carquois à l'Amour. — Hercule et Déjanire. — Un sujet pastoral. — Minerve apprenant aux nymphes l'art de la tapisserie.

Ce dernier tableau est le seul qui soit en place aujourd'hui ; les autres sont dans les magasins de l'administration. Dans le salon octogone, que la tradition appelle encore le petit salon de madame de Rohan, et qui est de tout l'hôtel la pièce qui avait le mieux conservé, jusqu'à ces dernières années, son ancienne décoration, sont demeurés huit tableaux de plus grande dimension que les précédents; ils remplissent l'espace laissé sans moulures entre le contour du plafond et les archivoltes des fenêtres. Ces toiles, peintes par Charles Natoire, en 1737, 1738 et 1739, représentent les principales scènes de la vie de Psyché.

Il faudrait des crayons et des pinceaux pour donner une idée fidèle de la somptueuse élégance du petit salon de madame de Rohan. La noblesse et l'harmonie des lignes, la richesse des moulures, la profusion de l'or, dont l'éclat n'a pas encore aujourd'hui perdu toute sa fraîcheur, font de cette charmante pièce, octogone par la forme extérieure du pavillon, mais ovale à l'intérieur, un modèle exquis de l'art français vers le temps de la Régence. Sa beauté ravit tous les artistes qui la visitent, et frappe encore les yeux les moins connaisseurs, même en ce moment, où des modifications, l'on pourrait dire des mutilations récentes, et des travaux restés inachevés depuis deux années bientôt, l'ont sensiblement défigurée. Le parquet a été enlevé, la porte transportée de la place où elle était dans un autre panneau, qu'il a fallu détruire, et la cheminée (cheminée en marbre digne d'orner le Louvre) déposée et reléguée dans les magasins. Le salon carré qui précède n'est guère moins remarquable que celui-ci par sa décoration. Ses riches lambris avaient été démasqués en 1846, et la restauration de tous les deux avait été ordonnée; M. Letronne se proposait de les conserver dans tout leur lustre et d'y placer le musée des sceaux, formé sous ses ordres. La mort vint arrêter ses projets. Il y a lieu d'espérer qu'ils seront repris, et que dans un pays assez jaloux de ses souvenirs pour veiller, par l'intermédiaire du gouvernement et de commissions spéciales, sur la conservation de tous les monuments historiques, ce petit chef-d'œuvre d'art pourra être sauvé.

FRAGMENT DU SALON DE Mme DE ROHAN.

Le premier étage renfermait encore plusieurs pièces à parquets de marqueterie en bois odorants, une magnifique chambre à coucher, de petits appartements, une longue galerie régnant sur la rue des Quatre-Fils, et dans laquelle, au premier étage, on jouait la comédie; enfin la belle salle des Gardes, ou grande antichambre, à laquelle aboutissait le grand escalier peint par Brunetti. Cette vaste pièce, aujourd'hui nommée salle du Trésor des chartes, est encore belle, quoique gâtée par les casiers qui l'entourent et par de hideuses colonnes de bois qui supportent un balcon supérieur. Par sa hauteur, son étendue et la voûte qui la surmonte, elle offre l'aspect d'une nef d'église. Elle est éclairée par neuf croisées : trois au midi, sur la cour d'honneur; trois au couchant et trois au levant. L'hermine et le macle dorés, pièces de blason, sont sculptés sous la calotte de ces fenêtres. Au fond se dressait jadis une cheminée monumentale; les murs de la pièce et la voûte elle-même étaient, comme l'escalier, décorés de peintures en grisaille dont il reste, du côté de l'ouest, quelques fragments sur des trumeaux masqués maintenant par les cartons. Les travaux d'appropriation qu'on dut faire en 1808 firent disparaître toute cette décoration, la voûte fut blanchie et la cheminée fit place à l'armoire de fer des Archives, dont il sera plus amplement question à la page 272.

Les appartements de la princesse étaient au premier étage.

Au rez-de-chaussée se trouvaient ceux du prince. Le vestibule donnait entrée sur une suite de pièces qui regardaient à gauche sur la cour des Marronniers, à droite sur le jardin : c'étaient l'antichambre, la salle du dais, la salle d'audience, la chambre de parade, le salon rond et un cabinet en retour. La chambre de parade se reconnaissait encore, il y a quelques années, à l'emplacement du lit, marqué par deux magnifiques colonnes d'ordre corinthien en bois sculpté, qui existent encore dans les caves de l'hôtel, où elles ont été reléguées. Autour du plafond de la même pièce règne une corniche dans laquelle sont encastrées les armes des Soubises, mêlées à diverses devises, celle-ci entre autres, qui rappelait la principale pièce de leur écu : *Sine macula macla*. Ils portaient, en effet, de gueules à neuf macles d'or, et le *macle*, ou maille de cotte d'armes ◇, a été conservé jusqu'à présent dans diverses parties de l'ornementation de l'hôtel, notamment dans la serrurerie des grilles et des fenêtres. Auprès de cette chambre de parade ou chambre à coucher du rez-de-chaussée, existait une salle de

bains dont les parois et le plafond étaient tout en marqueterie, et dont la destruction fut rendue nécessaire par de grosses réparations faites au mois de mars 1835.

Le salon rond du rez-de-chaussée et le cabinet en retour sont les deux principales des pièces qui, depuis le 20 janvier 1847, ont été mises par l'administration des Archives et le ministre de l'intérieur à la disposition de l'École des chartes. Dans la première on a installé la salle des cours, placée sous le joli salon ovale du premier étage, et participant de la même élégance. De petits sujets sculptés entre les archivoltes des fenêtres se marient avec les moulures des parois et du plafond, toujours légères bien qu'empâtées sous un badigeon blanc, et produisent, en formant leur gracieuse ellipse, le plus agréable effet[1]. A côté, sur la cour des Marronniers, une petite pièce servant de bureau pour le secrétaire de l'école, montre ce que pouvait être la coquetterie d'un petit cabinet de travail dans l'ancien hôtel Soubise.

De la Maire, bien qu'il ait vécu jusqu'en 1745[2], ne mit pas la dernière main à son ouvrage. Ce ne fut pas lui qui ordonna la décoration intérieure, mais un autre artiste, Germain Boffrand, architecte habile, qui paraît s'en être occupé de 1735 environ à 1740. Les détails de l'ornementation furent dessinés et exécutés par Louis Harpin, sculpteur du roi, sous la direction de Boffrand. Ce dernier publia, en 1745, un beau livre d'architecture[3] dans lequel on trouve la description, accompagnée de gravures, des principaux édifices auxquels il avait consacré son talent. Le dernier chapitre du volume a pour objet la décoration intérieure de l'hôtel Soubise, et ce chapitre est enrichi de dix belles planches qui représentent les principaux salons de l'hôtel avec une telle exactitude qu'on y reconnaît les peintures de Natoire et de Boucher. Le salon ovale de la princesse de Rohan s'y trouve déroulé dans tout son développement

---

1. Un croquis de cette salle a été gravé dans le journal l'*Illustration* du 30 novembre 1850.

2. « *De la Maire*, habile architecte mort à Châtenay, près Paris, en 1745. Les principaux édifices construits sur ses dessins sont : la colonnade au pourtour de la grande cour, et la façade qui renferme le grand escalier de l'hôtel Soubise; l'hôtel Pompadour, rue de Grenelle-Saint-Germain, l'hôtel de Rohan, l'hôtel de Duras, rue du Faubourg-Saint-Honoré. » (Roland le Virloys, *Dictionn. d'architecture*; 3 vol. in-4°, 1770.)

3. *Livre d'architecture* contenant les principes généraux de cet art et les plans, élévations et profils de quelques-uns des bâtiments faits en France et dans les pays étrangers. In-fol. 1745.

et avec son plafond. Harpin, de son côté, fit une publication analogue, mais plus étendue. Je n'ai pu la découvrir; la seule trace qu'il en existe, à ma connaissance, sont quelques-unes des planches dont elle se composait et qui ont été insérées à l'article *Hôtel Soubise* dans le précieux recueil du cabinet des estampes de la Bibliothèque impériale intitulé *Topographie de Paris*. Enfin J.-F. Blondel, l'auteur de l'*Architecture française* (1772, 4 vol. in-fol.), a consacré, dans cet ouvrage, à l'hôtel Soubise, un chapitre (t. II, p. 156) et six planches qui reproduisent le plan des appartements et les principales parties de l'extérieur. Les lecteurs qui seront curieux de plus de détails qu'il n'a été possible d'en donner ici, les trouveront dans ces trois livres qui, s'il en était jamais besoin, pourraient fournir avec la plus grande exactitude tous les éléments d'un travail de restauration.

L'appropriation de ce bel hôtel au service des archives amena de notables modifications dans les bâtiments. La porte principale donnant sur la rue de Paradis fut condamnée, l'ancien passage de la Roche, resté libre jusque-là, fut tout à fait interdit au public, et celle de ses issues qui s'ouvrait sur la rue du Chaume, en face la rue de Braque, devint l'entrée de l'établissement. On installa les bureaux dans l'hôtel même, et l'on y logea une partie des employés.

Vers 1810, quand les documents enlevés à l'étranger arrivèrent par charretées, on commença par convertir en dépôt la galerie qui règne autour de la cour. Cette galerie, qui avait déjà couru quelque danger en servant d'entrepôt, du 16 au 18 juillet 1789, à quarante-cinq milliers de poudre saisis à la prise de la Bastille[1], fut changée en une salle fermée au moyen de châssis vitrés qu'on établit entre les colonnes, sans grand souci de les dégrader. C'est là que furent mises les archives du Vatican. On fut obligé, en outre, après avoir utilisé toute la place dont on pouvait disposer, de louer pour succursale une maison de la rue des Quatre-Fils (n° 15), et de placer des séries considérables de documents au couvent des Minimes de la place Royale. Ces différents annexes furent supprimés dès les premiers temps de la restauration.

On avait aussi construit, en 1808, deux grands pavillons en plâtre au milieu de la cour d'Honneur. En 1825, on fit un mur pour séparer de la façade ces constructions parasites; puis dans

---

[1]. Rapport de Labbé-Lefèvre sur les journées des 15-18 juillet 1789.

l'une de ces baraques on établit l'administration de la loterie, dans l'autre les bureaux et les magasins du matériel des domaines. Au moyen du mur de séparation et de l'entrée particulière qu'ils avaient sur la rue de Paradis, ces bureaux se trouvaient chez eux dans l'enceinte de l'hôtel Soubise, et faillirent, du moins celui des domaines, y demeurer pour toujours. Heureusement, la cour d'Honneur fut restituée aux Archives en 1840; on démolit le mur et l'un des pavillons, l'autre servit à loger les bureaux de l'administration jusqu'à ce qu'ils fussent transférés dans l'hôtel d'Assy; ce pavillon disparut ensuite à son tour, et l'un des derniers actes auxquels présida M. Letronne, en 1848, fut l'établissement des pelouses vertes qui complètent aujourd'hui la disposition de cette cour somptueuse à laquelle est si bien dû le nom de cour d'Honneur.

En 1830, on construisit aussi dans le jardin de l'hôtel, du côté de l'imprimerie du gouvernement, une habitation isolée pour le garde général; et quant aux employés, on restreignit peu à peu, puis on finit par leur retirer tout à fait le privilége d'occuper, dans les bâtiments mêmes des Archives, des logements qui, par leur voisinage des dépôts, donnaient lieu à de perpétuels dangers d'incendie.

Une ère nouvelle commence en 1838. Depuis plusieurs années, le ministre des travaux publics et les commissions de finances de la chambre des députés réclamaient des mesures pour la réparation et l'agrandissement de l'hôtel Soubise. Ils s'accordaient à représenter l'état de l'édifice comme déplorable, et l'encombrement comme arrivé à un tel point que les cartons et les registres refluaient jusque sur les escaliers. « A l'extérieur, des façades dégradées, et, du côté du jardin, deux colonnes rompues; à l'intérieur, des plafonds qui menacent ruine, des parquets qui s'enfoncent et des débris disjoints, tel est l'aspect général que présente cet établissement, » disait l'auteur du rapport lu à la chambre des députés le 28 avril 1838. Au mois de mai suivant, la chambre vota le crédit demandé; elle accorda un million qui devait suffire pour réparer complétement l'édifice et pour l'augmenter d'une aile entière, destinée principalement à recevoir la section judiciaire, qui toujours déposée à la Sainte-Chapelle et dans les combles du Palais-de-Justice, n'avait pu voir encore cesser cet état provisoire de séparation. L'aile nouvelle, suivant le projet adopté, s'étendait depuis l'angle oriental de la façade jusqu'à la rue des Quatre Fils, parallè-

lement aux vieux bâtiments de l'hôtel de Guise, et ces deux corps de logis parallèles devaient être joints l'un à l'autre par une grille fermant l'établissement du côté opposé à la rue de Paradis. Dans les plans du ministère des travaux publics, la pensée s'était fait jour non seulement de réparer l'hôtel de Guise dont les bâtiments longent la rue du Chaume et font retour d'équerre sur la rue des Quatre-Fils, mais de les démolir entièrement et de les remettre à l'alignement de la rue du Chaume, qu'ils dépassent en effet de quelques décimètres. De cette manière, les deux antiques tourelles de l'hôtel Clisson étaient condamnées à la destruction, et de vastes logis, fort solides encore, devaient être supprimés, puis refaits pour satisfaire à une question de perspective.

Cette fantaisie dispendieuse avait été critiquée par la commission des finances, et plusieurs autres dispositions du plan ministériel paraissaient tellement défectueuses à M. Daunou, qu'il opposa la plus vive résistance à ce que ces plans fussent exécutés. On a vu plus haut que le chagrin de faire à ce sujet des représentations inutiles, et celui d'assister de si près sans pouvoir y remédier à ce qu'il regardait comme un gaspillage des deniers publics hâtèrent le dernier jour du vénérable vieillard.

Cependant l'on ne tarda pas à commencer les travaux. La première pierre des constructions nouvelles fut posée avec solennité par le ministre de l'intérieur, M. le comte de Montalivet, fils du ministre de l'empereur, le 2 octobre 1838, et une médaille fut frappée pour consacrer le souvenir de cet événement.

Bientôt se justifièrent les prévisions de Daunou. En 1842, le gouvernement demanda le crédit nécessaire pour annexer aux Archives un hôtel qui leur était contigu, la maison d'Assy (rue de Paradis, n° 16), afin d'y installer les bureaux, qui, d'après le plan primitif, devaient occuper un pavillon situé à l'opposé. C'est là, en effet, que sont placés depuis 1846 les bureaux et la demeure du directeur de l'établissement. Mais on reconnut, à cette occasion, qu'après avoir obtenu, en 1838, le vote d'un million d'après des devis qui démontraient que cette somme suffirait à tous les agrandissements jugés nécessaires, l'administration avait suivi des bases tout à fait différentes et beaucoup plus onéreuses. Les travaux étaient loin d'être à moitié faits, et le million était déjà dépensé. Mais, grâce à la mollesse habituelle alors, ce désordre n'amena que de

stériles plaintes qui se formulèrent à la chambre des députés, qui s'imprimèrent dans les journaux, qui se répétèrent de nouveau pendant les sessions de 1843 et 1845, mais qui n'aboutirent, en fin de compte, qu'à faire payer par l'État les visées de la direction des travaux publics. Les réparations et l'agrandissement de l'hôtel Soubise, dont on a terminé en 1846 la portion réclamée par les besoins actuels, mais qui sont fort loin d'avoir atteint leur parfait achèvement, ont coûté plus de quatre millions de francs. C'est le 16 novembre 1846 que l'état nouveau des bâtiments fut consacré par la fermeture de la porte donnant sur la rue du Chaume, et par la réouverture de l'entrée principale sur la rue de Paradis, qu'on commença en même temps à nettoyer d'un amas de petites échoppes qui l'obstruaient depuis le commencement de la révolution [1]. Enfin le mur élevé qui ferme actuellement l'hôtel sur la rue des Quatre-Fils ne fut terminé, et la clôture ne fut complète que grâce aux soins de l'administration actuelle, en 1852.

Lorsque de la Maire eut achevé la construction de l'hôtel Soubise, les connaisseurs critiquèrent son œuvre, parce que les règles classiques de l'architecture n'y sont pas exactement observées. « On l'a dit, et je le répète encore, écrit Piganiol de la Force, la disposition des ordres de cette façade est contre l'usage des anciens architectes et contre les préceptes ordinaires de l'architecture, qui veulent qu'on mette l'ordre composite sur le corinthien, au lieu qu'ici le corinthien est sur le composite. » (*Descript. hist. de la ville de Paris*, t. IV.) Or cette infraction aux règles admises, cette distinction entre l'ordre composite et le corinthien consiste uniquement en une légère modification apportée à la sculpture des chapiteaux.

Des connaisseurs si difficiles n'auraient probablement pas accepté sans plaintes les dispositions suivies de 1838 à 1846 par les successeurs de de la Maire. D'après le projet primitif, les constructions nouvelles auraient dû être calquées sur les anciennes et s'élever régulièrement à côté d'elles, de manière que l'ensemble formât un tout symétrique. La partie de l'hôtel Soubise qui devait entrer dans cette ordonnance était percée de larges et hautes fenêtres quadrilatères; elle se terminait et se termine heureusement encore par le pavillon octogone dont j'ai

---

[1]. Cette démolition des échoppes qui garnissaient les deux côtés de l'hémicycle dans lequel est pratiquée la porte principale, fut une grosse affaire. Ceux qui les possédaient se prétendaient propriétaires. Il fallut la force publique pour les faire déguerpir.

parlé tout à l'heure, pavillon d'une rare noblesse, que surmonte une de ces hautes toitures, bien d'accord avec la gravité un peu pesante du xviie siècle, et dont il existe encore beaucoup de beaux exemples, notamment aux deux extrémités du palais des Tuileries. La direction des travaux publics imagina que, pour des salles d'archives, les plafonds devaient nécessairement être voûtés, que des salles voûtées devaient s'éclairer par des fenêtres à plein ceintre, enfin qu'un pavillon octogone percé de fenêtres arrondies ne pouvait recevoir d'autre toiture qu'une calotte en forme de demi-sphère écrasée. Elle fit exécuter cette série d'idées; mais comme il n'existait plus alors nulle symétrie entre les bâtiments neufs et les anciens, elle mutila l'ouvrage de de la Maire pour l'appareiller au sien; elle fit cintrer les fenêtres de tout un côté de l'hôtel, et se disposait à en enlever la couverture du pavillon pour lui imposer la calotte classique, lorsque M. Letronne, averti à temps de ce dernier projet, parvint à en arrêter l'exécution.

Mais les deux pavillons, qui se regardent, sont restés ainsi, coiffés chacun à sa manière, ce qui n'est rien moins que symétrique; et quant au cintre donné aux fenêtres des anciens bâtiments, il en résulte que certaines salles, celle, par exemple, qui est la principale de l'établissement, la salle du Trésor des chartes, sont éclairées par deux rangées de fenêtres, les unes arrondies, les autres carrées. Les casiers qui tapissent les parois de la pièce dissimulent, à la vérité, cette singulière anomalie; mais la cage de l'escalier, dont l'intérieur est nu, la laisse voir dans toute sa franchise. Cet escalier même, pour lequel on a détruit l'ancien, est d'une construction neuve et d'un aspect assez monumental, mais qui prête également à bien des critiques. Le voûtement des plafonds auquel on a fait tant de sacrifices, offre aussi une disposition radicalement vicieuse, en ce que la courbure des parois ne permet pas qu'on élève les casiers à plus des deux tiers de la hauteur des salles; ce qui laisse un tiers de la place entièrement perdu. Cependant, pris dans leur ensemble, les nouveaux édifices de l'hôtel des Archives offrent une masse d'un grand et beau caractère; ils portent surtout l'empreinte du talent que les architectes[1] ont déployé pour lutter avec les difficultés du plan qui leur était prescrit[2].

---

1. M. Dubois, architecte en chef des Archives jusqu'au mois de septembre 1842, et M. Lelong son successeur.

2. Sur l'histoire des bâtiments célèbres qui sont l'objet de ce chapitre, on peut con-

Aménagements intérieurs; État des documents. — Anciens ou nouveaux, les bâtiments que je viens de décrire offrent pour un dépôt d'archives un incomparable avantage : ils sont d'une salubrité parfaite. Dans les salles mêmes du rez-de-chaussée l'on ne remarque aucune trace d'humidité ou de moisissure; et un point qui n'est pas indigne d'une mention spéciale, c'est qu'on n'y trouve jamais, non plus, trace de rats, bien qu'on ne prenne nulle précaution contre cette race ennemie des papiers et des parchemins.

L'établissement compte en tout 240 salles; mais 125 seulement sont occupées par des documents : dans les autres se trouvent les appartements du directeur, ceux de l'architecte et du commis d'ordre, les logements du concierge et de quatre garçons, les bureaux des employés, les magasins du matériel et un certain nombre de salles encore vides.

Dans le nombre des 125 salles occupées sont les plus vastes et les plus belles de tout l'édifice; ainsi, celle du Trésor des chartes, jadis la salle des Gardes du duc de Guise, a 24 mètres de long, sur 10 de large et 6,50 de haut à la naissance de la voûte; dans les bâtiments neufs plusieurs salles ou galeries ont une longueur de 33 mètres. Peut-être pourra-t-on se représenter avec quelque exactitude l'espace nécessaire aux documents renfermés dans le dépôt au moyen du calcul suivant. En 1836, comme on commençait à s'occuper des constructions à exécuter pour agrandir l'hôtel Soubise, on fit le toisé de toutes les tablettes sur lesquelles des documents reposaient, afin de savoir, pour le cas où l'on serait obligé de les déplacer temporairement, quel espace ils occuperaient soit en superficie carrée soit en étendue. On trouva de cette manière que si toutes les tablettes étaient posées à la suite les unes des autres, elles eussent occupé une longueur de 13166^m,90. Depuis 1836, par suite des versements nouveaux et surtout de l'adjonction d'archives considérables, telles que celles de la section judiciaire, qui remplissent à elles seules le premier étage et tous les combles des bâtiments neufs, on peut compter que la masse des titres contenus dans l'hôtel Soubise a été doublée : c'est donc une espace

---

sulter, outre les ouvrages déjà cités et les historiens de Paris : la *Description de la France*, par Piganiol de la Force; un article de M. Julien Quicherat, inséré dans la *Revue archéologique* de Leleux, du 15 février 1848; un article de M. Dessalles, inséré dans l'ouvrage intitulé *Paris pittoresque* (1837, t. II, p. 101). Enfin, pourquoi ne le citerait-on pas? une suite de feuilletons, publiés par M. Alex. de Lavergne sous ce titre : *L'Hôtel Soubise*, dans le journal *l'Ordre*, du 26 avril au 8 mai 1849.

de plus de 26 kilomètres ou d'environ 7 lieues qu'occuperaient ces papiers s'ils pouvaient prolonger leur développement sur une seule et même ligne.

Les tablettes sur lesquelles les documents reposent sont établies tout autour de chaque salle, et s'appuient aux murs, mais en présentant assez de largeur pour que les cartons ou les registres ne touchent pas le fond, et que l'air circulant derrière les préserve de l'humidité. Ces tablettes sont partout divisées par travées qui ne dépassent pas, en général, 2 mètres de largeur. Dans un grand nombre de salles on a multiplié l'emplacement en élevant des travées isolées au milieu de la pièce. Dans presque toutes on a établi des comptoirs qui servent à la fois de tables pour les travaux auxquels les employés se livrent journellement dans l'intérieur des dépôts, et d'armoires pour resserrer les titres ou les objets les plus précieux, par exemple les diplômes mérovingiens et carlovingiens, les chartes à miniatures, les pièces à conviction produites dans certains procès criminels, etc.

Les papiers qui sont simplement enliassés ne sont pas en grand nombre; la portion de documents la plus abondante se compose de ceux qu'on renferme dans des cartons. Autrefois, au lieu de ces boîtes en carton, on se servait de layettes, c'est-à-dire de boîtes en bois. Les titres de la série S étaient encore il y a quelques mois dans leurs anciennes layettes, mais dans un état qui pouvait servir à démontrer que les boîtes ne sont pas favorables à la conservation des documents. Ces layettes étaient difficiles à remuer à cause de leur poids, le temps les avait disjointes et crevassées, elles ne pouvaient même plus se fermer et elles ne garantissaient plus suffisamment les titres, que la poussière atteignait à travers leurs fentes. On s'est servi aussi de boîtes en fer-blanc ; il y en a encore une soixantaine dans la section législative, qui avaient été faites du temps de la république pour renfermer les textes de lois et de décrets regardés alors comme méritant une protection toute spéciale ; mais c'est un système plus mauvais encore que celui des layettes. Le fer-blanc s'oxyde, et les documents placés à l'intérieur de la boîte, non-seulement ne sont plus à l'abri, mais contractent aussi des taches de rouille qui les altèrent et finiraient par les détruire.

Il y a aussi, dans la section législative, des boîtes en bois doublées de fer-blanc, qu'on avait fait faire à la même époque que les précédentes et pour le même usage. Elles sont mieux

conservées que celles-ci; mais le simple carton est le meilleur abri qu'on puisse donner aux titres. C'est aussi celui dont on fait le plus d'usage aux Archives générales. On y compte environ 200,000 cartons[1], ce qui constitue pour cette seule partie du matériel une valeur de 300,000 francs. Ce point, insignifiant au premier abord, n'avait pas échappé à l'attention de M. Letronne et, dans des vues d'économie, il avait établi aux Archives mêmes un atelier de cartonnage; mais cet atelier a été supprimé par l'administration actuelle.

C'est ici le lieu de dire quelques mots des registres et de la reliure. Pour les bibliophiles la reliure est un objet de luxe, mais c'est une précaution de première nécessité pour les volumes et registres conservés dans les archives; il n'y a pas de meilleure sauvegarde à leur donner contre les ravages du temps que d'appliquer une couverture à ceux qui n'en ont pas et de réparer celles, en nombre infini, qui se détériorent chaque jour. J'ai vu dans la série P, par exemple (Chambre des comptes), des volumes dans un tel état qu'on ne pouvait pas les enlever de leurs rayons sans joncher le sol des pièces qu'ils auraient dû contenir, mais qu'ils laissaient échapper parce que le dos en était rongé par les vers et complétement usé. Un faible prélèvement opéré chaque année sur le fonds de 20,000 fr. inscrit au budget des Archives pour les dépenses du matériel, suffirait cependant pour subvenir aux plus urgentes des réparations de ce genre, si elles s'exécutaient régulièrement et sans interruption [2]. M. Letronne comprenait très-bien cette nécessité. Après s'être engagé dans une dépense considérable, mais des plus heureuses et des plus salutaires, pour faire donner aux registres du Trésor des chartes une reliure préservatrice qui fût digne de ce précieux recueil, il fonda aux Archives mêmes, le 11 avril 1847, un *atelier de reliure*. Après la mort de cet administrateur, dont le nom se trouve attaché à tant d'utiles innovations, l'atelier de reliure a été agrandi et amélioré, mais l'on ne s'en est plus servi une seule fois depuis sa mort, ni pour relier, ni pour réparer un seul volume ou un seul document.

Une classe spéciale de titres exige des soins tout particuliers; ce sont les plans. La collection de plans des Archives (série O)

---

1. En 1833 on en estimait déjà le nombre à 150,000. Voy. Michelet, *Hist. de France*, t. II, p. 704.
2. Le budget porte même une allocation spéciale de 1000 fr. chaque année pour les reliures. Voy. plus loin, p. 75.

est d'un haut intérêt ; elle contient 21,000 articles, dont 5,000 sont des dessins, la plupart précieux. Tous ces plans sont roulés et posés debout sur des casiers ; fâcheux système, parce que, dans cette position, le bout inférieur se détériore, et l'autre extrémité du rouleau perçoit la poussière, qui tombe dans l'intérieur du plan comme dans un entonnoir. Du temps de Letronne, on avait commencé à les dérouler, ceux du moins qui sont de petite dimension, et à les placer dans des portefeuilles ; mais cette opération n'a été consommée que pour le département de l'Ain, le premier de la série dans l'ordre alphabétique. Vers la même époque, M. de Wailly, comme chef de la section domaniale, avait conçu le projet d'un changement plus simple ; tous les calculs furent faits pour la construction de casiers dans lesquels les plans fussent posés, non pas debout, mais à plat, et réunis par petites liasses de cinq pièces seulement, au lieu d'être empilés par bottes, comme ils sont à présent. Ces projets divers ont malheureusement été abandonnés depuis la mort de Letronne, et la série des plans continue à se détériorer rapidement. Quelquefois le public lui-même signale l'état déplorable de ceux qu'on lui communique, mais le défaut de reliure empêche de porter remède à la destruction.

Les Archives de l'empire, comme tout dépôt d'archives publiques, emploient avec soin un moyen général de conservation qu'on peut appeler un préservatif moral : je veux parler de l'estampillage, opération qui consiste à faire l'application sur chaque pièce d'un timbre constatant la propriété de l'État. Ce travail, immense pour un dépôt qui contient des millions de pièces, n'a été exécuté régulièrement que depuis 1840, et se continue encore à présent avec une grande régularité. Chaque section usait autrefois d'une estampille spéciale pour les pièces qui lui appartenaient. Ces estampilles étaient toutes uniformes et se composaient d'une très-petite ellipse dans laquelle étaient inscrits les mots : ARCHIVES DU ROYAUME ou ARCHIVES NATIONALES, avec le nom de la section. Depuis le mois de novembre 1853, elles ont été remplacées par une estampille, unique pour toutes les sections, et portant ces mots pour légende : EMPIRE FRANÇAIS ; *Direction générale des archives*. C'est une légende doublement inexacte : 1° En ce qu'il n'existe pas dans l'empire français de direction générale des archives ; il existe seulement une direction générale des archives conservées à l'hôtel Soubise et appelées aujourd'hui Archives de l'empire ; 2° En ce que l'idée que

doit exprimer l'estampille apposée sur un document est l'idée de propriété, tandis que cette légende implique l'idée d'action administrative.

L'estampillage est encore loin d'être achevé aujourd'hui, mais jamais une pièce n'est communiquée à personne sans avoir été préalablement soumise à cette opération.

CHAPITRE III.

CLASSEMENT DES TITRES. — FONDS. — SECTIONS.

« L'expérience m'apprend, et je vois avec peine que les travaux d'archives, ceux, par exemple, qui ont été entrepris sur le Trésor des chartes, ont été nombre de fois commencés et recommencés sans jamais pouvoir être achevés, *parce que chacun de ceux qui les a successivement dirigés rejetait les vues de ses prédécesseurs pour en imaginer de nouvelles.* Il est difficile d'empêcher cette variation de plan dans un travail qui use la vie de plusieurs personnes. S'il est un moyen de le prévenir, c'est de bien réfléchir sur le plan qu'on adopte, de ne pas se laisser aveugler par l'amour de ses propres idées, mais de consulter et de réunir les lumières de plusieurs personnes instruites avant d'arrêter définitivement un système. »

Ces paroles sont tirées d'un rapport de M. Camus au ministre de l'intérieur (en date du 25 pluviôse an IX); elles expriment une vérité si frappante, que les citer est faire le plus bel éloge du sens droit et pratique de l'administrateur qui les a écrites. Un archiviste qui ne comprendrait pas la nécessité de suivre les travaux de ses prédécesseurs, de les continuer en les étendant et en les améliorant; d'effacer sa personnalité dans une œuvre dont les différentes phases sont successives, mais dont le but est nécessairement commun, celui-là travaillerait pour le désordre et la destruction. Rien de plus funeste, en matière d'archives, que les brusques changements de plan et de classification. Les inventaires, les cotes, la physionomie des papiers, les souvenirs et les habitudes du personnel de l'établissement se réfèrent toujours à un état de choses connu, constaté, par conséquent plus facile à retrouver qu'aucun autre; il n'y a pas

jusqu'à la place matérielle occupée par les documents dans telles salles et sur telles tablettes dont la conservation n'ait sa très-grande importance, puisqu'elle sert à épargner les recherches et le temps. Une pièce mise par mégarde hors de sa place est une pièce à peu près perdue, et une seule rupture dans le fil de la tradition est une chance ouverte à mille erreurs pour l'avenir. Ne jamais opérer d'innovation, non-seulement en changeant un classement reçu et consacré, mais même en exécutant un simple déplacement matériel; à moins qu'on ne soit pressé par les motifs les plus graves, tel est donc, en fait d'organisation des archives, le premier des principes.

Ce principe n'a cependant pas été suivi dans le classement primitif des archives nationales; les événements politiques ne l'ont pas permis. Les papiers des Assemblées nationales ont seuls été classés à loisir par Camus; encore eut-il à lutter contre des utopies, si l'on en juge par un rapport que le député Blanchon, l'un des commissaires aux archives, lut à l'Assemblée, au nom de ses collègues, le 20 décembre 1791, et dans lequel on trouve développée favorablement une idée qui aurait consisté à diviser les archives nationales en deux catégories : les *Monuments* et les *Intentions*. On aurait appelé monuments, les minutes des lois, des procès-verbaux, et toutes les pièces émanées de l'Assemblée qui auraient paru d'un intérêt grave; les intentions auraient été les travaux, lettres, projets, rapports émanés des comités de l'Assemblée ou adressés à celle-ci par les particuliers. Les monuments ne seraient jamais sortis des archives sous aucun prétexte : les intentions, au contraire, auraient pu être libéralement communiquées. Heureusement cette idée, bien qu'elle eût souri au député Blanchon, n'obtint aucun succès, et Camus put établir les quatre divisions qui ont formé depuis la section législative (séries A, B, C et D), suivant les règles du simple bon sens.

Mais, pendant ce temps, les autres sections étaient préparées, soit en entier, soit en partie seulement, par l'agence temporaire et par le bureau du triage des titres. Or les auteurs du triage n'étaient pas et ne pouvaient pas être préoccupés d'idées de classement scientifique. Ils avaient pour mission de faire quatre parts : celle des titres domaniaux, que le gouvernement réclamait avec impatience pour exercer ses poursuites, celle des titres judiciaires, celle des titres d'un intérêt purement historique, celle enfin des titres à brûler. Procéder avec la plus grande

célérité possible était ce qu'on leur demandait avant tout, et arracher les titres anciens à la destruction était leur préoccupation secrète : telles sont les deux véritables règles auxquelles ils obéissaient. Et ce devait être, en effet, un inconvénient bien secondaire à leurs yeux, pourvu qu'un diplôme fût sauvé, qu'il se trouvât dans une catégorie plutôt que dans une autre. Mais quand cette commission intelligente, qui employa près de vingt personnes durant sept années à faire le triage de plus de quatre cents dépôts d'archives, eut terminé son immense besogne, on sent que ce n'était pas à recommencer, et que la distribution faite par les membres du triage était définitive.

C'est ainsi que les sections historique, domaniale et même en partie la section judiciaire se sont trouvées formées, et c'est ainsi qu'elles présentent des anomalies dont on ne se rendrait pas compte si l'on ignorait les faits qui les ont produites. Le fonds de Saint-Denys, par exemple, a été placé en gros dans la section historique, série des établissements religieux (lettre L); mais on en a mis à part (lettre K) les titres les plus précieux, ceux qui étaient émanés des rois de France; puis on a retiré des dossiers toutes les pièces qui paraissaient, à première vue, se rapporter à des propriétés territoriales de l'abbaye, et, comme documents concernant la domanialité, on les a placées dans la partie domaniale (lettre S). En sorte qu'un dossier de vingt pièces, je suppose, qui existait autrefois dans les archives de l'abbaye, se trouve encore à la section historique, dans la série des établissements religieux, mais dépouillé de la moitié des pièces qu'il contenait, et il faut aller démêler celles-ci d'avec d'autres matières dans des séries tout à fait différentes.

Telle est l'opération peu logique à laquelle le bureau du triage des titres s'est constamment livré. Ce n'est pas la seule. La partie qui porte le titre de *Monuments historiques*, et qu'on a distinguée par la lettre K, est tout entière une erreur; mais, encore une fois, une heureuse et volontaire erreur, qui a contribué à sauver ceux de nos titres qui sont les plus précieux par leur antiquité. La lettre K a été dans l'origine et a dû, par conséquent, rester divisée en dix catégories : Actes des rois de France; — Copies de chartes; — Comptes; — Histoire de la maison royale; — Dignités et offices; — Corps politiques; — Lois, coutumes, impôts, monnaies, commerce; — Histoire des provinces; — Histoire étrangère, négociations; — Cérémonial. Il est facile de voir au premier coup d'œil que ce cadre de classification est

très-défectueux, parce que les diverses parties en sont formées à des points de vue différents et rentrent les unes dans les autres ; il l'est en outre parce que ses éléments sont empruntés à des idées spéculatives et historiques, au lieu d'être puisés dans l'examen des fonds et des provenances, point capital sur lequel je reviens à l'instant.

Le Bullaire, qui forme une collection très-considérable et très-importante, procède également d'une pensée qu'on pourrait dire très-malheureuse si le classement des archives nationales n'avait été dominé par des circonstances politiques. Les membres du Bureau du triage prirent dans tous les fonds d'abbayes, d'églises ou d'autres établissements toutes les bulles de papes, et ils en remplirent deux cent vingt-sept cartons. Cette collection est très-intéressante en elle-même, sans doute, mais elle a morcelé les autres séries d'une manière aussi déplorable qu'inutile, car un assez bon nombre de bulles se trouvent encore disséminées dans les autres parties des archives, soit qu'elles aient échappé à la recherche des membres du triage, soit qu'elles proviennent de fonds qu'ils n'eurent pas entre les mains.

Longtemps après l'opération du triage on a encore quelquefois commis dans l'administration des archives la même erreur de démembrer des fonds.

En effet, la seule bonne et véritable méthode, en matière de classement d'archives, est le classement par *fonds*, c'est-à-dire celui qui consiste à réunir en un tout homogène et à coordonner seulement entre elles toutes les pièces qui appartiennent ou qui ont appartenu à un même corps, à un même établissement, à une même personne. Le classement par fonds est la base essentielle de toute organisation d'archives ; aussi est-il recommandé, comme première et principale prescription, aux archivistes des départements, dans la remarquable circulaire du 16 avril 1841, qui s'exprime à cet égard de la manière suivante :

« 1°. Rassembler les différents documents par fonds, c'est-à-dire former collection de tous les titres qui proviennent d'un corps, d'un établissement, d'une famille ou d'un individu. — Il importe de bien comprendre que le mode de classement par fonds consiste à réunir tous les titres qui étaient la *propriété* d'un même établissement, d'un même corps ou d'une même famille, et que les actes qui y ont seulement rapport ne doivent pas être confondus avec le fonds de cet établisse-

ment, de ce corps, de cette famille. Ainsi l'expédition d'un arrêt de parlement délivrée à un particulier ne sera pas classée dans le fonds du parlement, mais dans celui de la personne qui avait fait lever cette expédition ; une requête originale adressée au parlement par une commune ou une famille ne sera pas classée dans les papiers de cette commune ou de cette famille, mais dans ceux du parlement auquel la requête était adressée. Conséquemment encore, un projet de lettre ne peut faire partie du même fonds que la lettre elle-même : car un projet de lettre appartient à celui qui l'écrit ; la lettre, au contraire, est la propriété de la personne à qui elle a été adressée. »

C'est à l'application de cette méthode si rationnelle que vraisemblablement tendront de plus en plus les travaux qui s'exécutent dans toutes nos archives. Toutefois, des classifications artificielles et mauvaises par elles-mêmes, mais qui auraient acquis par un long usage une sorte de prescription, méritent peut-être qu'on les conserve lorsqu'elles ont l'avantage, comme le Bullaire dont il était question tout à l'heure, d'être accompagnées d'un bon inventaire. Au moyen de fiches de renvoi, il est toujours possible de reconstruire les fonds dans leur intégrité. Les remaniements de ce genre sont d'ailleurs dangereux, parce qu'ils exigent un temps énorme, et qu'en matière d'archives, la pire de toutes les opérations est d'avoir commencé et de ne pouvoir ou de ne savoir finir.

Aux Archives générales, pas plus que dans aucun autre dépôt il ne peut exister d'uniformité dans la coordination faite entre les pièces d'un fonds et celles d'un autre. Chacune de ces divisions peut suivre une classification différente, suivant l'origine, la nature, l'objet des pièces dont elle se compose. C'est ce qu'on verra en détail dans les inventaires placés plus loin, et ce que la circulaire du 16 avril 1841 formule en ces termes :

« Classer dans chaque fonds les documents suivant les matières, en assignant à chacune un rang particulier. Coordonner les matières, selon les cas, d'après l'ordre chronologique, topographique ou simplement alphabétique. »

Il ne faut donc pas croire qu'un enchaînement logique soit toujours nécessaire dans l'arrangement des documents qui forment un fonds ou une série. Cet enchaînement, qui établit des divisions et subdivisions raisonnées, offre l'avantage de mieux satisfaire l'esprit, de circonscrire les recherches sur un moindre

espace et, jusqu'à un certain point, de tenir lieu d'inventaire; mais le meilleur ordre est celui qui procure sûrement les recherches les plus rapides. Il y a toute une catégorie de fonds pour laquelle un ordre logique ouvre une grave difficulté : ce sont les fonds de papiers modernes, ceux qui proviennent, non pas de cours ou de communautés détruites, mais de corps ou d'établissements encore existants, et qui grossissent les archives par des versements périodiques. Le classement méthodique appliqué à ces sortes de fonds les contraint, jusqu'à ce qu'ils deviennent des séries terminées et fermées, à un déplacement perpétuel qui entraîne les plus grands inconvénients. Cette observation a été faite à l'hôtel Soubise, à l'occasion du rangement des papiers du ministère de l'intérieur; ils ont été classés avec une excellente méthode, mais qui donne lieu à des difficultés considérables lors de chaque versement nouveau du ministère.

Outre les versements, les archives ont parfois deux autres sources d'accroissement, mais si faibles qu'elles ne sont nullement de nature à y troubler l'ordre : je veux parler des achats et des dons. Les achats, heureusement, sont rares dans nos archives, et ils devraient être interdits tout à fait, sauf dans le seul cas où l'administration trouve à combler, à prix d'argent, les lacunes existant dans les collections qu'elle possède. C'est de cette manière qu'ont été achetés, sous l'administration de M. Letronne, plusieurs registres qui manquaient au Trésor des chartes, et, tout récemment, une bulle du pape Lucius III, qui avait appartenu à l'établissement. Mais les achats qui n'ont pas cette circonstance exceptionnelle pour excuse, c'est-à-dire les achats de pure curiosité[1], semblent devoir être interdits. Un dépôt d'archives n'est pas une bibliothèque; il ne doit recevoir que des versements officiels faits par l'autorité compétente, de façon qu'il y ait une garantie constante, sinon de l'authenticité de tous les documents qu'il recèle, au moins de la régularité de leur provenance.

Si une exception pouvait être apportée à cette rigueur, ce

---

[1]. Voici quelques exemples. Vingt et une pièces relatives à la famille de Bourbon furent achetées en 1817 (600 fr.). En 1846, une série de documents sur les États de Languedoc (6,000 fr.). L'achat le plus extraordinaire fait par les Archives, ou plutôt par le ministère de l'intérieur, qui força Daunou à le faire malgré lui, fut celui de cinq lettres ou rapports, minutés de la main de Napoléon, mais qui tous avaient été imprimés, et qui furent payés 8,000 fr.

serait, non pour les achats, mais pour les donations qui pourraient être offertes aux archives. Dans certains pays étrangers, les archives publiques sont en partie formées de papiers de famille qui leur sont apportés par la confiance et la libéralité des particuliers. Il est à regretter que le même usage n'existe pas dans nos mœurs, car il aurait préservé et préserverait encore tous les jours de la destruction bien des documents historiques qui sont perdus et détruits lorsque les familles s'éteignent. Les dons privés faits aux archives sont fort rares chez nous. En voici cependant deux exemples récents que je citerai pour l'honneur des personnes auxquelles ils sont dus. En 1849, MM. de Villiers du Terrage ont donné aux Archives générales sept portefeuilles d'un haut prix, car ils sont composés de rapports et de notes relatives au triage des titres, et provenant de leur père, l'un des principaux membres du Bureau du triage; en 1853, le dernier héritier d'une célèbre famille de magistrats qui prit grande part pendant le cours du dernier siècle aux travaux littéraires ordonnés par le gouvernement, M. Joly de Fleury, en remettant aux Archives quelques volumes qui lui étaient restés de ces travaux concernant le Trésor des chartes et le parlement, leur fit en même temps cadeau d'une importante collection de manuscrits du même genre s'élevant au nombre de six cent quatre-vingts volumes in-folio. M. de Saulcy a aussi fait présent à la section historique de quelques chartes du xiiie siècle.

Le classement des titres par fonds rend très facile celui des fonds eux-mêmes en diverses catégories. Ces grandes divisions ont reçu, aux Archives générales, le nom de sections.

C'est à M. Daunou, ainsi qu'il est dit ci-dessus (page 17), qu'appartient le mérite de cette distribution générale du dépôt, qui se décomposait avant lui en cinq parties : les papiers des Assemblées nationales, le dépôt des cartes et plans, le dépôt des titres judiciaires, le dépôt des titres domaniaux et le bureau des monuments historiques. Les quatre premières parties remontaient aux jours mêmes de la fondation de l'établissement, en 1789 : ce sont les sections législative, topographique, judiciaire et domaniale. Le bureau des monuments historiques, appelé depuis section historique, naquit de la suppression du bureau du triage des titres : il avait été réuni aux Archives et était entré en exercice le 1er brumaire an X (23 octobre 1801). La création de la section administrative, formée principalement

des papiers versés par le ministère de l'intérieur, n'eut lieu que quelques années plus tard.

M. Daunou coordonna ces six catégories ou sections, et partagea entre elles la totalité du dépôt de la manière suivante :

Section législative.
    A. Collections de lois.
    B. Procès-verbaux des Assemblées nationales.
    C. Pièces annexées aux procès-verbaux.
    D. Comités et députés en mission.

Section administrative.
    E. Administration générale. Gouvernement.
    F. Ministères.
    G. Administrations spéciales.
    H. Administrations locales.

Section historique.
    I. Trésor des chartes.
    K. Monuments historiques.
    L. Monuments ecclésiastiques.
    M. Mélanges historiques.
    — Bibliothèque.

Section topographique.
    N. Division géographique et population de la France.
    O. Cartes et plans.

Section domaniale.
    P. Chambre des comptes.
    Q. Titres domaniaux.
    R. Domaines des princes.
    S. Biens ecclésiastiques.
    T. Séquestres, confiscations et ventes.

Section judiciaire.
    V. Grande chancellerie et conseils.
    X. Parlement de Paris.
    Y. Châtelet.
    Z. Cours et juridictions spéciales.
    &c. Tribunaux criminels extraordin.

Une septième section fut créée par ordonnance royale, le 31 juillet 1829 ; mais elle fut supprimée bientôt par une autre ordonnance, le 30 septembre 1830. Cette subdivision nouvelle, appelée section départementale, devait être uniquement composée, aux termes de l'ordonnance, « d'inventaires exacts et réguliers des titres, actes et documents existant dans

les archives des départements et des communes, en double, l'un restant au dépôt local, l'autre au dépôt central des archives du royaume. »

Les six autres sections sont aujourd'hui réduites à trois, par suite d'éliminations successives qui eurent pour principal motif le désir de produire une légère économie au budget en supprimant des titres de chefs de sections.

La section topographique disparut la première, au mois de décembre 1823; elle fut fondue dans la section domaniale. Celle-ci, à son tour, fut supprimée et jointe à la section administrative le 1er janvier 1846.

La section judiciaire, lorsqu'elle eut été transportée des bâtiments du Palais-de-Justice dans ceux de l'hôtel Soubise, fut, au mois de mai 1847, réunie à la section législative.

En 1848, quand l'annexion de trois vastes et importants dépôts, ceux de la secrétairerie d'État, de la liste civile et de la chambre des pairs vinrent grossir les archives nationales, on ne créa cependant aucune division nouvelle, mais on joignit le dernier de ces trois dépôts à la section législative, et l'on surchargea la section administrative des deux autres.

Les Archives centrales de France sont donc divisées en trois catégories, dont voici les titres officiels et la composition :

I. SECTION HISTORIQUE. Un chef; cinq archivistes.
II. SECTION ADMINISTRATIVE-DOMANIALE. Un chef.
    Partie administrative : deux archivistes.
    Partie domaniale : deux archivistes.
    Secrétairerie d'État : deux archivistes.
    Archives de la couronne : deux archivistes.
III. SECTION LÉGISLATIVE-JUDICIAIRE. Un chef.
    Partie législative : deux archivistes.
    Partie judiciaire : trois archivistes.

Le personnel est, comme on le voit, ou plutôt était, il y a peu de temps, distribué de façon que chaque partie du dépôt étant confiée aux soins de deux personnes au moins, le service n'eût jamais à souffrir des cas d'absence, de maladie ou d'empêchement quelconque. Par là était organisée une sorte d'aide, d'instruction, et en même temps de contrôle mutuels également nécessaires au bon ordre. Ce principe salutaire est complétement oublié en ce moment, et, dans la section administrative, par

exemple, il y a trois services sur quatre qui, depuis plus d'une année, reposent chacun sur la responsabilité d'une seule personne; il y a même tels archivistes auxquels il est expressément interdit de s'occuper de la partie à laquelle ils ont été attachés par leur titre de nomination ministérielle. Ce sont là, il est vrai, des abus passagers qui ne peuvent prévaloir contre le système si universellement admis et préféré aujourd'hui de diviser le personnel des archives et des bibliothèques en spécialités qu'on change le moins possible, et qui acquièrent avec le temps une incontestable supériorité de connaissances.

En dehors des sections se place le secrétariat, composé aujourd'hui du secrétaire comptable, d'un archiviste, enlevé momentanément au travail des sections, et d'un commis d'ordre ou chef du matériel. Jusqu'en 1838, les fonctions de secrétaire furent exercées par un *secrétaire général*, qui était à la fois le chef de la section législative; elles étaient alors d'une très-haute importance. Le secrétaire général dirigeait tout, sous les ordres du garde des archives, et, en cas d'empêchement de ce dernier, se trouvait naturellement investi de l'intérim. Aujourd'hui le secrétaire comptable est seulement chargé de recevoir les visites du public pour les demandes de communications, de tenir les registres et la correspondance de l'administration, de garder les archives du secrétariat, enfin de gérer, comme son nom l'indique, ce qui concerne la comptabilité.

CHAPITRE IV.

COMMUNICATIONS. — EXPÉDITIONS. — SCEAU.

Après la conservation et le classement des documents, le principal soin de l'administration des Archives consiste dans la communication qu'elles en doivent, soit aux agents du gouvernement pour l'expédition des affaires, soit aux personnes privées pour leurs divers intérêts.

Le service des communications aux Archives de l'empire est organisé aujourd'hui d'une manière fort compliquée : elles sont extrêmement lentes et extrêmement difficiles; mais on peut regarder ce service comme suffisant en ce qui concerne les moyens

employés par l'administration pour mettre sa responsabilité à couvert, afin de ne pas communiquer légèrement toutes sortes de documents et d'empêcher les abus qui pourraient résulter de la communication.

Là, comme dans les autres parties de l'établissement, le système en usage maintenant n'a pas été créé tout d'une pièce. Pendant les vingt premières années, rien n'était organisé sous ce rapport; le nombre des visiteurs était trop restreint pour qu'on les soumît à un règlement. Les personnes qui avaient besoin de pièces ou de renseignements écrivaient à l'archiviste ou se présentaient elles-mêmes, soit aux archives de l'Assemblée, soit au dépôt judiciaire ou au dépôt domanial, et obtenaient une réponse sans qu'il en restât de traces, à moins qu'elles ne se fussent fait délivrer une expédition; et encore les expéditions délivrées par les archives de l'Assemblée nationale et du Corps législatif ayant été déclarées gratuites, n'étaient pas nécessairement enregistrées.

Ce fut seulement à partir du 1er janvier 1812 qu'on commença d'exiger, pour chaque demande adressée à l'administration, un bulletin contenant toutes les indications propres à la constater et à en conserver le souvenir. Mais jusqu'au temps de **M. Letronne** les ordres donnés à cet égard ne furent pas très-rigoureusement exécutés. Aujourd'hui nulle expédition, nulle communication n'est faite, nul renseignement historique ou administratif n'est donné que lorsque l'auteur de la demande l'a rédigée par écrit sur un bulletin préparé à cet effet, et indiquant son nom, sa profession, sa demeure, l'objet précis et détaillé de sa demande, jusqu'au motif même, ce qu'on pourrait taxer d'exigence abusive, jusqu'au motif qui le porte à la faire : tel procès à soutenir, telle affaire à suivre dans les bureaux d'un ministère, tel ouvrage à publier, tel point historique à étudier; le tout daté et signé. Grâce à cette exigence, plutôt gênante il est vrai que dangereuse, et avec une pareille moisson de renseignements, le directeur tient dans son cabinet les éléments du travail et jusqu'à la pensée de tous ceux qui viennent aux archives. Du secrétariat, où il est écrit, le bulletin passe, le soir ou le lendemain matin, sous les yeux du directeur, qui approuve la demande ou la rejette; puis il est inscrit sur un registre-journal, remis ensuite au chef de section dans le département duquel la recherche doit être exécutée, transmis enfin par ce dernier à l'archiviste qui l'exécute et qui rapporte le bulle-

tin au secrétariat, après y avoir consigné en marge le résultat du travail auquel il s'est livré. On me pardonnera la minutie de ces détails : ils étaient nécessaires pour expliquer un mécanisme dont le public a toujours de la peine à comprendre les lenteurs.

Les fonctionnaires du gouvernement, les avocats et les officiers ministériels, les littérateurs et les érudits, habitués à obtenir dans les ministères, les greffes ou les bibliothèques publiques des communications rapides, se plaignent amèrement des formalités qui entravent l'abord des archives. Il est aisé de voir cependant qu'un dépôt où sont renfermés des pièces judiciaires, des papiers politiques et de police, des correspondances ministérielles et d'autres documents analogues d'une date récente, ne pourra jamais faire droit aux demandes qui lui sont adressées avec l'extrême facilité qu'on peut rencontrer ailleurs.

Une distinction fort importante doit donc être faite. Les papiers politiques, administratifs ou judiciaires d'une époque récente ne peuvent être livrés que sur bon examen; c'est à leur égard que le directeur est véritablement un fonctionnaire public dont la mission est souvent délicate à remplir. Mais quand les Assemblées nationales ont fait rassembler dans leurs archives l'ancien Trésor des chartes des rois de France, les liasses et registres du parlement de Paris, les chartriers des communautés supprimées, les papiers de l'ancienne chambre des comptes, ont-elles voulu soustraire ces titres à l'indiscrétion publique, ou bien n'en ont-elles ordonné la réunion dans le même lieu que pour en faciliter l'accès? N'est-il pas évident qu'il n'y a aucun rapport, quant aux précautions à prendre, entre la communication de ces titres antiques et les communications délicates auxquelles je faisais tout à l'heure allusion? Les soins matériels que leur conservation exige sont les seules bornes qu'admette le prêt qui peut en être demandé, et qu'on ne saurait trop favoriser. Pour eux le directeur général des Archives est un *bibliothécaire*, et personne ne saurait concevoir la cause mystérieuse qui doit nécessairement rendre difficile la communication d'un registre du Trésor des chartes parce qu'il se trouve dans les Archives, tandis qu'elle sera très-facile, au contraire, pour les plus précieux volumes de la même collection, les cartulaires de Philippe-Auguste, par la raison que ceux-ci se trouvent accidentellement avoir été réunis aux manuscrits de la Bibliothèque impériale. Il est donc fâcheux que, pour des recherches de

pure érudition, les mêmes lenteurs soient exigées par l'administration que pour les demandes les plus hasardées, et qu'on voie souvent l'homme de travail préférer l'abandon d'une étude à la chance de perdre au seuil des archives une trop grande partie de son temps.

D'autres faits viennent encore à l'appui de cette observation. J'ai parlé plus haut (p. 24) de l'heureuse innovation que M. Letronne a introduite en établissant une salle particulière pour le travail du public. Depuis lors, les étrangers ne pénètrent jamais dans les bureaux, mais seulement dans la pièce qui leur est affectée, où l'on apporte les documents qu'il leur est permis de consulter, et où chaque employé, à tour de rôle, préside pendant une semaine. Depuis l'année 1849, cet employé rédige tous les jours, pour le directeur, un rapport détaillé de ce qui s'est passé dans la salle. Ce rapport mentionne ainsi quotidiennement : 1° le nom et l'adresse de chacune des personnes qui sont venues travailler pendant la journée; 2° le numéro d'enregistrement et la date de la demande; 3° la nature de cette demande et les documents qui ont été communiqués; 4° l'heure et le moment où chaque personne est arrivée dans la salle; 5° le moment où elle en est sortie; 6° les observations diverses que l'employé a pu faire. Les communications accordées par l'établissement au public studieux sont donc enregistrées avec un luxe de détails extrême; or ces détails ne suffisent-ils pas et au delà pour donner à l'administration, quant aux demandes purement historiques, toutes les garanties qu'elle a droit d'exiger? Pour des communications banales telles que celle qui consiste à laisser voir un arrêt du parlement, une pièce du Trésor des chartes, un volume d'aveux de la chambre des comptes, un ancien plan, un cartulaire du moyen âge, tant d'autres documents qui ne doivent avoir assurément rien de secret, et qu'on pourrait désigner à l'avance par une mesure générale[1], il n'y aurait peut-être même aucun inconvénient à ce qu'elles fussent autorisées immédiatement, comme à la Bibliothèque impériale, sous la simple responsabilité d'un employé.

Le chiffre des demandes faites annuellement aux Archives de l'empire n'est pas très-considérable eu égard à l'importance du dépôt et au nombre des employés. Le dernier bulletin de demandes inscrit sur les registres au 31 décembre 1853 portait le

---

[1]. La presque totalité des séries J, K, L, M, O, P, Q, R, S, T, V, X, Y, Z est dans ce cas.

numéro 15725; mais il s'en faut de beaucoup que ce soit là le nombre des demandes soumises à l'administration depuis le 1er janvier 1812, époque où commença l'usage de ces bulletins. En effet, jusqu'en 1840, les communications, par tolérance, furent souvent admises sans note écrite. En second lieu, de 1812 à 1840, les demandes appelées *productives*, c'est-à-dire qui entraînaient la perception de droits d'expédition au profit du trésor, formèrent une série à part qui compte plus de cinq mille articles; enfin la même personne peut écrire toute une série de demandes sur le même bulletin, en sorte que ces derniers sont toujours moins nombreux que les demandes. Voici quel a été le chiffre des bulletins durant les sept années dernièrement écoulées.

En 1847, bulletins nos 10,483 à 10,994, total 511
    1848, — 10,995 à 11,390, — 395
    1849, — 11,391 à 11,966, — 575
    1850, — 11,967 à 12,620, — 653
    1851, — 12,621 à 13,215, — 594
    1852, — 13,216 à 14,925, — 1709 [1]
    1853, — 14,926 à 15,725, — 799

La partie la plus considérable des demandes adressées à l'administration des Archives se compose de celles faites par des particuliers et des communes dans un intérêt utile, c'est-à-dire la plupart du temps pour soutenir un procès. Les arrêts des anciens conseils du roi, ceux du parlement et des autres juridictions du royaume, les déclarations de biens, les aveux et dénombrements, les anciens plans de propriétés immobilières, sont les documents les plus consultés pour ce premier groupe de recherches.

Les renseignements et les communications demandés par les différents ministères et par les administrations qui en dépendent forment une seconde catégorie qui s'adresse principalement aux documents de la section administrative.

Enfin les recherches faites dans un intérêt scientifique, et qui sont pour la plupart des recherches d'histoire, forment un troisième et dernier groupe fort distinct des deux autres, moins

---

[1]. L'élévation de ce chiffre tient à une circonstance accidentelle, à la liquidation des pensions qui furent accordées par l'État en 1852 aux anciens serviteurs de la liste civile, circonstance qui amena cette année 1190 personnes aux Archives pour obtenir des certificats de leurs services. Si l'on défalque ces 1190 certificats, il reste 519 pour chiffre normal des demandes de l'année.

considérable que le premier, plus considérable que le second, et dans lequel on peut signaler en passant cette particularité, que les travaux héraldiques et généalogiques y entrent pour un tiers.

Telles sont du moins les données fournies par l'examen des demandes faites à une époque récente (1845-1850) pendant six années consécutives. Le tableau suivant donne le résumé de cet examen. On n'y doit voir qu'un résultat approximatif. Il ne serait pas possible d'établir ce dénombrement avec une rigoureuse exactitude, car l'administration ne peut jamais être sûre du but dans lequel une recherche est faite, lors même qu'elle exige qu'on le lui déclare, et il y a nombre de demandes qui pourraient être rangées dans plusieurs catégories différentes. Tel qu'il est, pourtant, ce tableau ne paraîtra peut-être pas dénué d'intérêt.

		1845.	1846.	1847.	1848.	1849.	1850.
Demandes des ministères.	Intérieur.............	96	73	51	60	70	74
	Instruction publique...	1	4	1	4	12	12
	Justice.............	1	1	1	1	»	1
	Marine.............	»	»	»	»	2	1
	Guerre.............	»	»	1	»	»	»
	Travaux publics......	8	5	14	4	10	7
	Commerce et agricult..	»	1	2	3	1	»
	Affaires étrangères....	»	»	»	1	1	»
Demandes d'administrations diverses : Enregistrement et Domaines ; Forêts ; Police ; Ponts et Chaussées ; Hospices, etc.................		42	35	30	29	54	76
Demandes faites par des particuliers ou des communes dans un intérêt d'affaires, principalement par des plaideurs pour leurs procès ou par des pétitionnaires pour des réclamations adressées par eux à l'administration.................		173	160	232	209	296	360
Demandes faites dans un but purement scientifique ; documents historiques ou littéraires ; vérification des étalons de poids et mesures du système décimal déposés dans l'armoire de fer des Archives ; demandes de renseignements sur l'ordre et le classement suivis dans l'établissement, etc.................		115	141	189	91	147	226

La Bibliothèque impériale prête journellement au dehors les

livres et même les plus précieux manuscrits que viennent lui emprunter pour leurs études une foule de personnes qui ont seulement besoin, pour obtenir cette faveur, de s'être fait connaître par quelques travaux littéraires et d'avoir justifié de leur demeure et de leur qualité. C'est donc une faveur accordée avec la plus généreuse libéralité. Aux Archives de l'empire il ne peut en être de même, et le prêt au dehors y a toujours été rigoureusement interdit. Pendant ces vingt dernières années il n'a été accordé, que nous sachions, qu'à trois écrivains très-haut placés. Ils ne l'ont obtenu que sur un ordre spécial du ministre de l'intérieur, et la permission n'était pas générale, mais restreinte à de certains documents déterminés.

Dans l'origine, l'interdiction était bien plus formelle encore ; il fallait une loi pour faire sortir une pièce des Archives de la république ; les membres de l'Assemblée nationale, les comités eux-mêmes étaient soumis à la même règle, et pendant l'administration de M. Camus (1789-1805), les ministres recevaient des Archives nationales tous les renseignements, toutes les expéditions dont ils avaient besoin, mais jamais une pièce ne leur était confiée.

Cette rigueur, à l'égard du gouvernement lui-même, est tombée en désuétude depuis que les ministères versent aux Archives leurs papiers, et redemandent souvent des dossiers d'affaires qu'on croyait terminées et qui ne le sont pas.

Expéditions. — Tout dépositaire public d'archives est tenu de délivrer expédition des pièces renfermées dans son dépôt, et dont la connaissance importe à des tiers. C'est le directeur général seul, aux Archives de l'empire, qui signe les expéditions[1], et sa signature a toujours fait foi devant toutes les juridictions.

Cette signature est mise au bas d'une formule ainsi conçue :

« Vu et collationné par nous directeur général des Archives de l'empire sur l'original (ou la copie, ou etc.) déposé à la section.... des Archives de l'empire sous le n°.... de la série.... En foi de quoi nous avons signé la présente expédition et fait apposer le sceau desdites Archives. »

La formule était véridique du temps de M. Camus, mais de nos jours elle est devenue purement de style, car le chef de l'établissement n'a véritablement pas le temps qu'il faudrait pour collationner toutes les expéditions qu'il délivre. Un em-

---

[1]. Dans l'origine, les chefs des dépôts domanial et judiciaire signaient eux-mêmes les expéditions délivrées dans leur dépôt et avaient pour les authentiquer un sceau spécial.

ployé de la section à laquelle appartient la pièce demandée grossoie l'expédition et un autre, qui la collationne, y appose son parafe; mais celui qui écrit ne signe rien et le directeur, qui signe, ne collationne rien. Ce n'est assurément pas un système propre à garantir la parfaite fidélité des expéditions. Cette fidélité serait plus sûre, et en même temps la vérité serait sauvée, si les chefs de section signaient ces expéditions après les avoir collationnées, et que le directeur n'intervînt que pour légaliser leur signature.

Il est rare que la section historique ait des expéditions à délivrer; mais les autres divisions de l'établissement en ont au contraire un assez grand nombre; les sections judiciaire, administrative et domaniale en sont quelquefois accablées. Le nombre total des expéditions sortant chaque année de l'établissement s'est élevé dans ces dernières années à 5 ou 600 rôles par an; en 1851 il a été de 562; en 1852, il a atteint le chiffre de 925 rôles.

Les expéditions faites à la demande des différents ministères s'exécutent sans frais; mais les particuliers n'en obtiennent qu'en payant certains droits, à moins qu'ils ne produisent un certificat d'indigence signé du maire de la commune dans laquelle ils sont domiciliés. Ces droits sont de 2 fr. par chaque rôle d'expédition, plus 1 fr. pour une recherche, quel que soit le nombre de rôles expédiés par suite de la recherche; plus le prix du papier timbré (25 centimes la feuille). Les expéditions de plans se payent 3 fr. par décimètre carré.

Au moment où les Archives de l'empire tendaient à devenir les archives centrales de l'Europe entière, on avait fondé de vastes espérances sur le produit des expéditions. Le ministre de l'intérieur, M. de Montalivet, rendit le 6 mai 1812 un arrêté rédigé en trois langues, en français, en italien et en allemand, dans lequel il prescrivit un tarif très-exagéré qui fut loin de produire les résultats qu'on en attendait. Le simple droit de faire faire une recherche aux Archives pouvait être payé jusqu'à 30 fr. par pièce communiquée et 3 fr. par registre. Dans certains cas les expéditions pouvaient donner lieu à un droit de 20 fr. par rôle. Cet arrêté avait été rédigé par Daunou, mais sous l'inspiration immédiate de l'empereur [1]; il ne fut pas possible de l'exécuter plus de quelques mois. On en vint bientôt à

---

[1]. L'article 11, qui n'est pas le moins exagéré de tous, appartient en propre au ministre de l'intérieur, qui l'ajouta au projet de Daunou.

ne rien percevoir pour les simples communications, et à n'exiger, pour les expéditions, que le plus faible degré de l'échelle de droits excessifs qu'on avait voulu établir. Réduit à ces termes, le règlement du 6 mai 1812 est encore en vigueur aujourd'hui. Il se trouve rapporté ci-après, aux Pièces justificatives.

Le produit des expéditions encaissé chaque année par les Archives est versé au Trésor. Le chiffre en est ordinairement de 1,500 à 2,500 fr.; une seule fois, en 1826, il s'est élevé à 4,050 fr., et une autre fois, en 1817, à 3,216. Sauf ces deux exceptions, il n'a jamais atteint 3,000 fr., et il est descendu, en 1813, à 936 fr., et, en 1848, à 830.

Sceau. — Le sceau des Archives, apposé au bas des expéditions délivrées par l'établissement, est destiné à prouver, concurremment avec la signature du garde général ou directeur, l'authenticité de l'expédition. Le sceau sans la signature ou la signature sans le sceau sont également insuffisants pour valider la pièce. Cependant il faut observer que dans l'usage l'apposition du sceau est un fait matériel exécuté par un employé (le commis d'ordre), sur un ordre du directeur, après que celui-ci a signé. Par conséquent, l'expédition revêtue d'un sceau sans signature ne serait pas seulement non acceptable, elle serait par cela seul suspecte; tandis que la signature, mise qu'elle est nécessairement au bas d'une phrase qui contient l'ordre d'apposer le sceau[1], pourrait jusqu'à un certain point suppléer à ce dernier.

Depuis leur création, les Archives ont eu déjà *neuf* sceaux différents, en sorte que la vérification du sceau devient de plus en plus compliquée. Il serait donc utile, à plusieurs points de vue, d'avoir la figure de chacun de ceux qui ont été successivement employés, avec la date du jour où l'on a commencé d'en faire usage. Mais une liste aussi exacte, l'administration elle-même ne pourrait plus aujourd'hui la présenter. J'y suppléerai de mon mieux par les renseignements suivants :

1. Le premier de ces sceaux est ordonné et décrit dans la loi du 12 septembre 1790 en ces termes : « Le sceau des expéditions portera pour type ces mots : La Nation, la Loi et le Roi; pour légende : Archives nationales de France. »

2. L'un des premiers actes de la Convention fut de changer le sceau où le nom du roi figurait. Dans son procès-verbal du 22 septembre 1792, on lit :

[1]. Voyez la formule plus haut, p. 63.

« Un membre demande, et la Convention décrète que le sceau des Archives sera changé et portera pour type une femme appuyée d'une main sur un faisceau, tenant de l'autre main une lance surmontée d'un bonnet de la liberté, et pour légende ces mots : *Archives de la République française.* »

Ce sceau, que voici, répond exactement aux prescriptions du décret.

3. Le sceau de l'empire n'a pu, comme on l'a vu plus haut, page 16, remplacer que vers le mois de février 1805, celui de la république.

Ce sceau était celui dont on se servait au chef-lieu des Archives; mais à la même époque, les sections judiciaire et doma-

male faisaient toutes deux usage de sceaux particuliers, qui ne différaient d'ailleurs de celui-ci que par la mention du nom de la section, gravé dans la partie inférieure.

4. On conserve aux Archives de l'empire une lettre du 10 octobre 1814, par laquelle le ministre de l'intérieur annonce au chef de cet établissement que les projets de nouveaux sceaux proposés par lui pour les expéditions à délivrer désormais par les Archives, sont approuvés. Le sceau dont il s'agissait dans cette lettre, sans doute, est celui-ci, qui servit pendant tout le cours de la restauration :

5. Sceau des Archives pendant le règne du roi Louis-Philippe :

6. Sceau des Archives sous le régime républicain de 1848 à 1853 :

7. Au mois de novembre 1853, on a repris le sceau employé sous l'empire, mais avec cette légende dont j'ai signalé (p. 47) le caractère peu véridique : *Empire français ; direction générale des archives.*

CHAPITRE V.

PERSONNEL ET BUDGET.

L'administrateur qui dirige les Archives de l'empire ne subit d'autre contrôle que celui du chef du gouvernement, par lequel il est nommé, et du ministre d'État, dans le département duquel l'établissement a été placé au mois de février 1853, bien qu'il eût presque toujours été dans le ressort du ministre de l'intérieur. Il a porté successivement les titres d'archiviste de l'Assemblée nationale ou archiviste national, archiviste de la république, archiviste ou garde des Archives de l'empire, garde général des Archives du royaume, garde général des Archives nationales ; enfin depuis le 7 juillet 1853 il a pris, en vertu d'un décret annoncé au *Moniteur universel* du jour, le titre de directeur général des Archives de l'empire.

Il a toujours été élu par l'Assemblée ou nommé par le chef de l'État, jamais par les ministres. A l'origine, quand les Ar-

chives n'étaient que le dépôt des papiers de l'Assemblée nationale, il avait la disposition entière du sort de ses employés ; il les nommait et les révoquait à son gré. Lorsque furent créés les dépôts judiciaire et domanial, les chefs de ces dépôts, quoique placés sous la dépendance de l'archiviste, furent élus, comme lui, par l'assemblée, et chargés, comme lui, de pourvoir aux emplois dans leurs bureaux respectifs. L'arrêté du 8 prairial an VIII avait formellement réservé ce droit de l'archiviste à nommer ses subordonnés, et il y avait même assujetti les dépositaires particuliers ou chefs de section. Mais l'administration impériale supprima de fait cette prérogative, qui, par suite d'un petit événement qu'on trouva fort honorable pour Daunou, fut regardée par le gouvernement comme trop étendue. Marie-Joseph Chénier était tombé dans la détresse par l'imprévoyance de son caractère, et, en même temps, par la sincérité de ses sentiments républicains il n'avait cessé d'attirer sur lui les défiances de l'autorité. Daunou, qui était depuis longtemps son ami, le sauva de la misère et du désespoir à ses propres risques et périls : il le nomma employé aux Archives (juin 1807), et l'empereur, à ce qu'on raconte, moins courroucé que touché de cet acte, se contenta de dire, en l'apprenant : « Voilà un tour que m'a joué Daunou. » Mais, depuis lors, paraît s'être complétement effacé de la pratique le privilége qu'on avait cru devoir accorder à l'archiviste, à cause de la grande responsabilité qui pesait sur lui comme dépositaire, de choisir et de nommer lui-même tous les membres de son administration. Leur nomination, à partir de cette date, a toujours été faite par arrêté ministériel. Aussi peut-on dire que, maintenant, le vrai principe est que l'État confie la garde de ses archives, non pas à une seule personne résumant en elle la responsabilité collective de toutes les autres, mais à tous ceux individuellement que sa nomination y appelle. Les garçons de bureau et les autres gagistes sont seuls à la disposition absolue du directeur.

Ce titre de directeur général des Archives de l'empire français, consacré par un avis du *Moniteur universel,* est de nature à induire en erreur. Entre les archives appelées aujourd'hui Archives de l'empire, et les autres dépôts répandus sur tout le territoire de la France, il n'existe pas le moindre lien administratif. Toutes les archives départementales et communales relèvent du ministère de l'intérieur, celles des ministères ressortissent chacun à un ministre ; quant à l'administration qualifiée

aujourd'hui de *direction générale des Archives de l'empire français*, son action ne s'étend pas au delà des murs de l'hôtel Soubise, et son titre est en contradiction notoire avec la vérité; elle est même si loin de diriger hors de son enceinte, que depuis un arrêté du ministre de l'intérieur en date du 12 janvier 1854, le chef de cet établissement ne fait plus partie de droit, comme il en avait fait partie jusque-là, de la commission centrale des archives départementales et communales. Je n'apprécie point le fait; je le constate seulement. Il y a des États où les archives sont très-bien organisées et où cette direction générale existe de fait en même temps que de nom; mais alors elle est chargée de soins purement administratifs, et ne s'ingère point dans le détail des travaux scientifiques; elle n'est pas attachée à un établissement plus qu'à un autre, et n'offre pas le danger de tout absorber au profit d'un seul; elle plane également sur tous en les coordonnant.

Pendant que le garde général ou directeur des Archives de l'empire donne l'impulsion à son établissement tout entier, le représente dans tous les rapports extérieurs, et y décide presque toutes les questions en dernier ressort, les chefs des sections sont, par la nature de leurs fonctions, spécialement chargés de la direction des travaux intérieurs, je veux dire des travaux d'archives proprement dits, des recherches, des classements et des inventaires. Ces attributions sont importantes. Malheureusement pour les archives, il n'y a presque pas d'exemple, au moins n'y en a t il pas un seul depuis plus de vingt ans, qu'un chef de section ait été choisi parmi les employés. C'est un état de choses très fâcheux et d'où résulte en partie l'impuissance à laquelle cet établissement semble être condamné de jamais faire l'inventaire des richesses qu'il renferme. On conçoit que le directeur, délégué spécial investi de la confiance particulière du gouvernement, soit toujours un étranger; mais quel renversement de logique si les chefs de section le sont aussi, et qu'ils doivent recevoir l'instruction et la tradition de leurs employés, de ceux-là mêmes auxquels ils sont, au contraire, chargés de les donner. Comment pourraient-ils, dès lors, ne pas apporter chacun ses idées particulières, nouvelles, disparates, au lieu de prendre simplement une part dans ces travaux pleins de de suite et d'abnégation que recommandait Camus[1], et qui

---

[1]. Voyez ci-dessus, p. 48.

exigent, disait-il avec raison, le concours de plusieurs générations successives. Camus signalait, en l'an IX, les dangers du manque de suite dans le travail des archives, et rien n'ayant été fait pour y obvier, on ne pourrait pas citer aujourd'hui un seul travail important et complet, un seul inventaire entièrement et définitivement rédigé dans tout l'établissement, bien que le travail de vingt personnes s'y absorbe chaque jour depuis cinquante ans. La besogne journalière des recherches faites pour satisfaire aux demandes du public, celle des classements, celle trop fréquente des changements et des déménagements, surtout les travaux sans cesse commencés, interrompus, repris, abandonnés, ont dépensé cette masse énorme de temps et d'efforts sans résultat sensible. C'est ce qui continuera indéfiniment tant que la direction principale et les directions divisionnaires seront remises à des personnes nouvelles qui arrêteront l'œuvre de leurs prédécesseurs ou la recommenceront au lieu de la poursuivre.

Les chefs de section enseignent et dirigent ; les employés sont les hommes spéciaux par l'intelligence et les mains de qui le travail s'exécute ; chaque mois ils en rendent compte à leur chef dans un rapport spécial. Aux Archives de l'Assemblée nationale, c'étaient de simples commis ou expéditionnaires, et leur titre officiel était le même que celui des gens attachés aux écritures de l'Assemblée : on les appelait secrétaires commis, titre qui leur est resté sur les états d'appointements des Archives jusqu'en 1846. La section historique seule conserva jusqu'à la même époque à ses membres la qualification d'hommes de lettres, qui était un héritage du bureau des monuments historiques. Le règlement du 15 novembre 1846[1] changea ces appellations et donna à tous les employés indistinctement celle de commis archivistes; un peu plus tard cette dernière fut encore transformée par autorisation ministérielle et remplacée, au mois de février 1852, par celle d'archivistes aux Archives nationales, aujourd'hui archivistes aux Archives de l'empire. La revue de ces titres n'est pas une puérilité : d'abord parce qu'ils ont été ou sont officiels, puis parce qu'ils répondent assez bien aux valeurs diverses de ceux qui les ont portés. C'étaient, à l'origine, de simples expéditionnaires; plus tard se sont joints à eux les littérateurs et les feudistes du Bureau du triage

---

[1]. Ce règlement est sans importance, et d'ailleurs tout à fait tombé en désuétude.

et du Bureau des monuments historiques; mais sauf la brillante époque de 1810 à 1815, où des savants d'une grande distinction prirent place dans les commissions étrangères, surtout dans la commission italienne, la moyenne des employés de l'établisse-blissement resta longtemps à la valeur de simples commis; enfin, dans ces dernières années, ils se sont élevés, par leur érudition, par des ouvrages particuliers, par une intelligence plus haute de leurs fonctions, à la position de véritables archivistes. C'est ce dont on pourra s'assurer aisément par l'examen des détails consignés dans la liste alphabétique placée un peu plus loin.

Les garçons de bureau eux-mêmes, qui loin d'être des auxiliaires sans importance, sont spécialement chargés de certaines portions du travail d'archives, telles que la pagination des registres et l'estampillage, ont notablement participé de cette progression qui, depuis quinze ans, a de beaucoup haussé dans tout l'établissement le niveau du personnel.

Le personnel entier des Archives de l'empire, et l'indication des émoluments qu'il perçoit chaque année, forment aujourd'hui le cadre suivant :

Un directeur général............................	15,000 fr.
Secrétariat. Un secrétaire comptable.............	4,000
Un archiviste............................	2,000
Un commis d'ordre................	2,200
Section historique. Un chef de section...........	6,000
Quatre archivistes à 3,000 fr.........	12,000
Un archiviste à 1,500 fr............	1,500
Section administrative-domaniale. Un chef de section.	6,000
Un archiviste à......................	4,000
Un — à....................	3,000
Un — à....................	2,900
Deux — à 1,500...............	3,000
Section législative-judiciaire. Un chef de section....	6,000
Trois archivistes à 3,000 fr...........	9,000
Un archiviste à....................	1,500
Six garçons de bureau de 900 à 1,000 fr.,........	5,800
Deux hommes de peine à 900 fr...............	1,800
Un concierge...........................	1,000
	86,700 fr.

Tel est l'état actuel, mais incomplet en ce qu'il y manque

---

1. Il n'y a pas d'archiviste attaché de droit au secrétariat. Celui-ci appartient à la section judiciaire et n'est placé au secrétariat que par la volonté du directeur.

quatre archivistes[1] (décédés ou démissionnaires) depuis dix-huit mois, et qui n'ont pas encore été remplacés; aussi la somme portée au budget de 1854 pour les dépenses du personnel de l'établissement est-elle de 94,000 fr. et non de 86,700 fr.

Le budget contient en outre une somme de 20,000 fr. pour les frais du matériel ainsi répartis :

Dépenses intérieures................................	12,000 fr.
Achats de documents historiques et moulage de sceaux.	2,000
Réparation de cartons	3,000
Achat de cartons.............................	2,000
Reliures.....................................	1,000

Le budget des Archives générales de France a nécessairement varié d'une manière sensible suivant les différentes phases d'accroissement ou de diminution qu'elles ont subies. Avant l'an VIII, l'Assemblée, au lieu de procéder à leur égard par budgets annuels, votait, sur la proposition de l'archiviste, des lois par lesquelles elle assurait les dépenses à l'avance au fur et à mesure des besoins du service. Voici la liste des sommes que l'établissement a coûté à l'État depuis l'an IV.

An IV. Loi du 30 floréal.....................	50,000 fr.
Outre 350,000 fr. en assignats qui avaient été votés le 24 frimaire et le 20 ventôse de la même année.	
An V. Loi du 4 brumaire.....................	25,000
An VI. Loi du 22 frimaire....................	54,000
An VII. Loi du 21 vendémiaire 58,760 Loi du 6 floréal 18,300	77,060
An VIII. Lois du 3 nivôse et du 25 ventôse.......	94,181
An IX.....................................	97,415
An X......................................	111,381
An XI[2]....................................	106,300
An XII....................................	97,725
An XIII...................................	86,300
An XIV (du 1er vendémiaire à la fin de l'ère républicaine).....................................	22,520
1805......................................	83,000
1806......................................	82,950
1807......................................	83,586

1. Trois à la section administrative et un à la section historique.
2. Pendant l'an X et l'an XI, 18,000 fr. furent ajoutés au budget des Archives pour que l'archiviste payât les dépenses du Bureau du triage des titres. Pendant toute l'ère républicaine, le budget des Archives payait en outre les dépenses de la bibliothèque du Corps législatif et celles de la rédaction et de l'impression des tables des procès-verbaux de l'Assemblée.

Année	Nombre
1808	82,600
1809	86,200
1810	123,116
1811	152,856
1812 et 1813	155,000
1814	128,550
1815	110,000
1816	80,000
1817	81,232
1818 à 1822	80,000
1823	74,856
1824	70,400
1825	70,656
1826	78,966
1827	78,800
1828	79,800
1829	80,000
1830	82,000
1831	81,000
1832	80,000
1833	81,000
1834 à 1839	80,000
1840 à 1842	86,000
1843 à 1845	94,000
1846	103,000
1847 à 1851	100,000
1852 à 1854	114,000

Il me reste, pour compléter les renseignements qui peuvent être fournis sur le personnel, à donner la liste de tous les fonctionnaires qui ont été attachés à l'établissement depuis sa fondation, avec les détails parvenus à ma connaissance sur leurs services. Cette liste serait d'une plus grande utilité si, au nom de chaque personne, je pouvais ajouter la note des travaux qu'elle a faits aux Archives. Parmi les papiers accumulés dans les bureaux par plusieurs générations d'employés ou parmi les notes écrites de leurs mains sur les dossiers mêmes du dépôt se trouvent bien des indications, des cotes, des renseignements qui seraient utiles, si l'on savait quand ils ont été mis et par qui. On s'éviterait par là bien des recherches et bien des recommencements. Une liste comme celle qui suit, mais complétée par toutes les additions que l'administration seule y peut joindre, et par un échantillon de l'écriture de chaque chef ou employé, deviendra de plus en plus indispensable, par la suite, à l'administration elle-même.

ALTIERI (L'abbé Carlo), membre de la commission italienne, 1er mai

1810-1ᵉʳ juin 1814. Il était de la famille des princes Altieri de Rome et avait été attaché aux Archives du Vatican.

ARNOULT (Claude-Antoine), secrétaire commis à la section domaniale le 1ᵉʳ juillet 1809, puis premier secrétaire commis au secrétariat; mort le 26 décembre 1833; le plus ancien rédacteur du Répertoire alphabétique des demandes adressées à l'administration, répertoire qui sert journellement au secrétariat. — Il avait été employé quinze ans aux archives du domaine de la préfecture de la Seine.

ARTAUT, secrétaire commis à la section domaniale, 1ᵉʳ-30 floréal an IV.

AUBIERS (Marc-Étienne-Frédéric VATAR DES), chef provisoire de la section administrative domaniale le 1ᵉʳ juillet 1852; mort le 10 septembre 1853. M. des Aubiers avait été avocat, puis conseiller de préfecture, sous-préfet et enfin préfet du département des Basses-Alpes. Il était auteur d'un écrit intitulé *Réformes administratives* et d'un *Manuel des préfets et sous-préfets*.

AUDE (Joseph), employé à la commission italienne, puis membre de ladite commission, 1ᵉʳ octobre 1810-1ᵉʳ novembre 1815. Il avait été chevalier de l'ordre de Malte et secrétaire de Buffon.

BAILLY (Richard-François-Nicolas), employé à l'Agence temporaire des titres, puis expéditionnaire au Bureau du triage, 1ᵉʳ nivôse an III-1ᵉʳ ventôse an IX.

BAUDET (Victor), commis archiviste à la section législative, le 1ᵉʳ janvier 1846; démissionnaire le 1ᵉʳ octobre de la même année. M. Baudet était ancien principal clerc de notaire.

* BEAUCHESNE (Alcide-Hyacinthe DU BOIS DE) [1], chef de la section historique depuis le 28 mars 1854. — Chef du secrétariat de la maison du roi (département des beaux-arts) du 1ᵉʳ octobre 1825 au 31 juillet 1830. Bibliothécaire à la Sorbonne en 1854. Auteur de l'ouvrage intitulé *Histoire de Louis XVII*, Paris, 1853.

BELLEFOND, commis aux archives domaniales le 3 brumaire an III; supprimé le 30 floréal an IV.

BELLET (Jean-Baptiste), chef de bureau (puis réduit au titre de déchiffreur et analyseur) au dépôt des archives domaniales, 3 brumaire an III; mort le 29 mai 1813. — Il avait été feudiste ou commissaire à terrier de la maison royale des Dames de Saint-Cyr.

BELLEYME (Pierre DE), chef du dépôt de topographie appelé ensuite section topographique et statistique, le 1ᵉʳ brumaire an IV; mort le 29 août 1819. — M. de Belleyme avait le titre d'ingénieur-géographe.

BERGER (L'abbé J.-B.), membre de l'Agence temporaire des titres, puis chef de bureau au dépôt des archives domaniales, déchiffreur au Bureau du triage des titres, enfin secrétaire commis à la section historique, 3 brumaire an III - 2 novembre 1813 — L'abbé Berger avait été aumônier des mousquetaires du roi, puis il avait quitté l'habit ecclésiastique et s'était marié.

---

1. L'astérisque * indique les personnes qui sont aujourd'hui dans l'exercice de leurs fonctions.

Bernard, commis au bureau des archives domaniales, le 3 brumaire an III; supprimé le 30 floréal an IV.

Blondel (Jean), avocat; membre de l'Agence temporaire, puis du Bureau du triage des titres, 3 brumaire an III-1er ventôse an IX.

Blondel (J.-B.), fils du précédent; expéditionnaire aux Archives nationales, le 4 mai 1797, puis membre du Bureau du triage des titres.

Boicervoise (André-Alexandre), avocat, entré aux Archives en qualité de premier secrétaire commis, le 1er septembre 1790; mort le 20 décembre suivant.

* Boisserand de Chassey (Dominique-Claude), archiviste à la section administrative (partie domaniale), depuis le 1er octobre 1850. — Ancien élève de l'Ecole des chartes, auteur d'une thèse remarquable sur l'ancienne organisation des paroisses de Paris.

Boissieu, commis au dépôt des archives domaniales, le 1er frimaire an IV; supprimé le 30 floréal suivant.

Bordier (Henri-Léonard), archiviste à la section administrative le 1er mai 1851; démissionnaire le 15 juillet 1853.

Borrelli (Pierre-Stanislas-Louis-Laurent-Jasmin), employé à la commission italienne, puis membre de ladite commission, 15 avril 1812-1er novembre 1815. — Il avait été tribun de la république romaine.

* Boutaric (Edgard-Paul), archiviste à la section historique depuis le 6 octobre 1852. — M. Boutaric, ancien élève de l'Ecole des chartes, a publié dans la *Bibliothèque de l'Ecole des chartes* divers articles historiques.

Bourguet (David-Louis), employé à la commission allemande, 9 octobre 1810-1er novembre 1815. — Ancien professeur de chimie à l'école de médecine de Berlin; secrétaire interprète de l'administration des finances et des domaines de l'armée d'Allemagne.

Bourru de Courcelles, surnuméraire à la section judiciaire le 1er juillet 1816; démissionnaire le 1er juin 1817. — Avocat.

Bouyn (François), membre de l'Agence temporaire des titres, puis du Bureau du triage, ventôse an III; démissionnaire le 12 messidor an IV. — Bouyn avait été garde du dépôt des archives du Louvre, dit archives de la maison du roi.

Bréna (du), employé, puis sous-chef au bureau de topographie, 1er germinal an IV-1er floréal an XIII. — Il était élève ingénieur-géographe.

Bruner (Antoine), employé à la commission italienne, puis membre de ladite commission, 1er octobre 1810-1er novembre 1815. — Ancien tribun de la république romaine, puis interprète de la république française près la république romaine.

Camus (Armand-Gaston), archiviste de l'Assemblée nationale, puis archiviste de la République, 4 août 1789-2 novembre 1804 (Voy. ci-dessus, pages 2 à 15).

Camus (Pierre-Charles), fils du précédent, expéditionnaire dessinateur à la section topographique le 1er avril 1809; secrétaire commis dans la

même section le 1er janvier 1818; sous-chef le 1er septembre 1819; chef le 1er octobre 1821; mort le 4 décembre 1823. — Il était avocat.

Carteron (Edouard), commis d'ordre aux Archives, d'avril 1847 à mai 1848. — Ancien élève de l'Ecole polytechnique, préfet de l'Ain le 20 mai 1848, garde des archives du ministère des affaires étrangères le 30 mai, consul de France à Stettin le 3 mars 1849. Helléniste distingué, M. Carteron a publié en 1843 une *Analyse des recherches de M. Letronne sur les représentations zodiacales* et a été attaché en 1846 par le ministre de l'instruction publique, pour l'épigraphie grecque et latine, à la mission de M. Prisse en Egypte.

Castelnau (Claude), secrétaire commis à la section historique le 1er octobre 1810; mort le 4 octobre 1845. — Le principal travail laissé par M. Castelnau aux Archives est un inventaire du Bullaire (Voy. ci-dessus, page 51). Il avait été religieux dans l'ordre des Oratoriens, avec Daunou, et comme lui professeur de l'ordre; ensuite commis dans l'administration militaire en 1796-97, puis docteur en médecine (1806).

* Castelnau (François-Claude-Balthasar), fils du précédent, secrétaire commis à la section historique depuis le 1er août 1829. — A travaillé avec M. de Pastoret à la publication des t. xix et xx du *Recueil des Ordonn. des rois de France*, et avec M. Michelet à celle du *Procès des Templiers*.

* Cauchois-Lemaire (Louis-Augustin-François), chef de la section législative judiciaire depuis le 1er avril 1840. — Ancien professeur, publiciste de l'opposition sous la restauration, a fait de nombreux travaux pour les Archives depuis qu'il appartient à cette administration.

Cauville (Lecocq de), secrétaire commis, le 1er octobre 1789; démissionnaire au mois de novembre 1792. — Avocat.

* Chabrier (François-Armand de), garde général des Archives nationales le 26 décembre 1848, puis directeur général des Archives de l'empire. — Docteur ès lettres; employé dans les bureaux de l'administration centrale de l'Université le 24 août 1810; conservateur adjoint à la bibliothèque de l'Université en 1811; inspecteur des académies de Cahors et de Toulouse le 7 septembre 1815; démissionnaire le 1er septembre 1821; éditeur des *Leçons de philosophie* de M. de la Romiguière.

* Chauvin (François-Adolphe-Simon), chef des bureaux du greffe de la cour des pairs, du 16 avril 1834 au 24 février 1648; attaché en cette qualité aux Archives le 1er février 1849; secrétaire comptable des Archives depuis le 6 octobre 1852.

Chénier (Marie-Joseph), secrétaire commis à la section législative, puis chef de la section historique, 1er juin 1807-31 janvier 1811. — Poëte, auteur dramatique; membre de la Convention; membre de l'Institut.

Chépy, employé au bureau des archives domaniales le 1er frimaire an IV; supprimé le 30 floréal suivant.

Cheyré (Antoine), dépositaire des archives domaniales en pluviôse an III, puis chef de la section domaniale; mort le 19 septembre 1821. — Cheyré avait été premier commis de M. Coqueley de Chaussepierre aux archives de la maison du roi, au Louvre.

Colnet, premier commis à la section judiciaire, 1ᵉʳ mai 1824 – 1ᵉʳ août 1828. — Avait été libraire à Paris.

Constant (Denis-Joseph), secrétaire commis à la section administrative, le 1ᵉʳ février 1825 ; mort le 16 avril 1854. — Soldat volontaire aux batailles de Jemmapes, Valmy et Fleurus ; employé dans l'administration des hôpitaux militaires et dans celle du département de Jemmapes de 1794 à 1807, à Paris dans les bureaux de la préfecture de police de 1807 à 1819, et officier de paix de 1819 à 1825.

Coru-Sarthe (Jacques-Pierre), premier commis aux Archives le 1ᵉʳ mars 1790 ; inspecteur du dépôt des assignats ; secrétaire général le 27 ventôse an IV ; sous l'empire, chef de la division française, puis de la section législative et administrative ; mort le 6 septembre 1838. — M. Coru, qui avait joint à son nom celui de son département, avait été sous-officier payeur au régiment d'Orléans, puis secrétaire de l'état-major de la prévôté de l'hôtel du roi, de 1776 à 1790. Il était gendre de M. Camus. Il a laissé aux Archives un grand nombre de travaux surtout relatifs aux affaires courantes de l'établissement. Ainsi, tous les registres de la comptabilité des Archives, depuis leur première origine jusqu'à l'époque de sa mort, sont entièrement de sa main et parfaitement tenus.

Couvo (Jean-Etienne), expéditionnaire au secrétariat, puis secrétaire commis à la section domaniale, 1ᵉʳ juillet 1809 ; mort le 10 août 1832. — Sous-chef de bureau du domaine national (1794-97), puis commis principal aux archives domaniales du département de la Seine (1798-1809).

Couvo (Sempronius-Gracchus), fils du précédent, surnuméraire, puis secrétaire commis à la section domaniale, 1ᵉʳ janvier 1817 ; mort le 4 mars 1851. — Fourrier au 7ᵉ régiment d'artillerie de 1812 à 1814 et prisonnier en Hongrie.

Danthonay (Pierre), membre de l'Agence temporaire, puis du Bureau du triage des titres, 28 brumaire an III ; démissionnaire le 15 floréal an V. — Précédemment procureur du roi à la Connétablie.

Daunou (Pierre-Claude-François), garde des Archives de la république le 15 décembre 1804, puis des Archives de l'empire ; destitué le 28 février 1816 ; nommé de nouveau le 13 août 1830 ; mort le 20 juin 1840. — Ancien oratorien, membre de la Convention, administrateur de la bibliothèque du Panthéon, membre de l'Institut, professeur au collège de France ; nommé pair de France le 7 novembre 1839 (Voy. ci-dessus, pages 15 et suiv.).

David (Louis-Joseph-Antoine), employé à la commission allemande le 1ᵉʳ octobre 1810 ; démissionnaire le 30 août 1812. — Commissaire des guerres avant son entrée aux Archives et depuis sa sortie.

Delance (Jean-Isaac), expéditionnaire, puis secrétaire commis et sous-inspecteur du dépôt des assignats, 1ᵉʳ mai 1790 – ventôse an IV.

Delavigne (Paul-Arsène), chef de la section départementale, 1ᵉʳ août 1829 – 30 septembre 1830.

De l'Estang, commis, puis chef de la 2ᵉ division des archives domaniales au Louvre, 3 brumaire an III ; supprimé le 30 floréal an IV.

Deloynes (Jules-Vincent), surnuméraire, puis secrétaire commis à la

section législative, 1er janvier 1828-30 septembre 1830. — Sous-officier de chasseurs à cheval de 1816 à 1822.

DESAINT, commis au bureau des archives domaniales le 1er frimaire an IV; supprimé le 30 floréal suivant.

DESANTEUL, commis au bureau des archives judiciaires, 15 brumaire-15 floréal an IV.— Ancien greffier des dépôts civils du parlement de Paris.

DESMAISONS, secrétaire commis le 16 nivôse an V; démissionnaire le 1er germinal an XI. — Avait été archiviste du chapitre de Notre-Dame de Paris.

DESORMEAUX (Alexis-Denis DES MARAIS), secrétaire commis attaché à la rédaction des tables des procès-verbaux du Corps législatif, 1er frimaire an IV-germinal an VIII. — Avait été lieutenant des gardes de Monsieur, secrétaire commis au ministère de la justice, et archiviste à l'agence des lois.

* DESSALLES (Jean-Léon), archiviste à la section historique depuis le 9 octobre 1833. — M. Dessalles a publié dans un recueil intitulé *Paris pittoresque* (1836) une Notice sur les Archives du royaume, qui est le seul document imprimé qu'on ait eu jusqu'à présent sur cet établissement. Les Archives doivent encore au même auteur un article intitulé l'*Hôtel Soubise*, également inséré dans le *Paris pittoresque* (1837); un mémoire sur le Trésor des chartes, qui a été couronné par l'Académie des inscriptions et belles-lettres en 1844, et inséré par elle au tome 1er de ses *Mémoires des savants étrangers;* plusieurs rapports au ministre de l'instruction publique sur divers dépôts d'archives du midi de la France, sur les archives de Bordeaux (1837), de Pau (1841), des anciens comtes de Périgord (1842), de Poitiers, Bordeaux, Périgueux et Limoges (1845). M. Dessalles a commencé sa carrière littéraire sous les auspices de M. Raynouard, dont il fut le collaborateur pendant six ans (1826-1832) et après la mort duquel il acheva, avec deux autres personnes, la publication du *Lexique roman* de ce philologue célèbre. M. Dessalles a écrit en outre un nombre considérable d'ouvrages ou d'articles historiques et philologiques, dont les principaux sont une *Histoire de Périgueux* (1847, un volume in-8°), et un ouvrage relatif à la formation des deux idiomes de la langue française, celui du Nord et celui du Midi, jusqu'au XIIIe siècle, ouvrage couronné par l'académie de Toulouse en 1851.

DEVAY, commis au bureau des archives domaniales le 1er pluviôse an III; supprimé le 30 floréal an IV.

DOUCHIN, commis au bureau des archives domaniales le 3 brumaire an III; supprimé le 30 floréal an IV.

* DOUET D'ARCQ (Louis-Claude), suppléant, puis archiviste à la section historique depuis le 1er janvier 1841. — M. d'Arcq avait d'abord été employé aux travaux historiques de la Bibliothèque royale (1837) comme ancien élève de l'Ecole des chartes. Il n'y a presque point de partie de sa section qui ne porte la trace de ses soins, de son érudition, de son esprit clair et méthodique; ceux d'entre ses travaux qui sont le plus à remarquer par leur étendue consistent 1° en un relevé détaillé sur environ douze mille bulletins de toutes les matières contenues dans un certain nombre de registres du Trésor des chartes; 2° dans la direction et l'organisation, telle

qu'elle est actuellement composée, de la Collection des sceaux. M. d'Arcq a publié un grand nombre d'articles sur des matières d'histoire et de paléographie dans la *Bibliothèque de l'Ecole des chartes*, la *Revue archéologique* de Leleux et ailleurs; il a fait paraître plusieurs ouvrages pour la Société de l'histoire de France, notamment les *Comptes de l'argenterie des rois de France*; enfin un volume du même auteur, concernant l'histoire du xııe siècle, s'imprime actuellement sous ce titre : *Les anciens comtes de Beaumont-sur-Oise* (Amiens, 1854, in-4°).

DROUARD DE BOUSSET, commis à l'Agence temporaire des titres, 1ᵉʳ nivôse an III-1ᵉʳ ventôse an IX.

DRUON (dom), secrétaire commis, puis chef de la section historique et bibliothécaire du Corps législatif, 1ᵉʳ vendémiaire an X-30 pluviôse an XII. — Dom Druon était religieux bénédictin de l'abbaye de Saint-Germain des Prés.

DUBOIS aîné, commis au bureau des archives domaniales le 3 brumaire an III; supprimé le 30 floréal an IV.

DUBOIS jeune, *Id.*

DU BOIS (Louis), secrétaire commis à la section législative, 1ᵉʳ juillet 1840-30 juin 1846. — Ancien sous-préfet de Bernai, Vitré, Alençon; auteur de divers ouvrages sur l'histoire de la Normandie.

* DUCLOS (Charles-Louis-Antoine JACQUET-), archiviste à la section judiciaire depuis le 1ᵉʳ mai 1820; possède une grande connaissance du dépôt judiciaire auquel il est attaché depuis trente-quatre ans et déchiffre avec une habileté particulière le grimoire des anciens greffes.

* DUMÉNY (J.-B.-Casimir), archiviste à la section administrative, partie des archives de la couronne, depuis le 1ᵉʳ août 1848. — Instituteur à Cys (Aisne), puis attaché aux archives de la couronne, au Louvre.

* DUPONT (Edmond-Louis), surnuméraire à la section législative le 4 octobre 1847, puis archiviste à la section judiciaire. — Ancien élève de l'Ecole des chartes; a publié, dans la *Revue archéologique* de Leleux, un travail sur les sceaux du Châtelet de Paris, et un autre sur le sceau du chapitre de Cantorbéry.

DUPRÉ (Jean-Louis), chef adjoint de la section domaniale le 1ᵉʳ janvier 1810; mort le 18 septembre 1815. — Avait été employé à l'administration du département de la Seine, commissaire aux inventaires des papiers des émigrés et chef des archives du domaine national à la préfecture de la Seine. Ce bureau des archives domaniales de la Seine, qui forme la plus grande partie de la série Q, passa tout entier aux Archives de l'empire en 1809 avec son personnel (MM. Dupré, Arnoult, Richer et Couvo); par une sorte de compensation, M. Dupré reçut le titre de chef adjoint, qui s'éteignit avec lui.

DUPUY-MONTBRUN (Raymond-Louis-Désiré), secrétaire commis, 1ᵉʳ octobre 1810-30 juin 1814. — Avait été employé aux archives du ministère des relations extérieures.

EGASSE (Jean-Joseph-Innocent), secrétaire commis, 5 mai 1789-juin 1792. — Ancien militaire.

Fleury (Jean-François), commis au dépôt des archives domaniales, 3 brumaire an III–ventôse an III.

Foucaud (Pierre), expéditionnaire, secrétaire commis, puis sous-chef aux Archives, 20 avril 1790-1er mai 1807. — Il avait été secrétaire de la commission de la Convention chargée d'aller arrêter Dumouriez dans son camp (Voy. ci-dessus, page 3). Il fut remplacé aux Archives par Chénier.

Fournier (Pierre-Joseph), secrétaire commis aux sections législative et administrative, 1er brumaire an X–6 août 1817. — Employé aux archives de l'hôtel de ville de Paris de 1773 à 1794, puis à l'Agence temporaire des titres.

* Garnier (Charles-Edouard), surnuméraire, puis archiviste à la section judiciaire et au secrétariat, depuis le 8 février 1849. — Ancien élève de l'Ecole des chartes; auteur d'une notice historique sur le connétable de Fiennes, couronnée par la Société des antiquaires de la Morinie puis imprimée dans la *Bibliothèque de l'Ecole des chartes*, et d'un mémoire sur les sires de Montfaucon en Franche-Comté, couronné par l'Académie de Besançon.

Girard, secrétaire commis aux Archives, puis employé à l'Agence temporaire des titres, 1er nivôse an III–1er ventôse an IX.

Giraud (Charles), expéditionnaire aux Archives, du 1er avril 1790 au 1er février 1791. — Homme de loi; employé au greffe de la cour des comptes.

Ginon (Louis-Antoine), expéditionnaire, puis secrétaire commis et dessinateur à la section topographique; mort en octobre 1832. — Ancien sous-officier de chasseurs à cheval.

* Gorré (Théodore), suppléant, puis archiviste à la section administrative, depuis le 1er octobre 1830. — Collaborateur à la publication des OEuvres complètes de Daunou; a publié dans l'*Annuaire* de la Société de l'histoire de France un Tableau des bailliages et sénéchaussées de France.

* Goschler (Jules), archiviste à la section administrative (secrétairerie d'Etat), depuis le 1er février 1849. — Bachelier ès lettres, ès sciences et en droit; inspecteur des postes (1832–1848), puis archiviste de la secrétairerie d'Etat. M. Goschler a été le secrétaire et le collaborateur de M. Thiers dans les grands travaux historiques de cet illustre écrivain.

Gratiot, commis au dépôt des archives domaniales le 3 brumaire an III; démissionnaire le 30 pluviôse an IV.

Guiter (l'abbé Joseph-Antoine-Sébastien), sous-chef de la section topographique le 1er prairial an XIII; chef de la section législative, puis de la section administrative, et membre de la commission allemande; mort le 29 juin 1829. — Grand vicaire de l'église de Perpignan; maire de la ville de Perpignan en 1792 et administrateur du département des Pyrénées Orientales; membre de la Convention; chef de bureau au ministère de la guerre en l'an VIII. M. Guiter fut le délégué des Archives chargé de faire en Espagne la recherche et le choix des documents de ce pays qui devaient être réunis aux Archives de l'empire. C'est à lui que remonte la première organisation de la section administrative.

Introuz (Marie-Nicolas d'), expéditionnaire, puis secrétaire commis, 3 février 1791; supprimé le 30 frimaire an X.

JOUBERT (dom), employé au Bureau du triage des titres le 1er brumaire an X, puis homme de lettres au bureau des monuments historiques; mort le 5 mars 1809. — Bibliothécaire à l'abbaye de Saint-Germain des Prés. Dom Joubert a laissé aux Archives d'excellents travaux, notamment un inventaire pièce par pièce de la série K.

JOUESNE (Alexandre-Pierre-François), employé à l'Agence temporaire des titres, puis au Bureau du triage, 1er nivôse an III - 1er ventôse an IX.

JUMEL (Claude), commis au dépôt des archives domaniales le 2 brumaire an II, puis secrétaire commis aux sections domaniale, législative et administrative; mort le 14 janvier 1836. — Une partie des inventaires de la section administrative sont de la main de cet employé aussi exact que laborieux.

JUMEL (Paix et Vertu), fils du précédent, surnuméraire, puis secrétaire commis à la section administrative, 1er juillet 1821-10 janvier 1825.

LAGET (Joseph-Louis-Constance), chef de la section domaniale le 1er juin 1822; mort le 10 mai 1843. — Avocat; secrétaire particulier de M. Siméon, ministre de l'intérieur; chef de division au ministère de la justice du royaume de Westphalie; chef de la division des cultes non catholiques au ministère de la justice à Paris.

* LAGET (Antoine-Frédéric-Auguste), fils du précédent, surnuméraire, puis secrétaire commis à la section domaniale, depuis le 1er octobre 1832; aujourd'hui archiviste à la section judiciaire. — Ancien élève de l'Ecole des chartes.

* LALLEMAND (Claude-Auguste), attaché au service des Archives le 1er mai 1823; commis d'ordre le 1er janvier 1839; archiviste à la section législative depuis le 1er avril 1847. — M. Lallemand a commencé sa carrière aux Archives en y exerçant une profession industrielle, celle de menuisier, et s'est élevé à la place qu'il occupe aujourd'hui à force de temps, d'intelligence et de services rendus à l'administration. M. Daunou, qui l'avait pris en estime au point d'avoir commencé à lui enseigner lui-même le latin, fit créer pour lui l'emploi de commis d'ordre, emploi important auquel on attribua bientôt (novembre 1840) la surveillance de tout le matériel de l'établissement. Parmi les travaux de M. Lallemand, le plus important à signaler est le soin qu'il a pris de la collection des sceaux, dont il a moulé lui-même plus de 4,000 types. Il a publié dans la *Revue archéologique* de Leleux un article sur le sceau de saint Louis, et un autre sur le sceau de Marie Leckzinska dans le recueil de la Société de sphragistique.

LA RUE (Le chevalier Isaac-Etienne DE), garde général des Archives du royaume du 1er mars 1816 au 13 août 1830 (Voy. ci-dessus, page 21).

LASALLE (Henri), employé à la commission italienne le 3 septembre 1810; démissionnaire au mois de mars 1812. — Juge à Versailles; commissaire général de police à Brest.

LEBER, commis au dépôt des archives judiciaires du 15 brumaire au 30 ventôse an IV. — Ancien greffier des dépôts civils du parlement de Paris.

LEBON, commis au dépôt des archives domaniales au mois de pluviôse an III; supprimé le 21 janvier 1801.

Legressier (Louis-Marie-François-Isidore), expéditionnaire à la section législative, puis secrétaire commis à la section domaniale, 1er février 1808-31 octobre 1821. — Commissaire dans l'administration des hôpitaux militaires; vérificateur de la comptabilité des subsistances militaires; expéditionnaire au ministère de la police générale.

Lemoyne, commis au dépôt des archives domaniales le 3 brumaire an III; supprimé le 30 floréal an IV.

Le Noble (Alexandre), homme de lettres à la section historique le 1er octobre 1823; démissionnaire le 30 avril 1831; mort en 1851. — Ancien élève de l'École des chartes; a publié en 1825 une *Histoire du sacre et du couronnement des rois et des reines de France*, et plus tard divers autres travaux historiques, notamment, dans la *Bibliothèque de l'École des chartes*, un commentaire sur une lettre inédite d'Abélard.

Le Noble (Théodore), frère du précédent, surnuméraire à la section législative, 1er août 1829-30 septembre 1830.

Le Page, chef de bureau au dépôt des archives domaniales le 3 brumaire an III; supprimé le 30 floréal an IV.

Le Page (L.), membre de l'Agence temporaire des titres, 12 messidor an IV-1er ventôse an IX.

Lestrade (Louis-François), surnuméraire à la section législative; surnuméraire, puis secrétaire commis à la section domaniale; secrétaire commis à la section départementale, 1er novembre 1821-30 septembre 1830.

Letronne (Jean-Antoine), garde général des Archives du royaume du 5 août 1840 au 14 décembre 1848. Voyez ci-dessus, page 23.

Lièble (dom Philippe-Louis), membre de l'Agence temporaire des titres, le 28 brumaire an III, puis membre du Bureau du triage des titres; démissionnaire le 2 messidor an IV. — Dom Lièble avait été l'un des bibliothécaires de Saint-Germain des Prés.

Maillia-Garat (Joseph-Jacques), employé à la commission italienne, 1er octobre 1810-30 juin 1814. — Sous-chef du secrétariat des relations extérieures; secrétaire particulier de l'ambassadeur de France à Naples; tribun en l'an X.

Mallet (Jean-Ambroise-Sylvain), membre de l'Agence temporaire, puis du Bureau du triage des titres, 28 brumaire an III. — Mallet avait été nommé en 1789 dépositaire de la section judiciaire du Louvre. Danton, pendant son ministère, lui avait donné une commission particulière d'archiviste de la république.

Marini (Gaetano), chef de la commission italienne, 1er mai 1810-30 juin 1814. — Archiviste secret du saint-siège en 1772; bibliothécaire du Vatican en 1798. Savant illustre, auquel on doit, entre autres ouvrages, le recueil intitulé *I papyri diplomatici*. Un inventaire des archives du Vatican, écrit de sa main, est resté aux Archives de l'Empire.

Marini (Marino), neveu du précédent, employé à la commission italienne, 1er août 1810-30 juin 1814. — Archiviste secret du saint-siège.

Mars (Michel-Pierre), membre de l'Agence temporaire des titres et du Bureau du triage, 14 frimaire an III-1er ventôse an IX.

Martin (J.-B. Saint-), commis au dépôt des archives judiciaires, puis secrétaire commis à la section judiciaire, 3 brumaire an III – 6 octobre 1818. — Avait été commis au greffe criminel du parlement de Paris. Saint-Martin, ou Martin, comme il s'appela durant la révolution, fut le principal et le plus assidu compagnon des travaux de M. Terrasse père.

Martorelli (l'abbé Louis), membre, puis chef de la commission italienne, 1er avril 1810 – 30 juin 1814.

Michelet (Jules), chef de la section historique, le 1er octobre 1830; démissionnaire le 3 juin 1852 par refus de serment à l'empire. — Longtemps professeur d'histoire à l'Ecole normale, puis au collége de France en même temps que chef de la section historique, et maintenant privé de tous les emplois qu'il avait conquis par le talent dès ses jeunes années, M. Michelet reste un des plus éloquents écrivains de notre temps; son *Histoire de France*, son *Histoire de la Révolution française*, et vingt autres ouvrages célèbres, en font foi.

* Mas-Latrie (Louis de), chef de la section administrative depuis le 14 décembre 1853. — M. de Mas-Latrie, sous-directeur des études à l'Ecole des chartes, est auteur de nombreux ouvrages, dont le principal est une *Histoire du royaume de Chypre*, qui a été couronnée par l'Académie des inscriptions et belles-lettres en 1843 et qui doit former six volumes, dont les deux premiers sont imprimés.

Mogrovejo (l'abbé dom Manuel Diez), proto-chanoine de la cathédrale de Valladolid; membre de la commission espagnole, 1er mai 1812 – 30 juin 1814.

Montaud (André-Benoît), surnuméraire à la section législative le 31 août 1807, puis secrétaire commis et ensuite chef adjoint de la même section; mort le 23 avril 1846. — Avait été professeur de belles-lettres, puis employé aux subsistances militaires et à la caisse d'amortissement.

Monteil (Alexis), homme de lettres à la section historique, le 11 mai 1831; mort le 22 septembre 1833. — Il était fils de M. Monteil, auteur de l'*Histoire des Français des divers Etats*.

Noel (Charles-Marie-Joseph), surnuméraire, puis secrétaire commis aux sections législative et judiciaire, 1er mars 1816; démissionnaire le 30 avril 1820.

Œillet-Saint-Victor, homme de lettres au Bureau du triage des titres (brumaire an X), puis à la section historique; puis chef adjoint de la même section et chef après la mort de Chénier; mort le 28 juillet 1811. — Œillet de Saint-Victor avait été avocat; il a laissé dans sa section de très-bons travaux.

Ossude (Paul-Léonard), archiviste à la section administrative (partie des archives de la couronne) en août 1848; mort le 23 janvier 1853. — Professeur; principal de collége; secrétaire des archives de la couronne de 1825 au mois de mars 1832, époque où cet emploi fut supprimé; nommé de nouveau commis aux archives de la couronne en 1846; auteur d'un ouvrage très-estimé à cause des renseignements exacts qu'il renferme sur les dépenses faites par Louis XIV pour les bâtiments, et qui porte pour titre : *Le siècle des beaux-arts et de la gloire, ou la mémoire de Louis XIV justifiée des reproches odieux de ses détracteurs*, Versailles, 1838, in-8°.

Parnel (Noël-Pierre), secrétaire commis à la section législative le 1ᵉʳ frimaire an III ; mort le 4 novembre 1817. — Ecclésiastique ; précepteur.

Pavillet (Joseph-Nicolas), employé à l'Agence temporaire des titres (brumaire an X), déchiffreur au Bureau du triage des titres, homme de lettres à la section historique (1ᵉʳ janvier 1808), chef de la même section en remplacement d'Œillet-Saint-Victor ; mort le 30 août 1823. — Commis, ensuite premier commis au cabinet des ordres du roi (ordre du Saint-Esprit), de 1759 à 1788, dernier archiviste du chapitre de Notre-Dame de Paris (1788-1791), puis commissaire archiviste de l'administration des biens nationaux du district de Paris ; professeur à l'Ecole des chartes de 1821 à 1823.

Perney (Frédéric-Emile Cordier de), lieutenant au service de l'électeur de Trèves et de l'Autriche de 1785 à 1796 ; employé à la commission allemande des Archives du 1ᵉʳ octobre 1810 au 31 décembre 1815 ; nommé de nouveau surnuméraire le 1ᵉʳ mars 1816, puis secrétaire commis à la section administrative, et supprimé une seconde fois le 30 octobre 1830.

Petitpierre (Jean-François), expéditionnaire aux Archives le 2 mai 1791 ; sous-inspecteur au bureau des assignats ; secrétaire commis (le 1ᵉʳ mai 1793) aux sections législative et administrative ; mort le 8 août 1816. — Ancien professeur.

* Petitpierre (Alexandre-Jean), fils du précédent, surnuméraire, puis secrétaire commis à la section législative depuis le 11 mars 1816. — Sous-officier de dragons de 1812 à 1815.

Polzer (Wenceslas-Ignace-Dominique), employé à la commission allemande, 15 avril 1812-30 juin 1814. — Avait été pendant vingt ans directeur général des archives de l'ordre teutonique.

Ponsar (J.-B.), employé à l'Agence temporaire des titres (1ᵉʳ nivôse an III-1ᵉʳ brumaire an X), puis au Bureau du triage des titres ; secrétaire commis et ensuite chef de la section historique ; mort le 15 février 1838. — Ancien avocat au parlement de Paris ; garde des archives de l'archevêché de Paris (1ᵉʳ novembre 1790-1ᵉʳ nivôse an III) ; professeur à l'Ecole des chartes en 1824.

Poret, commis au dépôt des archives le 3 brumaire an III ; supprimé le 30 germinal an IV.

* Prost (Jean-Ambroise), archiviste à la section administrative (partie de la secrétairerie d'Etat) depuis le 1ᵉʳ février 1849. — Ancien notaire à Paris ; employé au ministère de la justice, puis aux archives du même ministère (secrétairerie d'Etat) de 1838 à 1849.

Reboul (Marcel), membre de l'Agence temporaire des titres (1ᵉʳ frimaire an III), puis du Bureau du triage ; démissionnaire le 12 messidor an IV. — Ancien archiviste du collége Louis-le-Grand.

Richer (Nicolas-François), secrétaire commis au secrétariat des Archives le 1ᵉʳ août 1809, puis à la section domaniale ; démissionnaire le 31 mai 1823. — Employé à l'administration de la ferme générale de Paris de 1783 à 1793, puis aux archives domaniales de la préfecture de la Seine.

Rojot (Nicolas-Clément), commis au dépôt des archives domaniales le 3 brumaire an III ; démissionnaire le 1ᵉʳ pluviôse suivant. — Ancien archiviste de la maison de Saint-Lazare.

Rousseau (Pierre-Jacques), membre de l'Agence temporaire des titres et du Bureau du triage, 1er frimaire an III-1er ventôse an IX. — Homme de loi.

Saint-Aubin (François-Henri), employé, puis sous-chef de la commission allemande, 3 septembre 1810-1er novembre 1815. — Professeur aux écoles centrales du département de la Seine; commis principal au conseil d'Etat; tribun le 4 germinal an IX.

Saunier (Jacques-Denys-Germain), secrétaire commis au secrétariat le 1er octobre 1830, puis secrétaire comptable; mort le 5 octobre 1852. — Ancien employé à la caisse d'amortissement.

Simondi (Jean-François), employé à la commission italienne, 1er août 1811-30 juin 1814. — Employé aux archives des départements au delà des Alpes, à Turin.

Soilly (Auguste-Christophe), secrétaire commis à la section topographique le 1er décembre 1821, puis à la section domaniale; mort le 12 mars 1847. — Expéditionnaire dans l'administration des domaines; garde à cheval des forêts.

Stadler (Eugène-André-Barthélemy de), suppléant, puis secrétaire commis à la section historique, le 1er février 1853; nommé à d'autres fonctions le 5 novembre 1853. — Ancien élève de l'Ecole des chartes; aujourd'hui inspecteur général des archives départementales et communales de France.

Tachy, commis au dépôt des archives domaniales le 3 brumaire an III; supprimé le 30 floréal an IV.

Tanneguy. Id.

Terrasse (François-Nicolas), dépositaire des archives judiciaires, puis chef de la section judiciaire, 3 brumaire an III; mort le 7 avril 1824. — Commis greffier au criminel du parlement de Paris, 9 septembre 1762-14 octobre 1790; greffier provisoire, puis gardien des minutes du parlement, 2 novembre 1790-3 brumaire an III. C'est à lui qu'on doit l'organisation de la section judiciaire et les inventaires dont on s'y sert encore aujourd'hui.

Terrasse (Auguste-Nicolas), fils du précédent, surnuméraire (en 1809), puis secrétaire commis à la section judiciaire (1er janvier 1811); chef de la même section en remplacement de son père; mort le 24 janvier 1851. — Employé à l'agence de l'envoi des lois (1794-1795); avocat (1808).

* Teulet (J.-B.-Théodore-Alexandre), adjoint au secrétariat (1er mars 1834), puis secrétaire commis à la section historique et chargé de la bibliothèque des Archives. — M. Teulet a été élève de l'Ecole des chartes. Il a publié divers travaux, dont les principaux sont une *Traduction des œuvres d'Eginhard*, couronnée en 1845 par l'Académie des inscriptions, et un recueil en 2 vol. in-4° de *Documents inédits relatifs à l'Histoire d'Ecosse au XVIe siècle*, publiée pour le Bannatyne club d'Edimbourg en 1852.

Thouvenin (Jean-Louis), commis au bureau du papier assignat aux Archives, puis au dépôt des archives domaniales, le 1er mai 1793; supprimé le 27 ventôse an IV.

Torelli (le comte Joseph), employé à la commission italienne, 1er mai

1812-30 juin 1814. — Le comte Torelli, descendant des maisons souveraines de Ferrare et de Guastalla, allié à la famille royale de Pologne, était colonel de cavalerie.

Tourlet (René), employé à la commission italienne, 1er décembre 1810-1er novembre 1815; nommé de nouveau surnuméraire, puis homme de lettres à la section historique, le 1er janvier 1816; mort le 3 janvier 1836. — Juge de paix, médecin, interprète des langues près le conseil des prises (1800), rédacteur du *Moniteur* pour les parties médicale et scientifique; traducteur de Quintus de Smyrne, de Julien et de Pindare.

* Varin (Paul-Zozime), commis d'ordre depuis le 31 mai 1848.

Villiers du Terrage (Marc-Etienne de), membre de l'Agence temporaire des titres, puis du Bureau du triage, 1er frimaire an III-1er ventôse an IX. — M. de Villiers du Terrage avait été premier commis des finances et devint depuis chef de la division de la police administrative au ministère de la justice. Il fut l'un des membres les plus actifs et les plus éclairés du Bureau du triage : c'est à lui surtout qu'on doit ce qui a été fait par le Bureau pour la conservation et la mise en ordre du Trésor des chartes et du chartrier si précieux de l'abbaye de Saint-Denis. Ses notes et rapports, renfermés dans sept portefeuilles in-fol., ont été donnés aux Archives en 1849 par ses fils.

Villiers du Terrage (Réné-Edouard de), fils du précédent, employé au dépôt des archives domaniales le 3 brumaire an III; démissionnaire le 30 pluviôse an IV. Elève de l'Ecole polytechnique, en l'an V, de la commission de sciences de l'armée d'Orient, en l'an VI, et l'un des principaux auteurs de la description de l'Egypte; ingénieur, puis inspecteur général des ponts et chaussées; membre de la société des antiquaires de France.

Vigneux (Antoine-Alexandre), secrétaire commis le 9 juin 1789; démissionnaire le 30 pluviôse an IV.

Vitry (André-Michel de), bibliothécaire de l'Assemblée nationale et des Archives le 20 février 1796; démissionnaire le 1er novembre 1812; mort le 22 juin 1823. — Ancien professeur de l'ordre de l'Oratoire.

Wailly (Joseph-Natalis de), chef de la section administrative le 1er décembre 1830; chargé par intérim des fonctions de garde général pendant la maladie et après la mort de Daunou (juin, juillet et août 1840); chef de la section historique le 22 juin 1852; nommé le 11 mars 1854 conservateur au département des manuscrits de la Bibliothèque impériale. — M. de Wailly avait été avocat à la cour royale de Paris en 1827; rédacteur, puis sous-chef au cabinet du ministre de l'intérieur, le 10 septembre 1830. Depuis son entrée aux Archives il a composé le grand ouvrage intitulé *Eléments de paléographie* (2 vol. in-4°, 1838); il a été élu membre de l'Académie des inscriptions (1841), et choisi peu de temps après par cette compagnie pour l'un des éditeurs du recueil des *Historiens de France* et de la collection des *Diplômes relatifs à l'Histoire des Gaules*. Parmi les travaux qu'il a exécutés pour les Archives, le principal est l'organisation et le classement méthodique de l'immense série placée sous la lettre F. C'est encore à lui qu'est due la première idée et la première exécution de la collection des sceaux, dont il a laissé un catalogue manuscrit en 4 vol. in-fol. Il fut le plus actif et le plus éclairé des collaborateurs de Daunou et de Letronne.

DEUXIÈME PARTIE.

INVENTAIRE.

SECTION LÉGISLATIVE.

Les Archives nationales organisées par le décret du 12 septembre 1790, n'étaient, dans l'origine, que le dépôt des papiers des Assemblées législatives. Autour de ce premier noyau, sont venus se grouper, à des époques successives, les divers documents historiques, judiciaires et domaniaux, dont la réunion forme maintenant l'ensemble des Archives de l'empire. Dans le classement, la première place appartient donc à la section législative, qui comprend tous les actes émanés des Assemblées nationales, les différentes constitutions de l'État, son droit public, ses lois, etc. Les séries dont elle se compose, ayant été formées avant celles des autres sections des Archives, ont reçu dès l'origine, comme cote, les premières lettres de l'alphabet : A, B, C et D. On y a joint, depuis, deux cotes nouvelles AA et BB, qui ont été affectées, la première à une série de mélanges, l'autre aux documents versés par le ministère de la justice.

La section législative n'a point d'inventaire général ; elle ne possède que des répertoires partiels. Une table imprimée renvoie aux procès-verbaux imprimés des différentes législatures, mais elle ne peut servir comme moyen de recherche. Un inventaire sommaire des séries B, C et D avait été dressé de 1840 à 1845 ; mais ce travail très-défectueux vient d'être recommencé à la suite de récents classements, et un inventaire plus détaillé est en voie d'exécution. On enregistrait, il est vrai, au secrétariat de l'Assemblée, chaque pièce, à mesure qu'elle entrait aux Archives ; mais cet enregistrement compose une suite de 45 registres, qui, n'étant accompagnés d'aucun répertoire, sont à peu près inutiles comme instruments de recherche, bien qu'ils demeurent précieux comme documents.

SÉRIE A. *Collections de lois.*

A. Édits, arrêts, déclarations, lettres patentes, enregistrées au parlement, à la cour des aides, à la cour des comptes, de 1272 à 1790, collection fort incomplète et dépourvue d'inventaire, mais classée par ordre chronologique (60 articles [1]).

A *I-VII.* Lois et décrets rendus sous les Assemblées constituante et législative, la Convention, le Corps législatif jusqu'à ventôse an IX, et scellés du grand sceau de l'État (214).

Les lois et décrets rendus par les diverses Assemblées nationales de la France, du 5 mai 1789 au 30 ventôse an IX, ont été enregistrés au fur et à mesure de leur apparition. Cet enregistrement, qui se trouve être un très-utile inventaire chronologique, forme une série de 22 volumes. Il n'existe pas de répertoire méthodique, ni de table des noms. On les remplace, à partir du 22 prairial an II, par les tables imprimées du *Bulletin des lois.*

SÉRIE B. *Procès-verbaux des Assemblées nationales et votes.*

B *I.* Assemblées des notables. — Minutes de procès-verbaux, 1787-1788 (12 cartons).

B *II.* États généraux de 1789. — Procès-verbaux des assemblées de bailliages et de sénéchaussées (108 cartons).

B *III.* Délibérations des villes (180 registres).

B *IV.* Assemblées primaires électorales (28 cartons).

B *V.* Procès-verbaux des Assemblées constituante et législative, de la Convention, des conseils des Anciens et des Cinq-Cents, des commissions intermédiaires de 1799, du Tribunat, du Corps législatif, de la Chambre des députés de 1814 à 1848, des Assemblées nationales et du Corps législatif jusqu'en 1854, du Sénat et de la Chambre des pairs (435 registres).

B *VI.* Fonds des archives du Sénat et de la Chambre des pairs (1100 articles).

Ces archives se composent :

---

[1]. L'article en matière d'archives est l'unité consistant en une réunion de pièces désignée par un numéro qui lui est propre et constituant un corps distinct, comme un carton, un portefeuille, une liasse, un sac. Une pièce isolée, telle qu'un registre ou un plan de grande dimension formant un rouleau, se nomme aussi *article* parce qu'une semblable pièce est trop volumineuse pour être réunie avec d'autres.

1°. Des doubles minutes des procès-verbaux des séances du Sénat, du 3 nivôse an VIII au 18 mai 1814;

2°. Des doubles minutes des procès-verbaux des séances de la Chambre des pairs (y compris la Chambre des pairs impériale des Cent-Jours 1815), du 4 juin 1814 au 24 février 1848;

3°. Du fonds même des archives de la Chambre des pairs. Ce fonds se divise en :

Archives du Sénat. — Papiers afférents aux délibérations de ce corps et à l'administration des biens composant sa dotation.

Archives de la Chambre des pairs. — Papiers afférents aux délibérations de cette chambre. — Dossiers et documents relatifs aux affaires jugées par la Chambre des pairs érigée en cour. — Pièces à conviction produites dans ces affaires. — Archives de l'état civil de l'ancienne maison royale. — Archives des anciens ordres du roi.

B *VII*. Actes d'acceptation et votes sur : les constitutions de 1793, de l'an III, de l'an VIII; le consulat à vie (floréal an X); l'hérédité impériale (prairial an XII); l'acte additionnel de 1815; le plébiscite du 2 décembre 1851 (1000 articles).

SÉRIE **C**. *Minutes des procès-verbaux des Assemblées nationales et pièces annexées.*

C, § 1 et § 2. Assemblée constituante : — Minutes des procès-verbaux. — Actes émanés de cette Assemblée. — Lettres, adresses, pétitions, adressées à l'Assemblée constituante (123 articles; juin 1789-30 septembre 1791).

C *I*. Assemblée législative : — Actes relatifs à la formation de l'Assemblée législative. — Minutes et pièces diverses pour la rédaction des procès-verbaux. — Actes émanés de cette Assemblée (53 articles; 1er octobre 1791-21 septembre 1792).

C *II*. Convention nationale : — Actes relatifs à la formation de la Convention. — Notes et minutes pour la rédaction des procès-verbaux. — Minutes de rapports, motions, discours, etc., relatifs aux procès-verbaux. — Lettres adressées à la Convention par les représentants du peuple en mission, par les ministres, les généraux, etc. — Lettres et adresses contenant hommages de dons pour subvenir aux frais de la guerre : en or, argent, assignats, bijoux, vases et ornements d'église. — Lettres, adresses, pétitions des administrations, des corps

constitués et des sociétés populaires (190 articles; 21 septembre 1792-4 brumaire an IV).

C *III*^{A}-**C** *VI*^{A}. Conseil des Cinq-Cents : — Minutes des procès-verbaux. — Messages des Anciens et du Directoire. — Lettres des députés en mission, des ministres, des administrations, etc., adressées à ce conseil (103 articles; 4 brumaire an IV-19 brumaire an VIII).

C *III*^{B}-**C** *VI*^{B}. Conseil des anciens : — Minutes des procès-verbaux et pièces annexées. — Messages des Cinq-Cents et du Directoire (126 articles; 4 brumaire an IV-19 brumaire an VIII).

C *VII*^{A}-**C** *XIV*^{A}. Tribunat : — Notes pour les procès-verbaux et pièces annexées. — Messages du Sénat et du Corps législatif (52 articles; 11 nivôse an VIII-1807).

C *VII*^{B}-**C** *XIV*^{B}. Corps législatif : — Notes pour les procès-verbaux et pièces annexées. — Messages. Lettres des ministres et des députés. — Pétitions individuelles (27 articles; 11 nivôse an VIII-an XII).

SÉRIE **D**. *Missions des députés et papiers des comités.*

D, §§ 1, 2 et 3. Papiers des députés en mission dans les départements et en Belgique. 1793; ans II et III (163 articles).

D *I-XLV*. Comités de législation, — de constitution, — de division, — des lettres de cachet, — des finances, — des droits féodaux, — militaire, — de la marine, — ecclésiastique, — des colonies, — des recherches et rapports, — des pétitions et correspondance, — de sûreté générale et de surveillance, — de salut public, etc. 1789-an IV (1233 cartons, 382 registres).

SÉRIE **AA**. *Mélanges* (85 cartons).

SÉRIE **BB**. *Versements du ministère de la justice effectués dans les années* 1827, 1834, 1848.

BB *I*. Direction du personnel.
Personnel et discipline des cours et tribunaux. — Organisation du notariat. — Officiers ministériels.

BB *II*. Direction des affaires civiles et du sceau.
Division civile. — Constatations d'absences. — Dispenses. — Demandes de changement de noms. — Autorisations de

servir à l'étranger, etc. — Adresses des cours et tribunaux. — Circulaires.

BB *III*. Direction des affaires criminelles et des grâces.

Division criminelle. — Tribunaux spéciaux. — Cour de cassation. — Cours prévôtales. — Tribunaux révolutionnaires et militaires. — Haute cour nationale. — Haute cour de justice. — Recours en grâce. — Exécuteurs.

BB *IV*. Comptabilité.

Correspondance. — Pensions. — Frais de justice.

SECTION ADMINISTRATIVE.

SÉRIE **E**. *Ancienne administration de la France.*

I. CONSEIL DU ROI.

Les assemblées du conseil du roi se divisaient en 5 sections : 1° le conseil d'État; 2° le conseil des dépêches; 3° le conseil des finances; 4° le conseil des parties ou conseil privé; 5° le conseil de commerce. Le conseil d'État proprement dit traitait les affaires politiques, et ses décisions n'avaient aucun caractère judiciaire; le conseil de commerce donnait de simples avis. Les conseils des finances, des dépêches et des parties rendaient de véritables arrêts. Les arrêts émanés du conseil des parties sont placés dans la section judiciaire; ceux rendus par le conseil des finances et par le conseil des dépêches se trouvent classés, au nombre de 2,860 articles, sous la lettre E, dont ils forment la tête. Les arrêts de ces deux derniers conseils forment plusieurs séries chronologiques, dont chacune répond à un ministère ou à une subdivision de ministère, mais qui toutes sont incomplètes en ce que le commencement y manque. C'étaient les greffiers ou secrétaires du conseil du roi qui dans l'origine étaient dépositaires des minutes de ces arrêts; d'où il résultait fort souvent qu'entre les mains de leurs héritiers, elles étaient perdues ou détruites. Plusieurs arrêts du conseil, dont le premier fut rendu le 21 mai 1654, ordonnèrent qu'elles fussent remises aux secrétaires en exercice par leurs prédécesseurs ou, à leur défaut, par leurs veuves, héritiers ou premiers commis. Mais ces arrêts ayant été mal exécutés, d'autres décisions, rendues en 1684 et dans les années suivantes, poursuivirent la réunion de tous ces

papiers en un seul dépôt, au Louvre, sous la responsabilité d'un
« conseiller secrétaire garde des anciennes minutes du conseil [1]. » La translation au Louvre n'eut lieu qu'en 1721. On a
vu plus haut (page 5, note 1) que ce dépôt y était encore en
1790.

E, 1-1683. Arrêts du conseil d'État en finances ou sur requête (conseil des finances), rangés par ordre chronologique,
de 1593 à 1791 (1683 portefeuilles, dont chacun renferme environ 400 arrêts).

E, 1684-2860. Arrêts du conseil d'État en commandement
ou de propre mouvement (conseil des dépêches), 1611-1791;
(977 registres, dont chacun renferme environ 250 arrêts).

II. CONSEIL DE LORRAINE.

En 1766, à la mort du roi de Pologne Stanislas Leczinski,
duc de Lorraine et de Bar, les papiers de l'administration de la
Lorraine sous le gouvernement de ce prince furent transportés
à Paris et placés dans une maison de la rue Hautefeuille, sous
la garde d'un dépositaire particulier, M. Cochin, avocat. Ces
papiers furent réunis au dépôt du Louvre en vertu du décret
(Voy. ci-dessus, page 5, note 1) du 7 août 1790.

E, 2861-3272. Arrêts du conseil d'État et du conseil des
finances de Lorraine, 1698-1766. — Enregistrement des brevets, commissions, autorisations, offices, 1737-1766; expéditions de lettres patentes et brevets, 1707-1741 (65 registres).
— Minutes de lettres patentes de toute espèce, 1698-1718 (9 registres). — Édits, déclarations, arrêts, lettres de cachet, commissions, 1719-1737 (7 registres). — Eaux et forêts. Offices de
judicature. Fiefs, 1735. Franchises et exemptions. Emplois
dans les troupes. Matières bénéficiales. — Affaire particulière
du Barrois, 1719-1735. — Confirmations et preuves de noblesse,
1731-1765. — Chancellerie de Commercy, 1738-1745. —
Procédures criminelles, 1722-1738. Hôtels de la gendarmerie
et des monnaies. — Dons gratuits du clergé, 1592-1711. —
Décrets et requêtes, 1629-1716. — Dépenses pour la maison de
madame la Rhingrave, comtesse de Mansfeld. — Procès-verbaux et jugements relatifs à des intérêts de particuliers et de

---

1. Cet office fut créé par édit du mois d'août 1691. En février 1710 il fut remplacé par celui de : conseiller secrétaire ordinaire du conseil, direction et finances, garde et dépositaire des archives de ce conseil et des commissions extraordinaires.

communes, 1619-1766 (6 cartons). — État des pensions proposées à S. M. pour les officiers de la maison du roi Stanislas, etc., etc.

III. SECRÉTARIAT DE LA MAISON DU ROI.

Depuis l'année 1669 jusqu'à 1789, les actes de l'autorité royale rendus dans les attributions du secrétaire d'État de la maison du roi, tels que les édits, les déclarations et les lettres patentes, étaient enregistrés soit en entier, soit par extraits; quelquefois, au lieu de les transcrire sur un registre, on conservait les projets eux-mêmes, ordinairement revêtus du parafe du chancelier ou du garde des sceaux, et on les faisait relier. La collection de ces registres du secrétariat de la maison du roi (Voy. ci-dessus, page 5, note 1), constitue la partie principale de la troisième subdivision de la lettre E.

E, 3273-3344. Registres divers d'édits, déclarations, lettres patentes; pétitions; dépêches; expéditions, brevets, commissions; affaires contentieuses, etc., 1643-1791.

E, 3345-3354. Registres du secrétariat de la maison du roi. Transcription d'actes antérieurs à 1669.

E, 3355-3470. Suite. Transcriptions d'actes des années 1669 à 1786 (116 registres).

E, 3471-3473. Vingt-trois registres de transcriptions d'actes de 1765 à 1788.

E, 3474-3481. Registres de minutes et projets d'actes de 1775 à 1789.

E, 3482-3707. Inscription de divers actes émanés de S. M., de 1765 à 1784. — Dépêches, 1701-1789 (110 registres). — Correspondance, 1775-1780. — États. Table alphabétique des lois de finances. Lois de finances. — Registres des principales délibérations du conseil des finances sous le régent. Lettres et avis pour l'administration des finances. Conseil de régence pour les finances, 1715-1718. — Renvoi de mémoires, requêtes, placets, 1764-1767. Tables des noms des personnes auxquelles le secrétariat de la maison du roi adressait des lettres, 1731-1775 (42 registres). Deux registres des ordres du roi pour faire renfermer des filles de famille ou les faire relâcher, 1741-1745. — Correspondance de M. Bertin, contrôleur général, 1772-1773. Lettres scellées, 1743-1748. — Arrêts du conseil d'État sur contestations entre particuliers, 1696-1793. — Lettres de naturalité et de légitimation, 1506-1789.

MAISON DU ROI. — ÉCURIES.

E, 3708-3749. Effets appartenant au roi déposés dans les divers magasins des Menus-Plaisirs, 1760-1785. Liste des personnes titrées. Registres de pensions; de fournitures. Pages. Correspondance du grand écuyer (le comte de Brienne, le prince de Lambesch). Correspondance relative à Madagascar, 1776. — Papiers de l'administration du grand écuyer, 1605-1790. Règlements. Personnel. Académies d'équitation. Maréchalerie. Haras. — Dépenses faites pour la garde-robe du roi, 1765-1786. — Personnel et matériel des écuries du roi, 1724-1792. Équipages, 1752-1791. Mobilier et ustensiles. — Lettres au roi et réponses concernant les pages. Demandes de places dans les écuries. Service et droits des hérauts d'armes. Juge d'armes, généalogiste des écuries. États des officiers des écuries du roi, 1646-1774. Écuyers commandants ordinaires de cérémonies et cavalcadours. Hautbois et musettes du Poitou; tambours et fifres; cromornes et trompettes marines. Livrée, deuil, caparaçon, 1724-1770. Poursuivants des armées; portemanteaux, portecabans. Habillements. Voyages. Grandes écuries de Versailles, Rambouillet, Saint-Germain, Fontainebleau. Hôtel de M. le grand écuyer à Compiègne. Académies pour l'éducation des chevaux à Rouen, Caen, Toulouse, Aix, Lille, Strasbourg, Besançon, Angers, Paris, Riom, Bordeaux, Blois Montpellier, Lyon, Grenoble, Montauban, Sedan, Rennes, Arras. Extraits des comptes des écuries, 1540-1716. — Militaire; fortifications; armées. Mémoires sur les frontières de France du côté du Piémont et de l'Espagne. Tactique. Lettres écrites au comte de Villefort et à la comtesse de Villefort, sous-gouvernante du dauphin.

GARDE-MEUBLE.

E, 3750-3892. Inventaires. — Effets fournis par le Garde-Meuble à l'état-major de l'armée de l'intérieur; à l'adjudant général Solignac, en l'an II; à la direction générale de l'approvisionnement de Paris, en l'an IV; au Directoire et à divers établissements publics; à divers fonctionnaires; à la Convention nationale et aux ministres. — Correspondance relative au mobilier des établissements publics en l'an II. État des effets de casernement provenant de maisons religieuses et d'émigrés, mis à la disposition du ministre de la guerre. Inventaire du mobilier

national mis à la disposition des ministres. Meubles fournis à diverses commissions (9 prairial an II). Fournitures faites à divers établissements, à des commissions, à des particuliers. Inventaires d'effets appartenant à la république et déposés dans des établissements publics. — Correspondance relative à la disposition de la partie des Menus-Plaisirs appelée l'atelier des peintres. Correspondance ministérielle avec le directeur et l'inspecteur du Garde-Meuble, an IV. Correspondance des années II à VI. Ordres de fournitures. Fournitures faites à divers ministères, à diverses commissions, au Corps législatif. Meubles délivrés en toute propriété à d'anciens gagistes de la liste civile, an II. Inventaire du mobilier des ministères des finances et de la justice, an VI. Récépissés de meubles livrés et autres fournitures. Récépissé d'un télescope livré pour servir au siége de Toulon. État du mobilier national mis à la disposition du musée central des arts. Tableau des établissements nationaux et de leurs emplacements. Contrôle de l'emploi des glaces provenant de divers établissements. Livraisons de tableaux, estampes et figures de bronze faites à différents particuliers, ans IV à VI. *Idem* d'effets divers. Décisions du ministre des finances relatives aux effets précieux existant au Garde-Meuble, an IV. Remise d'effets à des capitaines grecs et à d'autres en déduction de créances sur la république, an V. Envoi d'argenterie à l'hôtel des monnaies de Paris, an III. Retraits de meubles et rentrées d'effets, ans II à VI. Versements de meubles et effets d'émigrés. Récolement de la salle des bijoux. Inventaire du mobilier des Menus, 1788-1792. Otages et prisonniers de guerre, an IV. Prêts. Meubles prêtés à M. le comte de Provence au Luxembourg. Meubles envoyés à Brest aux ambassadeurs de Typoo-Saïb, 1788. Mobilier prêté aux sections de Paris pour les fêtes civiques, an II. Inventaire de diamants et bijoux remis par les administrateurs du département de Jemmapes au ministre de l'intérieur. Diamants et bijoux portés à la monnaie et à la trésorerie, ans I et II. Valeurs trouvées dans des maisons d'émigrés, *id.* États d'appointements des employés du Garde-Meuble, ans II-IV. Suppression du Garde-Meuble et organisation du bureau de liquidation de cet établissement, ans V et VI. Procès-verbaux de destruction de vieilles tapisseries et de la fonte de leur tissu en lingots, an V. Pièces relatives à la composition du Garde-Meuble, à ses opérations et à ses dépenses sous le citoyen Villette, an IV. Déménagement du citoyen

Papillon-Laferté de l'hôtel des Menus. États d'employés. Secours à d'anciens employés. Comptabilité; états de dépense. Papiers relatifs au Garde-Meuble de Compiègne, de Bellevue, etc. Ornements de l'église du château à Saint-Germain; de l'abbaye de Saint-Denis, an II. Meubles reçus de Marly. Vente d'un yacht de la reine, 1793. Restitutions faites soit aux héritiers des condamnés, soit à d'autres. Oppositions et saisies faites à la diligence du Garde-Meuble, 1793. Rapport du citoyen Restout sur le trésor de Saint-Denis. Ameublement des petits appartements de la reine au château de Compiègne. Vol fait au Garde-Meuble, septembre 1792. Administration des citoyens Restout, Bayard et autres au château de la Muette, à Montreuil-sous-Versailles, au grand et au petit Trianon, au Luxembourg, à Rambouillet, à Bellevue, à Meudon. Mobilier de la maison nationale de Saint-Cloud. Registre des lettres du ministre de l'intérieur relatives au Garde-Meuble, 1er frimaire an IV-6 floréal an VI. Inventaire général du mobilier de la couronne, par Thierry (imprimé, 1791), estimant ce mobilier à 32,036,783 fr. Correspondance relative à la confection des inventaires du Garde-Meuble, ans III et VI. Mémoires de fournisseurs et travaux d'ouvriers pour le Garde-Meuble. — Rapport de M. Restout concernant les manufactures de Beauvais, de Sèvres, des Gobelins, etc. Loteries nationales. Ventes de mobiliers des émigrés et affiches de ventes, an III. Agence de la succession Soubise. Visites aux maisons nationales servant de dépôts, an III. Etc.

Registres : Transcription de lettres et ordres du ministre de l'intérieur à l'administration du Garde-Meuble; lettres et rapports au ministre, 1792-an VI. Journal de demandes, envois et expéditions commencé le 1er février 1793. Ordres de la commission des revenus nationaux; lettres et rapports à elle adressés, an II. Copie des lettres de l'inspecteur du Garde-Meuble à diverses administrations. Décisions du ministre des finances, ans IV-VI. Registres et journaux de sortie et rentrée des meubles avec l'indication des maisons et établissements dans lesquels ils ont été employés, 1788-an VI. Registres des prêts temporairement accordés aux églises, aux ministres, aux particuliers, 1768-90. Registre à souche des ordres donnés pour le départ des voitures chargées de meubles. 1785-1788. Règlement du roi pour le Garde-Meuble de la couronne, 1784. Registre des tapisseries raccommodées par les tapissiers De la Porte et Verreux, rentrayeurs, 1712-1783. Inventaire des

meubles du château des Tuileries, 1790. *Id.* des châteaux de la Muette et de Madrid, vérifié en 1786. État des meubles et ustensiles de la maison de madame Élisabeth, avenue de Paris, à Versailles, 5 juillet 1783. Inventaire des meubles de l'hôtel du gouvernement à Versailles. *Id.* de Trianon et de Meudon, 1790. *Id.* de Compiègne, 1791. Registres d'échantillons d'étoffes provenant d'un recensement des étoffes existant au Garde-Meuble au 1er janvier 1785. Inventaire des bijoux de la couronne.

Série **F**. *Administration générale de la France.*

Sous cette lettre sont rangés les papiers versés par les ministères autres que le ministère de la justice (Voyez celui-ci plus haut, page 91).

Les versements du ministère de l'intérieur forment à eux seuls la presque totalité de la série, si l'on comprend sous le nom de ce ministère, comme on l'a fait dans le classement, les directions qui en ont été détachées à diverses époques pour former les ministères de la police, de l'agriculture et du commerce, des cultes, de l'instruction publique et des travaux publics. Les plus anciens de ces versements remontent à l'année 1806. Pendant longtemps, les dossiers dont ils se composaient furent accumulés aux Archives à la suite les uns des autres sans ordre plus méthodique que celui de leur arrivée et sans inventaire autre que la note du récolement sommaire fait lors de chaque versement. En 1832, le chef de la section administrative, M. de Wailly, entreprit, avec l'approbation et les conseils de M. Daunou, de soumettre cette masse immense et confuse à un classement régulier. Il parvint à réaliser heureusement ce travail considérable, qui offrait l'avantage de dispenser jusqu'à un certain point d'inventaires pour des documents qui se présentent en si grand nombre que l'inventaire en est à peine possible.

La série F commence par une collection de plus de 2,000 registres in-folio, qui sont les livres d'enregistrement des pièces adressées au ministère ou émanées de lui. Ces registres sont marqués de la lettre F toute seule. Viennent ensuite 60 catégories, indiquées chacune par la lettre F suivie d'un exposant, de F^1 à F^{60} ; mais une partie de ces catégories n'ont pas encore d'existence effective et forment seulement, ainsi qu'on le verra

plus loin, des cases laissées en blanc dans le cadre général pour subvenir aux versements futurs des ministères de la guerre, des finances, de la marine, et des affaires étrangères, s'il arrive un jour que ces ministères déposent régulièrement une partie de leurs papiers aux Archives générales, ce qu'ils n'ont pas encore fait.

F^1. PERSONNEL.

$F^{1\,a}$. *Matières générales.*

1°. OBJETS GÉNÉRAUX.

1. Documents généraux et divers sur le ministère de l'intérieur et les affaires qui s'y rattachent.

Constitutions et correspondance y relative. — Collections diverses (manuscrites et imprimées) de lois, décrets, arrêtés, ordonnances, etc., sur des matières d'administration, depuis 1790. — Recueil chronologique des décrets rendus par les Assemblées constituante et législative et la Convention sur les fêtes nationales. — Indications d'actes et collections (incomplètes) de lois et ordonnances sur la plupart des matières traitées par le ministère de l'intérieur. — Collection manuscrite de lois et ordonnances rangées par ordre des départements auxquels elles ont rapport. — Circulaires et placards des autorités départementales, par ordre de départements. — Collection chronologique des circulaires du ministère de l'intérieur et des administrations qui en ont été démembrées, depuis 1789 jusqu'à l'année courante. — Demandes de circulaires; accusés de réception; décisions relatives à l'impression des circulaires.

Collection de circulaires, par ordre de matières, divisée de la manière suivante :

Documents généraux sur le ministère de l'intérieur.

Relations du ministère de l'intérieur avec d'autres autorités.

Mesures exceptionnelles. — Télégraphes et autres objets divers.

Personnel avant l'organisation des préfectures en l'an VIII ; — depuis cette organisation.

Matières accessoires du personnel : costumes ; incompatibilités et indignités ; honneurs et préséances ; traitements et frais d'administration.

Élections avant la restauration et pendant les Cent-Jours ; pendant la restauration ; depuis la révolution de juillet 1830.

— Documents supplémentaires sur les élections : journées de travail ; certificats de civisme ; registres civiques et domicile politique ; impressions de listes électorales ; indemnités aux électeurs.

Affaires politiques ; exposé de la situation de l'empire ; comptes moraux et comptes de tournées.

Serments, votes, députations ; adresses et offres d'argent ; fêtes et cérémonies ; emblèmes.

Sessions des conseils généraux.

Décorations et récompenses.

Pays étrangers.

Administration départementale ; communale.

Comptabilité générale ; départementale ; communale.

Police. Police sanitaire.

Affaires militaires, garde nationale, avant 1830 et depuis.

Agriculture ; subsistances ; commerce. Poids et mesures.

Travaux publics ; bâtiments civils.

Ponts et chaussées ; navigation ; mines et carrières.

Hospices et secours. Prisons.

Instruction publique. Sciences et arts. Imprimerie et librairie.

Cultes.

Statistique.

Ici s'arrête la collection des circulaires. Viennent ensuite les matières suivantes :

Nominations, absences, révocations, démissions et décès des ministres, sous-secrétaires d'État, secrétaires généraux et directeurs généraux du ministère de l'intérieur.

Régime intérieur du ministère : division, organisation et attributions. — Ordre de travail et règlements des bureaux. Consigne du concierge. — Correspondances et notes échangées entre le ministre, les chefs de bureau, etc. — Affaires diverses. — Protocoles, formules et dispositifs. — Bâtiments et mobilier. Concessions et suppressions de logements. Notaires, architectes, entrepreneurs et fournisseurs.

II. Relations du ministère de l'intérieur avec d'autres autorités.

1. Analyses des rapports et arrêtés soumis au Directoire et des messages du Directoire au Conseil des cinq cents ; ans IV-VII. — Registre des rapports du ministre de l'intérieur aux consuls avant prairial an VIII. — Feuilles de travail avec les consuls, de brumaire an IX à floréal an XII. — *Id.* avec l'em-

pereur, de prairial an XII à 1814. — Feuilles de rapports au roi et au ministre pendant les neuf derniers mois de 1814. — Feuilles de travail avec le roi, d'avril 1814 à mars 1815; avec l'empereur, mars-juillet 1815 ; avec le roi, 1815-1829.

Correspondance du ministre de l'intérieur avec les chefs du gouvernement, savoir : avec Louis XVI et sa maison; avec le Directoire, puis avec les consuls; avec l'empereur, sa famille et sa maison; avec le gouvernement provisoire en 1814. — Correspondance relative au cérémonial, aux entrées, départs, voyages, etc., de l'an XII à 1814. *Id.* de 1814 à 1825.

2. Relations du ministre de l'intérieur avec les Assemblées législatives; — avec leurs comités ; — avec leurs membres.

3. Relations avec le conseil des ministres; avec le conseil privé. Délibérations prises entre plusieurs ministres.

4. Relations avec le conseil d'État.

5. Relations avec le ministre secrétaire d'État, les grands dignitaires, les ministres à portefeuille et les administrations placées dans leurs attributions.

Avec le ministre des affaires étrangères : objets divers. — Correspondance concernant les relations extérieures en général. Correspondance relative à différents pays étrangers, classée par ordre alphabétique de pays. — Royaume de Naples. — Octroi du Rhin.

Avec le ministre des finances : objets divers. — Caisse d'amortissement. Banque de France. Cadastre. Cour des comptes. Contributions indirectes, contributions directes. Dette publique (agents de change; bourses; dotations et pensions). — Domaine. — Mobilier national. — Douanes. Enregistrement. Forêts. Loterie. Numéraire (assignats, mandats, monnaies). — Postes. — Messageries. Sel. Tabac. Timbre. Trésor. Vins.

Avec le ministre de la guerre : objets divers. — Renseignements sur les événements militaires. — Administration de l'ordre de la Légion d'honneur.

Avec le ministre de la justice : objets divers. — Cours et tribunaux. Cour de cassation. Juges de paix. Notaires. Avoués.

Avec le ministre de la marine. Demandes de légalisation et renvois de pièces. — Colonies. — Objets divers.

Avec le ministre de la police. Tableau des attributions des commissions exécutives (ans II et III).

III. Mesures exceptionnelles et transitoires.

1. Tribunal révolutionnaire. Haute cour de justice. Cours prévôtales.
2. Mises en état de siége. Suspension de la constitution. Interdiction de communiquer avec l'étranger. Pouvoirs temporaires confiés à des sous-préfets. — Amnisties.
3. Envois de commissaires extraordinaires depuis 1790 jusqu'à la seconde rentrée des Bourbons.
4. Commissions spéciales.

IV. Objets divers.

Télégraphes, etc.

2° OBJETS DÉPARTEMENTAUX.

Ces papiers sont classés par ordre de départements.

F¹ᵇ. *Personnel administratif.*

Les papiers du personnel administratif sont divisés en deux parties principales : les objets départementaux ; les subdivisions qu'ils admettent sont basées sur le cadre des fonctionnaires et relatives aux préfets, sous-préfets, secrétaires généraux, conseillers de préfecture, membres des conseils généraux de départements et des conseils d'arrondissements, maires, adjoints, conseillers municipaux, juges de paix, etc. Une troisième subdivision comprend des renseignements personnels, rangés par ordre alphabétique de noms des fonctionnaires.

F¹ᶜ. *Esprit public.*

1°. MANIFESTATIONS DE L'ESPRIT PUBLIC.

1. Exposés de la situation de la France. Comptes moraux et politiques.

Cette série comprend les exposés de situation de la république, de l'empire et du royaume, les comptes moraux mensuels et décadaires, les correspondances, circulaires, arrêtés concernant ces comptes, les rapports relatifs à l'esprit public, les adresses et analyses d'adresses présentées au gouvernement par les populations ou les citoyens, les documents relatifs aux manifestations générales ou particulières, soit spontanées, soit provoquées par des événements importants, tels que le procès

de Louis XVI, la journée du 18 brumaire, la mort du duc de Berry, etc., enfin tous les papiers se rapportant à l'état de l'esprit public en France depuis 1791 jusqu'en 1830.

II. Prestations de serment; certificats de civisme; fédération; votes et adhésions; députations; offres.

Prestations de serment des fonctionnaires avant la république, 1791 et 1792. — Serments de haine à la royauté, ans IV-IX. — Certificats de civisme. Fédération du 10 août 1793. — Votes sur les diverses constitutions. Prestation de serment par divers fonctionnaires sous l'empire et la restauration. Recherche des votes émis dans le procès de Louis XVI et sur l'acte additionnel (seconde restauration).

Députations sous le directoire, l'empire et la restauration.

Offres et souscriptions sous Louis XVI et sous la république (contribution patriotique, 1790. Abandon de traitement, 1792. Emprunt pour la descente en Angleterre, an VI. Offres pour la guerre, an VII). — Offres sous le consulat et l'empire (souscription pour la guerre contre l'Angleterre, an XI. Offres diverses. Offres de cavaliers, de chevaux et de conscrits, 1812 et 1813). Offres et souscriptions sous la restauration (Rétablissement de la statue de Henri IV. Souscription pour le monument du duc de Berry et pour l'acquisition de Chambord). — Offres patriotiques faites en 1830 et 1831.

III. Fêtes et cérémonies.

1°. Fêtes nationales en général et calendrier, sous la république. — Fêtes nationales et décadaires en général. Instructions et arrêtés. Procès-verbaux et comptes rendus. Matériel. Courses. Recueils d'hymnes. Objets divers. Belles actions. Projets. Observation et violation des fêtes décadaires et du calendrier républicain.

2°. Fêtes nationales en particulier, sous la république. — Fêtes de la fondation de la république, de la souveraineté du peuple, de la jeunesse, des époux, de la reconnaissance (et de la victoire), de l'agriculture, de la liberté, de la vieillesse.

3°. Fêtes anniversaires. Fête de la concorde (anniversaire du 14 juillet), de l'égalité (anniversaire du 10 août), du 18 fructidor, du 18 brumaire.

4°. Fêtes diverses, non annuelles, sous la république. Fête

de la paix, à l'occasion de la ratification du traité avec l'empereur, 20 frimaire an VI. — Fête à l'occasion de la bataille de Marengo, messidor an VIII. — Fête de la paix 1ᵉʳ germinal, an IX; *id.*, an X.

5°. Fêtes et cérémonies en général, sous l'empire, 1806-1813.

6°. Cérémonies religieuses, mandements et prières publiques du clergé à l'occasion d'événements politiques sous le consulat et sous l'empire, an XI-1804.

7°. Fêtes sous la restauration, 1814-1825.

8°. Cérémonies funèbres à toutes les époques. Cérémonie funèbre en l'honneur de Bonnier et Roberjot, du général Joubert, du général Desaix, ans VII et VIII. Translation du corps de Turenne aux Invalides, 5ᵉ complém. an VIII. Cérémonie funèbre en l'honneur du général Leclerc, an XI; du prince Napoléon de Hollande, juillet 1807; de M. Cretet, octobre 1809. Inhumation des membres du Sénat d'Italie, décret de 1810. Cérémonie funèbre en l'honneur du maréchal de Montebello, 1810; du duc de Massa, 28 juin 1814; des victimes du siège de Lyon, novembre 1814; de Louis XVIII, sept. 1824.

9°. Honneurs à rendre aux souverains et princes étrangers. Départ du comte de Livourne pour l'Italie, messidor an IX. Voyage du saint père en France, an XIII. Arrivée à Paris des rois de Bavière, de Saxe, de Wurtemberg et du prince de Schwartzenberg, novembre et décembre 1809. Voyage du comte de Barcelone, mars 1814. — Honneurs à rendre aux souverains étrangers, en septembre 1815.

10°. Poses de premières pierres. — Emblèmes, inscriptions, bustes, etc. — Cocarde nationale, ans VI et VII. Aigles pour les gardes nationales, frimaire an XIII. Portraits et bustes de l'empereur, 1810 et 1811. Enlèvement des inscriptions qui rappellent le nom de Bonaparte, 1814. Conservation des drapeaux du Corps législatif, avril 1815. Fleurs de lis à graver sur les bornes milliaires, 1816. Remise au délégué du roi de Prusse par la Chambre des députés de la statue de Bonaparte, 1816. — Félicitations aux ministres, sous-secrétaires d'État, secrétaires généraux, directeurs généraux, etc., de 1793 à 1829. Hommages d'ouvrages d'art ou de littérature. Fête du premier jour de l'an; rétablissement de cette fête au 1ᵉʳ janvier 1806. Réceptions.

2°. ÉLECTIONS.

3°. PROCÈS-VERBAUX DES CONSEILS GÉNÉRAUX.

F¹ ᵈ. *Affaires individuelles.*

Cette série, comme presque toutes celles de la lettre F, est d'abord divisée en Objets généraux, Objets départementaux et Affaires individuelles rangées par ordre alphabétique. Voici ensuite les principales subdivisions :
1. Demandes de places et d'audiences.
2. Décorations et autres récompenses honorifiques.

Ordres divers français et étrangers. Projets d'ordres nouveaux. Belles actions.

Récompenses diverses. Colonne à élever dans chaque département en l'honneur des braves morts pour la patrie, 29 ventôse an VIII. Réception honorable de douze habitants de la Vendée en mémoire de la belle défense de quelques communes de ce département contre les Anglais, thermidor an VIII. Envois de boîtes données à des préfets par la duchesse de Berry, 1816. Titres de noblesse. Listes des grands fonctionnaires nommés ducs au 20 octobre 1809. Mémoire sur les titres de noblesse en Hollande.

F¹ ᵉ. *Pays étrangers.*

Mémoires sur la Belgique. Notes sur les départements réunis. Vœux pour la réunion, 1792 et 1793. Correspondances diverses. — Lettres des représentants du peuple en mission dans la Belgique, an III. Matières diverses, an III à 1808.

Pièces communes aux quatre départements de la rive gauche du Rhin, Mont-Tonnerre, Rhin-et-Moselle, Roer, Sarre. Correspondance. Comptabilité. Vœux pour la réunion à la France, ans VI et VII. Renseignements sur le personnel. Esprit public. Police. Organisation des préfectures, ans III-XI.

Hollande : Décrets, arrêtés et pièces y relatives, **1810-1813.** Commission hollandaise, **1810.** Hollandais à Paris, **1810.** Renseignements sur le personnel; nominations; plaintes. Installation des tribunaux. Conseils généraux. Demandes de places. Système des élections constitutionnelles, **1810-1812.** Comptes de tournée. Objets divers. Suppressions d'emploi. Pensions. Agriculture. Rapport sur les intérêts des îles et villes formant le département de la Zélande. Circonscription. Orga-

nisation du matériel. Archives. État civil. Inscription maritime. Culte israélite. Sociétés d'enthousiastes religieux.

Départements anséatiques : Correspondance diverse. Commission des députés des départements anséatiques. Procès-verbaux, 1811-1814.

Provinces illyriennes : Objets généraux; 1810-1813. Ingénieurs des mines. Statistique. Organisation du personnel et du matériel. Commerce. Alignement des villes. Gendarmerie. Instruction publique. Correspondance avec l'intendance des Provinces illyriennes, 1811-1813. — Intendance de Carinthie, de Carniole, de Croatie, de Dalmatie, d'Istrie; Raguse. Personnel, esprit public, budgets de villes.

Piémont : Mémoires sur les finances; division territoriale et administrative; réunion à la France. Rapports avec les États voisins. Bulletin des actes administratifs. Correspondance politique et élections. Personnel. Culte. Affaires militaires. État civil. Correspondances diverses, an VIII-1806.

Espagne et Portugal : Mémoires divers, an IV-1813. — Catalogne : Circonscription, personnel; correspondance politique de M. de Gérando, intendant des départements du Ter et du Sègre. Id. de M. de Chauvelin, intendant des départements des Bouches-de-l'Èbre et du Montserrat. Journaux. Renseignements politiques et administratifs. Personnel et statistique des quatre départements de la Catalogne, 1812-1814.

Ligurie ou Pays de Gènes, et départements des Alpes maritimes, de la Stura, de Marengo et du Tanaro : Organisation de la Ligurie. Notes sommaires sur les actes du Sénat ligurien. Élections. Correspondance de M. Giusti, ambassadeur d'Autriche à Gènes. Rapport sur l'administration, les besoins et la situation des trois départements de la vingt-huitième division militaire. Statistique. Commerce, arts et manufactures, etc. Ces papiers sont pour la plupart de l'an XIII.

États de Parme et de Plaisance : Mémoire de M. Cavagnari sur les États de Parme, an XIII. Statistique; insurrection du Plaisantin, 1806. Correspondance, an XIII-1806. Correspondance de M. Moreau de Saint-Méry et de M. Nardon, préfets de Parme et Plaisance, an XIII-1808. Routes. Clergé séculier. Affaires domaniales et communales. Théâtre. Bibliothèque et collège. Prisons et mendicité. — Cession du duché de Guastalla.

Toscane : Personnel. Circonscription. Statistique. Commerce. Agriculture. Correspondance et pièces diverses. Nomination de

la princesse Élisa. Élections. Règlements et arrêtés de la junte de Toscane ; décret de sa suppression.

Rome : Anciens papiers de la junte de Rome. Consulte romaine, 1810-1812. Agriculture et statistique. Élections.

Sardaigne : Mémoire sur les avantages de sa réunion à la France, an VIII. — Malte : Organisation de ce département, an VI. — Iles Ioniennes : Départements d'Ithaque ou de la mer Égée et de Corcyre, an VI-1811. — Ile d'Elbe : Correspondance des commissaires Briot, Lelièvre et Galeazzini, an IX-1809.

Quelques pièces relatives à la principauté de Bénévent, au duché de Bouillon, 1782-1793 ; à la commune de Denting, an IV ; à la province d'Erfuhrt, 1814 ; à l'intendance du Hanovre, 1806 ; à la réunion de Montbéliard à la France, an IV ; à celle de Mulhausen, an II ; à la vallée d'Oneille, an IV ; à la constitution de Porentruy en république, 1792 ; au pays de Ravenstein, ans IV-VIII ; à la principauté de Salm, an IV ; au Valais, an X et 1810 ; à Venise, 1807 ; aux dotations en Westphalie, 1811.

F². ADMINISTRATION DES DÉPARTEMENTS.

Cette série, divisée comme toutes les suivantes de la lettre F, en Objets généraux et Objets départementaux, se compose des arrêtés, circulaires, correspondances et autres papiers du ministère relatifs à l'administration des départements et aux relations des préfets avec l'autorité centrale. Elle comprend 1209 cartons, rangés suivant l'ordre alphabétique des départements. Dans ces dossiers et ceux de la série suivante se trouve la trace de la plupart des affaires administratives traitées depuis 1792 jusqu'en 1839 sur toute l'étendue du territoire français (Paris excepté). Mais il faut remarquer que le double de chaque dossier se trouve à la préfecture du département auquel l'affaire a rapport ; les minutes sont d'un côté, les originaux de l'autre.

F³. ADMINISTRATION DES COMMUNES.

Cette série est pour les communes ce que la précédente est pour les départements. Elle remplit 3,118 cartons, rangés par ordre alphabétique de départements, et dans chaque département sont rangées ensemble les communes dont le nom commence par la même lettre. Tel carton renferme les papiers relatifs à trente ou quarante communes à la fois, tandis qu'une commune importante peut occuper 6 ou 8 cartons à elle seule.

F⁴. COMPTABILITÉ GÉNÉRALE.

2,300 registres, savoir : 1 à 3, Répertoire (ans V-VII); 4 à 7, Transcription d'arrêtés du gouvernement (ans IX-XI); 8 à 10, Correspondance avec le ministre des finances; 11 à 31, Correspondance de la division de comptabilité; 32, État général des débiteurs de mois de nourrice de 1776 à 1791; 33 à 80, Registres de comptabilité; 81 à 197, Distribution de fonds; 198 à 2,300, Registres rangés par établissements et par ordre chronologique.

F⁵. COMPTABILITÉ DÉPARTEMENTALE.

1,516 registres ou liasses rangés par départements et par ordre chronologique.

F⁶. COMPTABILITÉ COMMUNALE.

Dossiers rangés par départements.

F⁷. POLICE GÉNÉRALE.

Objets généraux. Rapports. Feuilles de travail. Correspondance. Personnel. Matières diverses (environ 11,000 articles).

F⁸. POLICE SANITAIRE.

État des officiers de santé; police des inhumations; cimetières; épidémies; épizooties. Jurys de médecine; cours d'accouchements; sages-femmes; conseils et agents sanitaires; caisses de secours et de prévoyance; vaccine; belles actions; exercice de la médecine; voirie de Montfaucon; eaux minérales; salubrité; achats de médicaments.

F⁹. AFFAIRES MILITAIRES.

Objets généraux (7 liasses). Départements (45 liasses). Conscription; enrôlements volontaires; déserteurs; levées de chevaux; dons et offres diverses; gardes d'honneur; garde impériale; tirailleurs fédérés (Cent-Jours); garde royale; compagnies de réserve; gendarmerie; sapeurs-pompiers; gardes nationales depuis la république jusqu'à nos jours.

F¹⁰. AGRICULTURE.

Objets généraux et départementaux (14 liasses). Améliorations

agricoles; conseil d'agriculture ; extraits des procès-verbaux des conseils généraux ; comptabilité ; police rurale ; arrêtés, circulaires, instructions; influences atmosphériques; maladies des grains; desséchements et défrichements; vaine pâture; instruments aratoires; engrais; statistique agricole; établissements ruraux; jardins botaniques; pépinières ; demandes de grains et d'arbres; bois; animaux nuisibles ; colonies; Égypte; animaux domestiques; bestiaux ; jurys pastoraux; élèves bergers; affaires relatives aux haras.

F^{11}. SUBSISTANCES.

Objets généraux et départementaux (21 liasses). Lois, ordonnances, circulaires, mémoires; commissions des subsistances; états d'ensemencements et de récoltes; poids du froment, approvisionnements des boulangers; établissements de marchés à grains; entrepôts, transit, circulation, cabotage ; importations et exportations; troubles résultant de la cherté des grains ; fournisseurs de viande; tableaux de la consommation en viande, boisson et combustibles; vins et eaux-de-vie; subsistances de Paris.

F^{12}. COMMERCE.

Objets généraux et départementaux (46 liasses). Mémoires et documents anciens. Ancien bureau de commerce. Députés et personnel du commerce. Corporations d'arts et métiers. Juridictions consulaires. Banque et caisse du commerce. Droits intérieurs. Droits de marque. Décrets; circulaires. Code du commerce. Tribunaux, conseils, chambres consultatives. Conseils de prud'hommes. Bourse ; agents de change, courtiers. Sociétés d'encouragement. Expositions. Brevets d'invention. Écoles d'arts et métiers. Foires et marchés. Poids et mesures. Manufactures. Transports par eau et par terre. Bulletins industriels. Commerce maritime et extérieur. Balance du commerce. Consulats. Douanes. Licences.

F^{13}. TRAVAUX PUBLICS ET BATIMENTS CIVILS.

Mélanges. Pièces provenant de l'ancien ministère de la maison du roi. Mélanges relatifs à Paris. Mélanges relatifs à la liste civile et aux bâtiments du roi, à Paris et hors Paris. — Travaux publics depuis 1790. Circulaires. Personnel. Demandes de places. Renvois au conseil des bâtiments civils. Objets gé-

néraux de comptabilité; mémoires divers ; réclamations d'entrepreneurs; bons de travaux et attachements. Rapports et pièces à l'appui, concernant des travaux dans Paris. Édifices et bâtiments de Paris, par ordre alphabétique. Travaux faits dans le département de la Seine, Paris excepté. Objets généraux; comptabilité et mélanges relatifs aux départements, par ordre alphabétique des départements. Travaux dans les départements aujourd'hui séparés de la France.

Dans cette catégorie, comme dans plusieurs autres, sont portés des papiers qui ne doivent pas être conservés d'une manière définitive aux Archives, et qui, par suite de leur manque d'intérêt, sont destinés à une suppression plus ou moins prochaine. La série F^{13} compte comme telles 211 liasses de mémoires de fournisseurs et 210 liasses de bons de travaux et d'attachements marqués ci-dessus.

F^{14}. PONTS ET CHAUSSÉES; MINES.

Objets généraux et départementaux (22 liasses). Transmissions de décrets. Personnel des ponts et chaussées. Comptes mensuels. États généraux des routes, canaux, ponts, etc. Cartes itinéraires des départements. Digues et polders. Dessèchements et navigation. Machine de Marly. Mélanges relatifs aux mines. Conseil des mines; lois, décrets. Demandes et états de concession de mines. — Service des ponts et chaussées dans les anciennes généralités de France. Comptabilité. Service de la navigation. États généraux de situation, par départements, de l'an VI à 1820. Service des ports et états généraux de situation, par départements, de l'an X à 1820. Canaux, avec états de situation, de l'an IV à 1827. Service du matériel des fleuves et des rivières, par départements, de 1733 à 1816. Service du matériel des canaux, par départements, de 1719 à 1822. Service matériel des ports maritimes de commerce, de 1703 à 1816, par ordre alphabétique de ports. Service matériel des routes et ponts, par ordre de départements, de 1790 à 1816. Comptabilité des services des routes et ponts, navigation et mines dans les départements annexés à la France de 1792 à 1813. Service du matériel des ponts et chaussées, des mines, des ports maritimes, des polders, moulins, usines, bacs et bateaux dans les mêmes départements, 1792-1813. Papiers anciens rendus par divers inspecteurs divisionnaires, de 1806 à 1832.

Vieux projets relatifs à diverses rivières (1700 à 1800), et collections de votes des conseils généraux, de l'an VI à 1825.

F¹⁵. HOSPICES ET SECOURS.

Objets généraux et départementaux (35 liasses). Hospices; décrets; circulaires. Règlements avec les congrégations religieuses. Chambre de sûreté dans les hospices. Personnel. Pensions. Hospices des départements, y compris ceux des départements annexés. Fondations; legs et donations. Révélations de biens. Remploi de biens aliénés. Droits sur les spectacles. Secours. Fonds des hospices déposés à la caisse d'amortissement. Coupes de bois. Rentes dues par les hospices. Constructions et réparations. Assurances contre l'incendie. Demandes de places et admissions. États de mouvement et de situation. Feuilles de visites. Journées de militaires malades. Approvisionnements; états et prix des objets de consommation dans les hospices. Comptabilité. Budgets. Enfants trouvés et orphelins. Écoles gratuites. Sociétés de charité maternelle. Asile de la Providence. Association des chevaliers de Saint-Louis. Institut des aveugles. Quinze-vingts. Sourds-muets. Aliénés. Monts-de-piété. Demandes et concessions de secours. Secours dans les départements; *id.*, à Paris. Secours à certaines classes de personnes. Actes de bienfaisance. Soupes économiques. Atelier de filature. Caisse de secours et de prévoyance.

F¹⁶. PRISONS ET MENDICITÉ.

Objets généraux et départementaux (10 liasses). Maisons centrales de détention, prisons et dépôts de mendicité. États des condamnés aux travaux forcés. Condamnés à plus d'un an. Transfèrements. Libérés; graciés; graciables. Chaînes. Circulaires relatives aux prisons. Prisons des départements annexés à la France; *id.*, de Paris; *id.*, des départements. Personnel. Comptabilité. Mouvements. Mémoires sur la mendicité. Extinction et répression. Mendiants voyageurs. Comptabilité relative à la mendicité. Dépôts. Demandes de places dans les dépôts.

F¹⁷. INSTRUCTION PUBLIQUE; SCIENCES ET ARTS.

Mélanges relatifs aux sciences et arts. Découvertes récompensées par le gouvernement. Commission des monuments. Commission temporaire des arts. Affaires diverses : Musique; bibliographie ; demandes de places dans les bibliothèques ;

médecine; inventaires sur cartes de diverses bibliothèques. Conseil de conservation des objets de sciences et arts. Inventaires de bibliothèques; demandes, prêts, restitutions de livres. Bibliothèques d'émigrés; bibliothèques des départements. Dépôts littéraires. Littérature et linguistique. Gens de lettres et artistes. Dépôts scientifiques. Muséum d'histoire naturelle. Saisies, transports et inventaires d'objets de sciences et arts. Dépôt des Petits Augustins. Musées. Écoles d'architecture, de peinture, de sculpture, de chant. Conservatoire de musique et de déclamation. Théâtres des départements étrangers; *id.*, de Paris; *id.*, des départements. Comité et commission d'instruction publique, sous la Convention et après elle. Correspondance relative à l'instruction publique. Votes des conseils généraux. Rapports. Inspections générales. — Université. Comptabilité. Obligations et priviléges des fonctionnaires de l'Université. Serment de fidélité. Demandes de places, de décorations et de titres. Personnel. Traitements; secours; indemnités. — Écoles primaires. Affaires générales; personnel; comptes généraux de l'emploi des fonds. Budgets et comptes départementaux. Votes des conseils municipaux. Police et administration. Commission d'examen. Brevets; dispenses; autorisations provisoires. Comités cantonaux. Inspecteurs. Secours et allocations. Livres élémentaires. Instituteurs primaires. Écoles normales. Enseignement mutuel. Colléges communaux. Institutions et pensions. — Colléges. Écoles centrales; lycées; séminaires; colléges royaux et communaux. Secours et pensions de retraite. Personnel; maîtres d'étude. Compositions, concours, examens. États de situation. États de revue et présence des élèves. États nominatifs et moraux des élèves. États de liquidation de pensions des élèves. Contentieux. Créances et dettes. Budgets et comptes. Demandes de bourses. Prytanée français. Écoles de Bourbon-Vendée, Liancourt, Saint-Cyr, la Marche, Compiégne. Écoles de marine; polytechnique. Écoles spéciales diverses. Académies des départements étrangers. — Produits universitaires; frais de tournée; droits de diplômes. — Facultés. Affaires générales et collectives; rapports hebdomadaires; états d'inscriptions. Demandes de cessations de grade, et de dispenses. Traitements; produits. Facultés de droit, de médecine, des sciences. Écoles de chirurgie de Paris et de Montpellier; d'anatomie de Rouen, de Strasbourg; de pharmacie. Cours publics (4,174 articles).

F18. IMPRIMERIE ET LIBRAIRIE.

Objets généraux et départementaux. Inspecteurs de la librairie. États des imprimeurs, libraires, bouquinistes, relieurs, fondeurs, etc. Réclamations, rapports, etc., concernant les imprimeurs, rangés par ordre de départements. Demandes de brevets d'imprimeurs et épreuves certifiées de gravures déposées. Imprimeurs et libraires des départements. Impressions de livres d'églises ordonnées par les archevêques et évêques. Imprimerie royale. Déclarations des imprimeurs (avis donnés au ministère de la police générale), à Paris et dans les départements. Importations de livres étrangers, rangés par noms de libraires. Vérifications de livres venant de l'étranger. Journaux des départements, par ordre de départements. Extraits des journaux anglais. Prohibition de journaux étrangers. Censeurs; manuscrits soumis à leur censure. Censure dramatique, série rangée par ordre de matières, avec une table de toutes les pièces censurées.

F19. CULTES.

Décrets et ordonnances. Objets généraux. Affaires concernant les départements étrangers et les départements actuels. Demandes de places. Personnel. Séminaires. Affaires diverses. Boursiers des séminaires catholiques et protestants. Exemptions de service. Comptabilité des cultes. Vœux et professions. Maisons religieuses. Ordres religieux. Établissements religieux, distingués par diocèses. Suppressions d'établissements et d'ordres religieux. Portions congrues. Bénéfices. Secours sur les loteries de piété. Secours avant 1790. Inventaire et administration des biens ecclésiastiques avant 1789. Biens à l'acquit des fondations. Dotations et oblations. Dons et legs (départements étrangers). Inventaires des objets du culte dans divers départements. Mélanges postérieurs à 1789. Diocèses de l'Italie sous l'empire. Chapitres (départements étrangers). Aumôniers militaires. Frais du culte; pensions, secours; comptabilité intérieure. Brevets de traitements. Nominations par les évêques. Bâtiments du culte catholique. Secours aux églises et aux presbytères. Revenus des fabriques. Mandements. Dispenses. Police du culte. Cultes protestant et israélite. Dettes des juifs (1,006 articles).

F^{20}. STATISTIQUE.

Objets généraux (6 liasses). Statistique des départements (22 liasses). Statistiques imprimées de Testes. Statistique des communes. Cadastre. Mutation des immeubles. Renseignements statistiques sur les marais, étangs, ports, rivières, les subsistances minérales et végétales, les moulins. Observations météorologiques. États et recensements de population. Populations agglomérées et éparses. Populations spéciales; mariages. Population des hospices et hôpitaux, etc. Émigrations et immigrations d'ouvriers. Population militaire. Mouvements de population.

F^{30}. PAPIERS DU MINISTÈRE DES FINANCES.

F^{40}. PAPIERS DU MINISTÈRE DE LA GUERRE.

F^{50}. PAPIERS DU MINISTÈRE DE LA MARINE.

F^{60}. PAPIERS DU MINISTÈRE DES AFFAIRES ÉTRANGÈRES.

Les numéros F^{21} à F^{29} ont été laissés vides afin de ménager une place dans le classement aux versements futurs du ministère de l'intérieur; F^{31} à F^{39}, F^{41} à F^{49}, F^{51} à F^{59} sont réservés de même pour les versements que les autres ministères pourront opérer plus tard.

SÉRIE G. *Administrations spéciales.*

LIQUIDATION DES DETTES DE L'ÉTAT.

Recettes et dépenses relatives aux équipages de l'armée d'Angleterre. — Comptabilité de la régie des fourrages de l'armée d'Allemagne, 1758 et 1759. — États de revue de solde de la 72ᵉ demi-brigade (armée de Hollande). — Pièces de comptabilité relatives aux armées du Nord, de l'Ouest, des Alpes, des Pyrénées-Orientales, du Rhin, de Sambre-et-Meuse. — Agence de l'habillement et équipement militaire. — Étapes, convois et transports militaires. — Comptabilité du magasin de Béthune. — Hôpitaux militaires. — Comptabilité des subsistances militaires. — Transports militaires. — Journal des recettes et dépenses de l'agence des vivres, cinquième année; armée des Alpes. — Registres de la comptabilité du 1ᵉʳ régi-

ment de hussards. — Registre d'entrée et sortie de l'hôpital militaire de Dinan, 1793. — Copie de lettres relatives aux subsistances militaires, an IV. — Pain de l'armée des Alpes, an V. — Revues du 3ᵉ corps de la grande armée envoyées au comité central des revues, an III. — Fournitures et convois militaires dans la place de Barjols (Var), 1793. — Papiers relatifs au service de la poste dans la direction de Pontorson, an VIII. — Correspondance et autres papiers relatifs aux hôpitaux militaires des côtes de l'Océan, an XII. — Papiers concernant la loterie nationale établie dans la 27ᵉ division militaire, à Turin. — Autres objets d'administration de cette division. — Mémoire sur les États du roi de Sardaigne, par Marco Foscarini, ancien ambassadeur de Venise à Turin. — Notice imprimée (en nombre) sur l'homme au masque de fer. — Papiers relatifs au recouvrement des contributions de Saône-et-Loire, an VI. — Liasse de procédures contre divers individus de l'armée d'Italie. — Cinq registres du conseil de guerre de Mantoue, an VII. — Contrôles de la 48ᵉ demi-brigade d'infanterie, an VII. — Inventaires du mobilier des maisons religieuses supprimées dans la Belgique par la loi du 5 frimaire an VI. — Extraits de revues du 12ᵉ régiment de hussards et de la 14ᵉ demi-brigade d'infanterie légère. — Étapes et convois militaires, an VII.

FERME GÉNÉRALE.

Traités des différentes directions de la Ferme générale. — Délibérations des années 1710 à 1752, 1753 à 1759, 1760 à 1762, 1763 à 1768, 1769 à 1774, 1775 à 1782, 1783 à 1790. — États de signalements des employés de la direction de Caen. — Déclarations, arrêts, ordonnances, décisions et bail de la ferme générale de Lorraine, 1755. — Mémoire sur la ferme générale des coches, carrosses et messageries du royaume, 1765. — Mémoires, lettres patentes, états relatifs au commerce. — Maisons acquises à Nantes pour gabelles, salines, tabacs, etc. — Pièces concernant la régie des salines. Instructions imprimées pour les employés. Plan général pour la ferme des domaines. — Greniers à sel; cantonnements; acquisition du Palais-Bourbon, etc. — Tableaux des employés de la généralité d'Orléans, 1780-82. — Mémoires, éclaircissements, tarifs relatifs aux gabelles. Aliénation des domaines de Bretagne aux états généraux de ladite province, 1757-58. — Arrêts de la

cour des aides et du parlement, 1769-74. — Recette journalière de la régie générale des aides, 1780-92. — Anciens baux des fermes générales de 1632, 1662 et 1721. — Bail de Mager, de 1781 à 1786. — Mémoires, instructions, etc., sur les domaines du Clermontois. — Bail du domaine de Lorraine. — Pièces de la gestion de Calendrin, 1788-91. — Extraits et relevés des magasins de tabacs. — Mémoires et décisions de l'année 1790 sur les traites. — Arrêts du conseil et délibérations sur l'admission des fermiers généraux. Listes des fermiers généraux. — Pièces et mémoires concernant les gabelles. — Régie générale; décisions du ministre; extraits de lettres, etc. — Salines de Lorraine et de Franche-Comté. Décisions sur les salines. Travail de la régie des sels. — Tableaux et états d'employés dans différentes directions. — Registre intitulé : Mémoires pour servir à l'histoire et à la régie des fermes générales. — Mémoires au conseil, 1767-90. — Décisions du conseil, 1780-88. — Registres concernant le papier filigrané, 1787-91. — Journaux d'affaires de différents fermiers, de 1762 à 1793. — Tarif détaillé du prix des tabacs de Paris tant en nature qu'en poudre, 1774. — Registre contenant les noms des employés, des cautions et la quotité des cautionnements. — Registres de recettes et de dépenses de diverses directions. — Registre de correspondance de M. d'Arlincourt, 1788-89 (Rouen). — Grandes gabelles, 1755 et 1756. — Registre intitulé : Douanes nationales; Transit, 1790-91. — Observations de M. Caze, fermier général en 1745 et 1746. — Mémoire de M. de Beaumont, fermier général, sur les départements de Bourges et d'Orléans en 1745.

RÉGIE DES AIDES.

État des recettes et dépenses, 1787-93. — Lettres du ministre. Abonnements généraux. Mémoires. Correspondance. — Abonnement des droits de jauge et de courtage. États des contrôleurs ambulants, tarifs, arrêts, etc. — Lettres, mémoires et décisions, 1781-90. — Mémoires et arrêts du conseil relatifs à la Régie générale. — Pièces relatives à la direction de Metz. — Autorisations des commissaires des guerres. Marchés pour des approvisionnements. — Mémoires, observations, décisions, tableaux d'employés. Figures des poinçons de la marque d'or et d'argent. — Tableaux des directeurs et employés des différentes généralités. — Cautionnements; intérêts de fonds d'a-

vance; états de pensions et secours; traités, etc. — États de frais de régie; correspondance; caisse; pensions et traitements. — États et tableaux des droits sur les cuirs. — États de produits de la régie générale. — Décisions du ministre sur divers droits. — Demandes de places. Instructions. — Extraits d'arrêts et règlements, 1304-1744. — Plans généraux de diverses directions. Droits d'aunage dans la ville de Beauvais. — Pièces relatives à des débets d'employés. — Comptes et papiers de diverses régies, depuis Étienne Somsoye jusqu'à Calendrin, 1759-90. — Droits réunis. Comptes de caisse. — Dépouillement général des comptes de chaque direction, 1780-81. — Registre de nominations aux emplois supérieurs de 1770 à 1790. Journal de caisse du registre des droits sur les cartes. — Registres des manufactures des papiers filigranés. — Mémoire concernant les billets de 35 millions. — Registre de caisse, 1791-92. — Registre des circulaires, 1780-91. — Registre intitulé : Surnuméraires, 1783-87. — Journal du commerce d'eau-de-vie de Flandres et d'Artois, 1781. — Inscription jour par jour des actes relatifs à la fabrication des cuirs, 1789. — Mémoires présentés au ministre et décisions sur iceux, 1780-84. — Mémoires et décisions du conseil, 1773-87. — Comptes des terres de Géel et Braine-l'Aleu rendus à l'abbesse de Remiremont, 1705-25. — Quatre registres d'amendes et confiscations. — Tarif pour la taxe des lettres et paquets. — Pancartes et tableaux relatifs à la régie des aides.

EAUX ET FORÊTS.

Mémoires et observations sur les forêts en général. Procès-verbaux d'arpentage des forêts de l'Ile-de-France, Brie, Champagne, Bretagne, etc. — Mémoires, projets, etc., sur l'amélioration des eaux et forêts. Procès-verbaux de visite, etc.

LOTERIES.

Billets de loterie nationale de maisons, meubles et effets. Feuilles indicatives de l'ordre de la sortie des billets de la deuxième loterie nationale, an III. Tableaux comparatifs de différentes loteries. Anciens départements du Piémont. Tableaux de résultats chimiques.

AMIRAUTÉ.

Registre de délibérations prises au conseil de M. le comte de

Toulouse, amiral de France, 1688-98. — Dispositifs des arrêts du conseil des prises, 1695. Minutes de jugements de prises, 1695. — 38 registres de procédures de délibérations et de jugements du conseil des prises, 1695-1713. Minutes de jugements du conseil des prises, 1714-58. Registres servant à l'enregistrement des procédures des prises (guerre de 1778). Liasse de cahiers contenant l'enregistrement de prises faites sur les ennemis de l'État. Minutes de jugements du conseil des prises, 1761-82. — 119 registres ou liasses de registres de la perception des droits de congé et d'ancrage, par ordre alphabétique de ports. — Comptes pour les amirautés de 1698. — Baux des greffes et comptes des amirautés de Brest et de Bordeaux, 1745-90. Pièces justificatives des comptes de l'amirauté de Brest, 1786-90. Anciens baux des greffes des amirautés d'Abbeville, de Calais, etc., et pièces justificatives des comptes, 1760-91. Anciens baux des greffes des amirautés de Caen, de Calais et de Granville, etc., 1727-86. Anciens baux des greffes des amirautés des ports de Cherbourg, Barfleur, etc., 1708-84. — Comptes des greffes de l'amirauté de Cherbourg, 1711-90; Collioure, Perpignan, etc., 1776-89; Dieppe, Dunkerque, etc., 1760-91; Eu, Tréport et Honfleur, 1785-90; la Rochelle et la Ciotat, 1765-90; la Rochelle et Lorient, 1784-89; Marseille. — Anciens baux et comptes des greffes des amirautés de Martigues, Morlaix, Marennes, etc., 1741-90; Nantes, Narbonne, Paris, Perpignan, 1718-90; Rouen, 1721-87; Calais, Sables-d'Olonne et Saint-Brieuc, 1710-89; Saint-Malo, Saint-Tropez, Saint-Valéry, 1691-1791; Touques et Toulon, 1769-91; Vannes, 1694-1790; Cayenne, la Guadeloupe, Louisbourg, Mahon, Sainte-Lucie, 1757-89; la Corse, 1768-91; Cap-Français, Cayenne et la Guadeloupe, 1752-89; Louisbourg, îles Saint-Pierre et Miquelon, 1718-90; la Martinique, 1770-90. — Titres de propriétés des greffes des amirautés en faveur du comte de Toulouse, 1713-91. — Correspondance de divers receveurs des droits de l'amirauté et renseignements, 1723-89. — Mémoires, lettres missives et autres pièces concernant les baux et comptes des amirautés. — États, mémoires, édits, arrêts du conseil, etc., sur les droits de l'amirauté et sur les feux et signaux. — Déclarations, mémoires, etc., concernant les prises, amendes, confiscations, etc. — Pièces concernant les droits de l'amirauté en Bretagne. Procès-verbaux de ventes de bâtiments et cargaisons. — Édits, lettres patentes, arrêts du conseil, etc., concernant

les amirautés et différents états de recettes et dépenses des greffes. — Comptabilité, exercices de 1761 à 1791 (30 registres). — Comptes des trésoriers de l'amiral de France pour les années 1706, 1720 à 1722, 1732, 1737, 1738 et 1740.

SUCCESSION LAW ET ANCIENNE COMPAGNIE DES INDES.

Succession Law. Jugement qui nomme les sieurs Péchevin père et fils séquestres. Inventaire des pièces contenues dans les différents cartons de l'ancienne compagnie des Indes. Liste des pensionnaires. Comptes du sieur J.-B. Péchevin avec pièces justificatives, 1724-64. Jugements, ventes de meubles et immeubles, bordereaux, comptes, délibérations, procès-verbaux, etc., de la même succession. Procédures devant les commissaires du conseil de 1721 à 1747. Jugements desdits commissaires du 1er janvier 1747. Procédure devant la cour des aides de 1722 à 1772 et de 1777 à 1779. Journal du séquestre de M. Law du 26 mai 1736 au 1er septembre 1759.

SÉRIE **H**. *Administrations locales*.

ALSACE. Frais communs et particuliers de la province, 1788-89. — Réclamations contre l'établissement des municipalités. — Conseil souverain de Colmar. Remboursement d'offices supprimés. Gages d'officiers. — Haras, 1766-89.

AMIENS. Haras, 1776-90.

ARTOIS. États d'Artois : impositions, 1709-16; cahiers des Assemblées, 1715-18; affaires diverses des états, 1718-30; cahiers des états, 1720-30; Assemblées et cahiers des états, 1731-45; affaires diverses des années 1744-50. — Débats des députés du tiers état contre la noblesse et le clergé au sujet des abonnements des octrois, 1751-63. Octrois et autres affaires des villes. Pièces relatives aux droits et impositions sur les boissons, 1741-57. — Affaires contentieuses; communautés de Vitry, Saint-Aubert, etc.; fortifications d'Aire. — Chemins; terrains pris pour les fortifications; ouvrages publics. — Intendance. Écoulement des eaux du Calaisis, de l'Angle, de Bredenarde, de Reminghen et de la rivière d'Aa, 1730-37. — Juridiction des communes, 1762. — Mémoires, observations, etc., concernant les municipalités, 1771-74. — Épizootie, 1771-76.

Emprunts faits par les états, 1726-90. — Registres divers des affaires des états d'Artois, 1761-91.

Auch. Logement militaire et casernement des troupes. Remboursements d'offices supprimés. — Affaires diverses de la province. — Haras, 1776-90. — États de Nébouzan : impositions, franc-salé, octrois municipaux, droits réservés, chemins, 1784-89. — Mémoires divers de la Société royale d'agriculture d'Auch.

Béarn. Procès-verbaux des états, 1785-89. — Parlement de Pau. — Chemins. Canaux. Ville de Pau; château et prisons. Corps municipaux. Office de grand voyer. Navigation du gave de Pau. Régie générale. Droits réservés. Domaines. Affaires diverses de la province. Haras, 1776-85.

Bordeaux. Remboursements d'offices supprimés. Gages d'officiers. Intendances. Bastilles de Mont-de-Marsan, Turzau et Gabardan. Haras, 1776-90.

Bourges. Dépenses, 1787. Affaires diverses. Haras, 1776-90.

Bourgogne. Cahiers des états des années 1719, 1722, 1725, 1729-31, 1737, 1740, 1743, 1755, 1756, 1758-64, 1770-82. — Cahiers des états de Bugey, Bresse et Gex, 1730, 1746, 1755, 1756, 1758-64, 1770-82. — Affaires diverses, 1718-27, 1728, 1729, 1730-34, 1743-47, 1778-82. — Instructions du roi pour l'assemblée des états, 1712-27, 1730-60, 1769. — Intendance : affaires diverses, 1722-91. — Trésorier des états de Bourgogne, 1752. — Registre des états de Bourgogne, 1761-82. — Affaire concernant les pépinières de Bresse. Droits réservés. Dons gratuits des villes, 1774. Comptes du trésorier, 1775-76. — Remontrances du parlement. Commission pour la vérification des dettes des communautés de la province, 1740. — Canaux de Dijon à Saint-Jean-de-Lône, de Dôle, de la Saône et du Charolais, 1781. — Cahiers des états de Provence et autres pièces concernant l'administration de ce pays, 1767-82. Lettres, réclamations, mémoires adressés en 1789 à M. Necker par divers particuliers et corporations de Languedoc. — Premier projet du canal de Charolais; délibération des états; plaintes et réclamations; devis et plans, 1781-84; situation du canal au 1er janvier 1790. — Mémoires, arrêts et autres pièces concernant les canaux de Bourgogne et les états de Provence et de Bretagne. — Visite de la rivière du Doubs en 1785. Navigation de la Saône et autres rivières. Chemins, 1775-79. Chemins de la ville

de Beaune. Digue construite dans le Rhône par les Savoyards, du côté du Bugey, 1726-28. — Instance entre les états et la chambre des comptes de Dôle; taille des biens nobles en Franche-Comté, 1758 80. — Affaire des états généraux contre le parlement de Dijon et la cour des aides de Paris, 1782-85. Instance entre les états et les commissaires aux revues, 1729. Conflit de juridiction avec le parlement de Paris pour les gabelles des communautés brionnaises, 1782-86. — Liquidations d'offices de commissaires des aides au bailliage d'Auxerre, 1774. — Impositions de la ville de Cravan, 1777. Union de la Dombes à la Bresse. Partage des biens communaux ; échanges et droits de parcours en Bourgogne et en Bresse, 1776. — Remontrances de la chambre des comptes et du parlement de Dijon. Instances diverses. Transport et approvisionnement de grains, 1770-75. Affaires contentieuses, 1780-81. Mémoires et pièces relatifs à la ville et au port de Versoix, 1767-84. Affaires diverses concernant Dijon, la Bresse, le Bugey et le pays de Gex, 1726-91. Édits, arrêts, etc., relatifs à l'administration de la Bourgogne. Enregistrement d'arrêts, 1783-90. Haras, 1756-90.

Bretagne. Instructions pour l'assemblée des états de Bretagne, mémoires, cahiers, remontrances, procès-verbaux de l'assise des états, etc., de 1705 à 1789 (203 liasses). Règlements divers concernant l'assemblée des états. Trésorier des états et receveur général. Régie générale, 1791. — Parlement de Bretagne, 1718-74. Correspondance du parlement, 1764-65. États de fonds arrêtés en l'assemblée des états, 1717-52. Arrêt touchant l'abonnement du dixième du revenu, 1748-86. — Ferme du Port-Louis, 1752-91. Ferme des devoirs de Bretagne, 1748-86. Octrois de la ville de Nantes, 1777-82. Chambre des comptes de Nantes. Pièces relatives à l'incendie de Rennes, 1720-48. Édifices publics, octrois, emprunts et affaires diverses de Rennes, 1773-88. — États des feux affranchis et anoblis dans chacune des paroisses de la province, 1575-1640. — Abonnement de la capitation et taxation en vertu des édits de 1577, 1638 et 1640. Fourrages, casernements, étapes. États de fonds en 1789. — États touchant l'imposition des milices et sommes avancées aux miliciens pour vêtements, 1735-36. — Dons gratuits et administration des villes. Dons et gratifications, 1764-84. Grands chemins, 1717-66. Ponts et chaussées, digues

de Dol et de Châteauneuf; réclamations contre les états; affaires diverses, 1768-81. Milices gardes-côtes et milices de terre, 1744-66. Liquidation des commissaires aux saisies réelles, 1720-30. Défrichements. Postes. Mendicité. Tabac, 1784, 85. Ports de Pornic et de Paimbœuf, 1786. Pièces, minutes et extraits concernant les affaires de la province. Convocation des états généraux. Secours pour incendies, inondations, épidémies, épizooties, etc. Projets d'arrêts relatifs à la province, 1754-79. Table d'édits, ordonnances, etc., concernant la province, 1726-48. Procès-verbaux de visites de haras, 1733-84. — Ravages des Anglais en 1758 et années suivantes. — Lettres diverses relatives à la guerre avec l'Angleterre, 1746-47. Registre des envois et réceptions de pièces relatives à l'administration de la Bretagne, 1782-91. Affaires concernant les états de la province, 1775-82. Intendance, affaires diverses, 1722-35, 1737-51, 1760, 1785-87. Bureaux de l'intendance, 1716-91. Compte de recette et dépense du duché d'Aiguillon. Communautés, 1756-68. Baux et fermes de la province. Tenue des états et affaires relatives au parlement, 1756-69. Discours et harangues aux états. Brevets de pensions. Bénéfices de la province. Réforme de la baronie de Vitré. Affaires contentieuses particulières au duc d'Aiguillon. Enregistrement de contrats d'acquisition de domaines, dons gratuits, fonctions et devoirs de la commission intermédiaire, délibération des états, contraventions, etc., 1758. Mémoires sur les états de Bretagne. Arrêts du conseil et déclarations du roi concernant la province de Bretagne, 1789. Contestations relatives aux églises et presbytères de la province, 1781-82.

CALAISIS. Canaux. Projets, mémoires et pièces concernant le desséchement des terres du Calaisis et pays d'Artois, 1746.

CAMBRÉSIS. Cahiers des états, 1722-90. Instance portée au conseil par l'archevêque de Cambrai pour la restitution d'anciens priviléges aux habitants du Cambrésis, 1772-73. Pièces relatives à la navigation de l'Escaut. Affaires courantes. Impositions. Mémoires relatifs à la constitution primitive de la province en pays d'états, 1665-1783.

CHAMPAGNE. Réparation de l'intendance de Châlons. Reconstruction de l'hôpital de la Charité de Langres. Haras, 1776-90.

DAUPHINÉ. Affaires diverses. États généraux, 1788-89. Haras, 1776-90.

Flandre. Cahiers des états de Lille, Douai et Orchies, 1717-45. États de Tournay et du Tournésis, 1745-46. États du bailliage de Tournay, du Tournésis et des villages du Hainaut adjoints, 1746 Cahiers et représentations des pays de Flandre touchant les subsides de 1747. Cahiers de Couvaux et états de Tournay, 1747. Cahiers des états de Lille, Douai et Orchies, 1749, 1752-61. Contestations entre le clergé, la noblesse et les baillis de Lille, Douai et Orchies, 1762-80. Cahiers des états de Lille, Douai et Orchies, 1762-88. États du comté de Flandre. Table alphabétique du registre des états de Flandre. Registre concernant les états de Lille, Douai et Orchies, 1777-90. — Intendance. Affaires diverses, projets de réunion de la Flandre wallone et de la Flandre maritime, 1726-91. Intendance de Lille. Navigation de l'Escaut, de la Senne et de la Lys. Canal de Cambrai à Valenciennes. Rivière de la Marque. Affaires courantes et terminées, 1779-85. États généraux de 1788 et 1789. Minutes de lettres, 1781 91. Minutes et projets d'arrêts relatifs aux états, 1754-90. — Flandre maritime. Arrêts de décharge du subside extraordinaire. 1734-84. Remise en partie de l'aide ordinaire, 1774-76. Emprunt, 1759.

Foix (pays de). Procès-verbaux des séances des états, 1779-89. Chemins et autres objets. Affaires diverses. Haras, 1776-90. Renseignements sur la tenue des états.

Franche Comté. Établissement des états provinciaux, 1788 et 1789. Intendance; affaires diverses. Haras, 1776-90.

Hainaut. Cahiers des états, 1746. Assemblée des états, 1787-89. Assemblée consultative préliminaire, 1787. Communautés de Floyon et d'Auterives. Intendance de Valenciennes, 1788-90. Ordonnance du roi sur l'administration de la justice. Impositions. Routes. Valenciennes. Bouchain. Prévôtés de Saint-Amand et de Condé.

Ile-de-France. Pièces relatives à la reconstruction du palais de justice, à Paris. Arrêt relatif à différents ouvrages faits pour la grille dudit palais, 1787. École de médecine vétérinaire d'Alfort. Rachat des boues et lanternes de Paris. Affaires diverses, 1758. Dépenses relatives au logement et à l'ameublement des notables, 1788. Cahier provincial de la noblesse des ville, prévôté et vicomté de Paris et Ile-de-France, 1614. Créances sur les fonds de l'Ile-de-France pour construction de casernes, 1788-89. Tirage de la milice, 1788-89. Observations

sur les domaines engagés de la généralité de Paris, 1793. Construction de la prison de la Force, 1787.

Languedoc. Instructions pour les commissaires du roi aux états, 1709-89. Cahiers et assemblées des états, 1715-89. États; affaires diverses depuis 1718. Arrangement proposé pour le payement des dettes de la province, 1729. Commission pour la réforme de l'administration des villes et communautés de la province, 1734. Déclaration concernant la nobilité ou roture des biens-fonds dans la province, 1741. Indemnité demandée par les états à raison des inondations et de la mortalité des bestiaux, 1745. Séparation des états et leur rétablissement en 1752. Plaintes contre l'ancienne administration des états, 1789. Projets et mémoires sur les états de la province. États des fonds des années 1719 20, 1750-51, 1753-63, 1765-90. Commissariat des départements et correspondance y relative, 1790-91. Officiers municipaux, création de 1733 et 1771. Pont sur le Rhône entre Beaucaire et Tarascon, 1772. Navigation de la Garonne, du Rhône; marais de Beaucaire, Aigues-Mortes; étang de Peyrols, 1769-70. Ville de Pezénas.

La section administrative proprement dite, qui se termine ici, comprend en somme près de 61,000 articles.

Secrétairerie d'État.

On désigne sous le nom d'archives de la secrétairerie d'État les archives du gouvernement consulaire et impérial de Napoléon 1er, avec lesquelles avaient été confondus, à l'origine, les papiers du Directoire exécutif, qui lui-même avait fait déposer dans ses bureaux les dossiers d'affaires courantes qui à son avénement se trouvaient encore entre les mains des anciens comités de la Convention. La secrétairerie d'État forme donc un complément nécessaire de la section législative en même temps qu'elle constitue la source de documents la plus précieuse et la plus importante que nous ayons sur l'époque impériale. Depuis 1815, ce dépôt avait été laissé, là où Napoléon l'avait établi, dans plusieurs pièces du premier étage de la grande galerie du Louvre. Il était confié à la garde d'un archiviste. A diverses reprises, on en avait réclamé la réunion aux Archives générales (Voy. le *Moniteur universel* des 9 juillet 1844 et 18 juin 1846), mais cette mesure ne fut officiellement ordonnée que sous le gouvernement du général Cavaignac, par un décret

en date du 10 août 1848, l'archiviste de la secrétairerie d'État étant à ce moment M. Goschler. Cette série renferme 5,144 articles.

RÉGIME CONSTITUTIONNEL. Garde de Louis XVI. Comités militaires. Procès-verbaux de divers comités (30 cartons).

CONSEIL EXÉCUTIF PROVISOIRE. Minutes d'actes. Rapports ministériels. Procès-verbaux. Dépenses. Enregistrement. Répertoires.

CONVENTION. Minutes d'actes et de procès-verbaux. Enregistrement et renvois de pièces. Correspondance. Procès-verbaux de divers comités. Arrêtés. Répertoire de procès-verbaux (44 registres).

COMITÉ DE SALUT PUBLIC. Finances, justice et police. Intérieur. Police. Surveillance. Correspondance. Mesures révolutionnaires. Relations extérieures. Missions. Guerre; correspondance des armées. Marine. Colonies; correspondance. Minutes des arrêtés. Renseignements sur le personnel militaire. Comité de défense générale. Comité de sûreté générale; arrestations, libérations. Détenus; jugements; surveillance. Agents nationaux; correspondance. Mandats d'arrêt et d'amener. Enregistrement de correspondance. Courriers; départs et arrivées. Passeports, etc. Neuf liasses supplémentaires intitulées : Finances, missions, télégraphes, arrêtés, pétitions et mémoires, répertoire, intérieur, guerre (606 articles).

DIRECTOIRE. Secrétariat; matériaux du procès-verbal des séances (16 cartons). Arrêtés transmis aux ministères. Secrétariat général : employés; dépêches télégraphiques; serments; délibérations secrètes; messages; correspondance; lettres et paquets; envois d'arrêtés; demandes. — Gouvernement; régime intérieur; garde du Directoire. — Corps législatif; résolution du conseil. — Justice; organisation; rapports ministériels; affaires Babeuf et du 13 fructidor. Police; pièces diverses, correspondance, papiers saisis. Police générale; arrêtés; délibérations; objets divers. Relations extérieures; pièces diplomatiques; délibérations; objets divers. Intérieur; correspondance; affaires particulières et notes personnelles; feuilles journalières; rapports; arrêtés; délibérations. Finances; correspondance; objets divers; délibérations; répartitions de fonds. Guerre; personnel; délibérations; objets divers; correspondance; commission militaire; demandes relatives au service militaire, par

ordre alphabétique. Marine; dépenses; délibérations; objets divers. Colonies. — Nominations des commissaires du pouvoir exécutif. Bureau central. Réquisitions. Nominations. Feuilles de travail. Correspondance. Répertoires (929 cartons ou registres).

CONSULAT ET EMPIRE. Minutes des arrêtés et décrets (1271 volumes). Minutes des lettres de l'empereur (59 vol.). Lettres de l'empereur (17 vol.). Journaux du cabinet. Dictées de l'empereur. Procès-verbaux des séances des consuls. Feuilles de travail (84 vol.). Minutes de lois. Missions (19 vol.). Lettres closes. Sénatusconsultes. Dotations. Clergé. Légion d'honneur. Titres et dotations. Intérieur; rapports ministériels (24 vol.); conseils d'administration; pièces et matières diverses; procès-verbaux des conseils; dépenses fixes et variables par départements. Finances; rapports ministériels; trésor public; budgets des ministères; conseils généraux d'administration; pièces diverses; séquestre; postes; procès-verbaux des conseils; tableaux des contributions directes; budgets des villes d'un revenu de 10,000 francs et au-dessus; comptes et budgets des années VIII à XIII; comptes du trésor de l'empire; livrets des finances. Caisse d'escompte, opérations de 1776 à 1793. Administration de la guerre; rapports ministériels (83 vol.); liquidations; pièces et matières diverses; opérations militaires (87 cartons); vétérans; lettres et arrêtés sur le personnel de l'armée; armée d'Italie, bulletins; procès verbaux des conseils; levée de chevaux extraordinaire de l'an VIII; habillement, subsistances; rapport de l'administration de la grande armée. Marine et colonies; rapports ministériels (33 vol.); liquidations; dépenses; pièces diverses; procès-verbaux des conseils; compte des crédits. Secours aux colons. Commerce; conseils d'administration; pièces diverses; rapports ministériels; tableaux de la balance du commerce. Cultes; pièces diverses; rapports ministériels; états des succursales et diocèses. Police générale; bulletins; pièces saisies. Justice; rapports de police; prisonniers d'État; recours en grâce. Relations extérieures; pièces diplomatiques, traités (39 cartons); pièces diverses. — Commission consulaire. Procès-verbaux des séances des consuls. Constitution de l'an VIII. Correspondance du premier consul. Correspondance avec les ministres. Messages aux deux conseils. Actes des consuls provisoires. Actes et arrêtés des consuls. Enregistrement des pièces adressées au gouvernement. Correspondance du secré-

taire d'État. — Famille de l'empereur. Maison de l'empereur. Trésor de la couronne. Grand-duché de Berg. Italie française. Conseil d'État; rapports ministériels; auditeurs; demandes; comptabilité; renvois; liste des conseillers d'État, accompagnée de notes. Sénat; Tribunat; Corps législatif. Archichancellerie. Rapports de gendarmerie. Élections. Adresses et félicitations. Demandes et pétitions. Lettres particulières. Journaux étrangers. Affaires administratives d'Italie et de Hollande. États d'appointements. Archives du cardinal Caprara. Archives du grand-duché de Berg; du royaume de Hollande. République de Gênes. Maison de l'empereur; cérémonies. Conseil privé. Conseil des ministres. Passe-ports sur décisions de l'empereur. Dépenses des ministères. Ponts et chaussées; projets dans le département de la Seine. Administration des finances dans les royaumes d'Italie, de Westphalie, d'Espagne, de Hanovre, de Prusse. Actes impériaux relatifs aux divers ministères ou administrations (66 registres). Répertoire chronologique de l'expédition des actes (55 registres). Registre de sortie des décrets. Sommaire chronologique des actes du gouvernement. Liste de fonctionnaires civils. Expédition des courriers. Inventaire du mobilier de divers ministères. Mémoires divers sur l'Angleterre. Guerre en Irlande, 1690-92. Lettres sur les troubles de l'Inde en 1810. Journal des séjours de l'empereur. Dictionnaires des dotations et titres. Dépôts faits aux Archives (environ 2,980 articles).

Livrets des armées. Petits volumes très portatifs sur lesquels l'empereur faisait constamment dresser pour son usage particulier l'état des forces de terre et de mer qu'il avait à sa disposition : les uns contiennent la description de l'armée générale, les autres de corps isolés, d'armes spéciales, de telle ou telle division militaire ou même des forces de l'ennemi. Les livrets des armées forment une collection d'environ 500 volumes. Le dépôt de la guerre en possède un double.

Régime royal. Actes du gouvernement. Matières ministérielles. Secrétairerie d'État provisoire. Adhésions. Gouvernement provisoire. États de traitements.

Papiers de la liste civile.

Les papiers relatifs à l'administration des biens composant la dotation affectée au roi, ou liste civile, formèrent, en vertu

d'une ordonnance royale datée du 3 août 1824, un dépôt spécial auquel cette ordonnance donna le nom d'*archives de la couronne*. Les archives de la couronne, placées au Louvre sous la garde d'un archiviste et sous l'autorité de l'intendant général de la liste civile, n'avaient plus de raison d'existence après la révolution de 1848. Elles furent donc, à cette époque, réunies aux Archives générales et transportées à l'hôtel Soubise. Les papiers qu'elles renferment remontent depuis l'année 1848 jusqu'au temps de Louis XIV, et forment un total de 16,546 articles, divisés par matières sous les rubriques suivantes :

Apanage du comte d'Artois. Anciens domaines de la couronne. Acquisitions de la couronne. Bâtiments. Domaine extraordinaire. Maisons du comte et de la comtesse de Provence. Domaines étrangers. Bons du roi. Arrêts du conseil. Forêts de la couronne. Apanage d'Orléans. Comptabilité du trésor et du ministère. Lettres scellées. Sénatoreries. Maison militaire du roi. Correspondance relative aux bâtiments. Académie de Rome. Manufactures. Beaux-arts. Grande aumônerie. Gouvernement des châteaux. Bibliothèques. Pensions. Mobilier et menus plaisirs. Écuries. Rapports et correspondance. Registres divers.

SECTION HISTORIQUE.

Les matières de cette section sont réparties sous les quatre lettres J (Trésor des chartes), K (Monuments historiques), L (Établissements religieux), M (Mélanges). A la différence de la section précédente, qui dans certaines de ses parties s'agrandit et se transforme sans cesse, celle-ci se compose de fonds complets, fermés, et par conséquent plus faciles à inventorier : aussi possède-t-elle un assez grand nombre de bons inventaires partiels; mais elle n'a pas d'autre inventaire général qu'un répertoire très-sommaire, rédigé il y a une vingtaine d'années, et connu sous le nom de *Livre vert*.

SÉRIE **J**. *Trésor des chartes.*

Une tradition constante, appuyée sur plusieurs passages de la vie en vers de Philippe-Auguste par Guill. Le Breton, attribue la création de ce précieux dépôt des titres et papiers de

l'ancienne monarchie à la nécessité de réparer le désastre éprouvé par Philippe en l'année 1194, lorsqu'il fut surpris à Fréteval par les troupes de Richard Cœur-de-lion. Les Anglais ayant pris dans ce coup de main les registres du fisc royal et d'autres documents dont le roi de France se faisait ordinairement suivre dans ses expéditions, celui-ci donna des ordres pour qu'on travaillât immédiatement à effacer les traces de cette perte et pour que désormais ses chartes, au lieu de voyager avec lui, fussent conservées en un lieu sûr. Le soin de recomposer le trésor perdu fut confié à Gautier de Nemours, qui, en sa qualité de chambellan du roi, était chargé de recevoir l'hommage des vassaux de la couronne et d'administrer les finances, et à Garin, qui devint plus tard évêque de Senlis, puis garde des sceaux, enfin sous Louis VIII et S. Louis, chancelier de France. C'est dès le temps des travaux de Gautier et de Garin que se forma ce fameux Trésor des chartes, que S. Louis fit déposer dans la Sainte-Chapelle du palais et où les rois de France accumulèrent, jusqu'au règne de Henri III, tous les titres de leur administration politique et domaniale.

Le Trésor des chartes suivit les fortunes diverses de la royauté. Organisé complétement au temps de Philippe le Bel et mis alors à sa place parmi les rouages administratifs établis par ce grand prince, entre la chancellerie, la chambre des comptes et le parlement, il demeura stationnaire sous Louis X et ses premiers successeurs, puis sous le règne bienfaisant de Charles V, il prit un large développement. Après avoir eu pendant ce dernier règne un caractère remarquable d'ordre et de laborieuse activité, il tomba dans une entière confusion sous le gouvernement désastreux de Charles VI et fut remis en bon état par les efforts de Charles VII et de Louis XI. Les ouvrages de Du Tillet, qui fit un grand usage des documents historiques renfermés dans le Trésor, prouvent par les citations qu'ils contiennent que l'ordre y régnait de nouveau à l'époque où il écrivait, c'est-à-dire à la fin du règne de François Ier et sous Henri II. Mais Du Tillet lui-même y bouleversa les documents en faisant ses recherches historiques, et le président Brisson, après lui, usa du Trésor avec la même négligence. Cette circonstance fâcheuse donna lieu à l'inventaire rédigé en 1615 par Du Puy, qui se plaint avec amertume de ces deux savants [1].

---

1. Voy. la notice sur le Trésor des chartes insérée par Du Puy à la fin de son *Traictez*

Pierre d'Étampes, clerc du roi et chanoine de Sens, fut le premier qui porta le titre de garde du Trésor des chartes; il en exerça les fonctions de 1307 à 1324. Vinrent ensuite Pierre Jullien, 1324-33; Jean de Kevve ou de la Queue, 1333-50 environ; Adam Boucher, 1350-62; Nicolas de Villemore, 1362; Pierre de Gonnesse, 1363; Pierre Turpain, 1364-70; Gérard de Montagu, le plus laborieux et le plus distingué de tous ces fonctionnaires, 1370 91; Gérard de Montagu fils, 1391-1400; Jean de Chanteprime, 1400-11; Étienne de Mauregard, 1411-17 environ; Robert Mallière, vers 1436-49; Dreux Budé I, 1449-74; Jean Budé I, 1474-81; Jean Budé I et Jacques Louvet, 1481-97; Jacques Louvet et Dreux Budé II, 1497-1524; Jean Budé II, 1524 37; Sébastien Le Roullyé, 1538-60; Christophe de Thou, 1560-69; Jean de Thou, 1569-74; Hugues Fromaget, 1574-81; J.-J. de Mesmes.

Une partie des personnes qui figurent dans cette liste [1] consacrèrent de longs travaux à la mise en ordre et à l'inventaire du Trésor; des témoignages nous en sont demeurés dans quelques-uns des registres qui en font encore aujourd'hui partie.

On n'a pas conservé trace du travail de Gautier de Nemours; mais il est vraisemblablement reproduit dans celui de Garin de Senlis, lequel nous est resté. Les documents perdus à la journée de Fréteval étaient principalement les aveux ou reconnaissances délivrées au roi par ses vassaux et censitaires. Les premiers soins donnés à la réparation de cette perte devaient donc, ainsi qu'on l'a conjecturé avec beaucoup de vraisemblance [2], avoir pour objet de rédiger, soit avec d'autres matériaux, soit de mémoire, des listes nouvelles de feudataires royaux, et d'aller dans les différentes provinces de France constater de nouveau par enquête les droits divers appartenant au roi. Or, le travail de

---

touchant les droits du roy, 1663, in-fol. — Sauval l'a reproduite en l'amplifiant dans ses *Antiquitez de Paris*.

1. Liste empruntée à la notice de M. Dessales intitulée : *Le Trésor des chartes, sa création, ses gardes et leurs travaux depuis l'origine jusqu'en* 1582, imprimée dans le t. i des *Mémoires présentés à l'Académie des inscriptions par divers savants*, 1844; 101 pages in-4°. Malgré tout le soin apporté par M. Dessalles dans la composition de ce travail tiré pour la plus grande partie de documents inexplorés avant lui et principalement des mentions éparses dans les registres de la chambre des comptes, je ne crois pas cette liste parfaitement exacte : Jean de Calais en est rejeté bien qu'il soit cité par Gérard de Montagu comme ayant probablement été garde du Trésor, et Gérard cite encore ailleurs (Voy. ci-après, p. 146) un garde du nom de Roger.

2. Je veux dire Bonamy dans son mémoire historique sur le Trésor des chartes, *Mémoires de l'Académie des inscriptions*, t. xxx, p. 697.

Garin forme d'abord, en effet, un chapitre intitulé « Feoda domini regis, » suivi d'un recueil d'enquêtes. Garin colligea en outre et fit transcrire un très-grand nombre de chartes relatives au domaine royal (Voy. ci-après la description des registres VIII, XXVI et XXVII); l'un de ces recueils (XXVI) est daté de l'an 1220, un autre (VIII) est certainement antérieur à 1222. On compte encore deux autres registres du Trésor (les numéros VII et XXIII) comme principalement relatifs au règne de Philippe-Auguste, et comme rédigés à une époque peu éloignée de celle où vivait ce prince.

Parmi les travaux exécutés au Trésor des chartes sous le règne de S. Louis, le principal qui nous soit connu est une continuation du recueil de Garin (Registrum vetus), exécutée sur l'ordre du roi en 1264. C'est à la même époque environ (ou peut-être à l'an 1286) qu'il faut rapporter l'ouvrage de Jean de Calais, dont on ne peut rien dire de bien certain, car il ne nous en est demeuré que le répertoire (registre J III), et quant à l'ouvrage lui-même, on se plaignait déjà en l'an 1318 de sa disparition.

Sous Philippe le Bel, on voit commencer avec Pierre d'Étampes, le premier garde en titre, des ouvrages d'une nature particulière, qui annoncent le développement considérable pris à cette époque par le Trésor des chartes : je veux parler des classements et des répertoires que l'accumulation des documents rendait alors déjà nécessaires. Ces premiers essais d'inventaire et d'arrangement méthodique sont d'une grande simplicité. Le travail de Pierre d'Étampes, achevé en 1318 et conservé jusqu'à nous dans les registres J 1[1], J 1[2], J II des Archives de l'empire et 1085 (manuscrits du Supplément latin) de la Bibliothèque impériale, ne présente pas d'autre ordre qu'une division des documents du Trésor par groupes de matières ou d'affaires diverses. Ces groupes ou chapitres sont au nombre de dix-sept, ainsi que l'explique la préface suivante [1], écrite par Pierre d'Étampes en tête de son travail :

<blockquote>In illius nomine per quem regnant reges et dominantur principes orbis terre, Incarnationis ejusdem anno m° ccc° xviij°, regnante excellentissimo principe domino Philippo, Dei gratia rege Francorum illustri, etatis regis</blockquote>

---

[1]. Le dernier feuillet du registre J II contient le brouillon de cette préface, rempli de ratures. Pierre d'Étampes, ou le clerc qui écrivait pour lui, avait d'abord rédigé ainsi son commencement : « Ad honorem et laudem illius per quem reges regnant et dominantur principes orbis terrarum, regnante illustrissimo principe domino Philippo, Dei gratia rege Francorum, anno, etc. »

ejusdem anno vicesimo octavo, regni vero ipsius secundo, ad honorem regis predicti ac regni sui et rei profectum publice, compilatum et ordinatum est hoc registrum de mandato ipsius per me Petrum de Stampis, supradicti regis minimum clericum. Sumptum et extractum de originalibus registris que sunt in archivo litterarum et privilegiorum suorum desuper thesaurum capelle regalis Paris palacii existente. Dividitur autem presens compilatio in xvij^tem partes.

Prima pars continet intitulationes seu rubricas omnium contentorum in veteriori registro in cujus primo folio sic incipit scriptum *Hec sunt feoda* et sic scribitur in fine registri: *Episcopus Abrincensis reddet C. lib. comiti Bolonie* [1]. — Secunda pars, continet intitulationes seu rubricas eorum que scribuntur in registro cancellarie ad nudos asseres de quercu, quodquidem registrum sic incipit: *Ista tenebat comitissa Viromandensis* et sic finit in penultima et ultima lineis: *De quolibet tertio singulis annis reddendo*. — Pars vero tertia comprehendit rubricas seu intitulationes contentorum in registro quod compilari fecit bone memorie Guerinus quondam Silvanectensis episcopus quod sic incipit: *Hec est forma*, et sic terminatur: *Actum Gandavi anno Domini* m° cc° xxviij° mense aprilis. — Quarta vero pars continet intitulationes seu rubricas eorum que scribuntur in registro veluto, in cujus primo folio primitus scribitur: *Regnante Domino nostro Ihesu Christo* et sic terminatur: *Quod fuit quiete et absolute*. — In quinta autem dicte compilationis parte scribuntur intitulationes seu rubricas registri senescalliarum, quod sic incipit in rubro: *Hoc est registrum curie Francie* et in nigro sic scribitur primo: *In nomine Domini;* sic vero terminatur in nigro: *Fecimus roborari*, et in rubro sic: *Carta Calneii*. — Sexta pars continet rubricas registri grossi veluti, sic incipientis in prima linea primi folii: *Recognitio homagii*, et in secunda: *De Montfaucon;* et sic finit in ultimo folio: m° cc° lxxv°. — In septima parte notantur rubrice contentorum in registro Iohannis Caleti, cujus initium tale est: *Incipit cursus;* finis autem continet ista verba: *In festo beate Marie Magdalene, anno Domini* m° cc° octogesimo sexto; quod quidem registrum habuerat magister Michael de Bordaneto nec potuit recuperari tempore mortis sue. — Octava pars continet que in registro tenui signo ad crucem scribuntur; sic vero incipit in rubro: *Littere primi scrinii*, et sic finit: *Pontificatus nostri anno primo*. — In ipsius compilationis parte nona continentur rubrice registrorum de tempore cardinalis Stephani, quondam archid. Brugensis, ab anno Domini m° ccc° iij° usque ad annum ejusdem m. ccc. vij. — Decima comprehendit intitulationes registrorum de tempore domini Guillelmi de Nogareto, videlicet a m° ccc° vij° anno usque ad m° ccc° xij°. — Undecima pars libri continet intitulationes litterarum super factis Anglie, Scocie, Norowie, Sicilie, Alemannie et Arragonie regnorum usque ad ista tempora confectarum. — In duodecima parte hujus operis scribuntur rubrice litterarum Montispessulani, Lugduni et litterarum tangentium comitatum Burgundie que littere Burgundie tradite fuerunt ipso domino regi in sui regiminis novitate. — Tredecima pars libri continet rubricas litterarum et instrumentorum de facto comitatus Flandrie. — Quarta

---

[1]. Dans une rédaction postérieure, on lit à la suite de cet article : « Et in eodem registro fit mentio de nominibus archiepiscopatuum, episcopatuum, abbatiarum, ducatuum, comitatuum, boroniarum, vassallorum, castellaniarum, militum et aliorum nobilium regni Francie et de certis redebantlis debitis ipsi regni et est *nonus* liber quotatus. »

decima pars continet intitulationes litterarum apostolicarum et privilegiorum domino regi a sede apostolica concessorum. — Quinta decima pars continet rubricas emptionum, acquisitionum, conventionum, permutationum, confederationum et aliarum communium litterarum. — In sexta decima parte continentur nomina summorum pontificum, nomina regum Francie, nomina archiepiscopatuum et episcopatuum et abbatiarum ipsius regni, nomina ducatuum, comitatuum et baroniarum, nomina vassalorum, castellanorum, militum et aliorum nobilium dicti regni; gista, procurationes, servitia, summarii et alie redebentie que debentur dicto domino regi. — Pars decima septima et ultima dicti libri continet nonnullas ordinationes et diversa statuta facta super modo acquirendi in feodis, retrofeodis et allodiis dicti regis tam super feodalibus tenementis quam etiam super latrociniis cuniculorum, juramentis consiliariorum, juramentis baillivorum et juramentis fidelitatis nec non et super pluribus aliis notabilibus prout diligenter registrum hujusmodi perlecturis liquidius apparebit.

Pierre d'Étampes corrigea plus tard ses premières dispositions, et, après avoir constaté la perte du registre de Jean de Calais, réduisit à seize le nombre de ses chapitres. Il paraît avoir aussi essayé, pour les chartes originales du Trésor, d'une mise en ordre plus méthodique que la précédente, et c'est à lui, je crois, qu'on peut rapporter (car l'écriture est de son temps) un petit inventaire dont la forme démontre que ces chartes se trouvaient alors dans une période de classement tout à fait primitive, et remontant probablement au delà de Pierre d'Étampes lui-même. Cet inventaire, écrit sur un long rôle en parchemin [1], comprend la mention de 229 pièces, toutes datées des années 1286 à 1310, et réparties en neuf lots; chaque lot était placé dans un carton différent du Trésor, et l'auteur de l'inventaire a pris le soin de marquer à chacun d'eux, en guise de renvoi, la cote portée par le carton où les pièces étaient renfermées. « Omnes precedentes littere sunt in scrinio signato sic, » dit-il à la suite du premier lot ou paragraphe; or, ce signe, cette cote, ce sont deux petits drapeaux adossés; pour le carton suivant, la cote est un hanap; pour le troisième, une fougère, et ainsi de suite; le quatrième porte une croix cantonnée de quatre points; le cinquième, un trèfle, le sixième un quintefeuille, le septième une fleur de lis, le huitième une rose, et le neuvième une main droite allongeant l'index. Ce système de cotes, qui ne pouvait pas s'étendre loin et qui n'établissait aucun ordre de l'un à l'autre entre les différents cartons, avait, à ce qu'il paraît, attiré l'attention de P. d'Étampes; il mérite pleinement, comme on voit, d'être appelé

[1]. Archives de l'empire, carton de la série J coté boîte 5, rouleau n° 5.

primitif, et d'être considéré comme un des plus anciens efforts opérés en vue de classer les layettes du Trésor.

On doit avec plus de certitude attribuer à Pierre d'Étampes un répertoire d'environ 800 bulles des papes Innocent III à Jean XXII (1198-1334) qui existaient de son temps au Trésor, et quelques notices dont la trace se trouve dans le volume 1094 (Mss. du Suppl. lat.) à la Bibliothèque impériale.

Ici se placent, entre le temps de Pierre d'Étampes et celui de Gérard de Montagu, plusieurs autres travaux qui ne peuvent être attribués qu'aux gardes du Trésor.

L'un est un inventaire où les chartes, analysées et datées avec soin, sont rangées par chapitres qui se suivent au nombre de soixante-sept, sans enchaînement apparent pour nous. Cet ouvrage fait l'objet du volume 1093 du Supplément latin de la Bibliothèque impériale et paraît, d'après la date des pièces qu'il mentionne, avoir été rédigé vers l'année 1327 ou très-peu après, ce qui ferait croire qu'il est dû à Pierre Jullien, garde du Trésor de 1324 à 1333.

Trois autres volumes (Biblioth. imp., Supplément latin, 1096, 1098 et 1104) sont des inventaires d'un aspect tout particulier, et qui nous révèlent que pendant une certaine période les gardes du Trésor tentèrent d'établir un système de classement consistant à marquer chaque layette ou chaque liasse par une lettre de l'alphabet, en commençant par A pour continuer jusqu'à Z, et après Z en combinant les lettres deux à deux : AA, AB, AC..., BA, BB, BC..., CA, CB, CC..., etc. Par la date des pièces dont il donne l'énumération, l'un de ces volumes (1096) paraissant de peu de temps postérieur à l'année 1347, on pourrait croire que ce système appartient principalement au garde du Trésor Jean de la Queue. A ce même système d'inventaires appartiennent quatre rouleaux des Archives (Trésor des chartes, boîte 3, numéros 11, 12, 12 *bis*, et 15), l'un comprenant les lettres A à DZ, le second et le troisième A à EX, le quatrième enfin EF à EP. Un habile critique, Pavillet, en inventoriant ces rouleaux, a également fixé la date de leur confection à l'intervalle compris entre les années 1347 et 1350. Pierre Turpain fit aussi quelques essais analogues, que la mort l'empêcha d'achever.

Enfin se présente, dans l'ordre chronologique, Gérard de Montagu. C'est, comme je l'ai dit, le personnage le plus remarquable de la série des gardes du Trésor, et il est digne d'arrêter un moment l'attention. Parmi les manuscrits qu'il a laissés, se

trouve un bel inventaire dont la description aura plus loin sa place (c'est le volume 1090, Suppl. lat., de la Biblioth. imp.) et qui rejette les travaux antérieurs bien loin derrière lui. En tête de cet ouvrage, il a mis une préface dans laquelle il parle des efforts de ceux qui l'avaient précédé, de ces obscurs et utiles labeurs dont je tâchais tout à l'heure de retrouver quelques vestiges. Il en parle en ces termes, à la fois sensés, instructifs et d'une touchante modestie :

« Il ne faut pas que la confusion ou du moins la disposition mal réglée qu'offre présentement le Trésor des chartes, soit imputée à la négligence, à la simplicité ou à l'ignorance d'aucun de mes prédécesseurs, les anciens gardes dudit Trésor; ils eurent, au contraire, tant de mérite, de prudence, d'activité, de fidélité, de sagesse, de discrétion, et en même temps de science profonde, ils montrèrent tant d'habileté jointe à une autorité si grave, ceux du moins que j'ai connus comme étant leur contemporain et dont j'ai conservé le souvenir, que je ne suis pas digne d'être appelé leur commis (*clericus*). Ils auraient pu et su en leur temps, bien mieux que moi, sans aucune comparaison, établir avec prudence, avec sagacité et avec succès un ordre semblable à celui que j'ai mis dans le Trésor; mais quelques-uns, après avoir commencé, ont été interrompus par la mort, d'autres sont devenus vieux et valétudinaires; d'autres se sont faits religieux ou se sont trouvés empêchés par la maladie, ou bien ont été élevés à des offices plus importants, plus brillants et plus utiles; plusieurs, n'étant pas payés de leurs gages et n'espérant pas une rémunération proportionnée à leur peine, laissèrent leur tâche tout à fait imparfaite, car le cœur n'est plus à l'affaire et le travail répugne lorsqu'il n'est pas accompagné d'une rémunération convenable. De plus, une partie d'entre eux ont travaillé chacun d'une manière tout à fait différente; j'ai vu les premiers résultats de cette multiplicité de vues dans les rôles et cahiers qu'ils ont laissés : chaque nouvel arrivant change le mode de procéder et l'ordre adoptés par celui auquel il succède, en sorte que celui-ci est pour ainsi dire révoqué et le travail qu'il avait exécuté, réduit à néant [1]. Et moi aussi, j'ai fait de même à mon tour : j'ai rejeté tous les systèmes

---

[1]. On ne peut s'empêcher de rapprocher de cette phrase celle de Camus citée plus haut, page 48. L'archiviste le plus éclairé du moyen âge et le meilleur archiviste de notre temps sentaient également bien le vice capital de nos travaux d'archives : l'avortement produit par le manque de suite.

antérieurs, et trois autres systèmes que j'avais imaginés moi-même et dont j'avais commencé l'application, je les ai également repoussés pour m'en tenir enfin à l'arrangement et à la forme dont le tableau se trouve ci-après.... »

Le tableau annoncé par Montagu comprend deux parties : un répertoire alphabétique des principales matières contenues dans les chartes originales déposées au Trésor, et une liste descriptive des registres; ceux-ci, dit-il, sont au nombre de cent neuf et les layettes de chartes originales au nombre de trois cent dix environ. Puisqu'il en est ainsi, cette préface fut écrite en 1376, car c'est à cette année-là que se rapporte la rédaction du registre 109; il me semble même voir dans les termes dont Gérard de Montagu se sert en cet endroit (*sunt die odierna quasi centum novem*) un trait qui précise à merveille, c'est le mot *quasi*, dont le vague même indique vraisemblablement que Gérard comptait le registre 109, parce qu'il le regardait comme faisant partie du Trésor, bien qu'il n'eût pas encore été remis entre ses mains par les clercs de la chancellerie.

Déjà au mois de mars 1371, presque aussitôt après sa nomination à l'office qu'il remplit si dignement, Gérard de Montagu avait exécuté le même travail (Biblioth. imp., Supplément latin, n° 1087), mais d'une manière plus sommaire et sans autre préface que ces quelques mots :

Gratis si placet accipite, vos qui estis privilegia, cartas vel litteras regias aut alias in hoc thesauro quesituri quandoque, presens repertorium in grosso quod per Dei gratiam fiet specialius in futurum ; factum est compositum festinanter et repente, extractumque de precepto regis Karoli nunc regnantis de antiquis repertoriis seu inventariis, rotulis aut registris per aliquos predecessores meos custodes hujus Thesauri compositis (quibus tamen nichil prompte et cum certitudine poterat reperiri) per me Gerardum de Monteacuto, anno Domini m° ccc° septuagesimo, mense marcii. Defectus meos si placeat in hoc corrigite et cum benivolencia supportate. In quo quidem repertorio per ordinem alphabeti procedam in modum videlicet subsequentem. Nulli igitur alteri repertorio, inventario vel registro per vos inveniendo in presenti Thesauro quomodolibet insistatis, vel diligentiam sive fidem pro aliqua littera invenienda adhibere curetis, quia cum omnia vel quasi transmutata vel interposita existant, vos musaretis et laboraretis in vanum.

Le répertoire alphabétique des chartes originales du Trésor, rédigé par Gérard de Montagu, ne contient guère que quatre cents articles en comptant les additions faites sur le manuscrit après la mort de l'auteur. En voici les premières lignes :

In nomine Patris et Filii et Spiritus sancti. Amen.
— Littere tangentes episcopum et ecclesiam
  ABRINCENSEM in scrineo........................ iiij^{xx}x°
— Aliqua
  ACCORDA sive conventiones facte cum rege per plures personas super diversis materiis in.................... xij^{xx}iiij°
— De pluribus et diversis
  ACQUISITIONIBUS et exonerationibus factis per reges Francorum in partibus Francie et in diœcesi Senonensi in scrineo. xiiij^{xx}x°
— De pluribus et diversis
  ACQUISITIONIBUS et exonerationibus factis in partibus Picardie in................................ xiiij^{xx}xj°
— De pluribus aliis
  ACQUISITIONIBUS et exonerationibus factis per regem in partibus Normanie in scrineo........................ xiiij^{xx}v°
Etc., etc.

C'était, comme on le voit, un inventaire bien insuffisant : aussi l'auteur prend-il le soin d'avertir dans ses préfaces que c'est seulement un répertoire général, et qu'avec la grâce de Dieu il le fera suivre plus tard d'un travail plus détaillé; mais ce travail pouvait passer, quelle que fût son imperfection, pour bien supérieur à tous les essais qui l'avaient précédé, car il provenait d'une idée véritablement méthodique. Quant aux registres du Trésor, Gérard en dresse seulement la liste, en donnant une description sommaire de chaque volume et de son contenu. Sur cette partie de ses travaux, je reviendrai plus en détail dans le chapitre suivant, spécialement consacré aux registres.

Gérard de Montagu ne se bornait pas à mettre l'ordre dans son dépôt et à en dresser des inventaires, il avait aussi l'esprit tourné vers les points qui pouvaient toucher à la politique ou même à l'érudition; du moins son attention s'arrêtait-elle sur les pièces du Trésor qui présentaient un intérêt d'art ou d'histoire, ou qui pouvaient prêter des armes au gouvernement dans ses transactions diplomatiques. A la fin d'un des cahiers écrits de sa main qui sont parvenus jusqu'à nous (Biblioth. imp., Supplément latin, n° 1089, fol. 52 et 62) se trouve une vingtaine de pages sur lesquelles il avait recueilli, avec une petite chronologie des rois de France et des papes, l'indication de pièces ou de séries du Trésor qui lui avaient paru présenter un intérêt particulier. Je traduis quelques-uns des articles dont ces notes, écrites en latin, se composent :

« Ces dentelures (*riguæ*) qu'on voit autour de la légende dans les armes

de Champagne et que quelques-uns appellent des cercles (*choreæ*), ne sont pas des cercles de blason, mais un simple ornement (*dyaprura*). Voyez une lettre cotée 28 dans le coffret G de la layette d'Angleterre; c'est une pièce scellée en cire rouge, du roi de Navarre Thibaud, comte de Champagne et de Brie. »

« Une lettre sous le sceau de Richard, roi d'Angleterre, duc d'Aquitaine et de Normandie et comte d'Anjou, dans laquelle il appelle le roi de France *son seigneur* et cependant place son propre nom le premier. Le sceau n'est pas au bas de la pièce, mais en travers. Voy. la layette d'Angleterre, coffre 5, lettre 4. »

« Voyez une belle lettre, très-humble et bien rédigée, que la reine d'Angleterre adressa au roi de France pour le prier d'admettre son fils à l'hommage. Layette d'Angleterre, coffret G, lettre 9. »

« Testament du comte de Toulouse scellé tout autour de sceaux appendus par des lacs de soie dorés; layette xij^{xx}viij. »

« Sceau sur l'empreinte duquel a été pris le sceau du roi Charles, aujourd'hui régnant, appendu à une longue pièce qui fait partie de la layette xij^{xx}vij.

« Le roi de France écrit à l'évêque de Maguelone en lui disant *toi* (*vocat per* tu) dans une pièce relative à l'église de Maguelone, layette vj^{xx}vj.

« Notez la taille de la ville de Paris faite l'année 1292; vous y pourrez voir les noms de plusieurs rues de cette ville; registre xxij, rangé parmi les volumes inutiles.

« Childebert, roi des Francs, se qualifie d'homme illustre et appelle saint Denis : mon seigneur Denis. Registre xj, pièce iij.

« Au registre xj, pièce 9, le roi de France se qualifie simplement : Roi, sans ajouter de France, et il dit au commencement *Nous*, puis à la fin *Je*.

« Très-belle promesse de fidélité jusqu'à la mort.

« Le roi d'Angleterre appelle le roi de France son seigneur et cousin au registre xxix; pièces 430, 431 et autres. Son fils Edouard ne l'appelle que cousin; même registre, pièce 439. »

« Le roi de Sicile appelle le roi de France mon seigneur et neveu; registre xxix, pièce 554. »

« *Ludovicus ego, Dei gratia, rex Francorum* : ainsi lit-on dans une pièce datée de 1143, scellée sur queue de parchemin d'un sceau double à la manière anglaise; dans la layette des chartes recouvrées cotée viij^{xx}iij. »

« Sceau du roi Louis le Hutin; très-beau sceau sur lequel paraît avoir été pris celui du roi Charles, dauphin de Viennois, comme on le voit dans trois pièces jointes ensemble dans la layette xiij^{xx}ix, qui contient aussi le testament de Louis revêtu du même sceau. »

« Sceau du fils aîné du roi de France aux fleurs de lis sans brisure (*ad pura lilia sine differentia*); layette iiij^{xx}vj. »

« Très-beau sceau rond de Jeanne, reine de France, savoir Jeanne de Bourgogne, épouse de Philippe de Valois; layette d'Orléans, xiij^{xx}xviij.

« Très-antiques sceaux dans la layette de Bretagne, xiij^{xx}xvij.

« L'empereur Othon parle au pape en lui disant *tu*.

« Le pape dit que le roi ne reconnaît aucun supérieur dans ce monde excepté le pontife de Rome (registre xxviij, fol. 114 : *Innocentius*, etc.); et dans la lettre suivante, le roi écrit au pape : *Reverendo in Christo patri ac domino Innocentio, Dei gratia, summo et universali pontifici, Philippus, eadem gratia....* »

« Simon, comte de Leicester et seigneur de Montfort, qui conquit l'Albigeois, Béziers et Carcassonne sur les hérétiques, parle par *tu* à l'évêque d'Uzès; registre xxix, pièce 52. »

« Le roi de Bohême fut lieutenant du roi Philippe de Valois dans le Languedoc en 1341, comme on peut le voir au registre, sur papier, coté lxxiij, vers la fin. »

« *Affario* veut dire affaire; registre xxvij, pièce 74. »

« Si tu veux voir de belles pièces sur le fait de la guerre de Flandre en 1304, des mandements, des ordonnances, les noms de ceux qui ont été envoyés dans ce pays et les priviléges accordés à cette occasion, vois le registre xxxvj. »

« Le roi appelle le pape : Notre père le pape; il ne lui donne pas le titre de saint ni de très-saint. Layette de Flandre.

« Bulles et lettres scellées de sceaux d'or; vous les trouverez dans la layette vj^{xx}iiij. »

« Antique charte donnée en 1080, pièce bien notable concernant le roi et le clergé en Normandie; c'est la charte du concile de Lillebonne, layette xj^{xx}. »

« Lettre scellée d'un sceau d'argent, dans la layette d'Espagne ou Castille, xiiij^{xx}v. »

« Coins de monnaies; sous les moyennes armoires, près de la porte. »

« Lettres scellées avec le sceau au lion du roi Philippe le Bel de cent mille livres tournois données au comte de Valois, son frère; layette xij^{xx}vij. »

Etc., etc.

Si elle est un peu longue, cette citation prouvera du moins que l'archiviste du xive siècle qui prenait ces notes comprenait ses fonctions, et qu'il pouvait, comme je l'ai dit, fournir au gouvernement d'utiles renseignements sur les affaires. Quant à son érudition, elle était puisée aux textes et me semble assez remarquable pour faire regretter que les archivistes d'alors ne fussent pas des historiens. Le sentiment d'artiste qu'il laisse percer lorsqu'il parle de sceaux est frappant aussi, et je me persuade même que les notions relatives à cette matière qui se trouvent éparses dans les notes précédentes, seront utiles aux personnes occupées d'études sigillographiques.

Gérard de Montagu était entré au Trésor des chartes comme simple clerc en 1364, et il avait conquis la faveur du roi Charles V en lui offrant à son couronnement (19 mai 1364) la copie, exécutée de sa main, sans doute, et avec tout le luxe convenable, d'une charte datée de Tunis et adressée par S. Louis à son successeur [1]. Fils d'un riche bourgeois de Paris, notaire en 1358 et anobli seulement en 1363, c'est de l'avénement de

---

[1]. Probablement la copie d'une des trois pièces portant la date de 1269 qui se trouvent encore aujourd'hui dans les layettes du Trésor, n° 353.

Charles V que Gérard de Montagu vit dater sa faveur auprès de ce prince et l'élévation de sa famille, qui devait arriver dans la personne de ses fils à une grande fortune. Le soin assidu qu'il consacra à la conservation et à la mise en ordre des chartes du roi ressort de tous les travaux qui nous sont restés de lui et du caractère de perpétuité d'une partie d'entre eux : le numérotage des registres du Trésor, par exemple, est encore aujourd'hui, au bout de cinq cents ans, celui qu'il avait arrêté. Le roi Charles V (ainsi que Charles VI) le récompensa généreusement, et jugeant au-dessous de son mérite le simple titre de garde du Trésor, *custos*, il créa pour lui et ses successeurs, par lettres du mois d'août 1379, celui de *trésorier des priviléges, chartes et registres du roi* [1].

Pour ne rien négliger de ce qui peut contribuer à bien faire connaître le Trésor des chartes, je crois nécessaire de reproduire ici en entier la grande préface de Gérard de Montagu; on ne saurait mieux clore ce qui concerne l'intelligent et laborieux archiviste de Charles V :

Humane nature fragilitas et ipsius imbecillis conditio, memorie labilitati subjecte, nostros antecessores merito compulisse dicuntur artem inveniende scripture litterasque cartas registra atque libros diversimode componendi, ne ea que gerebantur in tempore cum tempore laberentur gestaque et actus proborum et laudabilia opera sapientum, contractus partium, testamenta seu elegia testatorum, acta judiciaria, voluntates amicorum et hostium absentium, trac[ta]tus et concordie principum et totus ipsius mentis conceptus interior qui oblivionis vicio subjacebant haberent cum corporibus sepeliri et possent labente tempore deperire. Verum quid prodesset litteras libros et registra conficere et ea cum confusione, pretermisso vel non interveniente ordine, cumulare et ob hoc turbare memoriam nisi discretione provida et divisione debita et sagaci ordine regerentur; confusio namque et inordinata litterarum dispositio discretis non coaptata titulis, prout facere decrevit provida sagacitas antiquorum, animum perturbat perquirentis et ipsius intellectum confundit temporis amissio nec inducit animum ipsius, sepe provocat ad iram, desperare facit querentem et negotium quod erat causa querendi penitus interdum impedit et anullat. Que omnia supplet ordo congruus et provida dispositio et adaptatio discreta librorum litterarum cartarum ac etiam registrorum. Nichil enim est ordine melius quo interveniente et servato instruitur atque reficitur et perverso pervertitur et confusus omnis redditur intellectus.

---

1. Les lettres de création, tirées du vol. 744 de la collection Du Puy, ont été publiées par M. Dessales, p. 64 de son mémoire. — Il existe à la Bibliothèque impériale, au cabinet des titres, trois quittances de Gérard de Montagu père : la première, signée de sa main, scellée de ses armes et datée de 1385, relate un payement de 20 fr. d'or à lui fait au nom du roi pour plusieurs alliances et autres lettres qu'il avait fait transcrire; les deux autres constatant qu'en 1391 Charles VI lui avait fait don de 2,000 fr. pour aider au mariage de Johanna, sa fille.

Hoc igitur attendens illustrissimus rex Francorum et delphinus Viennensis Karolus nunc Dei gratia regnans et ad hunc Thesaurum privilegiorum cartarum litterarum et registrorum suorum personalem gerens accessum ac mare ut ita loquar litterarum et registrorum predictorum in confusione et turbine nulloque servato ordine hic existentium, nullaque servata divisione sed mixtum in pluribus globis et cumulis agregatarum adeo quod nullatenus aut vix poterat aliquis hic invenire litteram vel cartam inter litteras aut registra si quæ ab eo poterentur, nisi cum maximo et prolixo labore. Et ob hoc, volens presentem Thesaurum ordini subjacere mihi Gerardo de Monteacuto clerico secretario suo presentis Thesauri custodiam licet indigno commisit et privilegiorum, cartarum, litterarum et registrorum suorum ordinationem precepit anno videlicet Domini m° ccc° septuagesimo primo mense januarii. Quod licet quibusdam quasi impossibile et re vera mihi importabile seu quam plurimum difficile videretur, ego proprii ingenii debilitatem et proprii corporis laborem obediente prout tenebar postponens collum et humeros debiles huic oneri de creatoris auxilio et ejusdem regis benignitate confisus viribus sumptis et rejecto desperationis nubilo cum debita humilitate subjeci. Porro predecessorum meorum.... [1]. Et ego similiter eosdem et tres alios modos procedendi per me inventos et inchoatos rejeci, assumptis et electis ordine qui sequitur atque forma. Supplico igitur eidem domino meo regi ut huic operi laborem adhibitum de precepto suo ut premittitur gratum habere dignetur atque meis successoribus quatinus imbecillitatem et ignorantiam meam dignetur eorum benignitas excusare ac defectus proprios in hoc opusculo in quo cum diligencia veraciter insudavi et adhuc amplius intendo vacare, supportare; quod procul dubio facerent si confusionem per me hic inventam vidissent, veritas enim rerum magis oculata fide percipitur quam per aures animis hominum infigatur.

Est igitur advertendum quod repertorium presens quod est generale, fiet autem postea Deo prestolante particulare et singulare, procedit per ordinem alphabeti; suntque in presenti Thesauro tam scrinei quam scrineoli numero trecenti et decem vel circiter quos locis propriis prout potui collocavi et sunt omnes signati per numerum in cedulis cuilibet scrineo et scrineolo appositis ut videtis. Si igitur velitis querere gratia exempli unam litteram tangentem dalphinatum Viennensem queratis in D et statim invenietis in quoto scrineo sunt littere dalphinatus et ibi invenietis eandem. Similiter de villa Laudunensi in L et sic de singulis. Sciendum est tamen quod propter principum auctoritatem et negotiorum arduitatem sunt in quibusdam scrineis cedule de principe vel negotio facientes mentionem ut bulle regis perpetue, scrineus Anglie, Navarre, Arragonum, processus contra Templarios et similia et cum hoc sunt ibi cedule de numero scrinei ut in quolibet videre potestis; et cum volueritis invenire scrineolum quem queritis et quem presens repertorium vos querere docuerit videte in cedulis placatis in armariolis, incipiendo a capite almariarum versus capellam et sic circumeundo usque ad altare, et reperietis ibi a tali scrineo exclusive usque ad talem scrineum inclusive et sic deficere non potest aut errare.

De registris autem sive libris qui sunt in almaria retro hostium sunt ibidem libri Judeorum, quaterni et libri inutiles et sub almariis rotuli inqueste processus et scripta tam de partibus gallicanis quam occitanis que

---

1. J'omets le passage que j'ai traduit plus haut, p. 135.

sunt nullius vel modici valoris que omnia tenui et legi de quibus nichil ad presens, quare de eis non est cura.

Verumtamen de libris et registris utilibus et necessariis in presenti repertorio contentis qui sunt die odierna quasi centum novem est advertendum quod si velitis querere aliquam cartam in eisdem oportet vos scire tempus sive datam concessionis ejusdem et tunc videatis repertorium librorum et registrorum quod est hic circa finem ubi libri sunt ordinati secundum tempus regum a tempore avi et patris beati Ludovici usque nunc successive et statim reperietis si tamen littera illa vel carta fuit registrata vel contineatur in libris; hoc dicto notabiliter quia plures fecerunt me musare faciendo me querere cartas que nonquam registrate fuerunt prout frequenter nunc usque in audientia contigit vel propter impetrancium paupertatem vel prosequencium festinationem aut importunitatem vel propter traditionem cedule pro registro prout fit interdum et amissionem ejusdem vel per negligentiam registrantis. Inquiratis etiam tempus quo carta illa fuit capta in audientia quare frequenter quando sunt sigillate dimittuntur ibidem per unum annum vel duos et amplius et ita vos musaretis querendo in registro date concessionis et oporteret querere in registro date captionis ejusdem in audientia et in hoc aliqui me plures deceperunt. Ubi autem vel in quo armariolo debet dictum registrum vel liber ut xx^{us} vel xxx^{us} reperiri, potestis clare perpendere per cedulas superpositas et placatas ibi a tali exclusive usque a[d] talem inclusive. Sunt etiam in hoc Thesauro duo vel tres scrinei in quibus sunt cedule quaterni et scripta penitus inutiles ut videtis per cedulas eis appositas et clavatas et insuper sunt intus plures cugni et pissides monetarum subtus armarias juxta hostium et ibi cedule de hoc similiter reponuntur.

Gérard de Montagu mourut en 1391.

Longtemps sans doute ses successeurs se reposèrent sur ses travaux, car il ne reste pas trace des leurs jusqu'à la fin du xve siècle. Par des lettres en date du 3 mars 1482, Louis XI ordonna un récolement et un nouvel inventaire de ses titres et chartes. Il nomma en même temps pour exécuter ce travail, qui fut commencé le 12 septembre suivant, trois officiers de la chambre des comptes sous la direction des deux trésoriers des chartes, Jean Budé et Jacques Louvet, qui remplissaient alors conjointement leur office. Ce travail existe en minute aux Archives de l'empire; il existe, en outre, transcrit en une belle grosse écrite par ordre de Louis XII (lettres royaux du 5 juillet 1500) et qui forme le volume 6765 des manuscrits français de l'ancien fonds du roi à la Bibliothèque aujourd'hui impériale.

Il ne paraît pas que ce travail, bien que les deux manuscrits qui viennent d'être cités soient rédigés avec un certain soin, ait produit de résultat durable, car le 12 juin 1539, François 1er renouvela les injonctions de son prédécesseur. « Par ce que nous avons entendu, dit-il, de l'estat des titres dudict Trésor et des

inventaires d'iceulx et qu'il nous a été rapporté, quand il a été question d'y trouver aulcuns tiltres concernant noz affaires d'Estat et d'importance, qu'il y a beaucoup de choses non inventoriées et les choses inventoriées tant meslées les unes avec les aultres et les anciens inventaires tant effacez et deffectueux en substance qu'il est impossible trouver ne soy ayder desdictz tiltres a moings que a telle et si grande difficulté et perte de temps que avant qu'on les puisse recouvrer, les affaires pour lesquelles on les demande et ausquelles ils pourroyent servir sont widez et terminez, etc. » Le roi donc nomme quatre commissaires qui, en présence du trésorier des chartes et avec lui, sont chargés de mettre les documents en ordre, de renouveler, amplifier et augmenter les inventaires et d'en rejeter ce qui sera inutile. C'est un travail dont il ne nous est rien parvenu, mais qui paraît avoir été fidèlement exécuté, car l'ordre régnait au Trésor lorsque commença d'y fouiller le greffier Jean du Tillet, ainsi que le montrent la sûreté et la régularité des citations qu'il en fait dans ses ouvrages d'érudition.

Jean-Jacques de Mesmes fut le dernier des gardes ou trésoriers du Trésor des chartes, et il n'entra même pas en fonctions : nommé par lettres en date du mois d'octobre 1581, il se démit de sa charge au mois de janvier suivant.

Le procureur général au parlement de Paris, Jean de la Guesle, se plaignait d'être obligé de recourir au garde du Trésor pour avoir les communications dont il avait besoin pour le service du roi. Il fallait qu'il présentât requête et qu'il obtînt ensuite des lettres de cachet adressées au trésorier des chartes pour avoir le titre qu'il désirait et pour l'avoir en telle forme qu'il s'en pût servir en justice. Par lettres patentes en date du mois de janvier 1582, le roi réunit la charge de garde du Trésor des chartes à celle de procureur général au parlement.

C'était consommer la ruine du dépôt, comme le fait judicieusement observer Du Puy (*Traictez touchant les droits du roy*, p. 1012). « Cette union, dit-il, avoit quelque apparence de bien, mais elle n'a pas fait cesser le désordre, au contraire l'a augmenté parce que le procureur général, estant toujours occupé à l'exercice de sa charge qui a un fort grand employ, ne pense que rarement à ce qui est du Trésor ny à la collection des titres et traictez pour y être conservés ; ce qui mérite une personne qui n'ait que cet employ. Ce qu'avoit bien jugé le roy Charles V, comme il est dit cy dessus, qui ne voulut pas qu'aucun maistre

des comptes eût cette charge avec la sienne. Et de vérité cette union n'a servi qu'a augmenter les gages du procureur général et ses droits. »

Le roi ordonna presque en même temps (lettres du 30 avril 1583) un inventaire de ses chartes; mais ce fut, dit Du Puy, une simple revue qui demeura sans fruit. Dès lors le Trésor commença d'être à peu près abandonné : on n'y porta plus que par intervalles et d'une manière irrégulière les documents relatifs aux affaires du roi; et lorsque, peu d'années après le mariage de Louis XIII, on eut besoin de rechercher cet acte important, on eut la plus grande peine à le trouver, tant le désordre avait fait de progrès.

Quelques procureurs généraux cependant tentèrent d'y remédier. Mathieu Molé fit rendre, le 21 mai 1615, un arrêt par lequel deux savants, Pierre Du Puy et Théodore Godefroy, furent chargés de mettre de l'ordre dans le Trésor et d'en dresser un inventaire détaillé. Ce travail fut exécuté, non pas aussi bien que nous désirerions qu'il l'eût été, aujourd'hui qu'un grand nombre de pièces qui le composaient sont perdues, mais aussi bien qu'il pouvait l'être alors. Il forme huit volumes in-folio et s'applique seulement aux titres originaux, les commissaires n'ayant pas eu le temps d'inventorier les registres

Le garde des sceaux Michel de Marillac fit rendre au conseil d'État le 23 septembre 1628 un arrêt par lequel le roi ordonna « que les originaux des traitez, actes de paix, de mariages, alliances et négotiations, de quelque nature que ce soit, concernant son Estat et affaires passées avec les princes, seigneuries et communautez et les particuliers tant dedans que dehors le royaume, seront portez au Trésor des chartes et adjoutez à l'inventaire d'iceluy. » Ce qui a été si peu exécuté, dit encore Du Puy, que les choses sont demeurées comme auparavant.

Au XVIIIe siècle, on comprit mieux l'intérêt que présentaient l'étude et la conservation du Trésor des chartes. En 1703, d'Aguesseau fit commencer sur les registres un travail d'érudition qui fut continué sous ses successeurs et qui dura jusqu'à la révolution. J'en parlerai bientôt avec plus de détails.

Lorsque le Trésor des chartes tomba entre les mains de l'Agence temporaire des titres, les personnes qui la composaient firent voir qu'elles en comprenaient toute la valeur. Les clefs de la partie de la Sainte-Chapelle dans laquelle il se trouvait leur furent remises au mois de prairial an V (mai-juin 1797),

mais les derniers événements l'avaient plongé dans un désordre plus déplorable que jamais.

« Le local étoit partagé en deux pièces. Il y avoit une pièce supérieure et une inférieure. Entre les deux étoit, sur un escalier de communication, une croisée qui éclairoit le haut des armoires de la salle basse sur lesquelles étoit arrangée la plus grande partie des registres du Trésor. Lors de l'établissement du tribunal criminel créé par la loi du 17 août 1792 et qui devoit tenir ses séances dans un auditoire voisin du Trésor, on eut un besoin prompt de la pièce qui en formoit la partie supérieure. On auroit pu descendre les papiers qui étoient dans la salle haute, mais on les jeta dans la salle inférieure par la fenêtre de l'escalier de communication. Il en résulta que tous les registres qui étaient en face de cette fenêtre furent entraînés dans la salle inférieure. Cette salle présentoit elle-même un désordre ancien. Son plancher étoit tellement encombré de sacs, de coffres, de boëtes, de registres et de papiers qu'il étoit impossible d'y placer le pied, etc. »

Deux membres du Bureau du triage des titres, de Villiers du Terrage et Jouesne, aidés d'un des meilleurs employés du Bureau, Pavillet, réussirent en l'espace d'un certain nombre de mois à faire transporter ce dépôt au Louvre et à y rétablir l'ordre. Cette difficile et laborieuse opération fut de leur part l'objet d'un rapport extrêmement intéressant d'où sont extraits les détails qui précèdent sur l'état où ils avaient trouvé les lieux. Grâce à leurs soins, le Trésor des chartes nous a été conservé tel qu'il existait dans les derniers temps de la monarchie. Il se trouve maintenant distribué dans deux des plus belles salles des Archives de l'empire; les titres originaux qui en forment la partie principale et la suite qui s'y ajoute sous le titre de Supplément au Trésor des chartes, occupent les 1031 cartons que compte la série J; les registres, magnifiquement reliés en maroquin rouge par les soins de M. Letronne, sont placés dans un corps de bibliothèque formé de débris des riches boiseries de l'hôtel Soubise.

PREMIÈRE PARTIE. REGISTRES DU TRÉSOR DES CHARTES.

Trois séries diverses de volumes forment cette première catégorie : 1° les registres du Trésor proprement dits; 2° les ouvrages divers rangés dans l'ancien Trésor parmi les registres et qui en

font partie intégrante; 3° les copies, extraits, analyses et inventaires modernes dont les registres ont été l'objet.

1. Registres proprement dits.

Lorsque Gérard de Montagu entra comme clerc au Trésor des chartes, la série des registres se composait d'une suite de volumes numérotés avec ordre, mais placés à la suite les uns des autres, sans aucun égard aux matières dont ils traitaient. L'un des premiers soins de Gérard (c'était en 1366 ou 1367) fut d'en rédiger une description. Le brouillon de ce travail nous est resté dans un manuscrit de la Bibliothèque impériale (Supplément latin, 1105, fol. 7) et commence en ces termes :

Inventarium librorum repertorum in Thesauro regis per me Gerardum de Monteacuto, Rogero custode Thesauri predicti.

I. Primus coopertus de rubro signatus per I continet plures cartas Ludovici, Philippi et aliorum regum Francie super facto hereticorum, concessionum, feodorum, communiarum, excambiorum, conventionum provincie Picardie et plurium aliarum materiarum.

II. Non est, et loco isto posui unum qui non erat signatus[1] : Secundus, sine asseribus, trungatus, coopertus de pirgameno aliquantulum rufo piloso et rudi signatus II, continet deneria que debentur fieri regi Navarre in comitatu Bigorre a pluribus villis et personis in eodem libro contentis.

III. Tercius, ad asseres nudos, signatus per III, continet dona et recogniciones plurium feodorum comitis Tholosani et de partibus illis.

IV. Quartus, ad asseres coopertos de viridi, signatus IIII, continet feuda extracta de antiquis registris tam de partibus Normanie, Picardie et aliarum partium regni ; et est notabilis.

V. Quintus ad asseres nudos de quercu nigro signatus super religaturam albam V, continet nomina plurium feodalium regis in castellaniis Meleduni, Corbolii, Normanie et aliarum parcium, communiarum parcium Laudunensium et aliarum parcium, stabilimentum Britanie de assisia successionum f° lxiij, quittaciones, recognitiones et plures alias cartas.

VI. Sextus, coopertus de corio quod olim fuit croceum, signatus VI, continet decretales in lingua occitana vel Navarre aut alio ydiomate mihi penitus incognito.

VII. Septimus, coopertus de corio olim rubro ad firmatoria sericea, signatus VII, peroptime scriptus et illuminatus literis aureis, continet plures bullas tangentes factum Tholosanum, indulgencias, remissiones, privilegia concessa regibus per Innocentium, Benedictum, Gregorium, Clementem et alios summos pontifices et eciam de pace regum Francie et Anglie tunc cum aliis.

VIII. Octavus coopertus de corio tannato impresso, signatus VIII, continet plura feuda, plures cartas communiarum, pacis regum Francie et Anglie, f° xxvj ; Mantag. et aliorum.

IX. Non est inventus, sed loco ipsius posui istum qui non erat signatus[2] :

___
1. Ces mots sont à la marge, dans le manuscrit.
2. Ces mots, dans le manuscrit, sont à la marge.

Nonus, sine asseribus, coopertus de pergameno albo, signatus per me IX; continet plura instrumenta et litteras tangentes factum Flandrensium.

X. Decimus, coopertus de corio viridi, signatus X, continet factum gabelle quam comes Provincie dicit se habere et percipere in Rodano de sale veniente de terra regis.

XI. Undecimus, sine asseribus, coopertus de corio albo antiquo, signatus XI, continet repertorium magistri Petri de Stampis, olim custodis predicti Thesauri et plura alia ab ipso composita.

XII. Duodecimus, sine asseribus, coopertus de corio piloso condam rufo, signatus XII, continet homagia Pictavie, redditus Arvernie, feuda Albigesii, redditus Albiensis, feuda Caturcensis et Ruthene, redditus Ruthene et feuda Venaissini.

Etc., etc.

Je ne reproduirai pas tout l'inventaire : ces douze premiers articles se rapportent à des volumes qu'on reconnaît aisément pour la plupart comme existant encore aujourd'hui dans le Trésor; ils suffisent à faire juger de l'ordre qui régnait entre eux en 1366. Gérard de Montagu s'ingénie pour trouver un classement plus méthodique, et, ce qui n'était pas peu de chose pour une collection aussi confuse et à une époque où l'on n'avait aucun modèle, il établit un système de divisions dont il rend compte en ces termes :

Et primo ponuntur aliqui libri confecti super pluribus et diversis materiis nullo ordine servato.

Secundo ponentur libri facientes mencionem de feudis, homagiis, serviciis et similibus.

Tercio subsequentur aliqui libri confusi de partibus Tholose et lingue occitane.

Quarto subjungentur libri et registra de tempore beati Ludovici et ante et post in quibus non servatur ordo in data quare fuerunt sub confusione confecti.

Et quinto inserentur registra a tempore regis Philippi Pulchri et regum subsequentium per ordinem regum et datarum prout fuerunt compositi et registrati usque ad annum presentem mccclxxj regnante illustrissimo principe domino Karolo quem Deus ad optatum conservet. Et postmodum ponentur et addentur registra sequentia vel sequentis temporis cum tradentur.

Tel est à peu près le rangement adopté en dernier lieu par Gérard et qui dure encore. La première de ces cinq parties comprend les six premiers registres; la seconde commence au registre vii et la troisième finit au registre xxiii, mais il me paraît impossible de déterminer l'endroit où elles se séparent. La quatrième, comprenant les registres compilés du temps de S. Louis, commence avec le n° xxiv et s'arrête avec le n° xxxiii. Jusque-là tous les registres du Trésor sont des copies de pièces qui importaient au roi et à l'administration de ses

états ou de son domaine, soit qu'elles lui eussent été adressées, soit qu'elles émanassent de lui-même. Au registre xxxiv, où s'ouvre la cinquième division du classement établi par Gérard de Montagu, commence la série véritable des registres du Trésor, c'est-à-dire la série des volumes où étaient régulièrement enregistrées, au fur et à mesure qu'on les délivrait aux parties intéressées, les chartes accordées par le roi et minutées en sa chancellerie. Les premières pièces du registre xxxiv sont datées de 1302, la grande année des réformes administratives de Philippe le Bel.

Cet exposé, fait par Gérard de Montagu, et l'inventaire qui en fut la conséquence, nous ont été conservés dans le volume 1092 (Supplément latin) de la Bibliothèque impériale. Gérard ne s'en tint pas là : il conserva les éléments de sa division en cinq parties, mais il modifia de nouveau ses dispositions de détail; il avait rejeté déjà du Trésor des volumes qui lui étaient étrangers [1]; il fit d'autres remaniements analogues, changea encore les numéros et arriva enfin, dans son inventaire de 1376, à un ordre définitif, qui est celui dont j'ai parlé plus haut (p. 137). Les cotes qu'il assigna aux registres dans cette opération finale sont celles qu'ils ont conservées depuis; ils les portent encore aujourd'hui, et on les trouvera ci-après dans la liste détaillée de ces registres.

Après Gérard de Montagu la série continua et les registres écrits sous les règnes qui suivirent celui de Charles VI vinrent s'ajouter à la suite; la collection s'augmenta aussi du côté de la tête par l'addition des volumes qui portent le nom de *Transcripta* et qu'on plaça tous, je ne sais à quelle époque, avant le n° 1. On les distingue au moyen de lettres dont la succession interrompue par de nombreuses lacunes fait voir que cette série additionnelle a été beaucoup plus considérable en un temps qu'elle ne l'est demeurée depuis. Les *Transcripta* se composent de dix registres cotés A, B, C, D, J, L, M, N, NN, OO. Gérard de Montagu n'en parle pas; cependant une partie d'entre eux ont été écrits au xiv° siècle et sont des copies de pièces du Trésor; il est donc probable que ces copies n'ont pas d'abord été

---

[1]. Dans son second inventaire (Supplément latin, 1092), il place sous le n° 10 le registre intitulé : « Servicia debita regi in senescallia Bigorre » en remplacement du volume suivant, que probablement il fit supprimer : « Liber qui continet tractatum amoris, questiones amorosas conclusionesque et decisiones ipsarum usque versus finem : *Ibi igitur, etc.*, ubi pluribus pulchris et notabilibus rationibus inducit, suadet atque probat non esse vacandum amoribus mulierum nisi inter federe conjugali ligatos. »

faites pour celui-ci où elles étaient peu utiles, mais pour quelque autre établissement, la cour des comptes, par exemple, et que ces lacunes, déjà constatées au commencement du xvii° siècle par l'inventaire de Du Puy, existaient dans la collection dès son entrée au Trésor.

Du Puy n'eut le temps de faire qu'un récolement sommaire des registres. Un récolement plus sommaire encore, car il ne porte guere que les numéros des volumes, a été imprimé par Du Cange à la suite de son *Glossaire*. Voici une liste plus détaillée et qui, j'espère, quelque insuffisante qu'elle soit encore, rendra service aux érudits. A travers les siècles, le Trésor des chartes a subi beaucoup de pertes ; quelques-uns des registres qui lui appartenaient sont entrés, par suite de vicissitudes diverses à la Bibliothèque du roi ; j'ai cru devoir les joindre à la liste. D'autres ont disparu complétement et semblent perdus à jamais ; pour ceux-là, nous sommes heureux du moins d'avoir la description que Gérard de Montagu en donnait dans son inventaire et que j'ai reproduite avec exactitude. Ces deux sortes d'additions sont distinguées de la série principale des registres existant aux Archives de l'empire, par un caractère typographique plus petit, et grâce à elles la liste suivante des registres du Trésor des chartes est, je crois, une liste complète :

Registre **A**. Petit in-fol., 130 feuillets, écriture de la première moitié du xv° siècle. Contient la série des pièces qui étaient renfermées à cette époque dans les layettes 123 à 126 du Trésor, savoir : 123 : quatorze pièces des années 1332 à 1411, relatives aux sires d'Albret. — 124 : vingt et une pièces des années 1291 à 1401, relatives à l'église et à la commune de Toul. — 125 : trente-trois pièces des années 813 à 1410, relatives à divers monastères ou églises de Paris. — 120 : trente-sept pièces des années 1040 à 1302, relatives à diverses localités ; plusieurs sont des chartes des rois d'Angleterre.

B. Mêmes format et écriture que le précédent ; 112 feuillets. Layettes 212 à 216. — 212 : Contrats divers passés entre le roi et les seigneurs de Chambli ; 16 pièces, 1275-1326. — 213 : Littere paparum et aliorum non registrate quia nullius sunt valoris. — 214 : 15 pièces relatives au péage de Péronne, 1212-1363. — 215 : Normandie ; 6 pièces, 1080-1344. — 216 : 35 pièces relatives aux pays de Laon et de Soissons, 1177-1331.

C. Mêmes format et écriture que le précédent; 146 feuillets. Layettes 217 et 218. — 217 : Donations, ventes et autres contrats relatifs à des biens situés à Loches et autres lieux de Touraine; 47 pièces, 1215-1369. — 218 : Contrats de mariage, traités diplomatiques et autres actes passés entre les ducs de Brabant, les rois de France et les deux familles de ces souverains; 75 pièces, 1257-1364.

D. *Id.;* 175 feuillets. Layettes 219 à 222. — 219 : 9 pièces relatives, les quatre premières au divorce de Charles le Bel avec Blanche de Bourgogne, et les cinq autres à des traités conclus en 1396 entre la France et plusieurs villes d'Italie. — 220 : Littere non registrate, quia sunt nullius vel modici effectus et ibidem est quidam processus contra episc. Trecensem. — 221 : Donatio gardie de Cheveriaco per comitem Matisconensem, 1235; Johannes comes Matisconensis de escambio et venditione vicecomitatus Matisconensis, 1238; Donatio xx libr. annual. in prepositura Carnotensi per Carolum comitem Valesii, 1299; Decanus et capitulum Matiscon. de compositione inter regem et ipsos, avril 1312. — 222 : 46 pièces, presque toutes du xiiie siècle, relatives à la famille et aux biens des comtes de Blois, 1217-1367.

J. *Id.;* 82 feuillets. Layettes 209 à 211. Ce volume était retenu par l'évêque de Blois lorsqu'il fut saisi entre ses mains à la requête du procureur général et réintégré au Trésor par arrêt du parlement le 14 août 1736. — Layette 209 : 15 pièces relatives au comté d'Auxerre, 1199-1371. — 210 : 9 pièces relatives à la Sainte-Chapelle, 1237-1343. — 211 : 8 pièces relatives aux tailles et impositions ordonnées par le roi, 1303-72.

L. *Id.;* 93 feuillets. Layettes 9 à 19. — Layette 9 : Terre et commune de Frize; 4 pièces, 1337 et 38. — 10 : 2 pièces relatives à Carcassonne, 1248, et coutumes de Carcassonne. — 11 : 7 pièces sur l'industrie des tissus de laine et des draps dans le Languedoc, 1288-1322. — 12 : 5 pièces sur Béziers, 1216-90. — 13 : 5 pièces relatives à l'évêque et au chapitre du Puy, 1212-1307. — 14 : 6 bulles papales relatives à diverses maisons religieuses de Compiègne et de Saumur. — 15 : Littera dotalicii regine Johanne de Borbonio uxoris regis Karoli, 1375. — 18 : Droits exercés sur les ponts, viviers, étangs, pêcheries et ports par différentes personnes et communautés : les bourgeois de Saumur, l'abbé de Saint-Père de Chartes, le chapitre de Sens, l'abb. du Bec, l'abb. de la Cour-Dieu, Matthieu de Montmorenci,

Enguerr. de Couci, l'évêque de Senlis, le chapitre de Saint-Thomas de Crespi, l'abb. de Saint-Florent de Saumur, l'évêque de Meaux, etc.; 18 pièces, 1162-1327. — 19 : 10 pièces. Deux mandements du roi, de restitutionibus a se faciendis, 1267, 1287; Commissio regis Philippi super omnibus negociis regni, 1297. Altera de navibus, 1295. Procurations données par le roi à diverses personnes pour traiter en son nom, 1303. Procuration donnée à Jean d'Armagnac, avril 1350.

M. *Id.;* 79 feuillets. Layettes 1 à 8. — Layette 1 : Traités entre le comte de Champagne et la reine de Chypre; 6 pièces, 1234-86. — 2 : 5 pièces relatives au droit de régale, 1223-1334. — 3 : Abbaye de Longpont, dioc. de Meaux; 4 pièces, 1261-96. — 4 : Union de diverses terres au domaine de la couronne : duchés de Bourgogne et de Normandie, comtés de Toulouse et de Champagne, château de Beaurain, île d'Oléron, château de Crest, etc.; 11 pièces, 1361-91. — 5 : 8 pièces relatives au comte de Luxembourg, 1267-95. — 6 : Compositio inter regem Philippum et episcop. Suessionensem super feodo Petrefontis, 1186. — 7 : 13 pièces relatives à la ville de Nîmes et à son commerce, 1226-78. — 8 : Lettres de divers évêques et archevêques pour notifier à leurs diocésains les bulles du saint-siége légitimant les enfants de Philippe-Auguste et d'Agnès de Méranie; 14 pièces, janvier et février 1202.

N. 81 feuillets. Layettes 20 à 28. — 20 : 8 pièces relatives aux dispositions de dernière volonté de la reine Jeanne (1327) et du roi Charles le Bel, 1327-66. — 21 : 5 pièces relatives au comte de Rouci, 1228-1323. — 22 et 23 : Nulle erant littere. — 24 : Ordinatio thesaurarii S. Mellonis Pontisarensis in decanum, 1290. — 25 : Prieuré de S. Maurice de Senlis; 3 pièces. — 26 : Pièces relatives à divers bénéfices appartenant aux églises de Pontoise, Sanqueville, Poissi, Esmonville, Laci, Mantes, Pregnei, Escouville, Narbone, etc.; 17 pièces, 1231-1401. — 27 : Pièces constatant les obligations de divers débiteurs du roi ou les quittances délivrées par divers créanciers du roi, savoir : Richard de Sainte-Suzanne, Jacques, evêque de Soissons, Simon de Beaubois, Thomas et Amédée de Savoie, Jacques, abbé de la Couture du Mans, Raoul de Fougères, Jean, sire de Triechastel, Gautier de Ligne, Pierre Savari, Guill. d'Anton, Guill. Morin, chanoine du Mans, Giraud, comte d'Armagnac, la ville de Béziers, etc.; 27 pièces, 1261-1372. — 28 : 9 pièces relatives aux tailles, 1310-45.

NN. In-4° de 98 feuillets à deux colonnes. Écriture du xiv° siècle. Volume intitulé *Fueros de Navaira* et commençant par ces mots : « In Dei nomine, Esta es carta d'autoritat et de confirmation que jo, Sancho, rey de Navaira, filltz del rey don Garcia, fay a totz los omes d'Estela als als qui son presentz et als qui son per venir per lo bon servici que vos me faitz totz dies, de bona voluntaz donei et aytorguey als omes d'Estela, als qui son et seran, aquels bono fors que dona lo rey don Guarcia als problados de Lestela quant primeramant la pobla et los fors son atals. *Com deven anar en ost,* etc., etc. » Le volume finit par un chapitre intitulé : « De firmamento de todos los furtos. »

OO. In-4° à deux colonnes ; 63 feuillets ; xiv° siècle. Volume faisant suite au précédent et intitulé de même *Fueros de Navaira*. Il commence par ces mots : « Si d'aqui en ant, algun n'axera de solt et de solta en voluntat del payre et de la mayre.... » et finit ainsi : « et vaya foras vj d. de garbantz et de fruyta et de nuylla carn que mate abodas et esposayllas o a festa capdal no done et alguna cosa. »

1¹. In-f° de 252 feuillets intitulé *Inventaire de Pierre d'Étampes*. Il commence par une préface de l'auteur (In illius nomine per quem regnant reges, etc.) et est divisé en douze parties dans chacune desquelles se trouvent inscrites, mais par leurs rubriques seulement, les pièces dont sont composées d'autres registres. « Prima pars : Rubrice contentorum in *Veteriori registro*. — Pars ii : *Registrum ad nudos asseres de quercu*. — Pars iii : *Registrum Guerini,* episcopi Silvanectensis. — Pars iv : Capitula hujus registri quod vocatur *Registrum velutum*. — Pars v : Intitulationes registri *Senescalliarum*. Hoc est registrum curie Francie domini regis de feudis et negociis senescalliarum Carcassone et Bellicadri et Thol. et Caturc. et Ruthen. — Pars vi : *Registrum grossum velutum*. — Pars vii : *Registrum J. de Caleto*. — Pars viii : *Registrum tenue*. — Pars ix : Monspessulanus. Hec sunt jura que dominus rex Francie habet et habere debet in Montepessulano et ejus baronia. — Pars x : Burgundia. — Pars xi et xii : Flandria. » — Les seconde, troisième, onzième et douzième parties contiennent des pièces transcrites en entier.

1². In-folio de 96 feuillets. Autre rédaction de l'inventaire de Pierre d'Étampes. Les rubriques du livre de Jean de Calais y sont plus clairement transcrites. On voit par l'analyse de Pierre

d'Étampes que le registre de Jean de Calais, dont la perte est extrêmement regrettable, se composait de 546 pièces, divisées en quatre chapitres; ce n'était pas seulement un recueil d'actes administratifs, mais une sorte de formulaire de lettres et un répertoire de pièces de toutes sortes. On y trouve, par exemple, les rubriques suivantes : « Documenta regis ad filium. Preces pro aliquo injuste gravato. Littera immensi doloris ad amicum qui sibi significaverat amicam suam esse conjugatam. De occasu alicujus sapientis. De letitia pro convalescentia amici. Preces pro jure alicujus conservando et acceleratione cause seu juris. Quedam comparatio regni Francie ad Trinitatem. Excusat judex inferior requisitus de prorogatione diei. De perplexione amici qui non visitavit amicum. Aliquis reprehendit et minatur alicui pro eo quod ad jura sua manum extendit. Curialis regraciacio pro mulo donato. Filius petit expensas a patre in scolis. De fabulis Hesopi moralibus et aliis. Quedam notabilia et quedam proverbia. Etc., etc. » — Voy. dans la *Biblioth. de l'École des chartes*, t. XI, p. 390, une note sur un recueil analogue.

Sous le n° 1, l'inventaire de Gérard de Montagu (Biblioth. imp., Supplément latin) n'indique qu'un seul registre, en ces termes : « Primus igitur liber continet in prima sui parte repertorium magistri Petri de Stampis, olim custodis hujus Thesauri, quod est modici valoris cum omnia tam per meos predecessores quam per me finaliter sint mutata pluraque registra postea sint addita et aliqua forsan amissa ; postea vero continet plures bullas, litteras et instrumenta, super facto Flandrie et aliqua tangencia Montempessulanum. »

II. In-folio; 48 feuillets. On lit sur la garde : « Continet quoddam repertorium cartarum et litterarum hujus Thesauri quod est penitus inutile, aliquas litteras de facto Lugdunensi, cartas tangentes monasterium Pissiaci, homagium regis Arragonum pro Montepessulano et plures alias fidelitates et homagia. » Contient ensuite : « Rubrice litterarum repositarum Parisius in almariis domini regis : Privilegia Romanorum pontificum (rubriques de 64 bulles de Honorius III à Clément IV). Rubrice litterarum regum et prolis regie (77 rubriques). Rubrice litterarum archiepiscoporum et ecclesiarum metrop., episcoporum.... et aliorum secularium clericorum (156 rubriq.). Littere capitulorum de petita licencia eligendi et petitione regalium (19 rubriq.). Littere abbatum,... templariorum et alior. religiosorum (118 rubriq.). Littere conventuum de petita licencia eligendi abbates

(16 rubriq.). Littere de regalibus petitis (10 rubriq.). Rubrice litterarum ducum, comitum et aliorum baronum Francie (167 rubriq.). Rubrice litterarum militum et aliorum secularium laycorum (191 rubriques).

Jusqu'ici (au bas du folio xvj, verso), le manuscrit est à deux colonnes et d'une écriture du xiiie siècle ; il est interrompu en cet endroit, et au folio xvij, recto, l'écriture est d'un siècle entier plus récente ; la lacune remonte pour le moins au xve siècle.

Folio xvij, recto : « Littere regum Anglie (108 rubriques de chartes émanées des souverains d'Angleterre et remontant au xiie siècle). Littere regum Sicilie (19 rubriq.). Littere Alemannie (35 rubriq.). Littere papales super negociis Anglie (12 rubriq.). Littere Aragonie (38 rubriq.). Accord passé entre le roi et le chapitre de Lyon, 1320 (*in extenso*). Littere super facto Lugdunensi (158 rubriq.). Neuf pièces relatives au monastère de Saint-Louis de Poissi, 1304 et 1305. — Le dernier feuillet, 48, est occupé par un brouillon, chargé de corrections, de la préface de Pierre d'Étampes.

III. In-folio de 62 feuillets, en écriture du xive siècle, portant ces mots en tête : « Hec sunt intitulationes libelli sine asseribus qui fuit magistri Johannis de Caleto. » Les plus remarquables de ces rubriques sont relatives à des actes passés entre le roi de France, l'empereur d'Allemagne, les rois d'Angleterre et d'Écosse. Après le huitième feuillet se trouve une partie intitulée : « Intitulationes omnium litterarum papalium existentium in Thesauro domini regis apud Parisius (rubriques de 790 bulles de Innocent III à Jean XXII. » — Au folio xxxij, recto : « Intitulationes omnium contentorum in veteri registro domini regis ad asseres coopertos corio rubeo quod fecit scribi Garinus quondam Silvanectensis episcopus. » Du folio xlv au folio lxj sont inscrites 49 chartes du xiiie siècle intitulées : « Littere regum et prolis regie. » Le feuillet lxij et dernier contient un inventaire de pièces en écriture du xiiie siècle qui fournit quelques désignations locales sur l'ancien Trésor.

Gérard de Montagu parle ainsi de ce volume dans son inventaire (Biblioth. imp., 1090) : « TERCIUS continet intitulaciones libelli sine asseribus magistri Johannis de Caleto qui videtur fuisse custos hujus Thesauri et videtur esse repertorium suum ; sed ignoro quis est ille liber sine asseribus et ubi est, quare ipsum non inveni in presenti Thesauro. Dictum tamen repertorium est penitus inutile propter mutaciones postea factas. Continet eciam plures litteras confederacionum regis et imperatorum atque litteras regis Scocie, regis Anglie et regine et filii sui. »

iv. « Quartus continet plura instrumenta et litteras tangentes factum Flandrie et plures bullas super eodem facto litterasque facientes mencionem de rege Romanorum, ordinaciones monetarum et testamentum cujusdam regis in fine (Biblioth. imp., Inventaire de Gérard de Montagu). » — *Volume perdu.*

v. Très-beau registre in-folio de 136 feuillets; écriture du xiv® siècle à deux colonnes; initiales peintes; « liber pulcherrime scriptus et illuminatus, » dit avec raison Gérard de Montagu. Folios 1 à 30 : 29 pièces relatives à l'Angleterre depuis le commencement du xiii® siècle jusqu'à l'an 1303. — Folios 30 à 62 : 22 pièces relatives à l'archevêché de Lyon, 1271-1309. — Folio 64 : 3 chartes sur la reddition de Lille au roi, 1304. — Folio 68 : Table des rubriques de 104 pièces relatives à la Flandre et à l'Angleterre. — Folios 71 à 85 : 19 chartes relatives à la Flandre, 1307-9. — Folio 90 : 52 chartes relatives à la Flandre, 1304-7. — Folio 129 : Miniature représentant le roi d'Écosse assis sur son trône, suivie de 6 pièces, savoir : Le povoir des treiteurs d'Escoce, 1295, iii° nonas julii. Autre povoir des treiteurs d'Escoce, même date. Lettre des treiteurs d'Escoce que ils feront que le roy d'Escoce aidera au roy de Norouce (Norwége) allié au roi de France contre le roi d'Angleterre, 1295. Les besoingnes entres le roi de France et le roi d'Escoce tant surs les alliances et aides comme surs les convenances du mariage de Odoart, ainznez filz le roy d'Escoce, et de la fille monseigneur Challes frère le roy de France, octobre 1295. La confirmation du traité d'Escoce, 7 kal. mart. 1295. Lettres du roi d'Escoce que il li plest que le roi de France ordene des besoing que il a a faire au roi d'Engleterre par pais, par trève ou par abstinence; le jour S. Clément 1302.

vi. « Sextus, multum bene scriptus et illuminatus, continet plures bullas tangentes factum Tholosanum, indulgencias, remissiones, privilegia concessa regibus Francie per Innocencium, Benedictum, Gregorium, Clementem et alios summos pontifices que fuerunt personales aliquasque alias bullas ac de pace inter reges Francie et Anglie cum pluribus aliis litteris atque bullis (Biblioth. imp., Inventaire de Gérard de Montagu). » — *Volume perdu.*

vii. L'un des cinq cartulaires de Philippe-Auguste conservés à la Bibliothèque impériale ; il a été relié avec le registre suivant, et le volume formé par cette réunion est, à la Bibliothèque impériale, le cartulaire 172. C'est un volume en élégante écriture du xiii® siècle, contenant 145 feuillets à deux colonnes et 740 pièces datées du milieu du xii® au milieu du xiii® siècle. Il portait jadis le nom de « Registrum ad nudos asseres de quercu. »

viii. Première partie du cartulaire 172 de la Bibliothèque impériale ; c'était autrefois le « Registrum veterius. » Ce registre passe pour le plus

ancien cartulaire de Philippe-Auguste. Il se compose de 100 feuillets à deux colonnes en écriture du XIIIe siècle, renfermant 430 pièces relatives à l'administration de Philippe-Auguste.

Ce registre et le précédent, reliés en un seul volume coté *Cartul.* 172, a aussi porté, au Trésor, la cote XXXIV *bis*; sur la dernière page on lit : « Je soussigné Achille de Harlay, ayant l'honneur d'estre thrésorier des chartes du roy, ay cru que j'y devois mettre ces registres du temps du roy Philippe-Auguste, lesquels n'y estoient pas, et que j'ay trouvé parmy quelques manuscrits qui m'appartiennent. Fait à Paris, ce 15 mai 1688. DE HARLAY. »

IX. « NONUS continet plura feuda, cartas aliquarum communiarum, tractatus Anglie, maritagia et plura alia (Biblioth. imp., Inventaire de Gérard de Montagu). » — *Volume perdu.*

X. « DECIMUS continet cartas et litteras plurium fidelitatum prelatorum et homagiorum baronum, militum et aliorum et presertim regis Anglie, folio XXXIX°; comitis Ferrandi comitis Flandrie signatum in margine vij; stabilimentum consuetudinum et patronatuum Normanie atque cleri et populi Parisiensis; aliquas cartas tangentes monasterium beati Dionysii in Francia et nundinas Indicti quod ibi vocatur Edictum; aliquas constituciones beati Ludovici, ordinaciones Judeorum et plura alia, quoddamque repertorium litterarum hujus Thesauri quod est penitus inutile racionibus quibus supra (Biblioth. imp., Inventaire de Gérard de Montagu). » — *Volume perdu.*

XI. Écriture du XIIIe siècle à deux colonnes; 210 feuillets. Cet intitulé, qui est exact, se lit sur la garde : « Continet homagia, feuda et redditus Albigesii, Pictavie, Alvernie, Agenensis, Caturcensis, Ruthene, Albiensis et Venaissini. » Presque toutes les pièces de ce registre sont des années 1259 à 1261.

XII. Écriture du XVe siècle; 172 feuillets. Sur la garde : « Devoirs dus au roi en la sénéchaussée de Bigorre. » Le volume commence ainsi : « Secuntur deneria que debentur facere domino nostro regi Navarre in comitatu Bigorrie. Primo in villis bajulie de Valletica que secuntur : DE LUS. Communitas seu universitas dicti loci tenetur facere domino regi exercitum et ordam et jus et legem in manibus suis seu ejus bajulo dicti loci.... » et s'arrête, au folio 172 verso, à ce titre de chapitre, ce qui montre qu'il n'a pas été terminé : « De Rabastenchis Bigorre. »

XIII. Très-belle écriture du XIIIe siècle, à deux colonnes. Contient 100 pièces. Sur la garde : « Continet plures bullas papales super facto comitis Montisfortis de hoc quod gesserat contra hereticos.... » Cet intitulé est exact, sauf que la première partie seulement du registre est exclusivement composée de bulles papales; le reste est composé de chartes relatives à l'Albigeois, mais émanées de toutes sortes de personnes.

XIV. « QUARTUSDECIMUS continet ordinacionem super debato inter regem

et consules ville Moysiaci ex parte una et religiosos monasterii S. Petri Moysiaci ex altera (Biblioth. imp., Inventaire de Gérard de Montagu). » — *Volume perdu.*

xv. « Quintusdecimus continet pacem et tractatus regis et Flamingorum (Biblioth. imp., Inventaire de Gérard de Montagu). » — *Volume perdu.*

xvi. Petit in-4° mince en écriture du xiv° siècle, contient 14 feuillets seulement et 20 pièces des personnages suivants : Édouard, roi d'Angleterre, 1290-1307; Jean d'Avesnes, comte de Hainaut, 1290-97; Robert, comte d'Artois, 1307; Albert, roi des Romains, 1299 (7 pièces); Simon de Montbeliard, Jehan de Vienne, Pierre de Marnay, Etienne d'Oyseler et autres seigneurs du comté de Bourgogne, 1301; Jehan de Chalon, sire d'Arlay, 1301; Henri et Jehanne, comte et comtesse de Bar, 1301. On lit sur la garde : « Continet aliquas litteras tractatus Anglie, confederationum inter regem Francie et imperatorem, inter regem et comitem Hannonie, litteras domicelle Burgundie et aliquas alias. »

xvii. « Decimusseptimus continet plura feuda et servicia debita regi (Biblioth. imp., Inventaire de Gérard de Montagu). » — *Volume perdu.*

xviii. « Decimusoctavus continet intitulaciones feudorum et homagiorum ligiorum Francie, Picardie, Normanie, Lingue occitane atque plurium aliarum partium regni, extractas de antiquis registris ut cavetur ibidem ; ignoro tamen ubi sunt eadem antiqua registra (Biblioth. imp., Inventaire de Gérard de Montagu). » — *Volume perdu.*

xix. In 4° de 189 feuillets et 195 pièces; écriture du commencement du xiv° siècle. Intitulé au dos : « Hommagia et recogniciones feodorum comitatus Tholosani. » Ce registre contient 187 chartes du xiii° siècle et quelques-unes du xii°. La première a pour rubrique : « De dono quod domini et milites castri Montis Lanardi fecerunt domino comiti de dominio ejusdem castri, 1246. » La dernière est la donation faite par Simon de Montfort, à l'église de Toulouse, du château de Vertfeuil, 1214. Quelques-unes de ces pièces sont en langue romane. Les deux derniers feuillets sont occupés par une petite chronique toulousaine embrassant depuis la création du monde jusqu'à l'an 1275 de J.-C.

xx. In-folio de 266 feuillets et 262 pièces. Volume composé de trois registres du xiv° siècle reliés ensemble et tous trois relatifs au procès de Robert d'Artois. Il a été décrit par Lancelot, t. x, p. 601 des *Mémoires de l'Académie des inscriptions.*

xxi. Petit in-4° de 92 feuillets en écriture du xiv° siècle, contenant 36 pièces des années 1141 à 1246. On lit sur la garde :

« Continet plura privilegia et libertates ville et suburbiorum Tholose a comite Tholosano concassa et alia tangencia dictam villam. »

XXII. Petit in-4° de 11 feuillets, écrit au XIII° siècle. Ce petit volume est une sorte d'ouvrage littéraire qui contient 11 chartes relatives à la ville de Valenciennes. Il a été décrit par Bonamy, t. XXXVII, p. 433 des *Mémoires de l'Académie des inscriptions.*

XXIII. L'un des cartulaires existant à la Bibliothèque impériale sous le nom de cartulaires de Philippe-Auguste et portant le n° 9852². Il paraît n'être que la copie d'une partie du registre VII. Il est composé de 188 feuillets in-4° à deux colonnes, en écriture du XIV° siècle. Du fol. 189 au fol. 235 et dernier se trouve une table alphabétique des noms et des matières rédigée en 1689 par un des propriétaires du volume, Rouillé du Coudray, qui le tenait du célèbre collecteur Vyon d'Hérouval et qui en fit présent à la Bibliothèque du roi le 13 juillet 1730.

XXIV. In-4°; 46 feuillets; écriture du XIII° siècle; intitulé au dos : « Hommagia comiti Pictavensi debita. » Commence ainsi : « Petrus Jamon ratione uxoris sue est homo ligius ad rachatum altum et bassum sine estagio.... » et finit : « Hec sunt pasquerie apud Vales. Pro pasquerio et fressenchagio lxx sol., apud Araonem de Pasquerio et apud Forestam xxx sol., apud Voillec xx sol., apud Chirec x sol.; Rad. Olivier pro carnificibus xxj denarii. » Le commencement et la fin véritables de ce registre manquent.

XXV. Gros in-folio de 551 feuillets portant au dos : « Jura et possessiones domini regis in partibus Tholosanis, 1272. » Écriture de la fin du XIII° siècle. — Fol. 1 à 49 : Caselagia debita regi in festo omnium SS. — Fol. 49 à 306 : Servitia obliarum et aliarum. — Fol. 307 à 339 : Liber reddituum regis in baillivia Vaurensi per Guill. Raimundi de Vauro notarium, 1272. — Fol. 340 à 385 : Droits divers dus au roi à Auslamur, Vecerias, Mont Astrug. — Fol. 386 à 399 : Inquesta super facto obliarum de Batalatto, 1273. — Fol. 400 à 450 : Census, acapita et alii redditus regis apud castrum Podium, Corduam et in baillivia dicte ville, Podium Celsum. — Fol. 451 à 456 : Redditus de Galliaco. — Fol. 456 à 461 : Servicia que debentur domino regi in baillivia de Selbonaco. — Fol. 462 à 490 : Dénombrement des biens de « toz om que tenges re de nostre seihor lo rei en la vila d'Albeies. » — Fol. 491 à 544 : Portiones, homenagia et caselagia Fanijovis. — Fol. 545 à 551 : Inquesta de serviciis regi debitis

in bajulia de Bonoloco et de Varenis. — Ce registre n'a plus ni commencement ni fin.

xxvi. Volume appelé autrefois « Registrum Philippi Augusti, » existant aujourd'hui à la Bibliothèque impériale sous le n° 8408, 2. 2. B. Il a fait partie de la bibliothèque de Colbert. C'est un très-beau manuscrit in-folio de 388 feuillets à deux colonnes, en écriture du xiii° siècle et dont le rédacteur paraît avoir pris pour base de travail le registre ci-dessus coté vii en omettant seulement les pièces qui lui semblaient inutiles. Il a été terminé en l'année 1220, comme on le voit par ces mots, placés en tête : « Incipiunt capitula registri compilati de feodis, elemosinis, concessionibus, munificentiis et aliis negotiis excellentissimi viri Philippi, Dei gratia Francie regis illustrissimi, anno Dom. m° cc° xx°,... scripti de mandato reverendi patris Garini, Silvanectensis episcopi, per manum Stephani de Gual. clerici sic in sui laboris initio, illius qui totius creaturæ initium est et finis a cujus nomine ut quidam vir sanctus asserit operis est expectanda felicitas, auxilium humiliter invocantis : »

> « Scribere, rex qui cuncta regis, regale registrum
> « Me doceas, digitos articulosque regens !
> « Et tu, Virgo parens, que, fons pietatis, egenis
> « Succurris, Stephano presidiare tuo, etc.... »

Ce volume a été décrit en détail par l'abbé Sallier, *Histoire de l'Académie des inscriptions*, t. xvi (1751), p. 165; M. Beugnot en a donné des extraits dans son édition des *Olim*, p. 956, 959, 969, 977, 1010 et 1035.

xxvii. Volume nommé « Registrum Guarini » dans les anciens inventaires, quelquefois aussi « Registrum vetus » ou « Registrum Philippi Augusti. » Ce beau manuscrit a figuré, comme celui qui précède, dans le bibliothèque de Colbert d'où il a passé dans celle du roi, où il porte le n° 9852[3]. Il forme un volume in-folio de 283 feuillets, qui est en partie une transcription du précédent; il contient 2,000 pièces, mais parmi lesquelles il s'en trouve un grand nombre (et quelquefois par cahiers entiers) qui ont été ajoutées après coup et appartiennent aux règnes de Louis VIII, Louis IX et Philippe III. M. Léopold Delisle, juge des plus compétents, exprime l'avis (dans son *Cartulaire normand de Philippe-Auguste*, Caen, 1852, in-4°) que le corps de ce registre a été copié sur le précédent vers le milieu du règne de S. Louis, mais que les pièces postérieures à cette époque y ont été enregistrées au moment même où les originaux s'expédiaient à la chancellerie, et que pour ces pièces-là c'est au contraire le registre précédent qui a été copié sur celui-ci.

xxviii. « Vicesimus ottavus continet gesta sive conquestus Symonis comitis Montisfortis et ejus facta mirabilia contra comitem Tholosanum hereticum et contra hereticos ville et comitatus Tholose ac parcium vicinarum fact. anno m°cc°xiij° vel circiter. Continet eciam subsequenter pulcherrimas epistolas et non dicitur cujus nec ad quos, et deinde aliquas epistolas Petri de Vineis ibi colligerant, etc.; postmodum vero questionem utrum papa habeat omnimodam jurisdicionem in spiritualibus et temporalibus optime argumentatam ad utramque partem bene disputatam et non decisam et finaliter aliquas epistolas cum aliquibus instrumentis (Biblioth. imp., Inventaire de Gérard de Montagu). » — *Volume perdu.*

xxviii[B]. In-folio; 292 feuillets à deux colonnes; écriture du

xive siècle. Ce volume, avant d'entrer au Trésor, appartenait à Pierre d'Étampes. Il contient d'abord la Chronique des Albigeois par Pierre moine de Vaux de Cernai, puis (folios 132 à 284) une suite de bulles, lettres et chartes relatives aux différends du pape Boniface VIII avec Philippe le Bel, enfin (fol. 285 à 292) un livre d'astrologie et de morale intitulé : « Principium malorum. »

xxix. « Vicesimus nonus continet plures bullas sive epistolas Bonifacii pape octavi contra regem, et regis contra ipsum atque plures bullas Clementis pape, et plura alia notabilia de pluribus et diversis materiis (Biblioth. imp., Inventaire de Gérard de Montagu). » — *Volume perdu.*

xxx. Intitulé, au dos : « Hommagia, dona, fidelitates, fœdera, 1211-1272; » et en tête : « Registrum curie Francie de feudis et negociis senescalliarum Carcassone et Bellicadri et Tholosani et Caturcensis et Ruthenensis. » In-folio de 228 feuillets et 625 pièces; écriture du xiiie siècle. Jusqu'au folio 289 recto les pièces contenues dans ce volume sont relatives aux affaires du Languedoc, c'est-à-dire à la vente des terres confisquées sur les Albigeois au profit des soldats d'Amaury de Montfort. Le reste sont des chartes diverses de S. Louis relatives aux droits du roi dans les divers pays de la France. — Voy. sur ce volume (dont il existe à la Bibliothèque impériale deux autres exemplaires : 8407 2. 2 et 8407 2. 2. A) la notice insérée par M. Beugnot dans son édition des *Olim*, t. i, p. 1029-32.

xxxi. In-folio; 140 feuillets à deux colonnes; écriture du xiiie siècle; intitulé au dos : « S. Louis. » Ce registre est un recueil de chartes des années 1192 à 1266. — Folios 1 et 2 : Table des rubriques. — Fol. 3 : Privilegia et rescripta Romanorum pontificum et legatorum. — Fol. 13 : Rubrice litterarum et littere archiepiscoporum et ecclesiarum.... prelatorum et clericorum secularium. — Fol. 44 : Littere abbatum et conventuum, priorum et monasteriorum nec non templariorum et aliorum religiosorum. — Fol. 63 : Rubrice litterarum et littere ducum, comitum et alior. baronum Francie. — Fol. 87 : Rubrice litterarum militum et alior. secularium laicorum. — Fol. 115 : Littere communiarum et villarum. — Fol. 118 : Littere de negociis Flandrie. — Fol. 123 à 140 : Littere de negociis terre Albigensis et provincie Narbonensis ac terrarum adjacencium. — Fol. 142 à 232 : Cahier contenant, d'une main moderne, l'analyse d'une partie des pièces qui précèdent.

xxxii. « Tricesimus secundus; de tempore beati Ludovici et antea de

anno videlicet mciiij^{xx}x et de mcclx usque ad mcclxx et circiter (Biblioth. imp., Inventaire de Gérard de Montagu). » — *Volume perdu*.

xxxiii. « Tricesimus tertius ; de tempore ejusdem beati Ludovici de anno mcclxiij usque ad mcclxix et circiter (Biblioth. imp., Inventaire de Gérard de Montagu). » — *Volume perdu*.

xxxiv. In-folio de 56 feuillets; écriture des xiiie et xive siècles; intitulé au dos et sur la garde : « *Registrum tenue*, 1242-1314. » La première partie de ce registre est un ancien inventaire des chartes du Trésor; la seconde, un recueil de 78 chartes dont la dernière est de l'an 1314.

Enregistrement des chartes émanées de la chancellerie royale sous le règne de Philippe le Bel. Registre xxxv, années 1302-5; 220 pièces. — xxxvi, 1302-5; 252 p. — xxxvii, 1302-5; 98 p. — xxxviii, 1299-1307; 241 p. — xxxix, 1307-8; *volume perdu*. — xl, 1308-9; 183 p. — xli, 1308-15; 213 p. — xlii, 1308-11; 146 p. — xlii *bis*, 1308-9; 206 p. — xliii, 1309-14; 45 p. — xliv, 1307-8; 178 p. — xlv, 1309-10; 217 p. — xlvi, 1310-12; 246 p. — xlvii, 1309-12; 259 p. — xlviii, 1312; 226 p. — xlix, 1313; 266 p.

Philippe le Bel et Louis le Hutin. Registre l, années 1314-15; 148 pièces.

Louis le Hutin. Registre li, années 1314-15; *volume perdu*. — lii, 1314-15; 232 pièces.

Philippe le Long. Registre liii, années 1316-17; 364 pièces. — liv, 1316-17; 55 feuillets. — lv, 1317-19; 160 pièces. — lvi, 1317-19; 623 p. — lvii, 1285-1320. — lviii, 1317-20. — lix, 1319-20. — lx, 1320-21.

Charles le Bel. Registre lxi, années 1321-23. — lxii, 1323-25. — lxiii, 1325-27; *volume perdu*. — lxiv, 1325-27.

Philippe de Valois. Registre lxv^1, années 1327-28; 285 pièces. — lxv^2, 1328; 345 p. — lxvi, 1329-34; 1502 p. — lxvii, 1329; 113 p. — lxviii, 1331-49; 429 p. — lxix, 1334-36; 383 p. lxx, 1336-37; 374 p. — lxxi, 1337-40; 427 p. — lxxii, 1339-43; 528 p. — lxxiii (registre en papier), 1339-41; 349 p. — lxxiv, 1340-44; 756 p. — lxxv, 1342-46; 609 p. — lxxvi, 1345-47; 406 p. — lxxvii, 1345-49; 410 p. — lxxviii, 1347-50; 290 p. — lxxix, 1347-50; 59 p. — lxxix *bis* (ou EE), 60 feuillets.

Jean. Registre iiii^{xx}, années 1350-51; 780 pièces. — iiii^{xx}i, 1351-53; 960 p. — iiii^{xx}ii, 1353-54; 693 p. — iiii^{xx}iii, 1353-54; 34 p. — iiii^{xx}iv, 1354; 723 p. — iiii^{xx}v, 1356-57;

190 p. — IIII^{xx}VI, 1357-58; 140 p. — IIII^{xx}VII, 1357-60; 357 p. — IIII^{xx}VIII, 1360; 120 p. — IIII^{xx}IX, 1356-61; 758 p. — XC, 1357-61; 638 p. — XCI, 1361-63; 510 p. — XCII, 1361-63; 123 p. — XCIII, 1362-63; 309 p. — XCIV, 1361-64; 64 p.

Jean et Charles V. Registre XCV, années 1363-64; 227 pièces.

Charles V. Registre XCVI, années 1364-65; 434 pièces. — XCVII, 1366-67; 660 p. — XCVIII, 1364-66; 765 p. — XCIX, 1361-69; 616 p. — C, 1368-70; 917 p. — CI, 1363-68; 143 p. — CII, 1369-71; 374 p. — CIII, 1371-72; 383 p. — CIV, 1372-73; 376 p. — CV, 1373-74; 618 p. — CVI, 1374-75; 417 p. — CVII, 1375; 384 p. — CVIII, 1375-76; 383 p. — CIX, 1375-76; 435 p. — CX, 1376-77; 361 p. — CXI, 1377; 384 p. — CXII, 1377-78; 382 p. — CXIII, 1378; 370 p. — CXIV, 1378-79; 355 p. — CXV, 1379; 368 p. — CXVI, 1379-80; 262 p. — CXVII, 1380; 250 p.

Charles VI. Registre CXVIII, année 1380; 491 pièces. — CXIX, 1381; 452 p. — VI^{xx}, 1381-82; 368 p. — VI^{xx}I, 1381-82; 324 p. — VI^{xx}II, 1382-83; 383 p. — VI^{xx}III, 1383; 291 p. — VI^{xx}IIII, 1383-84; 362 p. — VI^{xx}V, 1384; 324 p. — VI^{xx}VI, 1384-85; 296 p. — VI^{xx}VII, 1385; 291 p. — VI^{xx}VIII, 1385-86; 296 p. — VI^{xx}IX, 1386; 288 p. — VI^{xx}X, 1386-87; 284 p. — VI^{xx}XI, 1386-87; 240 p. — VI^{xx}XII, 1387-88; 344 p. — VI^{xx}XIII, 1388; 269 p. — VI^{xx}XIIII, 1380-89; 72 p. — VI^{xx}XV, 1388-89; 324 p. — VI^{xx}XVI, 1389; 281 p. — VI^{xx}XVII, 1389; 112 p. — VI^{xx}XVIII, 1389-90; 291 p. — VI^{xx}XIX, 1390; 286 p. — VII^{xx}, 1390-91; 319 p. — VII^{xx}I, 1391; 309 p. — VII^{xx}II, 1391-92; 331 p. — VII^{xx}III, 1392; 318 p. — VII^{xx}IIII, 1392-93; 488 p. — VII^{xx}V, 1393; 544 p. — VII^{xx}VI, 1394; 453 p. — VII^{xx}VII, 1394-95; 348 p. — VII^{xx}VIII, 1395; 335 p. — VII^{xx}IX, 1395-96; 330 p. — VII^{xx}X, 1396; 390 p. — VII^{xx}XI, 1396-97; 370 p. — VII^{xx}XII, 1397; 339 p. — VII^{xx}XIII, 1397-98; 566 p. — VII^{xx}XIV, 1398-1400; 757 p. — VII^{xx}XV, 1400-1; 467 p. — VII^{xx}XVI, 1400-1; 454 p. — VII^{xx}XVII, 1402-3; 502 p. — VII^{xx}XVIII, 1403-4; 463 p. — VII^{xx}XIX, 1404-5; 357 p. — VIII^{xx}, 1405-6; 453 p. — VIII^{xx}I, 1406-7; 386 p. — VIII^{xx}II, 1407-8; 397 p. — VIII^{xx}III, 1408-9; 490 p. — VIII^{xx}IV, 1409-10; 385 p. — VIII^{xx}V, 1410-11; 425 p. — VIII^{xx}VI, 1411-12; 450 p. — VIII^{xx}VII, 1412-14; 484 p. — VIII^{xx}VIII, 1414-15; 419 p. — VIII^{xx}IX, 1415-17; 534 p. — VIII^{xx}X, 1415-19; 308 p. — VIII^{xx}XI, 1418-24; 521 p. — VIII^{xx}XII (Henri VI, roi d'Angleterre), 1420-24. — VIII^{xx}XIII

(Henri VI), 1424-27; 763 p. — $\text{viii}^{xx}\text{xiv}$ (Henri VI), 1427-29; 361 p. — $\text{viii}^{xx}\text{xv}$, 1431-33; 378 p.

Charles VII. Registre $\text{viii}^{xx}\text{xvi}$, années 1440-49, 784 pièces. — $\text{viii}^{xx}\text{xvii}$, 1444-46; 246 p. — $\text{viii}^{xx}\text{xviii}$, 1447-49; 258 p. — $\text{viii}^{xx}\text{xix}$, 1447-49; 379 p. — ix^{xx}, 1449-50; 155 p. — ix^{xx}i, 1452-53; 280 p. — ix^{xx}ii, 1453-54; 157 p. — ix^{xx}iii, 1455-57; 246 p. — ix^{xx}iv, 1449-55; 614 p — ix^{xx}v, 1450-57; 340 p. — ix^{xx}vi, 1439-49; 100 p. — ix^{xx}vii, 1454-58; 355 p. — $\text{ix}^{xx}\text{viii}$, 1458-59; 221 p. — ix^{xx}ix; 530 p. — ix^{xx}x, 1459-60; 216 p. — ix^{xx}xi, 1453-57; 266 p. — ix^{xx}xii, 1460-61; 93 p.

$\text{ix}^{xx}\text{xiii}$; *volume perdu* par Du Tillet.

Louis XI. Registre ix^{xx}xiv, années 1458-73; 373 pièces. — ix^{xx}xv, 1467-76; 1672 p. — ix^{xx}xvi, 1469-70; 367 p. — $\text{ix}^{xx}\text{xvii}$, 1468-74; 424 p. — $\text{ix}^{xx}\text{xviii}$, 1461-62; 571 p. — ix^{xx}xix, 1463-64; 611 p. — cc, 1466-67; 213 p. — cci, 1467-78; 213 p. — ccii, 1465-66; 110 p. — cciii, 1476-77; 79 p. — cciv, 1476-78; 186 p. — ccv, 1478-82; 496 p. — ccvi, 1476-83; 1184 p. (la fin manque). — ccvii, 1480-82; 375 p. — ccviii, 1480-82; 257 p. — ccix, 1480-83; 297 p.

Louis XI et Charles VIII. Registre ccx, année 1483; 265 pièces. — ccxi, 1483-85; 752 p.

Charles VIII. Registre ccxii, année 1483; 51 pièces. — ccxiii, 1483; 96 p. — ccxiv, 1483; 76 p. — ccxv, 1484; 133 p. — ccxvi, 1484-85; 262 p. — ccxvii, 1486-87; 214 p. — ccxviii, 1486-87; 236 p.: registre décrit par Gaillard dans les *Mémoires de l'Académie des inscriptions*, t. XLIII, page 669. — ccxix, 1487-88; 254 p.: registre décrit par Gaultier de Sibert dans les *Mémoires de l'Académie des inscriptions*, t. XLIII, page 693. — ccxx, 1488-90; 409 p. — ccxxi, 1489-90; 328 p. — ccxxii, 1490-91; 302 p. — ccxxiii, 1492; 78 p.

Charles VII, Louis XI et Charles VIII. Registre ccxxiv, années 1446-86; 160 pièces (la fin manque).

Charles VIII. Registre ccxxv, années 1486-91; 1462 pièces.

Louis XI et Charles VIII. Registre ccxxvi¹, années 1467-98; 510 pièces.

Charles VIII. Registre ccxxvi², années 1491-95; 1212 pièces; — ccxxvii, 1493-97; 547 p. — ccxxviii, 1495-96; 215 p. — ccxxix, 1492-98; 107 p. (la fin manque).

Louis XII. Registre ccxxx, année 1498; 457 pièces (la fin manque). — ccxxxi, 1498; 289 p. — ccxxxii, 1499-1500;

270 p. — ccxxxiii, 1499; 322 p. — ccxxxiv, 1499-1501; 404 p. (la fin manque). — ccxxxv, 1499-1501; 433 p.

François Ier. Registre ccxxxvi, années 1522-23; 640 pièces. — ccxxxvii, 1524-25; 317 p. — ccxxxviii, 1524-25; 219 p. — ccxxxix, 1525-26; 259 p. — ccxl, 1525-26; 372 p. — ccxli, 1526-27; 333 p. — ccxlii, 1527-28; 225 p. — ccxliii, 1525-28; 568 p. — ccxliv, 1528-29; 240 p. — ccxlv, 1529-30; 314 p. — ccxlv *ter*, 1529-30; 148 p. (la fin manque). — ccxlvi, 1531-33; 478 p. — ccxlvii; 1534; 325 p. — ccxlviii, 1534-35; 352 p. — ccxlix, 1535-36; 185 p. (la fin manque). — ccxlix *bis*, 1535-36; 291 p. — ccl, 1536-37; 210 p. — ccli, 1536-37; 527 p. (manquent les 60 premières). — cclii, 1537-38; 241 p. (la fin manque). — ccliii, 1538-39; 506 p. (la fin manque). — ccliii *bis*, 1539-40; 398 p. — ccliv, 1540-41; 493 p. — cclv, 1537-41; 264 p. — cclv *bis*, 1541-42; 358 p. — cclvi, 1541-42; 408 p. — cclvi *bis*, 1541-42; 58 p. — cclvi *ter*, 1543-44; 152 p. — cclvii, 1545-46; 328 p. — cclvii *bis*, 1545-46; 252 p. (la fin manque).

François Ier et Henri II. Registre cclvii *ter*, années 1546-47; 392 pièces.

Henri II. Registre cclviii, années 1547-48; 639 pièces. — cclviii *bis*, 1547-48; 266 p. (la fin manque). — cclix, 1548-49; 457 p. — cclx, 1549-50; 403 p. — cclx *bis*, 1549-50; 276 p. — cclxi, 1550-51; 583 p. — cclxi *bis*, 1551-52; 502 p. (la fin manque). — cclxii, 1552-53; 623 p. — cclxiii, 1555-56; 582 p.

Charles IX. Registre cclxiii *bis*, année 1565; 753 pièces (la fin manque). — cclxiv, 1566; 709 p. — cclxv, 1567; 484 p. (la fin manque). — cclxvi, 1568; 307 p.[1].

En résumé, les registres proprement dits du Trésor des chartes, si la collection en était complète, seraient au nombre de 294 volumes. Il y en a 273 aux Archives de l'empire, 5 à la Bibliothèque impériale, et 16 de perdus. Les 278 vol. conservés renferment environ cent dix mille pièces des années 693 à 1568.

---

[1]. Jusqu'à présent les citations de registres ou de pièces originales du Trésor des chartes conservés aux Archives générales de France s'étaient toujours faites ainsi : *Registre J, n°....* ou *Carton J, n°...*; tout récemment, par ordre de l'administration, on a adopté l'usage de distinguer les registres des cartons en conservant la lettre simple pour ceux-ci et en la doublant pour ceux-là. Ainsi J 266 désigne aujourd'hui le n° 266 des layettes et JJ 266 le 266e registre. On tend à l'application de cette méthode à toutes les séries.

II. Volumes divers.

Le Trésor des chartes était établi pour les affaires du roi; tous les documents qu'on y déposait devaient donc avoir le caractère de papiers administratifs. Cependant des circonstances accidentelles, qui nous sont inconnues aujourd'hui pour la plupart, y avaient fait annexer un certain nombre de volumes auxquels ce caractère manquait plus ou moins complétement. Déjà, l'on a pu voir dans la liste des registres proprement dits que quelques-uns d'entre eux (registres 1ᵉ et xxviii⁰) comprenaient des compositions purement littéraires qui n'avaient sans doute pris place au Trésor qu'à cause des documents utiles à l'administration réunis avec elles dans le même volume. D'autres registres en avaient été exclus comme étrangers aux affaires et se trouvaient relégués dans un coin du Trésor sous la dénomination de « Livres inutiles. » Gérard de Montagu en dresse l'inventaire que voici, et qui nous a été conservé dans deux manuscrits de la Bibliothèque impériale (1089, fol. 48 et 1092, fol. 5, verso) :

Sequntur libri inutiles positi ad partem in armariolo retro hostium a parte camere compotorum ubi sunt similiter repositi rotuli et scripta inutilia plurium parcium regni cum informacionibus et processibus inutilibus et antiquis.

Et primo liber magna papireus de receptis, debitis et negociis comitis Augi quondam constabularii Francie qui decessit Parisius anno Domini mccclіііj°.

ij. Repertorium litterarum domini comitis de Valesio que omnes sunt transposite et scrincis intitulatis supra in Valesio; et quere in V.

iij. Quoddam repertorium antiquum literarum hujus Thesauri nunc totaliter transpositum et mutatum.

iv. Quoddam antiquum registrum parlamenti ut videtur in quo continentur aliqua appunctamenta cum pluribus ordinacionibus mandatorum particularium.

v. Inventarium literarum hujus Thesauri inchoatum per defunctum magistrum Petrum Turpain quondam clericum notarium regis et immediatum predecessorem meum hujus Thesauri custodem; et est imperfectum et inutile quare totum est per me aliter ordinatum eoquod per modum inventarii et non per modum repertorii procedebat.

vj. Acervus quorumdam quaternorum simul ligatorum de diversis materiis sine ordine et qui sunt totaliter imperfecti et non valent.

vij. Globus plurium quaternorum simul ligatorum de diversis materiis, diversarum manuum et totaliter imperfecti.

viij. Continet plura dona facta per regem Johannem anno mccclv° et est modici valoris quare ipse plura alia dona fecit in tempore vite sue que non sunt ibidem contenta.

ix. Intitulatur Salus anime, et nescio unde locus; et fuit factus tem-

pore cujusdam comitis Pictav. et Xant. anno mcclviij° et loquitur de pluribus debitis vel composicionibus parcium predictarum.

x. Continet processum cujusdam regis Arragonum contra regem Majoricarum ratione ville Montispessulani et alia.

xj. Continet veterem codicem in ydiomate Navarre vel alio mihi totaliter ignoto.

xij. Continet repertorium sive inventarium literarum domini Philippi tunc comitis Valesii.

xiij. Continet registrum plurium literarum Alphonsi comitis Pictavie et Tholose.

xiiij. Continet intitulaciones plurium literarum super acquestibus regis confectarum sine ordine, sine repertorio aut effectu quocumque.

xv. Continet quoddam repertorium antiquum literarum hujus Thesauri quod non valet propter transposicionem et ordinacionem novam de eisdem per alios custodes et per me postremo factam ut est pluries supra dictum.

xvj. Continet plures antiquas literas Januensium super vendicionibus et locacionibus nec non confectionibus plurium navium et salendrinorum pro rege tunc factis ac solucione eorumdem, que non valent ut aperte claret intuenti ex serie earumdem.

xvij. Repertorium literarum comitis de Valesio quod est inutile penitus et omnino.

xviij. Continet plures literas antiquas de tempore Alphonsi condam regis Franc. filii, comitis Pictavie et Tholose que modici sunt effectus.

xix. Continet census aliquos debitos comiti Pictav. et sunt confusi et totaliter imperfecti.

xx. Continet rubricas plurium literarum et est negocium inutile atque penitus imperfectum.

xxj. Continet registrum aliquorum negociorum camere compotorum ordinacionum regis et monetarum de tempore regis Philippi de Valesio et non est registrum autentiquum vel regium sed particulare non continuatum quomodolibet vel perfectum.

xxij. Continet questam ville Parisiensis factam anno Domini mcciiij^{xx}xij° et ibi videbis si velis nomina vicorum ville Parisiensis.

xxiij. Continet breves intitulaciones plurium cartarum et nichil valet cum sit totaliter imperfectus confusus et incertus.

xxiiij. Continet ostensiones plurium literarum super donis regiis super domanio regni factis, coram certis commissariis factas aliquas informaciones et responsionem super hoc datas per eos, et alia hujus modi que videntur inutilia de presenti.

xxv. Continet intitulaciones sive rubricas plurium litterarum aliquorum librorum hujus Thesauri que non valent propter transposicionem et aliam ordinacionem ipsorum et propter ignoranciam predictorum librorum quos non reperii saltem sub descriptione ipsorum in dicto libro contenta.

xxvj. Continet brevem scribam sive substantiam aliquarum cartarum de tempore regis Johannis que debent esse registrate ad plenum in libris hujus Thesauri et idcirco modici est valoris.

xxvij. Continet registrum in brevibus plurium donorum per regem Johannem factorum et non est magni valoris quare pluria alia dona fecit non contenta ibidem.

xxviij. Continet terras vel redditus de Rupella et non est intitulatus et est nullius vel modici valoris.

xxix. Continet aliqua arresta litteras et inquestas aliquas parlamenti que deberent esse registrata in parlamento melius quam in presenti Thesauro.

xxx. Est formularius et registrum plurium litterarum Alphonsi, comitis Pictavie et Tholose.

xxxj. Est inquesta super facto gabelle salis quam comes Provincie dicebat se habere in sale veniente de terra regis in Rodano.

xxxij. Continet rubricas seu intitulaciones plurium litterarum et aliquorum librorum quos non reperii in Thesauro et est de quodam veteri registro. (*En marge :* Revide hunc librum primis intitulacionibus et ex causa.)

xxxiij. Continet repertorium antiquum plurium litterarum hujus Thesauri et est inutile propter mutaciones postea pluries factas.

xxxiiij. Continet receptam registri cancellarie Francie ab anno mccclij° usque ad aliud tempus incertum et ibi vide quantum capiebatur de qualibet carta registrata.

xxxv. Liber Galteri de amoribus et remediis.

Cette catégorie de livres prétendus inutiles s'est conservée jusqu'à la fin dans le Trésor des chartes et y existe encore. Quelques-uns des volumes signalés dans l'inventaire de Gérard de Montagu y sont demeurés, et s'y reconnaissent facilement d'après leur titre; d'autres ont été ajoutés après lui, notamment, au xviie siècle, ceux qui sont relatifs au fief de Puy-Paulin; d'autres enfin, en plus grand nombre, ont complétement disparu. Cette petite série se trouve maintenant réduite aux volumes suivants :

J, cclxvii. In-4° de 52 feuillets, intitulé au dos : « Scriptum de gabella, 1263. » Écriture du xiiie siècle (n° xxxj de Gérard de Montagu. Commence en ces termes : « Anno Domini m° cc° lxiij° die sabati post festum beati Mathei apostoli. Hec est inquesta facta per thesaurarium Ebreucensem super gabella quam comes Provincie dicit se debere percipere in Rodano de sale veniente de terra domini regis. In primis processum suum dictus thesaurarius de consilio sapientum taliter ordinavit : Comes in percipiendo gabellam aut nititur ex possessione aut ex proprietate. Si nititur ex possessione, intentans possessorium seu interdictum retinende possessionis, dicit defensor regis quod possessio dicti comitis est clandestina aut violenta et ideo non poterit obtinere, etc. »

cclxviii. In-folio; intitulé au dos : « Titres du domaine de Philippe de Valois; » sur la garde : « Inventarius litterarum hereditatum domanii regis in Valesio, Andegavensi, Cenomannensi et aliis terris hic contentis. » 131 feuillets; écriture du xive siècle (n[os] ij, xij et xvij de Gérard de Montagu). Commence

ainsi : « Premièrement est à savoir que en la dicte tour a deux huches dont l'une est petite et l'autre est plus grant en laquelle a un saichet scellé au quel il a aucuns joyaus qui viendrent grand pièça léens, si comme l'en dit.... » — Au fol. 52 commence un second registre, en grande partie la copie du précédent; et au fol. 79 un troisième.

CCLXIX. In-folio; intitulé au dos : « Comptes de Raoul, comte d'Eu, connétable de France. » 107 feuillets, papier (n° j de Gérard de Montagu). Commence ainsi : « Les comptes de plusseurs personnes envers les quiex Mgr le comte de Eu connestable de France a eu a faire et aussi debtes deues de li, acrues en pluseurs et diverses annees avant que Robert de Sens veinst servir le dit M. le connestable et depuis jusqu'au xix jour de janvier l'an m ccc lxiiij que le dit M. le connestable trespassa à Paris. » Au fol. 70, les comptes du comte d'Eu et de Guynes, fils du précédent, avec plusieurs marchands et bonnes gens; après quoi viennent divers contrats et autres pièces relatives à la famille des comtes d'Eu et la copie d'un dossier important sur les droits du connétable de France au XIVe siècle.

CCLXX-CCLXXVII. Un volume in-folio de 467 feuillets, intitulé au dos : « Procès entre Pierre, roi d'Aragon et Jacques, roi de Majorque, 1353 (n° x de Gérard de Montagu). »

Ici s'arrête la série des numéros; mais les articles suivants font encore partie du Trésor :

Deux liasses (boîtes 1 et 2) de volumes ou cahiers en hébreu (contenant diverses parties de la Bible) confisqués à des juifs expulsés de France au XIIIe siècle. — Gérard de Montagu, dans l'une des diverses éditions (celle de vol. Biblioth. imp., Supplément latin, 1088) qu'il a écrite de sa grande préface (Voy. p. 170), donne sur ces livres hébreux d'intéressants détails :

> Cum eis (inutilibus libris) sunt septem libri judeorum qui remanserunt in hoc Thesauro de multitudine librorum et rotulorum judeorum qui erant in presenti Thesauro super almariolum magnum repositi in confusione et quasi pro derelictis habebantur. Quosquidem libros atque duos magnos rotulos legis judaice et aliquos parvulos libros et quaternos dominus rex predictus (Charles V) commodavit judeis nunc existentibus Parisius. Alios, videlicet unum rotulum pulchriorem legis predicte cum aliquibus aliis pulchrioribus libris posuit in sua libraria apud Luparam et alios tradi fecit magistro Thome de Bolonia, astronomo suo; prout hec omnia et numerus dictorum librorum et de qua materia sunt, prout regi retulit Guillelmus Conversus, patent per cedulam exoneracionis sive quittancie regis super hoc michi factam et sua manu propria signatam, datam xxj die aprilis anno

Domini m ccclxxij°, repositam in hoc Thesauro ; et ipsam invenietis in scrineo viij^{xx}vij cum aliis quittanciis tangentibus presentis Thesauri custodes.

Sept cahiers et 21 rouleaux cotés 4 à 24, contenant des fragments d'anciens inventaires du Trésor ; xive-xvie siècles (boîte 3, citée plus haut, p. 133 et 134).

Le livre de la taille des métiers de Paris en 1292 (n° xxij de Gérard de Montagu).

Coutumes de Paris.

Plaintes contre les baillis de Tours, Poitou et Saintonge, xiiie siècle.

Traités avec le duc de Bourgogne, 1435-88.

Dépenses de la maison de Jean de Boulogne, 1383. — Anciens comptes de la maison de Boulogne, 1381. Ces deux volumes ont été retirés tout récemment du Trésor et placés dans la série des comptes (K iii, n°s 505 et 506).

Terriers du fief de Puy-Paulin, de 1434 à 1648 (9 volumes). Cueilloir de Vic-Fenzensac, 1340 environ. Registres de recette de Puy-Paulin. Reconnaissance de Puy-Paulin, 1539, 1588. Démembrement des rentes de Puy-Paulin. Recette des cens de Puy-Paulin, 1382. Vente de 20 francs de rente au fief de Puy-Paulin (rouleau).

Mémoires de Rohan sur les troubles du temps de Henri IV.

En 1840, M. Joly de Fleury voulut bien céder à la Bibliothèque du roi une série de manuscrits dont c'est ici le lieu de donner la liste. En effet, ces manuscrits, bien que matériellement séparés aujourd'hui du Trésor, en sont une partie essentielle ; ils forment une suite de 24 volumes ou cahiers (cotés de 1084 à 1107) qui contiennent ce qui nous reste de plus important en fait de travaux d'inventaires faits au xive siècle, par les gardes du Trésor des chartes. J'ai suffisamment parlé ci-dessus de ces travaux pour me borner ici à une simple énumération :

Supplément latin, n° 1084. Petit in-folio; 22 feuillets; écriture du xiiie siècle à deux colonnes ; intitulé au dos : « Repertorium Thesauri chartarum regis, 1264. » Commence en ces termes : « Regnante Domino nostro Jhesu Christo tempore illustris regis Francie Ludovici anno Domini m°cc° sexagesimo quarto, anno etiam etatis ejusdem domini quinquagesimo primo, regni vero ejusdem trigesimo nono, ordinata est hec nova compilacio registri continuata veteri registro tempore inclite recordationis regis Philippi avi ipsius domini regis confecto.

1085. In-folio; 50 feuillets ; écriture du xive siècle à longues lignes. Inventaire de Pierre d'Etampes (la fin manque).

1086. In-folio; 34 feuillets ; écriture du xive siècle. Table des rubriques des pièces contenues dans le *Veterius registrum* et dans le *Registrum Garini*.

1087. Petit in-folio carré; 22 feuillets. Inventaire de Gérard de Montagu décrit ci-dessus, page 136.

1088. In-4°; 4 feuillets. Contient seulement un premier brouillon de la grande préface de Gérard de Montagu donnée ci-dessus, page 140.

1089. In-4°; 63 feuillets. Ce volume est un brouillon du travail contenu dans le volume suivant. Au folio 1 se trouve la préface, très-différente de ce qu'elle est devenue dans la dernière rédaction; au fol. 5, le répertoire des matières par ordre alphabétique; au fol. 37, la description des registres commençant au registre neuvième; au fol. 48, une liste des *Libri inutiles*, au nombre de trente-sept; fol. 52, notes prises par le garde du Trésor sur les pièces qui lui avaient paru les plus remarquables de son dépôt, principalement sur le style des actes, la manière dont le roi s'y intitulait et la forme du sceau; fol. 58, petite chronique des papes et des rois de France; fol. 62 et 63, notes analogues à celles des fol. 52 à 57, sous ce titre : « Sequuntur aliqua notabilia hic per modum memorabilium posita in presenti Thesauro reperta. »

1090. Petit in-folio; 57 feuillets; décrit ci-dessus, pages 135, 137 (*initio*) et 140-142.

1091. Petit in-folio; 24 feuillets. Troisième exemplaire de la partie du travail de Gérard de Montagu déjà indiquée dans les deux précédents articles comme formant un répertoire alphabétique des registres du Trésor; seulement celui-ci a de plus, le long de la tranche, de petits onglets de parchemin marqués des lettres A à Y et servant à accélérer les recherches.

1092. Petit in-folio; 8 feuillets; contenant un inventaire des registres du Trésor par Gérard de Montagu, inventaire qui paraît antérieur aux précédents. Voy. les fragments cités plus haut, pages 147, 148 et 165.

1093. Petit in-folio en papier; 93 feuillets. Inventaire des pièces originales du Trésor, divisé par matières ou par affaires en 67 chapitres. Chaque pièce est accompagnée de sa date; les plus récentes, appelées *modernæ litteræ*, sont de l'année 1326. Voici les titres des premiers et des derniers chapitres :

« Littere plurium prelatorum et baronum super ordinatione regis super ballo heredis in regno. Littere tangentes Mauritaniam et baroniam Mauritanie juxta Tornacum. Littere de fidelitatibus certarum communiarum regni Francie datis domino regi et specialiter in Ambyanensi et Viromandie bailliviis.... — In quodam capsa littera regis Tunicii de treuga inita inter dominos Francie et Sicilie reges et ipsum una cum quibusdam rotulis de papiro super facto Tartarorum, etc. In quodam scrinio longo testamenta regis Philippi genitoris moderni et Johenne regine genitricis ejusdem cum quibusdam aliis pertinentibus ad ea. Intitulaciones litterarum registri primi dupplicati in cera viridi facti tempore domini G. de Nogareto. In uno scrineo sunt testamenta et copie testamentorum plurium regum Franc. predecessorum domini regis Philippi genitoris moderni (Voy. ci-dessus, p. 134). »

1094. In-folio; 92 feuillets. Plusieurs mentions éparses dans le volume (notamment aux fol. 48 recto et 49) prouvent qu'il est rédigé par Pierre d'Etampes et probablement de sa main. — Fol. 1 : Omnia Romanorum pontificum quorum habentur littere in Thesauro litterarum regalis palatii Parisius; Innocent III (rubriques de 15 pièces), Honorius III (11 p.), Grégoire IX (13 p.), Innocent IV (10 p.), Alexandre IV (49 p.), Urbain IV (32 p.), Clément IV (54 p.) Grégoire X (60 p.), Innocent V (4 p.), Jean XXI (6 p.), Nicolas III (62 p.), Martin IV (69 p.), Honorius IV (20 p.), Nicolas IV

SECTION HISTORIQUE. J.   171

(54 p.), Célestin V (13 p.), Boniface VIII (99 p.), Benoît XI (15 p.), Clément V (139 p.), Jean XXII. — Fol. 33, pièces diverses. — Fol. 53 : Littere tangentes comitatum Burgundie tradite domino Philippo regis Francie filio de mandato clare memorie domini Ludovici Francie et Navarre regis per me Felisium. — Fol. 69 : Littere regum Anglie. — Fol. 75 : Littere regum Sicilie. — Fol. 77 : Littere Arragonie. — Fol. 80 : Lettres des princes d'Allemagne. — Fol. 85 : pièces diverses.

1095. In-folio de 24 feuillets à deux colonnes, précédé d'une lettre de rémission délivrée au mois de mai 1332 pour la réhabilitation d'une femme de la sénéchaussée de Saintonge qui avait été accusée de sorcellerie et était morte à la torture. Le volume porte écrit en tête : « In isto registro continentur intitulaciones litterarum super acquestibus regiis confectarum. » Les plus récentes de ces pièces sont datées de 1333.

1096. In-folio de 15 feuillets ; écriture du milieu du xive siècle. En tête : « In isto quaterno continentur aliqua hujus Thesauri notabilia particularia. » Suivent dix chapitres cotés chacun d'un groupe de deux lettres, savoir : CF : Premièrement alliances, confédéracions et hommages fais avec le roy, mons. le duc de Normendie, par pluseurs princes et nobles de son royaume et de dehors (102 pièces ; 1336-47). — CG : Littere tangentes dominos regem et Romanorum imperatores (13 p.; 1333-42). — CH : Littere tangentes dominos reges Francie et Castelle (15 p. ; 1336-46). — CI : Littere tangentes dalphinatum Viennensem super successione ejusdem (28 p.; 1335-46). — CK : Littere quittatorie et obligatorie pro rege (39 p.; 1333-46). — CL : Littere tangentes castrum de Crepicordio et venditionem ejus (8 p. sans date). — CM : Littere tangentes comitem Armigniaci et certas alias personas (25 p.; 1333-46). — CN : Littere tangentes matrimonia facta inter ducem Normannie et filiam regis Boemie et J. primogenitum ducis Brabancie et Mariam filiam regis et eciam totum factum guerre Brabancie (14 p.; 1331-34). — CO : Littere tangentes certas personas ecclesiasticas ratione certarum missarum per eas celebrandarum (27 p.; 1334-46). — CP : Littere tangentes confederaciones inter regem et ducem Brabancie factas (33 p.; mai et juin 1347). — Voy. ci-dessus, page 134.

1097. In-folio ; 5 feuillets ; papier ; écriture du xve siècle. Rubriques, au nombre de 279, des pièces contenues dans le registre xxvii.

1098. In-folio ; 24 feuillets ; écriture du xve siècle. Inventaire rédigé sur le même plan que celui du n° 1096, mais qui diffère en ce qu'aux mêmes cotes ne répondent pas les mêmes matières et en ce que nulle rubrique ne porte la date de la pièce qu'elle mentionne. Il contient 26 chapitres cotés de BZ à CU. Voici les premiers :

BZ : Littere facientes mencionem de pace facta inter regem et comitem Tholosanum et de illis qui juraverant eam servare ; iiij^{xx}xiij littere sigillate quarum sigilla in aliquibus non sunt integra. — BZ in secundo : Littere centum libr. redditus quas percipiebat ad hereditagium comes de Bellovisu super pedagio Roye. — CA : Littere super oracionibus et suffragiis per prelatos et religiosos domino regi concessis (33 pièces). — CB : Littere super eisdem in primo coffreto signato per CB (60 p.). — CB : Littere super eisdem in tercio (28 p.). — CC : Littere tangentes mutuum ultramarinum de tempore b. Ludovici (29 p.). — CD : Littere tangentes comitem Valesii et aliquos de comitatu (22 p.). — CE : Littere de securitatibus domino regi datis et diversis personis in casibus communibus

(147 p.). — CF : Littere de assumpcione crucis quam fecit rex Ludovicus quando ivit in Albigesinum et de aliis tangentibus hereticos et prodicionem Avinionensem (17 p.). — CG : Littere tangentes tractatum matrimonii inter filiam regis Ludovici et primoginitum comitis Ebroicensis factum cum duce Burgundie (12 p.). Etc.... — Voy. ci-dessus, page 134.

1099. In-folio; 6 feuillets à deux colonnes. Inventaire de pièces diverses des années 1332 à 1343, fort semblable par la forme et par le contenu au volume 1096. Voici la première et la dernière des pièces mentionnées : Unes lettres contenant l'escange dou fié de Vaucoulour que mons. Ansel de Joinville, sire de Rivel, fist au roy; 1334. — Unes lettres par lesquelles le roy conferme a mess. Regn. de Ponz, chevalier, sire de Beirac, la vente du chastel et chastellenie de Blame faicte par messire Jehan de Meleun..., 1343.

1100. In-folio; 6 feuillets; écriture du xve siècle; contenant les rubriques de 63 bulles et commençant. ainsi : « Repertorium particulare bullarum perpetuarum regis pro ipso ac regina ac successorum ipsorum regum et reginarum ac aliquibus suis successoribus concessarum robur perpetuum habencium que sunt in uno scrincorum subtus altare sito ad partem dextram ubi scriptellum de hoc superpositum.

1101. In-folio; 4 feuillets; xve siècle; contenant les rubriques d'un grand nombre de chartes relatives aux affaires du saint-siége. C'est seulement une table des matières séparée de l'ouvrage auquel elle appartenait.

1102. In-folio; 10 feuillets; de la même main que 1098 et renfermant les chapitres suivants : C'est l'intitulacion dez lettres estant ou Trésor des priviléges du roy de France faittes par les roys de France et d'Angleterre et pluseurs autres illeuc nommez (28 pièces). — L'intitulacion des lettres estant ou grant coffre en la layette signée par D (55 p.). — L'intitulacion des lettres estant ou grant coffre d'Angleterre en la layette signée par E (5 p.); par F (41 p.); par G (63 p.). — L'intitulacion des lettres estant ou coffre eschequeté : Sur le fait novel de France et d'Angleterre, savoir : lettres scellées du sceau du roy d'Angleterre en laz de soie et cire verte, 31 p.; en double queue, 15 p.; en simple queue, 16 p. — L'intitulacion des lettres du prince de Galles en laz de soie, 18 p.; en queue double, 1 p., en queue simple, 6 p. — Paiemens faiz au roy d'Angleterre pour la délivrance du roi Jehan (16 p.). — L'intitulacion des lettres estant au Trésor des chartres du roy de France, ou coffre de Navarre (24 p.).

1103. In-folio; 11 feuillets; xive siècle. Fragments d'inventaires divers rappelant principalement la seconde partie du volume 1094.

1104. In-folio carré; 12 feuillets; xive siècle. Inventaire dont les chapitres sont cotés par lettres, comme dans les volumes 1096, 1098, 1106; il commence à A (Littere tangentes Mauritoniam et baroniam Mauritoniensem juxta Tornacum) et finit à BF (Littere tangentes comitem Fuxi). Il comprend le détail de toutes les pièces contenues dans chacun des neuf premiers chapitres (de A à K). — Voy. ci-dessus, page 134.

1105. In-folio carré; 10 feuillets; écriture de la fin du xive siècle; commençant par ces mots : « Extractum de rotulo ad corium rubeum ordinatum secundum ordinem alphabeti. » Les six premiers feuillets sont en effet le brouillon d'un répertoire par ordre alphabétique de matières. — Fol. 7 : Inventarium librorum repertorum, etc. Cet inventaire est en partie transcrit ci-dessus, page 146; il s'arrête au registre cxii et à l'année 1366.

1106. In-folio carré; 12 feuillets; xve siècle. Inventaire dont les chapitres sont cotés par lettres, à l'instar des volumes 1096, 1098, 1104, 1107; mais dans chaque volume les mêmes lettres renvoient à des matières différentes. Celui-ci a perdu son commencement; il s'ouvre par une fin de chapitre et le chapitre qui vient ensuite est coté AZ. Dans tout ce volume, le nombre des pièces et l'état matériel des sceaux ont été décrits avec beaucoup de soin. Voici comment sont conçues les rubriques du premier chapitre (AZ) et du dernier (BI) :

AZ, secundum scrinium prosequendo numerum alterius scrinii [1] : Littera prima regis Arragonum per quam constituit certum procuratorem pro se super quibusdam dampnis sibi illatis per comitem Pictavensem et Tholose. — BI, primum scrinium de BI : Littere tangentes dominum Vallesii; xvj littere sigillate; quatuor sigilla non sunt omnino integra et due littere seu rotuli sine sigillo.

1107. In-folio carré; 13 feuillets; belle écriture du xive siècle. Inventaire coté par lettres, depuis A jusqu'à J. Ce volume contient à peu près les mêmes matières que le volume 1102.

Ancien fonds français, n° 6765. In-folio max.; 330 feuillets; écriture de la fin du xve siècle; relié en maroquin rouge aux armes de Louis XIV, intitulé au dos : « Inventaire des chartes du roy, » et sur la garde : « Ancien inventaire des chartes du roy fait par Louis Louet, conseiller au grant conseil du roy Louis XI et trésorier desd. chartes, et ce par commandement dud. seigneur roy, en l'an 1482. » (Voy. ci-dessus, page 142.) Dans cet inventaire, dont le commencement est perdu, les pièces du Trésor sont analysées avec soin et groupées par chapitres dont chacun a trait soit à une affaire, soit à une localité, soit à un personnage particuliers; les chapitres ont ensuite été rédigés pour être rangés entre eux suivant l'ordre alphabétique, mais soit que par négligence on ait relié les cahiers pêle-mêle, soit que l'auteur n'eût pas achevé son travail, l'ordre alphabétique se rompt et se reprend d'espace en espace dans tout le cours du volume.

Ancien fonds latin, 8448, 2. 2. Petit in-folio; 141 feuillets; écriture du xve siècle. Ce volume comprend les chapitres suivants : Littera quorumdam baronum qua rogant certos prelatos ut coronationi regis Ludovici intersint apud Remis. — Auvergne, Montferrand, Clermont, Royaumont, Péronne, Bourges, Roye, etc., 1225-76 (21 pièces). — Acquisition par le roi 1° de la terre de Boisroger; 2° de la pêcherie de la Seine près les moulins du Temple, 1408. Sept pièces relatives au comte de Harcourt, 1293-1376. Quatre pièces relatives aux seigneurs de Nesle, 1232-1330. Neuf pièces relatives aux seigneurs de Vendôme, 1255-1311. — Secuntur littere coffreti xxxij : Quatre pièces relatives au Forez, 1241-1310; neuf pièces relatives au comté d'Alençon, 1310-45; dix pièces relatives à l'Hôtel-Dieu de Paris, aux villes de Bar-sur-Seine, Crespy, etc., 1221-1402. — Secuntur littere coffreti xxxiiij : Compositio regem inter et Tornacensem episcopum, 1322 (2 p.). — Secuntur littere coffreti xxxix : Quatorze pièces relatives à la terre de Courtenai, 1269-1301.

A la différence des précédents, ce dernier volume ne contient pas seulement des rubriques, mais des copies de pièces. Il semble bien avoir appartenu au Trésor des chartes; mais, confondu parmi les autres manuscrits du roi, il ne porte rien qui puisse donner à cette simple conjecture le

---

[1]. Ce qui veut dire que la précédente layette était aussi cotée AZ.

caractère de la certitude. Il existe probablement, soit dans la même bibliothèque, soit ailleurs, un certain nombre d'autres volumes qui ont appartenu au Trésor des chartes et qu'avec le temps on reconnaîtra comme tels ; ceux-ci sont les seuls que j'aie trouvés.

III. Copies et extraits des registres du Trésor.

Le chancelier d'Aguesseau, n'étant encore que procureur général au parlement et ayant, en cette qualité, la garde du Trésor des chartes, fit rendre, le 19 février 1703, un arrêt du conseil qui établit des commissaires auxquels on confia le soin de faire un dépouillement scientifique des registres du Trésor des chartes. Les premiers que l'on choisit pour cette tâche furent deux membres de la chambre des comptes de Paris, Rousseau et Cailhe-Dufourny.

Ces commissaires se partagèrent donc les registres et chacun d'eux travailla à faire des extraits ; mais chacun suivit son propre système sans aucun plan général arrêté d'avance. La collection tout entière fut ainsi passée en revue et l'opération était terminée vers 1733. Antoine Lancelot, de l'Académie des inscriptions et belles-lettres, était alors un des commissaires. Il trouva, et il n'eut pas de peine à démontrer [1], que ce recueil d'extraits rédigés trop brièvement, conçus sans méthode et dépourvus de tables, était un travail des plus imparfaits. On se décida à le refaire sur un nouveau plan dont il fournit les bases et qu'il suivit lui-même jusqu'à sa mort, arrivée en 1741. Ceux qui furent choisis après lui pour le remplacer n'héritèrent pas tous de son esprit de méthode et de son érudition. C'étaient, en 1771, M. de Villevault, maître des requêtes, l'un des éditeurs du grand recueil des *Ordonnances des rois de France;* Coqueley de Chaussepierre, avocat, et Chevalier de Sourivière, auditeur des comptes. Les occupations du premier, l'âge et le caractère du second, ne leur permettaient pas de donner beaucoup de temps à leurs devoirs de la commission. M. de Sourivière était un travailleur plus actif qu'éclairé. A cette époque, le chancelier M. de Maupeou, leur adjoignit pour collègues l'avocat Bouquet, neveu du bénédictin de ce nom, et Lebrun, qui devint plus tard troisième consul de la république française. Pendant la nuit du 10 au 11 juin 1776, le Trésor des chartes courut les plus grands dangers dans l'incendie du palais ; mais on parvint à le préserver des flammes. Cette circonstance éveilla l'attention et

---

[1] Voy. les *Mémoires de l'Académie des inscriptions*, t. XXX, p. 726.

fit imprimer une nouvelle activité aux travaux de la commission, que les agitations du parlement avaient fort entravés. On comptait encore, en 1775, 120 volumes à extraire. Le 2 mars 1776, le conseil d'État rendit un arrêt par lequel étaient adjoints à MM. de Villevault et Coqueley de Chaussepierre (Chevalier de Sourivière était mort en 1772) trois académiciens, Gaillard, Gautier de Sibert et Dacier. Quant aux commissaires nommés par Maupeou, on ne les destitua pas tout à fait, mais on décida qu'en cas de vacance de leur emploi il ne serait pas pourvu à leur remplacement, et qu'ils ne toucheraient aucun émolument (le traitement de chaque commissaire était de 1500 livres). Il ne paraît pas, malgré l'intérêt qu'on sembla attacher lors de ce changement[1] à ce que le travail fût terminé convenablement et avec célérité, que les nouveaux commissaires aient apporté un grand zèle à remplir leur mission. Du moins, le Bureau du triage des titres, qui fournit ces détails dans l'un de ses rapports au Directoire exécutif, déclare que « l'on ignore quels ont été leurs travaux et ce qu'ils sont devenus. » Ainsi, ajoutent-ils, « tous les travaux ordonnés et payés par le gouvernement pendant plus de soixante ans sur les registres du Trésor des chartes, sont aujourd'hui nuls pour la chose publique. »

C'est aux Archives que se trouvent aujourd'hui les résidus de cette vaste opération. Ils se composent d'environ 240 volumes, cahiers ou portefeuilles des extraits faits par les commissaires du roi. Ce furent MM. Joly de Fleury, procureurs généraux au parlement de Paris qui eurent la principale part dans la direction de ce travail et qui par leur sollicitude et leur activité se montrèrent de dignes continuateurs de d'Aguesseau[2]. Le der-

---

[1]. Voici en quels termes commence l'arrêt du conseil rendu à ce sujet : « Le roy s'étant fait rendre compte de l'état où se trouve le travail des commissaires nommés pour les extraits, l'ordre et la notice des inventaires des pièces renfermées dans le dépôt précieux du Trésor des chartes de la couronne, S. M. a reconnu que ce travail est encore éloigné du degré de perfection qu'elle a lieu d'attendre du zèle de ceux qui s'y sont consacrés jusqu'à présent. S. M., désirant voir accélérer sous son règne un travail si important, veut ne rien négliger pour l'exécution pleine et entière des vues de ses prédécesseurs auxquelles ont concouru successivement des magistrats qui se sont succédé depuis nombre d'années dans la place de son procureur général en son parlement à Paris à laquelle est unie la charge de trésorier garde des chartes et papiers de sa couronne... C'est pour conduire à sa perfection ce travail, auquel S. M. entend d'être procédé avec autant d'exactitude que de célérité, qu'elle avoit agréé la supplication très-humble que lui auroit faite son procureur général d'associer au travail trois nouvelles personnes, etc. »

[2]. Celui d'entre eux qui obtint le premier cette charge, en 1717, a rédigé une notice sur le Trésor des chartes, notice fort considérable puisqu'on en cite la page 252 (Voy. *Mémoires de l'Académie des inscriptions*, t. XXX, p. 273, et t. XLIII, p. 695); mais elle est

nier héritier de leur nom, comme je l'ai dit plus haut (p. 54), a récemment fait don à l'administration des Archives d'un certain nombre de ces registres (environ 60 sur 240) qu'il possédait encore. Malheureusement, il n'y a rien parmi tous ces volumes d'extraits ou d'analyses qui se rapporte à aucun des registres du Trésor que l'on a perdus.

Tout ce qui vient d'être dit se rapporte aux extraits des registres du Trésor des chartes ; quant aux copies, elles sont en petit nombre et de peu d'importance. Voici l'énumération de ces deux classes de documents existant maintenant aux Archives de l'empire :

Copie du cartulaire de Philippe-Auguste. — Autre, avec table. — Autre, *id.* — Copie du cartulaire de S. Louis. — Extraits de divers cartulaires. — Copie du cartulaire de Philippe le Bel. — Copie du registre 219.

Extraits du Trésor des chartes, 2 vol. in-folio. — Extraits des registres 22 et 31 (années 1234-64), 2 vol. — Extraits des registres 34, 35, 36, 37 et 38; 4 vol. — Registre des chartes (1242-1307), 4 vol. — Extraits des registres du Trésor (1307-12), 4 vol. — Autres (1308-14), 4 vol. — Autres (1317-29), 3 vol. — Autres (1319-27), 6 vol. — Autres (1328-49), 8 vol. — Autres (1337-43), 2 vol. — Autres (1339-43), 2 cahiers. — Autres (1337-50), 6 vol. — Autres (1350-53), 2 vol. — Autres (1351-58), 6 vol. — Autres (1353-60), 5 vol. — Autres (1356-61), 2 vol. — Autres (1357-61), 2 vol. — Extraits du registre 91, 4 vol. — Du reg. 92, 2 vol. — Du reg. 93, 2 vol. — Du reg. 94, 2 vol. — Du reg. 95, 3 vol. — Du reg. 96, 2 vol. — Du reg. 97, 2 vol. — Du reg. 98, 1 vol. — Du reg. 99, 1 vol. — Du reg. 100, 2 vol. — Des reg. 100 à 107, 9 vol. — Des reg. 108 et 109, 13 vol. — Des reg. 121 à 135, 5 cahiers et 12 vol. — Des reg. 135 à 139, 4 cahiers et 1 vol. — Des reg. 138 et 139, 2 portefeuilles, dits *Minutes de Lancelot.* — Du reg. 141, 1 cahier. — Des reg. 144 et 145, 2 cahiers. — Des reg. 156 à 159, 4 vol. — Des registres 160 et 161, 2 cahiers. — Du reg. 167, 1 vol. — Des reg. 176 à 180, 5 vol. — Des reg. 181 à 189, 5 cahiers et 7 vol. — Des reg. 190 à 204, 13 vol. — Des reg. 205 à 212, 8 vol. — Du reg. 218, 1 vol. — Du reg. 220, 1 vol. — Du reg. 224, 1 cahier.

---

restée manuscrite et je n'ai pu la découvrir. On la trouvera probablement à la Bibliothèque impériale, dans le fonds Joly de Fleury, composé de 3,000 cartons qui ne sont pas encore classés.

Extraits cotés Q des pièces du Trésor (1292-1305). — Table des registres du Trésor, 1 portefeuille.

Donné récemment par M. Joly de Fleury : 25 volumes in-4° d'extraits et analyses répondant aux registres 11, 16, 24, 38, 40, 44, 46, 47, 48, 49, 50, 55; — 30; — 34, 34 bis, 35, 36, 37, 40, 44, 52, 53. — 2 vol. in-folio d'extraits des registres 38 et 77. — 11 vol. de fragments de l'inventaire du Trésor par Du Puy. — Inventaire des chartes du roi en 1264 (copie, XVIIe siècle). — Inventaire des registres 1, 2, 5, 6, 7, 8 : 6 vol. — Autres inventaires des registres : 3 vol. — Inventaire des chartes du Trésor touchant Toulouse et le Poitou ; registre des domaines d'Alphonse, comte de Poitiers (copie, XVIe siècle).

Cette énumération des travaux de copie et d'analyse exécutés sur les registres du Trésor des chartes serait incomplète si l'on n'y joignait l'indication des volumes relatifs au même sujet qui font partie de la collection Sérilly à la Bibliothèque impériale. Ce sont 73 volumes in-folio, dont les 66 premiers formés non pas d'extraits, mais d'un certain nombre de transcriptions intégrales faites sur les registres du Trésor et très-bien choisies, le choix en ayant été fait par Baluze d'après les instructions de Colbert. Les 7 derniers volumes (67 à 73) sont consacrés à une liste de toutes les pièces, volume par volume, que contiennent les registres du Trésor ; liste dont l'original se trouve dans un autre fonds de la Bibliothèque impériale, celui des manuscrits de Clérambault.

DEUXIÈME PARTIE. LAYETTES DU TRÉSOR DES CHARTES[1].

Outre les registres dont il vient d'être longuement parlé, le Trésor renfermait toutes les chartes originales appartenant à la couronne ; elles étaient déposées dans des *layettes* ou coffres, et sont aujourd'hui réparties dans 1031 cartons, cotés J 148 [2] à J 1165. Celles du Trésor des chartes proprement dit et de son supplément, qui comprennent seulement les cartons J 148 à J 1053, sont au nombre de 16945, dont la plus ancienne est de l'an 1066 et les plus récentes de la fin du règne de Henri II.

1. Voy. une notice sur les layettes du Trésor des chartes insérée par M. Teulet, en 1843, dans la *Bibliothèque de l'École des chartes*, t. IV, p. 355-364.
2. La numérotation commence à 148, parce qu'au moment où M. Letronne fit relier les anciens registres du Trésor, ceux-ci n'ayant pas de couvertures formaient des cahiers plutôt que des volumes et étaient, souvent six ou huit ensemble, empilés dans des cartons : 147 cartons suffisaient à contenir les trois séries de registres qui sont l'objet du chapitre précédent ; le premier numéro des layettes était donc 148. — Il faut noter qu'aux Archives de l'empire, surtout dans la section historique, on a souvent opéré des modifications analogues : on a changé des classements primitifs, tout en ayant le soin, ainsi qu'il le fallait, de conserver autant que possible les anciens numéros. Il en résulte (c'est à quoi le lecteur du présent inventaire doit prendre garde) que les indications par numéros peuvent l'induire en beaucoup d'erreurs.

Les layettes forment la contre-partie des registres. Dans ceux-ci on conservait la copie des actes émanés de l'autorité royale ; dans les layettes on mettait au contraire les originaux des pièces qui étaient adressées au roi ou déposées à sa chancellerie.

Les layettes du Trésor ont été classées pour la dernière fois par Théod. Godefroy et Pierre Du Puy en 1615 (Voy. plus haut, page 144). Leur inventaire, très-détaillé puisqu'il donne l'analyse de chaque pièce, est celui dont on se sert encore aujourd'hui. Dans ce travail, assez répandu quoiqu'il n'ait jamais été imprimé et qui porte plus particulièrement le nom d'Inventaire de Du Puy, l'on a suivi presque partout l'ordre géographique et classé ensemble les pièces relatives aux mêmes localités. Ce travail se compose de huit volumes in-folio et d'un volume de tables. Les cinq premiers volumes sont divisés en douze parties, conformément à l'ancienne division de la France en douze gouvernements ; chacune de ces parties se subdivise en chapitres, qui comprennent les titres relatifs tantôt à une seule ville, tantôt à un seul établissement. Les trois derniers volumes, intitulés *Mélanges,* sont principalement consacrés aux documents provenant des relations politiques du roi de France avec les États voisins. On y trouve aussi de nombreux paragraphes dans lesquels des actes de même nature sont réunis sous une seule rubrique, comme : Contrats de mariage, Testaments, Plaintes contre le clergé, Dettes de certaines villes, Croisades, etc. Ce mode de classement avait offert à Godefroy et Du Puy l'avantage de rassembler en un seul dossier les pièces concernant le même pays ou la même affaire. La classification qu'ils avaient adoptée est celle qui subsiste encore et qui forme le tableau suivant, pour lequel je n'ai pas besoin d'entrer dans le détail puisque l'inventaire si considérable de Du Puy se trouve dans la plupart des grandes bibliothèques.

1°. LES DOUZE GOUVERNEMENTS DE LA FRANCE.

ILE-DE-FRANCE. — Cartons 148-155, Paris. — 156, Saint-Denis. — 157, Sainte-Chapelle de Vincennes, Saint-Maur des Fossés, Longpont, Saint-Mandé, Montlhéri, Vexin français — 158, Melun, Gatinois.— 159, Étampes. — 160, Senlis.— 161, 162, Montargis, Mantes, Meulan. — 163-165, Valois. — 166, Étampes. — 167, Courtenai, Beauvais, Clermont, Beauvaisis. — 168, Beaumont sur-Oise. — 169, Saint-Ouen près Saint-Denis, Soissons.

ORLÉANAIS. — 170, Orléans, Gien. — 171-175, Chartres, Bon-

neval. — 174, Vendôme, Blois. — 175, 176, Tours. — 177, le Mans, la Ferté-Bernard. — 178, 179, Anjou, Craon. — 180-183, Poitou. — 184, Saint-Hilaire de Poitiers, Fontevrault, la Rochelle. — 185-189, Berry, Issoudun. — 190-192, Poitou.

CHAMPAGNE. — 193-205, Champagne. — 206, Troyes, Reims, Meaux, Provins, Château-Porcien. — 207, Mouson. — 208, Valery, Luxeuil, Chambli. — 209, Champagne.

NORMANDIE. — 210, 211, Normandie. — 212, 213, Rouen. — 214, Pont-de-l'Arche, Caux, Arques. — 215, Neufchâtel, Harcourt. — 216, Évreux, Vernon. — 217, Gisors. — 218, Dreux. — 219, Conches, Breteuil, Orbec. — 220, Pontaudemer, Caen. — 221, Auge et Eu, Falaise. — 222, Bayeux, Carentan, Valognes. — 223, Coutances. — 224, Avranche, Beaumont-le-Roger, Mortain. — 225, Gaillefontaine. — 226, 227, Alençon. — 228, Montivilliers, le Perche.

PICARDIE. — 229, 230, Picardie. — 231, Amiens, Corbie. — 232, Péronne, Vermandois, Saint-Quentin. — 233, Laon. — 234, Coucy, Compiègne, Noyon, Roye, Nesle. — 235-237, Ponthieu. — 238, 239, Boulogne.

BRETAGNE. 240-246.

BOURGOGNE. — 247-252, Bourgogne. — 253, Châlon. — 254, 255, Bourgogne. — 256, Nevers. — 257, 258, Bourgogne. — 259, Mâcon, Cluni, Saint-Pierre le Moutier. — 260, Auxerre. — 261, Sens.

LYONNAIS. — 262-269, Lyon. — 270, Forêts, Beaujeu, la Marche. — 271-274, Auvergne. — 275, 276, Bourbonnais.

DAUPHINÉ. — 277-286, Dauphiné. — 287-290, Valentinois.

PROVENCE. 291.

GUYENNE. — 292, Bordeaux, Saintonge, Périgord. — 293, Armagnac. — 294, Bigorre.

LANGUEDOC. — 295-302, Languedoc. — 303-330, Toulouse. — 331, Toulouse et Lautrec. — 332-334, Foix et Comminges. — 335, Carcassonne, Nîmes. — 336, Pamiers. — 337, Narbonne, Béziers. — 338, Pézenas, Le Puy en Velay. — 339, 340, Maguelonne et Montpellier. — 341, Mende et Gévaudan, Cahors. — 342, Viviers, Figeac. — 343, abbayes d'Aniane et de la Grasse.

2°. MÉLANGES.

Cartons 344-359. Élections d'abbés, évêques, etc., 1221-1438. Régale. *Gravamina,* ou plaintes des grands du royaume contre des ecclésiastiques, 1205 - XIV° siècle. Bulles par lesquelles les papes ont donné avis de leur élection aux rois de France.

Autres bulles de Grégoire IX et Innocent IV. Gîtes dus au roi dans l'église de Beauvais et les abbayes de Saint-Thierry de Reims, Saint-Pierre d'Abbeville, Saint-Martin de Tours, 1248-84. Trois lettres de saint Louis pour le gouvernement de son royaume pendant son voyage en terre sainte, 1269. Réunion au domaine, 1364-1411. Serments faits au roi par la reine et les grands, 1403. Procurations de quelques villes du Quercy pour l'emprunt demandé par Philippe le Bel à l'occasion du mariage de sa fille Isabelle avec le roi d'Angleterre, 1309. Domaine des reines de France, 1328-72; des ducs d'Orléans; de Philippe, fils de Philippe de Valois, et de Louis, fils de Charles V, 1344-1414.

360-379. Patronages et droits de garde du roi en Normandie, 1237-1391; bulles et ordonnances contre les blasphémateurs. Unions à la couronne, 1343-1433. Trois traités faits par des prisonniers de guerre pour obtenir leur liberté, 1342-73. Légitimations des enfants de Philippe-Auguste et d'Agnès de Méranie. Couronnement de S. Louis. Assignations de douaires aux reines, 1360-1403. Dons et aumônes aux églises, 1183-1393. Pouvoirs donnés pour conclure divers traités et alliances, 1295-1350. Trois arrêts contre Louis d'Amboise, André de Beaumont et Antoine de Vivonne, accusés du crime de lèse-majesté, 1431. Lettres de plusieurs prélats donnant pouvoir à S. Louis d'employer en œuvres pies les deniers dont il leur devait restitution. Chevaliers de Saint-Jean de Jérusalem, 1270-1326. Jean, comte de Dunois. Louis, duc de Guyenne, fils de Charles VI. Le roi Jean, d'abord duc de Normandie. Philippe et Jean, ducs de Bourgogne. Marie de Valois. Pierre de Navarre. Courpalay. Les seigneurs de Thouars. Les comtes de la Marche et d'Angoulême. Louis, duc d'Anjou, roi de Sicile. Les comtes de Saint-Pol. Charles, comte de Valois, frère de Philippe le Bel. Les ducs de Bourbonnais; le duc d'Athènes.

380-599. Jean, comte de Roussy. Duguesclin. Jean, duc de Berry, frère de Charles V. Gaucher et Hugues de Châtillon, sires de Créci. Subsides, 1303-1462. État des dettes et dépenses de diverses villes : Poissy, Villeneuve-le-Roi, Athies, Montdidier, Roye, Rouen, Vailly, Sens, etc., 1248-61. Traités de Philippe le Bel et autres rois de France avec les empereurs d'Allemagne, 1300-1417; avec divers particuliers, 1199-1412. Draperie dans le midi de la France, 1288-1322. Apanage des enfants de France et douaire des reines, 1251-1402. Nomina-

tions par le roi à quelques prébendes, etc. Créances du roi, 1226-1404. Traité pour mettre fin à la guerre du bien public sous Louis XI. *Securitates,* ou cautions données par le roi pour plusieurs seigneurs, 1195-1300. Dons du roi ou de divers seigneurs à plusieurs personnes, 1204-1471. Cession d'une partie de leurs justices temporelles, faite au roi par les monastères, 1187-1408. Reddition au roi de forteresses et châteaux, 1199-1440.

400-419. Régences; Majorité des rois, 1226-1402. Testaments des rois, reines et grands seigneurs, 1222-1513. Traités de mariage, 1196-1461. Templiers, 1300-12. Autriche, 1324 et 38. Danemark, 1229. Six bulles d'or de Frédéric II et de l'empereur Baudouin, 1234-68.

420-440. De l'union de l'Église grecque avec la latine, 1270. Obligations envers le roi, 1119-1507. Juifs. Albigeois et autres hérétiques. Procès de la reine Marie, femme de Philippe le Hardi, contre l'évêque de Bayeux, 1277. Bulles contre les hérétiques. Bohême, 1299-1501. Chypre, 1234-1397. Ligue de seigneurs contre Philippe le Bel pour le maintien de leurs droits. Dispenses de mariage accordées par les papes à divers rois et grands du royaume, xiiie siècle. Procès criminel contre Guichard, évêque de Troyes. Procès criminel contre Robert, comte d'Artois.

441-456. *De mutuis ultramarinis,* ou obligations faites outre-mer, 1245-70. Bulles et autres pièces relatives aux croisades.

457-477. Norwége, 1295-1499. Hongrie, 1374-1500. Monnaies, 1225-1430. Fondations. Ordonnances, 1209-1428. Suisses, 1513-61. Quittances délivrées au roi, 1205-1422. Les seigneurs d'Albret, 1332-1456.

478-493. Différends entre le pape Boniface VIII et le roi Philippe le Bel.

494-518. Venise, 1237-1499. Royaume d'Italie, xive siècle. Gênes, 1330-1600. Savoie, 1270-1499. Florence, 1396-1508. Milan, 1360-1529. Ferrare, 1431-1530; Mantoue, 1509; Montferrat, 1499; Naples, 1502; Caramagna, 1276-1335. Caburro, 1378-1538. Empereurs de Constantinople, 1240-1320. Sicile, 1277-1481. Bouchard de Fenestranges, 1301-70. Schisme du temps du roi Charles VI.

519-551. Hainaut, 1290-1436. Saint-Omer, 1315-17. Cambrai, 1265-1400. Gueldres et Juliers, 1281-1405. Brabant, 1257-1364. Hollande, 1295-98. Frise, 1280-1338. Liége, 1277-

1465. Mortagne près Tournai, 1239-1314. Artois, 1194-1519. Namur, 1199-1372.

532-575. Flandre, 1195-1552.

576-586. Traités faits par Léon X avec quelques princes. Gueldres, 1499-1509. Jean, comte de Saarbrück, 1318-58. Lorraine, 1252-1444. Metz, 1291-1604. Bar, 1249-1541. Toul, 1289-1444. Verdun, 1246-1601. Acquisition par Louis XI de l'hommage de la seigneurie de Chatel sur Moselle, 1480.

587-606. Aragon, 1179-1505. Comtés de Roussillon et de Cerdagne, 1462. Portugal, 1241-1356. Majorque, 1236-1390. Castille, 1237-1498.

607-619. Tournai, 1320-1505. Luxembourg, 1267-1398. Saluces, 1210-1563. Empereurs d'Allemagne, 1228-1551. Navarre, 1243-1523.

620-627. Hommages, 1193-1400. Serments de fidélité de plusieurs villes : Saint-Omer, Marle, Périgueux, Hesdin, etc., 1199-1352.

628-656. Angleterre.

657-676. Traités de paix et d'alliance.

677-681. Écosse. Lorraine.

682. Dissolutions de mariage.

683-695. Bulles de priviléges accordées aux rois de France.

696-723. Bulles de divers papes sur divers sujets.

724-725. Suisse.

726-730. Pierre de Brosse.

731-733. Eaux et forêts.

734. Sacs de titres mêlés.

735. Antibes.

3°. SUPPLÉMENT AUX DOUZE GOUVERNEMENTS.

736-844. Ce chapitre et le suivant n'existaient pas du temps de Du Puy. Ils ont été formés postérieurement de pièces qui se trouvaient au Trésor, mais qu'avait négligées Du Puy dans son travail d'inventaire, et de tous les documents trouvés depuis qui ont paru, soit aux membres du Bureau du triage des titres, soit aux employés des Archives, leurs successeurs, pouvoir être par leur nature annexés au Trésor des chartes. Ils sont l'objet d'un très-bon inventaire en 2 vol. in-fol., rédigé principalement par les membres du bureau des monuments historiques et connu sous le nom d'Inventaire rose. Les pièces insérées dans le Sup-

plément sont souvent plus importantes et offrent plus d'intérêt [1] que la plupart de celles qui de tout temps ont fait partie du Trésor; mais elles sont, quant au classement, dans un pêlemêle presque absolu qui ne me permet pas de les faire connaître autrement qu'en renvoyant au tableau des douze gouvernements, suivant lequel elles ont été à peu près placées comme les chartes du Trésor lui-même.

4°. SUPPLÉMENT AUX MÉLANGES.

845-864. Régale. Testaments. Testament de Louis XIII. Différends de Philippe le Bel avec Boniface VIII. Milan. Bar. Verdun. Clermont en Argonne. Abbaye de Beaulieu. Aragon. Espagne. Navarre. Angleterre.

865-884. Traité de Munster. Paix des Pyrénées. Traité entre la France et la Lorraine, 1661. Philippe V, roi d'Espagne. Lorraine. Mariages de rois et de princes. Suisse; traités de paix. Régales. Projets de croisades. Emprunts sur le clergé. Chevaliers de Malte. Bulles en faveur des rois de France. Pragmatique sanction de 1438; concordat de 1516. Protestants. Israélites. Condamnation des cinq propositions de Jansénius.

885-904. Libertés de l'Église gallicane. Universités de Paris et d'Orléans. Bagues et bijoux de la couronne. Traité de paix entre Charles VI et le duc de Bourgogne. Procès criminel de Jean et René d'Alençon. Procédures criminelles sous Louis XI. Mariage de Claude de France avec le comte d'Angoulême. Démarches de François Ier pour se faire élire empereur des Romains. Procès pour la succession de Suzanne de Bourbon. Procès criminel contre le connétable Charles de Bourbon. Pièces relatives aux finances sous le règne de François Ier.

905-917. Pièces trouvées, dit-on, chez le chancelier Poyet. Guerre contre les protestants, XVIe siècle. Pièces concernant le parlement de Paris. Mémoires sur les monnayages. Sels et gabelles. Services dus au roi par les ecclésiastiques possesseurs de fiefs. Révocation d'aliénations du domaine. Apanages, 1225-1545. Domaine, 1281-1560. Jugement de Louis XIV sur la propriété du comté de Neufchâtel.

918-929. Chambre royale de Metz, établie après le traité de Nimègue.

---

1. On peut en voir un exemple plus bas, dans la description de l'armoire de fer, carton 45.

930-934. Mélanges sur l'Italie. Savoie et Piémont. Droits du roi de France au comté de Piémont. Traités entre François Ier et Charles-Quint. Allemagne. Traités conclus par le roi de France avec la Suède, la Hollande, la Flandre, la Frise et Gueldre.

935-955. Comptes d'impôts et de subsides levés dans l'Artois, 1414-1569. Information sur les dommages causés dans l'Artois pendant la guerre. Mélanges sur l'Artois.

956-976. *Miscellanea.* Mélanges sur le Languedoc, la Guyenne, la Provence, le Poitou, etc. Enquête sur les opposants au concordat de 1516. Procès. Enquêtes. Comptes. Mélanges sur la Guyenne, la Champagne, la Picardie, etc. L'Ile-de-France, le Languedoc, l'Auvergne, l'Aunis, etc. Lettres de rois sur l'Auvergne, la Bourgogne, etc.

977-988. Mélanges : Auvergne, Brie, Languedoc, Picardie, etc. Aunis, Champagne, Auvergne. Mélanges sur la Bretagne, le Gatinais, le comté de Saint-Pol en Artois. Abbaye de Granselve. Mélanges sur l'Alsace, le Hainaut, le Limousin. Boniface VIII et Philippe le Bel.

5°. TITRES APPORTÉS DU CHATEAU DE MERCUROL EN AUVERGNE APRÈS SA DÉMOLITION VERS 1630.

Fiefs, acquisitions, aveux et démembrements, échanges, donations, accords, etc., relatifs aux terres de Vic-le-Comte, Buron, Bosséols, Coppel, Cremps, Mirefleur, Mercurol, Ybois, Montredon, Saint-Saturnin, la Tour, Saint-Amand, la Cheyse, Saint-Seudeux, Moncel, Artonne, Usson, Montgacon, la Tour Ravel, Besse. — Fiefs mouvants de la Tour Saignel, de la Tour, de la Tour Clairière. Contrat de mariage de Bertrand, Dauphin, comte de Clermont. — Mariages et alliances de la maison de la Tour et de Boulogne. — Pièces mêlées. Levroux en Berry. Nivernais ; la Ferté Chaudron. Champagne. Languedoc ; comté de Castres. Ressons en Picardie. Boulogne. Blamont et Montbéliard. Comtés d'Auvergne et de Boulogne, partie historique (17 cartons). Mélanges.

6°. TITRES PROVENANT DU FIEF DE PUY-PAULIN A BORDEAUX.

Une vingtaine de cartons : reconnaissances ; traités ; acquisitions ; jugements ; transactions. Coutumes de Bordeaux. Anciennes lièves, extraits de titres, protocoles d'Audouin, notaire.

7°. COMPTES.

Comptes du Poitou et du Limousin, 1294. Comptes du bailliage de l'Auvergne, 1299. Comptes des domaines de Toulouse, 1320-21. Comptes de la viguerie et de la sénéchaussée de Toulouse, 1324-34. Comptes d'Alphonse, comte de Poitiers, 1287-93. Comptes du Languedoc, 1340-44. Comptes de l'Agénois, 1350. Comptes du comte d'Angoulême, 1376. Comptes du Cotentin, 1342. Fragments de comptes. Comptes de dépenses de bouche, 1404-1537 (Voy. aussi p. 204, ci après).

8°. COINS DE MONNAIES.

« Il y a aussi dans le Trésor deux ou trois layettes où sont des cédules, des cahiers et des écrits entièrement inutiles, comme vous le voyez par les inscriptions apposées dessus, et en outre il y a dedans plusieurs coins et matrices de monnaies qui sont placés sous les armoires près de la porte et avec lesquels sont déposées des cédules relatives au même objet. »

C'est le trésorier Gérard de Montagu qui s'exprime ainsi à la fin de la préface de son principal inventaire, rédigé en 1376. Ces coins existent encore aujourd'hui dans le Trésor des chartes. On en compte 156, dont la plus grande partie sont devenus presque méconnaissables par suite de l'action de la rouille sur l'acier. Le Bureau du triage des titres, lorsque ces coins passèrent sous ses yeux, les fit examiner par un artiste de la Monnaie, M. de Cotte, et il y reconnut seulement le droit et le revers d'une monnaie de billon du temps de S. Louis, qui avait été gravée dans la planche 186 du *Traité des monnoies* de Leblanc. La même vérification a été renouvelée récemment (par les soins de M. Barre, de la Monnaie) et a produit un plus ample résultat. On a reconnu dans ce nouvel examen sept types différents des monnaies royales frappées depuis le règne de Louis le Jeune jusqu'à celui de Charles VII.

9°. TABLETTES DE CIRE.

On conserve enfin, depuis un temps immémorial, au Trésor des chartes un de ces registres formés de feuillets enduits de cire dont l'usage remonte à la plus haute antiquité et qui sont devenus très-rares dès le moyen âge, quoique l'abbé Lebeuf ait prouvé [1] qu'on s'en servit pour écrire les comptes jusqu'au

---

[1]. T. xx, p. 267 des *Mémoires de l'Académie des inscriptions*.

xviiie siècle. Ce précieux registre contient des comptes de la maison du roi S. Louis pour les années 1256 et 1257. M. Nat. de Wailly en a fait l'objet d'une notice spéciale [1], dans laquelle il le décrit en ces termes :

« Elles se composent (ces tablettes) de quatorze feuilles en bois de platane enduites de cire sur le recto et sur le verso, excepté la première et la dernière, qui en portent seulement sur leur surface intérieure parce que l'autre côté n'était destiné qu'à servir de couverture au registre. Ces feuilles, arrondies par le haut, ont 20 centimètres et demi de largeur sur 47 centimètres et demi de hauteur, y compris la partie cintrée qui commence à peu près à 39 centimètres de la base. Sur chaque feuille l'espace réservé à la cire est environ de 18 centimètres sur 43 ; cet espace est entouré d'une marge qui a un peu plus de 1 centimètre à la base et sur les deux côtés, mais qui s'augmente graduellement sous la partie cintrée en formant sous le cintre principal deux courbes intérieures dont le point d'intersection est à 3 centimètres du haut de la feuille. Cette forme élégante est exactement dessinée sur toutes les feuilles ; en outre, l'espace circonscrit par les marges a été légèrement creusé, et avec tant de précision que la couche de cire, qui n'est guère que de 1 millimètre, se trouve parfaitement de niveau avec la marge qui l'entoure. L'épaisseur de chaque feuille varie entre 7 et 8 millimètres, et celle du registre tout relié (au moyen de bandes de parchemin passées dans le dos des tablettes) n'excédait guère 10 centimètres ; c'est-à-dire qu'on avait réussi à réunir ces quatorze feuilles de bois et à les rapprocher avec une exactitude presque mathématique. »

Dans la suite de sa notice, M. de Wailly décrit la forme et la disposition de ce compte, qu'on avait regardé jusqu'à lui comme appartenant au temps de Philippe le Bel ; on ne pouvait presque pas le lire alors, il est vrai, à cause de la couche de poussière qui s'était attachée à la cire ; mais M. de Wailly mentionne l'heureuse opération faite par un employé des Archives, M. Lallemand, grâce à l'habileté duquel cette poussière antique a été complètement enlevée, malgré l'excessive fragilité des tablettes, et l'écriture rendue presque partout à la netteté qu'elle pouvait avoir au moment où elle fut tracée. Ce texte,

---

[1]. Insérée dans les *Mémoires de l'Institut* (Académie des Inscriptions), t. xviii, 2ᵉ partie ; 1849.

maintenant lu complétement par M. de Wailly et devenu de sa part l'objet d'un commentaire approfondi, est imprimé en entier avec un dessin du registre et un fac-simile de l'une des tablettes dans le t. XXII du recueil des *Historiens de France*, actuellement sous presse.

D'autres tablettes du même genre se trouvent en différents lieux ; il en existe dans les bibliothèques de Genève et de Florence, contenant des fragments de comptes de la maison de Philippe le Bel. On en conserve aussi à Dijon, à Rouen, voire même dans les archives de petites villes telles que Senlis. La preuve cependant qu'elles ne sont pas communes, c'est que la Bibliothèque impériale en possède seulement un petit nombre, dont voici la liste :

1°. Suppl. lat., n° 1385. 16 tablettes provenant du couvent des Carmes déchaussés.
2°. — n° 1386. 14 tablettes provenant de l'abbaye de Saint-Victor de Paris.
3°. — n° 1384. 11 tablettes provenant du collége des Jésuites.
4°. — n° 1388. 4 tablettes provenant de l'abbaye de Saint-Germain des Prés.
5°. — n° 1387. 1 tablette ; provenance inconnue.
6°. — n° 1389. 1 tablette ; *id.* (Compte d'une commune).
7°. — n° 1390. 2 tablettes allemandes percées de trous de manière à pouvoir être portées à la ceinture, et contenant des comptes écrits dans le duché de Brunswick vers la première moitié du XVII° siècle.
8°. — n° 8727. 8 tablettes provenant de l'ancien fonds du roi.

Total 57 tablettes, appartenant toutes à des livres de comptes. Le succès obtenu par M. Lallemand sur les tablettes des Archives a engagé l'administration de la Bibliothèque impériale à lui confier le soin de restaurer aussi les siennes. Ces 57 tablettes, qu'on ne pouvait presque pas lire, qu'on ne pouvait même toucher sans danger, sont aujourd'hui parfaitement nettoyées, très-lisibles, réemmargées de marges en bois de cèdre qui les consolident, et leur existence est assurée maintenant pour bien des siècles encore.

SÉRIE K. *Monuments historiques.*

On a expliqué plus haut (Voy. page 50) à quelle époque et dans quelles circonstances cette série a été formée. La plus importante partie des documents dont elle se compose, le titre Ier, *Série des rois*, est pourvue d'un inventaire où chaque pièce en particulier est l'objet d'une analyse. Cet inventaire est un très-bon travail dû au savant bénédictin dom Joubert.

I. Série chronologique des rois de France.

Race mérovingienne.

K, 1-4. — Les diplômes mérovingiens originaux ou ayant passé pour tels, que possèdent aujourd'hui les Archives de l'empire sont au nombre de cinquante-cinq. On ne peut pas dire que cette collection diplomatique soit la plus précieuse qui existe; elle est unique. La Bibliothèque impériale, si riche d'ailleurs en monuments historiques, ne renferme que trois diplômes mérovingiens en original, et je ne sache pas qu'il en existe un seul autre en France.

La série des diplômes mérovingiens a été dans ces dernières années l'objet des soins particuliers de l'administration des Archives. Ceux d'entre eux qui sont écrits sur papyrus étaient encore en 1844 roulés à la manière des *volumina* de l'antiquité et placés dans les boîtes en bois qui les abritaient tant bien que mal depuis des siècles. A une époque reculée, plusieurs de ces précieux documents avaient été réparés au moyen de feuilles de papyrus ou de parchemin qu'on avait collées derrière eux pour les soutenir. En 1844, M. Letronne les fit tous dérouler; il les fit ensuite décoller et séparer de ces feuilles étrangères par M. Dubois, habile artiste habitué à traiter les papyrus hiéroglyphiques du Louvre. Ce décollement produisit un résultat aussi heureux qu'inattendu; il fit découvrir que les feuilles de parchemin ajoutées contenaient elles-mêmes des diplômes de différentes époques, et que plusieurs des papyrus étaient écrits des deux côtés. Deux chartes mérovingiennes inconnues jusque-là, d'autres qu'on croyait perdues, et quelques carlovingiennes surgirent de cette difficile élaboration. Enfin M. Letronne fit étendre les rouleaux avec précaution et plaça les plus importants sous verre dans des cadres qui permettaient de les livrer facilement à l'étude tout en leur assurant une parfaite protection. Non content de tous ces soins, qui n'étaient pas terminés lorsque la mort vint l'enlever à ses travaux, M. Letronne avait entrepris sous les auspices des ministères de l'intérieur et de l'instruction publique la publication intégrale, au moyen de fac-simile lithographiés, des diplômes mérovingiens sur papyrus et sur parchemin et même des diplômes carlovingiens sur papyrus que possédaient les Archives. Un exemplaire de chaque fac-simile fut tiré sur parchemin pour former une sorte de

double original qui renouvelât ainsi pour plusieurs siècles encore l'original véritable et qui permît de ménager celui-ci en ne le communiquant plus que rarement au public. La mort, je viens de le dire, interrompit Letronne au milieu de ces opérations et trop tôt, par conséquent, pour qu'on puisse juger tous les résultats qu'elles auraient eus s'il lui avait été donné de les mener à fin lui-même.

L'administration suivante les continua. Elle supprima les cadres et fit placer chaque original dans un portefeuille; elle fit corriger sur l'exemplaire en parchemin ou même entièrement refaire plusieurs fac-simile dans le dessin desquels des inexactitudes s'étaient introduites; elle fit suppléer en lettres rouges sur le même exemplaire en parchemin, spécialement destiné aux études du public, toutes les lacunes qu'il fut possible de restituer sûrement; elle fit établir, par un chef de section et deux employés compétents qui passèrent plus de six mois à ces divers travaux, un texte aussi pur et aussi complet qu'on pouvait l'espérer de ces vénérables documents; enfin elle fit achever par une livraison supplémentaire [1] la collection de fac-simile commencée par M. Letronne.

Les savants ont donc à leur disposition pour étudier ces rares et précieuses sources des temps les plus anciens de notre histoire : 1° cette collection de fac-simile parue en cinq livraisons, sous le nom de Letronne, dans l'intervalle des années 1844 à 1849 chez Kœppelin, imprimeur-lithographe à Paris; 2° un texte destiné à accompagner cet ouvrage et imprimé sous ce titre : *Diplomata et chartæ merovingicæ ætatis*, Paris, F. Didot, 1849, in-8° : ce texte aussi bien que les fac-simile, dont M. Letronne avait confié la surveillance immédiate à un de ses employés, renferment beaucoup d'incorrections; 3° l'exemplaire du fac-simile imprimé pour l'administration des Archives sur parchemin, corrigé (en 1851) avec tout le scrupule imaginable et augmenté de restitutions qui ont paru certaines; 4° les originaux eux-mêmes; 5° les nombreuses éditions qui ont été publiées de la presque totalité d'entre eux. La dernière et la plus complète [2] est celle de M. Pardessus, qui porte ce titre : *Diplomata, chartæ,*

---

1. Cette livraison, il est vrai, n'a pas encore paru. Elle doit se composer des fac-simile de sept diplômes mérovingiens et six carlovingiens qui ont été exécutés en 1851 par l'imprimerie lithographique de M. Dupont, à Paris.

2. Mais elle est aussi très-incorrecte; voyez la notice intitulée : *Du recueil des chartes mérovingiennes...* etc., par H.-L. Bordier, Paris, Dumoulin, 1850.

epistolæ, leges aliaque instrumenta ad res gallo-francicas spectantia ab anno 496 *ad annum* 752, Paris, 1843-49, 2 vol. in-fol.

L'existence de ces différentes sources d'étude ou de renseignements n'ôtera rien à l'utilité de la liste exacte que voici de nos diplômes mérovingiens originaux :

1. — Diplôme coté aux Archives K, 1 n° 1 *bis,* et provenant des archives de l'Archevêché de Paris : Donation faite par le roi Childebert Ier à l'église de Paris de deux villages, tous deux du nom de la Celle, situés l'un dans le pays de Melun, l'autre en Provence, près Fréjus. Date : « anno XVII regni nostri, mense januario » (528). — Publié pour la première fois par le P. Labbe, *Alliance chronologique,* Paris, 1651, t. II, p. 398, et en dernier lieu par M. Pardessus, *Diplomata, chartæ,* t. II, p. 115. Parchemin de 0^m,32 de hauteur sur 0^m,24 de largeur. — Cette pièce a longtemps passé pour un original, mais c'est seulement une copie de la fin du xe siècle.

2. — K, 1 n° 2 ; provenant des archives de l'abbaye de Saint-Germain des-Prés : Donation par le roi Childebert à l'église de Saint-Vincent-Sainte-Croix, etc. (depuis Saint-Germain-des-Prés) de son domaine d'Issi avec les îles qui en dépendent, des moulins établis entre le pont de Paris et la tour, de toutes les pêcheries de la Seine depuis le pont de Paris jusqu'au ruisseau de Sèvres, etc. « Datum quod fecit menso decembre, dies sex, anno XLVIII postquam Childebertus rex regnare cepit » (558, 6 décembre). — Du Breul, *Aimoini monachi de gestis Francorum,* Paris, 1603, p. 56 ; *Diplomata, chartæ,* t. I, p. 116. Parchemin de 0^m,44 sur 0^m,63. — Cette pièce a été défendue par les Bénédictins comme étant un original, mais ce n'est certainement qu'une copie du IXe siècle qui présente par la forme générale et par l'écriture l'aspect d'un beau diplôme carlovingien.

3. — K, 1 n° 3 ; même provenance : Exemption de juridiction épiscopale accordée par S. Germain, évêque de Paris, à l'abbaye de Sainte-Croix et Saint-Vincent (Saint-Germain-des-Prés). « Actum Parisius civitate sub die duodecima calendarum septembris anno quinto Chariberti regis » (566, 21 août). — Du Breul, *Aimoini mon.,* p. 75 ; *Diplomata, chartæ,* t. I, p. 127. Papyrus de 0^m,53 sur 0^m,45. — Ce diplôme est, comme le précédent, une copie du IXe siècle.

4. — Au dos de K, 1 n° 7 ; provenant des archives de l'abbaye de Saint-Denis : Donation à l'abbaye de Saint-Denis, par le roi Clotaire II, d'un terrain situé dans Paris. « .... julias an-

XLI regni nostri, Sterpiniaco feliciter » (625, juin ou juillet). Papyrus de 0^m,31 sur 0^m,46.

5. — K, 1 n° 4; même provenance : Confirmation par le roi Clotaire II du testament fait par un marchand nommé Jean en faveur de l'abbaye de Saint-Denis. « Stirpiniaco feliciter, ad vetus palatium » (627 environ). — Mabillon, *De re diplomatica*, Suppl., Paris, 1704, p. 52, 69 et 92; *Diplomata, chartæ*, t. I, p. 229. Papyrus de 0^m,33 sur 0^m,59.

6. — K, 1 n° 9; même provenance : Ratification par le roi Dagobert d'un partage entre deux frères, Ursin et Beppolen, de biens situés à Ferrières, Louberville et autres lieux du Rouergue. Sans date (628 environ). — Mabillon, *De re diplom.*, p. 52, 70 et 92; *Diplomata, chartæ*, t. II, p. 2. Papyrus de 0^m,25 sur 0^m,72.

7. — K, 1 n° 5; même provenance : Donation par le roi Dagobert à l'abbaye de Saint-Denis du village d'Écouen (Iticinascoa). « Dies quindecem anno decemo regni nostri in Dei [nomene], Clipiaco feliciter » (631 ou 632). — Mabillon, *De re diplom.*, Paris, 1681, p. 374 et 465; *Diplomata, chartæ*, t. II, p. 45. Papyrus de 0^m,33 sur 0^m,84.

8. — K, 1 n° 7; même provenance : Immunité accordée par le roi Dagobert à l'abbaye de Saint-Denis. « Datum IIII kal. augustas anno decimo regni nostri, Parisius, in Dei nomine feliciter » (631 ou 632, 29 juillet). — Dom Doublet, *Histoire de l'abbaye de Saint-Denys*, Paris, 1625, p. 659; *Diplomata, chartæ*, t. II, p. 48. — Faux diplôme fabriqué vers le IXe siècle. Papyrus de 0^m,31 sur 0^m,74.

— A la Bibliothèque impériale : Confirmation par le roi Dagobert Ier des biens et priviléges de l'abbaye de Saint-Maximin de Trèves. « Actum pridie nonas aprilis, anno regno nostri XII, Mogoncie feliciter. Amen. » (633, 4 avril). — Le Mire, *Annal. rerum Belgic.*, Anvers, 1636; *Diplomata, chartæ*, t. II, p. 24. Parchemin de 0^m,47 sur 0^m,55, encore muni de son large sceau représentant un personnage couronné, portant un sceptre à la main gauche et levant l'index de la main droite. Mabillon a démontré la fausseté de ce diplôme.

9. — K, 2 n° 1; même provenance que le n° 8 : Confirmation par Clovis II de la donation faite à l'abbaye de Saint-Denis par Dagobert Ier de la terre de Croui sur l'Oise (Cotiracum) dans le pays de Chambli. Sans date (640 environ). — Mabillon, *De re diplom.*, Paris, 1681, p. 378 et pl. XVIII; *Diplomata, chartæ*, t. II, p. 63. Papyrus de 0^m,31 sur 0^m,35.

10. — Au dos de K, 3 n° 1; même provenance : Abandon des

droits épiscopaux de l'évêché de Paris sur le territoire de l'abbaye de Saint-Denis, accordé à cette abbaye par l'évêque S. Landri. « Facto privilegio sub die kalendas julii in anno quinto decimo regnante Clodoveo gloriosissimo rege » (652, 1er juillet). — Dom Doublet, *Hist. de l'abb. de Saint-Denys*, Paris, 1625, p. 443; *Diplomata, chartæ*, t. II, p. 95. Papyrus de 1m,56 sur 0m,35.

11. — K, 2 n° 3; même provenance : Confirmation de biens et priviléges accordés par le roi Clovis II à l'abbaye de Saint-Denis. « Datum sub die x kal. julias, an. XVI regni nostri, [Clip]piaco, in Dei nomine feliciter » (653, 22 juillet). — Dom Doublet, *ubi supra*, p. 683; *Diplomata, chartæ*, t. II, p. 98. Papyrus de 0m,34 sur 0m,95.

12. — K, 2 n° 4; même provenance : Diplôme accordé à l'abbaye de Saint-Denis par un roi du nom de Clovis (probablement Clovis II) à la requête d'une femme nommée Amanchilde. « .... regni domno Chlodoveo » (656 environ). — Mabillon, *Annales ordinis Sancti Benedicti*, Paris, 1703, t. I, p. 686; *Diplomata, chartæ*, t. II, p. 104. Papyrus de 0m,32 sur 0m,27.

13. — K, 2 n° 5; même provenance : Confirmation par le roi Clotaire III, en faveur des pauvres de l'abbaye de Saint-Denis, d'une donation de domaines situés en Beauvoisis (in locis nuncupantis Aguciaco, Cusduno, etc.) qui leur avait été faite par le roi Dagobert Ier. Sans date (657 environ). — Mabillon, *Annales ord. S. Bened.*, t. I, p. 693; *Diplomata, chartæ*, t. II, p. 107. Papyrus de 0m,32 sur 0m,63.

14. — K, 2 n° 6; même provenance : Jugement rendu par le roi Clotaire III pour établir les droits de propriété de l'abbaye de Saint-Denis sur les deux tiers de diverses terres (Simplicciacum, Tauriacum, etc.) situées dans le Maine, l'Anjou et la Bretagne, et dépendant de la succession d'un certain Ermelenus. « .... novembr. anno rigni nostri tercio » (658, novembre). — Mabillon, *Annales ord. S. Benedicti*, t. I, p. 693; *Diplomata, chartæ*, t. II, p. 107. Papyrus de 0m,32 sur 0m,91.

15. — K, 2 n° 7; même provenance : Autre jugement rendu par Clotaire III en faveur de la même abbaye, au sujet des mêmes terres, contre Bérachaire, évêque du Mans. Sans date (environ 658). — Mabillon, *Annales ord. S. Bened.*, t. I, p. 694; *Diplomata, chartæ*, t. II, p. 108. Papyrus de 0m,31 sur 0m,45.

16. — Au dos de K, 1 n° 7; même provenance : Troisième jugement rendu par Clotaire III au sujet de la succession d'Ermelenus. Sans date (environ 658). Papyrus de 0m,31 sur 0m,27.

17. — K, 2 n° 2; même provenance : Jugement rendu par Clotaire III sur un procès entre l'église de Rouen et l'abbaye de Saint-Denis. Sans date (environ 659). — Mabillon, *De re diplomatica*, p. 378 et pl. xviii; *Diplomata, chartæ*, t. ii, p. 111. Papyrus de 0ᵐ,29 sur 0ᵐ,53.

18. — K, 2 n° 8; même provenance : Donation faite par le roi Childéric II à l'abbaye de Saint-Denis du domaine de Viplaix en Berri (Vipplesiacum). « Data die quarto kal. augusti, anno x regni nostri, Clypiacensi palacio in Dei nomine feliciter » (669 ou 670, 29 juillet). — Dom Doublet, *Hist. de l'abb. de Saint-Denys*, p. 685; *Diplomata, chartæ*, t. ii, p. 150. Parchemin de 0ᵐ,48 sur 0ᵐ,53.

19. — K, 2 n° 10; même provenance : Fondation par une femme noble nommée Chrotilde d'un monastère de femmes à Bruyères-le-Château (Brocaria) dans le pays d'Étampes. « Datum Morlacas vico publico quod fecit minsis marcius dies dieci anno xvi regni domini nostri Chlotachariae gloriossimi regis » (670 ou 671, 10 mars). — Mabillon, *De re diplomatica*, p. 468 et 379; *Diplomata, chartæ*, t. ii, p. 148. Parchemin de 0ᵐ,43 sur 0ᵐ,37.

20. — K, 2 n° 12; même provenance : Donation par le roi Thierri III au diacre Chainon, plus tard abbé de Saint-Denis, des terres de Sanci, Les Monceaux et Aulnoi en Brie (Saocithus, Muntecellæ et Alniti), biens provenant de la succession de Detta, veuve de Chrodobert. « Datum quod ficit minsis september dies xii, anno v rigni nostri; Marlaco in Dei nomine » (677 ou 678, 12 septembre). — Mabillon, *De re diplom.*, p. 469; *Diplomata, chartæ*, t. ii, p. 178. Parchemin de 0ᵐ,55 sur 0ᵐ,34.

21. — K, 2 n° 1; même provenance : Diplôme par lequel le roi Thierri III accorde à Chramlinus, évêque d'Embrun déposé dans un synode, la grâce de passer le restant de ses jours à l'abbaye de Saint-Denis. « Datum medio minse september, annum v rigni nostri; Marlaco in Dei nomine feliciter » (677 ou 678, 15 septembre). — Mabillon, *De re diplom.*, p. 469 et 381; *Diplomata, chartæ*, t. ii, p. 178. Parchemin de 0ᵐ,43 sur 0ᵐ,30.

22. — K, 2 n° 15; même provenance : Jugement par lequel le roi Thierri III maintient un personnage nommé Amalgarius dans la propriété d'une terre au village de Bailleval (Bactilionis vallis) en Beauvaisis, contrairement à la revendication exercée par une femme nommée Acchildis. « Datum sub die segundo kalendas julias annum vii rigni nostri, Lusarcca, in Dei nomine,

feliciter » (679 ou 680, 30 juin). — Mabillon, *De re diplom.*, p. 470; *Diplomata, chartæ*, t. II, p. 185. Parchemin de 0^m,43 sur 0^m,24, muni d'un sceau bien conservé autour duquel on lit encore : .... CVS REX F.

23. — K, 2 n° 14; même provenance : Exemption de droits de péage et de circulation accordée par le roi Thierri III à l'abbaye de Saint-Denis. Sans date (environ 681). — Mabillon, *De re diplom.*, p. 470; *Diplomata, chartæ*, t. II, p. 187. Parchemin de 0^m,25 sur 0^m,24.

24. — K, 4 n° 5; provenant de l'abbaye de Saint-Germain-des-Prés : Donation faite par Vuademer et Ercamberte sa femme à l'abbaye de Sainte-Croix-et-Saint-Vincent (Saint-Germain-des-Prés) de divers domaines (Prisciniacus, Uxxima et Novisolium), sous réserve de l'usufruit. « Hactum Prisciniaco villa publice quod fecit mensus augustus dies XX vigenti, in anno decimo X regnante Theoderico gloriosissimo regis » (682 ou 683, 20 août). — Guérard, *Polyptique de l'abbé Irminon*, Paris, 1841, t. II, p. 341 ; *Diplomata, chartæ*, t. II, p. 360. Parchemin de 0^m,48 sur 0^m,31.

25. — K, 3 n° 2; provenant de l'abbaye de Saint-Denis : Donation par le roi Thierri III à l'abbaye de Saint-Denis du village de Lagni (Latiniacum). « Datum sub die tercio kalendas novembris, annum XVI rigni nostri, Compendio, in Dei nomine feliciter » (688 ou 689, 30 octobre). — Mabillon, *De re diplom.*, p. 471 ; *Diplomata, chartæ*, t. II, p. 204. Parchemin de 0^m,38 sur 0^m,50.

— A la Bibliothèque impériale : Donation faite par Vandemir et sa femme Ercamberte d'un très-grand nombre de terres (Ingolino curti in pago Camiliacensi, Fraxineto in pago Parisiacensi, etc.) à divers monastères ou églises de Paris et des contrées environnantes. « Actum Camiliaco, vico publico, quod ficit minsis...... anno XVIJ regni domini nostri Theuderice gloriosissimi rigis » (690). — Mabillon, *De re diplom.*, p. 472 et 381 ; *Diplomata, chartæ*, t. II, p. 208. Parchemin de 0^m,55 sur 0^m,36.

26. — K, 3 n° 1; provenant de l'abbaye de Saint-Denis : Testament du fils d'Idda (c'est le seul renseignement qui reste dans la pièce sur la personne du testateur), par lequel il lègue à diverses églises, à sa femme Chramnétrude et au roi, des biens situés dans le Vexin et le Pincerais. Sans date (environ 690). — Mabillon, *Annales ord. S. Bened.*, t. I, p. 706 ; *Diplomata, chartæ*, t. II, p. 211. Papyrus de 1^m,53 sur 0^m,32.

27. — K, 1 n° 10; même provenance : Diplôme accordé à l'ab-

baye de Saint-Denis par un roi mérovingien. La pièce est tellement mutilée que le nom du roi et l'objet du diplôme sont également inconnus. Sans date (d'environ 650 à 700). — A. Teulet, *Diplomata et chartæ merovingicæ ætatis*. Paris, Didot, 1848, p. 33. Papyrus de 0^m,32 sur 0^m,28.

28. — K, 3 n° 3; même provenance : Jugement rendu par le roi Clovis III au sujet de diverses terres (Nialcha, Childulfovilla, etc.) qui étaient l'objet d'un procès entre deux personnages nommés Chrotcaire et Chuneberchl. « Datum quod ficit minsis augustus dies xii, anno primo rigni nostri; Captunaco feliciter » (691, 12 août). — Mabillon, *De re diplom.*, p. 473; *Diplomata, chartæ*, t. ii, p. 217. Parchemin de 0^m,37 sur 0^m,26 avec un fragment de sceau sur lequel on lit encore : ...DOVIVS REX F.

29. — K, 2 n° 9; même provenance : Échange entre Landeberchl, abbé de Saint-Germain-des-Prés, et Magnoald, abbé de Tussonval, de terres (Franconcurte et Rocconcurte) situées dans le Pincerais. « Actum Claumar.... » (environ 691). — Mabillon, *Annales ord. S. Benedicti*, t. i, p. 702; *Diplomata, chartæ*, t. ii, p. 219. Papyrus de 0^m,43 sur 0^m,31.

30. — K, 3 n° 4; même provenance : Jugement rendu par le roi Clovis III au sujet de la réclamation faite par Chainon, abbé de Saint-Denis, à un abbé Ermenoald, de 1,500 livres d'huile dont celui-ci s'était porté caution envers l'abbaye pour un évêque d'Autun. « Datum quod ficit minsis madius dies quinque, anno secundo rigni nostri; Noviento in Dei nomene feliciter » (692, 5 mai). — Mabillon, *Acta SS. ord. S. Benedicti*. Paris, 1672, t. iii, p. 659; *Diplomata, chartæ*, t. ii, p. 223. Papyrus de 0^m,41 sur 0^m,25.

31. — K, 3 n° 5; même provenance : Confirmation par le roi Clovis III en faveur de l'abbaye de Saint-Denis d'une donation de cent sous de rente à prendre sur les droits du fisc à Marseille et d'une exemption générale de péages. « Datum quod ficit minsis junius dies quinque, anno secundo rigni nostri; Noviento feliciter » (692, 25 juin). — Mabillon, *Acta SS. ord. S. Bened.*, t. iv, p. 560; *Diplomata, chartæ*, t. ii, p. 224. Parchemin de 0^m,41 sur 0^m,18.

32. — K, 3 n° 6; même provenance : Confirmation par Clovis III, en sa cour de justice réunie au palais de Lusarche, de la donation du village de Noisi (Nocitum) faite à l'abbaye de Saint Denis par un personnage nommé Ingobert et par Angan-

trude, sa veuve. « Datum sub die kalendas novembris, anno secundo rigni nostri; Lusarca, in Dei nomene feliciter » (692, 1er novembre). — Mabillon, *Acta SS. ord. S. Bened.*, t. III, p. 558; *Diplomata, chartæ*, t. II, p. 227. Parchemin de 0^m,52 sur 0^m,26.

33. — K, 3 n° 7; même provenance : Jugement par lequel le roi Clovis III adjuge à Ingramnus, orphelin, fils de Chaldedramnus, représenté par le roi Chrotchaire, la terre de Bétencourt (Baddanecurti) en Beauvaisis dont un certain Amalbert s'était emparé. « Datum pridiae kalendas marcias, annum tercio rigni nostri, Valencianis, in Dei nomine feliciter » (693 ou 694, 28 février). — Mabillon, *Acta SS. ord. S. Bened.*, t. IV, p. 560; *Diplomata, chartæ*, t. II, p. 229. Parchemin de 0^m,56 sur 0^m,27, encore muni de son sceau, sur lequel on ne distingue plus que ces lettres : + ... LODV..... EX.

34. — K, 3 n° 8; même provenance : Donation par Childebert III à l'abbaye de Saint-Denis de la terre de Nassigni (Napsiniacum) en Berri, en échange de 300 sous de rente que l'abbaye recevait du roi. « Datum quod ficit minsis decembris dies XIII, anno primo rigni nostri, Conpendio villa nostra, in Dei nomene feliciter » (695, 13 décembre). — Mabillon, *De re diplom.*, p. 476 et 382; *Diplomata, chartæ*, t. II, p. 231. Parchemin de 0^m,47 sur 0^m,55.

35. — K, 3 n° 9; même provenance : Jugement par lequel le roi Childebert III envoie l'abbaye de Saint-Denis en possession d'un domaine situé en Beauvaisis (in loco noncopante Hosdinio) que les religieux avaient reçu en nantissement d'un certain Ibbon, condamné pour avoir manqué au service militaire à une amende de 600 sous, que l'abbaye avait payée. « Datum sub die x kalendas januarias, anno primo rigni nostri; Conpendium » (695, 23 décembre). — Mabillon, *De re diplom.*, p. 477; *Diplomata, chartæ*, t. II, p. 233. Parchemin de 0^m,47 sur 0^m,25, encore muni de son sceau portant : + CI.......... REX FRACORV^{CORVM} [1].

36. — K, 3 n° 11; même provenance : Exemption de tous droits épiscopaux et séculiers accordée par Agerade, évêque de Chartres, à une abbaye de Sainte-Marie, située dans son diocèse. « Annum II secundo regnum domni nostri Childeberchti, gloriosissimi regis; Captonaco publicae. [Datum quod] fecit

---

[1]. Cette répétition provient de ce que la matrice a frappé deux fois.

minsis marcius dies sex » (696, 6 mars). — Mabillon, *De re diplom.*, p. 478; *Diplomata, chartæ*, t. II, p. 234.— Parchemin de 0^m,61 sur 0^m,38.

37. — K, 3 n° 10; même provenance : Confirmation par le roi Childebert III de l'immunité de tous droits et juridiction royaux accordée à l'abbaye de Tussonval dans le pays de Chambli, par Thierri III. « Datum quod ficit minsis aprilis dies octo, annum secundum rigni nostri; in Dei nomine, Noviginto feliciter » (696, 8 avril). — Mabillon, *De re diplom.*, p. 477; *Diplomata, chartæ*, t. II, p. 236. Parchemin de 0^m,32 sur 0^m,60.

38. — K, 3 n° 12; même provenance : Jugement par lequel le roi Childebert III adjuge à l'abbaye de Tussonval une ferme dans le village de Noisi (Nocitum) au pays de Chambli, domaine dont la propriété était disputée à l'abbaye par un certain Drogon et par Adaltrude sa femme. « Datum quod ficit minsis marcius dies XIIII, anno tercio rigni nostri, Conpendio in Dei nomine feliciter » (697, 14 mars). — Mabillon, *De re diplom.*, p. 479; *Diplomata, chartæ*, t. II, p. 241. Parchemin de 0^m,44 sur 0^m,32, encore muni de son sceau portant : + CHILDEB................M.

— A la Bibliothèque impériale : Donation faite par le roi Childebert III aux religieuses du monastère d'Argenteuil de tous les droits appartenant au fisc dans une forêt (silva Cornioletus) située sur les bords de la Seine. « Datum quod ficit minsis abrilis diaes tres, anno tercio rigni nostri, Conpendio, in Dei nomene feliciter » (697, 3 avril). — Mabillon, *Annales SS. ord. S. Bened.*, t. IV, p. 174 et 656; *Diplomata, chartæ*, t. II, p. 242. Parchemin de 0^m,52 sur 0^m,25.

39. — K, 3 n° 12 *bis*; provenant de l'abbaye de Saint-Germain-des-Près : Échange de terres situées à Marli (Mairilacum) entre un abbé Waldromar et un seigneur nommé Adalric. « Actum Beudechisilovalle (Bougival) et sub diae quod ficit minsis abrilis dies viginti et quinque, anno tercio rignum domni nostri Childeberti, gloriosi regis » (697, 25 avril). — A. Teulet, *Bibliothèque de l'École des chartes*, t. II, 1841, p. 248; *Diplomata, chartæ*, t. II, p. 428. Parchemin de 0^m,31 sur 0^m,17.

40. — K, 4 n° 1; provenant des archives de l'abbaye de Saint-Denis : Testament d'une dame nommée Ermintbrude, contenant un grand nombre de legs en faveur de diverses églises de Paris. Sans date (d'environ l'an 700). — Mabillon, *De liturgia gallicana*. Paris, 1683; *Diplomata, chartæ*, t. II, p. 255 Papyrus de 1^m,45 sur 0^m,33.

41. — L, 483 n° 1; provenant des archives du chapitre de Saint-Louis et Saint-Thomas du Louvre et, antérieurement, des archives de l'abbaye de Saint-Maur-des-Fossés. Immunité de droits royaux accordée par le roi Childebert III à l'abbaye de Saint-Maur-des-Fossés. Sans date (d'environ l'an 700). — H. Bordier, *Biblioth. de l'École des chartes*, t. XI, 1849, p. 56. Parchemin de $0^m,23$ sur $0^m,36$.

42. — K, 3 n° 13; provenant des archives de l'abbaye de Saint-Germain-des-Prés : Jugement par lequel le roi Childebert III confirme l'annexion qui avait été faite à l'abbaye de Sainte-Croix et Saint-Vincent (Saint-Germain-des-Prés) du monastère de Limours (Lemauso) dans le pays d'Étampes. « Datum quod ficit mensis februarius dies XXV, anno VIII rigni nostri; Carraciaco feliciter » (703, 25 février). — Mabillon, *Acta SS. ord. S. Bened.*, t. IV, p. 561; *Diplomata, chartæ*, t. II, p. 261. Parchemin de $0^m,33$ sur $0^m,49$.

43. — K, 3 n° 14; provenant des archives de l'abbaye de Saint-Denis : Jugement par lequel le roi Childebert III ratifie la vente faite à un clerc nommé Audouin de deux domaines (in loca nunccupantis Childriciaecas et Ad Taxmedas) dans le pays de Telle. « Datum quod ficit minsis aprilis dies octo, annum XV rigni nostri, Crisciaeco in Dei nomene feleciter » (709, 8 avril). — Mabillon, *De re diplom.*, p. 385 et 482; *Diplomata, chartæ*, t. II, p. 279. Parchemin de $0^m,46$ sur $0^m,31$, encore muni de son sceau, sur lequel on lit : + CHILDEBER..S REX FRANCO...

44. — K, 3 n° 15; même provenance : Jugement par lequel le roi Childebert III attribue tous les revenus du marché de Saint-Denis à l'abbaye malgré les prétentions de Grimoald, comte de Paris, qui en réclamait la moitié. « Datum quod ficit minsis december dies XIII, anno XVI regni nostri; Mamaccas feliciter » (710, 13 décembre). — Mabillon, *De re diplom.*, p. 482; *Diplomata, chartæ*, t. II, p. 285. Parchemin de $0^m,72$ sur $0^m,42$.

45. — K, 3 n° 16; même provenance : Jugement par lequel Childebert III adjuge à l'abbaye de Saint-Denis le moulin de Chailli (Cadolaicum), contrairement aux prétentions de Grimoald, maire du palais. « Datum quod ficit minsis december dies XIIII, anno XVI rigni nostri, Mamaccas feliciter » (710, 14 décembre). — Mabillon, *De re diplom.*, p. 483; *Diplomata, chartæ*, t. II, p. 286. Parchemin de $0^m,43$ sur $0^m,35$.

46. — K, 3 n° 17; même provenance : Confirmation par le roi Chilpéric II de l'immunité accordée par ses prédécesseurs à

l'abbaye de Saint-Denis. « Datum sub diae pridiae kalendas marcias anno primo rigny nostri, in Dei nomine, Conpendio feliciter » (716, 29 février). — Mabillon, *Acta SS. ord. S. Bened.*, t. IV, p. 562; *Diplomata, chartæ*, t. II, p. 303. Parchemin de 0^m,42 sur 0^m,66.

47. — K, 3 n° 18; même provenance : Confirmation par le roi Chilpéric II à l'abbaye de Saint-Denis d'une donation de cent sous de rente à prendre sur les impositions payées au fisc dans la ville de Marseille, et en second lieu d'une exemption de péage par tout le royaume. « Datum quod ficit minsis marcius die v, anno primo rigni nostri; Conpendio, in Dei nomine feliciter » (716, 5 mars).—Mabillon, *Acta SS. ord. S. Bened.*, t. IV, p. 653; *Diplomata, chartæ*, t. II, p. 304. Parchemin de 0^m,48 sur 0^m,26, encore muni de son sceau, sur lequel on lit, en lettres renversées : + FRANC REX.....

48. — K, 3 n° 19; même provenance : Jugement par lequel le roi Chilpéric II adjuge à l'abbaye de Saint-Denis la propriété de la moitié de la terre de Besu-en-Vexin (superius Bacivum) qu'on lui contestait. « Datum quod ficit minsis marcius dies VII anno I rigni nostri; Conpendio in Dei nomine feliciter » (716, 7 mars). — Mabillon, *Acta SS. ord. S. Bened.*, t. IV, p. 563; *Diplomata, chartæ*, t. II, p. 305. Parchemin de 0^m,39 sur 0^m,61.

49. — K, 3 n° 20; même provenance : Confirmation par Chilpéric II du don fait à l'abbaye de Saint-Denis par ses prédécesseurs d'une rente annuelle équivalant à la valeur de cent vaches, à prendre sur le fisc royal du Mans. « Datum quod ficit minsis marcius dies XVI, anno primo I rigni nostri; Conpendio, in Dei nomine feliciter (716, 16 mars). — Mabillon, *Acta SS. ord. S. Bened.*, t. IV, p. 564; *Diplomata, chartæ*, t. II, p. 306. Parchemin de 0^m,39 sur 0^m,60.

50. — K, 4 n° 3; même provenance : Donation faite par le roi Chilpéric II à l'abbaye de Saint-Denis de ses droits exclusifs de chasse et d'usage sur la forêt de Rouvrai (Roveritum) en Parisis (le bois de Boulogne) et en même temps du forestier chargé de la garder. « Datum pridiae kalendas marcias, annum secundum rigni nostri; Conpendio in Dei nomine feliciter » (717, 28 février). — Dom Doublet, *Hist. de l'abb. de Saint-Denis*, p. 689; *Diplomata, chartæ*, t. II, p. 311. Parchemin de 0^m,55 sur 0^m,28.

51. — S, 1878 n° 1; provenant des archives du chapitre de Saint-Louis-du-Louvre, et, antérieurement, de l'abbaye de

Saint-Maur-des-Fossés : Donation de la terre de Montreuil et autres (Monasteriola, Curtecella, etc.) faite à l'abbaye de Saint-Maur-des-Fossés par le comte Ratmond et Berte, sa femme. « Data vj° nonas martii anno Christo propitio II regnante Teoderico rege, indictione VII. Actum Parisius civitate, in Dei nomine feliciter, amen » (722, 2 mars). — H. Bordier, *Biblioth. de l'École des chartes*, t. xi, 1849, p. 64. Parchemin de 0^m,40 sur 0^m,52. — Ce diplôme n'est point un original; il a été écrit du temps de Hugues Capet.

52. — Au dos de K, 4 n° 1 ; provenant des archives de l'abbaye de Saint-Denis : Lettre du pape Zacharie (adressée à Pépin, roi) pour la confirmation des priviléges de l'abbaye de Saint-Denis. « Anno octavo domni nostri Zachariae; datum secundo nonis novembris imperante domno piissimo augusto Constantino a Deo coronato, anno decimo quarto, indictione sexta » (749, 4 novembre). — Dom Doublet, *Hist. de l'abb. de Saint-Denis*, p. 445. — Papyrus de 1^m sur 0^m,30. — Faux document fabriqué vers la fin du ixe siècle avec une grande ignorance.

53. — K, 4 n° 7 ; même provenance : Jugement par lequel Pépin, maire du palais, adjuge à l'abbaye de Saint-Denis une terre (vicus Curborius in pago Tellau) qui était disputée à cette abbaye par celle des Septmeules. « Datum quod fecit mensis junius dies viginti, annum nono viiij Childerico rege » (750, 20 juin). — Mabillon, *De re diplom.*, p. 490; *Diplomata, chartæ*, t. II, p. 415. Parchemin de 0^m,24 sur 0^m,28, encore muni d'un petit fragment de sceau.

54. — K, 4 n° 6 ; même provenance : Confirmation prononcée par Pépin, maire du palais, des conclusions d'une enquête faite par deux de ses officiers (missi), nommés Guichingo et Clodion, qu'il avait chargés de parcourir le royaume afin de faire restituer à l'abbaye de Saint-Denis tous les biens qui lui appartenaient. Sans date (d'environ l'an 751). — Dom Doublet, *Hist. de l'abb. de Saint-Denis*, p. 692; *Diplomata, chartæ*, t. II, p. 418. Parchemin de 0^m,38 sur 0^m,55, encore muni d'un très-beau sceau représentant une petite tête romaine le profil tourné à gauche et coiffée du pschent égyptien.

55. — K, 4 n° 6 *bis* ; même provenance. Double de la pièce précédente, écrite à la même époque ; elle n'en diffère que par un peu plus de largeur (0^m,57) et par cette circonstance qu'elle n'a jamais été scellée.

Pour les sceaux, en ne tenant pas compte du n° 53 à cause de sa dégradation, ni du n° 54 ouvrage d'un artiste romain ou grec, ni du sceau de Dagobert existant à la Bibliothèque impériale, à cause de sa fausseté, il reste donc sept sceaux, tous aux Archives de l'empire, qui sont d'un travail mérovingien. Leur barbarie rappelle les monnaies de la même époque. Ils sont tous en cire blanche ou brune, plaqués, de forme circulaire, mesurant 24, 30, 32 ou 34 millimètres de diamètre et représentant une tête d'homme aux longs cheveux flottants séparés sur le milieu du front, et vue de face. Dans le champ à droite de la tête se voit sur quelques-uns une petite croix latine; sur d'autres il y a deux croix, une à droite, l'autre à gauche. Les mieux conservés de ces sceaux ont été publiés dans la *Diplomatique* de Mabillon, dans le *Nouveau traité de diplomatique* des Bénédictins, le *Trésor de numismatique et de glyptique* de Collas, les *Eléments de paléographie* de N. de Wailly.

Trois autres monuments du même genre ont été connus des savants. Le plus ancien et le plus précieux est l'anneau d'or de Childéric Ier (438-481) découvert en 1653 dans le tombeau de ce prince à Tournai, donné par l'électeur de Cologne à Louis XIV et conservé depuis à la Bibliothèque du roi, d'où il a malheureusement disparu dans le trop célèbre vol du 6 novembre 1831; la Bibliothèque n'en a conservé que l'empreinte. La gravure de cet anneau, de forme ovale, représente le buste d'un personnage à longs cheveux, séparés sur le front et noués au bas du visage, avec une haste dans la main droite, une dalmatique sur les épaules, et pour légende : CHILDERICI REGIΣ. Il a été gravé dans les *Monuments de la monarchie française* de Montfaucon, dans le *Nouveau traité de diplomatique* et dans le *Syntagma de vet. Germ. sigillis* de Heineccius. — Le second, gravé sur une matrice en cuivre trouvée dans le Doubs, est un sceau de Dagobert Ier; forme circulaire; tête de face, longs cheveux, croix à droite dans le champ; légende : ΔAGOBERTVS REX FRANC. — Le troisième est de Sigebert II (632-656); forme circulaire; tête de profil tournée à gauche, longs cheveux; légende : S. R. Ces deux derniers appartiennent à un particulier, M. Cartier, d'Amboise.

Ces dix types sont, je crois, tout ce que l'on connaît de sceaux mérovingiens.

Race carlovingienne.

K, 5-17. Les diplômes carlovingiens originaux conservés aux Archives de l'empire sont au nombre d'environ deux cents; mais tous ne se trouvent pas dans la série K. Sur ces deux cents, il y en a quarante-huit qui sont disséminés aux endroits suivants : J 879; L 206, 208, 215, 371, 436-47, 478, 483, 484-89, 1196, 1429, 1628; M, ancien K 117; S 388.

Une grande partie de ces pièces sont encore revêtues de leurs sceaux.

Race capétienne.

K, 18 : Hugues-Capet; Robert. — 19 : Henri Ier. — 20 : Philippe Ier. — 21 et 22 : Louis le Gros. — 23 à 25 : Louis le Jeune. — 26 à 28 : Philippe-Auguste. — 29 : Louis VIII. — 30 à 35 :

S. Louis. — 34 et 35 : Philippe le Hardi. — 36 à 38 : Philippe le Bel. — 39 : Louis X. — 40 : Philippe le Long. — 41 : Charles le Bel. — 42 à 45 : Philippe de Valois. — 46 à 48 : Jean. — 49 à 52 : Charles V. — 53 à 61 : Charles VI. — 62 à 69 : Charles VII. — 70 à 72 : Louis XI. — 73 à 76 : Charles VIII. — 77 à 80 : Louis XII. — 81 à 89 : François Ier. — 90 et 91 : Henri II. — 92 : François II. — 93 à 98 : Charles IX. — 99 à 102 : Henri III. — 103 à 108 : Henri IV. — 109 à 116 : Louis XIII. — 117 à 135 : Louis XIV. — 136 à 158 : Louis XV. — 159 à 163 : Louis XVI.

II. Copies de chartes.

Après l'incendie de la chambre des comptes de Paris, arrivé en 1737, parut un édit du roi qui ordonnait à tous les particuliers ou communautés possédant des titres émanés de cette juridiction de lui en renvoyer des copies ; avec ces copies, on refit comme on put les anciens *Mémoriaux* de la chambre des comptes dont il sera question plus loin (lettre P), et de la même opération résulta la collection de copies de chartes qui fait l'objet du présent chapitre ; elle est en effet connue sous le nom de Copie des mémoriaux. Les textes qu'elle contient, il est facile de le présumer d'après les conditions dans lesquelles cette collection a été formée, sont très-défectueux ; mais elle offre de l'intérêt par son ensemble, car les trente premiers cartons dont elle se compose renferment près de six mille chartes la plupart du xiie au xve siècle. Il existe dans le bureau de la section historique un bon répertoire alphabétique sur cartes de cette collection.

K, 165 : environ 45 chartes de 1134 à 1500, la plupart relatives aux guerres de Flandre. — 166 : Apanages, hommages, traités de paix, mariages, etc.; environ 150 pièces, de 847 à 1325. — 167 : Traités de paix, rapports avec l'Angleterre, hommages, etc.; env. 200 p., de 1320 à 1370. — 168 : Naturalités, donations aux Célestins de Paris, au chapitre de Notre-Dame, etc.; env. 110 p., de 1399 à 1499. — 169 : Naturalités, anoblissements, donations à Saint-Remi de Rheims, à la cathédrale de Beauvais, etc.; env. 140 p., de 1470 à 1480. — 170 : Amortissements, donations aux abbayes de Reuilly, de Saint-Barthélemi de Noyon, aux Célestins de Paris, traités de paix, etc.; env. 110 p., de 1480 à 1525. — 171 : Amortissements, donations au chapitre de Reims, aux Chartreux du mont Saint-Louis les Noyon, aux Chartreux de Paris, etc.; env. 70 p., de 1520 à

1570. — 172 : Légitimations, anoblissements, naturalités; env. 150 p., de 1567 à 1600. — 173 : Célestins de Paris, abbayes de Morienval, de Jouy, de Pont-aux-Dames, chapitre de Reims, etc.; env. 165 p., de 1360 à 1400. — 173 *bis* : Naturalités, mariages, amortissements, priviléges accordés à l'abbaye de Saint-Germain-des-Prés, aux Feuillants et Feuillantines, aux Chartreux de Paris, aux Minimes de Soissons, aux Carmélites d'Amiens, etc.; env. 160 p., de 1600 à 1670. — 174 : Naturalités, amortissements, donations diverses; env. 170 p., de 1310 à 1725.

K, 175 : Lettres de naturalité; environ 230 pièces, de 1710 à 1740. — 176 : Chartes et priviléges des chapitres de Lyon, de Montbrison, de Bourges, de l'abbaye de Dôle, du prieuré de la Charité-sur-Loire, des minimes de Gien, etc., des villes de Bergerac, Angoulême, etc.; env. 210 p., de 885 à 1668. — 177 : 225 p des années 844 à 1315 relatives aux abbayes de Ferrières, de Saint-Père de Chartres, de Tiron, au prieuré de Néronville, aux religieux de Grammont, à l'Hôtel-Dieu de Nemours, aux abbayes de Saint-Vicent du-Bois, de Fontevrault, de Saint-Avit, de Gatines, de Voisins, de Citeaux, de Montcé, de Notre-Dame-de-l'Eau, de la Joye, de Romorantin, de Villiers; aux aveugles de Chartres, à l'Hôtel-Dieu de Montargis. — 178 : env. 125 p. relatives aux Célestins d'Ambert, au chapitre de Sainte-Croix d'Orléans, à l'abbaye de Saint-Loup d'Orléans, au chapitre de Saint-Georges de Vendôme, à l'abbaye de Tiron, etc.; 1300-1700. — 179 : Abbayes d'Hyères, de Hautes-Bruyères, de Saint-Cyr, de Chelles, de Livri, de Barbeaux, de Royaumont, de Jarci, de Sainte-Geneviève de Paris, etc.; env. 325 p., de 1132 à 1400. — 180 : Abbayes de Morienval, de Chelles, Célestins de Paris, Chartreux, Université de Paris, etc.; env. 225 p., de 1300 à 1650. — 181 : Chapitre de Notre-Dame de Paris, abbayes de Saint-Germain-des-Prés, Sainte-Geneviève, Saint-Victor, Port-Royal, etc.; env. 250 p., de 636 à 1350. — 182 : Hôtel-Dieu de Paris, Quinze-Vingts, Carmes, religieuses de l'Assomption, Filles-Dieu, Grands-Augustins, etc.; env. 130 p., de 1164 à 1340. — 183 : Université et colléges de Paris; env. 100 p., de 1250 à 1700. — 184 : env. 100 p., de 1169 à 1600 touchant les établissements religieux des généralités de Poitiers, Riom et la Rochelle.

K, 185 : Églises de Soissons, Noyon, Crespi, Laon, religieux ou religieuses de Longpré, de Ham, de Grammont, Hôtel-Dieu de la Ferté-Milon, environ 225 pièces, de 900 à 1650. — 186 :

Saint-Martin de Tours, église de Loches, religieux de Grammont, abbaye de Saint-Lô d'Angers, etc.; env. 280 p., de 770 à 1700. — 187 : env. 225 p., de 1090 à 1790, concernant divers établissements religieux de Picardie, Flandre, Artois, Hainaut, Champagne, etc. — 188 : Divers établissements religieux de Bourgogne, Dauphiné, Languedoc, Bourbonnais, Normandie, etc.; env. 210 p., de 900 à 1700. — 189 : Abbaye de Saint-Lucien de Beauvais, de Royaumont, chapitres de Senlis, de Beauvais, etc.; env. 220 p., de 581 à 1650. — 190 : Église de Sens, abbayes de Barbeaux, de Reuilly, de Saint-Paul lez-Sens, etc.; env. 150 p., de 830 à 1540. — 191 : Saint-Nicaise de Meulan, prieuré d'Hannemont, abbaye de Gomerfontaine, chapitre de Notre-Dame de Poissi, etc.; env. 290 p., de 1110 à 1600. — 192 : Chapitre de Saint-Étienne de Meaux, Hôtel-Dieu de Meaux, prieuré de Reuil, Saint-Ayoul et Saint Quiriace de Provins, etc.; env. 280 p., de 1100 à 1600. — 193 : env. 90 p., de 1579 à 1789, relatives principalement à l'Ile-de-France. — 194 : env. 200 p., de 1150 à 1789, concernant l'Alsace, l'Angoumois, l'Auvergne, la Bretagne, la Beauce, l'Anjou, et divers personnages célèbres du xviie siècle. — 195 : Inventaire des chartes du greffe de la chambre des comptes. — 196-210 : Pièces provenant de la chambre des comptes de Grenoble rangées par ordre alphabétique de noms de familles, 1116-1789. — 214-217 : Chartes et ordonnances, 1667-1789. — Chambre des comptes de Blois, Grenoble, Dijon, Dôle, Nantes, Paris, Rouen.

III. Série chronologique des comptes [1].

K, 224-231. Neuf registres de comptes divers de la maison du roi, de Philippe le Long à Charles V, 1321-61.

232-235. Charles V. — Compte du douaire de Jeanne, veuve de Charles IV; de la lieutenance du duché de Bourgogne; des subsides de guerre en Normandie; des joyaux du roi donnés en gage à Savoisy; de l'hôtel de Charles, fils de Charles le Mauvais; de la maison de Jean, duc de Berry, 1363-80.

236-281. Charles VI. — Six comptes du trésor royal, 1373-1420. Comptes des dépenses de l'hôtel du roi, 1380-1425. Dépenses des écuries, 1380-1412; de la vénerie, 1388; de l'argenterie, 1386-92; de la coifferie et des communes choses,

---

[1]. Quelques-uns des articles les plus remarquables de cette série ont été publiés, notamment par MM. Douet d'Arcq, le comte de Laborde et Le Roux de Lincy.

1391-1409. Comptes des dépenses de la maison d'Isabelle de Bavière, 1402-14. Dettes du dauphin Louis, 1405-20. Dépenses du dauphin Charles (Charles VII) pour sa personne, sa maison et ses écuries, 1418-23. Comptes de l'hôtel du duc de Berry, de sa chambre aux deniers, de sa trésorerie, de ses joyaux, de ses bâtiments, de la chambre aux deniers du comte de Montpensier, son fils, 1382-1413. Inventaire des joyaux de la couronne, 1418; des joyaux de la chapelle du roi, 1400-23.

282-291. Charles VII. — Compte de l'argenterie, 1459; des tapisseries du roi et autres dépenses, 1421-33; de ses écuries, 1433-56. Dépenses de la maison de la reine et de Marguerite d'Écosse, 1422-55. Compte rendu au duc de Bedford, 1433-34. Dépenses des maisons des ducs d'Orléans et d'Alençon, 1427-49; des maisons des duc et duchesse d'Anjou, 1408-27. Finances du roi de Sicile, 1460. Comptes du trésor royal, 1476-77.

292-305. Louis XI. — Dépenses de la maison du roi, 1465-69. Chambre aux deniers, 1469-83. Aumônes, 1479. Écuries, 1463-65. Réparations de Neufchâtel, 1472. Obsèques du roi de Sicile, 1480. Réparations et fortifications de Paris. Gardes écossais, 1474-76. Gages des seigneurs étrangers au service du roi, 1472-81. Comptes de l'argenterie de Charlotte de Savoie, 1469-71. Finances et bâtiments de Charles, frère du roi, 1469. Comptes des maisons d'Orléans, d'Angoulême et d'Anjou, 1461-80. Dépenses des officiers du roi de Sicile, 1480. Finances du comte du Maine, 1463.

306-523. Charles VIII. — Comptes de sa maison, 1482-83. Offrandes et aumônes, 1484-98. Argenterie, 1487-98. Pensionnaires du roi en Bretagne, 1485-91. Vénerie, 1486. Écuries, 1487-88. Menus-plaisirs, 1491. Finances et douaire de Charlotte de Savoie, veuve de Louis XI, 1483-84. Comptes de l'argenterie d'Anne de Bretagne, 1484-85; de Marguerite d'Autriche, 1488-89. Gages des officiers de la reine, 1492-93. Comptes du trésor et des finances d'Anne de Bretagne, 1492-97. Comptes de la maison du dauphin; obsèques de ce prince, 1495. Comptes de l'argenterie de la duchesse d'Angoulême, 1493-97. Compte du revenu des biens confisqués sur les partis ennemis de la réunion de la Bretagne à la France. Pensions du roi d'Angleterre. Compte des ornements d'église du château d'Amboise, 1487-94.

524-535. Louis XII. — Argenterie et maison du roi, 1498-1508. Offrandes, aumônes, écurie, 1498-1509. Maison de Claude

de France. Funérailles de Louis XII. Argenterie de la comtesse de Vendôme, 1505-13; du comte d'Angoulême, 1514. Dépenses pour une compagnie de cent gentilshommes de la garde. Dépense d'un vaisseau pour le duc d'Orléans (Louis XII) allant à Naples, 1494. Dépense de l'épargne.

534-351. François Ier. — Offrandes et aumônes, 1528-30. Fondation de l'hôpital des Enfants-Rouges. Chapelle du roi, 1525-35. Dépenses de sa maison, 1515-37; argenterie, 1536-41; linge et meubles, 1537; prévôté de l'hôtel, 1519-23; écurie, 1532; menus plaisirs, 1529-32. Dépenses de la maison de la reine, 1541-44. Compte des meubles du roi et de la reine, 1519-32. Maison du dauphin François, mort en 1536; de Charles, duc d'Orléans, mort en 1545; de madame, douairière d'Angoulême et de Vendôme, 1535. Dépense des cent gentilshommes de la garde, des Cent-Suisses, des Gardes-Françaises, des Gardes-Écossaises. Frais du séjour en France d'Anne de Bohême, reine de Hongrie; *id.*, de Charles-Quint.

352-364. Henri II. — Compte de l'épargne, 1551 et 1560. Offrandes et aumônes, 1546-51. Dépenses de la maison du roi, 1549-56. Argenterie de la reine, 1556. Pensionnaires de la reine, 1559. Argenterie du roi, 1556-60. Argenterie du dauphin, des ducs d'Orléans, d'Anjou, d'Angoulême et de madame Marguerite, 1556. Sacre et couronnement de la reine Catherine de Médicis. Bâtiments de la reine; dépenses de sa maison, 1547-57; de la maison des enfants de France, 1551-59.

365-371. François II. — Comptes de l'épargne, 1560. Argenterie et maison du roi, 1559-60. Maison de Marie Stuart; des frères du roi; de Marguerite de Navarre, sa sœur, 1559-60.

372-387. Charles IX. — Comptes de l'épargne, 1563-72. Maison du roi, 1563-74; écuries, 1566-70. Maison de Catherine de Médicis, 1561-65; des frères du roi, 1563-68; de Marguerite, sa sœur, 1562-74.

388-423. Henri III. — Compte de l'épargne, 1580-88. Maison du roi, 1583-88. Écuries, 1588. Vénerie, fauconnerie, prévôté de l'hôtel, 1584-85. Maison de Catherine de Médicis, 1579-85; de la reine veuve de Charles IX, 1584; du duc d'Alençon, 1575-80. Dépenses des bâtiments de la reine mère, 1581. Comptes des dépenses de la maison de Marguerite de Navarre (18 cartons), 1575-86.

424-443. Henri IV. — Comptes de l'épargne, sous Sully, 1590-1608. Maison du roi, 1591-1610. Écurie, 1599-1610. Dépenses

de la maison de Marguerite de Navarre, première femme de Henri IV, 1590-1605. Comptes des dettes de Marguerite, 1609-11.

444-469. Louis XIII. — Comptes de l'épargne, 1611-37. Maison du roi, 1612-35; écuries, 1614-33. Dépenses de la maison de Marguerite de Navarre, 1611 et 1612; de la maison de Marie de Médicis, veuve de Henri IV, 1612-34; de celles de la reine Anne d'Autriche, 1632-42; de Gaston de France, 1635-40; des sœurs du roi, 1619-21.

470-497. Louis XIV. — Comptes du trésor royal, 1664-69 et 1692-1712. Comptes de l'épargne, 1651-62. Maison du roi, 1643-1714. Argenterie, 1648-1711. Chambre aux deniers et des menus plaisirs, 1659-1708. Écuries, 1648-74 et 1708. Maison d'Anne d'Autriche, 1645-60. Bâtiments d'Anne d'Autriche, 1645-65. Maison de la reine Marie-Thérèse d'Autriche, 1666-81. Tutelle des princesses d'Orléans, 1667. Maison de Gaston de France, 1659. Maison de la dauphine, 1687. Maisons des ducs de Bourgogne et de Berry, 1702 et 1711. Maison de Philippe, duc d'Orléans, 1661 et 1773.

498-504. Louis XV. — Comptes du trésor royal, 1713 et 1740. Maison du roi, 1717 61. Argenterie. 1713-58. Chambre aux deniers et menus plaisirs, 1763. Écuries, 1728 et 1764. Maison de la reine, 1752; de la dauphine, 1754.

505-530. Louis XVI. — Comptes de la maison du roi et de la famille royale. Gardes française et écossaise, 1746 et 1765. Inventaire général des meubles de la couronne, 1706 et 1776. Bronzes du Garde-Meuble, 1786. Inventaire général des tableaux du roi, 1709-10. Pensionnaires de madame Victoire, 1789. Grande et petite écurie. Maison militaire du roi. Gardes Française. Rambouillet; Versailles. Dépenses du gouvernement des Tuileries, 1777-83. Garde-Meuble. Maisons royales. Dépenses pour les enfants de France. Ouvrages, fournitures, gages de personnes attachées à la maison du roi.

IV. Histoire des princes du sang royal.

K, 531 615. Domaine de la couronne, 1323-1437. Princes divers de la famille, 1442-1789. Anciens comtes de Nevers, 1475-1696. Maison d'Orléans et princes légitimés, 1689-1789. Apanages, 1225-1693. Contrats de mariage.

V. Histoire des dignités et offices.

K, 616-673. Princes et pairs; érections de terres en pairies

et en principautés, 1297-1650. Histoires de la pairie de France, des grands d'Espagne et des pairs d'Angleterre. Pairies de France; érections, depuis l'origine jusqu'en 1765. Recueil sur la pairie : titres, lettres, actes, 1306-1642. Ouvrages, recueils et extraits divers sur la pairie. Observations sur les rangs et honneurs de la cour. Chanceliers, gardes des sceaux, ministres. Conseils du roi. Officiers; provisions et brevets de toute nature. Comptes des parties casuelles. Contrôleurs des greffes. Greffiers des rôles en Picardie, Nivernais, Normandie.

VI. Corps politiques.

K, 674-869. Artois, Anjou, Auch, Berry, Béarn, Rouen, Paris, Bourgogne, Bigorre, Navarre, Périgord, Franche-Comté, Bretagne, Corse, Haute-Guyenne, Foix, Dauphiné, Flandre, Hainaut, Ile-de-France, Languedoc, Normandie, Maine. États généraux; états de Bretagne, de Bourgogne. Collections diverses de registres du parlement de Paris (environ 120 vol.), 1364-1649. Parlements de Paris, de Grenoble, de Toulouse. État de la magistrature en France. Greffiers du parlement. Chambre des comptes. Juridictions inférieures. Procès-verbal de l'arrêt prononcé contre Jacques-Cœur. Procès criminels fameux. Procès de Jean d'Alençon, de de Thou, de Robert d'Artois, de Charles, roi de Navarre, d'Édouard, roi d'Angleterre, de Jeanne d'Arc, de Charles de Bourbon, du prince de Condé.

VII. Histoire des lois, coutumes, impôts, monnaies, commerce, etc.

K, 870-947. Lois et coutumes. Commentaires sur les coutumes. Règlements et arrêts du conseil du roi. Ordonnances des galères. Finances et impôts. Ponts et chaussées. Bureau des finances et trésoriers de France. Impositions. Mines. Diminution et refonte des monnaies; billets d'État. Traité des monnaies de France. Commerce et grains. Foire du Lendit à Saint-Denis. Mercuriales du Châtelet; prix des grains [1].

VIII. Histoire des provinces et villes.

K, 948-1299. Mémoires divers sur la Normandie, la Bretagne,

---

[1]. Un article de cette série, *Coutumes de la ville d'Alais* (1216 et 1224), a été publié par M. Beugnot, *Bibliothèque de l'École des chartes* (1846), t. VII, p. 93, et *Olim*, t. III, p. 1458 et 1545. Il portait alors le n° K, 867. Les pièces de la section historique ont si souvent subi des remaniements partiels et mal conçus qu'il y en a qui portent jusqu'à quatre numéros successivement pris et effacés.

le Poitou, la Saintonge, le Périgord, le Querci, la Guyenne, la Gascogne, le Béarn, Bordeaux, le Languedoc, le Rouergue, la Provence, la Touraine, Réthel, l'Anjou, le Maine, l'Alsace, Soissons, Rouen, le Berri, Dreux. Droits du roi de France sur Avignon, Orange, la Bretagne, la Bourgogne, l'Artois, la Flandre, la Navarre, la Sicile. — Titres sur Paris provenant de l'abbaye de Saint-Germain-des-Prés (41 vol.). Topographie de Paris; impôts sur ses habitants; prévôts des marchands et échevins; travaux publics; places publiques et statues; fêtes; navigation; approvisionnements; inventaire des registres de l'hôtel de ville; titres provenant de l'abbaye de Saint-Victor et de l'abbaye de Longchamps; constructions; comptes; ordonnances, règlements; cérémonial. — Valois. Orléanais. Champagne. Normandie. Picardie. Bretagne. Bourgogne. Lyonnais. Lorraine. Dauphiné. Provence. Guyenne. Languedoc. Alsace. Luxembourg. Belgique. Flandre. Limousin. Vicomté de Turenne. — Généralités d'Aix, Amiens, Arras, Auch, Pau, Besançon, Bordeaux, Bayonne, Bourges, Caen, Châlons, Dijon, Dunkerque, Grenoble, la Rochelle, etc. (papiers Florimond). — Villes et villages; collèges; académies. Églises et monastères de Paris et de la généralité. Évêchés; séminaires; hôpitaux; juifs; boucheries. Généralités de Poitiers, Rouen, Riom, Rennes, Soissons, Strasbourg, Tours, Valenciennes. Grand conseil. Chambre des comptes. Parlements de Dijon et de Paris. Châtelet. Monnaies, commerce, agriculture. Corse. Navarre. Duché des Deux-Ponts [1].

IX. Histoire étrangère.

K, 1300-1808. Histoire étrangère en général. Danemark et Suède. Espagne. Italie. Suisse. Turquie. Allemagne; maison d'Autriche; Pays-Bas. Angleterre. Pologne. Ouvrages de Rulhières. Puissances du Nord. Négociations et traités de paix, de commerce, etc. Correspondances et pièces diplomatiques. Missions. — Correspondances et pièces diplomatiques des XVIIe et XVIIIe siècles: Turquie, Hollande, Angleterre, France, Pologne, Angleterre, Suède, Allemagne, Suisse, Gênes, Alger, Parme, Nice, Modène, Savoie, Espagne. Marine. Mélanges. Missions apostoliques dans l'Inde.

---

[1]. K 1155, relatif à la ville de Saint-Dizier, est décrit et publié par M. Beugnot dans les *Olim*, t. II, p. 913 et 691 à 853.

X. Histoire des cérémonies publiques.

K, 1509 1520. Audiences; carrousels; tournois; chevaliers. Cérémonies ecclésiastiques; cérémonies de la ville de Paris. Entrées et triomphes. Entrevues de princes; rangs et séances de souverains. États provinciaux; gouverneurs; hommages; serments. Lits de justice. Mariages de rois et reines, princes et princesses. Bâtiments; festins; grands officiers; maires du palais. Ordres de chevalerie. Funérailles de rois de France, de reines, de pères ou mères de rois, de fils et filles de France, de frères et sœurs de rois, de princes du sang, de ducs et pairs, de duchesses, de grands officiers et seigneurs particuliers, d'empereurs; de rois, reines et princes étrangers; de cardinaux et autres prélats. Processions. Régences, majorités, rois; princes légitimés. Sacres et couronnements. Assemblées des pairs. Cérémonies. Mémoires, extraits et tables diverses relatifs aux cérémonies. Cérémonial, étiquettes, usages. Cérémonies pour renouvellement d'alliance, réceptions, *Te Deum*, feux de la S. Jean, pompes funèbres, lits de justice et pour le sacre de Louis XIV, 1644-60.

série **L**. *Monuments ecclésiastiques.*

PRÉLIMINAIRES.

Dissertations et conférences sur l'Écriture sainte et l'histoire ecclésiastique. Ouvrages divers sur l'histoire et les affaires ecclésiastiques. Cérémonial de la cour de Rome. Pièces relatives à la censure de plusieurs écrits par la faculté de théologie de Paris. Règlements de la faculté de théologie. Serments des bacheliers et autres gradés. Lettres des rois, reines, princes, cardinaux et grands seigneurs adressées à la faculté. Autres pièces relatives à ladite faculté. Pièces concernant la société de Sorbonne. Décisions, arrêtés, censures de la Sorbonne. Adhésion de la Sorbonne à la Ligue, 1582. Pièces concernant les reliques et excommunications. Gravures et dessins des monuments existant autrefois dans l'église de Paris.

I. Cartulaires.

Les membres du bureau des monuments historiques avaient commencé par cette série la table des noms propres et des matières que l'administration des Archives eut plusieurs fois la

velléité de dresser pour tous les documents anciens qu'elle possède. Ce travail, qui ne dura pas longtemps, produisit le dépouillement complet d'une vingtaine de cartulaires et forme une série de plusieurs milliers de cartes rangées dans l'ordre alphabétique. Quoique bien minime, si l'on compare ce qui a été fait avec ce qu'il resterait à faire, ce répertoire est d'un grand prix. Il s'applique aux registres suivants : Cartulaire de S. Louis (L, 19ᵇ), de Champagne (L, 20 à 24), du Forez (L, 26ᵃ), du Languedoc (L, 26ᵇ), du Roussillon (L, 27ᵃ), de Saint-Gengoul (L, 27ᵇ), de Saint-Maur (L, 39), du Mandé (L, 42); Pastoraux (L, 43 à 45); cartulaire de Saint-Victor (L, 139), de Saint-Lazare (L, 145), de Blois (L, 176); cartulaire blanc de Saint-Denis (L, 63). — Voici maintenant la série des cartulaires :

Cartulaire de Champagne (5 registres originaux). Cartulaire de Clermont en Beauvaisis, exécuté vers l'année 1380, et contenant les armoiries peintes de tous les feudataires du comté de Clermont. Copies collationnées des cartulaires du Forez et du Languedoc. Cartulaire de Maiorque et du comté de Roussillon (xɪᴠᵉ siècle). Cartulaire de Saint-Gengoul de Toul. Cartulaires et mémoriaux de la chambre des comptes de Blois, 1497-1685. Cartulaires d'Avesnes-le-Comte, de Brie-comte-Robert, 1343-68.

Archevêché de Paris. Grand et petit cartulaire de l'évêché de Paris, 1010-1486, et deux copies du Cartularium episcopi Pariensis de la Bibliothèque impériale. Six cartulaires de Saint-Magloire, prieuré réuni à l'archevêché de Paris. Cartulaires blanc et noir, tous deux du xɪɪɪᵉ siècle, de l'abbaye de Saint-Maur-des-Fossés; copie moderne de ce dernier, sur parchemin; autre cartulaire de Saint-Maur du xᴠᵉ siècle. Cartulaire du prieuré de Saint-Éloi, de Longchamps, de l'office du Mandé. Grand pastoral et petit pastoral de l'église de Paris. Suite des pastoraux.

Abbaye de Saint-Denis. Inventaire de tous les titres de l'abbaye de 620 à 1728; 14 vol. in-fol. Cartulaire blanc, 3 vol. in-fol. du xɪᴠᵉ siècle. Cartulaire des anciens priviléges (xɪɪɪᵉ siècle). Cartulaire de Saint-Denis provenant de la bibliothèque de M. de Thou. Cartulaires dits des Offices claustraux, 3 vol. Cartulaire de l'aumônier. Cartulaire de la fondation de Charles V. Cartulaires d'Ully, de Saint-Georges, Moinvillers, Saint-Martin, Mours, Franconville et Morenci, Chaource, Dugni, Trape, Cergi, Boissi, Cormeil-en-Vexin, Saint-Ouen-sur-Seine, Saint-Ouen-en-Brie, la Chapelle, Vert-Saint-Denis et Grandpont. Car-

tulaires de Beaurain, Ruel et dépendances. Charités; chantrerie. Cartulaire de la confrérie de Saint-Denis. Inventaire jaune, cartulaire noir, registres des bulles et autres anciens inventaires, des XIIIe et XIVe siècles, des titres de l'abbaye de Saint Denis. Table des chartes par François Thomas. Cartulaires de Saint-Marcel à Saint-Denis, de Luciennes, de Vaucresson. Cartulaire de la manse abbatiale avant le partage de 1672. Inventaire des titres de Saint-Nicolas-du-Louvre dit Livre vert.

Abbaye de Saint-Germain-des-Prés. Cartulaires dits : Des trois croix, AB, AD, de l'abbé Guillaume, AE; quatre autres cartulaires; deux autres cotés 7 et 8; quatre du faubourg Saint-Germain, d'Issy, Vaugirard et Meudon; quatre de Saint-Germain de Paris et Saint-Germain-sous-Couilly; huit de Vaugirard, Issy et Antony; cinq de Breuil, Bagneux, Avrainville, etc. Cueillerets et cartulaires d'Antony, Verrières, Issy et Vaugirard; 17 registres du pitancier, du cellier, du trésorier, 1262-1539. Cartulaires de la rivière de Seine, de Meudon, de Nogent-l'Artaud, de Montchauvet; Cachant, 1263; Dammartin, 1406-1517; Emans, Valenton et Villeneuve-Saint-Georges, 1255-1528. Cartulaire de Saint-Germain-des-Prés, 5 vol., 1630-67. Cartul. de la pitancerie, 1259-1400 et 1648-52. Cartul. des offices claustraux. Cartul. de Suresnes. Inventaires divers des titres de Saint-Germain-des-Prés. Table chronologique des chartes de Saint-Germain-des-Prés.

Établissements divers. Trois cartulaires du prieuré de Saint-Martin-des-Champs cotés B, C et D; deux autres dits Registres Bertrand; deux autres; trois du prieuré de Gournay-sur-Marne; deux de différents monastères dépendant de Saint-Martin-des-Champs. —Cartulaires de l'abbaye de Saint-Victor. Cartul. du prieuré de Saint-Denis de la Châtre. — Cartul. des Blancs-Manteaux, des Billettes, des Barnabites, de Saint-Lazare, des Célestins, des Mathurins, du prieuré de Saint-Vincent de Rouvray. Cartul. des chapitres de Saint-Germain-l'Auxerrois, Saint-Honoré, Saint-Séverin, Saint-Étienne-des-Grés, Saint-Merry, Sainte Opportune. Cartul. de la Chapelle-Saint-Yves, du Val-de-Grâce. Cartul. des abbayes de Saint Corneille de Compiègne, Saint Antoine, Saint Magloire, de Hières, de Notre-Dame-la-Désirée; des églises de Saint Eustache et Saint-Gervais. Quinze cartul. de la Sorbonne, 1263-1647. Inventaire des titres de la Sorbonne. Cartul. des colléges de Laon, des Cholets, des Feuillants, des Bénédictins anglais. Cartulaire de

la châtellenie de Dun. Cartul. de Blois. Cartul. de la communauté de Saint-Benoît. Trois cartulaires de Saint Quentin. Cartulaire de l'abbaye de Saint-Évoud de Braine. Dénombrement des biens de la Chartreuse de Bourgfontaine. Cartulaire de la commune de Dijon. Cartul. de Haynaut.

Copies et extraits. Extrait du cartulaire de Saint-Louis appartenant à la Biblioth. impériale; extrait du cartul. d'Anjou. Copie de fragments d'un cartul. des chanoines de la Trinité de Bar-sur-Seine. Cartul. de Soucillanges. Extraits des cartulaires de Champagne; de celui de la chambre des comptes de Blois; des cartul. d'Anjou, Forez, Languedoc, Maiorque, Saint-Gengoul de Toul, Longchamps et Saint-Lazare. Extraits des pastoraux de l'église de Paris, des cartulaires du Mandé, des cartul. de Saint-Denis, de Saint-Maur-des-Fossés et de Saint-Victor. Copies des titres de l'église d'Amiens. Cartulaire de l'abbaye de la Victoire (diocèse de Beauvais).

II. Bullaire.

J'ai parlé plus haut (p. 51) de la manière dont cette série s'est formée. Il suffit ici de dire qu'elle occupe 138 cartons et se compose d'environ 1700 bulles, depuis le pontificat de Zacharie (749) jusqu'à celui de Pie VI (1775). Toutes les pièces du Bullaire ont été analysées une à une, par MM. Castelnau père et fils, dans un très-bon inventaire qui forme 3 vol. in-fol. Voici le nombre de bulles qui existent dans la collection pour le règne de chaque pape : Zacharie, 1; Étienne II, 1; Adrien Ier, 1; Nicolas Ier, 4; Formose, 1; Benoît VII, 1; Jean XVIII, 1; Léon IX, 1; Nicolas II, 1; Alexandre II, 1; Urbain II, 1; Pascal II, 4; Calixte II, 4; Honorius II, 2; Innocent II, 19; Célestin II, 3; Lucius II, 6; Eugène III, 2; Anastase IV, 10; Adrien IV, 16; Alexandre III, 65; Lucius III, 32; Urbain III, 6; Clément III, 11; Célestin III, 22; Innocent III, 80; Honorius III, 115; Grégoire IX, 116; Innocent IV, 263. — Grégoire X, 67; Innocent V, 2; Jean XXI, 11; Nicolas III, 32; Martin IV, 24; Honorius IV, 31; Nicolas IV, 67; Célestin V, 3; Boniface VIII, 132; Benoît XI, 5; Clément V, 51; Jean XXII, 81; Benoît XII, 13; Clément VI, 45; Innocent VI, 20. — Urbain VI, 1; Innocent VII, 2; Boniface IX, 3; Alexandre V, 6; Jean XXIII, 6; Martin V, 19; Eugène IV, 33; Nicolas V, 8; Calixte III, 2; Pie II, 7; Paul II, 5; Sixte IV, 21; Innocent VIII, 8; Alexandre VI, 11; Jules II, 11; Léon X, 34;

Adrien VI, 3; Clément VII, 19; Paul III, 13; Jules III, 8; Paul IV, 6; Pie IV, 7; Pie V, 7; Grégoire XIII, 9; Sixte V, 4; Clément VIII, 3; Grégoire XIV, 1; Paul V, 13; Grégoire XV, 4.

A la fin du Bullaire sont placés quelques articles portant ces rubriques : Légation d'Avignon. Bulles des cardinaux. Antipapes : Clément VII; Benoît XIII. Bulles; notes; renseignements. Brefs des papes. Conciles. Extraits des archives pontificales.

III. Clergé de France.

Assemblées du clergé; dons gratuits; foi, hommage et aveux rendus au roi, 1582-1765. Répartitions; exemptions; rachats. Refus de dons gratuits. Juridiction; administration ecclésiastique; priviléges; surveillance d'ouvrages publiés sous le nom du clergé, 1740 65. Remontrances; mémoires; matières diverses, 1750 86.

IV. Église de Paris.

Archevêché. Érection de l'évêché de Paris en archevêché, 1622. Registres d'ordination, 1401-61. Spiritualité, fondations, juridiction, inventaire; pièces mêlées. — Chapitre de Saint-Marcel : 31 registres de délibérations, 1416-1790. Chapitre de Saint-Honoré : fondations, donations, obits, chapelles, confréries, collége, école, indulgences, 1205-1789. Chapitre de Sainte-Opportune : Donations, fondations, régime des chanoines, paroisses, fabrique; union des Saints-Innocents; chefcerie; différends avec Saint Germain-l'Auxerrois, avec Saint Paul; accords; droits de l'évêque de Paris, 1150-1789. Chapitre de Saint-Louis du-Louvre, 1293-1790; 10 registres de délibérations du même chapitre, 1598-1740. Abbaye de Saint-Maur-des-Fossés; pièces et historique, 510-1789; 20 registres de délibérations du chapitre de Saint-Maur, 1577-1750. Inventaires généraux des titres des églises de Saint-Thomas et de Saint-Nicolas. Anciens titres diplomatiques; 3 registres de comptes (1537-1629) et 9 de délibérations de l'église Saint Nicolas.

Droits divers de l'évêché et de l'archevêché de Paris. Anciens droits, coutumiers et autres, de l'évêché et chapitre. Inventaire des titres de l'evêché, 1411. Titres et renseignements concernant les droits pécuniaires de l'évêque de Paris, 1320-1707. For-l'évêque. Ville-l'évêque. Droits sur la Seine à Saint-Cloud, 1207-1785. Prieuré de Saint-Éloi : titres de propriété, dîmes, procédures. Abbaye de Saint-Magloire et Oratoire : titres de

propriété, 1159-1626; privilèges, droits, dîmes, justice, voirie, 1224-1787; dîmes, 1335 1785; droits seigneuriaux à Paris, dans la banlieue et sur la Seine, 1279-1655.

Chapitre de Notre-Dame. Nomenclatura ecclesiæ parisiensis. Chapelles et bénéfices. Notaires du chapitre, 1451-57; 1677-1761. Inventaire du trésor du chapitre. — Analyses et extraits des conclusions capitulaires, 1326-1790 (86 vol., cotés 1 à 79); ce recueil, connu sous le nom d'OEuvres de Sarrazin, est dû aux labeurs d'un savant chanoine de Paris qui mourut en 1756 (sur la personne de Sarrazin, voyez L, 754). Recueils faisant suite aux œuvres de Sarrazin et relatifs aux domaines, terres et seigneuries appartenant au chapitre (36 boîtes).

Droits du chapitre sur diverses cures et seigneuries : Andresi, Antoni et Verrières. Auteuil, Boulogne, Ayencourt, Aubergenville, Bagneux, Belloy, Blancmesnil, Bonneuil, Chatenay, Corbeuse, Dampmart, Épiais, Épone et Mézières, Erbelay, Grandparoisse, Machan et Vernon, Guyencourt, Goussainville, Larchant, Lay et Chevilli, Leudeville, Lardi, Mons et Ablon, Montreuil près Vincennes, la Norville, Orli, Grignon, Outrebois, Rosai, Meri, Mitri, Longjumeau, Louvre, Suci, Villaroche, Viri Noreuil, Vitri-sur Seine, Wissous et Ivri.

Registres des synodes, 1428-1783. Synodes capitulaires et archiépiscopaux ; conciles provinciaux. Foires du parvis Notre-Dame. Processions, prières, cérémonies, quêtes, miracles. Exercices des droits épiscopaux pendant la vacance du siége, 1662-1746. Registres et minutes de l'officialité le siége vacant. Doyenné. Fonctions curiales. Chantrerie. Écoles. Sous chantrerie. Archidiaconnés ; juridictions ; installations, visites, droits, etc. Un registre de comptes. Chanoines conseillers au parlement. Jubilés. Dignités ; robes rouges et robes violettes. Vicaires perpétuels. Cloître et maisons canoniales. Prêtres chapelains. Enfants de chœur. Francs-sergents, petits huissiers et autres officiers du chapitre. Pain du chapitre. Bibliothèque. Marguilliers. Prédicateurs. Trésor. Donations ; legs ; fondations pies ; obits ; offices ; reliques ; ornements ; joyaux. Officiers de la fabrique ; cloches ; lampes ; réparations ; entretien de l'église ; distribution aux chanoines ; inventaire de la sacristie des messes. Procès contre les religieux de Saint Lazare. Hôtel-Dieu. États-généraux de 1789. Correspondance du chapitre de l'église de Paris avec divers chapitres et églises du royaume.

Églises diverses. Saint-Germain-l'Auxerrois : registres de

conclusions capitulaires, 1382-1718; chapelains et synodes; ensaisinements, 1587-1663. Registres de la communauté, 1763-1718. Fondations; cimetière des Saints-Innocents, 1189-1763. Chapelains; statuts; bulles; procédures, 1138-1569. Chapelains; vicaires perpétuels; chefcier; prêtres habitués; clercs; marguilliers, etc., 1404-1732. Chantrerie. Différends du chapitre de Notre-Dame avec Saint-Germain-l'Auxerrois, 1254-1450. — Saint-Sauveur : Droits du chapitre sur cette paroisse; fondations; procédures, 1245-1587. — Saint-Eustache : Droits du chapitre, de la cure, de la fabrique; procédures. — La Ville-l'Évêque. — Saint-Jean-le-Rond, 1257-1788. — Saint-Aignan : Chanoinies, vicairies, bénéfices.— Saint Denis-du-Pas : registres de délibérations, 1705-85. — Saint-Benoît, id., 1518 1714. — Saint Étienne des-Grés, id., 1661-1790; droits du chapitre, fondations, administration, 1036-1788. — Saint-Merri : Délibérations; dons, droits, règlements, 1005-1786; fondations pies, droits réciproques du chapitre de Notre-Dame et de l'église Saint-Merri, 1219-1445. — Saint-Sépulcre, église et confrérie : Affaires et union avec les chevaliers de Saint-Lazare; juridiction du chapitre de Notre-Dame; fondations pies; bulles; indulgences, 1323-1789.

Sainte-Chapelle du Palais, à Paris : Mémoires pour servir à son histoire. Mémoriaux. Registres de délibérations, 1556-1785. Inventaire du Trésor. Fondations, chapelles, confréries, fiefs, rentes, chartes royales, bulles, droits. Reliques, joyaux, indulgences. Subvention pour l'armée de la Ligue. Entretien et garde de l'église. Fondations pour les rois Louis VIII et Louis IX. Donations. Chanoines. Trésoriers de la Sainte-Chapelle. Marguilliers.

Sainte-Chapelle de Vincennes : Titres de fondation et dotations. Union du chapitre du Vivier en Brie, de l'ordre de Saint-Michel, de la chapelle Saint-Martin. Actes capitulaires; délibérations; règlements; affaires contentieuses, 1487-1782.

Chapitre de Saint-Paul-de-l'Étrée à Saint Denis, 1570-1791. Chapelle Saint-Yves, 1406-1793. Grande confrairie de Notre-Dame, 1257-1728.

V. Paroisses.

Saint-André-des-Arcs : Délibérations, 1513-1763. Fondations, confrérie, bibliothèque, monuments, juridiction, inventaire du mobilier, donations, obits, messes, 1313-1790. Pièces

historiques et autres, 1212-1782. — Saint-Cosme : Martyrologe, délibérations, fondations, juridiction, actes de naissance et autres, inventaires d'ornements, 1190-1791. — Saint-Christophe : Délibérations, bulles, confréries, reliques, indulgences, 1669-1747. — Sainte-Croix en la Cité, 1608-1724. — Saint-Étienne-du-Mont : Registres des obits, 1613 ; des fondations, 1684-85 ; des délibérations, 1560-1771. Revenus, fondations, contrats, dons, décorations de l'église, règlements, inventaire des ornements ; séminaire des Anglais ; prétentions des religieux de Sainte-Geneviève ; marguilliers, 1367-1788. — Saint Eustache : Inventaires des titres, fondations, état d'enterrements au cimetière des Saints-Innocents. — Sainte-Geneviève-des-Ardents, 1516-1751. — Saint-Germain-l'Auxerrois : Inventaire des titres ; marguilliers ; fondations diverses. — Saint-Germain-le-Vieux : Martyrologe ; délibérations ; inventaire des ornements, des titres ; mémoires d'ouvriers, 1361-1581. — Saint-Gervais : Fondations, délibérations, titres ; répertoire du trésor de l'église, chapelles, limites, inventaires de la grande sacristie, xviie et xviiie siècles. — Saint-Hilaire-du-Mont : Testaments, mariages, 1549-61. — Saint-Hippolyte : Fondations. — Saints-Innocents, 1717-86. — Saint-Jacques-la-Boucherie : Registres de fondations, nécrologes, délibérations, inventaire des titres, confrérie du Saint-Sacrement ; fondations de lits aux hôpitaux ; mobilier de la sacristie ; revenus de la fabrique, xive siècle - 1775 ; recettes et dépenses, 1465-67. — Saint-Jacques-du-Haut-Pas : Journal de la paroisse, élections de marguilliers, délibérations, fondations et places aux hôpitaux, apprentissage, confrérie de Notre-Dame-des-neiges, 1676-1791. — Saint-Jean-en-Grève : Délibérations, pièces relatives à l'hôpital du Saint-Esprit et aux Audriettes, recettes pour les pauvres, titres divers, 1671-1751. — Saint-Josse, 1697-1791. — Saint Landri, 1720-81. — Saint-Laurent, 1642-1777. — Saint Leu-et-Saint-Gilles, xviiie siècle. — Saint-Louis-en-l'Ile, 1642-1749. — Sainte-Madeleine-en-la-Cité, 1608-1790. — Sainte-Madeleine-de-la-Ville l'Évêque, 1706-41. — Sainte-Marguerite : Miracle de la dame Lafosse ; érection de la chapelle Sainte-Marguerite en cure ; inventaires. Délibérations de la fabrique, 1683-1749 ; de la confrérie du Saint-Sacrement, 1738-49 ; de la confrérie de Sainte-Marguerite, 1717 ; des dames de charité pour les pauvres veuves. — Sainte-Marine, 1706-22. — Saint-Martial : Délibérations. — Saint-Martin-du-Cloître. — Saint-Marcel, 1690-1760. — Saint-

Médard : Fondations, rentes. — Saint-Merri, 1633-1746. — Saint-Nicolas-des-Champs : Évangéliaire et missel du xive siècle; inventaires et copies de titres, du xve siècle; martyrologe; fondations. Délibérations, 1682-1746; inventaire des ornements et du mobilier; rentes; cimetière de la paroisse; malades contagieux; enterrements. — Saint-Nicolas-du-Chardonnet : Fondations, rentes, revenus de la fabrique. — Notre-Dame-de-Bonne-Nouvelle : Fondations, rentes. — Notre-Dame-de-Lorette, 1703-52. — Sainte-Opportune : registre capitulaire, délibérations, fondations pies, nécrologe. Livre de marguilliage, 1685-1716; ordonnances, règlements; recette et dépense pour les pauvres; mobilier de la sacristie; affaires contentieuses. — Saint-Paul : Anciens inventaires de titres; collectaire; inventaire d'argenterie; confréries du Saint-Sacrement et de l'Immaculée-Conception; fondations pies, reliques, bourses au collége de Navarre, clercs sacristains, inventaire général, comptes. — Saint-Pierre-des-Arcis : Délibérations; charte de la dédicace de l'église, 1424; fondations, etc., 1482-1501. — Saint-Philippe-du-Roule, 1669-1742. — Saint-Roch : Inventaires de titres et cartulaire, 1495-1699; origine de l'église, fondations, etc. — Saint-Sauveur : Martyrologe et inventaire de titres, 1646; fondations. — Saint-Séverin : Confrérie de la Vierge, 1455-1737; délibérations, 1711-64; chapelles, épitaphes, tombes; règlements; pauvres; lits aux Incurables et aux Hospitalières du faubourg Saint-Marcel. — Saint-Sulpice : Inventaire de titres; matrologe, 1553; nécrologe; pauvres honteux; confrérie du Saint-Sacrement; fondations pies. — Saint-Symphorien : Fondation de la paroisse, fondations, matrologe. — Saint-Yves : Titres de fondation, argenterie, chapelles, rentes.

Cures et curés de Paris. Églises diverses de France, et particulièrement du diocèse de Paris.

Paroisses rurales : Papiers divers des fabriques d'Arcueil, Bourg-la-Reine, Belleville, Bucy-sur-Marne, Chaillot, Chevilly, Choisy-sur-Seine, Creteil, Gentilly, Issy, Fontenay-aux-Roses, Ivry-sur-Seine, Lay, Noisy-le-Sec, Montreuil, Orly, Rosny, Plessis-Piquet, Saint-Denis, Vanvres, Vaugirard, Vincennes, etc.

VI. Archevêchés et évêchés de France.

Notes et pièces diverses, rangées suivant l'ordre alphabétique des diocèses; à la suite sont placés des documents relatifs aux évêchés de Liége, Tournay, Turin et Ypres (environ 25 cartons).

VII. Ordres monastiques. Monastères d'hommes.

Généralités. Ordre de Cîteaux. Excellence des vœux monastiques. Bénédictins de France. État des maisons religieuses des bords de la Seine, des bords de l'Oise et des bords de l'Aisne.

Abbaye de Saint-Germain des-Prés : Fragments de l'ouvrage de dom Bouillard sur cette abbaye. Titres historiques et diplomatiques. Titres de propriété, 708-1249. Juridiction spirituelle. Justice ; geôle. Cérémonies, sacres, ordinations. Offices claustraux ; chapelle. Cens, rentes et droits seigneuriaux ; foire de Saint-Germain ; 17 registres de comptes, 1418-1543.

Congrégation de Saint-Maur : Constitutions, notices historiques, procès-verbaux, catalogues, matricules des religieux, régime, priviléges, arrêts, mémoires, notes sur les religieux, associations. Procès-verbaux du temporel de France, de Bretagne, de Bourgogne, de Chezal-Benoît, de Normandie, de Gascogne, 1730-86.

Abbaye de Saint-Denis : Livre vert. Appointements des requêtes du palais, 1511-89. Offices claustraux. Aumônerie ; charité ; greffe de la justice de l'aumônerie, 1390. Inventaires des titres et droits de l'aumônier, 1328 1480. Justice et plaids de l'aumônerie, 1370-1641. Trésorerie, 1455-1598. Cellerie, 1483-1633. Cuisine, 1487-1607. Foire de Saint-Denis et Lendit, 1487-1518. Actes capitulaires, 1439-1594. Extraits des délibérations et actes capitulaires, 1641-1744. Établissement à Saint-Denis de la congrégation de Saint-Maur, 1672. Notices historiques sur l'abbaye. Inventaire du trésor. Revenus de la manse abbatiale ; arrêts ; exemptions ; priviléges ; voirie ; régime ecclésiastique ; affaires entre l'abbé et les religieux ; union de la manse abbatiale à la communauté de Saint-Cyr. Manse conventuelle. Officiers municipaux de Saint-Denis. Prieuré de Lebraha, terre de Cergi, hameau de Ham, prieuré de Chaumont ; étendue du territoire de Saint Denis. Régime intérieur du monastère ; novices. Cérémonial. Prieurés et doyennés dépendant de l'abbaye. Procès de l'abbaye contre l'archevêque de Paris au sujet du chef de S. Denis. Dénombrement de la seigneurie de Villiers-le-Bel. Chartes, documents historiques et titres de propriété.

Chezal-Benoît : Bulles, lettres patentes, statuts ; histoire de l'abbaye ; réforme.

Ordre de Cluny : Constitutions, statuts et coutumes, règlements. Recueil de pièces concernant l'ordre.

Saint-Martin-des-Champs : Actes capitulaires, 1473-1735. Professions, 1645-74. Notes et renseignements historiques. Discipline intérieure ; 1738 ; 16 registres de la justice, 1586-1670. Baux, 1739-84. Rentes, sauvegarde, confrérie, 1110-1676. Fondations pies, revenus, droits, priviléges, bulles, 923-1701. Chapitres généraux de Cluni ; visites ; censive ; 1263-1787. Censive et autres droits seigneuriaux, cens, dîmes, amendes, rentes et charges du prieuré, 1300-99. Cueilloirs ; comptes, XVe siècle. Dépenses du prieuré, 1503-89, 1633-58. Donations, chartes, bulles, affaires litigieuses, 1038-1699. Offices claustraux. Donations, fondations, droits, officiers de justice, démêlés avec l'université, 1090-1725.

Saint-Denis-de-la-Chartre : Actes capitulaires, 1658-1789.

Bernardins : Colléges, acquisitions, procédures ; extraits de baptême et de profession ; lettres de princes et de prélats ; actes capitulaires de 1768. Ancien cartulaire. Abbayes de l'ordre.

Bénédictins anglais : Comptes, actes de naissance ; bénéfices.

Blancs-Manteaux : Fondations, 1451-1714 ; délibérations, 1739-89 ; donations, etc., 1343-1596. Comptes, 1505-99.

Abbaye de Sainte-Geneviève : Inventaire des priviléges de l'abbaye ; association de prières ; justice ; armoiries de l'abbaye ; procession du Saint-Sacrement ; droits honorifiques. Cérémonies aux entrées d'évêques ; portail de l'église, arcade, clocher, beffroi. Cures de Saint-Étienne, Saint-Médard, Auteuil, Passy, Nanterre. Chartes de rois, bulles, donations, sauvegardes, droits seigneuriaux, serfs, fondations, chapelles, confréries, justice. Réforme de l'abbaye, 1617-1733. Chanoines de Sainte-Geneviève. Registre de cens et rentes. Procession de la châsse de sainte Geneviève.

Abbaye de Saint-Victor : Livre du chapitre. Fondations, donations, acquisitions, dîmes, patronages, prébendes. Justice. Chartes diverses, 1145-1474. Chartes de Philippe-Auguste. Colléges de justice, des Lombards ; églises d'Ablon, de Buci ; prieurés d'Athis, de Puiseaux. Manse abbatiale, Rentes. Bibliothèque.

Abbaye de Saint-Jean-des-Vignes, diocèse de Soissons : Fondation de l'abbaye ; donations.

Abbaye d'Hivernaux : Fondations ; délibérations.

Prieuré de Saint-Louis-de-la-Culture : Fondation de l'église ; noviciat ; vêtures.

Sainte-Catherine-du-Val-des-Écoliers : Visites, actes capitulaires, professions.

Sainte-Croix-de-la-Bretonnerie : Comptes, 1528-1722.

Notre-Dame-des-Champs : Titres divers. — Notre-Dame-du-Charnier. — Prieuré d'Oulchi-le-Château. — Abbaye de Livri. — Prieuré de Clichi.

Grands-Augustins : Répertoire des titres du grand couvent, 1746. Fondations; constructions; reliques; bulles; visites; élections. Description des couvents de l'ordre. — Augustins de la reine Marguerite. — Augustins de Montmorillon. — Petits-Pères-Augustins de la place des Victoires.

Barnabites : Prieuré de Saint-Éloi à Montargis; livre des bienfaiteurs; rentes.

Chartreux : Des chartreuses en général. — Prieuré de Notre-Dame-de-Vauvert : Fondation, droits, revenus, baux; union du prieuré de Saulx. — Projet de chartreuse à Maillard. — Chartreuse de Morfontaine.

Capucins de la rue Saint-Honoré : Constitutions, comptes, fondations.

Carmes de la place Maubert : Dédicace, fondations, actes capitulaires, propriétés. Carmélites. — Prieuré des Carmes-Billettes : Titres historiques, 1230-1682; fondations, rentes, actes capitulaires; union aux Carmes de la province de Touraine. — Carmes Déchaussés : Cartulaire, histoire, actes capitulaires, novices, martyrologe, fondations, rentes. — Carmes Déchaux de Charenton.

Célestins : Registre du chapitre général, 1589-1622. Célestins de Marcoussis, d'Ambert, de Villeneuve-les Soissons. Pièces historiques, droits et priviléges, inhumations, nécrologe; inventaire des joyaux du duc d'Orléans au château de Blois; actes de réception.

Cordeliers : Recueil de pièces sur l'ordre de Saint-François; délibérations capitulaires, 1551-1789. Gardiens supérieurs depuis 1502. Fondations. Priviléges, inventaire de titres, arrêts.

Dominicains : Histoire; vêtures et profession; délibérations et actes capitulaires, 1630-1708. — Dominicains de la rue Saint-Jacques. — Dominicains de la rue du Bac.

Feuillants : Titres de l'abbaye du Val, 1669; du monastère de Saint-Bernard; actes capitulaires, 1629-1760.

Mathurins : Actes capitulaires, 1670-1784; titres de propriété, constitution, cérémonial, élections, pièces historiques.

Pères de la Merci : Élections, fondations, ornements.

Minimes : Histoire, anciens titres, constitutions, priviléges, chapitres généraux, fondations, extinctions et réunions. — Minimes de la place Royale : Établissement, bibliothèque; actes capitulaires, 1612-1790. — Minimes de Chaillot. — Minimes de Passy et de Vincennes.

Tiers ordre de Saint-François ; pères de Picpus : Établissement, propriétés, fondations pies, rentes sur l'État. — Pères de Notre-Dame-de-Nazareth.

Pénitents de Courbevoie.

Prémontrés de la Croix-Rouge : Abbaye de Prémontré. Abbayes, prieurés, églises de l'ordre de Prémontré.

Récollets de Saint-Denis.

Théatins : Fondations, actes capitulaires.

Prêtres du mont Valérien. — Ermites du mont Valérien.

Frères des écoles chrétiennes.

Hospice de la Charité de Montrouge.

VIII. Ordres monastiques. Monastères de femmes.

Abbaye-au-Bois : Professions, bulles, droits et priviléges.

Abbaye Saint-Antoine : Anciens titres, fondations pies, construction du portail.

Abbaye de Bellechasse : Établissement, baux et revenus, professions.

Abbaye de Fontevrault : Anciennes chartes et pièces historiques, donations, affaires.

Abbaye de Longchamps : Anciennes chartes, répertoire de titres, fondations de S. Louis, de Philippe le Bel, etc.; anciens rouleaux de recettes et dépenses; abbesses; professions, rentes, priviléges.

Abbaye de Montmartre : Histoire, donations, fondations.

Abbaye de Penthemont : Pièces historiques, registre capitulaire.

Abbaye de Sainte-Perrine de Chaillot : Actes capitulaires, 1626-1782. Nécrologes, mémoires.

Abbaye de Port-Royal : Actes capitulaires, 1750-61; professions, 1668-1789. Pièces relatives à Port-Royal-des-Champs.

Abbaye du Val-de-Grâce : Union à cette abbaye de celle de Saint-Corneille de Compiègne; bulles; pièces historiques.

Abbaye du Val-de-Giffe : Reliques.

Annonciades; de Saint-Denis, de Popincourt : Actes capitulaires, cérémonial, lettres de religieuses, fondations, rentes.

Augustines : Constitutions, règlements, élections, actes capitulaires, visites, rentes. — Augustines de la rue Neuve-Saint-Étienne; — de la rue des Filles-Saint-Thomas.

Filles de l'Assomption, rue Saint-Honoré : Actes capitulaires, 1620-1736. Constitutions, vœux, rentes.

Bénédictines du prieuré de Torci; — de la Ville-l'Évêque; — du val d'One transférées à Charenton.

Capucines : Fondations, rentes.

Carmélites de Paris, Arbois, Besançon et autres villes de la France et de Flandre.

Nouvelles-Catholiques : Constitutions et règlements.

Filles de la Conception : Constitutions, actes capitulaires, comptes.

Cordelières : Constitutions, actes capitulaires.

Feuillantines : Actes capitulaires.

Filles-Dieu : Actes capitulaires, professions, rentes.

Filles de Sainte-Aure : Délibérations et actes capitulaires.

Filles de Sainte-Agnès : Règlements, donations, affaires.

Filles du Calvaire : Historique; actes capitulaires; actes de naissances et inhumations des religieuses. — Sœurs de la Charité : Établissement, règlements, visites, lettres, démissions en 1792. — Filles du Calvaire de Saint-Chaumont : Constitutions, actes capitulaires, professions, écrits de piété. — Filles de Sainte-Claire (Ave Maria) : Fondations, bulles, vêtures, rentes.

Filles de la Croix : Établissement, 1664; vêtures, rentes.

Filles de Sainte-Élisabeth; — de Sainte-Geneviève ou Miramiones; — de Saint-Joseph; — de Saint-Magloire; — de la Madeleine ou Madelonettes; — de Sainte-Valère.

Hospitalières. — Dames de la Madeleine du Trainel. — Mathurines. — Dames de Saint-Michel. — Dames de la Miséricorde. Notre-Dame-du-Bon-secours. — Notre-Dame-de Consolation. — Religieuses de Picpus. — Précieux-Sang. — Présentation. — Récollettes. — Saint-Sacrement. — Ursulines. — Dames de la Visitation, de la rue Saint-Antoine; de la rue Saint-Jacques; de Chaillot; de Saint-Denis; de Strasbourg.

SÉRIE M. *Mélanges historiques.*

Il n'y a d'inventaire pour aucune partie de cette série.

I. Ordres religieux militaires.

Ordres de Saint-Jean-de-Jérusalem, de Rhodes, de Malte et de Saint-Antoine réunis.

Priviléges de l'ordre de Saint-Jean-de Jérusalem; chapitres et assemblées; monnaies, pensions, correspondance, cérémonies, généralat des galères. Ordre de Saint-Antoine de Viennois. Chapitres provinciaux. Délibérations du conseil. Pièces concernant l'ordre de Saint-Antoine. Inventaire des titres de l'église du Petit-Saint-Antoine. Hôpitaux de Chevru, de Clichi-en Sannois. Commanderies de Saint-Marc d'Orléans, de Launai, d'Étampes, d'Estrepigni, de Balisi, Saint-Mauris, Haute-Avesne, Beauvoir, Sommereux, du Temple. Terriers de l'ordre de Malte. Commanderies, hôpitaux, maladreries, aumôneries, chapelles et prieurés de l'ordre de Saint-Lazare. Collection de planches de cuivre destinées à orner une histoire de l'ordre de Saint-Lazare et gravées probablement par les ordres de Dangeau, commandeur de l'ordre. Pièces relatives à l'histoire de l'ordre. Registre du conseil, 1779-85; comptes du trésorier général, 1781-86; affaires contentieuses. Titres d'un grand nombre de chevaliers de l'ordre. Croisades. Extraits de titres renfermés à la Tour de Londres. Pièces mêlées du xive au xviie siècles. Hôpitaux et maladreries. Pièces diverses relatives à l'ordre du Saint-Esprit de Montpellier; sa réunion à Saint-Lazare. Hospitalières de Saint-Gervais, de la Miséricorde, de la Providence, du Saint-nom-de Jésus. Sœurs de la Charité du faub. Saint-Denis.

Ordres de l'Ange-gardien, du Lion de Limbourg, du Saint-Esprit et de Saint-Michel, Teutonique, de la Jarretière; confrérie de Saint-Georges.

II. Établissements d'instruction publique.

Université de Paris. — Mémoires et pièces historiques; priviléges, donations, bénéfices, contestations avec les Dominicains, censures, titres de propriété; libraires, parcheminiers, imprimeurs, relieurs. Conclusions de la faculté de théologie, 1608-1790; discipline, 1533-44; délibérations de la faculté, 1719-91.

Sorbonne. — Conclusions de la maison de Sorbonne, 1534-1690; conclusions des prieurs, 1540-1791. Donations, bibliothèque, etc.

Colléges de Paris. — Collége Louis-le-Grand : Fondations; délibérations du bureau d'administration, 1763-94; pièces con-

cernant l'admission des élèves; pensionnaires, boursiers; réunion au collége Louis-le-Grand de l'abbaye de Saint-Martin-au-Bois. — Colléges d'Arras; d'Autun; de Sainte-Barbe; de Bayeux; de Beauvais; des Bernardins; de Boissi; de Bourgogne; des Bons-Enfants; de Cambrai; des Cholets; de Clermont; de Cornouailles; de Dainville et des Dix-huit; de Fortet; de Maître-Gervais; d'Huban; de Justice; de Laon; des Lombards; du Mans; de Mignon; de Saint-Michel et de Tours; de Narbonne; de Presles; de Reims; de Séez; de Tours; de Tréguier; du Trésorier. — Fondateurs et bienfaiteurs des colléges. Lettres patentes, biens et revenus, notes sur l'administration; règlements, comptes. — Prytanée français, 1802-4.

Colléges de plein exercice. — Collége du cardinal Lemoine : inventaire des titres; id. des Grassins : fondations pies, bourses, rentes; id. d'Harcourt : fondation, officiers, boursiers, conclusions, 1699-1715; catalogue de la bibliothèque; id. de Lisieux; de la Marche; Mazarin, 1661-1791; Montaigu; de Navarre, 1709-74; du Plessis.

Séminaires. — Séminaires de Saint-Nicolas-du-Chardonnet; du Saint-Esprit; de Saint-Firmin; de Saint-Louis; de Saint-Magloire; des Missions Étrangères; de Saint-Sulpice; des Trente-trois.

Congrégation de Saint-Lazare. Doctrine chrétienne. Filles de la Croix. Congrégation de l'Oratoire. Jésuites. Écoles militaires. Pièces concernant diverses universités ou facultés de France.

III. Documents généalogiques.

Ce chapitre était autrefois fort important; il a perdu presque toute sa valeur par suite des restitutions de titres faites à différentes familles pendant le cours de la restauration. Il ne se compose plus aujourd'hui que d'une collection peu étendue de pièces rangées dans l'ordre alphabétique des noms de famille et d'un certain nombre de documents, dont voici les principaux :

Nobiliaires de la généralité de Tours (par Hue de Miromesnil); de la généralité d'Amiens, de Bretagne (par Béchamel); de Provence, de Limoges (par Bernage). Décrets de Napoléon relatifs à des concessions de noblesse et d'armoiries; état nominatif des titulaires des majorats. Familles prétendant aux honneurs de la cour. Nomenclature française ou renvois des noms de terre aux noms de famille. Familles illustres de Neu-

strie. Origine des anciennes familles de Paris. Services des officiers d'Auvergne. Dictionnaire généalogique, principalement des familles de robe. Armes des évêques de France. Un registre de la vente des biens des Ligueurs. Familles alliées à la maison de France. Généalogies diverses.

IV. Documents et manuscrits divers.

Catégorie composée d'environ 400 volumes manuscrits sur toutes sortes de matières; c'est un résidu informe provenant des différents fonds de l'établissement. On y remarque les articles suivants :

Recueil de chartes des années 1030 à 1430 (8 vol.). Autre recueil analogue (4 vol.). Anciens actes en gascon, languedocien et flamand. Testaments. Minutes de tabellionages. Registres de notaires. Modèles de calligraphie. Faussaires. Catalogue de la bibliothèque du comité d'instruction publique. Pièces relatives à d'autres bibliothèques. Mystère de S. Crespin et S. Crespinien. Extraits des mémoriaux de la chambre des comptes. Notice sur les manuscrits de Brienne, par dom Joubert. Histoire de la religion réformée ; demandes de passe-ports, arrestations, libérations ; exils avant et après la révocation de l'édit de Nantes. Papiers de quelques religieux. Hommes illustres dans la marine. Le vaisseau *le Superbe*. Mélanges sur l'art militaire, etc.

SECTION DOMANIALE.

Il existe pour cette section un inventaire général en trois volumes in-folio, rédigé par le plus ancien chef de la section, M. Cheyré.

SÉRIES **N** ET **O**.

Dans le *Tableau systématique des Archives de l'empire*, publié en **1811** par M. Daunou, la série N est intitulée « Division géographique et population de la France; » elle est décrite en ces termes :

Papiers du comité de division. Procès-verbaux de la division de la France en départements. Distribution des établissements administratifs. États de population (314 cartons).

Cette série n'existe plus depuis longtemps ; elle formait avec

la série O la section topographique, mais lors de la suppression de cette dernière, en 1823, la lettre O passa tout entière à la section domaniale et la lettre N se fondit partie dans la lettre O, partie dans la section administrative.

Quant à la lettre O, elle avait toujours été jusqu'ici affectée aux cartes et plans. M. Daunou en donne, dans le même tableau, la description suivante :

1. Atlas et portefeuilles étiquetés (n°s 1 à 254).
2. 83 rouleaux contenant les cartes originales des départements (255 à 337).
3. Autres rouleaux géographiques (338 à 361).
4. Plans de territoires, domaines, terres, édifices, etc., distribués par départements, arrondissements, cantons et communes. (Rouleaux étiquetés comprenant les n°s 362 à 2,978).

Au moment même où ces lignes s'impriment (octobre 1854), l'administration des Archives de l'empire fait exécuter un changement qui consiste à retirer aux cartes et plans la lettre O pour leur donner cette lettre N qui était inoccupée [1] ; et la lettre O demeure ainsi, momentanément du moins, inoccupée à son tour.

La division des cartes et plans s'est augmentée, depuis le temps de Daunou, d'un grand nombre d'articles qui y ont été versés de toutes les autres parties des archives. On y compte aujourd'hui cinq mille cartes et plans manuscrits, plus seize mille cartes gravées.

On ne devinerait pas, sous les mots par lesquels M. Daunou définissait la seconde des quatre catégories de la lettre O : « Rouleaux contenant les cartes originales des départements, » l'intérêt historique de cette précieuse série : c'est l'exemplaire de la carte de Cassini sur lequel l'Assemblée constituante traça, par la main de ses commissaires, le système de division territoriale qui devait supprimer dans toute la France les distinctions et les rivalités de provinces. Des barres tracées rapidement à l'encre sur ces cartes et la signature des commissaires apposée au bas de chacune changèrent en quelques jours la figure administrative du pays.

Il existe pour la série des plans et atlas deux répertoires excellents rédigés sur des bulletins détachés : l'un est dressé suivant l'ordre numérique du classement ; l'autre est divisé par départements et mis, dans chaque département, suivant l'ordre alphabétique des noms de lieux.

---

1. C'est-à-dire N pour les cartes gravées et plans manuscrits, NN pour les atlas. Voy. ci-dessus, p. 164, note.

Série P. *Chambre des Comptes.*

Cette série possède deux inventaires généraux rédigés en 1852 : l'un décrit sommairement chaque article en suivant l'ordre du classement; l'autre est la reproduction du premier, mais disposé suivant l'ordre alphabétique des matières.

Les officiers de l'ancienne chambre des comptes avaient dressé pour leur usage une quantité d'inventaires partiels qui vinrent aux Archives avec les papiers eux-mêmes et qui forment une série de 175 vol. in-folio. C'est ce qu'on appelle les registres PP; on les a toujours distingués des registres proprement dits de la chambre par cette duplication de lettre. Sur ces 175 registres, il y en a 20 qui ne servent point, parce qu'on n'est pas encore parvenu à déterminer quelle en était la destination, ou plutôt parce qu'ils se rapportaient à d'anciens classements qui ont été modifiés avant 1789. Tous les autres, et ils forment un répertoire à peu près complet de la série, servent journellement et avec d'autant plus d'utilité que les matières y sont généralement analysées pièce par pièce et dans le plus grand détail. Mais il faut une étude longue et approfondie pour savoir user de cet arsenal d'inventaires très-compliqués et faits de toutes mains du XVIe au XVIIIe siècle.

Enfin, un travail extrêmement utile pour la connaissance de la série P, ou du moins d'une partie des documents de cette série qui sont le plus intéressants pour les historiens, a été rédigé pendant les premières années de la restauration et publié en 1826 par son auteur, M. de Bétencourt, de l'Académie des inscriptions. C'est une table alphabétique des noms contenus dans les anciens actes d'hommage et fidélité et dans les aveux et dénombrements, avec l'indication à chaque nom de la pièce où il est cité. Cette table ne comprend pas la totalité des registres d'aveux de la chambre des comptes, qui sont au nombre de plus de 1400 et renferment ordinairement 200, 300 et quelquefois 700 pièces chacun; il comprend seulement 252 d'entre eux, savoir les volumes cotés 329 à 511, 810 et 1338 à 1405. Bétencourt n'a malheureusement pas eu le temps d'achever. Son ouvrage est intitulé :

« *Noms féodaux* ou noms de ceux qui ont tenu fiefs en France depuis le XIIe siècle jusque vers le milieu du XVIIIe, extraits des Archives du royaume par un membre de l'Académie des in-

scriptions et belles lettres. Ire partie, relative aux provinces d'Anjou, Aunis, Auvergne, Beaujolais, Berry, Bourbonnais, Forez, Lyonnais, Maine, Marche, Nivernais, Saintonge, Touraine, partie de l'Angoumois et du Poitou. Paris, 1826, 2 vol. in-8. »

L'auteur de cette utile publication, qui sert journellement aux employés pour leurs recherches, était étranger à l'administration des Archives du royaume.

Hommages. — P, 1-24 : Anciens hommages de la chambre de France, xive-xviie siècles. — 25 : Soissons, 1493.

26-45 : Anciens aveux de France. — 46 : Déclaration du revenu du collége des Cholletz, 1519. — 47 à 83 : Suite et fin des anciens aveux de France. — 84-127 : Nouveaux aveux de France. — 128-146 : Transcrits d'aveux et dénombrements divers : prévôté et vicomté de Paris; bailliages de Melun, Sens, Auxerre, Chartres, Touraine, Berry, Vermandois, Amiens et Doullens, Château-Chinon; hommages de princes et grands seigneurs; bailliage de Senlis.

147-160 : France; hommages, aveux, déclarations de temporel.

161-171 : Champagne; hommages et serments de fidélité; — 172-199 : Aveux, déclarations de temporel; 200-214 : Transcrits des aveux et dénombrements; 215-231 : Châlons; hommages et dénombrements envoyés par les trésoriers de France.

232-249 : Soissons, *id.*; Marle, la Fère, *id.* — 250-262 : Amiens, *id.*

263-276 : Normandie, hommages; 277-301, aveux et déclarations; 302-308, transcrits d'aveux et dénombrements.

309-328 : Orléans, Tours, Amboise; hommages et aveux. 329-431 : Anjou; anciens et nouveux hommages. 432 et 432 *bis* : Anjou, Bourbonnais et diverses provinces; hommages et aveux. 433-438 : Poitiers, *id.*; 439-442, la Rochelle; 443-451, Bourges; 452-484, Bourbonnais; 485-489, Beaujeu; 490-494, Forest; 495-498, Lyon; 499-511, Riom; 512, Limoges; 513-522, Angoumois; 523-526, Bordeaux; 537-538, Auch; 539-549, Montauban; 550-598, Languedoc; 599-714, Vendôme; 715, Normandie.

716 : Souffrances féodales. 717-720 : Angoumois; aveux de seigneuries diverses. 721 : Registre des hommages de la conté d'Angolesme, 1227-75.

722-723 : Poitou; déclarations de temporel; 724, souffrances féodales; 725-732 *ter*, serments de fidélité; 733-772 *ter*, déclara-

tions d'usages; 773¹-773¹¹⁵, cent quinze boîtes renfermant des déclarations de francs-fiefs des xvɪᵉ, xvɪɪᵉ et xvɪɪɪᵉ siècles, rangées par élections.

774-809 : Châteauroux; hommages, transcrits d'hommages, aveux. 810 : Lyon; hommages et aveux. 811-861 : Cinquante volumes et sept cartons contenant des aveux de provinces diverses de 1744 à 1773. 862-865 : Alençon, Argentan, Falaise, Mortagne, Bellesme, Neufchâtel; hommages. 866-898 : Alençon, Argentan, Domfront, Falaise, Mortagne, Bellesme, Orbec, Andelys, Exmes, Coutances, Falaise, Mortagne, Nogent-le-Rotrou; aveux des xvɪɪᵉ et xvɪɪɪᵉ siècles. 899 : Procès-verbal de la remise des titres de la chambre des comptes, 1775. 900-931 : Alençon, Argentan, Domfront, Falaise, Mortagne, Bellesme, Orbec; formalités. 932-940 : Alençon, Argentan, Exmes, Mortagne, Bellesme, Bernay, Domfront, Falaise, Orbec; déclarations de temporel.

941 : Registrum curie Francie de negotiis senescalliarum Carcassone et Bellicadri (manque, mais il s'en trouve un autre exemplaire au Trésor des chartes dans le registre J, xxx). — 942 : Liber taxe doni gratuiti concessi regi, 1535. — 943 : Table alphab. des fiefs et héritages mentionnés en 32 vol. des assietes et prisées des confiscations faites au temps de la guerre des Anglais, sous Charles VI et Charles VII.

Terriers. — 944-946 : Tables et inventaires. États et terriers des domaines du roi de 1730 à 1740 : 947, Bourges; 948-950, Paris; 951, Lyon; 952-957, Vendosme; 958-962, Montoire, etc.; 963-967, Roche-l'Évêque et Obemare; 968, Lavardin; 969-986, Montdoubleau, Vendosme et autres lieux de l'Orléanais; 987, la Rochelle, Aunis et Saintonge; 988, Moulins; 989, Riom; 990, Châlons; 991, Montauban; 991²-992⁴, Soissons; 993, Amiens; 994, Versailles et Marly, 1732-39 (manque); 995, Tours; 996, Poitiers; 997-999, Paris; 1000 et 1007, Soissons; 1001 et 1008, Clermont en Beauvaisis; 1003, Flandre, Artois et Cambrésis; 1004, Bourges; 1005, 1006, Amiens; 1009, Poitiers; 1010¹, Versailles et Marly, 1740; 1010²⁻⁸, Moulins; 1011-1012, Auch; 1002, 1013-1111, Châteauroux.

1112 : Dictionnaire des domaines et fiefs, par Brussel et de sa main. 1113 : Péage de Gournay-sur-Marne. 1114 : Vassaux du roi en Champagne, xɪɪɪᵉ siècle. 1115 : Domaines de Louis, duc d'Anjou et de Marie de Bretagne, sa femme. 1116-1121 : Registres de la chambre des comptes d'Angers, de 1319 à 1708.

1122 : Duché de Guise. 1123, 1124 : Remembrances d'assises de la châtell. de Châteauroux, 1450-67.

Hommages, aveux et droits divers. — 1125-1128 : Aveux rendus à raison de fiefs relevant des duchés de Bourbonnais, Auvergne, Beaujollois. 1129 : Paris; hommages et aveux, 1493-98. 1130-1131 : Forest, 1493. 1132 : Alençon, 1577-83. 1133 : Anjou, 1643. 1134 : baronie de Civray, 1520. 1135 : bailliages du ressort de la chambre des comptes de Paris, 1421 et suiv. 1136-1138 : France et Champagne, 1498-1547. 1139 : Languedoc, 1489 et suiv. 1140 : Hommages et aveux faits en la chambre des monnoyes, 1428-50. 1141 : en la chambre de France, 1483 et suiv. 1142 : Champagne, 1505-46. 1143 : Languedoc, 1389. 1144-1149 : Poitou, 1419-1544. 1150-1152 : Languedoc, de Charles VII à 1610. 1153 et 1165 : Duché d'Angoulême, 1532. 1154, 1155 : France, 1515-60. 1156-1162 : Normandie, 1483-1589.

1163 : Hommages, souffrances et aveux divers, 1461 et suiv. 1164 : Dreux, 1477 et suiv. 1166 : France, 1594 et suiv. 1167 : Angoulême. 1168-1173 : Hommages, aveux et dénombrements divers, 1488-1728. 1174 : Remembrances d'assises de la châtell. de Châteauroux, 1468-80.

États des droits et domaines du roi de 1720 à 1785 : 1175, Bourges; 1176$^{1-32}$: Orléans, Moulins, Auch, Bourges, Angoulême, Limoges, Poitiers. 1176 *bis* : Dictionn. des hommages et aveux de Normandie et du Perche, de la main de Brussel. 1177 : Tours; domaines du roi. 1178 : Champagne; *id.* 1179$^{1-20}$: Bordeaux, Auch, Bourges, Moulins, Poitiers, Champagne; lods et ventes. 1180$^{1-10}$: Lyon, la Rochelle. 1181$^{1-10}$: Flandre, Artois, Cambrésis. 1182, 1183 : Paris; ensaisinements, francs-fiefs, amortissements. 1184 : Tours; cens, rentes, etc. 1185 (manque). 1186 : Paris; domaines. 1187 : Poitiers; francs-fiefs et droits casuels. 1188 : Amiens. 1189 : Pièces diverses des XIIIe, XIVe et XVe siècles; comptes de la maison du roi, inventaires du mobilier de Vincennes et de la Bastille. 1190 : Normandie; garde des biens des mineurs. 1191 : Haynault; droits casuels. 1192 : Moulins; domaines. 1193, 1194 : Paris; ensaisinements. 1195, 1196 : Montauban; droits casuels, francs-fiefs. 1197, 1198 : Tours; francs-fiefs. 1199 : Haynault; domaines. 1200, 1201 : Soissons; domaines. 1202 : Paris; droits casuels. 1203 : Amiens; droits seigneuriaux et féodaux. 1204 : Limoges; amortissements et francs-fiefs. 1205 : Auch. 1206 : Tours. 1207, 1208 : Châlons.

1208¹,³ : Poitiers. 1209 : Bourges; domaines. 1210 : Soissons; ensaisinements. 1211 (manque). 1212 : Soissons. 1213, 1214 : Tours; droits casuels et d'amortissement. 1215, 1216 : Paris; ensaisinements. 1217 : Soissons; amortissements, etc. 1218 : Moulins. 1219 : Auch. 1220 (manque). 1221 : Auch; domaines. 1222 : Tours. 1223 : Soissons. 1224 : Riom. 1225 : Paris. 1226, 1227 : Châlons. 1228 : Bourges; 1229 : Amiens; amortissements, francs-fiefs et nouveaux acquets. 1230 : Châlons. 1231 : Neuf registres des droits d'ensaisinement, lods et ventes reçus dans les bureaux de Soissons, Clermont en Beauvaisis, Ham, Bohain, Lacapelle, la Fère et Marle. 1232 : Flandre et Artois; droits casuels. 1233 : Limoges; domaines. 1234 : Auch; francs-fiefs. 1235 : Hainault; droits casuels. 1236 : Limoges, lods et ventes. 1237, 1238 : Paris; amortissements. 1239, 1240 : Tours. 1241 : Montauban; domaines. 1242 : Beaumont-sur Oise, Chaumont en Vexin, etc. 1243 : Bordeaux. 1244-1246 : Terres échangées par le roi. 1247, 1248 : Paris; francs-fiefs, amortissements. 1249 : Tours; domaines. 1250 : Châlons. 1251 : Montauban; francs-fiefs. 1252 : Paris; ensaisinements. 1253 : Bourges; aveux. 1254 : Amiens; francs-fiefs et amortissements. 1255 : Choisi, Fontainebleau; bâtiments du roi. 1256 : Auch; domaines. 1257 : Saint-Omer; fortifications, 1755. 1258 : Bourges; domaines. 1259 : Amiens; amortissements. 1260 : Comptes des bâtiments, 1754. 1261, 1262 : Paris, amortissements, francs-fiefs. 1263 : Forêts de Fontainebleau et de Dreux. 1264 : La Rochelle; domaine. 1265 : Nogent-sur-Seine. 1266 : Amiens. 1267 : Moulins; francs-fiefs, bâtiments. 1268, 1269 : Paris; ensaisinements. 1270 : Bourges; achats de bois. 1271-1273 : Paris; domaines. 1274 : Soissons. 1275, 1276 : Hainaut. 1277 : Grenoble. 1278, 1279 : Paris; francs-fiefs, etc. 1280 : Tours; domaines. 1281 : Poitiers; amortissements et droits casuels. 1282 : Hainaut. 1283, 1284 : Paris; ensaisinements. 1285, 1286 : Orléans; droits casuels. 1287 : Bourges; francs-fiefs et amortissements. 1288, 1289 : Bordeaux; droits casuels, amortissements, etc. 1290 : Amiens; fiefs, terres et droits du roi. 1291 : Amiens; droits; fiefs, terres et droits du roi. 1292 : Flandre; francs-fiefs. 1293 : Châlons. 1294 : Poitiers; droits casuels. 1295 : Orléans; droits seigneuriaux, féodaux et casuels. 1296 : La Rochelle; domaine. 1297, 1298 : Paris; ensaisinements, amortissements, francs-fiefs. 1299-1301 (manque). 1302 : Soissons; domaines. 1303 : Bordeaux. 1304 : Paris; droits casuels domaniaux et féodaux. 1307 : Châlons; domaines. 1308 : La Rochelle. 1309, 1310,

SECTION DOMANIALE. P. 253

1312, 1313 : Paris; amortissements, francs-fiefs, ensaisinements. 1311 : Picardie; domaines. 1314 : La Rochelle; *id.* 1315 : Flandre et Artois, Moulins, Bourges, Poitiers, Lyon, Caen. 1316 : Champagne. 1317, 1318 : État du domaine de la couronne dans la généralité de Paris, depuis le xvie siècle. 1319-1322 : Paris; francs-fiefs, amortissements, ensaisinements. 1323 : Montauban; domaine. 1324 : Bordeaux; *id.* 1325, 1326 : Paris. 1327 : Soissons. 1328 : Amiens. 1329 : Châlons. 1330 : Poitou. 1331 : Bourbonnais.

1332, 1333 : Terrier de Châteauneuf en Angoumois, 1770. 1334-1337 (manque).

1338 : Aveux anciens d'Anjou, xiie-xive siècles. 1339 : L'ordre de la despense du roi de Cecile et duc d'Anjou, 1446-47. 1340 : Papier journal de la chambre des comptes d'Angers. 1341-1344 : Extrait du mémorial de la chambre des comptes d'Angers, 1450-89. 1345 : Papier journal et ordinaire de la chambre des comptes d'Angers (Livre rouge), 1454-58. 1346 : Livre des finances et compositions du roi de Cecile, duc d'Anjou, 1460-78. 1347 : Pappier journal et ordinaire de la chambre des comptes à Angiers (Livre vert), 1462-68. 1348 : *Id.*, 1462-83. 1349 : Testaments des ducs d'Anjou Louis Ier et Louis II. 1350 : Inventaire des registres de comptes existant à la chamb. des comptes d'Anjou en 1487 et années suiv. 1351 : Registre d'expéditions faites en la chambre des comptes de Mgr le comte du Maine, 1467-91. 1352 : Compte de la recepte de la segrairie de Monnois (Anjou), 1466. 1353 : Papier du conseil du roi de Sicile et duc d'Anjou, 1450-57. 1354 : Papier journal et ordinaire de la chambre des comptes a Angers (Livre jaune), 1458-62.

1355-1387 : Titres du Bourbonnais; 1388-1393, du Beaujolais; 1394-1402, du Forest; 1403-1410, du comté d'Angoulême. 1411-1414 (manque). 1415 : Inventarium compotorum camere Engolisme, 1454-55. 1416-1419 (manque). 1420-1423 : Titres de la seigneurie de Chambellé (Anjou); 1424-1427, du château de Lhermitage (Maine).

1428, 1429 : Terrier d'Auvillar, 1667, 1734; 1430, 1431, de Laas (Armagnac), 1667, 1599; 1432-1435, d'Audruicq, 1705 44; 1436, d'Avesnes-le-Comte, 1670. 1437-1440 : Visite des comté d'Auvergne et baronie de la Tour pour l'echange avec Sedan. 1441-1443 : Hommages et dénombrem. de la vicomté d'Auvillars, 1418-1634. 1444, 1445 : Terrier de Montmorin, 1541-1666. 1446 : Inventaire des titres des seigneuries de Beaune et de Pradelles; 1447, de Plauzat. 1448-1451 : Terriers du comté de

Dreux et de la châtell. de Sorel. 1452-1453 : Terrier du collége de Montaigu pour ses biens dans la châtell. de Châteaufort, 1523-79. 1454 : Évaluation des terres de Vandeuil et Sorel, 1710 ; 1455, 1456, de Poissy et Sainte-Jamme, 1661 ; 1457, de Gambais en Beauce, 1672. 1458, 1459 : Inventaire des titres de la baronie de Beaujolais et de la souveraineté de Dombes, 1664. 1460, 1461 : Déclarations de temporel du chapitre de Beauvais, 1511 ; de l'évêché, 1454. 1462, 1463, 1476 : Inventaire des titres des seigneuries d'Ansacq et de Bury, 1784. 1464-1467 : Aveux et terrier de la terre de Méru, 1577-1630. 1468 : Papier censif du marquisat de Mouy, 1688. 1469 : Inventaire des titres de la seigneurie de Plessier-Billebault, 1783. 1470, 1471 : Terrier d'Argenton et Bonnilly, 1543-73. 1472 (manque). 1473 : Aveu des terres de Presles, Mers, le Magnet, etc., en Berry, 1746. 1474 : Pièces relatives à divers fiefs de Blesois et Berry. 1475 : Papier censif de Bonne-Nouvelle (Blésois), 1550.

Blois. 1477 : Forêt de Blois, 1574 ; aveux des fiefs relevant de la comté de Blois, 1322. 1478 : Transcrits d'aveux rendus au comte de Blois, 1252-1407. 1480 : Vente des biens des communautés ecclésiastiques, 1563. 1481, 1482 : Fiefs du comté de Blois, 1700 et suiv. 1483 : Aveux et dénomb. du comté de Blois, 1320-43.

Bourgogne et Bresse. 1485-1489 : Terriers d'Argilli, 1518, 1707 ; de Nuits ; de Vergy, 1443 ; 1490-1497, de Saint-Jullien-sur-Ressouze, 1439-93. 1498 (manque). 1499 : Enquête au sujet des droits prétendus par Guill. de Grandmont contre Guill. de Martel, sur des biens mouvants du duc de Savoie, XVe siècle. 1500 : Terriers de Virieulx-le-Grand, 1554.

Bretagne. 1501 : Évaluation des domaines du roi, 1644. 1501 bis : Inventaire des titres concernant le domaine du duché déposés au trésor des chartes du château de Nantes. 1502-1507 : Évaluation de Belle-Isle, 1719. 1508-1510 : Titres de la baronie de l'île de Boing, 1721. 1511-1528 : Terrier du domaine d'Auray. 1529-1753 : Domaines du roi dans les châtellenies de Brest, Carhaix, Châteaulin, Concarneaux, Dinan, Fougères, Gourin, Guerrande, Hédé, Hennebond, Jugon, Lannion, Lesneven, Morlaix, Nantes, Ploermel, Quimper, Quimperlé, Rennes, Rhuys, Saint-Aubin-du-Cormier, Saint-Brieuc, Vannes, Vhelgouet, Landeleau, Châteauneuf-du-Fou.

1754, 1755 : Évaluation du domaine de Châteauthierri ; 1756-1758, du domaine de Cambrésis.

SECTION DOMANIALE. P.

Champagne. 1759 : Table alphabét. d'hommages et aveux. 1760, 1761 : Évaluation de domaines délaissés par le roi à M. le duc de Bouillon en échange de Sédan. 1762 : Évaluation de biens du domaine à Épernay. 1763-1768 : Terriers de Grisy, 1756-91; du Grand-Sommery, 1768-75. 1769 : Liste alphabét. de tous les fiefs de la généralité de Champagne. 1770 : Déclarations fournies au terrier de Champagne par toutes les communautés de la province, 1681. 1771 : États et revenus fixes des domaines. 1772-1776 : Hommages et dénombrements, 1620-1780. 1777-1784 : Registres aux contrats relatifs aux domaines du roi dans la généralité, 1621-1787. 1785-1807 : Déclarations d'héritage, terriers, aveux et dénombrements de Longpré, de Sainte-Menehould, du du comté de Grandpré, des bailliages de Chaumont, xviie et xviiie siècles. 1808 (manque). 1809, 1810 : Évaluation du domaine de Nogent-sur-Seine, 1748. 1812 : Terrier de Troyes.

Dauphiné. 1811 : Évaluation du domaine d'Alvar, 1730.

Dombes. 1813-1820 : Inventaire des titres, évaluation, reconnaissance.

Franche-Comté. 1821 : Évaluation du domaine de Calonne. 1822-1823 (manque).

Forez. 1824 : Terrier de la châtellenie de Saint-Maurice.

Gatinais. 1825-1829 : Terriers d'Aulnais, Augerville, la Rivière, etc., 1663; de Nemours, Saint-Loup-des-Vignes, Beaune-la-Rolande, 1671. 1827 et 1830 manquent.

Ile-de-France. 1831-1837 : Terriers et évaluations d'Achères, Garennes, Frémamville, Sèvre, Gonesse, 1609-1753; de Lagrange et Grisy, xvie siècle. 1838 : Vente de bois en la forêt de Halate, 1651. 1839-1842 : Évaluation de Chevreuse, Montfort-l'Amaury, l'Étang-la-Ville, 1692-1715. 1843 : Fief de Mauny à Belleville, 1766.

1844-1845 : Montreuil, 1724-55. 1846 : Titres du château et parc de Saint-Cloud, 1658-1785. 1847-1849 : Seigneurie de Sèvres. 1850 (manque). 1851, 1852 : Ventes de greffes des greniers à sel dans la généralité de Paris, 1620-21.

Marche et Forez. 1853, 1854 : Évaluation de la terre de Saint-Cyr, cédée au roi en échange de la vicomté d'Aubusson.

1855 (manque).

Languedoc. 1856-1860 : Titres de Bouzols, 1759; terriers de Buxadous, Aumont et Cabardez, 1460-99; de Castres et Châteauneuf, 1457-90; de Villeneyre, 1490; de Narbone, etc., 1495; Salines de Peccais, 1487; Roquemaure et Villeneuve-

lez-Avignon, 1484 ; château de Viane, 1410 ; terre du Villard dépendant de Bouzols, 1762.

1861, 1862 : Évaluation de la baronie de Levy (Beauce), 1735. 1863, 1864 : Évaluation des terres de Pompadour, Bret, Saint-Cyr, la Roche, la Rivière, etc., échangées par le duc de Choiseul avec le roi, 1764.

Normandie. 1865-1868 : Évaluation et domaine d'Argentan, Gisors, Vernon, Andelys. 1869 : Estimation du château de Bizy, etc., cédé par le roi au comte d'Eu en échange de la principauté de Dombes, 1766. 1870-1872 : Évaluation de Garennes, d'Ivry ; de terres échangées entre le roi et le duc de la Vrillière, 1770.

Orléanais. 1873-1886 : Forêt d'Orléans ; aliénation de terres vagues, 1554-1602 ; arpentage, estimation, réformation de la forêt. 1887 : Échange de terres près de Versailles contre des terres du bailliage de Blois, 1722.

Touraine. 1888-1892 : Évaluations de Châtillon-sur-l'Indre, de Beaumont-le-vicomte et de Fresnoy.

Valois et Picardie. 1893 : Terrier de Crespy, la Ferté-Milon, Pierrefonds, etc., xve siècle. Vexin. 1894 : Terrier de Villengouzard, 1560. 1895 (manque).

1896 : Remembrance du fief du roi et de la seigneurie d'Angers, 1671. 1897 (manque).

Portefeuilles de mélanges. 1898 : Échanges divers ; avis de correction sur la gestion de plusieurs comptables, 1668 1736 ; procès-verbaux de scellés, etc., après décès de comptables, 1597-1707 ; fiefs relevant de la châtellenie de Péronne, 1655. 1899 : Papier censif de Beauvoir en Ponthieu, 1537 ; domaine de Dauphiné, 1571 ; d'Anjou, 1554 ; de la sénéchaussée de Toulouse et comté de Comminges, 1589. 1900 : Érection de la terre de Vilennes en marquisat d'Aux, 1776 82 ; de la châtellenie de la Chataigneraye en marquisat d'Asnières, 1777. 1901-1904 : Autres mélanges analogues aux précédents. 1905-1907 (manquent). 1908 1921 : 14 registres, cotés iv à xvii, contenant un mélange de titres de dons, concessions, informations, etc., de rentes, terres, seigneuries, etc., tant en Normandie qu'en autres provinces de France, xie-xvie siècles. 1922-1927 (manquent). 1928 : Mélanges divers. 1929 : Adjudications de greffes et autres charges, 1600-41. 1930, 1931 : Aliénations du domaine, xviie siècle. 1932, 1933 : 10 vol. d'informations sur le domaine de Normandie, xive et xve siècles.

SECTION DOMANIALE. P.

Échanges. 1956-2287 : Cartons contenant les titres d'échanges de terres et droits seigneuriaux faits par le domaine royal pendant les xvii⁰ et xviii⁰ siècles.

Mémoriaux de la chambre des comptes de Paris depuis 1137 jusqu'en 1791. Le greffe de la chambre des comptes ayant été presque entièrement consumé par un incendie dans la nuit du 27 octobre 1737, la collection complète des registres appelés Mémoriaux, où s'inscrivaient depuis le xii⁰ siècle tous les actes émanés de la chambre, fut entièrement détruite dans ce funeste événement. Un édit du roi, rendu le 23 mai 1738, y remédia du mieux qu'il fut possible en ordonnant la réunion et la transcription de tout ce qu'on put retrouver de copies éparses et d'expéditions qui avaient été faites d'après ces registres avant l'incendie. L'importante série des Mémoriaux de la chambre des comptes existe donc encore; mais tous les registres antérieurs à l'année 1734 ne sont que de très-incomplètes et très-imparfaites copies ; de 1734 à 1791, ce sont des originaux écrits sur parchemin.

Cette collection forme 241 volumes, embrassant les numéros P 2288 à P 2528, et dont les premiers portent, outre leurs numéros d'ordre dans la série P, des cotes par lettres depuis A jusqu'à 8 Z. Les cotes par lettres cessent avec le volume P 2398, qui répond à l'année 1698. Voici quelques détails :

2288 contient la copie de ce qu'on a pu retrouver des anciens registres originaux de la chambre appelés : *Livre rouge;* registre *S.-Just;* registre *Croix.*

2289 : *Id.* des quatre registres *Pater ; Noster ; Qui es,* et *In cœlis.*

2290, coté A : Registre des mémoriaux de la chambre de 1309 à 1354. 2291, B : 1330-45. 2292, C¹ : 1346-58. 2293, C² : 1358-60. 2294, D¹ : 1359-71. 2295, D² : 1371-80. 2296, E : 1379-1403. 2297, FG : 1395-1412. 2298, HIK : 1412-47. 2299, LMNO : 1447-75. 2300, PQ : 1474-80. 2301, RS : 1481-91. 2302, TV : 1492-1500. 2303, XYZ : 1501-16. 2304, AABBCCDD : 1515-27...., etc.

Le volume 2525 s'arrête avec la fin de l'année 1783, et les numéros 2526, 2527 et 2528 sont des portefeuilles qui ne contiennent que des minutes des années 1785, 1787, 1790, 1791 ; il n'y a rien des années 1784, 1786 et 1788.

2529-2542 : Collection d'anciens extraits des mémoriaux depuis 1137 jusqu'en 1600. 2543-2560 : *id.*, de 1152 à 1599. 2561-2568 :

id., de 1525 à 1599. 2569-2589 : *id.*, de 1337 à 1598. 2590 : Extraits du registre Saint-Just. 2591 : Extraits des registres des années 1260 à 1360. 2591 *bis* : Extraits des registres de 1218 à 1600 environ.

2592-2601 : Registres des chartes accordées par le roi de 1737 à 1787.

2602, 2603 : Choses notables extraites des registres de la chambre des comptes, 1621-55 et 1575-1660.

2604 : Séances des princes en la chambre des comptes, 1586-1781. 2605 : Cérémonial de la chambre des comptes par Delisle (in-12), 1523-1650. 2606-2615 : Cérémonial de la chambre des comptes, 1523-1759.

2616-2618 : Procédure de quelques affaires jugées en la chambre des comptes, 1559-1682. 2619 : Liber homagiorum.... domicellarum Francesie, Anne et Ludovice de Anceduna sororum Caderossie condominarum, 1500. 2620 : Transcription d'actes relatifs aux aides et tailles de la généralité de Paris, 1612-17. 2621 : Transcription de jugements sur le fait de la levée des droits des francs-fiefs et nouveaux acquets, 1613-24. 2622 : *id.*, 1613-16. 2623 : Transcription des quittances de finances payées par les officiers des élections de la généralité de Paris en 1622. 2624 : Mémorial des présentations de comptes, 1602-12. 2625-2627 : Arrêts de la chambre, 1731-59.

2628-2630 : Extraits des registres de la chambre servant à établir les fonctions et droits des gens du roi en ladite chambre, par M. Lemarié d'Aubigny, 1775. 2631-2639 : Listes des officiers de la chambre. 2640 : Noms et succession chronologique de tous les présidents, maîtres, etc., de la chambre des comptes, suivant l'ordre de leurs réceptions, jusqu'en 1786.

2641 : Traité de l'établissement de la chambre des comptes. 2642 : 1° Mémoire historique des droits d'amortissement, usages et nouveaux acquets ; 2° Traité de la juridiction souveraine de la chambre des comptes de Paris.

2643 : Mémoire du parlement concernant l'autorité de la chambre des comptes sur les baillis et sénéchaux, 1767. 2644 : Ordre qui s'observe à la chambre des comptes par les officiers pour les fonctions de leurs charges, xvii° siècle. 2645 : Mémoire sur les demandes formées en 1775 par les conseillers correcteurs et auditeurs des comptes contre MM. les présidents et conseillers maîtres. 2646 : Recueil de pièces concernant le conflit élevé en 1726 entre la chambre des comptes et la cour des aides au

sujet de leur juridiction. 2647 : Arrêts, arrêtés et remontrances de la chambre au sujet d'ordres du roi, 1761-65. 2648-2650 : Registre des créances de la chambre des comptes, 1525-1640. 2651 : Modèles de comptes, d'aides, tailles et taillons 2652-2655 : Traité des domaines du roi, 1726. 2656, 2657 : Édits, règlements et pièces diverses sur les domaines. 2658 : Commentaire sur les fiefs dans la coutume de Paris, par M. Duplessis.

2659-2744 : Plumitifs de la chambre des comptes, 1574-1788. 2745-2813 : Autre série de plumitifs, 1574-1791. 2814-2847 : Journaux de la chambre des comptes, 1552-1790. 2848-2866 : Autre série ; extraits de journaux de la chambre, par Lemarié d'Aubigny, 1323-1791. 2867-2876 : Autre série d'extraits de mémoriaux et journaux, 1517-1787.

2877 : Compotus aquarum et forestarum, par Michel le Ferron, 1372-73.

2878-2880 : Registre des lettres patentes adressées à la chambre des comptes de Blois, 1673-1775. 2881-2885 : Registres de la chambre des comptes de Blois, 1549-1750. 2886 : Registre de visitations, aveux et déclarations de ladite chambre, 1719-74. 2887 : Registre des charges et décharges des titres du trésor de ladite chambre, 1554-1775. 2888 : Résidu de liasses provenant de l'ancienne chambre des comptes de Blois.

2889-2891 : Extraits et copies de déclarations de temporel faites sur les pièces du dépôt des terriers. 2892-2898 : Extraits des comptes des domaines et bois des généralités. 2899, 2900 : Extraits de lettres de dons, amortissements, priviléges, etc., des années 748 à 1668. 2901 : Remontrances, états d'expéditions non retirées. 2902, 2903 : Extraits de dons, concessions et autres pièces du dépôt du greffe, 1517-1677. 2904, 2905 : Copies collationnées de contrats d'engagements de domaines, dons, concessions, transactions, etc., faites sur les pièces du dépôt du greffe. 2906 : Notices d'assignations faites pour des maisons religieuses sur les recettes des finances. 2907 : Estimation du fief de Saint-Louis, à la Rochelle, 1633. 2908 : Titres relatifs aux biens du collége de Navarre. 2909 : Cartulaires et comptes des domaines de Mantes, Meulan et Dreux, xvie siècle. 2910 : Anciens comptes du domaine de Soissons, 1437-50. 2911-2913 : Pièces relatives à la liquidation des duchés de Lorraine et de Bar, formant le résidu de l'ancien fonds de la chambre des comptes de Bar [1].

---

1. La série P a rendu, il y a peu d'années, au département de la Meuse, les papiers de

SÉRIE Q. *Titres domaniaux.*

Les matières comprises dans cette catégorie ne se prêtent pas plus que celles de la lettre N à une exposition méthodique, car elles sont de même rangées par ordre alphabétique de départements et dans chaque département par ordre alphabétique de localités.

Voici en quels termes M. Daunou en a rendu compte dans son *Tableau systématique :*

Titres domaniaux distribués par départements, arrondissements, cantons et communes (1,391 cartons étiquetés 1 à 1,391). Appendice des titres domaniaux : 1. Inventaires et extraits, 233 registres (n°s 1,392 à 1,624).

2. Terriers; 500 volumes (n°s 1625 à 2,124).
3. Échanges; 614 registres, cartons ou liasses (n°s 2,125 à 2,738).
4. Déclarations d'usages; 66 registres et 77 cartons ou liasses (n°s 2,739 à 2,881).

Depuis le temps de M. Daunou les échanges et une partie des terriers qui provenaient de la chambre des comptes, série P, y ont été rétablis, comme on vient de le voir; d'autre part, la série a reçu des augmentations : au lieu de 1,391 articles, la première subdivision en contient 1,662. Il existe de plus deux autres subdivisions de titres domaniaux annexés à la série Q, savoir :

Série QQ. Procès-verbaux d'estimation, soumission et décrets d'aliénation des domaines nationaux, classés par départements (181 cartons et 1 registre).

Série QQQ. Rôles de taxes diverses, classés par généralités (226 cartons ou portefeuilles et 9 registres).

Ces différentes catégories de titres possèdent de bons répertoires alphabétiques rédigés sur fiches.

SÉRIE R. *Domaines des princes.*

Cette série n'est qu'un démembrement de la série des papiers séquestrés, qui comprenait dans l'origine les papiers des princes, des corporations et des familles. Lorsque de cette vaste collection du séquestre on forma trois parties en affectant la lettre R aux princes, aux corporations la lettre S, et aux familles la

---

la chambre des comptes du comté de Bar, et au département des Bouches-du-Rhône, ceux de la chambre des comptes de Provence.

lettre T, on ne put pas diviser de même les inventaires, et c'est avec cette dernière lettre qu'ils sont demeurés.

D'après le *Tableau systématique* de M. Daunou, édition de 1813, les matières comprises dans la série R s'élevaient à près de 4,000 articles divisés ainsi :

1. Maison dite de Monsieur............	R, 1-375 ;
2. Maison d'Artois..................	376-638 ;
3. Maison d'Orléans.................	639-1360 ;
4. Maison de Condé.................	1361-2558 ;
5. Maison de Conti..................	2559-2854 ;
6. Maison de Penthièvre.............	2855-3854 ;
7. Maison de Bouillon...............	3855-3980.

Cette série a été à peu près détruite à l'époque de la restauration par les restitutions de papiers faites aux princes. Il n'y reste plus qu'environ 250 articles des papiers de Monsieur, quelques-uns de la maison d'Orléans et 116 articles des papiers de Louis François-Joseph de Bourbon, prince de Conti. Ce résidu est ce qui a été jugé, lors des restitutions, n'offrir que peu ou point d'intérêt.

Les 130 cartons de la maison de Bouillon, restés intacts au contraire, sont une collection de la correspondance et des papiers de tout genre de cette illustre famille, dont une autre partie, non moins importante, se trouve à la section historique.

SÉRIE S. *Biens des corporations supprimées.*

On a vu plus haut (p. 40 et série R) de quelle manière la série S a été formée. D'après les vues qui ont présidé à sa création, elle ne doit contenir que des titres de propriété des corporations ecclésiastiques ou laïques. Pendant le cours des années 1821 et 1822, les employés de la section domaniale des Archives du royaume procédèrent de plus à un récolement général de toutes les pièces de la lettre S afin d'en exclure tout à fait celles qui n'étaient pas exclusivement domaniales, et par suite de cette épuration un nombre considérable de documents de la série furent encore versés dans d'autres sections, dans la section historique principalement. Malgré cette opération, qui dura près de deux années, malgré tous les petits démembrements analogues qui ont pu être effectués à d'autres époques et qui auraient dû imprimer aux documents restés dans cette série une physionomie plus spéciale et plus tranchée, la série S n'a point de caractère,

parce qu'elle repose sur une distinction fausse, sur la prétention de faire deux parts des actes du moyen âge, et de mettre d'un côté ceux qui ont le caractère historique, de l'autre ceux dont le caractère est purement domanial. Aussi la série S est-elle, comme la section historique, garnie de belles chartes scellées des xiie, xiiie ou xive siècles, et l'on sent en la parcourant qu'elle se compose, pour la plus grande partie, de membres arrachés sans motif au corps de la lettre L.

La série S est riche en inventaires. Elle possède d'abord un inventaire général en 2 vol. in-fol. et un résumé sommaire de cet inventaire général. Elle possède ensuite 136 petits inventaires ou états particuliers, savoir :

1 pour l'archevêché de Paris, 1 pour le chapitre métropolitain de Paris, 2 pour d'autres chapitres, 57 de cures et fabriques, 13 de monastères d'hommes, 8 de monastères de femmes, 5 d'établissements des ordres de Saint-Lazare et de Malte, 6 d'hopitaux et congrégations hospitalières, 1 de l'école de médecine, 37 de colléges et 7 de congrégations diverses.

En outre, il existe pour la même série un grand nombre d'inventaires particuliers beaucoup plus développés que les précédents. Ce sont d'anciens inventaires qui ont été rédigés antérieurement à la révolution et se réfèrent à l'état dans lequel se trouvaient les archives des diverses corporations avant d'avoir été sequestrées. Ils n'ont donc point de rapport avec le classement actuel, et cependant ils sont devenus plus précieux encore depuis le morcellement des fonds et la dispersion des pièces. Ces inventaires sont au nombre de 286 volumes, répartis ainsi :

Archevêché de Paris, 9. Chapitre métropolitain de Paris, 126. Chapitre de Saint-Louis, 2. Chapitre de Vincennes, 8. Abbayes de Sainte-Geneviève, 4; de Saint-Victor, 2; de Saint-Germain-des-Prés, 18; de Saint-Denis, 31; de Saint-Antoine, 2; du Val-de-Grâce, 2; de Valdosne, 2. Prieuré de Saint-Martin-des-Champs, 9. Célestins de Paris, 12. Célestins de Marcoussis, 3. Chartreux de Paris, 12. Ordre de Saint-Lazare, 2. Ordre de Malte, 13. Colléges divers, 27. Congrégation de Saint-Lazare, 2.

La série S n'étant qu'un démembrement de la lettre L, je me bornerai ici à indiquer les noms des établissements qui y figurent.

S, 1-854 : Chapitre de Notre-Dame de Paris (496 cartons, 338 registres, 17 portefeuilles); Saint-Denis-du-Pas réuni au chapitre, n°s 341-347; chapelains de Notre-Dame, n°s 348-351;

Saint-Jean-le-Rond, n° 552; marguilliers laïques, n°s 553-555; registres de déclarations de terriers, n°s 187-540.

855-888 : Grande confrérie de Notre-Dame-aux-Bourgeois de Paris. 889-906 : Chapitre Saint-Benoît. 907-909 : Chapitre Saint-Étienne-des-Grès. 910-916 : Saint-Merry. 922-942 : Chapitre du Saint-Sépulchre. 943-995 : Chapitre de la Sainte-Chapelle. 996-1010 : Prieuré de Sainte-Croix-de-la-Bretonnerie. 1011, 1012 : Prieuré de Saint-Barthélemy-du-Buisson, près Provins; prieuré de Notre-Dame-des-Champs. 1013-1045 : Prieuré de Saint-Louis-de-la-Culture-Sainte-Catherine, précédemment prieuré de Sainte-Catherine-du-Val-des-Écoliers. 1046-1065 : Prieuré de Saint-Denis-de-la-Châtre. 1066-1323 : Archevêché de Paris. 1324-1489 : Prieuré de Saint-Martin-des-Champs. 1490-1821 : Abbaye de Sainte-Geneviève. 1822-1853 : Chapitre Saint-Honoré. 1854-1913 : Chapitre de Saint-Louis-du-Louvre. 1914-1957 : Chapitre Saint-Marcel. 1958-1985 : Chapitre Sainte-Opportune. 2028-2068 : Chapitre de Vincennes. 2170-2198 : Abbaye de Saint-Victor. 2404-2853 : Abb. de Saint-Denis (206 cartons et 430 registres ou portef.). 2975-3209 : Abb. de Saint-Germain-des-Prés (142 cartons, 234 reg. ou portef.). 3210-3213 : Abb. d'Yverneau.

3214-3507 : Collections de titres domaniaux relatifs à des églises, abbayes, prieurés, couvents, hôpitaux et colléges, rangés suivant l'ordre des départements de la France.

Titres domaniaux appartenant aux paroisses du département de la Seine. — Ville de Paris. 3308-3312 : Saint-André-des-Arcs. 3313 : Saint-Benoît. 3314-3317 : Saint-Christophe. 3318-3321 : Saint-Cosme-et-Saint-Damien. 3322, 3323 : Sainte-Croix-en-la-Cité. 3324-3327 : Saint-Étienne du Mont. 3328-3341 : Saint-Eustache. 3342, 3343 : Sainte-Geneviève-des-Ardents. 3344-3354 : Saint-Germain l'Auxerrois. 3355-3358 : Saint-Germain-le-Vieux. 3359-3369 : Saint-Gervais. 3370 : Saint-Hilaire. 3371 : Saint-Hippolyte. 3372-3375 : Saints-Innocents. 3376-3395 : Saint-Jacques-la-Boucherie. 3396-3400 : Saint-Jacques-du-Haut Pas. 3401-3408 : Saint-Jean-en-Grève. 3409 : Saint-Josse. 3410-3412 : Saint-Landri. 3413-3421 : Saint-Laurent. 3422, 3423 : Saint-Leu-et Saint-Gilles. 3424, 3425 : Saint-Louis-en-l'Ile. 3426-3430 : la Madeleine-en-la-Cité. 3431-3433 : la Madeleine-en-la-Ville-l'Évêque. 3434-3440 : Sainte-Marguerite du faubourg Saint-Antoine. 3441, 3442 : Sainte-Marine. 3443 : Saint-Martin du cloître Saint-Marcel. 3444, 3445 : Saint-Médard. 3446-3452 : Saint-Merri. 3453-3463 : Saint-Nicolas-des-Champs. 3464, 3465 : Saint-Nicolas du Char-

donnet. 3466 : Notre-Dame-de-Bonne-Délivrance et Saint-Christophe au Gros-Caillou. 3467 : Notre-Dame-de Bonne-Nouvelle. 3468 : Notre-Dame-de-Lorrette. 3469, 3470 : Sainte Opportune. 3471-3480 : Saint-Paul. 3481 : Saint-Philippe-du-Roule. 3482-3485 : Saint-Pierre-des-Arcis. 3486 : Saint-Pierre-aux-Bœufs. 3487 : Saint-Pierre de Chaillot. 3488-3493 : Saint-Roch. 3494-3500 : Saint-Sauveur. 3501-3509 : Saint-Séverin. 3510-3517 : Saint-Sulpice. 3518, 3519 : Saint-Symphorien.

Arrondissement de Sceaux. — 3520 : Paroisse d'Antony. 3521, 3522 : Arcueil. 3523 3529 : Bagneux. 3530 : Bonneuil. 3531, 3532 : Bourg-la-Reine. 3533 : Bri-sur Marne. 3534, 3535 : Champigni. 3536, 3537 : Châtenai. 3538 : Châtillon. 3539 : Chevilli. 3540-3543 : Choisi-sur-Seine. 3544, 3545 : Clamart. 3546 : Conflans-Charenton. 3547, 3548 : Creteil. 3549-3552 : Fontenai-sous-Bois. 3553, 3554 : Fontenai-aux-Roses. 3555 : Fresnes près Rungis. 3556 : Gentilli. 3557 : Issi. 3558 3567 : Ivri-sur-Seine. 3568 : Lay. 3569 : Maisons. 3570, 3571 : Saint-Maur-lez-Fossés. 3572-3576 : Montreuil-sous-Bois. 3577 : Montrouge. 3578, 3579 : Nogent-sur-Marne. 3580, 3581 : Orli. 3582 : Plessis-Picquet. 3583, 3584 : Rosni. 3585 : Rungis. 3586 : Sceaux. 3587 : Suci-en-Brie. 3588 : Thiais. 3589-3594 : Vanves. 3595-3599 : Vaugirard. 3600, 3601 : Villejuif. 3602 : Villemomble et Villeneuve. 3603 : Vincennes. 3604-3609 : Vitri-sur-Seine.

Arrondissement de Saint-Denis. — 3610 : Paroisse d'Aubervilliers. 3611 : Bagnolet. 3612 : Belleville. 3613 : Bobigni et Bondi. 3614 : Sainte Croix, à Saint-Denis. 3615-3617 : Saint-Marcel, à Saint-Denis. 3618 : Saint-Martin, à Saint-Denis. 3620-3623 : Noisi-le Sec. 3624-3625 : Pantin. 3626 : Romainville. 3627 : La Villette.

3628 : Prieuré de Saint-Illide, près Aurillac. 3629-3631 : Chapelle Saint-Yves, rue Saint Jacques à Paris.

Titres domaniaux appartenant aux corporations religieuses, hospitalières et d'enseignement. — 3632-3640 : Les Grands-Augustins. 3644 : Augustins de la reine Marguerite ou Petits-Augustins. 3645, 3646 : Augustins de la place des Victoires. 3647-3655 : Barnabites. 3656, 3657 : Bénédictins anglais. 3658-3674 : Bernardins. 3675-3704 : Blancs-Manteaux. 3705 : Capucins de la rue Saint-Honoré. 3706 : Capucins du Marais. 3707-3727 : Carmes Billettes. 3728-3733 : Carmes deschaux de la rue de Vaugirard. 3734-3738 : Carmes de la place Maubert. 3739-3742 : Carmes deschaux des Carrières-sous-Charenton. 3743 3871 : Célestins de Paris (manque

3810). 3872-3947 : Célestins de Marcoussis. 3948-4160 : Chartreux (manquent 4147 et 4153). 4161-4163 : Cordeliers du grand couvent. 4164-4216 : Feuillants de la rue Saint-Honoré et abbaye de Notre-Dame-du-Val. 4217-4218 : Feuillants de la rue d'Enfer. 4219 : Hermites du Calvaire. 4220, 4221 : Jacobins de la rue Saint-Dominique. 4222-4227 : Jacobins de la rue Saint-Honoré. 4228-4240 : Jacobins de la rue Saint-Jacques. 4241-4284 : Mathurins. 4285-4292 : Religieux de la Merci. 4293-4301 : Minimes de Paris. 4302-4307 : Minimes de Passy. 4308-4333 : Minimes de Vincennes. 4334, 4335 : Pères de Nazareth. 4336 : Petits-Pères. 4337-4339 : Religieux de Picpus. 4340, 4341 : Prémontrés de la Croix Rouge. 4342-4353 : Collége de Prémontré (avec quelques titres des abbayes du Gard, de Granchamp et de Joyenval). 4354 : Récollets de Paris et de Saint-Denis. 4355, 4356 : Théatins de Paris. 4357 : Frères Tailleurs, rue Jean-Lantier.

4358-4405 : Abbaye Saint-Antoine. 4406 : Chanoinesses de Belle Chasse. 4407-4417 : Abbaye-au-Bois. 4418 : Abbaye de Longchamp. 4419-4498 : Abb. de Montmartre. 4499 4511 : Abb. de Penthemont. 4512-4514 : Abb. de Sainte-Perrine à Chaillot 4515-4549 : Abb. de Port-Royal. 4550-4587 : Abb. du Val-de-Grâce. 4588-4590 : Prieuré de Bon-Secours, rue de Charonne. 4591 : Prieuré des Bénédictines du Chasse-Midi. 4592 : Prieuré des Bénédictines de Conflans. 4593-4604 : Prieuré de la Madeleine de Tresnel. 4605-4612 : Prieuré du Val-d'One, à Charenton. 4613, 4614 : Prieuré de Saint-Louis de Torci en Brie.

4615 : Communauté de Sainte-Agnès. 4616 : Anglaises de la rue des Fossés-Saint-Victor. 4617, 4618 : Anglaises de la rue de Charenton. 4619 : Anglaises de la rue de Lourcine. 4620, 4621 : Annonciades célestes, rue Culture-Sainte-Catherine. 4622 : Annonciades de Saint-Denis. 4623-4638 : Religieuses de l'Assomption. 4639, 4640 : Augustines de la rue Neuve-Saint-Étienne-du-Mont. 4641 : Religieuses de Sainte-Aure. 4642 : Religieuses de l'Ave-Maria. 4644, 4645 : Bénédictines de la Ville-l'Évêque. 4646 : Filles-du-Bon Pasteur. 4647, 4648 : Filles-du-Calvaire, au Marais. 4649 : Filles-du-Calvaire, rue de Vaugirard. 4650 : Capucines de la place Vendôme. 4651 : Carmélites de la rue Chapon. 4652-4654 : Carmélites de la rue de Grenelle-Saint-Germain. 4655-4667 : Carmélites du faubourg Saint-Jacques. 4668, 4669 : Nouvelles-Catholiques, rue Sainte-Anne. 4670, 4671 : Filles-de-Saint-Chaumont. 4672-4674 : Religieuses de la Conception. 4675-4685 : Cordelières, rue de Lourcine. 4686 : Filles-de-la-Croix.

4687-4689 : Dames-de-la-Croix, rue de Charonne. 4690, 4691 : Religieuses de Sainte-Élisabeth, rue du Temple. 4692, 4693 : Feuillantines, rue Saint-Jacques. 4694-4733 : Filles-Dieu, rue Saint-Denis. 4734-4737 : Filles-de-Saint-Joseph, rue Saint-Dominique. 4738-4741 : Filles-de-la-Madeleine, rue des Fontaines. 4742-4746 : Religieuses de Saint-Magloire, rue Saint-Denis. 4747, 4748 : Religieuses de Notre-Dame-de-la-Miséricorde, rue du Vieux-Colombier et Filles-de-Sainte-Geneviève ou Miramionnes. 4749 : Chanoinesses de Saint-Augustin à Picpus. 4750, 4751 : Religieuses du Précieux-Sang, rue de Vaugirard. 4752 : Religieuses de la Présentation, rue des Postes. 4753, 4754 : Récollettes, rue du Bac. 4755, 4756 : Religieuses du Saint-Sacrement, rue Cassette. 4757 : Religieuses du Saint-Sacrement, rue Saint-Louis, au Marais. 4758 : Religieuses du Saint-Sacrement, à Charonne. 4759 : Filles-du-Sauveur, rue de Vendôme. 4760-4762 : Filles-de-Saint-Thomas, rue Neuve-Saint-Augustin. 4763 : Trinitaires de la petite rue de Reuilli. 4764-4767 : Ursulines de la rue Saint-Avoye. 4768-4773 : Ursulines de la rue Saint-Jacques. 4774 : Ursulines de la rue Saint-Denis. 4775 : Filles-Pénitentes-de-Sainte-Valère, rue de Grenelle-Saint-Germain. 4776-4784 : Religieuses de la Visitation, rue Saint-Antoine. 4785-4787 : Religieuses de la Visitation, rue du Bac. 4788-4790 : Religieuses de la Visitation, rue Saint-Jacques. 4791-4808 : Religieuses de la Visitation, à Chaillot. 4809-4811 : Religieuses de la Visitation, à Saint-Denis.

4812-4945 : Ordre de Saint-Lazare (124 cartons, 10 registres). 4946-6101 : Ordre de Malte (338 cartons, 817 registres; manquent les numéros 4983, 5605, 5614, 5758, 5780).

6102-6107 : Hôpital de la Charité et des Convalescents. 6108-6113 : Hôpital Sainte-Catherine, rue Saint-Denis. 6114 : Hôpital du Nom-de-Jésus, faubourg Saint-Martin. 6115 : Hôtel-Dieu de Saint-Denis. 6116, 6117 : Hôpital de Saint-Joseph-de-la-Grave à Toulouse. 6118-6141 : Hospitalières de Saint-Anastase, dites de Saint-Gervais. 6142-6144 : Hospitalières de la Providence, rue de l'Arbalète. 6145-6147 : Hospitalières de la Miséricorde-de-Jésus, rue Mouffetard. 6148 : Hospitalières de la Charité de Notre-Dame, place Royale. 6149, 6150 : Hospitalières de la Charité de Saint-Joseph, rue de la Roquette. 6151-6154 : Hospitalières de la Charité de Saint-Michel, rue des Postes. 6155 : Sœurs de la Charité de la paroisse Sainte-Marguerite. 6156 : Sœurs de la Charité de la paroisse Saint-André-des-Arcs. 6157-6180 : Sœurs de la Charité du faubourg Saint-Denis.

6181-6208 : Université de Paris. 6209, 6210 : École de médecine. 6211-6252 : Maison et société de Sorbonne. 6253 : Maison de Navarre et collége de Boncourt. 6254-6255 : Prytanée français. 6256-6345 : Collége Louis-le-Grand. 6346-6350 : Colléges d'Autun; 6351, 6352, de Sainte-Barbe; 6353-6355, de Bayeux ; 6356 6369, de Beauvais; 6369 *bis* - 6372, de Boissi; 6373-6381, des Bons-Enfants; 6382-6389, de Bourgogne; 6390, 6391, de Cambrai; 6392-6401, du Cardinal Lemoine; 6402-6414, des Cholets; 6415, 6416, de Cluni; 6417-6420, de Cornouailles ; 6421-6425, de Dainville; 6426-6429, des Dix-Huit ; 6430-6436, de Fortet; 6437, 6438, des Grassins; 6439-6447, d'Harcourt ; 6448-6451, de Huban; 6452-6455, de Justice; 6456-6463, de Laon ; 6464-6473, de Lisieux ; 6474-6487, de Maître-Gervais ; 6488-6490, du Mans ; 6491-6498, de la Marche; 6499-6506, Mazarin; 6507-6510, Saint-Michel; 6511-6513, Mignon ; 6514-6535, Montaigu; 6536-6539, de Narbone ; 6540-6546, de Navarre ; 6547, 6548, du Plessis ; 6548 *bis*-6558, de Presles ; 6559-6561, de Reims ; 6562-6575, de Séez; 6576-6580, de Tours; 6581-6584, de Tréguier; 6585-6589, des Trésoriers. 6590-6748 : Congrégation de Saint-Lazare (128 cartons, 31 registres). 6749-6814 : Congrégation de l'Oratoire, rue Saint-Honoré. 6815-6837 : Institution de l'Oratoire, rue d'Enfer. 6838-6840 : Congrégation de la Doctrine chrétienne, rue des Fossés-Saint-Victor. 6841-6843 : *Id.*, à Berci. 6844, 6845 : Séminaire anglais, rue des Postes. 6846 : Séminaires de Sainte-Barbe, rue de Reims ; 6847, 6848, du Saint-Esprit, rue des Postes ; 6849, des Eudistes, rue des Postes ; 6850-6852, de Saint-Firmin, rue Saint-Victor ; 6853, de Saint-Louis, place Saint-Michel ; 6854-6865, de Saint-Magloire, rue Saint-Jacques ; 6866-6979, des Missions étrangères (9 cartons, 105 registres); 6980, de Saint-Marcel; 6981-6995, de Saint-Nicolas-du-Chardonnet, rue Saint-Victor; 6996-7005, d'Orléans ; 7006-7041, de Saint-Sulpice ; 7042-7044, de la Sainte-Famille ou des Trente Trois. 7045 : Écoles chrétiennes, rue Saint-Maur. 7046 : Écoles chrétiennes de Saint-Sulpice, rue Notre-Dame-des-Champs. 7047 : Instruction chrétienne, rue du Pot-de-Fer. 7048 : Écoles de la paroisse Saint-Étienne-du-Mont. 7049 : Administration des orphelins de la paroisse Saint-Sulpice. 7050 : Petites écoles hors de Paris.

7051 : Déclarations et actes administratifs de 1792; revenus et charges de diverses maisons hospitalières de Paris ; tableau des maisons et revenus fondés en faveur des pauvres dans le département de Paris.

7052-7059 : Déclarations de biens ecclésiastiques faites en 1790 par les chanoines, curés, chapelains et autres bénéficiaires du diocèse de Paris et généralement de toute la France.

7060-7063 : Quatre cartons de pièces diverses, résidu des papiers de la commission administrative du clergé de France.

SÉRIE T. *Séquestres, déshérences, confiscations et ventes.*

Cette série se compose de papiers de famille saisis par le domaine de l'État à l'époque de la révolution de 1789 ou antérieurement. Ce sont des papiers d'émigrés, de condamnés, d'absents, de successions en déshérence, des papiers oubliés aux messageries par les voyageurs, etc., etc., rangés dans l'ordre alphabétique et formant une suite de 6,500 registres ou cartons. Les restitutions faites aux familles sous la restauration ont enlevé à cette série une partie considérable des pièces qui la composaient. Il existe pour la lettre T une collection de petits inventaires particuliers qui peuvent servir aussi, comme je l'ai dit plus haut, pour les lettres R et S, et qui s'élèvent au nombre de 3,512 inventaires distincts; ils sont divisés en 23 séries correspondant à autant de lettres de l'alphabet.

TT. Sous cette double lettre, on a classé une catégorie particulière du séquestre : les papiers des religionnaires fugitifs. Cette subdivision, qui compte 445 liasses ou registres, se compose des papiers relatifs à l'administration des biens confisqués aux familles protestantes après la révocation de Nantes (1685) ou de papiers à elles appartenant. Il y en a un inventaire formant un volume in-folio.

SECTION JUDICIAIRE.

La section judiciaire se compose principalement : 1° des registres ou papiers du parlement de Paris, du Châtelet, de la cour des aides, en un mot, de toutes les cours ou juridictions qui existaient à Paris en 1790 et qui furent alors supprimées; 2° des minutes, pièces et registres des tribunaux révolutionnaires. Elle n'a pas d'autre inventaire général qu'un état rédigé vers 1810 par Terrasse père et Saint-Martin; cet état, quoique

sommaire, forme un volume in-folio; il est appelé *Livre rouge de la section judiciaire.*

SÉRIE U. *Matières de jurisprudence.*

Sous la lettre U l'on a rassemblé, à une époque récente, divers manuscrits épars dans la section judiciaire et qui, relatifs à des matières générales ou de jurisprudence, sont de nature à figurer en tête de la section. Ils forment une série de 1,030 articles, dont les plus intéressants sont 37 registres contenant les coutumes originales, rédigées au xvie siècle, des provinces et villes situées dans le ressort du parlement de Paris. Sur ces 1,030 articles, il y en a 318 qui proviennent d'un don fait en 1853 par M. Joly de Fleury (Voy. ci-dessus, p. 54).

SÉRIE V. *Grande chancellerie et conseils.*

Grande chancellerie de France : V, 1-566. — Sorte de tribunal où se délivraient toutes les provisions d'offices accordées par le roi; elles étaient rédigées par les officiers appelés secrétaires du roi, et scellées du sceau de la chancellerie. Ce tribunal ayant été créé par un édit de l'an 1674, les documents compris sous ce titre ne remontent pas au delà et s'étendent jusqu'à l'an 1790. Ils se composent de 545 cartons de copies collationnées de provisions d'offices et de 21 registres du contrôle des gardes-minutes de la grande chancellerie.

Secrétaires du roi. — 567-648 : Titres divers relatifs à la compagnie des conseillers, notaires et secrétaires du roi, maison et couronne de France et de ses finances; comptes; lettres d'honneur; grâces et priviléges; années 1293-1790. Délibérations de la compagnie, 1580-1790.

Prévôté de l'hôtel du roi; tribunal devant lequel étaient portées les causes tant civiles que criminelles des gens de la maison du roi. — 649-752 (cartons) : Minutes de jugements, 1579-1790. 733-740 : Scellés et inventaires, 1707-89. 741-838 : Registres d'audiences, 1660-1788.

Requêtes de l'hôtel. — 839-1994 (cartons) : Minutes de feuilles d'audience et de sentences rendues aux requêtes de l'hôtel, 1573-1791. 1995-1997 : Procès verbaux, 1674-1790. 1998-2004 : Instructions, etc., 1605-1690. 2005-2025 : Procès-criminels (chevalier de Rohan, la Luzerne, etc.), 1674-1791. 2026-2028 : Piè-

ces déposées, rentes, etc. 2029-2127 : Dépens, 1650-1791. 2128 : Oppositions, enchères, etc., 1674-1779.

Grand conseil. — 2217-2943 : Minutes d'arrêts, 1503-1791. 2944-3016 : Registres de rapports, 1671-1708. 3017-3036 : Plumitifs, 1603-1791. 3037-3219 : Registres d'arrêts, 1483-1682. — Le grand conseil connaissait de l'appel des jugements rendus par la prévôté de l'hôtel et des procès évoqués de tous les parlements de France.

Conseil privé du roi ou conseil des parties. — 3220 [1] : Minutes d'arrêts (1570-1791) et registres de présentations. — Le conseil privé prononçait sur les demandes en cassation formées contre des jugements rendus en dernier ressort par des cours et tribunaux souverains (Voy. ci-dessus, p. 92).

Commissions extraordinaires du conseil. — Liasses de procédures et de jugements rangées par ordre alphabétique des noms des parties. Ces commissions étaient créées par arrêt du conseil du roi, sur la demande des parties, pour les affaires d'importance dans lesquelles on voulait éviter de trop grands frais de procédure.

Conseils supérieurs, créés par l'édit du mois de février 1771 dans les villes de Blois, Châlons, Clermont-Ferrand, Lyon et Poitiers, après l'exil du parlement de Paris. — Minutes de jugements et registres de greffes desdits conseils.

Conseil souverain de Dombes. — Cinq cartons et un registre contenant principalement les jugements rendus par ce conseil de 1631 à 1762.

SÉRIE X. *Parlement de Paris.*

Le parlement de Paris cessa ses fonctions le 14 octobre 1790. Le lendemain, 15, les scellés furent mis, par le maire de Paris, sur les portes de toutes les salles d'audience, greffes et dépôts de toutes les cours et juridictions comprises dans l'enclos du palais. On leva les scellés le 23, et le 2 novembre suivant, M. Terrasse père, qui à cette époque était commis au greffe depuis vingt-huit ans, fut nommé au scrutin, par la municipalité, gardien des dépôts du parlement. Il n'y a donc pas eu le moindre désordre, la moindre secousse pour les papiers du parlement de Paris dans le passage de l'ancien état de choses au nouveau. Il n'est pas

---

1. Les cotes s'arrêtent ici ; la fin de la série n'est pas encore numérotée.

besoin de retracer les luttes au milieu desquelles ce corps puissant revendiqua pendant les deux derniers siècles de son existence une prépondérance politique qu'il prétendait faire remonter aux premiers temps de la monarchie pour faire comprendre l'importance qu'il attachait à ses archives. Il en a laissé la preuve dans ces archives mêmes, par les témoignages de sollicitude que ses procureurs généraux et ses autres officiers ont donnés aux travaux du greffe ; la série de copies des registres d'arrêts, la série de registres contenant les répertoires des accords, la série d'extraits des mêmes accords, ne laissent aucun doute sur le soin que le parlement apportait à la conservation de ses archives, à leur mise en ordre et, par conséquent, à la rédaction des inventaires qui étaient indispensables pour les recherches. Aussi paraît-il inconcevable que, sauf un répertoire insuffisant et imparfait rédigé par le greffier Le Nain, et l'inventaire sommaire de la section dû à M. Terrasse, il n'y ait aujourd'hui aux Archives ni inventaire, ni répertoire, ni table quelconque des papiers du parlement. Le public doit apporter la date de la pièce qu'il désire pour en obtenir la communication, car le seul moyen de recherche est dans l'ordre chronologique des pièces et dans la connaissance personnelle que les employés ont acquise du dépôt. Il y a lieu d'espérer que les anciens répertoires ont été égarés et qu'ils se retrouveront quelque jour.

Registres.

X, 1-4 : Registres *Olim*. — Ces quatre précieux registres ont été l'objet d'un travail important de M. le comte Beugnot ; ce savant les a en partie publiés, en 3 vol. in-4° (Paris, Didot, 1839-1848), dans le recueil des *Documents inédits* relatifs à l'histoire de France. Ils contiennent l'analyse sommaire des jugements prononcés par la cour du roi dans l'intervalle des années 1256 à 1318.

5-1468 : Registres des *Jugés* du parlement, 1319-1779 [1].

1469-4783 : *Conseil et plaidoiries*, 1364-94 ; conseil, 1395-1776. 4784-8288 : Plaidoiries des matinées, 1395-1774. 8289-8375 : Plaidoiries des après-dînées, 1372-1571.

8376-8590 : *Conseil secret*. — 215 registres de copies des procès-verbaux d'assemblée des chambres du parlement, de ses

---

[1]. Seize registres de cette collection sont en déficit. Il faut remarquer que dans la plupart des collections de registres ou de liasses des lettres X, Y et Z, il se trouve des lacunes. Je signale ici le fait une fois pour toutes.

remontrances, des lits de justice, des réceptions de magistrats et officiers du parlement, 1636-1786.

8591-8852 : *Ordonnances* des rois de France depuis Philippe VI jusqu'à Louis XVI, plus quelques volumes de tables; août 1337-22 mars 1785.

8853-9740 : *Tournelle criminelle.* — Registres des arrêts rendus en la chambre de la Tournelle; ces registres sont au nombre de 900, commençant le premier au 7 février 1312, et finissant le dernier au 31 juillet 1784. — La Tournelle criminelle du parlement de Paris connaissait par appel et en dernier ressort des procès criminels sur lesquels il était intervenu jugement définitif dans les bailliages, sénéchaussées et justices du ressort du parlement.

9741-9775 : *Procès faits aux grands du royaume.* — Série de 33 registres contenant des analyses et copies de procès criminels remontant depuis le milieu du xviiie siècle jusqu'à l'an 619.

9776-9959 : *Conclusions des procureurs généraux du parlement.* — 184 registres; 1611-1790.

9960-10061 : *Saisies réelles.* — 103 registres des années 1399 à 1790.

10062-10086 : 25 registres de *Scellés et inventaires* après décès des princes et princesses du sang royal, savoir : Marie-Anne de Bourbon-Conti, princesse de Condé, 1720; Anne, palatine de Bavière, princesse de Condé, 1723; Philippe, duc d'Orléans, régent, 1724; Marie-Anne de Bourbon, princesse de Conti, 1739; Marie-Anne de Bourbon-Clermont, 1741; Louise-Françoise de Bourbon, princesse de Condé, 1743; Marie-Françoise de Bourbon, veuve du régent, 1749; Louis, duc d'Orléans, 1752; Louise-Anne de Bourbon-Charolois, 1758; Louise-Henriette de Bourbon-Conti, duchesse d'Orléans, 1759; Charles de Bourbon-Condé, comte de Charolois, 1760; Charlotte-Aglaé d'Orléans, duchesse de Modène, 1761; Louis-François de Bourbon, prince de Conti, 1776; Louis-Philippe, duc d'Orléans, 1785.

10087-10180 : *Grands-jours.* — Registres d'arrêts rendus par les conseillers commissaires du parlement, envoyés en divers lieux, savoir : à Troyes, de 1337 à 1535 (10 reg.); à Poitiers, de 1418 à 1635 (23 reg.); à Tours, Bourges, Saintes, Angoulême, Limoges, Périgueux et Thouars en 1454 et 1455 (1 reg.); à Bordeaux, de 1456 à 1459 (2 reg.); à Montferrand, de 1461 à 1582 (3 reg.); à Moulins, de 1534 à 1550 (7 reg.); à Angers,

SECTION JUDICIAIRE. X.   253

en 1539 (2 reg.); à Riom, en 1546 (3 reg.); à Tours, de 1547 à 1594 (34 reg.); à Châlons, de 1589 à 1594 (11 reg.); à Lyon en 1596 (3 reg.). — 11 autres registres intitulés : Amendes, 1399-1516; Chambre du domaine, 1543-48; Enchères, 1566.

Minutes.

10181-10613 : *Jugés du parlement*. — Minutes d'arrêts rendus sur rapport et sur productions respectives des parties aux différentes chambres des enquêtes, 1547-1789.

10614-13713 : *Conseil*. — Minutes d'arrêts rendus sur rapport en la grand'chambre; adjudications et décrets; oppositions; procès-verbaux; instructions; 1553-1790.

13714-17278 : *Plaidoiries*. — Années 1584 à 1790.

17279-17434 : *Conseil secret*. — Années 1636 à 1790.

17435-17547 : *Patentes*. — Années 1636 à 1790.

17548-17913 : *Dépens*. — Années 1757 à 1790.

17914-17963 : *Remboursements*. — Années 1749 à 1790.

17964-19557 : *Tournelle criminelle*. — Minutes d'arrêts, feuilles d'audience; plumitifs ou brouillons d'audience; requêtes du procureur général au parlement, procès-verbaux, etc ; 1507-1790. Procès-verbaux de questions et d'exécutions, 1584-1778. Procédures contre Cartouche et ses complices, 1721-23; de la Force, 1721; Raffiat, 1732; Damiens, 1757; Lally; Grandin; Beaumarchais, 1773-74; Saint Vincent, 1775; Desrues; de Brunoy, 1777; Sainte Foix; de Rohan; Mahé de la Bourdonnois, etc.

19558-19574 : *Grands-jours* de Lyon, 1576-96; de Poitiers, 1579; de Clermont, 1582; de Troyes, 1582-84.

19575-25337 : *Requêtes du palais*. — Dictums ou sentences rendues sur rapport; minutes de sentences rendues à l'audience des deux chambres des requêtes; registres des criées et saisies réelles; oppositions à saisies réelles; exécutoires; dépens; baux judiciaires; procès-verbaux dressés par des conseillers; décrets d'adjudication; dispositifs d'arrêts; 1567-1790.

25338 [1] : *Bailliage du palais*. — Titres relatifs à l'origine, aux droits, privilèges et police de cette juridiction, 1319-1770. Cahiers d'audience, 1488, 1489, 1514-1790. Minutes de jugements, 1543-1790. Procédures criminelles, 1726-90. Saisies réelles, 1628-1784. Tutelles, 1637-1774. Maîtrises et jurandes, 1575-1768. Maréchaux du palais, 1725-76. Criées, insinuations, informations, productions, distributions, etc., 1612-1782.

1. La fin de la série n'est pas encore numérotée.

Chancellerie du palais, appelée la petite chancellerie, par opposition à la grande chancellerie de France. — On y expédiait aux parties toutes les lettres de justice et de grâces scellées du petit sceau tant pour les affaires pendantes au parlement que pour les autres cours souveraines et autres juridictions royales et seigneuriales de son ressort. 1,052 liasses de minutes, 1692-1791, et 16 registres d'inscription des lettres délivrées en ladite chancellerie.

Accords du parlement. — Collection importante qu'il serait plus exact de désigner par le nom de *Rouleaux du parlement;* en effet, elle renferme, outre les accords (*concordiæ*), quatre autres classes d'actes : 1° les demandes formées au parlement par les parties (*petitiones*); 2° les faits et articles dont les parties demandaient à fournir la preuve (*articuli*); 3° les actes par lesquels les parties obligées soit à plaider, soit à faire quelque reconnaissance, protestaient que ce serait sous toute réserve de leur droit (*protestationes*); 4° les adjudications par décret de biens dont la saisie et les criées avaient été poursuivies au parlement (*decreta*).

Les accords étaient les transactions passées entre les parties et homologuées au parlement. C'est la plus intéressante des cinq classes et celle sur laquelle se concentra spécialement l'attention des érudits qui commencèrent en 1717, sous l'impulsion de M. Joly de Fleury, procureur général au parlement, à faire de ces rouleaux l'objet de travaux considérables dont la Bibliothèque impériale conserve tout ce qui paraît avoir subsisté. Un avocat instruit, appelé Meslé, aidé d'un de ses confrères et dirigé par le procureur général auquel il rendait compte chaque soir du travail de la journée, s'adonna pendant près de quarante ans à faire des extraits des accords, à les coordonner et à en tirer les renseignements qui pouvaient servir à la connaissance de l'histoire ou surtout à l'administration de la justice. Le travail fut interrompu à sa mort (1756) et les rouleaux eux-mêmes furent complétement bouleversés en 1771 par suite de changements opérés alors dans les bâtiments du Palais-de-Justice. Quant aux extraits qu'il avait rédigés, on en fit une copie qui s'ouvre par un accensement du 13 novembre 1274 et qui remplit cinq cartons de la Bibliothèque impériale sous la désignation suivante : « Compilation, par ordre chronologique, d'environ 14,000 extraits, copiés d'après le contenu dans les cartons de M. le procureur général, et dont les originaux sont renfermés

en partie dans le dépôt des rouleaux du parlement de Paris et dont nombre d'autres sont perdus. »

M. le comte Beugnot a publié sur les rouleaux du parlement et les travaux auxquels ils ont donné lieu une notice étendue dans laquelle il résume ainsi l'intérêt que ces anciens documents présentent : « Les rouleaux contiennent des actes politiques ou judiciaires très-variés dans leur forme et qui donnent des notions curieuses et neuves sur : 1° les droits du roi, comme aides, subsides, droits sur les villes, les communautés, les seigneuries, les monnaies, le sceau, etc.; 2° les priviléges des villes et communautés, leur justice et leur administration intérieure; 3° les usages et coutumes des villes et des provinces, tels que droits de guerre, de forteresse, d'établissement de juges, sergents et autres officiers de justice ; 4° les généalogies des premières familles de France, les seigneuries, offices et dignités civiles ; 5° les biens et dignités ecclésiastiques, leurs droits et priviléges ; 6° beaucoup de faits qui se rapportent à l'histoire générale de la France et qui souvent sont révélés par des procès d'une très-mince importance. » (Les *Olim*, t. 1, p. 998.)

Deux employés des Archives, MM. Terrasse père et Pavillet, ont rangé les rouleaux du parlement, au nombre d'environ 25,000, dans l'ordre chronologique. Le premier est du mois de décembre de l'année 1300 ; le plus ancien ensuite est de 1319 ; depuis 1319 jusqu'au milieu du xvie siècle, il en existe de chaque année ; à partir de 1549 beaucoup d'années manquent entièrement; le dernier, enfin, est du mois d'avril 1640.

A cette série se joignent une liasse de rouleaux sans date, une liasse de fragments de rouleaux, et douze registres importants qui contiennent une table chronologique des rouleaux faite avec beaucoup de soin dans la seconde moitié du xviie siècle. Les documents inventoriés dans ces registres embrassent l'intervalle des années 1319 à 1648.

Communauté des procureurs au parlement, 1634-1770.

Greffe des dépôts de la grand'chambre et des chambres des enquêtes. — 77 registres des procès, instances appointées au conseil, jonctions et incidents produits, pour être jugés en la grand'chambre, 1681-1790. — 85 reg. de distributions de pièces, 1588-1782. — 35 reg. de productions et autres, 1662-1790. — 19 reg. secrets et décharges des congés et défauts produits pour être jugés en la grand'chambre, 1725-90. — 43 reg. d'enregistrement des pièces déposées au greffe des dépôts du par-

lement, 1667-1790. — 50 reg., double des précédents, 1573-1790. — 19 reg. de distributions de pièces appointées au conseil et envoyées à la grand'chambre, 1626-1790. — 85 reg. d'entablement des arrêts et autres actes donnés à expédier aux greffiers à la peau, 1680-1790. — 42 registres de distributions de procès, 1671-1790. — 15 reg. de productions, 1736-90 ; des grands-jours de Clermont-Ferrand, 1562-1666 ; de griefs et réponses à griefs, 1656-1782 ; de distributions aux chambres des enquêtes, 1717-65 ; des arrêts de grands commissaires, 1767-76.

Pièces déposées au parlement. — Pièces diverses apportées et déposées au greffe des dépôts ; comptes de commissaires aux saisies réelles ; récépissés d'instances et procès donnés en communication ; minutes de procès-verbaux dressés au greffe des dépôts, 1611-1790 ; liasses de pièces des années 1367 à 1739, relatives à divers domaines du comté d'Armagnac.

SÉRIE Y. *Châtelet.*

Y, 1-6 : *Anciens registres du Châtelet.* — La première partie des anciens registres du Châtelet, désignée sous le nom de *Livres de couleur*, formait une collection assez considérable, car telle qu'on la connaît aujourd'hui (et elle n'est peut-être pas complète), elle se compose de seize volumes. Six d'entre eux seulement se trouvent aux Archives, sous les cotes Y1 à Y6 ; il y en a quatre à la Bibliothèque impériale ; le reste paraît avoir été égaré, sinon entièrement détruit. Il existe heureusement aux archives de la Préfecture de police une copie des seize registres exécutée dans la première moitié du xviiie siècle et accompagnée d'une table chronologique dressée en 1752. Je donnerai donc la liste des registres compris dans cette copie, en indiquant ceux d'entre eux dont les originaux existent soit à la Bibliothèque impériale, soit aux Archives, et en ajoutant quelques brefs détails sur ces derniers.

1. Livre doulx sire. — Original à la Bibl. imp.
2. Cahier neuf.
3. Livre blanc[1].
4. Livre jaulne petit. — Original aux Archives, Y 4. L'écri-

---

[1]. Entre le Cahier neuf et le Livre blanc, la copie de la Préfecture de police place le Livre des métiers de Paris. Voy. ci-dessus, p. 169.

ture du volume et les actes qu'il contient sont de la seconde moitié du xv⁰ siècle; 189 feuillets.

5. Livre jaune grand. — *Id.*, Y 5. Les actes contenus dans ce volume sont de la seconde moitié du xvi⁰ siècle; écriture du temps; 162 feuillets.

6. Livre rouge neuf. — *Id.*, Y 1. Actes des xiv⁰, xv⁰ et xvi⁰ siècles; écriture du xvi⁰; 177 feuillets.

7. Livre rouge vieil. — Original à la Biblioth. imp.
8. Livre rouge troisième.
9. Livre vert neuf. — Original à la Biblioth. imp.
10. Livre vert ancien.
11. Livre vert vieil.

12. Livre vert vieil deuxième. — Original aux Archives, Y 2. Actes du xiii⁰ au xvi⁰ siècle; écriture généralement du xv⁰; 156 feuillets.

13. Livre bleu. — *Id.*, Y 3. Actes du xiii⁰ au xvi⁰ siècles; écriture généralement du xv⁰; 181 feuillets.

14. Livre gris. — Original à la Biblioth. imp.
15. Livre noir vieil.

16. Livre noir neuf. — Original aux Archives, Y 6. Actes du xv⁰ siècle à 1604; écriture du xvi⁰; 330 feuillets.

Ces désignations de couleurs proviennent des reliures anciennes que les registres portaient et qui n'existent plus aujourd'hui; on a rappelé autant que possible les mêmes couleurs dans les reliures modernes. Les pièces contenues dans les registres du Châtelet sont principalement des statuts et autres actes concernant les corporations d'arts et métiers de la ville de Paris.

Y, 7-17 : Onze registres dits *Bannières du Châtelet.* Ils sont cotés 1 à 13, le quatrième et le huitième manquant depuis un temps immémorial; ils manquent de même dans la copie qui existe également pour cette série aux archives de la Préfecture de police. Voici la date des actes qu'ils renferment :

1 (Y, 7), 1467-1514; 2 (Y, 8), 1514-31; 3 (Y, 9), 1531-42; 4 manque; 5 (Y, 10), 1548-56; 6 (Y, 11), 1557-64; 7 (Y, 12), 1564-71; 8 manque; 9 (Y, 13), 1601-9; 10 (Y, 14), 1609-20; 11 (Y, 15), 1620-29; 12 (Y, 16), 1629-64; 13 (Y, 17), 1664-1703.

Le nom de *bannières* donné à ces registres vient de *bannire, bannum*, ordre, mandement, avis publié par la police; ils contien-

nent à peu près les mêmes pièces que les livres de couleur : ce sont des sauvegardes pour les monastères des environs de Paris, des priviléges accordés aux corporations d'arts et métiers, aux confréries instituées dans les paroisses, des actes relatifs aux priviléges des bourgeois de Paris tenant fiefs, aux sergents du parloir aux bourgeois, au guet, aux différentes branches de l'édilité parisienne; au xvie siècle se présentent des publications de paix, trêves et autres traités conclus avec les puissances étrangères. Parmi ces documents se trouvent des vidimus de pièces remontant à l'année 1330.

18-80 : *Publications d'ordonnances* et autres actes au Châtelet, 1594-1791. 81-84 : Convocations de ban et arrière-ban, Louis XI-Henri II. 85 : *Deuxième cahier neuf* ou Registre des dons du roi, ordonnances, édits, arrêts, déclarations, statuts des communautés et métiers de Paris, 1543 86. 86-494 : Registres d'insinuations de donations et autres actes, 1539-1791.

Parc civil. — 495-1858 : 450 liasses de minutes de sentences rendues à l'audience du parc civil, 1633-1791; réceptions d'officiers au Châtelet, 1623-99; réceptions de juges, 1653-1790; dispositifs de délibérés; défrichements, 1766-89; provisions de juges et d'officiers, 1772-86; soumissions de cautions, 1747 91; vérifications d'écritures et traductions de pièces, 1753-90; affirmations de créances, 1716-91; rapports d'experts, 1712-91. 1859-2789 : Registres d'audiences du parc civil, 1589-1791. 2790-2961 : Adjudications sur licitations. 2962-3370 : Adjudications et décrets forcés. 3371-3878 : Saisies réelles et criées.

Avis de parents et tutelles. — 3879-5208 : Minutes d'avis de parents et de sentences de tutelles rendues par le lieutenant civil, 1584-1791; minutes de lettres de bénéfice d'inventaire, 1713-55; affaires non suivies; requêtes et procurations pour avis de parents; traités d'offices de procureur au Châtelet, 1734-90. 5209-5219 : Déclarations de scellés et clôtures d'inventaires. 5220-5539 : 76 registres de clôtures d'inventaires rangés par ordre alphabétique de noms des greffiers de la chambre civile du Châtelet, 1693-1775, etc.

Défauts aux ordonnances. — 5540-6261 : Minutes de sentences rendues sur défauts, 1601-1791; entablement desdits défauts, 1597-1790; 8 liasses de recettes et comptes d'épices distribués aux conseillers au Châtelet par deux greffiers.

Dépens. — 6262-6576 : Minutes de déclarations de dépens du Châtelet, 1757-91.

Communauté des procureurs au Châtelet. — 6577-6612 : Registres de délibérations, 1658-1783 ; comptes rendus par les procureurs syndics de la communauté.

Présidial du Châtelet. — 6613-7177 : 356 registres d'audience, 1673-1791 ; 464 liasses de minutes de sentences d'audience, 1639-1791 ; dispositifs de délibérés ; enregistrement de commissions du conseil adressées au présidial, 1735-59.

Chambre civile du Châtelet. — 7178-7978 : 255 registres d'audiences, 1609-1791 ; 422 liasses de minutes de sentences, 1650-1791 ; rôles d'appels des huissiers à cheval et à verge du Châtelet, 1696-1790.

Référés. — 7979-8247 : 333 liasses de procès-verbaux dressés et ordonnances rendues sur référé par le lieutenant civil du Châtelet, 1681-1790 ; procès-verbaux de référés non suivis d'ordonnances ; pièces jointes à l'appui des procès-verbaux de référés ; brouillons de référés contradictoires, 1777-91 ; brouillons de référés par défaut, 1772-90 ; expédients, délibérés et autres actes du présidial, du parc civil et de la chambre civile.

Chambre des auditeurs. — 8248-8545 : 139 liasses de minutes de sentences rendues tant à l'audience que sur rapport, 1691-1791 ; 92 registres de feuilles d'audience ; 20 reg. d'affirmations de voyages, présentations et autres actes reçus au greffe de la juridiction des auditeurs, 1700-91.

Chambre du conseil. — 8546-9305 : 285 liasses de minutes de sentences de séparation et autres, 1596-1791 ; sentences de forclusions ; pièces produites dans des demandes en séparation ; répertoire de sentences sur productions ; produits, 1703-91 ; interrogatoires de prisonniers, 1695-1759 ; registres de distributions de procès, d'appointements, de dépôts d'informations, de récépissés ; 156 registres des sentences baillées à expédier au greffe civil du Châtelet, 1632-1791.

Chambre du procureur du roi. — 9306-9396 : 23 registres de jurandes et maîtrises des métiers de la ville et faub. de Paris, 1585-1789 ; ordonnance de la chambre du procureur du roi, 1667-1781 ; 69 liasses de minutes d'avis du procureur du roi et bons de maîtrise, 1681-1790 ; réceptions de maîtres jurés écrivains de Paris, 1673-1775 ; communauté des mégissiers, 1679 ; élections des grands gardes et gardes des six corps de marchands, 1724-89.

Chambre de police. — 9397-9648 : 96 liasses de minutes de sentences et ordonnances, 1680-1789 ; feuilles d'audience, 1699-1789 ; minutes d'ordonnances de police, 1685-1787 ; copies d'au-

17.

tres ordonnances de police, 1634 et 1635 ; avis du lieutenant de police et du procureur du roi, 1750-89 ; baux d'étaux des boucheries de Paris, 1629-1789 ; procès-verbaux d'alignement et encoignures des rues, 1723-89 ; adjudications de maisons et terrains appartenant aux corps et métiers ou communautés de Paris, 1776 ; empreintes, planches de cuivre ou poinçons pour la marque des toiles, draps, mercerie, bonneterie et pour la manufacture de métal blanc, 1773 et 1776 ; empreintes des cuirs, 1785 ; déclarations concernant le courtage du roulage et entrepôt des marchandises, 1784 ; sentences relatives aux nourrices, 1723-72 ; faux tabacs, 1771-74 ; mendicité, 1724-84 ; fausses cartes à jouer, 1745-85 ; faux billets de loterie, 1752-89 ; 101 registres d'audiences et enregistrements d'édits, déclarations et règlements de police, 1638-1789 ; dépôts, 1693-1774 ; enregistrement des commissions extraordinaires du conseil, 1757-76 ; déclarations d'actes de société concernant le commerce des grains, 1771.

Petit criminel. — 9649-10017 : 369 liasses d'informations faites tant à la requête des parties civiles qu'à la requête du ministère public, 1723-91.

Grand criminel. — 10018-10667 : 486 liasses de minutes de sentences définitives et de minutes d'instructions, 1686-1791 ; 21 registres appelés Cédules de la chambre criminelle du Châtelet, 1674-1790 ; registres d'audiences, 1737-91 ; 4 liasses de sentences, 1655-1775 ; réceptions d'huissiers priseurs près la chambre criminelle, 1741-89 ; d'huissiers à verge, 1743-90 ; de greffiers du For-l'Évêque et du guet, 1747-77 ; de jurés crieurs, 1783 et 85 ; de chirurgiens, 1780-89 ; de médecins, 1776 et 87 ; de gardes du commerce, 1778 et 86 ; de sages-femmes, 1763 et 66 ; 2 registres immatricules des officiers du Châtelet, 1731-42 et 1767-90 ; ordonnances de mises en liberté ; 30 reg. d'informations ou dépôts, 1671-1791 ; distributions, 1727-91 ; comparutions, 1729-91 ; répertoire, 1706-91 ; 16 reg. de rapports du guet, 1768-91 ; procès-verbaux de ventes d'effets déposés au greffe criminel du Châtelet, 1754-66 ; visites d'accusés et rapports de médecins, 1673 1791 ; procès divers.

Pièces déposées. — 10668-10718 : Registres, cartons et boîtes renfermant des pièces déposées au greffe criminel du Châtelet et ayant servi à conviction dans les différents procès instruits devant cette juridiction, rangées par ordre chronologique de 1687 à 1790 ; autres semblables pièces sans mention de la date

de leur dépôt; productions faites au conseil par d'anciens avocats ou procureurs.

Commissaires au Châtelet. — 10719-16022 : **5,685** pièces, minutes, répertoires déposés en exécution de la loi du 5 germinal an V par les 48 commissaires de police dits commissaires au Châtelet.

Chambre des commissaires. — 16023-17623 : **1,515** registres intitulés : Recueils d'édits, déclarations, lettres patentes, arrêts, sentences, ordonnances, etc., relatifs à la police de Paris et autres titres concernant l'établissement et les fonctions des commissaires au Châtelet, le tout déposé par ordre de matières et embrassant l'intervalle des années 1301 à 1775.

Greffiers-à-la-peau. — 17624-18602 : 880 registres de dépôts de pièces, tenus par les greffiers-à-la-peau du Châtelet, c'est-à-dire écrivant sur le parchemin; ces registres, pour la plupart du xviiie siècle, sont rangés suivant l'ordre alphabétique des noms de greffiers, au nombre de 71 registres. Autres registres, au nombre de 23, tenus par des greffiers dont on ignore les noms; pièces, délibérations et renseignements concernant les greffiers du Châtelet; 40 liasses de pièces civiles et registres déposés aux greffiers; 47 liasses de bilans de banqueroute et de faillite; informations, 1663-1764; testaments olographes, 1701-75; procès-verbaux faits par des conseillers, 1667-1782; actes reçus au greffe du Châtelet, 1666-1789; procès-verbaux de descriptions d'effets, 1740 90; minutes de procès-verbaux d'affirmations et réceptions de cautions, 1740-90; minutes de procès-verbaux du conseil secret et de la chambre du Châtelet, 1765-80; arrêtés de la chambre du conseil, 1752-78; procurations, 1713-90; sentences rendues sur rapports à l'extraordinaire ou sur requêtes; réquisitions du procureur du roi, 1659-1790; curatelles, 1755-91; minutes d'actes de notoriété, 1698-1790; procédures extraordinaires et informations, 1692-1790; commissions du conseil.

Prévôté de l'Ile. — 18603-18799 : **177** liasses et 7 reg. de procès-verbaux dressés par les soldats de la maréchaussée contre différents inculpés, 1723-91.

SÉRIE **Z.** *Cours et juridictions spéciales et diverses.*

Cour des aides. — Z, 1-195 : Registres de dépôts de pièces, 1540-1756. 196-264 : Registres, plaidoiries, 1397-1645. 265-298 :

registres d'audiences, arrêts sur rapports, 1540-1647. 265-444 : Minutes d'arrêts, 1189-1791. 445-491 : Feuilles d'audience. 492-515 : Registres d'audience. 514-554 : Registres d'appointements, dépens. 555-597 : Lettres patentes, provisions d'officiers. 598-669 : Décrets, adjudications, etc. 670-772 : Registres de copies; ordonnances. 773-882 : Baux des fermes générales, 1647-1774; minutes d'arrêts rendus en matières d'aides; minutes d'instructions criminelles faites en la cour, 1612-1790. 883-1340 : Commissions diverses appelées Chambres ardentes : commission de Reims, procédures criminelles, minutes de jugements, écrous, 1740-89; commission de Saumur, 1757-64; commission de Moulins, 1650. 1341-1367 : Comptes de dépenses des maisons des rois, reines, princes et princesses du sang royal, 1532-1788.

Cour des monnaies de Paris. — 1568-2810 : Registres d'administration relatifs pour la plupart à la marque d'or et d'argent; registres de comptes des monnaies, 1306-1749; états des monnaies; apports des boîtes, 1541-1704; reconnaissance des deniers courants, 1652-1744; baux des monnaies, XVIe siècle. 2811-3439 : Liasses de minutes de procédure, au nombre de 807, de 1290 à 1790; procès-verbaux et instructions, 1550-1790; procédures extraordinaires instruites dans les généralités de Bordeaux, Toulouse, Montauban, Limoges, 1655-57; extraits des registres des fontes d'or et d'argent employées à la fabrication des médailles au Louvre, 1708-48; commissions de changeurs, 1721-85; série de 129 registres d'édits et déclarations relatifs à la cour des monnaies, 1315-1787; 42 registres d'audience, 1380-1790; affirmations de voyages, défauts, congés, 1746-88; 46 reg. de présence des conseillers, 1553-1791; 20 reg. de procès-verbaux faits dans diverses monnaies du royaume, 1556-1604; mandements, 1533-1673; bureau de la cour des monnaies, 1694-1744; changeurs, 1451-1601; apports, 1614-1701; présentations, 1596-1677; contrôles de recettes, 1659-66; distributions, 1596-1636; essais d'or et d'argent, 1765-88; brevets d'apprentissage et de logement des maîtres et compagnons orfèvres aux galeries du Louvre, 1753-80; productions, 1580-1619; contrôle des amendes, 1554-1608; consignations, 1588-94; criées et saisies réelles, 1623-1784. Poinçons pour les marques d'or et d'argent, 1684 et 1789 (2 pl. de cuivre). — Ici doit se placer la mention de trois boîtes existant dans les magasins des Archives, contenant environ 750

poinçons d'acier (dont un grand nombre en double, triple et même décuple exemplaire), qui sont les poinçons ayant servi à la marque (fiscale) des ouvrages d'or et d'argent, de 1774 à 1780, sous la régie de J.-B. Fouache.

Cour des monnaies de Lyon. — 3440-3477 : Minutes d'arrêts et plumitifs d'audience, 1706-71 ; édits, déclarations, lettres patentes et arrêts du conseil, 1704-71 ; enregistrement des provisions de magistrats, secrétaires du roi, changeurs, monnayeurs, etc., 1704-71 ; instructions criminelles, 1704-70 ; brevets et quittances d'apprentissage, certificats, etc., des tireurs, batteurs, fileurs d'or et d'argent, maîtres fondeurs, etc., 1706-71 ; engagements des archers-gardes de la prévôté générale de la cour des monnaies de Lyon, 1746-47 ; ouvertures de boîtes, 1726-54 ; délivrances d'or, d'argent et de billon aux monnaies de Grenoble, 1709-54 ; de Riom, 1709-56 ; de Toulouse, 1706-56, et autres monnaies du ressort de la cour de Lyon, 1739-54 ; états des bénéfices qu'il y a eu pour le roi sur le travail d'or fait dans plusieurs monnaies du ressort de la cour de Lyon, 1739-43.

Prévôté générale des monnaies (gendarmerie et maréchaussée de France). — 3478-3496 : Réceptions d'offices et archers-gardes de la monnaie, 1663-1790 ; registres d'audience, 1739-45 ; 5 reg. d'enregistrement et provisions, 1692-1789 ; présentations, comparutions et affirmations, 1735-36 ; montres et revues du prévôt général des monnaies, 1744-66 ; provisions d'archers-gardes de la monnaie par ordre alphabétique.

Connétablie et maréchaussée de France (au siége général de la Table de marbre du palais, à Paris). — 3497-3904 : 77 registres d'audience et de conclusions, 1527-1790 ; délibérations de la chambre du conseil de la connétablie, 1742-89 ; 103 liasses de minutes de sentences, 1530-1790 ; 12 reg. de pièces et procédures tant civiles que criminelles déposées au greffe de la connétablie, 1616-1790 ; défauts, 1626-43 ; présentations, 1643-1775 ; saisies réelles, 1717-89 ; procès-verbaux de délits, 1747-57 ; 55 reg. d'édits, lettres-patentes, provisions, etc., 1568-1790 ; provisions de lieutenants du point d'honneur, 1771-89 ; répertoire alphabétique des réceptions d'officiers ressortissants au siége général de la connétablie ; 112 registres de recettes et dépenses des trésoriers de l'extraordinaire des guerres relativement aux maréchaussées ; lettres de rémission accordées à différents cavaliers de maréchaussée et autres ; 43 cart. de procès

criminels intentés contre des officiers de maréchaussée pour fait de malversation, ou contre divers individus pour rébellion à la maréchaussée, 1751-89; pièces relatives à diverses instructions criminelles, 1752-90.

Amirauté de France (au siége de la Table de marbre). — 3905-4021 : Minutes de jugements, 1600-1790; pièces justificatives des comptes rendus par les greffiers de l'amirauté, 1777-90; enregistrement des nègres, 1777-90; pièces relatives à la traite, 1767; enregistrement pour la pêche des huîtres en mer; 127 registres ou cahiers d'audience, de dépôts, enregistrements, saisies réelles, police des nègres, etc., 1559-1790.

Maîtrise particulière des eaux et forêts de Paris. — 4022-4361 : Journal de la maîtrise des eaux et forêts (8 reg.), 1729-50; 26 reg. d'arrêts du conseil relatifs aux droits de chasse et de pêche, 1728 et suiv.; déclarations faites par divers propriétaires de bois qu'ils entendaient abattre pour leur usage, 1748-89; conclusions des procureurs du roi de la maîtrise, 1722-29; procès-verbaux de visites et autres dressés par les gardes de la maîtrise, 1632-1768; affirmations de voyages, 1693-95; rôles de capitation des officiers des eaux et forêts; 121 registres d'audience, 1556-1790; 19 liasses de minutes de sentences et procès-verbaux, 1597-1791; 86 reg. d'adjudications de bois du roi et domaines engagés, 1667-1777; 27 reg. d'enregistrement d'édits, ordonnances, déclarations, etc., 1669-1772; 28 reg. relatifs à la pêche, 1670-1789; déclarations des maîtres oiseleurs de Paris, 1781-89; 28 reg. concernant les bois d'ecclésiastiques, gens de main-morte, etc., 1670-72; 28 liasses de pièces rangées dans l'ordre géographique et relatives aux bois, forêts, rivières, routes, etc., du royaume.

Juridiction de la Table de marbre des eaux et forêts de France, à l'ordinaire. — 4362-4937 : 285 registres de minutes de jugements, 1509-1766; 23 liasses *id.*, 1767-90; 55 liasses de jugements, enregistrements, lettres patentes, édits, réceptions d'officiers, 1596-1790; réquisitions et conclusions des gens du roi, 1655-1771; 56 liasses de minutes de requêtes et ordonnances, 1556-1699; distributions, 1620-1737; dépôts et produits, 1541-1766; inventaires des papiers du greffe des eaux et forêts, 1738; minutes de défauts et cédules, 1775-90; registres de reformations des différentes forêts, 1526-1717. — Même juridiction au souverain. 4938-5195 : 132 registres et liasses de jugements, 1562-1790.

Bureau des finances; chambre du domaine et trésor de Paris. 1re partie. — 5194-6096 : 554 registres d'audience ou plumitifs, 1401-1791 ; 202 liasses de minutes de jugements, 1581-1791 ; jugements sans date ; déshérences, bâtardises, 1771-90 ; répertoire des successions vacantes antérieurement à 1740 ; 85 reg. d'enregistrement de lettres patentes, édits, déclarations, 1588-1790 ; instances à la chambre du domaine, 1699-1781 ; jugés, 1635-49 ; noms des officiers de l'élection et de la généralité de Paris ayant prêté serment au bureau des finances ; décisions du conseil, 1721-53 ; filiation chronologique des quittances de finances des officiers du bureau depuis 1294 ; saisies réelles, 1661-1775 ; extraits de jugements portés en appel par le procureur du roi, 1401-1594 ; ordonnances de police de la voirie, 1676-1702 ; *id.* pour les campagnes, 1694-1700 ; procès-verbaux de visite des blés et ordonnances sur les blés, 1709 ; 7 reg. d'inventaire général des titres et papiers du greffe du bureau des finances. — 2e partie, ponts et chaussées. 6097-6245 : 62 registres de baux à ferme et soumissions pour l'entretien des ponts, l'entrepôt des pavés de Paris et autres objets domaniaux, 1618-1790 ; pavé de Paris (12 reg.), 1646-1713 ; 18 reg. d'inscription des mandements des ponts et chaussées, 1611-67 ; limites de Paris, 1221-28 ; pièces diverses concernant les ponts et chaussées.

Juridiction de l'élection de Paris. — 6246-6753 : 117 registres de jugements, 1635-1791 ; brouillons d'audience, 1753-85 ; 18 reg. de titres d'offices et autres pièces enregistrées en l'élection, 1601-1791 ; minutes de jugements, 1650-1791 ; prestations de serment ; recettes et dépenses de la chambre de l'élection, 1697-1786 ; dépôts, 1759-91 ; enregistrement des dossiers communiqués aux procureurs, 1776-90 ; procédures criminelles et autres ; état des paroisses du ressort de l'élection de Paris ; 38 reg. de dénombrement des biens taillables de la paroisse d'Argenteuil, 1740-74 ; rôles de tailles et impositions des paroisses du ressort de l'élection de Paris par ordre chronologique, 1740-90.

Bureau de la ville de Paris. — 6754[1] : 297 registres d'audience, 1416-1777 ; feuilles d'audience, 1777-91 ; minutes de sentences, 1525-1791 ; procès-verbaux et inventaires dressés en 1790 et 91 ; réceptions d'officiers au bureau de la ville,

---

1. La fin de la série n'est pas numérotée.

1747-90; procédures criminelles et pièces à conviction, 1763-71; procédures criminelles, 1563-1791; dépôts faits au greffe du bureau; plaintes, enquêtes et interrogations, 1696-1780; tribunal municipal, 1790-92; 23 reg. d'écrous des prisons de l'hôtel de ville, 1586-1794; appositions de scellés après décès d'officiers de la ville comptables, 1760-89; objets naufragés, vins, bois, charbon, réparations et constructions dont la dépense est à la charge de la ville, 1786-87; saisies réelles, 1727-91; oppositions aux offices, 1640-1791; oppositions à saisies réelles, 1678-1791; cautionnements et autres actes, 1636-1791; minutes de défauts, 1587-1791; déclarations de dépens; 1698-1790; résignations d'offices, 1658-1725; affirmations de voyages; contrôle des dépens, 1757-91. 7 reg. intitulés: Petit scel de l'hôtel de ville, 1711-39.

Prévôté de l'Ile-de-France. — 177 liasses et 20 registres de procès-verbaux divers dressés par les gens de la maréchaussée, de la prévôté et banlieue de Paris, contre des individus accusés de vol ou autres délits, 1721-91.

Chambre de la liquidation des dettes de l'État (créée par édit de décembre 1764). — Certificats de propriété de contrats de rentes sur l'État, minutes d'arrêts rendus par la chambre, 1764-74; remboursements faits par la caisse des amortissements; procès-verbaux des tirages faits à l'hôtel de ville, 1766-68; dettes de la guerre, de la marine et des colonies, 1768-75; dettes du Canada, 1768-74; emprunt d'Alsace, etc.

Chambre des bâtiments, ou de la maçonnerie. — Minutes de jugements (66 liasses), 1674-1791; 172 registres ou cahiers d'audience et de police, 1760-1791; dépôts et produits, affirmations de voyages; réceptions de maîtres-maçons, 1673-96; déclarations d'ouvrages par des maîtres maçons, 1736-46; 1782-86; déclarations des plâtriers; audiences tenues à Versailles par la chambre, 1686-1702; enregistrements faits en la chambre.

Greffiers des bâtiments ou greffiers de l'écriture. — 472 liasses de minutes de procès-verbaux de visites, prisées et affirmations de biens et de bâtiments, 1610-1798; déclarations de leurs opérations faites par les greffiers des bâtiments, 1683-1791; répertoires des minutes desdits greffiers; 21 liasses de plans; liasses relatives à divers projets de bâtiments dans Paris, 1684-1779.

Juridiction du grenier à sel de Paris. — Minutes de jugements, 1610-1790; 30 registres d'enregistrement de minots,

demi-minots, et quarts de minots, 1787-90; enregistrement de commissions et provisions d'offices du grenier à sel de Paris, 1759-88; registre d'inscription des droits de la ferme, 1727-89; enregistrement des édits, déclarations, lettres patentes adressées à cette juridiction, 1686-1789; registres d'audience, 1674-1790; journaux d'enregistrement des priviléges pour le sel, 1765-90.

Chambre de la marée. — Procédure criminelle instruite au sujet d'un vol de poissons, 1783.

Bailliage de l'Arsenal. — 25 liasses de jugements, 1624-1769; décrets volontaires et forcés, enchères, adjudications, etc., 1795-1742; saisies réelles, 1701-50; procédures, 1701-50; *id.,* 1690-1766; sentences et ordonnances concernant la police et pièces relatives à la juridiction de l'Arsenal, 1572-1762; 66 registres d'audiences, 1625-1760; dépôt du greffe, 1697-1747; productions, 1635-53; affirmations de voyages, 1742-52; registre de la recette des hommes de ville, charretiers et salpétriers de Paris pour le soulagement des malades entre eux, 1747; scellés et inventaires, 1628-1768; 7 cartons de comptes divers et marchés pour les équipages d'artillerie pendant les campagnes de 1711 à 1715.

Chambre royale établie pour la réformation générale des hôpitaux et maladreries de France. — Minutes de jugements, 1673-1706; 5 registres d'extraits des jugements rendus par la chambre; registre d'assignations données dans la province de Languedoc. Registre d'une chambre royale antérieure, 1613-19.

Officialité de Paris. — 82 liasses de minutes de jugements et instructions civiles et criminelles, 1609-1752; tables d'ordination, 1500-1632; 71 registres de l'officialité, 1351-1728.

Chambre ecclésiastique ou des décimes. — Minutes de jugements, 1611-1789; comptes; état des sommes qui s'imposent sur chacun ou sur tous les diocèses de France, tant à cause des décimes ordinaires et subventions du clergé, que d'autres deniers extraordinaires accordés à différentes fois à Sa Majesté par les assemblées générales du clergé; subvention du diocèse de Paris, 1696; procès-verbaux imprimés des assemblées du clergé.

Barre du chapitre de Paris. — Registre commençant en ces termes : « C'est le papier de la juridiction de l'église de Paris à la barre pour les prisonniers, 1404-1406. » Huit autres registres intitulés : Registre des expéditions du bailliage de la barre de l'église de Paris, 1620-72.

Bailliage et capitainerie de la Varenne du Louvre; grande vénerie et fauconnerie de France. — 55 registres d'audience ; 9 registres de comptes d'amendes, 1735-84; 18 cartons de minutes de jugements, 1673-1789; procédures extraordinaires, 1657-1789.

Justices seigneuriales. — 808 registres, cartons ou liasses de minutes provenant des greffes et tabellionages des anciennes justices seigneuriales de Paris et des environs, savoir : Asnières, 1500-1738; Aubervilliers, 1609-1734; Avrainville, 1470-1553; Auteuil, 1601-1752; Borest, 1674-1742; Boulogne, 1584-1740; Bourg-la-Reine, 1566-1668; Bourgoult, Campigni, Buisson-Hélouin, 1478-1771; Breuil, 1481-1511; Brunoy, 1545-53; Champgarnier, Germainville et Launay, 1473-87; Champrosay, Draveil et Mainville, 1681-1757; la Chapelle-Saint-Denys, 1669-1789; Charonne, 1697-1729; Châteaufort, 1514-17; Châtillon et Fontenay-aux-Roses, 1512-1670; Cormeilles en Parisis, 1608-66; Courbevoye, 1684; Courneuve, 1609-1742; Dammartin, 1515-1716; Dugny, 1955-61; Épinay-sous-Sénart, 1501-1742; Fontaine-le-Dun, 1650 64; Fort-l'Évêque, 1406-1674; Fresne, 1641-69; Gennevilliers et Villeneuve-la-Garenne, 1503-1711; Gentilli, 1622-1752; Grenelle, 1701-25; Ham, 1757-76; Herblai, 1600-15; l'île Saint-Denys, 1637-1734; Jard, Jossigni, 1545-1751; Louvres, xiiie siècle; Mesnil-le-Firmin, 1743 48; Mondeville et Port-Royal, 1582-1651; Montereau, 1490-91; Montmartre, 1732-33; Montreuil, près Versailles, Attainville, Montalain, Porchefontaine, Sèvres et Ville-d'Avray, 1490-91; Montreuil-sur-le-bois-de-Vincennes, 1567-1691; Neuilli-sur-Marne, 1535-1665; Nogent-sur-Marne, 1541-1727; Ozouer, 1588 1721; le Pecq, 1696-1701; Pierrefitte, 1785 89; Plessis-Gassot, 1558-1747; Port-de-Neuilli, 1581-1703; le Pré-Saint-Gervais, 1613-48; Rosni, 1523-1744; Saint-Cloud, 1590-1695; Saint-Denys, 1506-1699; Saint-Éloi, 1456-1549; Sainte-Geneviève, 1640-1789; Saint-Germain-des-Prés, 1469-1566; Saint Lazare et Rougemont, 1396-1673; Saint-Martin-des-Champs, 1684-1745; Saint-Maur-les-Fossés, 1592-1669; Saint-Vaubourg-sur-Seine, 1494-1594; Saint-Victor-de-Fontenay-sous-Vincennes, 1620-1708; Sollères-en-Brie, 1506-13; Stains, 1580-81; Suresnes, 1632-1789; le Temple, 1411-1590; Thiais et Choisi-le-Roi, 1584-1761; Le Tremblay, 1615-74; Vanvres, 1612-1786; Vaux et Champs, 1691-93; Ver-de-Galy, 1688-1719; Vesly, 1511-

1706; Villejuif, 1575-1756; Villeneuve-Saint-Georges, 1518-1737.

Minutes judiciaires relatives aux différents départements de la France et rangées, au nombre de 240 liasses, registres ou cartons, par ordre alphabétique de départements.

Minutes de notaires. — 15 cartons ou registres.

Maison du roi ou Cent-Suisses. — 6 cartons de procédures criminelles instruites contre des Suisses par leurs juges particuliers.

SÉRIE **W**. *Tribunaux criminels extraordinaires.*

Dans son *Tableau systématique* des Archives de l'empire en 1813, M. Daunou a donné le résumé suivant des matières contenues en cette série.

1-9. Tribunal criminel des Dix, créé le 5 décembre 1790.

10-179. Six tribunaux criminels provisoires créés en 1791.

180-206. Tribunal extraordinaire créé le 17 août 1792.

207-388. Premier tribunal révolutionnaire créé le 10 mars 1793.

389-733. Deuxième et troisième tribunaux révolutionnaires, 1794-95.

734-752. Commissions militaires de l'an III.

753-780. Haute cour de Vendôme.

ANNEXES.

Secrétariat.

Les papiers du secrétariat, c'est-à-dire les archives mêmes des Archives générales de France, ne sont pas les moins intéressants que cet établissement possède, car, ainsi qu'on en a pu juger ci-dessus (p. 1-24), on voit dans toutes les phases de son histoire, de 1789 à nos jours, se refléter quelque chose des événements du dehors. Ces papiers comprennent 150 cartons environ, 55 registres, plus un certain nombre de cartons et de dossiers qui se trouvent dans le cabinet du directeur général.

Lettres, notes, rapports relatifs à la fondation et à l'organisation des Archives nationales. Premières lettres écrites par

M. Camus en qualité de garde des archives. Lettres et papiers relatifs à sa mission dans les départements de la rive gauche du Rhin et de la Belgique concernant le triage des titres. Correspondance de l'archiviste de la république avec les ministres, avec les diverses administrations et avec les particuliers, 1789-1803. — Bulletins des demandes adressées à la section judiciaire depuis 1790 jusqu'en 1848 (15 cartons). — Bulletins de demandes adressées à la section domaniale. Bulletins de demandes de communications ou d'expéditions et bulletins des affaires de tout genre de l'établissement rangés par ordre chronologique depuis 1812 jusqu'en 1854 (47 c.). Bulletins et pièces diverses à intercaler dans cette série (10 c.). Registres-journaux tenus pour l'inscription des mêmes bulletins (12 r.). — Lettres et renseignements généraux relatifs à la comptabilité, états de comptabilité et pièces comptables du personnel et du matériel, de 1791 à 1854 (33 c.). Livres de caisse de 1789 à 1854. — Demandes d'emploi. Feuilles de présence des employés depuis 1831. États mensuels de travail et rapports rédigés par les employés. Bâtiments et mobilier. Bibliothèque. — Pièces relatives aux droits d'expéditions. Expéditions non retirées. — Travaux scientifiques exécutés par ordre de l'administration : transcriptions de documents faits à la bibliothèque du roi ou dans les bibliothèques et archives de départements. Publication de fac-simile des chartes mérovingiennes et d'une partie des chartes carlovingiennes conservées dans le dépôt. Collections de matrices et d'empreintes des sceaux. — Pièces relatives aux attributions du secrétariat des Archives, à la division en sections, à l'armoire de fer. — Versements de titres opérés officiellement aux Archives; achats faits par elles de documents historiques. Dons faits par des particuliers. Remises et restitutions opérées par les Archives. Récépissés et décharges. Vente de parchemins et de papiers jugés inutiles. — Soustractions. — Travaux de l'agence temporaire des titres et du Bureau du triage des titres. — Pièces concernant divers dépôts d'archives annexés aux Archives nationales. — Inventaires, correspondances et autres documents relatifs aux archives étrangères annexées pendant l'empire aux Archives générales de France. Archives italiennes, belges, allemandes. — Renseignements sur le personnel de l'établissement. — Sceaux, timbres et cachets ayant servi à l'administration des Archives depuis son origine.

Bibliothèque.

C'est M. Daunou, je l'ai dit plus haut, qui, le 17 octobre 1808, demanda la formation aux Archives, d'une bibliothèque destinée aux employés de l'établissement. Cette bibliothèque principalement composée de livres d'histoire, de paléographie et de jurisprudence, renferme 12,150 volumes.

Il faut y ajouter comme en faisant partie maintenant une série toute spéciale, et d'un très-grand prix, qui fut versée en 1848 aux Archives de l'empire avec les papiers de la secrétairie d'État : je veux parler de la *Collection Rondonneau.*

Cette collection unique est une réunion d'actes officiels et d'ouvrages particuliers relatifs à la législation de la France sous la monarchie et principalement pendant l'époque révolutionnaire. Rondonneau, garde des archives de la chancellerie en 1789, puis libraire du *Dépôt des lois*, employa les plus grands soins et de longues années à la rassembler. Le gouvernement l'acheta au mois de germinal an XI, moyennant une somme de 8,000 fr. Elle se compose de 4,412 articles classés en deux catégories, dont l'une est consacrée à la révolution française, et l'autre aux temps qui la précédèrent à partir de l'an 1200.

La partie révolutionnaire est subdivisée en dix-sept chapitres, savoir :

    I. Régime constitutionnel et administratif.
    II. Organisation, procédure et législation civile.
    III. Organisation, procédure et législation criminelle.
    IV. Législation rurale et forestière.
    V. Organisation et jurisprudence du tribunal de cassation.
    VI. Force armée sédentaire et active.
    VII. Marine et colonies.
    VIII. Instruction publique, sciences et arts.
    IX. Finances, dette publique, contributions.
    X. Domaines nationaux.
    XI. Commerce intérieur, extérieur et maritime.
    XII. Emigrés, condamnés, déportés.
    XIII. Travaux publics, navigation intérieure.
    XIV. Secours publics, hôpitaux, établissements de bienfaisance.
    XV. Relations extérieures.
    XVI. Histoire de la révolution : 1° Evénements généraux (rangés par ordre de dates); 2° événements locaux (par ordre de départements); 3° événements particuliers (par ordre de noms). Cette dernière classe contient des renseignements sur tous les personnages célèbres de la révolution.
    XVII. Matières diverses. Collection de pièces intéressantes, de pamphlets curieux publiés depuis 1789 jusqu'au 10 août 1792. Ouvrages di-

vers sur l'histoire générale de la révolution. Procès-verbaux des Assemblées. Journaux et écrits périodiques.

Les mêmes divisions sont établies dans la catégorie des pièces antérieures à 1789, sauf les chapitres V et XII qui n'y figurent que pour mémoire.

Armoire de fer.

L'armoire de fer des Archives a commencé par être un coffre-fort. L'Assemblée constituante avait ordonné dans deux décrets, l'un du 1ᵉʳ juin, l'autre du 8 octobre 1790, que les formes, planches et timbres employés à la fabrication des assignats, seraient, immédiatement après qu'on en aurait fait usage, déposés dans une caisse spéciale fermant à trois clefs gardées, l'une par le président de l'Assemblée, l'autre par le secrétaire, et la troisième par l'archiviste. On lit dans le procès-verbal du 30 novembre suivant que, ce jour-là, Camus prit la parole et dit : « que pour la sûreté de cet objet important il lui paraissait nécessaire de faire construire une armoire qui pût les garantir du vol et de l'incendie autant qu'il serait possible; qu'en conséquence, il demandait à être autorisé à faire construire ladite armoire de concert avec le sieur Paris, architecte chargé des ouvrages nécessaires pour l'Assemblée, et que l'Assemblée lui a donné toute autorisation sur ce nécessaire. »

Une armoire de fer fut donc exécutée en vertu de cette décision par l'architecte Paris et par Marguerit, serrurier de l'Assemblée, sous la direction de Camus. L'excellente confection de cet ouvrage est telle qu'il serait aujourd'hui dans un état de conservation parfaitement intact, si l'administration actuelle n'avait cru devoir faire supprimer un système de secrets qui se combinaient avec la serrure pour augmenter les chances de sûreté. Le 22 décembre 1790, l'armoire était prête et reçut le matériel de la fabrication des assignats auquel elle était destinée. Mais bientôt l'Assemblée nationale y fit déposer beaucoup d'autres objets qu'elle regardait comme les plus précieux de ses archives. Dans un rapport, du 10 octobre 1792, Grégoire désigne, comme s'y trouvant alors, l'acte original de la constitution et 28 boîtes en fer-blanc contenant les minutes des décrets : ce sont les boîtes dont il est parlé ci-dessus, p. 45.

Le 6 février 1793, on plaça dans l'armoire de fer la clef de la ville de Louvain, clef en or, envoyée à la Convention par le

général Miranda et qu'on a rendue aux Belges en 1815. Le 28 du même mois on y mit les deux *Livres rouges* de Louis XVI; le 29 ventôse an II, l'étalon du kilogramme et celui du mètre; les 11 floréal, 17 prairial et 10 fructidor an III, divers traités de paix conclus par la république; le 7 vendémiaire an IV, les cent premières pièces de 5 centimes frappées à la Monnaie; en l'an VI quatre médailles en l'honneur de la république cisalpine, déposées par le général Bonaparte. Peu après, les papiers et les objets qu'on avait considérés d'abord comme les plus précieux de l'État perdant ce caractère, au fur et à mesure des changements politiques, l'armoire de fer perdit en même temps sa qualité de meuble essentiel et son utilité pratique. Dès la fin de l'empire et le commencement de la restauration, elle n'était plus que ce qu'elle est encore aujourd'hui, c'est-à-dire un endroit spécial où l'on réunit quelques échantillons des pièces les plus précieuses conservées dans les Archives; c'est une exposition toute préparée pour satisfaire promptement la curiosité des étrangers.

Il n'y a donc rien d'absolu dans le choix des documents confiés à l'armoire de fer; aussi a-t-il beaucoup varié. La composition actuelle de l'armoire est le fruit d'un long travail de révision qui fut exécuté par les trois chefs de section, et principalement par M. Cauchois-Lemaire, en 1849. Les documents qu'elle contient s'élèvent au nombre d'environ 3,800 pièces réparties entre 48 cartons.

Carton 1. Quatre diplômes de Thierri III, Charlemagne, Édouard le Confesseur et Guillaume le Conquérant.

2. Chartes de Raymond VII, comte de Toulouse, Frédéric II et Charles IV, empereurs d'Allemagne, Baudouin II, empereur de Constantinople, et Charles, comte de Valois, munies de sceaux d'or.

3. Traités d'Amiens, de Camps et de Boulogne, 1527-50.

4. Traité de mariage de Charles, roi d'Angleterre avec Henriette de France, 1625. Traité des Pyrénées, 1659.

5. Traité de mariage du duc d'Enghien avec Anne de Bavière, 1663.

6. Traité de Basle, 1795.

7. Lettres de créance de l'ambassadeur de Venise à Paris et traité de la France avec la Hollande, 1795.

8. Constitutions de 1791, de 1793, de l'an VIII.

9. Livres rouges ou carnets de dépenses de la cour ordon-

nancées par Louis XV et par Louis XVI, 1750-89 (2 vol. in-4°, rel. en maroquin rouge).

10. Carnets divers écrits de la main de Louis XVI : chasses, dépenses, gentilshommes admis à monter dans les carrosses du roi, 1766-92 [1].

11 et 12. Testament olographe de Louis XVI. Dernière lettre écrite par Marie-Antoinette. Cette pièce adressée à Mme Élisabeth, est une lettre d'adieu datée de la Conciergerie, et inachevée; elle fut interrompue par le supplice de la malheureuse reine. Le même carton renferme deux registres d'échantillons de robes de Marie Antoinette et de Mme Élisabeth.

13. Pièces extraites du procès de Louis XVI.

14. Corresp. de Marie-Antoinette avec Léopold II, son frère.

15. Titres de noblesse et autographes divers de la famille Bonaparte.

16. Double registre de l'état civil de la maison royale de France (1er vol.), 1816-45, dont un exemplaire avait été déposé aux Archives en vertu d'une ordonnance du roi, du 23 mars 1816 ; l'autre double était resté dans les archives de la maison royale, à la chambre des pairs.

17. Pièces relatives à la sépulture et à l'exhumation des restes de Louis XVI et de Marie-Antoinette.

18. Autre double registre de l'état civil de la maison royale de France (2e vol.), 1845-47. Ce volume est la suite du n° 16.

19. Contrat de mariage du roi Louis-Philippe; *id.* du duc de Montpensier.

20. Pièces annexées aux registres de l'état civil de la maison royale.

21. Autographes divers : Charles V, P. Schœffer, Marie Stuart, Élisabeth d'Angleterre, Charles-Quint, Charles IX, Catherine de Médicis, Henri, duc de Guise.

22. Suite : Jacques II, roi d'Angleterre, Louis XV, Fénelon, Voltaire, Mme de Pompadour, Buffon, Franklin.

23. Suite : Siéyès, Danton, Vergniaud, David, Saint-Just, Barras, Barrère.

24. Suite : Barnave.

25. Suite : Fouquier-Tinville.

---

[1]. Il a été parlé bien souvent des manuscrits de Louis XVI et de Marie-Antoinette, conservés aux Archives. Voyez notamment la *Revue rétrospective*, publiée par M. Taschereau, en 1834 ; l'*Histoire de Louis XVII*, par M. de Beauchesne ; l'*Histoire de la Révolution*, par M. Michelet, etc.

26. Suite : Représentants divers; tribuns.
27. Suite : Le comte de Provence, Bailly, Condorcet, Maury, Mme de Staël, Guillotin, Robespierre, Talleyrand.
28. Suite : Mirabeau, Dumouriez, Pétion.
29. Suite : Barbaroux, Carrier, Beaumarchais, Bernardin de Saint-Pierre, Molé le tragédien, Cabanis.
30. Suite : le duc de Berry, Monge, Masséna, Rouget de l'Isle.
31. Pièces extraites de divers procès jugés par la cour des pairs, 1835-47.
32. Planche en bronze de la constitution de 1791 brisée en 1793 par décret de la Convention.
33 et 34. Papiers de famille et autres titres allemands saisis en Autriche par un corps de troupes françaises et envoyés, en hommage, à la Convention.
35, 36, 37, 38, 39 et 40. Pièces du procès de Louis XVI au nombre de plus de douze cents.
41. Ordonnances et décisions concernant la pairie, 1815-39.
42. Lettres saisies, 1818-19.
43. État civil de la maison de Napoléon Ier.
44. Étalons en platine du mètre et du kilogramme.
45. Rouleau de Saint-Vital, 1122 [1]. Lettre du sultan mongol Œldjaïtou à Philippe le Bel, 1305 [2]. Lettre de Soliman II à François Ier, 1528. Procès-verbal de l'érection de la statue de Henri IV, en 1614, trouvé dans les flancs du cheval lors de sa destruction en 1792.
46. Carton vide.
47 et 48. Médailles de platine, d'or, d'argent et de bronze, médaillons, bijoux, monnaies, matrices, sceaux, timbres, etc., de provenances diverses.
49. Vingt-sept clefs de la Bastille ; autres clefs historiques.

Collection des sceaux.

En 1833, un artiste anglais, M. Doubleday, fut, sur sa demande, autorisé par M. Daunou à reproduire, au moyen du

---

[1]. Publié par M. Delisle dans la *Biblioth. de l'École des chartes*, t. VIII, p. 361, et X, p. 422.
[2]. Cette lettre d'Œldjaïtou, une autre d'un sultan mongol plus ancien, Argoun, et divers documents diplomatiques qui se rattachent aux curieuses négociations de ces princes avec les rois de France aux XIIIe et XIVe siècles, ont été publiés en fac-simile, traduits et commentés par M. Abel de Rémusat dans le t. VII des *Mém. de l'Institut ; Acad. des inscriptions et belles-lettres*, p. 362-438 ; ils proviennent du Trésor des chartes, layette n° 776. — Une autre série de pièces du Trésor concernant une ambassade envoyée en 1403 par Tamerlan à Charles VI, a été, dans le même recueil (t. VI, p. 470-522), l'objet d'un mémoire de M. Silvestre de Sacy.

moulage, les sceaux appendus aux chartes des Archives générales de France, qui lui sembleraient les plus intéressants. Le Trésor des chartes fournit une abondante récolte à M. Doubleday, qui laissa aux Archives, en retour de la faveur qu'il en avait obtenu, un exemplaire des sceaux qu'on lui avait permis de mouler, formant une série de 1848 empreintes en soufre. L'année suivante, il fit présent à l'administration, et lui envoya de Londres, une collection de 62 sceaux des rois d'Angleterre.

En 1834, deux graveurs de la Monnaie de France, MM. Depaulis et Dubois, firent aux Archives un travail analogue. M. Dubois s'appliqua uniquement à la recherche des sceaux royaux de France, et s'attacha à les reproduire avec une exactitude particulière; ses empreintes en soufre avaient, comme des sceaux véritables, la face et le revers, de façon qu'elles eussent formé des fac-simile parfaits si on leur eût donné de plus la couleur de l'original. M. Dubois se contentait de les teinter en vert. A l'instar de M. Doubleday, il fit présent aux Archives d'un double de la série, peu nombreuse, mais très-intéressante, qu'il avait ainsi composée, et dont l'autre exemplaire est exposé dans les vitrines du musée de l'hôtel des Monnaies. On ne sait pourquoi l'administration actuelle des Archives donna l'ordre, au mois de septembre 1852, de détruire cette série; ce qui fut exécuté.

Sur les dernières années de la vie de Daunou, M. de Wailly, éclairé par les conseils de ce savant illustre, préparait ses *Éléments de paléographie*. L'étude des sceaux du moyen âge était de celles qu'embrassait le plan de son ouvrage. Après l'avoir achevé, il entreprit la comparaison et la description de tous les sceaux que possédaient les Archives. Chaque fois qu'il rencontrait au bas d'une charte un type nouveau pour lui, il l'inscrivait sur un registre spécial, avec un numéro d'ordre, en indiquant les figures qu'il représentait et la légende dont les figures étaient accompagnées. Ce travail, poursuivi avec persévérance durant de longues années, a produit quatre registres contenant plus de huit mille articles, qui forment un répertoire de la plus nombreuse et de la plus intéressante partie des sceaux existant aux Archives. Le répertoire de M. de Wailly mit en pleine lumière l'intérêt que présentait pour l'histoire et les arts cette branche spéciale des richesses de l'établissement, l'état de détérioration d'un grand nombre de ces précieux petits

monuments, et l'urgence des soins que leur conservation réclamait; enfin, il fit, plus encore que les essais de M. Doubleday et de M. Dubois, regretter que parmi les employés des Archives du royaume, il ne se trouvât pas un artiste qui pût les doter d'une collection d'empreintes de ces sceaux, dont beaucoup étaient menacés d'une destruction prochaine.

C'est dans ces circonstances que M. Lallemand, alors commis d'ordre, encouragé par Letronne et par M. de Wailly, qui connaissaient son habileté, se chargea de rendre à l'établissement ce service. Il apprit l'art du moulage, et devint un très adroit mouleur de sceaux. Depuis le commencement de l'année 1842, où il entreprit ce travail, jusqu'au mois d'avril 1850, il fournit aux Archives, en y consacrant ses heures de loisir, plus de quatre mille empreintes (en soufre doublé d'une couche de plâtre), et deux fois autant de matrices (en plâtre), au moyen desquelles l'administration peut céder au public un nombre indéfini d'épreuves.

Dès l'année 1844, la collection des sceaux, grâce au zèle que Letronne montrait pour elle, grâce aux soins de M. de Wailly, et à l'activité de M. Lallemand, était assez avancée pour qu'on en parlât publiquement [1]. Deux ans après, au mois de mai 1846, Letronne, accompagné de M. Lallemand, eut l'honneur d'apporter ces premiers résultats au palais des Tuileries, et de les présenter au roi Louis-Philippe, qui témoigna de l'intérêt que lui inspirait ce travail, en acceptant pour le musée de Versailles un double de la collection. Vers le même temps, on plaça dans le salon ovale (aujourd'hui dans la salle du Trésor des chartes), un vaste cadre en chêne sculpté, monté sur piédouche, dans lequel on suspendit sous glace, d'un côté la série des sceaux des rois de France, et au revers celle des sceaux de villes et de communes. Letronne voulait que les érudits et les artistes pussent voir et étudier facilement les sceaux des Archives; ce cadre était le premier essai d'une exposition publique.

En 1850, la collection des sceaux était cependant loin d'être achevée; elle en est encore loin aujourd'hui; mais à cette épo-

[1]. Voyez le journal *la Presse* du 30 juin 1844, et le *Moniteur universel* du 1er juillet suivant. M. de Wailly avait déjà publié, en 1843, sur l'état où se trouvait alors la recherche et le moulage des sceaux des Archives, un article intitulé : « Sur une collection de sceaux des rois et des reines de France. » (*Biblioth. de l'École des chartes*, t. IV, p. 476.)

que, l'administration, pour rendre ce travail plus rapide, sans doute, et plus parfait, le réorganisa complètement. Elle chargea spécialement un savant archiviste de la section historique, M. Douet d'Arcq, du soin de l'achever, lui adjoignit M. Boutaric, de la même section, et fit venir pour l'opération du moulage, un homme tout à fait spécial, M. Demay, sculpteur.

La collection se compose aujourd'hui de 4,500 empreintes de sceaux, et d'environ 12,000 matrices. On estime qu'elle sera complète dans deux ans, et se composera au total de 15,000 types.

Ces 15,000 types seront le résultat d'une étude faite sur 60 ou 80,000 documents, car il ne suffit pas de trouver un sceau pour le mouler, il faut le comparer à tous ceux du même type que l'on peut avoir, afin de choisir l'empreinte la mieux conservée; il faut aussi tirer parti des simples fragments qui subsistent, quelquefois réunir plusieurs fragments ensemble pour recomposer un type avec les débris de plusieurs[1]; il faut aussi les décrire au fur et à mesure, et pour les décrire, exécuter le travail important et très difficile qui consiste à lire les légendes et à fixer les attributions; il faut enfin les classer d'après des données rationnelles qui puissent mettre la collection à la portée des recherches scientifiques. C'est à M. de Wailly que remonte la méthode adoptée pour le classement, et dont voici le tableau :

I. Sceaux laïques.

Cette première catégorie est subdivisée en onze chapitres, savoir : 1. Sceaux des rois de France, série commençant par sept sceaux de rois mérovingiens et seize de carlovingiens; 2. des grands officiers de la couronne; 3. des grands feudataires; 4. des seigneurs; 5. des bourgeois; 6. des paysans; 7. des justices royales : 1° sceaux des siéges, 2° sceaux des officiers; 8. des justices seigneuriales : 1° sceaux des siéges, 2° sceaux des officiers; 9. des villes et communes; 10. des métiers; 11. sceaux divers et d'attribution incertaine parmi lesquels se trouvent les empreintes d'environ 250 matrices de métal qui existent au musée du Louvre[2].

II. Sceaux ecclésiastiques.

1°. Clergé séculier : sceaux de cardinaux, d'archevêques et d'évêques, d'archidiacres, de chapitres, de chanoines, d'officialités, d'officiaux, de doyens, de paroisses, d'universités, etc.

2°. Clergé régulier : Sceaux d'ordres religieux, d'abbayes d'hommes,

---

1. C'est du moins ce que faisait M. Lallemand.
2. Les Archives de l'empire possèdent aussi treize matrices de métal, douze en cuivre et une en fer, qui sont annexées à la collection des sceaux.

d'abbayes de femmes, de prieurés, etc. Sceaux d'ordres militaires ; d'hôpitaux ; de maladreries, etc.

III. Sceaux étrangers.

Série d'environ trois cents sceaux, parmi lesquels se trouvent les plus remarquables peut-être de toute la collection, sous le rapport de l'art : ceux, par exemple, des rois d'Angleterre et des empereurs d'Allemagne.

Si l'on parvient à terminer cette importante collection, si l'on peut surtout la compléter par un choix des empreintes les plus intéressantes que renferment les autres archives de la France [1] et de l'étranger, alors nous posséderons véritablement ce trésor que Letronne avait rêvé dans son amour pour toute œuvre d'art ou de science : Un Musée sigillographique.

Objets mobiliers.

Ce n'est pas du mobilier usuel des Archives générales de France qu'il s'agit dans ce chapitre, mais des meubles historiques déposés dans l'établissement, et qui se distinguent en deux classes : Les objets remis entre les mains de l'archiviste de l'État, en vertu de dispositions législatives, et destinés à être conservés comme pièces d'archives, au même titre et avec le même soin que les monuments écrits ; en second lieu : Les meubles portant également un certain caractère historique, mais affectés, par suite de simples mesures administratives, à l'usage ou à l'ornement du dépôt.

Comme appartenant à cette dernière catégorie, doit être citée la première une précieuse collection de soixante-six portraits, qui, jusqu'en 1836, décora les Archives. Elle était placée dans plusieurs salles de la Sorbonne, lorsqu'en 1793, dit-on, Camus la fit enlever afin de la soustraire à la destruction. En 1836, le gouvernement l'a reprise pour le musée de Versailles. Les principaux personnages représentés par ces peintures étaient : Albert le Grand, Dante, Barthole, Pétrarque, Boccace, le cardinal Bessarion, Fr. Philelphe, Politien, Pic de la Mirandole, Savonarole, Marsile Ficin, Arioste, Érasme, Thomas Morus, Guill. Budé, P. Bembo, Jacq. Sadolet, Henri VIII, Paul Jove, Pie V, Grégoire XIII, Sixte V et autres papes, Paul de Foix, Sigonius, Barnabé Brisson, Cujas, Montaigne,

---

[1]. Et dont elles seraient indemnisées par voie d'échange, les archives du département du Cher et du département de l'Yonne ont déjà fourni de cette manière, à la collection près de 500 épreuves.

P. Pithou, le cardinal d'Ossat, Jos. Scaliger, Juste Lipse, Baronius, Casaubon, du Perron, Bellarmin, etc.

Dans la même classe de meubles remis aux Archives par simple mesure administrative, se trouvent :

1°. Des objets provenant de différentes académies qui siégeaient au Louvre, passés probablement à la section domaniale des Archives, lorsque celle-ci était établie dans le même édifice. Ce sont : Une armoire en bois peint à panneaux sculptés ; cinq fauteuils académiques garnis en maroquin rouge ; une pendule à secondes de Julien Le Roi ; un coffre couvert de maroquin rouge semé de fleurs de lis ; le tout provenant de l'ancienne Académie française. Une armoire monumentale en chêne, portant un soleil sculpté dans un panneau, contenant la matrice en cuivre et la presse qui servaient à l'Académie des inscriptions et belles-lettres pour sceller ses actes et diplômes. La matrice est encore aux Archives ; l'armoire a été vendue récemment.

2°. Des objets provenant du mobilier des Tuileries et qui furent affectés aux Archives nationales à l'époque où elles étaient placées dans ce palais :

Deux consoles en citronnier couvertes en marbre blanc ; de nombreux corps de bibliothèque en acajou, en palissandre, en cuivre ciselé ; un grand nombre de siéges dont quelques-uns portent encore les marques des Tuileries ; deux bustes en bronze de Bacchus et d'Ariane ; deux bustes d'un jeune Grec et d'une jeune fille, en marbre blanc ; divers modèles de sphères ; deux grandes lampes en cuivre de style Louis XV ; d'anciens chenets en fer ornés de bronze, ciselés et dorés. Le plus remarquable des objets du mobilier des Tuileries déposés aux Archives, était le modèle du vaisseau *l'Illustre*, sur lequel Louis XVI démontrait au jeune dauphin son fils, les principes de l'art nautique ; mais, en 1850, l'administration actuelle de l'établissement se priva volontairement de ce modèle comme d'une pièce de rebut, et le remit à la direction générale des domaines, qui, à son tour, le vendit à vil prix, ignorant quel intérêt s'attachait à ce petit meuble. L'on ne sait ce qu'il est devenu depuis.

3°. Des objets de provenances diverses dont les principaux sont : une table à déployer les plans de campagne et les cartes, faite pour la Convention ; un bureau de chêne ayant servi au conseil des Cinq-Cents ; un coffre à ferrures dorées provenant des archives du Vatican ; diverses armes ; deux brancards en bois de cèdre garnis de velours cramoisi qui ont servi à porter

le pape au sacre de l'empereur Napoléon; une pendule ornée d'une belle statuette en cuivre paraissant être de Clodion; divers bustes ou statuettes de Corneille, de Hoche, de l'abbé de l'Épée (par un sourd-muet), de Franklin, Montesquieu, Raynal, Voltaire, Rousseau, Louis XVIII, Charles X, Louis-Philippe (par Pradier), de Napoléon (en bronze), de Daunou et Letronne; un groupe en marbre représentant le dauphin Charles V sauvé par Étienne Marcel; Napoléon rendant le génie des arts à l'Italie, groupe en marbre par Pacetti.

Quant aux objets mobiliers remis aux Archives de l'État par disposition législative et pour y être expressément conservés, ce sont principalement des pièces dont le dépôt a été effectué en vertu de décrets des Assemblées nationales. Tels sont l'étalon du mètre, celui du kilogramme et les médailles offertes par le général Bonaparte, articles qui ont été mentionnés ci-dessus comme occupant une place dans l'armoire de fer.

On doit citer encore, comme participant de l'intérêt qui s'attache à tous ces grands souvenirs du pays :

Plusieurs médailles d'or et d'argent déposées par Bonaparte lui-même aux Archives, notamment le 15 germinal an VI, en mémoire des triomphes de l'armée d'Italie.

Un modèle en relief de la Bastille fait avec une pierre même de ce monument par le citoyen Paloy, chargé de la démolition (décret du 21 juillet 1793).

Un planétaire inventé par l'abbé Major, professeur au collége de Bar-le-Duc (Voy. le procès-verbal de l'Assemblée du 23 déc. 1789, p. 7).

Un sabre extraordinaire, au dos en forme de scie, offert à la Convention par Rabaud-Saint-Étienne.

Deux cornalines montées en or, représentant les portraits de Marat et de Lepelletier gravés en creux, offertes par le graveur, le cit. Simon, à l'Assemblée (procès-verbal du 15 germ. an II).

Un ouvrage fait de salpêtre, long d'un mètre et large de 60 centimètres, représentant un plan en relief de la fête de la Fédération avec les personnages en porcelaine, offert à l'Assemblée le 23 oct. 1790 par le citoyen Barthélemy comme une preuve de ses connaissances dans la manipulation du salpêtre (Voy. le procès-verbal dudit jour, p. 11).

Un portique en salpêtre offert par le même (procès verbal du 19 avril 1791, p. 16).

Une table en noyer sur laquelle est monté un levier en fer

terminé par un cylindre gravé, pour la fabrication des assignats.

Un petit parc d'artillerie posé sur sa plate-forme et composé de six canons et de deux mortiers en bronze, avec un caisson et tous les ustensiles accessoires. Ces canons, de modules différents, mais tous ciselés avec beaucoup d'art, longs de 40 à 60 centimètres et montés sur des affûts semés de fleurs de lis peintes, étaient un présent fait par Louis XIV au grand Condé. Comment ils se trouvaient aux archives de l'Assemblée nationale, c'est ce que M. Daunou, qui avait été témoin du fait, racontait quelquefois aux personnes qu'il honorait en leur montrant lui-même les curiosités des Archives. La Convention fut avertie un jour qu'il y avait un amas d'armes au château de Chantilly et qu'il s'y trouvait jusqu'à une batterie de canons. Des ordres furent aussitôt donnés par le président de l'Assemblée; un détachement de soldats partit pour aller fouiller l'ancienne demeure des Condés. Après avoir battu le pays et les environs, les soldats découvrirent enfin dans un salon du château, sur un guéridon, le petit parc d'artillerie de Louis XIV. Ils l'apportèrent à la Convention où l'on se sentit un peu confus de ce résultat, qui fut inscrit le plus laconiquement possible dans le procès-verbal du jour. On y lit seulement ces mots : « Six canons offerts par des invalides. »

Une magnifique pendule monumentale, décorée des figures du Jour et de la Nuit d'après Michel-Ange, et une autre pendule de cheminée en marbre blanc, furent également enlevées au château de Chantilly (invent. de Chantilly, mai 1793, n°s 102 et 107) et déposées aux Archives de la Convention.

Ces deux derniers meubles sont aujourd'hui placés dans le cabinet du directeur; les médailles, le relief de la Bastille et les deux cornalines existent encore aux Archives; la table aux assignats a été vendue comme la presse de l'Académie des inscriptions; quant au reste, qui étaient les objets mobiliers les plus intéressants que l'établissement possédât, tous ont eu le même sort que le vaisseau *l'Illustre*. Lorsqu'on forma au Louvre, en 1852, le musée des Souverains, le directeur des musées impériaux écrivit au garde général des Archives pour lui demander le modèle qu'elles devaient avoir de ce navire, et le parc d'artillerie du prince de Condé; le garde général répondit qu'à la date du 27 mars 1850, il avait rendu ces objets, comme inutiles, à la direction des domaines, avec cinq cent neuf autres articles.

ANNEXES. 283

Aux objets mobiliers qui se trouvent ou qui devraient se trouver aux Archives, il faut joindre les pièces à conviction annexées à un certain nombre de dossiers judiciaires, et dont la plus considérable par la place qu'elle tient, sinon par l'intérêt qu'elle inspire, est le tableau des Jésuites, immense peinture d'allégorie politique, longue de 6^m,40 et haute de 3^m,10, que les Jésuites conservaient dans une de leurs églises et qui n'a pas peu contribué à la condamnation de l'ordre en 1762.

L'*Almanach impérial* pour l'année 1854 annonce que d'après le dernier récolement annuel fait aux Archives de l'empire, au mois de février 1853, le nombre des cartons, liasses, registres, portefeuilles, volumes, plans et cartes, conservés dans cet établissement s'élèverait en total au chiffre de 241,948 articles.

FIN DES ARCHIVES DE L'EMPIRE.

ARCHIVES DES MINISTÈRES.

Il n'est pas d'établissement qui n'ait ses archives ; et dans notre pays, où l'on ne peut jeter les regards en arrière sans rencontrer de tous côtés d'illustres souvenirs, les archives d'administrations publiques ou même d'administrations particulières de quelque importance ont toutes de l'intérêt. Celles de l'Institut de France, de la Bibliothèque impériale, du Louvre, du Muséum d'histoire naturelle, des Invalides, du collége de France, des lycées, des théâtres, ont atteint déjà une certaine ancienneté et renferment des documents du plus grand prix. Ce n'est pas de tous ces innombrables dépôts que je puis donner la description, mais seulement des principaux d'entre eux. Les archives de plusieurs ministères se présentent au premier rang.

L'arrêté du 8 prairial an VIII [1] et le projet de loi du 2 frim. an IX [2] démontrent que Napoléon avait eu en vue de concentrer aux Archives de l'empire les minutes des décisions législatives, les règlements ou arrêtés d'administration publique et d'autres actes du gouvernement. Mais cette dernière proposition, formellement rejetée par le Corps législatif (le 13 frim. an IX), n'a pas été renouvelée depuis. Il est vrai que le décret du 6 mars 1808, par lequel l'empereur ordonna l'achat de l'hôtel Soubise pour les Archives de l'empire, déclare (art. 5) que cet hôtel recevra « toutes les archives existantes à Paris, sous quelque dénomination que ce soit ; » mais cette disposition, restée ainsi à l'état de phrase incidente, n'a pas eu d'autre suite que de faire opérer le transport à l'hôtel Soubise, en 1809, des papiers domaniaux de la préfecture de la Seine, de la chancellerie de Lorraine et du Tribunat. Aucun arrêté postérieur, aucune autre mesure, ni législative ni réglementaire, n'a prescrit aux ministères le versement de leurs papiers au dépôt central. Aussi ces versements n'ont-ils été opérés d'une manière un peu régulière et assez complète, que par le ministère de l'intérieur qui regardait, à tort, les Archives de l'empire comme une succursale de

---

[1]. Voy. ci-dessus, p. 12, et aux pièces justificatives.
[2]. Voy. ci-dessus, p. 13.

ses bureaux; l'encombrement a forcé les ministères de la justice, de l'instruction publique, de l'agriculture, du commerce et des travaux publics à imiter, mais très-irrégulièrement et très-imparfaitement, cet exemple.

L'indécision règne donc aujourd'hui sur ce point dans l'administration, et les versements aux Archives centrales s'exécutent sous l'empire de la nécessité, qui n'est peut-être pas le plus mauvais des règlements.

En naissant, les Archives nationales reçurent des circonstances un caractère double et un peu contradictoire : celui de nécropole renfermant les principaux titres de la monarchie éteinte et celui d'instrument de la vie nouvelle du pays, consacré à garder et à représenter au besoin les actes officiels de l'administration active. Au milieu de l'effervescence et de la mobilité qui signalèrent l'époque où cet établissement fut fondé, il est heureux qu'on l'ait fortement concentré au lieu de lui faire subir des morcellements qui eussent été prématurés et vraisemblablement mal conçus. Mais en théorie, c'est-à-dire dans l'avenir, et peut-être dès maintenant, à la place des Archives générales telles qu'elles sont organisées aujourd'hui, mieux vaudraient deux dépôts : l'un servant de décharge au trop-plein des administrations modernes et géré par des employés qui fussent exclusivement des gens d'administration ; l'autre purement historique et exclusivement remis à des mains scientifiques. C'est seulement en se réduisant à ce dernier rôle que les Archives de l'empire pourraient parler comme elles l'ont fait un jour par la bouche d'un de leurs chefs, qui ne l'est plus aujourd'hui, mais qui sera toujours un célèbre historien : « Nous vaincrons, car nous sommes la mort, nous en avons l'attraction puissante ; toute révolution se fait à notre profit. Il nous suffit d'attendre : *patiens, quia æternus* [1]. »

Là devraient en effet aboutir tous les autres dépôts publics d'archives de l'État, mais sous cette condition essentielle, que les corps ou administrations à qui ces dépôts appartenaient eussent cessé de vivre, comme en 1848 la Chambre des pairs et la Liste civile du roi.

Les choses ne sont pas organisées ainsi, puisqu'aux dépouilles de ce qui n'est plus, le dépôt central ajoute encore les papiers d'une nature complétement différente que quelques ministères

---

1. Michelet, *Histoire de France*, t. II (1833), p. 701.

lui remettent; mais il ne paraît pas à souhaiter que ces versements facultatifs deviennent obligatoires. J'insiste sur ce point parce que la prétention contraire s'est souvent manifestée.

Paris, avant 1789, renfermait quatre cents dépôts d'archives; c'était une dispersion insensiblement amenée par les faits, mais excessive. La concentration offre d'incontestables avantages : elle simplifie les recherches; elle économise l'emplacement, le temps, le personnel et les traitements; elle opère surtout des rapprochements qui satisfont l'esprit ou profitent véritablement à la science; mais la concentration n'en a pas moins ses côtés défavorables, tels que la difficulté de maintenir l'ordre dans de grandes masses et le danger d'exposer dans un même lieu des minutes et des expéditions, des originaux et des copies dont la conservation serait assurée et non pas compromise s'ils étaient séparés. La concentration excessive n'est pas moins funeste que l'extrême dispersion.

Ce mal, si je ne m'abuse, se dessine déjà nettement aux Archives de l'empire. Quels que soient l'activité du chef et le zèle des employés, les recherches ne sont pas entravées seulement par les formalités de la porte; elles le sont aussi par la difficulté intrinsèque de tout travail à opérer dans un aussi vaste établissement. Les masses y sont parfois tellement volumineuses qu'elles repoussent le travail, et l'on voit des rapports au directeur où des opérations urgentes de rangement et d'inventaire sur une fraction insignifiante par la place qu'elle occupe dans l'ensemble, sont mentionnées comme devant absorber exclusivement le temps de plusieurs personnes pendant des années entières; or, il va sans dire que de telles opérations sont mentionnées seulement et qu'on ne peut songer à les entreprendre. Il y a telle fraction de série, F^8 par exemple (Papiers modernes des hospices), qui remplit du bas en haut une suite de travées de 40 mètres de longueur, et il y en a de bien plus considérables; la subdivision F^3, entre autres (Papiers de l'administration communale) occupe à elle seule quatre travées d'environ 25 mètres chacune. Aussi de telles séries, avec le petit nombre d'employés dont l'administration dispose, ne sont-elles classées qu'approximativement et tout à fait dépourvues d'inventaire. Les séries moins considérables et composées de documents plus précieux sont-elles plus avancées? Nullement. Les quatre séries de la section historique se trouvent dans ce cas; elles ont plusieurs bons inventaires partiels, mais rédigés très-anciennement; et les fonds

les plus importants, ceux, par exemple, de l'abbaye de Saint-Denis ou de l'abbaye de Saint-Germain-des-Prés (dans la lettre L) sont encore aujourd'hui dans l'état où les laissa le Bureau du triage des titres. Ces circonstances ne dépendent en rien des employés; elles sont la conséquence nécessaire du manque de suite dans les travaux, que j'ai signalé précédemment, et elles tiennent en second lieu à l'état de pléthore que j'indique en ce moment et qui ne peut exister dans une portion du dépôt sans réagir sur les autres.

Les masses ont la vertu attractive; mais les choses étant naturellement telles que je viens de les décrire, ou même pires, il serait extrêmement fâcheux qu'on songeât quant à présent à rendre les Archives de l'empire plus grandes encore, plus compliquées, plus embarrassées qu'elles ne sont. Le malaise y augmenterait certainement, et les séries nouvelles qu'on y réunirait, certainement aussi ne gagneraient pas au change. Dans les grandes administrations et particulièrement dans nos ministères, les archives sont d'ordinaire tenues avec un grand soin, confiées à des hommes spéciaux qui en possèdent et peuvent en transmettre la tradition, sous la main des fonctionnaires pour qui elles ont été principalement formées et, en général, assez libéralement ouvertes à ceux qui en ont besoin. On ne voit pas pour quelle nécessité ce système serait détruit. Quelle figure, au contraire, feraient entre les mains de la direction érudite et littéraire des Archives de l'empire des dépôts comme celui de la marine par exemple, ou celui de la guerre, auxquels le gouvernement et l'armée ont recours depuis le temps de Louis XIV pour un service actif de la dernière importance.

Voici d'ailleurs l'exemple d'un fait accompli. En 1819, le ministère de l'instruction publique arracha aux Archives du royaume, où ils faisaient partie de la série M, les papiers de l'ancienne université de Paris. C'était un morcellement d'autant moins digne d'approbation qu'il n'existe aucun rapport de filiation ni d'organisation entre l'université actuelle de France et l'ancienne université de Paris. Cependant force est d'avouer que, depuis, le ministère de l'instruction publique a justifié cet enlèvement, qu'il a fait mettre ces documents en bon ordre, qu'il les a fait inventorier et que cet inventaire a été mis à la disposition du public par une publication récente, tandis que les papiers de la lettre M restés aux Archives générales sont encore dans une sorte de cahos.

Espérons donc que l'on ne songe point à dissoudre les archives ministérielles, mais seulement à les rendre de plus en plus accessibles au public studieux, qui peut y trouver de grandes ressources d'instruction.

MINISTÈRE DE LA GUERRE.

Dépôt général de la guerre.

Les archives du ministère de la guerre ont sur les Archives générales de France l'avantage de l'ancienneté ; elles remontent l'an 1688. C'est à Louvois qu'on en doit la création. Depuis lors, elles n'ont cessé de rendre au pays de signalés services, surtout pendant les premières guerres de la république ; elles ont toujours été dirigées par des militaires très distingués et se sont enrichies d'excellents travaux d'analyse et d'inventaire dus à l'activité intelligente de plusieurs officiers du corps d'état-major ; enfin, elles offrent, pour l'étude de l'histoire militaire de la France, les plus vastes et les plus précieuses ressources ; leur utilité s'étend même au delà, car c'est dans les documents qu'elles renferment que le Père Daniel, Quincy, Voltaire (pour son *Siècle de Louis XIV*), Thibault, le général De Vault, Anquetil et d'autres écrivains du siècle passé, puisèrent les détails de beaux et consciencieux travaux.

L'histoire de cet établissement, depuis son origine jusqu'à la fin des guerres de la république, a été tracée, en 1802, par M. Pascal Vallongue, colonel du génie, sous-directeur du dépôt, à la fois officier de grand mérite et bon écrivain. Je ne puis mieux imaginer, pour faire connaître l'ancienne organisation du dépôt général de la guerre, que la reproduction abrégée de la notice historique rédigée par M. Pascal, et qui fut publiée depuis dans le *Mémorial du dépôt général de la guerre* (1829, in-4°, pages 115 à 136).

Ce fut dans le brillant intervalle de la paix de Nimègue à celle de Riswick, lorsque Louis XIV, à peine sorti d'une guerre générale, en recommençait une nouvelle, que l'on s'aperçut du cahos qui régnait dans le département de la guerre. Louvois, sous le ministère de qui les combinaisons et les opérations de la guerre se multiplièrent et s'agrandirent, sentit le premier le besoin de régulariser ce vaste laboratoire d'où sortent la pensée, le mouvement et la vie des armées, et où se conservent

leurs titres de gloire. Ce fut en **1688** que le dépôt de la guerre prit naissance, à l'hôtel de Louvois. On y réunit tous les papiers du département de ce ministre; puis, successivement, les correspondances originales des généraux et du gouvernement l'alimentèrent : le ministre lui-même en eut la direction immédiate. Ce n'étaient d'abord que des archives conservatrices, mais inertes, où l'on se contentait de déposer les pièces. Après la mort de Louvois, cet établissement, négligé par ses successeurs, fut relégué dans les greniers du château de Versailles. Il se grossissait néanmoins, de temps à autre, de pièces du ministère.

Vers la fin du règne Louis XIV, il fut transféré à Paris, à l'hôtel des Invalides; quelques commis y étaient attachés. En 1720, des recherches qu'on fut obligé d'y faire amenèrent la découverte, pour ainsi dire, des richesses qu'il contenait. Dès lors, six commis, à la tête desquels se trouvait un M. de la Faye, furent chargés de débrouiller ces matériaux. Le calme dont jouit l'Europe depuis la paix d'Utrecht jusqu'en 1733, permit au ministre de la guerre de s'occuper des améliorations dont ce département était susceptible. Le classement des papiers ne consista d'abord qu'à former des registres avec la correspondance des généraux, mise par ordre de dates et distinguée seulement par *guerres différentes*. On les divisa en deux parties, la première contenant les lettres des généraux, et la seconde, les minutes ou originaux des réponses du roi et des ministres. M. de Chamillart fit ajouter à chaque volume des sommaires de matières et par suite le précis des opérations militaires de l'armée, sous le titre d'*Avertissement*. C'est ce travail, ainsi continué, mais inachevé, qui forme au dépôt ce qu'on appelle les *Anciennes archives*, au nombre de plus de 2700 volumes (2700 en 1802, aujourd'hui 3997) contenant des pièces qui embrassent du XIe siècle aux dernières années de la guerre d'Amérique; mais la série n'est continue que depuis **1670**. Pour remplir les lacunes qui se rencontraient dans la correspondance originale, on dut faire exécuter des copies des manuscrits de la Bibliothèque royale, et l'on s'enrichit ainsi de plusieurs mémoires essentiels. Les registres in-fol. où se trouvent ces copies sont connus au dépôt sous le nom de *transcrits*.

Ce mouvement donné aux matériaux du dépôt, et l'ordre renouvelé aux bureaux d'y verser sans lacune toute la correspondance de la cour et des généraux, ainsi que ce qui concernait le matériel du génie et de l'artillerie, firent juger cet établisse-

ment digne d'être dirigé par un officier général, et ce fut le maréchal de Maillebois qui en fut chargé. M. de la Faye continua d'être employé sous lui. Le travail du classement, qui n'avait été qu'ébauché, prit alors plus de méthode et de consistance; et nous devons peut-être aux soins de cet officier général, digne juge de ces précieux éléments d'histoire et d'instruction, la conservation de la plus riche et de la plus intéressante collection de ce genre.

M. de Vault, qui avait servi à Prague sous le maréchal de Belle-Isle, et qui, de capitaine de cavalerie était devenu brigadier d'infanterie, fut nommé par le maréchal, devenu ministre de la guerre, à la place de directeur du dépôt, vacante par la retraite de M. de Maillebois. L'année suivante, en 1761, le dépôt de la guerre fut transféré des Invalides à Versailles, où l'on avait élevé un nouvel hôtel pour y réunir tous les bureaux, jusque-là épars, du département de la guerre. Le corps des ingénieurs géographes militaires, avec l'important dépôt des cartes et plans, y fut également réuni et placé de même sous la direction de M. de Vault, qui mourut vers la fin de 1790.

La Révolution grondait, et, de toutes parts, tous les établissements jusqu'alors existants, croulaient ou étaient menacés. Mais on songea à conserver le dépôt de la guerre; il fut rapporté de Versailles à Paris vers la fin de 1791. Bientôt le nouveau système du gouvernement, la guerre déclarée à l'empereur d'Allemagne, l'embrasement prévu de toute l'Europe, concoururent à donner une nouvelle importance à un établissement qui seul, au milieu du bouleversement général, avait conservé une collection précieuse de travaux militaires et topographiques exécutés sous la monarchie, des manuscrits de la plus haute importance et des renseignements de toute espèce sur les ressources des puissances déjà ennemies ou prêtes à le devenir. On sentit alors toute l'utilité dont il pouvait être; on crut devoir lui donner une nouvelle organisation : elle se trouve dans le règlement arrêté par le roi le 25 avril 1792, et que je vais transcrire ici, parce qu'il fait connaître d'une manière assez précise l'importance des collections et des travaux de l'établissement dont il s'agit; parce qu'il consacre, en la perfectionnant, l'organisation dont les principaux éléments existaient déjà ; et qu'il a longtemps servi de base aux fonctions et aux attributions du dépôt.

« Le dépôt général de la guerre établi, en 1688, par M. de Louvois,

contient : 1°. La correspondance des généraux et des ministres pendant nos dernières guerres, les détails les plus circonstanciés sur les mouvements de nos armées, les reconnaissances les plus étendues sur les pays où elles ont agi, le précis historique des campagnes de ce siècle et de la fin du siècle précédent, fondé sur les pièces originales ; enfin, partie des décisions importantes du Gouvernement, relatives aux mouvements militaires ;

« 2°. Les cartes de la plus grande partie de nos côtes et de nos frontières qui ont été levées ou par les officiers du génie ou par les ingénieurs géographes militaires, les dessins à la main des camps occupés par nos armées en Allemagne, une collection des principales cartes gravées de toutes les parties de l'Europe, et un très-grand nombre de plans et de mémoires composés par les officiers de l'état-major de l'armée.

« L'officier de l'armée auquel le roi confiera la direction de cette riche collection doit en extraire tout ce que le temps et une expérience éclairée ont pu et pourront y rassembler de connaissances pour fournir au ministre, ou sur son ordre par écrit, toutes les pièces qui lui sont nécessaires pour tracer avec sûreté des plans de campagne, pour suivre les principales opérations de l'armée.

« Les mémoires, les plans et tous les objets appartenant au dépôt de la guerre, et mis sous la garde du directeur général du dépôt, ne pourront être confiés à qui que ce soit sans un ordre par écrit du ministre de la guerre. Ces mémoires, plans, etc., seront classés dans un inventaire raisonné, de manière à pouvoir être promptement communiqués au ministre ou, par ses ordres, à ceux auxquels ils pourraient être utiles pour le service de l'État, le ministre se réservant d'examiner ces objets, soit avec le directeur du dépôt de la guerre, soit avec toute autre personne qu'il jugera convenable, suivant les rapports qui y donneront lieu.

« Il sera procédé, le plutôt possible, à un inventaire de tout ce qui existe dans le dépôt de la guerre ; un double sera déposé dans les mains du directeur général, qui sera responsable de tout ce qui est confié à sa garde.

« Aucune pièce ne sortira du dépôt sans un reçu signé de la personne à laquelle le ministre aura ordonné de la remettre pour un temps déterminé ; elle y sera ensuite exactement replacée, le ministre n'entendant pas se dispenser lui-même d'une formalité qui doit conserver le dépôt dans toute son intégrité.

« Les fonctions habituelles du directeur du dépôt de la guerre consisteront :

« 1°. A analyser les mémoires militaires ainsi que les plans, cartes et reconnaissances existant au dépôt de la guerre sur chaque partie des côtes et des frontières ;

« 2°. A indiquer les pièces qu'il conviendra de refaire, et à vérifier les parties qui restent à exécuter sur les différentes matières (c'est à lui, par conséquent, qu'il appartiendra de désigner au ministre les opérations topographiques ainsi que les observations militaires dont peuvent s'occuper les adjudants généraux de l'armée dans leurs divisions respectives, et à réunir ensuite les travaux de ces officiers pour compléter le tableau des reconnaissances militaires) ;

« 3°. A calculer, sous les relations militaires, les avantages et les inconvénients de tous les changements de limites à accorder ou à proposer aux

puissances étrangères, en les combinant avec le comité des fortifications ou le directeur du dépôt qui en dépend, sous les rapports de la défense des places;

« 4°. A développer les vues militaires sur l'ouverture des routes, la direction des canaux, l'emplacement des ponts projetés sur les frontières en faveur du commerce, pour les rendre utiles ou les empêcher de devenir nuisibles aux dispositions de défense dont le pays est susceptible;

« 5°. A classer toutes les pièces dans l'ordre le plus propre à l'instruction militaire sous tous les rapports.

« Ces fonctions doivent se concilier avec celles du directeur du dépôt des fortifications, pour fournir au ministre tous les moyens de lui faire connaître les rapports généraux et les circonstances locales des frontières où se rassemblent et où doivent se mouvoir nos armées, etc.

« Le ministre de la guerre tiendra la main à ce qu'on renvoie au dépôt de la guerre tous les plans, cartes, lettres et mémoires militaires des ministres, généraux, etc., aussitôt que l'usage ne lui en sera plus utile, et qu'ils y soient placés à demeure, pour y avoir recours suivant le besoin.

« Louis. »

« 25 avril 1792. »

Les ministères ayant été supprimés en l'an II, le dépôt de la guerre se trouva dans les attributions de la commission des travaux publics. Il était alors établi place Vendôme. Sa composition fut agrandie à raison de son importance; on y plaça des officiers instruits; le nombre des employés fut porté à trente-huit pour le travail intérieur, indépendamment de trente-six ingénieurs géographes répartis aux armées. Le montant des appointements du personnel, qui ne s'élevait qu'à 68,000 fr. en 1792, fut porté, en 1793, à 128,600 fr. pour les employés, et pour les ingénieurs géographes à 102,500.

En frimaire an IV (décembre 1795), lors du rétablissement du régime constitutionnel et de celui des ministères, le dépôt de la guerre fut replacé dans les attributions du ministère auquel il appartient naturellement. Les ressources que le gouvernement trouvait journellement dans cet établissement pour le service des armées, l'importance qu'acquéraient les matériaux qui devaient servir à l'histoire des guerres de la république, si pleines de jours mémorables, attirèrent plus particulièrement sur le dépôt l'attention du Directoire exécutif. Par un arrêté du 22 floréal an V (11 mai 1797), le Directoire lui avait donné une organisation qu'il étendit et compléta par un nouvel arrêté en date du 23 prairial an VII (1ᵉʳ juin 1799), et qui reproduit à peu près, quant aux attributions du dépôt et aux fonctions du di-

recteur, les dispositions contenues dans le règlement du 25 avril 1792.

Après être entré dans le détail de toutes ces phases de l'existence du dépôt de la guerre avant 1802, M. Pascal-Vallongue se résume en ces termes :

« Indépendamment d'une bibliothèque de 8000 vol. choisis où se trouve une collection précieuse d'atlas; de 2700 volumes d'anciennes archives, et de plus de 900 cartons de pièces originales modernes, le dépôt possède 131 volumes et 78 cartons de mémoires descriptifs composés d'au moins 50 mémoires chacun; 4700 cartes gravées, dont il en est depuis 2 jusqu'à 25 exemplaires, non compris celles qui s'impriment au dépôt, et plus de 7400 cartes manuscrites, plans ou dessins précieux de marches et de batailles. Il a fourni, par ordre du gouvernement, dans le cours de la guerre terminée par la paix d'Amiens (1792-1802), 7278 cartes ou plans gravés, 207 cartes et plans manuscrits, 61 atlas de diverses parties du globe, et plus de 600 mémoires descriptifs en copie ou en original. — Une partie de ces matériaux, qui sont devenus une abondante source d'instruction et de lumières pour toutes les opérations de la guerre, doivent être encore dans les archives du gouvernement ou épars chez les différents officiers de l'état-major de l'armée. Quelques lacunes que leur absence forme dans les collections du dépôt, mais que les soins de son administration tendent journellement à réparer, il n'en résulte pas moins que cet établissement, créé par Louvois, élevé par Maillebois, régularisé par de Vault, soutenu par son importance et son utilité dans les orages de la Révolution, est la collection la plus riche, la plus nombreuse et la plus authentique d'éléments d'histoire, de topographie et de science militaires; enfin, il est un de ceux qui n'appartiennent qu'à la France, un de ceux dont elle a donné l'exemple aux nations éclairées et guerrières de l'Europe, un de ceux, enfin, qui peuvent lui coûter le moins et la servir le plus. »

De 1802 à nos jours, les archives du dépôt de la guerre ont été, suivant les époques, un centre de travaux plus ou moins actifs, mais elles n'ont pas cessé de grandir en importance comme en étendue. Sous la seconde restauration, la période républicaine, embrassant un ensemble de 700 cartons, a été, par les soins de plusieurs officiers, l'objet de grands travaux d'analyse, et dans le courant de l'année 1850, une commission

nommée par le ministre de la guerre, procéda à l'inventaire général et numérique des volumes, registres, cartons et liasses dont se composent les correspondances et les mémoires historiques et statistiques de 1791 à 1840. Six mois furent employés à ce travail, qui se continue aujourd'hui par les soins du colonel-conservateur et d'un officier supérieur du corps de l'état-major pour les nombreux documents acquis depuis au dépôt et qui lui arrivent journellement par voie de succession ou autrement. L'administration de la guerre est, avec l'administration des affaires étrangères, celle qui a le mieux tenu la main à faire exécuter par ses subordonnés les versements obligatoires, ainsi que le prouve cette note, qu'elle inséra dans *Mémorial* de 1826 (t. III, p. 17) :

« Depuis 1815, les archives du dépôt de la guerre se sont successivement et notablement grossies de pièces triées dans les différents bureaux du ministère et dans les archives du conseil d'État. Elles se sont de temps en temps enrichies des communications faites par les généraux qui ont commandé les armées ou par leurs chefs d'état-major. Ces communications seront désormais plus fréquentes et plus fructueuses que par le passé, et on sentira tous les jours davantage l'utilité des mesures prises en 1824. Jusque-là on croyait ne pouvoir remettre au dépôt que des pièces originales, et souvent, par des raisons plus ou moins bonnes, on craignait de s'en dessaisir. Aujourd'hui on pourra donner des copies collationnées sur les originaux et certifiées par le directeur du dépôt de la guerre. Trop rarement de nouvelles richesses y ont été apportées par les héritiers ; les mêmes raisons rendront cette moisson plus abondante à l'avenir.

« Il est bon de rappeller ici l'obligation imposée à ce sujet, et souvent réitérées aux divers fonctionnaires militaires et à leurs héritiers :

« Sous le ministère du maréchal de Bellisle, une ordonnance du 10 mars 1759, qui en rappelle d'antécédentes, intimait aux officiers du génie, etc., l'ordre de ces versements.

« Un arrêté des consuls, du 13 nivôse an X, contient des dispositions d'une rigueur peut-être excessive : on s'empare dans une succession de tout ce qui n'est pas le travail personnel du décédé ; quant à ce travail, on le prend en le payant d'après une estimation dont l'arrêté règle le mode.

« Dans un rapport inséré au *Moniteur*, le 12 vendémiaire an XII, qui contient l'exposé des travaux du dépôt de la guerre pendant l'an XI, le ministre de la guerre se plaint aux consuls de ce que le précédent arrêté n'a rien produit.

« Un ordre du ministre de la guerre, duc de Dalmatie, en date du 21 janvier 1815, renouvelle les injonctions aux généraux, chefs d'état-major, ordonnateurs, commandants de place, etc., de remettre au secrétariat général de la guerre les plans, cartes, notices de siège, mémoires de défense ou d'administration générale, etc.

« Le seul versement notable que les mesures générales ont produit, grâce à des dispositions particulières, a été celui des papiers nombreux et

du plus grand intérêt qui étaient entre les mains des héritiers du prince de Wagram [1].

« On reconnaîtra que soit dans l'intérêt du gouvernement, soit dans celui de l'art militaire et même des familles, dont les titres d'honneur seront ainsi soigneusement conservés, rien n'est plus étroitement commandé que l'exécution des mesures que nous venons de rappeler. »

Ces mesures sont un peu plus fidèlement exécutées aujourd'hui qu'elle ne l'ont été par le passé.

Voici maintenant quelle est la composition actuelle du dépôt général de la guerre. Il est divisé en deux sections, dont la seconde, appelée *Section historique,* doit seule trouver sa place ici. Cette section embrasse : 1° le service de la bibliothèque ; 2° le service des archives historiques militaires ; 3° celui du dépôt des cartes manuscrites et gravées. Ces trois subdivisions sont intimement liées entre elles et se prêtent une assistance mutuelle pour les recherches historiques relatives aux guerres de la France depuis Louis XIV jusqu'à nos jours. Les ouvrages imprimés résument les faits épars dans les manuscrits ; les cartes et plans forment l'immense atlas destiné à faire suivre sur le terrain même les opérations militaires [2].

La seconde section a pour chef un colonel d'état major ayant sous ses ordres six officiers supérieurs du même corps; pour conservateur un colonel d'état major en retraite. Elle est placée, avec la première section (dite *topographique* et composée exclusivement des travaux de la carte de France), sous les ordres supérieurs de M. le colonel Blondel, directeur du dépôt. C'est par exception que ce fonctionnaire supérieur dirige le dépôt sans être officier général. Le personnel des employés civils de la seconde section, trop restreint pour tous les travaux de recherches, de classement et de catalogue à faire, s'élève seulement au nombre de six, dont un traducteur spécialement chargé de l'examen des livres étrangers.

---

1. Encore ce versement n'a-t-il pas été complet, puisque la famille du prince conserve encore aujourd'hui la plus grande partie des lettres originales de Bonaparte à Berthier comme général en chef des armées d'Italie et d'Égypte, et comme premier consul ; sans parler des registres de correspondance pour la période impériale, dont le dépôt a pu seulement obtenir des copies. On pourrait ajouter que les versements ont été nuls pour les papiers du duc de Feltre, ministre de la guerre, pour ceux des maréchaux Masséna et Soult, et pour tant d'autres contre lesquels l'arrêté du 13 nivôse an X a été lettre morte.

2. Un officier supérieur du corps de l'état-major, aidé d'un employé civil, s'occupe en ce moment de la confection du catalogue de ce dépôt de cartes, qui ne renferme pas moins de 160,000 feuilles environ, manuscrites ou gravées.

Toute personne curieuse d'éclaircir un fait de guerre ou d'étudier telle ou telle période de notre histoire militaire peut, sur sa demande adressée au directeur, être admise à travailler (deux jours par semaine) dans le dépôt.

I. ARCHIVES HISTORIQUES MILITAIRES.

Les archives proprement dites du dépôt de la guerre, ou archives historiques militaires se divisent en trois catégories bien distinctes : les *archives anciennes* comprenant les pièces antérieures à 1791, les *archives modernes* comprenant les pièces postérieures, et les *mémoires historiques et de statistique militaire*. Cette dernière catégorie forme deux bureaux.

Archives anciennes; 1035-1791 [1].

Cette période a été inventoriée sommairement en l'année 1800 par l'abbé Massieu qui fut bibliothécaire du dépôt général de la guerre de 1797 à 1814, et qui dans l'espace de ces dix-sept années, parmi les travaux considérables qu'il exécuta, mit en ordre et fit relier 900 nouveaux volumes, numérota les pièces de toute la collection et fit l'analyse de plusieurs centaines de registres. Un nouvel inventaire beaucoup plus étendu a été rédigé dans l'intervalle des années 1822 à 1825, par M. le colonel d'état-major baron Pétiet, chef à la section historique du dépôt.

Les documents dont se composent les archives anciennes forment une série de 3997 volumes manuscrits in-folio, reliés; plus 225 cartons de pièces non reliées, pouvant former 300 nouveaux volumes de toutes les époques. Ce sont des minutes ou des lettres originales écrites par les rois de France, par leurs ministres, par les maréchaux, par les généraux ou autres officiers, par les intendants d'armées et de provinces, par les ambassadeurs, plénipotentiaires, ou commissaires près les puissances et les congrès. Ces documents se suivent régulièrement depuis 1643 jusqu'en 1794; quelques pièces antérieures et isolées remontent, à des intervalles inégaux, de 1642 à 1035; elles sont en petit nombre et se trouvent dans les soixante-sept premiers volumes de la collection.

Les archives anciennes sont entièrement rangées, du com-

---

[1]. On a adopté récemment cette dernière date, parce que la création des trois premières armées, quatre mois avant la déclaration de guerre, est du 14 décembre 1791.

mencement à la fin, dans un ordre chronologique rigoureux. Il suit de là que les matières y sont divisées à l'extrême. Elles se trouvent liées entre elles, il est vrai, par de nombreux répertoires qui rendent les recherches plus faciles; mais pour les grouper ici en un tableau succinct, cette diffusion des documents m'empêche de le faire. Je me bornerai à offrir une idée de la manière dont le dépôt est composé en donnant un résumé des cent premiers numéros d'inventaire. Quelques irrégularités chronologiques y existent ; elles sont dues à des réunions faites après coup de documents qu'il n'était pas possible d'intercaler dans les volumes déjà reliés.

Volumes 1 et 2. — Tableau historique, géographique et chronologique depuis 486, sous Clovis, jusqu'à 1736.

3 à 8. — Dépêches et mémoires de l'ambassade de MM. François et Gilles de Noailles à Constantinople, 1571-1576.

9 et 10. — Négociations de la paix de Vervins, 1598.

11, 12 et 13. 1035 à 1638. — Pièces diverses, anciennes dépêches, expéditions et autres papiers émanés du bureau du principal commis de la guerre sous les ministères antérieurs à celui de M. Servien.

14 à 25. — Minutes de Servien et autres pièces se rattachant à son administration de janvier 1631 au 31 décembre 1635.

26. — Expéditions relatives aux affaires religieuses, militaires, maritimes.

27-31. — Minutes émanées du ministère de la guerre, 1636.

32. — Expéditions relatives aux affaires religieuses, militaires, maritimes, et autres, 1636.

33. — Correspondance militaire (guerre de Trente ans, 1634-37).

34-41. — Minutes émanées du ministère de la guerre, 1637.

42. — Expéditions relatives *ut supra*, 1637.

43-48. — Minutes.... 1638.

49. — Expéditions.... 1638.

50-55. — Minutes 1639....

56. — Expéditions.... 1639.

57-61. — Minutes.... 1640.

62. — Expéditions.... 1640.

63-66. — Minutes.... 1641.

67. — Expéditions.... 1641.

68-70. — Minutes.... 1642.

71. — Expéditions.... 1642.

72. — Différentes pièces concernant la régence de Marie de Médicis.

73-76. — Minutes.... 1643.

77. — Ministère de M. Letellier, minutes transcrites, 1643.

78-80. — Expéditions faites au bureau de M. Thimoléon Leroy, premier commis de la guerre, 1643.

81-84. — Minutes.... 1644.

85-88. — Expéditions.... 1644.

89. — Instructions données aux généraux et autres depuis l'ouverture de la campagne de 1643 jusqu'à la fin de 1644.

90. — Dépêches importantes du département de M. Letellier, 1644.

91-96. — Expéditions.... 1645 et 1646.

97. — Administration militaire, 1636 à 1646.

98. — Correspondance militaire, quelques lettres du duc d'Enghien, fin de la guerre de Trente ans, 1642-46.

99-100. — Dépêches importantes du ministère de M. Letellier pendant l'année 1646.

101 et 102. — Expéditions.... 1646, 1647.

De nombreuses et importantes lacunes existent dans les dépêches officielles relatives à la guerre de Trente ans et aux premières années de la brillante carrière du grand Condé. La rédaction sur pièces des deux premières guerres sous Louis XIV, 1643-1658, 1667-1668, offrirait aussi de grandes difficultés.

Archives modernes, 1791-1840 [1].

I. Période républicaine.

1re époque : 1791-1802 jusqu'à la rupture de la paix d'Amiens (710 cartons, 1056 reg.).

1. Correspondance. — 1re subdivision (Nord). Armées du Nord, des Ardennes, de Belgique, du Centre, de la Moselle, de la Meuse, de Sambre-et-Meuse et de Batavie. — 2e subdivision (Est). Armées du Rhin, Rhin et Moselle, Mayence, Helvétie, du Danube, des Grisons, des Vosges, d'Allemagne et d'observation sur le Rhin. — 3e subdivision (Sud). Armées du Midi, des Alpes, de Rome, de Naples, d'Italie et d'Orient; expédition de Malte, armée de réserve, camp d'Amiens, corps d'observation, armée d'observation du Midi, corps de troupes

---

1. Les versements que le bureau de la correspondance générale (ministère de la guerre), effectue au dépôt, n'ayant lieu que tous les dix ou douze ans, on comprendra pourquoi les archives modernes s'arrêtent à l'année 1840.

dans la Cisalpine et la république italienne. — 4ᶜ subdivision (Sud-Ouest). Armées des Pyrénées orientales et occidentales, première et deuxième expédition d'Irlande, première expédition en Portugal en l'an XII (1801). Correspondance relative à la Corse et à l'île d'Elbe. Fragments relatifs aux expéditions et aux projets d'expédition de l'île de France, de Pondichéry, des Iles du Vent, du Sénégal, de la Guadeloupe, des Indes orientales et occidentales, etc.

2. Registres de correspondance provenant des états-majors des armées ci-dessus désignées, lesquels sont classés à la suite de chaque subdivision, Nord, Est, Sud et Sud-Ouest.

3. États de situation des armées de la république.

4. Correspondance des armées dans l'intérieur de la France pour la reprise de Toulon, le siége de Lyon, la pacification de la Vendée et la défense des côtes contre les menaces de débarquement des Anglais, 1793-1802.

5. Correspondance générale. Cette correspondance échangée entre le gouvernement, le ministre et les commandants des divisions militaires, a principalement pour objet les mesures d'ensemble concernant chaque arme spéciale, infanterie, cavalerie, artillerie, génie. Elle renferme de précieux renseignements sur l'esprit des populations aux diverses époques de la république.

II. Fin du consulat et armées de l'empire.

2ᵉ époque : 1802-1815 (982 cartons, 922 reg.).

1. La correspondance militaire de l'empereur Napoléon Iᵉʳ forme une collection distincte et embrasse la série de ses actes depuis le siége de Toulon jusqu'en 1815. Cette collection de lettres, d'ordres et de bulletins écrits et corrigés de sa main ou dictés à Bourienne, Duroc, Menneval et Fain, avait été primitivement réunie en 64 volumes. Un nouveau travail récemment entrepris doit la porter à 150 volumes environ, résultat des nouvelles recherches faites et des copies obtenues aux Archives de l'empire.

La correspondance, dite diplomatique (1802-1810), formant 19 volumes, est une copie des pièces originales conservées au ministère des affaires étrangères.

2. Correspondance du maréchal Berthier; 1796-1814 (49 vol. ou liasses). Cette correspondance est le développement des ordres contenus dans la correspondance militaire de l'empereur

indiquée ci-dessus; développement d'une si parfaite exactitude que lorsqu'il y a des lacunes dans celle-ci, les lettres de Berthier acquièrent l'authenticité d'originaux écrits de la main de l'empereur.

3. Correspondance des maréchaux, généraux, officiers supérieurs et autres, attachés aux camps sur les côtes de l'Océan, à la grande armée, aux armées d'Allemagne, du Nord, etc., pendant les guerres de 1805 à 1815; exécution des ordres, rapports, etc.

4. Registres provenant des états-majors et contenant la correspondance des maréchaux, généraux, chefs d'état-major et autres attachés aux armées désignées ci-dessus.

5. Situations des camps de la grande armée, d'Allemagne, du Nord, etc.

6. Correspondance générale militaire et des divisions militaires pareille à celle qui termine la période républicaine.

7. Lettres originales du roi de Naples Joseph et du vice-roi d'Italie Eugène Napoléon, correspondances, registres et états de situation des armées de Naples et d'Italie, 1805-1814.

8. Lettres originales du roi Joseph et correspondance, registres et états de situation des armées en Espagne et en Portugal, 1807-1814.

III. Armées d'Espagne, de Portugal, de Morée, etc.

3e époque : 1re et 2e restaurations 1814-1840 (164 cartons, 54 reg.).

Campagne d'Espagne, 1823, lettres, registres et situations. Expédition de Morée, 1828 à 1833. Correspondance générale militaire et des divisions militaires pendant cette période (Esprit public, etc.).

4e époque : Règne de Louis-Philippe 1830-1840 (125 cartons).

Expédition d'Ancône, 1832 à 1836. Correspondance militaire de l'Algérie [1] divisée en deux séries : 1° Rapports d'opérations; 2° Correspondance générale relative à l'organisation et à l'administration de l'armée d'occupation. Registres et situations. Correspondance générale militaire et des divisions militaires.

Série distincte. — Camps d'instruction ou camps de manœu-

---

[1]. On a reporté à la quatrième époque les papiers relatifs à l'expédition d'Alger, bien que cette première campagne appartienne de fait à l'époque précédente, règne de Charles X.

vres français et étrangers (1824 à 1847), 11 cartons; plus 10 cartons des mêmes travaux (1698 à 1788), appartenant de fait à la collection des archives anciennes, mais qu'on a réuni en une seule collection classée par ordre chronologique.

Mémoires historiques et de statistique.

Mémoires historiques militaires, 1590-1840; 70 cartons et 240 volumes dont 200 compris dans le chiffre total porté à l'article des archives anciennes. Cette collection, précieuse à plus d'un titre, comprend tous les mémoires ou relations de campagnes ou de batailles, combats et siéges, rédigés sur pièces officielles, par des généraux et officiers supérieurs étrangers au dépôt de la guerre, ou attachés à cette administration, depuis M. Thibaut, en 1733 et M. le général de Vault, en 1762, jusqu'à nos jours. Ils sont classés par époques et correspondent par leurs divisions et subdivisions aux deux grandes collections des pièces officielles renfermées dans les archives anciennes et modernes. Un des officiers supérieurs de la section, chargé de la conservation de ces mémoires, s'occupe en ce moment du catalogue.

Mémoires de statistique militaire, 440 cartons, 117 volumes. Cette collection comprend les mémoires descriptifs de la France et de toutes les puissances de l'Europe, au point de vue de l'organisation et des forces militaires en temps de paix et en temps de guerre, depuis Louis XIV jusqu'à nos jours. Ces mémoires, classés par empires ou royaumes et subdivisés par localités, font aujourd'hui l'objet d'un travail de catalogue dont s'occupe l'officier supérieur qui est chargé de la conservation de cette partie des archives.

II. BUREAU DES LOIS ET ARCHIVES.

Indépendamment du dépôt de la guerre qui, comme on vient de le voir, s'enrichit chaque jour, pour ainsi dire, des documents historiques et militaires les plus précieux, le ministère de la guerre possède un autre établissement du même genre; sous la simple dénomination de *bureau des lois et archives*, cet établissement n'est rien moins que le dépôt des titres de gloire de tous les soldats de la France. Tous ceux qui, depuis la fin du règne de Louis XIV jusqu'à nos jours, ont combattu sous le drapeau de la nation, figurent sur les contrôles religieusement conservés dans ces archives, et l'état militaire du guerrier le

plus obscur, y est l'objet des mêmes soins intelligents que celui du capitaine qui, doué du génie des batailles, plus heureux mais non plus brave, est devenu maréchal de France, roi ou empereur. Ces archives offrent dans leur spécialité un intérêt historique d'un ordre moins élevé que celles du dépôt de la guerre, mais qui est tout aussi vif, car il touche à toutes les gloires individuelles dont la somme compose la gloire nationale.

La richesse du bureau des lois et archives consiste en près de 45,000 registres, cartons ou liasses qui ont trait à la législation militaire, à l'administration générale des gens de guerre, à l'organisation des corps de troupes, et plus particulièrement à l'état militaire et civil de tous ceux qui, à quelque titre que ce soit, ont appartenu à l'armée française.

Le fonds le plus nombreux se compose de 15,000 cartons ou liasses de la comptabilité générale des deniers ou du matériel, dont une assez notable partie disparaît chaque année pour faire place à des versements nouveaux; les documents les plus anciens de cette catégorie ne remontent guère au delà de 1793, mais il s'y attache une série de 1000 registres de la comptabilité du dixième de la capitation militaire et de l'extraordinaire des guerres, laquelle a pour point de départ les premières années de la minorité de Louis XV. L'un des fonds les plus considérables et par le grand nombre des pièces et par celui mille fois plus grand encore des noms qu'il renferme, c'est la collection des contrôles des officiers généraux ou autres et des registres matricules de la troupe.

Les corps de l'ancienne monarchie ont fourni, à partir de 1730, un contingent de 2000 registres et ceux de la France nouvelle en ont versé jusqu'à présent plus de dix mille; 2000 contrôles et 3500 cartons forment, en outre, pour les officiers de tout grade, un classement spécial qui ne comprend pas moins de 300,000 dossiers individuels, au nombre desquels on remarque ceux de Florian, de Saint-Lambert, de Dorat-Cubières, des chevaliers d'Éon et de Saint-Georges, de Mirabeau, de Chateaubriand, de Villemain, de Viennet, de Paul-Louis Courier, etc. Il convient de rattacher à ce classement plus de 300,000 dossiers de pensions militaires (4000 cartons ou registres) concédées depuis le milieu du xviiie siècle aux soldats comme aux généraux, à leurs veuves et orphelins. Un fonds de 3500 cartons ou registres contenant au moins un million d'actes d'état civil sert d'annexe à ces documents; les plus anciens sont

des actes de décès dressés pendant la guerre de la succession d'Autriche.

La partie législative se compose de 1700 cartons où sont classés par ordre chronologique, les lois, décrets, ordonnances, arrêtés, règlements et circulaires ministériels imprimés depuis le ministère de Louvois, et en tête desquels se trouvent même quelques actes d'une époque beaucoup plus reculée; mais le fonds le plus riche de cette partie, le plus précieux aussi qui soit aux archives, et qui ne le cède sous aucun rapport aux documents les plus rares du dépôt de la guerre, c'est la magnifique collection originale des ordonnances militaires et des actes du pouvoir exécutif concernant le département de la guerre, collection qui remonte au XIe siècle, qui est sans lacune depuis les premiers temps de la révolution, et qui forme 600 forts volumes in-fol.

Il existe encore au bureau des lois et archives d'autres documents d'un grand prix; je veux parler de 30 volumes de pièces relatives aux maréchaux de France (1185-1854) et de 400 cartons renfermant environ 7000 dossiers d'officiers généraux[1]. Parmi ces derniers on trouve à côté de ceux des Turenne, des Villars, des Maurice de Saxe, ceux de Louis, Joseph et Jérôme Bonaparte, de Bernadotte, de Murat, serviteurs de la république française devenus rois, enfin comme couronnement de ces richesses un superbe volume contenant le dossier de l'empereur Napoléon Ier.

En même temps que le dépôt de la guerre reçoit des bureaux du ministère les pièces intéressant l'histoire et l'art militaire, celles qui se rapportent au personnel et à l'administration de l'armée sont versées aux archives. Ces deux établissements se complètent donc ainsi l'un par l'autre et ne sauraient être sé-

---

[1]. Tous les hommes qui s'occupent sérieusement d'histoire militaire connaissent le livre précieux du commis de la guerre Pinard, ayant pour titre : *Chronologie historique militaire*. Ce travail, qui coûta vingt-cinq ans à son auteur, et qui ne fut publié par sa famille qu'après sa mort, s'arrête à l'année 1762. Des hommes laborieux comme Pinard ne se rencontrent que de loin en loin.

Un autre commis du bureau de la guerre, dont je suis heureux de pouvoir rappeler le nom, M. Dolly, attaché à ce bureau pendant douze ans, avait eu le projet de continuer jusqu'à nos jours l'ouvrage de Pinard ; mais les dossiers des maréchaux et des généraux n'étaient pas formés; il s'agissait de puiser courageusement dans plusieurs milliers de cartons, dont pas un n'était alors dans un ordre méthodique. Entrepris avec ardeur et intelligence, ce travail fut exécuté. Cet employé, aujourd'hui sous-chef à la préfecture d'Alger, a été arraché à ses travaux de prédilection, travaux que la maturité de l'âge aurait perfectionnés. Si un ministre de la guerre voulait encourager l'œuvre de la continuation de Pinard, et que cet immense travail fût mené à bonne fin, il resterait à M. Dolly l'honneur d'avoir jeté les bases de l'édifice.

parés autrement qu'ils ne le sont, c'est-à-dire par un règlement administratif ayant pour objet d'éviter l'encombrement et la confusion. Il y a d'ailleurs entre les documents qu'ils renferment une corrélation intime qu'on ne saurait méconnaître sans compromettre à la fois l'existence de tous deux.

On peut dire, en quelque sorte, que le dépôt de la guerre est comme un théâtre où l'on voit l'histoire militaire de la France et que les archives de la guerre sont la table nominative des acteurs.

III. DÉPÔT DES FORTIFICATIONS.

Ce bureau est un troisième établissement attaché au ministère de la guerre. Il comprend principalement le dépôt des archives des fortifications qui exista longtemps sous l'ancienne monarchie, qui fut réorganisé par la loi du 10 juillet 1791, et auquel on réunit ensuite le dépôt des plans en relief des places fortes et celui des modèles de machines militaires.

Le dépôt des archives des fortifications a été créé pour former par la réunion des mémoires, cartes, plans et autres objets provenant des travaux du corps du génie, une collection générale et complète sur les connaissances relatives à l'art du génie militaire, et pour fournir à l'État tous les matériaux, les renseignements et les secours dont il a besoin pour imprimer le mouvement à cette partie du service public.

En l'an XI, on y comptait déjà plus de 120,000 pièces distribuées en 1700 cartons ou portefeuilles. La collection s'est accrue depuis lors dans une vaste proportion, mais le classement n'en a pas été changé et je puis le faire connaître d'après une notice publiée sur ce sujet, par un des directeurs du dépôt, M. H. Morlaincourt, sous ce titre : *Notice sur les dépôts des fortifications, des plans en relief des places fortes et des modèles de machines en usage dans les travaux militaires;* etc. (30 pages, in fol., 30 fructidor an XI).

Voici la partie de ce travail relative aux archives des fortifications.

1re SECTION. — CARTONS-BOÎTES.

1. **Fortification des places.** — Mémoires, projets, lettres, apostilles, plans et dessins concernant la fortification des places fortes de France. Les places fortes sont classées suivant le rang qu'elles occupent sur la frontière en allant du nord à l'est, de l'est au sud et du sud à l'ouest.

2. Bâtiments militaires. — Mémoires, papiers, etc., concernant les bâtiments militaires tant des places fortes que des villes de l'intérieur.

3. États et inventaires. — Inventaires des papiers des places; suppléments d'inventaires, état d'effets et matériaux, états d'ustensiles, états des bâtiments militaires.

4. Frontières de la France. — Mémoires généraux sur les frontières de terre et de mer de la France, classés suivant le tableau arrêté par le comité militaire de l'an VII en huit frontières, savoir : frontières Batave ou de l'Escaut, de Rhin et Meuse, de Rhin et Moselle, d'Helvétie ou du Jura, d'Italie ou des Alpes, des Pyrénées, de l'Océan, de la Manche.

Les mémoires concernant chaque frontière sont, en outre, subdivisés en quatre parties, savoir : défense de la frontière; topographie; communications militaires, routes et canaux; défense des côtes quand il se trouve une partie maritime.

5. Places étrangères. — Mémoires, plans, etc., sur les places étrangères, classés par contrées et états.

6. Objets d'art. — Mémoires, plans et dessins relatifs aux objets d'art, savoir : 1° ceux concernant la fortification et ses rapports avec l'état militaire; 2° ceux concernant l'arme du génie et ses rapports avec l'artillerie et les autres armes.

7. Siéges et campagnes. — Relations de campagnes et de siéges, sous le titre d'*Histoire militaire*.

8. Service et administration du génie. — 1° Mémoires, projets, états concernant le matériel et le personnel du génie; 2° mémoires, projets, états, concernant l'école du génie; 3° Lois, ordonnances, circulaires, arrêtés, règlements et tous imprimés quelconques établissant les rapports du génie avec les corps et administrations militaires ou civiles.

9. Devis, marchés, adjudications. — Devis et marchés relatifs aux fortifications et bâtiments militaires de toutes les places et communes.

10. Comptabilité des places. — Mémoires apostillés, toisés généraux et tous les états de comptabilité.

11. Aliénations de terrains. — Achats, échanges, aliénations et concessions de terrains pour asseoir les fortifications des places.

12. Permissions de bâtir. — Soumissions faites par les particuliers dans les limites de terrains de la fortification et permissions de bâtir.

Cet article et le précédent sont deux articles très-importants qui forment la collection générale des titres du domaine national militaire.

13. Anciennes archives des fortifications.

2e SECTION. — PORTEFEUILLES.

1re partie. Cartes.

1. Géographie. — Cartes géographiques.
2. Topographie. — 1° Directions. Cartes topographiques par directions ou cartes des environs des places fortes de France.
3. Topographie. 2° Frontières. Cartes des fleuves, rivières et canaux ; des routes, cols ou défilés, ou cartes défensives des frontières.
4. Campagnes et siéges. — Cartes des guerres et campagnes, marches d'armées, siéges, etc.
5. Objets d'arts. — Dessins et études d'objets d'art trop étendus pour être insérés dans les cartons.

2e partie. Plans.

1. Places fortes de France. — Plans des places fortes de France classés suivant l'ordre alphabétique.
2. Places étrangères. — Plans des places fortes étrangères rangés par contrées et par ordre alphabétique dans chaque état. Ces plans sont indépendants de ceux envoyés pour les projets de chaque place qui sont insérés dans les cartons.

3e partie. Atlas.

1. Atlas terrestres. — 2. Atlas maritimes. — 3. Atlas de France (de ses diverses provinces). — 4. Atlas des places fortes de France (manuscrits).

3e SECTION. — BIBLIOTHÈQUE [1].

Titre I. Annales et histoires militaires et de la fortification.
2. Sciences et arts. — 3. Histoire, géographie, voyages.

---

[1]. Cette bibliothèque renferme environ 20,000 volumes. Elle est tout à fait distincte de celle du Dépôt de la guerre dont il a été question plus haut (p. 293), et qui en contient 28,000. Le ministère de la guerre possède, en outre, une troisième bibliothèque dont l'importance est aussi très-grande : c'est celle de la direction des affaires de l'Algérie, composée exclusivement d'ouvrages relatifs à l'Afrique, parmi lesquels se trouve une collection de manuscrits arabes provenant de la bibliothèque du dey d'Alger, et apportés à Paris après la conquête en 1830.

— 4. Littérature. — 5. Ouvrages périodiques. — 6. Manuscrits reliés sur la fortification, les frontières et les places.

ARCHIVES DU MINISTÈRE DES AFFAIRES ÉTRANGÈRES.

Ce vaste et important dépôt partage avec celui de la guerre l'honneur d'avoir été fondé par les ordres et sous les yeux du roi Louis XIV. Saint-Simon le vit naître, et il en rapporte la création en ces termes :

« Jusque fort avant dans le règne de Louis XIV, on n'avait eu soin sous aucun roi de ramasser les papiers qui concernaient l'État à l'exception de la partie en ce genre la moins importante à tenir secrète qui est les finances; laquelle, ayant des formes juridiques, avait, par conséquent, des greffes et des dépôts publics à la chambre des comptes. Louvois fut le premier qui sentit le danger que les dépêches et les instructions qui, du roi et de ses ministres étaient adressées aux généraux des armées, aux gouverneurs et aux autres chefs de guerre et même aux intendants des frontières, et de ceux-là aux rois et aux ministres, restassent entre les mains de ces particuliers, après eux de leurs héritiers et souvent de leurs valets, qui en pouvaient faire de dangereux usages et quelquefois jusqu'aux beurrières, comme il est arrivé à des curieux d'en retirer de très-importants d'entre leurs mains. Quoique alors les guerres dont il s'agissait dans ces papiers fussent finies et quelquefois depuis fort longtemps, ceux contre qui la France les avait soutenues y pouvaient trouver l'explication dangereuse de bien des énigmes et l'éclaircissement de beaucoup de faits importants à n'être pas mis au jour, et peut-être de trahisons achetées, encore plus fatales à découvrir pour les familles intéressées et pour donner lieu à s'en mieux garantir.

« Ces considérations, qu'on ne comprend pas n'avoir pas plutôt frappé nos rois et leurs ministres, saisirent M. de Louvois. Il rechercha tout ce qu'il put retirer d'ancien en ce genre, se fit rendre à mesure ces sortes de papiers et les fit ranger par années dans un dépôt aux Invalides où cet ordre a continué depuis à être soigneusement observé, tellement qu'outre la conservation du secret, on a encore par là des instructions sûres où on peut puiser utilement. Ce même défaut était encore plus périlleux dans la partie de la négociation, et la chose est si évidente qu'elle n'a pas besoin d'explication. Croissy, chargé des affaires étran-

gères, fut réveillé par l'exemple que lui donna Louvois. Il l'imita pour la recherche du passé, pour se faire rendre les papiers qui regardaient son département, mais il en demeura là. Torcy, son fils, proposa au roi, au mois de mars de l'année 1710, de faire un dépôt public de ces papiers, qui le trouva fort à propos. Torcy prit pour le roi un pavillon des Petits-Pères, près la place des Victoires, parce qu'il entrait de son jardin dans le leur, à l'autre bout duquel était ce pavillon très-détaché et éloigné du couvent, isolé de tout et où l'on peut entrer tout droit de la rue. Il y fit mettre en un bel ordre tout ce curieux et important dépôt, où les ministres et les ambassadeurs trouvent tant de quoi s'instruire, et qui est soigneusement continué jusqu'à présent.... Pontchartrain, ensuite, en a fait autant pour son département de la marine et de la maison du roi. On peut dire que cet établissement n'est pas un des moindres ni des moins importants qui aient été faits du règne de Louis XIV, mais il serait à désirer que ces dépôts fussent placés aussi sûrement et aussi immuablement que celui de la guerre [1]. »

Saint-Simon raconte ainsi ce qui s'était passé presque sous ses yeux, mais on peut ajouter à l'exactitude de son récit, en remontant un peu plus haut. C'est Richelieu qui, frappé sans doute de l'état d'abandon, de vétusté et de désordre incurable où était tombé le dépôt des anciennes archives de la monarchie, c'est-à-dire le Trésor des chartes (Voy. ci-dessus, p. 144), provoqua la publication d'un règlement qui parut le 23 septembre 1628, et par lequel il était pourvu à la conservation des actes qui intéressaient soit la couronne, soit la personne et la maison du roi. Mais ce règlement ne paraît pas avoir été suivi d'exécution. Le comte de Béthune, frère de Sully, chargé de diverses missions politiques sous Henri IV et Louis XIII, son fils Hippolyte et le comte de Brienne, ministre des affaires étrangères de 1651 à 1663, furent les premiers qui réunirent effectivement tous les papiers importants qu'ils purent trouver concernant les négociations diplomatiques. Ils cédèrent ces précieuses collections au roi, qui les fit placer dans sa bibliothèque. Là, du moins, accessibles aux savants, elles ont fourni des trésors à ceux qui les ont étudiées.

A partir de M. de Brienne, les ministres des affaires étrangères conservèrent scrupuleusement les papiers de l'adminis-

---

[1]. *Mémoires du duc de Saint Simon*, chapitre CCLXXVII; édit. Garnier, t. XV, p. 231.

tration pour leurs successeurs; c'est ce que fit M. de Lyonne (1663-71), puis M. de Pomponne (1671-79), enfin Colbert de Croissy, qui vint après ce dernier, et Colbert de Torcy, son fils, qui donnèrent à cet objet les soins particuliers dont Saint-Simon rend témoignage. Les ministres qui suivirent apprécièrent tous l'intérêt de ce dépôt; quelques-uns d'entre eux s'efforcèrent de l'accroître ou de le compléter par des acquisitions faites à prix d'argent, et d'y faire exécuter des travaux de rangement et d'analyses qui pussent en faciliter l'usage.

Peu d'années après avoir été placé aux Petits-Pères, le dépôt des affaires étrangères, qu'on y trouvait trop à l'étroit, fut transporté au Louvre, dans un cabinet du donjon, au-dessus de la chapelle, et l'on y réunit, en 1716, les papiers de même nature qui étaient restés à Versailles dans les bureaux du ministre. Du Louvre, il fut mis de nouveau, au mois de mars 1763, à Versailles, dans un bâtiment voûté que le duc de Choiseul fit construire exprès pour cette destination; en décembre 1795, on le ramena à Paris, dans l'hôtel du ministre (rue du Bac); puis, en 1798, à l'hôtel de Maurepas; puis, en 1822, dans celui de la (rue Neuve-des-Capucines, n° 12); enfin, il a été transféré, au commencement de l'année 1854, dans les bâtiments actuels du ministère, rue de l'Université, n° 130.

Le secret des opérations militaires n'importe guère moins que celui des négociations diplomatiques. Cependant l'administration de la guerre juge sans doute que retenir dans l'ombre et le mystère les documents qu'elle possède, serait inutile d'abord, puis indigne et du siècle où nous vivons et de la libéralité de la France. Aussi, pour citer un résultat récent encore de son système de communications assez faciles, c'est en puisant aux correspondances du gouvernement et des généraux de la république, qu'un officier distingué a pu rassembler les éléments d'une excellente histoire de l'armée des Pyrénées-Orientales[1], qui ne fut cependant pas toujours heureuse dans ses héroïques efforts. Tout le monde connaît les mémoires relatifs aux guerres de la succession d'Espagne, publiés par M. le général Pelet, l'un des directeurs du Dépôt, qui, lui-même, a par là donné l'exemple aux historiens de faire profiter la science des richesses de l'administration de la guerre. Les archives du ministère des affaires

---

1. *Campagnes de la révolution française dans les Pyrénées orientales*; 1793, 1794, 1795; par J.-N. Fervel, capitaine du génie; 2 vol. in-8.

étrangères sont, au contraire, à peu près impénétrables. Loin de communiquer des documents qui se rapporteraient à l'époque de la révolution, cet établissement s'efforce encore aujourd'hui de mettre à l'abri de l'indiscrétion publique les secrets de la politique du cardinal de Fleury, du régent, de Louis XIV, de Mazarin, de Richelieu; elle cacherait avec la même rigueur ceux de saint Louis, si les recherches faites par M. de Croissy pour réunir des documents diplomatiques, eussent pu malheureusement s'étendre jusque-là. L'accès de ce dépôt n'est ouvert aux Français que sur une permission spéciale du ministre, qui ne l'accorde que rarement et difficilement. Les étrangers, par le moyen de leurs ambassadeurs, obtiennent plus souvent cette faveur, mais ils ont à subir, dans leur travail, les précautions les plus incommodes d'une surveillance inquiète. Il est vrai qu'il y a peu de dépôts de l'État où les larcins et les lacérations de volumes aient été plus multipliés; c'est une des conséquences naturelles du système de secret: les documents étant inconnus, leur disparition n'éveille point d'écho.

Il y aurait ici la même distinction à faire qu'aux archives générales, entre les papiers de l'usage courant et ceux que le temps a mis au rang de papiers historiques. Peut-être le gouvernement pensera-t-il un jour que vingt-six mille volumes et cartons de documents originaux sur l'histoire de la France aux XVIIe et XVIIIe siècles (c'est à ce nombre, en effet, que s'élèvent les collections manuscrites du ministère des affaires étrangères), procureraient plus d'honneur et de profit au pays étant libéralement communiqués aux savants, que demeurant obscurément enfouis.

Voici le peu de renseignements que j'ai pu rassembler de mains diverses sur le contenu de ces archives.

MM. de Croissy et de Torcy prirent les plus grandes peines pour faire entrer dans leur dépôt tout ce qu'ils purent trouver de correspondances diplomatiques, mais ils ne réussirent pas à former de série complète qui remontât plus haut que l'année 1662; tout ce qu'ils eurent d'antérieur ne forme que des fragments, et ne fut obtenu que par hasard. Il s'y trouve cependant des séries très-importantes, telles que les mémoires et l'histoire du cardinal de Richelieu, ouvrages en partie annotés de sa main et provenant de Mme d'Aiguillon, sa nièce.

Le dépôt des affaires étrangères, après ces deux ministres, a continué de s'enrichir d'acquisitions importantes. En 1731,

le roi y fit remettre 229 volumes détachés de la bibliothèque du président de Mesmes, qu'il venait d'acheter, et contenant, entre autres documents de grand prix, les papiers des négociations de Claude de Mesmes, comte d'Avaux[1]. En 1732, le roi ayant acheté la bibliothèque de Colbert, en fit de même distraire 462 volumes, qui furent remis au dépôt. Ces volumes sont formés des papiers du ministère de Mazarin, sous la direction duquel Colbert avait commencé sa carrière. En 1764, plusieurs manuscrits de grand prix furent encore achetés pour les affaires étrangères : les ambassades de Hurault de Maisse à Venise, 1582-88, et en Angleterre, 1597; celles de Bassompierre en Espagne, 1611, et en Angleterre, 1626; divers volumes d'instructions aux ambassadeurs, 1535-1616; les procès-verbaux des conférences tenues en 1544 pour la délimitation des frontières de la Flandre et de la Bourgogne.

Mais la plus intéressante de toutes les acquisitions du dépôt est celle qu'il fit, en 1760, des papiers du duc de Saint-Simon, qui furent cédés au roi par la comtesse de Valentinois, petite-fille du duc, ou, suivant la famille de Saint-Simon, qui furent enlevés à cette dame sous le prétexte que son illustre aïeul avait rempli une mission diplomatique en Espagne. Ces papiers se composent des séries suivantes :

11 portefeuilles contenant le manuscrit original des *Mémoires* du duc, écrits de sa main.

98 portefeuilles de notes, mémoires et pièces diverses en partie l'ouvrage de Saint-Simon, et rangés sous les titres suivants : « Sacres et couronnements. — Entrées et réceptions. — Mariages, naissances, festins. — Régence et gouvernement du royaume. — Lits de justice, hommages et serments de fidélité. — Audiences. — Entrevues des papes. — Assemblées d'États. — Rangs et préséances de souverains. — Protocoles, titres d'Altesse et autres. — Règlements pour la maison du roi. — Clergé. — Rois. — Princes du sang légitimés. — Affaire de la Constitution. — Ambassadeurs. — Noblesse. — Conseils. — Secrétaires d'État. — Parlements. — Messes solennelles. — *Te Deum*. — Ordres de chevalerie. — Érections de pairies. — Anecdotes. — Matières diverses et intéressantes, etc., etc. »

131 portefeuilles, volumes ou liasses contenant des pièces et notes diverses sur toutes sortes de sujets.

---

1. Voy. Leprince, *Essai historique sur la biblioth. du roi* 1782, p. 198.

37 volumes in-fol. des *Mémoires* du marquis de Dangeau, annotés de la main de Saint-Simon [1].

C'est donc au nombre de 277 volumes, liasses ou portefeuilles, que s'élève la collection des manuscrits du duc de Saint-Simon, de ce grand écrivain, qui gîrait encore inconnu dans les catacombes du ministère des affaires étrangères, si par suite d'*abus*, dont l'administration s'est amèrement plaint, on n'en avait subrepticement arraché les *Mémoires* pour les livrer à l'admiration de tous ceux qui se plaisent à contempler les grandes époques de notre histoire et les ressources infinies de notre langue.

Quoi qu'il en soit de ces diverses acquisitions, et de bien d'autres plus ou moins ignorées, les archives du ministère des affaires étrangères sont distribuées suivant un cadre méthodique dont les principales divisions sont les suivantes :

Correspondance du gouvernement français avec ses ministres en pays étrangers. Cette collection se compose d'environ 15,000 volumes manuscrits, contenant : 1° Les dépêches ordonnées par les ministres aux ambassadeurs ; 2° celles des ambassadeurs aux ministres ; 3° les pièces jointes aux dépêches. Le classement de ces papiers, qu'on a tous reliés en volumes, est établi par *Puissances*, c'est-à-dire qu'il comporte autant de subdivisions qu'il y a de puissances étrangères avec lesquelles la France a été en relation ; et dans chaque subdivision, l'on a suivi, autant que possible, l'ordre chronologique. Des tables raisonnées et très-détaillées de ces correspondances politiques ont été, depuis l'origine du dépôt, l'objet exclusif du travail de plusieurs employés désignés par le titre de : Rédacteurs des tables analytiques.

Traités. — On ne pouvait pas mettre en volumes les actes solennels passés entre la France et les autres États, actes d'une forme particulière et ordinairement revêtus de sceaux. On les a placés dans des cartons ou boîtes. Cette collection est accompagnée d'un travail remarquable exécuté par les employés de l'administration, et qui consiste en un catalogue de tous les traités et de toutes les conventions quelconques passés par la France avec les puissances étrangères, suivi d'un autre catalogue, ou, pour mieux dire, d'une autre collection qui présente la copie ou au moins l'indication de tous les traités passés par

---

[1]. Ces notes font partie d'une édition des Mémoires de Dangeau, que MM. Firmin Didot publient en ce moment.

les puissances étrangères entre elles, dont on a pu se procurer la connaissance.

Volumes manuscrits. — Sous ce titre, qui ne distingue en rien des autres la catégorie de documents à laquelle il s'applique, on conserve, au dépôt des affaires étrangères, environ 2,000 volumes de pièces relatives à différentes ambassades ou négociations, et qui ont été remises volontairement au ministère par les négociateurs eux-mêmes ou saisies à leur décès par ordre du gouvernement.

Papiers des limites. — Ce sont 300 volumes de pièces diverses provenant des travaux et des négociations qui ont eu lieu vers le milieu du dernier siècle pour la fixation des limites du royaume.

Papiers de France. — Les secrétaires d'État, sous l'ancienne monarchie, s'étaient partagé la correspondance avec les intendants et gouverneurs de provinces relativement à l'administration intérieure du royaume; les papiers compris dans cet article sont les dépêches de ce genre appartenant aux provinces qui dépendaient du ministère des affaires étrangères, notamment la Lorraine. Ils forment près de 1,400 volumes.

Bureaux des consulats. — Ces bureaux, qui jusqu'en 1793 avaient fait partie du ministère de la marine, furent définitivement annexés le 10 vendémiaire an IV au ministère des affaires étrangères, auquel ils apportèrent environ 1,500 liasses, cartons et portefeuilles de papiers relatifs à l'administration des consulats.

Les collections manuscrites du ministère des affaires étrangères comprennent encore diverses catégories moins importantes que celles qui précèdent; elles portent les titres suivants: Correspondance avec les petits princes d'Allemagne; Mémoires politiques, militaires, de commerce, concernant la France et les pays étrangers; Cérémonial et protocole; Affaires relatives à des particuliers, rangées par ordre alphabétique; Pièces produites pour la délivrance des passe-ports; Surveillance des étrangers; Régiments étrangers au service de la France; Décorations et titres étrangers accordés à des Français; Surveillance de la librairie, censure; Correspondance concernant la guerre de Vendée; Voyages des princes français et étrangers; etc., etc.

Ces archives possèdent aussi:

1°. Différentes séries de mémoires politiques rédigés par les employés d'après les documents qu'ils conservent.

2°. Une bibliothèque remarquable comme collection d'ouvrages de droit public et de journaux étrangers.

3°. Un très-important *Dépôt de géographie* fondé vers le commencement du règne de Louis XVI, par M. de Vergennes, augmenté à la mort de d'Anville (1782) de près de 9,000 cartes, manuscrites ou imprimées, provenant du cabinet de ce géographe célèbre, enfin composé aujourd'hui d'environ treize mille articles.

MINISTÈRE DE LA MARINE.

Les archives de la marine, placées dans les bâtiments du ministère, rue Royale, se composent :

1°. De la plus importante partie des papiers de l'ancienne administration de la marine, depuis Colbert environ, jusqu'à l'époque de la révolution ;

2°. Des documents administratifs et militaires de la marine depuis 1789 jusqu'à 1836 environ ;

3°. De la correspondance des ministres, des officiers civils et militaires préposés au gouvernement des colonies depuis Colbert environ, c'est-à-dire avec quelques pièces antérieures à ce ministre ;

4°. Des duplicata d'actes et de jugements qui ont eu lieu aux colonies, duplicata constituant le dépôt des papiers publics établi en France par l'édit du roi de juin 1776 en vue d'assurer contre les effets du climat « les titres qui intéressent essentiellement le repos et la sûreté des familles ; »

5°. D'une collection de lois relatives à la marine et aux colonies ;

6°. Des dossiers du personnel de la marine et des colonies, généralement depuis Colbert.

La partie de ces papiers la plus éloignée de nous par sa date, était encore il n'y a pas vingt ans, au lieu où elle avait été placée dans les derniers temps de l'ancienne monarchie, rue de la Chancellerie, à Versailles. C'était, dit-on, M. le duc de Choiseul qui avait donné en cet endroit, un local vaste et commode à ces monuments de notre gloire maritime et coloniale. En 1699, dit d'Hamecourt, lorsque M. de Pontchartrain chargea Clairambault de former ce dépôt, ils furent portés dans un pavillon situé au fond du jardin des Petits-Pères de la place des Victoires. Plusieurs fois il fut question de les faire venir à Paris, notamment en 1829, où l'on fut sur le point de les ré-

unir aux Archives du royaume. Une note dressée, le 19 juillet de cette année, par le secrétaire de ce dernier établissement, en présence de M. de Vauvilliers, secrétaire de la marine, constate que le dépôt de la marine comprenait alors 19,595 articles des années 1525 à 1806, savoir : 13,875 cartons, 3,547 registres, 173 liasses et environ 2,000 cartons de titres ayant servi à la liquidation de l'indemnité des colons de Saint-Domingue.

Ce projet de réunion n'eut pas de suite et ce fut seulement en 1837, que les archives de la marine et des colonies furent apportées de Versailles à Paris. Elles furent déposées à l'hôtel même du ministère de la marine où pour les recevoir on a élevé d'un étage une partie des bâtiments. Cependant ce n'est que sous l'administration actuelle, celle de M. Ducos, et depuis 1852, que le dépôt a été complétement et définitivement organisé.

1re division. Documents sur la marine antérieurs à 1789.

Quelques-uns de ces documents datent du xvie siècle; mais en fort petit nombre. Ce sont des pièces détachées et sans suite classées dans la série des *États de la marine* ou réunies en un volume qui formera la tête de la collection historique du dépôt; collection qui ne devient importante et à peu près sans lacune qu'à partir de l'année 1662. Elle est formée de registres qui contiennent la transcription des lettres, instructions, rapports et autres pièces de toute nature adressées à l'administration de la marine depuis le temps de Colbert ou émanées de ses bureaux. Les registres sont rangés, du commencement jusqu'à la fin, suivant l'ordre des dates.

2e division. Papiers de la marine contemporaine.

Les papiers modernes de la marine datent de 1789, et vont jusqu'aux époques les plus rapprochées de nous, où les bureaux de l'administration ont pu en faire le versement sans nuire aux exigences du service.

Ces papiers sont, ainsi que dans la première division, les mémoires et la correspondance échangés entre l'administration de la marine et ses agents militaires ou civils ; mais comme ils touchent à des affaires auxquelles on peut avoir encore à recourir, il a été jugé qu'ils doivent être classés suivant les grandes divisions de l'administration ; tandis que ceux de la période antérieure à 1789, le sont le plus possible dans l'ordre chronologique, quelle qu'en soit la nature.

3e division. Papiers de l'administration des colonies.

Cette série précieuse se subdivise suivant l'ordre géographique qui suit :

1°. Amérique du Nord : les anciennes possessions connues sous le nom de Nouvelle-France, et dont il ne nous reste plus aujourd'hui que les îles Saint-Pierre et Miquelon, c'est-à-dire le Canada, l'Acadie, l'Ile royale et la Louisiane;

2°. Golfe du Mexique et Amérique du sud :

Iles du vent et sous le vent, Saint-Christophe, Martinique, Guadeloupe, Désirade, Saint-Vincent, Saint-Barthélemy, Sainte-Lucie, Saint-Domingue, Tabago, Guyane;

3°. Côtes occidentales et orientales d'Afrique :

Sénégal, côtes de Guinée, Madagascar, îles de France et de Bourbon ;

4°. Asie : Indes orientales. — Siam. — Bornéo, îles Seychelles.

Les documents les plus anciens de cette troisième division remontent seulement à la seconde moitié du xviie siècle. Malheureusement, par la répartition des pouvoirs entre les ministres sur les divers objets qui concernaient les colonies, l'histoire de celles-ci est loin d'être possible avec les archives seules du ministère, qui aujourd'hui devrait en réunir tous les éléments. Ainsi c'est ailleurs que sont les papiers des compagnies de commerce qui ont tenu une partie de nos colonies sous leur autorité et même présidé à leur enfantement. La Louisiane, de 1717 à 1730, nos possessions d'Asie jusqu'en 1764, ont eu moins affaire pour leur administration au ministère de la marine qu'à la compagnie des Indes-Orientales, et celle-ci correspondait surtout avec le contrôleur général.

L'administration sentant combien les lacunes qui sont dans ses archives sont déplorables, a cherché toujours à les compléter soit pour la marine, soit pour les colonies; elle fait en ce moment venir de nos ports tous les documents importants à conserver. Une note qu'elle a fait insérer, cette année, au *Moniteur* témoigne de ses préoccupations ; elle est ainsi conçue :

« A plusieurs reprises, depuis soixante ans, les archives de la marine ont fait des pertes considérables. De nombreuses pièces, également importantes pour l'histoire des grands hommes de mer, de l'administration, de la géographie, de la politique, de l'art naval et de la guerre, sont entrées dans le commerce et ont passé dans les collections d'autographes. Les lacunes qu'ont faites les événements dans le recueil de ses anciens titres, le

département de la marine a besoin de les remplir. Il s'adresse avec confiance à toutes les personnes aujourd'hui propriétaires de quelques-uns des documents dont il fut dépossédé, convaincu qu'aucune d'elles n'hésitera à lui faire parvenir, sinon les originaux des lettres, mémoires, instructions, rapports, etc., qui, sous différents règnes, furent adressés par les secrétaires d'État à leurs agents ou à ces ministres par les officiers militaires et les administrateurs, du moins des copies minutieusement exactes et certifiées, autant que faire se pourra, de ces pièces historiques. Le département de la marine compte que cet appel fait aux collectionneurs de la France et de l'étranger sera entendu d'eux, et qu'ils se feront un devoir, fût-ce sans se faire connaître, d'y répondre par l'envoi des documents qu'ils savent bien avoir appartenu à l'État, et dont ils sont aujourd'hui les paisibles possesseurs. MM. les propriétaires des journaux de Paris, des départements et de l'étranger sont priés de reproduire cette note. »

Sous l'impression du sentiment éclairé qui la porte à combler ses lacunes, l'administration a fait, il y a quelques années, l'achat de la collection de Moreau Saint-Méry.

Ce magistrat, savant et laborieux jurisconsulte, historien d'une érudition immense, éloquent orateur, avait, après son retour des États-Unis, où la Terreur l'avait obligé de se réfugier et où il avait publié sa *Description de la partie française de Saint-Domingue*, été chargé de diriger un bureau d'histoire et de législation créé alors au ministère de la marine. Dans cet emploi qu'il conserva quelque temps, dans les travaux qu'il avait faits antérieurement à la révolution et même pendant qu'avec Malouet il combattait aux assemblées l'ignorance publique en matière de colonies, il s'était sans cesse appliqué à réunir tous les documents qui pouvaient étendre ses connaissances déjà si vastes. C'est cette collection, dans laquelle sont des manuscrits de Moreau Saint-Méry lui-même, qui a été acquise de sa veuve. Elle fait partie de la 3e division des archives de la marine.

Les papiers des colonies sont divisés par localités et classés chronologiquement jusqu'aux temps où les besoins de l'administration obligent de les laisser dans l'ordre que les bureaux leur ont donné.

4e division. Dépôt créé par l'édit de 1776.

Les duplicata d'actes et de jugements envoyés en France d'après l'édit du roi du mois de juin 1776, sont :

1°. Les actes d'état civil de nos colonies; actes de naissance, de mariage et de décès pour l'Amérique, l'Afrique, excepté l'Algérie; l'Asie et l'Océanie.

Dans les actes qui nous sont arrivés et dont quelques-uns remontent aux commencements des colonies, ne sont pas compris naturellement ceux de nos colonies perdues par le traité de 1763.

2°. Registres des notaires.
3°. Hypothèques.
4°. Greffes des tribunaux.

5e division. Lois.

Les lois, dont une partie est imprimée seront séparées en deux sections : l'une concernant la marine; l'autre, les colonies. Cette collection est fort considérable et l'on y trouve ce qu'on chercherait inutilement dans les recueils publiés.

6e division. Personnel.

Les dossiers du personnel maritime et colonial comprennent particulièrement les documents qui ont rapport aux individus, tels que les états de service. Ils sont classés par ordre alphabétique, et remplissent une longue galerie.

On estime que les archives de la marine contiennent approximativement de 36 à 40,000 registres ou cartons.

Les recherches très-libéralement accueillies dans ce dépôt seront facilitées plus tard par la confection des inventaires qui s'y rédigent et qui comprendront, lorsqu'ils seront terminés, l'analyse de toutes les pièces de quelque intérêt qu'il renferme, au moyen de repertoires dressés, 1° d'après l'ordre chronologique des faits; 2° d'après l'ordre alphabétique des noms de personnes; 3° d'après l'ordre alphabétique des matières; 4° d'après l'ordre alphabétique des bâtiments armés par la France.

Les archives de la marine dont M. Blanchard, directeur de la comptabilité générale, a l'inspection supérieure et l'administration, ont pour conservateurs : M. Jal, historiographe de la marine, qui a la garde de tous les titres et documents; M. Margry, spécialement chargé de la division des colonies, et M. Cuny, sous-chef de bureau détaché de l'administration, qui a le classement des documents postérieurs à 1789.

ARCHIVES DE L'ANCIENNE UNIVERSITÉ DE PARIS.

Il semble qu'un corps spécialement adonné à l'étude des sciences et des lettres devrait avoir mieux qu'un autre conservé

les titres de son histoire. Il n'en est rien, cependant. Il est resté trace, il est vrai, d'efforts tentés à maintes reprises par l'Université, et dès une époque fort ancienne, pour assurer l'intégrité de ses archives. En 1327, l'officialité de l'église de Paris, sur la demande du recteur, employa la menace d'excommunication pour faire réintégrer à la faculté des arts les titres originaux des priviléges de l'Université qui se trouvaient disséminés en plusieurs mains. En 1357, à la suite d'un différent entre l'Université et l'abbaye de Sainte-Geneviève, les archives du corps furent enlevées à l'abbé qui en avait alors la garde, et déposées au collége de Navarre, où elles sont longtemps demeurées. On voit encore sur certains registres la mention de mesures prises vers le milieu du XVIe siècle pour assurer le bon ordre et l'intégrité du dépôt. En 1598, il fut pourvu, par des dispositions spéciales à sa tenue régulière, et notamment à la conservation des titres des colléges. Mais tous les soins ne purent triompher soit des ravages du temps, soit de la négligence des gardiens. C'est ce qu'attestent plusieurs auteurs du XVIIIe siècle, notamment l'historien Crévier, qui lui-même était recteur.

Les archives de l'Université ne sont donc arrivées que très-incomplètes aux Archives nationales, qui les recueillirent pendant la révolution.

Au mois d'août 1815, une ordonnance royale donna pour secrétaire à la commission d'instruction publique, avec le titre de conservateur des archives de l'Université, le chevalier de Langeac, qui avait été chef du secrétariat de l'Université impériale. Ce fonctionnaire sollicita aussitôt la réunion à son bureau des archives de l'ancienne Université, et sa demande fut accueillie. Par suite d'une décision du ministre de l'intérieur, du 25 octobre 1819, le garde général des Archives du royaume remit à la commission, dans le cours de l'année 1820, un certain nombre de cartons et de registres relatifs à l'université de Paris, à ses anciens colléges et à quelques autres universités françaises et étrangères. Peu d'années après, l'administration de l'instruction publique étant devenue l'un des grands services de l'État, ces documents furent placés au ministère institué pour ce service, et ils y sont encore. Bientôt relégués cependant dans un local inhabitable, ils restaient enfouis confusément dans la poussière, lorsqu'en 1837 M. Collin, chef du bureau du conseil royal de l'instruction publique, dans les attributions duquel se trouvaient ces archives, résolut de les tirer

d'un pareil état, et provoqua sur ce point la sollicitude de l'autorité. M. Guizot, alors ministre de l'instruction publique, entra dans ces vues et désigna un élève de l'École des chartes, M. Vallet de Viriville, pour aider M. Collin à mettre en ordre ces précieux débris. Le travail de MM. Collin et Vallet donna lieu à un premier classement et à un essai d'inventaire qui furent améliorés et complétés depuis par un autre savant, M. Taranne.

M. Taranne a rendu compte de ses opérations dans un rapport au ministre, daté du 21 janvier 1850 et inséré dans le *Bulletin des comités historiques* de la même année (p. 104 et suiv.). Quant à M. Vallet de Viriville, il a consacré une notice spéciale aux archives de l'Université de Paris dans le bel ouvrage qu'il a récemment publié sous ce titre : *Histoire de l'instruction publique en Europe et principalement en France;* Paris, in-4°, 1849-1852. C'est à cette notice que j'ai puisé les renseignements qui précèdent et l'inventaire qui suit.

I. COLLECTION DU MINISTÈRE DE L'INSTRUCTION PUBLIQUE.

A. *Registres.*

1re série. Conclusions.

Nation de France. Registre n° 1, années 1453-55; 1 *bis*, 1657-62.

A la bibliothèque Mazarine, n°ˢ 1935 à 1935 E : Livre des censeurs de la nation de France, 6 registres des années 1660 à 1786. N° 2682 A : Livre des procureurs, 1537-1677. N° 1935 F : Livre des procureurs, 1722-1785.

Nation d'Angleterre ou d'Allemagne. Registre n° 2, années 1333-47; n° 3, 1347-64; n° 4, 1368-76; n° 5, 1376-83; n° 6, 1392-1406; n° 7, 1406-24; n° 8, 1424-52; n° 9, 1466-77; n° 10, 1476-91; n° 10^1, 1521-52; n° 10^2, 1613-60; n° 10^3, 1660-98; n° 10^4, 1698-1730.

Nation de Picardie. Registre n° 11, années 1476-83; n° 11^1, 1778-92.

Nation de Normandie. Registre n° 11 *bis*, années 1656-1739; n° 11 *ter*, 1739-69.

Nations réunies ou faculté des arts. Registre n° 12, années 1478-81; n° 13, 1512-36; n° 14, 1516-18; n° 15, 1521-24; n° 17, 1525-27; n° 18, 1528-37; n° 19, 1538-40; n° 20, 1541-

1543; n° 21, 1545-50; n° 22, 1551-56; n° 23, 1556-69; n° 24, 1570-1600; n° 25, 1600-22; n° 27, 1622-46; n° 28, 1647-58; n° 31, 1661-67; n° 32, 1668-71; n° 33, 1672-73; n° 34, 1674; n° 35, 1677-82; n° 36, 1678-82; n° 37, 1683 89; n° 38, 1690-93; n° 39, 1693-1708; n° 41, 1706-13; n° 42, 1713-19; n° 43, 1720-26; n° 44, 1734-40; n° 45, 1740-43; n° 46, 1760-62; n° 47, 1762-65; n° 48, 1789-92.

2e série. Nominations.

Nations réunies. Registre n° 49, années 1492-95; n° 50, 1496-1501; n° 51, 1510-17; n° 52, 1515; n° 53, 1519-25; n° 54, 1537; n° 55, 1537-39; n° 56, 1540-46; n° 57, 1541; n° 58, 1547; n° 59, 1548; n° 60, 1549; n° 61, 1551-55; n° 62, 1553; n° 63, 1554; n° 64, 1556-70; n° 65, 1572; n° 66, 1581; n° 67, 1587-1588; n° 68, 1589-94; n° 69, 1595; n° 70, 1607-10; n° 71, 1617-29; n° 72, 1629-41; n° 73, 1632-75; n° 74, 1641-57; n° 75, 1660-71; n° 76, 1672-78; n° 77, 1678-91; n° 78, 1678-1714; n° 79, 1691-1706; n° 80, 1715-36; n° 80 *bis*, 1739-52; n° 81, 1752-72; n° 82, 1772-91.

3e série. - Certificats d'études.

Faculté des arts. Registre n° 83, année 1512; n° 84, 1513.

4e série. Livre des receveurs.

Nation d'Allemagne. Registre n° 85, années 1494-1531.

A la bibliothèque Mazarine, n° 1555 : Livre des questeurs de la nation de France, de 1704 à 1723.

5e série. Rôles des officiers de l'Université.

Registre n° 86, années 1545-1636; n° 87, 1637-1720.

6e série. Concours d'agrégation.

Délibérations. Reg. n° 88, année 1766; n° 89, 1767-78; n° 89 *bis*, 1779-91.

7e série.

Livre des recteurs. Reg. n° 90, années 1650-79.

A la Bibliothèque impériale : Codex rectorius, années 1526-34; 1568-85; 1585-96; 1596-1615; 1616-33. Catalogues des maîtres ès arts, années 1660-78; 1679-1706; 1706-24; 1724-41; 1741-54; 1754-67; 1768-93. La dernière réception de maître ès arts est inscrite à la date du 29 juillet 1793.

8ᵉ série.

Livre des messagers. Registre n° 91, années 1672-1721; n° 92, vers 1732; n° 93, vers 1736.

9ᵉ série. Registres détachés.

Nation d'Allemagne n° 94; xivᵉ siècle.

A la bibliothèque publique de Chartres : Livre de la nation de Normandie, xivᵉ siècle. — A la biliothèque Sainte-Geneviève à Paris, n° 909² : Fragments du livre de la nation de Picardie.

N° 95 : Répertoire général des conclusions de l'Université, 1622-1728; n° 96 : Cartulaire des colléges de Paris, xviiᵉ siècle (voy. ci-dessus, aux Archives de l'empire, p. 247). N° 97 : Inventaire des titres de l'Université, dressé vers 1624 (il en existe deux copies à la Biblioth. imp., fonds de Sorbonne, n°ˢ 1169 et 1170). N° 98 : Autre inventaire dressé vers 1698 (sur 1160 pièces mentionnées dans cet inventaire, il n'en reste aujourd'hui au ministère, que 312). N° 99 : Abrégé des droits des facultés, xviiᵉ siècle.

B. *Cartons.*

Carton 1 : Inventaires et historiques de la collection, 1814-1850. Rôle politique de l'Université; affaires d'État; ambassades, 1316-1434. Mémoires et instructions données aux députés, 1406-1445 environ. Provisions de maîtres et maîtresses d'école accordées par le chantre de Notre-Dame, 1359-1609. Certificats d'études, 1570-1787.

2 : Lettres royaux; originaux et vidimus, 1295-1384. Concession ou confirmation de priviléges, 1386-1722.

3 : Statuts et règlements relatifs aux lettres de scolarité, 1316-1414. Priviléges royaux, 1307-1563. Prérogatives des maitres et écoliers, 1315-1572. Priviléges apostoliques accordés aux théologiens.

4 : Bénéfices, vers 1590. Levées de deniers, 1253-1316. Bulles relatives au loyer du logement des écoliers, 1237-1299. Franchises des écoliers, 1253-1557. Cessation, 1228-1453. Lettres de sauf-conduit et de recommandation, 1296-1450 environ.

5 : Juridiction de l'Université. Démêlés judiciaires avec le chapitre de Notre-Dame. Bénéfices des décrétistes, 1213-1568 (sceaux précieux).

6 : Services et fondations, 1221-1505.

7 : Forme d'eslire le recteur, xvie siècle. Nouveau sceau, 1252. Exclusion des protestants, 1568 1574. Défense de lire ès écoles privées, 1276. Réguliers, 1338. Modus legendi, 1355-1543. Notaire de l'Université, 1316. Préséance, 1570-1586. Écrivains jurés, 1570. Académie de Charles IX.

8 : Démêlés avec les mendiants, 1255-1456; avec les Barnabites, 1631; avec les Jésuites, 1624-1770.

9 : Priviléges, propriétés, bénéfices, police de l'Université, célibat des régents, 1278 1776.

10 : Jansénisme. Tribunal de l'Université. Mandement des recteurs. Processions. Droits des gradués; xvie-xviiie siècles.

11 : Imprimeurs et libraires, xvie-xviiie siècles.

12 : Écrivains jurés; enlumineurs; papetiers-parcheminiers; xvie-xviiie siècles.

13 : Officiers de l'Université : avocats, procureurs, censeurs, greffiers, grands messagers, intrants; xviie-xviiie siècles.

14 : Affaires, statuts et propriétés des nations; xviiie siècle.

15 : Visite des colléges. Plans d'instruction publique. Petites écoles. Concours général. Chef-lieu; Bibliothèque de l'Université; xviiie siècle.

16 : Grands colléges : Navarre, Louis-le-Grand. (Tous les documents indiqués depuis ce carton jusqu'à la fin du chapitre, carton 25, sont du xviie ou du xviiie siècle).

17 (*suite*) : Cardinal Lemoine, Grassins, Harcourt.

18 (*suite*) : Lisieux, Lamarche, Le Plessis.

19 : Petits colléges : Arras, Autun, Bayeux, Bons-Enfants-Saint-Honoré, Saint-Victor, Bourgogne, Cambrai.

20 (*suite*) : Cholets, Cluny, Cornouaille, Fortet, Huban, Justice, Laon.

21 (*suite*) : Maître-Gervais, le Mans, Narbonne, Presles, Reims.

22 (*suite*) : Saint-Michel, Sainte-Barbe, Séez, Tours, Trésorier.

23 : Colléges hors Paris : Corbeil, la Flèche, Laon, Pontoise, Ribemont, Semur-en-Auxois, Senlis, Versailles (1779-1780).

24 : Universités de France : Aix, Angers, Besançon, Bourges, Caen, Cahors, Douai, Montpellier, Nantes.

25 : Orange, Orléans, Poitiers, Reims, Strasbourg, Toulouse, Valence, Pau, Dijon. — Universités étrangères : Lou-

vain, Cracovie, Zamoski (Voy. ci-dessus Archives de l'Empire, M, titre II, 3ᵉ et 4ᵉ alinéa, p. 224 et 225).

II. FACULTÉ DE THÉOLOGIE.

(Aux Archives de l'empire.)

Ce chapitre, dans l'inventaire de M. Vallet, est consacré aux conclusions de la faculté de théologie et à celles de la maison et des prieurs de Sorbonne. Je les ai mentionnées plus haut (p. 224), dans les deux premiers alinéa, du titre II de la lettre M.

M. Vallet ajoute comme appartenant à la même série trois manuscrits de la Bibliothèque impériale cotés : Fonds de Sorbonne, nᵒˢ 1115, 1275 et 1276.

III. FACULTÉ DE MÉDECINE.

(A la bibliothèque de l'École de médecine.)

Les registres de l'ancienne faculté de médecine de Paris, *Commentarii facultatis medicinæ Parisiensis*, forment aujourd'hui une série de vingt-trois volumes qui commencent à l'an 1395 et continuent sans interruption ni lacune jusqu'à l'an 1777.

IV. FACULTÉ DE DROIT.

(Au secrétariat de l'École de droit.)

Les archives anciennes de l'École de droit se composent exclusivement de registres, au nombre de cent vingt et un, répartis sous 117 numéros. Le dernier numéro comprend cinq registres. En 1805, peu de temps après la réorganisation de la faculté de droit de Paris, le doyen de la faculté réclama auprès du préfet du département de la Seine (M. Frochot), et obtint la restitution de ces volumes, qui se trouvaient alors dans les archives de la préfecture.

Ces cent dix-sept articles sont, d'après l'inventaire, partagés en neuf catégories, savoir :

Nᵒˢ 1 à 3 : Délibérations de la faculté, 1414-1623. N° 4 : Anciens statuts, 1631-77. Nᵒˢ 5 à 9 : Délibérations et enregistrement d'ordres supérieurs, 1679-1791. Nᵒˢ 10 à 44 : Inscriptions, 1662-1791. Nᵒˢ 45 à 60 : Suppliques, 1587-1793. N° 61 : Suppliques pour le doctorat, 1699-1791. Nᵒˢ 62 à 77 : Réceptions aux grades, 1679-1791. Nᵒˢ 88 à 92 : Attestations, 1681-1791. Nᵒˢ 93 à 112 : Table alphabétique des étudiants, 1678-

1775. Nos 113 à 116 : Liste des étudiants en droit à qui l'on a donné des attestations d'inscription, 1694-1780. N° 117 : Registres divers.

ARCHIVES DE LA PRÉFECTURE DE POLICE.

Dépôt subdivisé en trois parties : 1° les affaires non terminées qui remontent jusqu'environ l'année 1820 ; 2° les affaires terminées ou considérées comme telles, qui comprennent tous les temps antérieurs ; en troisième lieu, la bibliothèque.

Cette bibliothèque, bien qu'elle ne se compose guère que de 12,000 volumes, est importante comme collection nombreuse et très-bien choisie d'ouvrages administratifs. On y remarque aussi : 1° La copie des registres de bannières et des livres de couleur du Châtelet de Paris, dont on a vu ci-dessus, p. 256, une description détaillée[1]. Cette copie passe, à juste titre, pour la plus complète qui existe des anciens registres du Châtelet ; 2° Un recueil de documents de police, manuscrit, en 41 vol. in-fol., colligé par les ordres du président de Lamoignon, et dans lequel on a rassemblé toutes les pièces relatives à la législation de la police parues en France depuis Philippe-Auguste jusqu'à l'année 1762.

La partie des archives de la préfecture de police qui a trait aux affaires terminées, renferme des documents administratifs d'une grande valeur. Elle est partagée en quatre séries : I. Administration des lieutenants généraux de police, 1667 à 1789 ; II. Administration de la police pendant la période révolutionnaire, 1789-1800 ; III. *Id.* pendant les années 1800 à 1820 ; IV. Collection des livres d'écrou des prisons du département de la Seine, savoir : la Conciergerie, le Châtelet, la Tournelle, Saint Bernard, Saint-Martin, Saint-Éloi, l'Abbaye, la Force, Bicêtre, Saint-Lazare, etc. Les registres de la Conciergerie commencent à l'année 1564 ; les plus anciens des autres prisons ne remontent que vers le milieu du XVII° siècle : ceux du Châtelet, par exemple, commencent en 1667.

Il a été publié en 1844, par M. Labat, archiviste et bibliothécaire de la préfecture de police, une notice sur l'hôtel de la préfecture, qui était autrefois celui des premiers présidents du parlement de Paris.

---

1. Voy. aussi les *Olim*, publiés par M. Beugnot, t. III, p. 1512.

ARCHIVES DÉPARTEMENTALES.

D'après un relevé que rédigèrent vers l'année 1770 les intendants des provinces, la France possédait alors au dehors de sa capitale plus de cinq mille sept cents dépôts d'archives, parmi lesquelles figuraient celles de 1700 monastères et 1780 maisons seigneuriales. Nos dépôts actuels d'archives départementales sont formés de la plus nombreuse partie de ces richesses augmentées de tous les papiers de l'administration moderne depuis 1790.

On a souvent dit avec une sorte de complaisance qu'en 1793 et 1794 le vandalisme républicain avait promené la flamme dans tous les établissements d'archives de la France et livré à la destruction d'innombrables quantités de documents historiques. Cette opinion a prévalu à ce point qu'un historien partisan déclaré de la révolution et ordinairement bien informé de ce qui concerne les archives, a dit : « Les parchemins eurent aussi leur tribunal révolutionnaire sous la dénomination de Bureau du triage des titres ; tribunal expéditif, terrible dans ses jugements ; une infinité de monuments furent frappés d'une qualification meurtrière: *titre féodal ;* cela dit, c'en était fait [1]. » Ce fut surtout durant la restauration que ces récriminations s'élevèrent ; plus tard, on fit le reproche à la restauration elle-même et au gouvernement impérial d'avoir fait périr les titres historiques dans tous les départements, non par le feu, mais par la moisissure et par les rats, par l'abandon, par des restitutions ou des ventes inconsidérées, par la dilapidation. Toutes ces accusations, depuis celles qui s'appliquent à l'année 1793 jusqu'à celles qui pourraient se rapporter à des époques récentes, renferment un peu de vérité et beaucoup d'exagération. A Chartres, Poitiers, Marseille, Périgueux, Avignon, Lectoure, dans vingt autres villes de la France, il est arrivé que des documents, quelquefois des archives entières, qu'on disait détruites par le vanda-

[1]. Michelet, *Histoire de France*, t. II, p. 700.

lisme révolutionnaire, au sujet desquels le préfet du département écrivait officiellement qu'elles n'existaient plus, ont été retrouvées plus tard gisant ignorées dans quelque coin de la préfecture ou de l'hôtel de ville. D'un côté l'esprit de parti, de l'autre la commodité de cette excuse qui consiste à dire qu'on n'a pas afin de se dispenser de chercher et de communiquer, ont fait croire le mal beaucoup plus grand qu'il ne l'a été en effet. On peut consulter, aux Archives de l'empire, la correspondance du gouvernement avec les administrateurs des départements au sujet des archives, depuis 1791 jusqu'en 1830 [1], on y trouve la preuve de la sollicitude sincère que l'administration a généralement montrée, sous l'empire et la restauration, pour les archives du pays. Ce qui s'est passé sous l'ère républicaine mérite un examen particulier.

La première mesure révolutionnaire ordonnant la destruction d'anciens titres est la loi du 24 juin 1792, ainsi conçue :

> Louis, par la grâce de Dieu, etc... L'Assemblée nationale a décrété et nous voulons et ordonnons ce qui suit : Considérant qu'il existe dans plusieurs dépôts publics, comme la Bibliothèque nationale, dans les greffes des chambres des comptes, dans les archives des chapitres à preuves, etc., des titres généalogiques qu'il serait dispendieux de conserver et qu'il est utile d'anéantir : Art. 1er. Tous les titres généalogiques qui se trouveront dans un dépôt public, quel qu'il soit, seront brûlés. Art. 2. Les directoires de chaque département seront chargés de l'exécution du présent décret, et chargeront des commissaires de séparer ces papiers inutiles des titres de propriété qui pourraient être confondus avec eux dans quelques-uns de ces dépôts.

Vint ensuite la loi du 5 janvier 1793, ordonnant le triage des papiers et parchemins propres au service de l'artillerie de la marine [2]; celle du 17 juillet suivant, prescrivant le brûlement des titres féodaux [3]; celle enfin du 7 messidor an II (25 juin

---

1. Grâce au soin d'un employé de l'établissement, M. Gorré, les éléments de cette correspondance ont été rassemblés en un petit fonds spécial coté F² 366⁵-378.

2. « La Convention nationale, sur la demande du ministre de la marine convertie en motion par un membre, décrète que les directoires des départements qui ont des dépôts de papiers et de parchemins dans leur arrondissement, laisseront aux préposés du ministre toute liberté pour procéder sans délai au triage et à l'enlèvement de ceux qu'ils jugeront propres au service de l'artillerie. »

5. « Art. 1er. Toutes redevances ci-devant seigneuriales, droits féodaux, censuels, fixes et casuels, sont supprimés sans indemnité. — Art. 6. Les ci-devant seigneurs, les feudistes, commissaires à terrier, notaires ou tous autres dépositaires des titres constitutifs ou recognitifs de droits supprimés par le présent décret ou par les décrets antérieurs rendus par les Assemblées précédentes, seront tenus de les déposer, dans les trois mois de la publication du présent décret, au greffe des municipalités des lieux. Ceux qui seront déposés avant le 10 août prochain seront brûlés ledit jour en présence du conseil général de la commune et des citoyens; le surplus sera brûlé à l'expiration des trois mois. »

1794), renouvelant par son article 9 cette dernière injonction.

Telle était la rigueur des lois révolutionnaires, qui ne portait, on doit le remarquer, que sur les titres généalogiques ou entachés de féodalité, c'est-à-dire constituant des servitudes personnelles. Mais bien des causes empêchèrent ces lois d'être exécutées à la lettre. Il y eut d'abord les résistances individuelles qui portèrent un grand nombre de citoyens, surtout parmi les ecclésiastiques, à cacher les titres condamnés[1], qu'ils regardaient non sans raison comme leur bien; des chartriers d'abbayes et des bibliothèques entières disparurent avec les moines, qui se dispersèrent emportant chacun sa part des livres et papiers de la communauté. Dans beaucoup de départements, l'opposition aux décrets de la Convention était plus formidable; ce fut en plusieurs contrées, comme on ne le sait que trop, la résistance ouverte et la guerre civile. Ensuite, l'Assemblée nationale elle-même, par les rapports de ses comités, et les membres du gouvernement, par leurs instructions et circulaires, mitigeaient ce qu'il y aurait eu de trop absolu dans l'exécution littérale des prescriptions nouvelles. C'est ainsi qu'on a vu plus haut (p. 6) le rapporteur de la loi du 7 messidor an II, faire expressément ses réserves en faveur « de l'histoire, des sciences et des arts. » Il existe une circulaire de ce genre, signée il est vrai du ministre Roland, mais bien remarquable par sa date, si voisine de 1793, et par l'élévation des sentiments que le gouvernement s'efforce, dans cette pièce, d'inculquer à ses agents. Elle ne concerne pas directement les archives; cependant elle mérite d'être rappelée à leur occasion comme témoignage des idées générales que le pouvoir émettait encore en matière de conservation des choses de l'ancien régime, à la date du 3 novembre 1792 : « Vous avez dû, messieurs, écrit Roland aux corps administratifs des départements, recevoir le décret qu'a rendu le 24 d'octobre la Convention nationale, relatif à la vente du mobilier qui se trouve dans les maisons ci-devant royales et religieuses et dans les maisons d'émigrés.... La Convention a senti que ce seroit avilir, appauvrir la république que de la dépouiller des objets précieux dont les artistes en tout genre ont enrichi la

---

1. 27 juin 1795, décision prise par l'Agence temporaire des titres pour empêcher la disparition frauduleuse de petits dépôts d'archives publiques ou particulières répandus dans les divers quartiers de Paris. L'Agence établit une division de la ville en six quartiers et partage entre six de ses membres la surveillance de chacun d'eux (*Portefeuilles de Villiers du Terrage*)

France... ; il est indispensable qu'on fasse l'examen et le triage de tout ce qui peut, par sa réunion et sa conservation, entretenir parmi nous l'amour des arts et des talents et devenir, dans des temps plus paisibles, un motif d'émulation pour les citoyens qui s'adonneroient à leur culture, un appât pour la curiosité, pour l'admiration des étrangers et un monument glorieux qui puisse attester à la postérité que le peuple françois, en abattant ces chefs-d'œuvre de l'idolâtrie qui lui rappeloient l'image de ses tyrans, a respecté, même au milieu des agitations d'une révolution sans exemple, tout ce qui doit perpétuer l'honneur des arts et des lettres.... »

Cette sollicitude n'était pas une inspiration isolée de Roland. La Convention était animée de sentiments non moins élevés [1].

D'ailleurs, si la Convention vota des mesures destructives contre les anciens titres, pourtant fallait-il toujours les voir et les trier pour en prononcer la condamnation; le droit de vie et de mort à leur égard résidait donc, en définitive, entre les mains des commissaires auxquels était confiée l'exécution du décret. Or, on a vu ci-dessus pour Paris, et il en fut de même pour les départements, que partout l'opération du triage fut remise à des hommes de loi et à d'anciens feudistes, les érudits du temps.

Il est incontestable qu'on vendit et qu'on brûla énormément de papiers et de parchemins durant cette terrible année 1793; mais la question est de savoir si, conformément aux vues du gouvernement, ce n'étaient pas en effet des documents presque entièrement dépourvus de valeur historique ou littéraire. J'ai eu sous les yeux, aux Archives générales, une lettre des membres du Bureau du triage des titres, par laquelle ils annoncent avoir mis au rebut une suite de 11,624 registres, liasses ou cahiers de comptes; dans une autre lettre du 29 thermidor

---

[1]. 3 brum. an II. « La Convention nationale, après avoir entendu son comité d'instruction publique sur les abus qui se commettent dans l'exécution de son décret du 18 du mois précédent qui a pour objet de faire disparoître tous les signes de royauté et de féodalité dans les jardins, parcs, enclos et bâtisses; considérant qu'en donnant à ce décret une extension que la Convention n'a pas entendu lui donner, on le rendroit destructif des monuments des arts, de l'histoire et de l'instruction; considérant que l'industrie et le commerce de la France perdroient bientôt la supériorité qu'ils ont acquise si l'on n'empêchoit dans cette circonstance les écarts de l'ignorance et les entreprises de la cupidité et de la malveillance, décrète : Art. 1. Il est défendu d'enlever, de détruire, mutiler ni altérer en aucune manière, sous prétexte de faire disparoître les signes de féodalité ou de royauté dans les bibliothèques, les collections, cabinets, musées publics ou particuliers, non plus que chez les ouvriers, artistes, libraires ou marchands, les livres imprimés ou manuscrits, les gravures, dessins, tableaux, etc., etc., etc. » — Voir aussi le décret du 12 frimaire suivant.

an IV l'un d'eux, Danthonay, donne avis à l'archiviste de la république de l'envoi fait au ministre des finances, par le Bureau, d'une livraison de 57,312 livres pesant de papier et 160 livres de parchemin provenant des dépôts du grand et du petit criminel; on peut aussi se rappeler (voy. ci-dessus, p. 12, note) qu'au mois de novembre 1798, le Bureau se félicitait auprès du même ministre d'avoir mis à la disposition de la république plus d'un million pesant de papiers ou parchemins inutiles. Or, personne ne saurait douter un instant, d'après tout ce qu'on sait de l'Agence temporaire des titres et du Bureau du triage, ou seulement d'après ce que j'ai dit plus haut des travaux de cette réunion d'hommes si zélés, si consciencieux, si instruits, et placés en outre sous la surveillance du savant et rigide Camus; on ne saurait douter que ce million pesant dont ils parlent ne soit infiniment peu regrettable. On en trouverait peut-être la preuve aux archives du ministère des finances dans les états ou inventaires sommaires que le Bureau était tenu de joindre aux livraisons qu'il faisait de documents à brûler; mais je ne les ai point trouvés aux Archives générales. Le seul document qui me soit parvenu à ce sujet est un arrêté du comité des décrets, procès-verbaux et archives de la Convention, en date du 17 prairial an III (5 juin 1795), et ainsi conçu :

« Le comité des décrets, procès-verbaux et archives de la Convention nationale, chargé par la loi du 7 fructidor dernier de l'exécution de celle du 7 messidor précédent, concernant l'organisation des Archives nationales, après avoir examiné les comptes décadaires qui lui ont été fournis par les diverses sections de l'agence temporaire des titres, de leurs opérations, et vu ces états ou analyses succincts des papiers que l'agence a jugé devoir être mis au rebut, consistant :
« 1°. En un état, envoyé le 19 floréal dernier par la section domaniale, intitulé : « Agence temporaire des titres. Compte de la 1re décade de flo-
« réal l'an IIIe de la république française une et indivisible, analyse suc-
« cincte des papiers mis au rebut; » commençant par cet article : « Un
« carton contenant correspondance des intendants de la généralité de Li-
« moges avec le ministre, pendant les années 1677 à 1718, » et finissant par celui-ci : « Un idem contenant correspondance entre les ministres des
« finances et l'intendant de Bourgogne, relative aux droits perçus sur les
« grains dans cette province, et sur différents objets d'administration,
« années 1773 à 1790. » Signé Blondel, Mars, Danthonay.
« 2°. En un état envoyé le 28 floréal dernier, par la même section, intitulé : « Compte décadaire de la seconde décade de floréal. Analyse suc-
« cinte des pièces et papiers mis au rebut, » commençant par cet article:
« Quatre liasses intitulées : Ordres, lettres, mémoires et placets rangés
« par ordre alphabétique, » et finissant par celui-ci : « Idem, commerce,

« agriculture et arts, généralité de Limoges, 1710 à 1741. » Signé Mars,
« Danthonay, Blondel et M. E. Villiers.

« 3°. Un autre état, envoyé le 9 du présent mois, par la même section
domaniale, intitulé : « Agence temporaire des titres. Section domaniale.
« Compte décadaire de l'an III°. Analyse succincte des pièces et papiers
« mis au rebut; » commençant par cet article : « Une liasse d'ordonnances
« pour payement de voitures, pour transport d'or et d'argent et contrats
« de tontine, année 1690; » et finissant par celui-ci : « Arrêts du con-
« seil sur affaires particulières. » Signé Mars, Danthonay, Blondel et
M. E. Villiers.

« 4°. Un état de papiers, examinés pendant la 3e décade de floréal, par
la section de l'histoire restée au dépôt judiciaire du Louvre, intitulé :
« *Objets rejetés ou à anéantir*; » commençant par cet article : « Liqui-
« dation en vertu de l'arrêt de septembre 1715, d'offices de secrétaires du
« roi, de 1717 à 1731, » et finissant par celui-ci : « Prestations de serments
« et réceptions de régisseurs des droits de cartes à jouer; » suivi d'une
note et terminé par ces mots : « Fait au Louvre, le 8 prairial l'an III°. »
Signé Lièble, Mallet et Bouin.

« Considérant que les papiers rapportés dans les quatre états ci-dessus
examinés, sont évidemment des pièces de rebut dont il est bon de désen-
combrer les dépôts; arrête que les pièces et les papiers énoncés aux quatre
états ci-dessus rappelés, provenant de la suite du premier débrouillement
fait dans les Archives nationales, à l'exception toutefois des pièces énoncées au deuxième état, et concernant la vicomté de Limoges, dont une
partie est à conserver, et l'autre désignée à anéantir, sur lesquels il est
réservé à prononcer; seront définitivement mises au rebut, et cependant
mises sur-le-champ à la disposition de la commission exécutive d'agriculture et des arts, qui sera chargée de prendre, en exécution de la loi du
28 pluviôse dernier, les mesures et les précautions convenables pour les
faire enlever le plutôt possible et les livrer à la refonte sans les rendre au
commerce dans leur état actuel. Et cependant, les états des papiers ci-
dessus rebutés et anéantis resteront provisoirement déposés au secrétariat
du comité après avoir été paraphés par le président et le secrétaire.

Danjou, président.
Enjubault.

Il ressort évidemment de cet acte que les diverses sections de l'Agence des titres adressaient à la fin de chaque décade à l'autorité dont elles dépendaient un rapport sur le travail qu'elles avaient exécuté et un procès-verbal des titres à détruire; que cette autorité, c'est-à-dire le comité des décrets et plus tard le ministre des finances, discutait ces pièces et agissait si peu à l'aveugle que parfois il lui arrivait d'enlever de la liste de proscription des séries condamnées par les érudits de l'Agence ou du Bureau des titres.

On peut donc être à peu près assuré qu'à Paris la destruction n'a porté que sur des documents qui ne méritaient pas d'exciter de grands regrets.

Pour les départements, il est avéré qu'en beaucoup de lieux des documents précieux ont été livrés aux flammes. Ces exécutions se faisaient ordinairement le décadi, jour « consacré à l'instruction générale et à la correction des mœurs, » ou bien elles formaient l'épisode final, le feu d'artifice des grandes solennités nationales. Les pertes causées par le mouvement irréfléchi de cette première joie qui électrisa la France entière à la disparition des privilèges de noblesse et des droits féodaux, ces pertes ne sont que trop certaines ; cependant elles paraissent avoir été singulièrement amplifiées.

Voici à ce sujet une étude de détail, que je crois concluante parce que, grâce à l'obligeance avec laquelle la section législative des Archives de l'empire [1] s'est prêtée à m'y aider, je puis la donner pour complète. Tout le monde sait à quel point, sous la république, a été poussé l'abus des adresses à l'Assemblée; aux occasions importantes il n'y avait pas de commune, à moins qu'elle ne fût en guerre ouverte avec le gouvernement légal comme celles de la Gironde ou la Vendée, dont le conseil municipal ou le comité révolutionnaire ou même quelque obscur citoyen n'écrivissent à la Convention, sous l'influence de la peur ou de la vanité, des adresses pour protester de leur patriotisme et pour en fournir toutes les démonstrations possibles. Ces adresses ont toutes été conservées, parmi les papiers de l'Assemblée et figurent, avec les autres pièces annexées aux procès-verbaux, dans la série C des Archives de l'empire. Il y en a peut-être quinze mille. On a recherché dans ce nombre avec un grand soin celles qui pouvaient faire la moindre mention d'un brûlement quelconque de titres, et il s'en est trouvé seulement soixante-quatre. De ces soixante-quatre comptes rendus de brûlement, tous compris entre la date du 10 août 1793 et celle du mois de mars 1794, quarante-huit [2] se bornent à relater le fait, c'est-à-dire constatent la destruction « de vieux titres, de parchemins odieux, de pièces poudreuses, de fastes

---

[1]. Surtout M. Lallemand, qui avait déjà fait un travail sur le même sujet.
[2]. Ils se rapportent aux localités suivantes : Altkirch, Angoulême, Aurillac, Auvers-le-Hamon, Ax, Azerable, Baume-sur-Doubs, Baye, Champrond, Château-Margaux, Conches, Damloup, Fontainebleau, Fontenay, Ganges, le Havre, Janville, la Châtre, Laigle, Laon, le Mans, Maroilles, Mesnil-sur-Blangy, Montpellier, Mouchés, Narbonne, Nemours, Neuville-aux-Bois, Nogent-sur-Marne, Noyon, Orléans, Paimbeuf, Pantin, Périgueux, Provins, Remiremont, Rethel, Roanne, Rocroi, les Sables-sur-Loceau, Saint-Aignan (Loir-et-Cher), Saint-Aignan (Sarthe), Semur, Soissons, Toul, Vertus (Marne), Villeneuve-les-Laudes, Villeneuve-sur-Vanne.

nobiliaires et féodaux, » sans rien spécifier [1] qui permette d'apprécier ni le nombre ni le prix des actes perdus dans chacun de ces auto-da-fé [2]. Mais le reste, c'est-à-dire seize autres procès-verbaux, font, au contraire, mention de la nature des titres livrés aux flammes. Je demande la permission de les citer ici, par extraits, l'un après l'autre, quelque répugnance que puissent inspirer certains détails de cette lecture :

ABBEVILLE. Procès-verbal de la cérémonie de la fête nationale du 10 août 1793...... « Une salve d'artillerie des remparts et le son des cloches, tant de la maison commune que des paroisses, ont annoncé que l'instant de se rendre sur la place d'armes et de là au Champ-de-Mars était arrivé. Aussitôt la gendarmerie nationale, les détachements des 26e régiment de cavalerie,... les corps administratifs,... le général et son état-major se réunissent;... derrière eux, la société populaire. Suivoit l'archiviste du district et son commis, lesquels précédoient un tombereau chargé de titres et papiers ensachés; ledit tombereau, traîné par un cheval, étoit surmonté d'une planche à laquelle étoit attachée, avec des cordons à la livrée du ci-devant comte d'Artois, seigneur apanagiste du comté de Ponthieu, un écriteau double avec cette inscription :

A LIVRER AUX FLAMMES.
Titres de priviléges et concessions royales
Bulles des papes. Papiers féodaux
Titres de noblesse de cy-devant.

A la suite était un baquet traîné par un homme de peine et un enfant, sur lequel étaient les drapeaux rouge et blanc, la flamme donnée aux fédérés de 1790, les anciens drapeaux des compagnies bourgeoises, enfin les fagots et la paille qui devaient les consumer....

Une salve d'artillerie a annoncé la prestation de serment ; un respectueux silence a régné dans toute l'enceinte. Alors, les administrateurs, le procureur-syndic, le receveur et l'archiviste du district l'ont prêté ; ensuite la municipalité avec le conseil général de la commune, les membres des tribunaux du district, etc.... Pendant cette cérémonie, le procureur-syndic, accompagné de l'archiviste, se sont rendus au bûcher sur lequel

---

1. On y trouve cependant la mention d'un certain nombre de brevets de chevaliers de Saint-Louis.
2. Quelques-uns de ceux qui racontent en termes généraux le sort des papiers mentionnent spécialement la perte d'autres objets, par exemple une statue de Philippe le Hardi à Narbonne et un tableau de Philippe de Champagne à Fontainebleau. Voici en quels termes est raconté le dernier de ces tristes exploits : « .... La présidente des citoyennes, la citoyenne M., fut mettre le feu aut holocauste patriotique. La flamme eut bientôt dévoré tout ce fatras de roys et de reines ridiculement chamarrés de fleurs de lys. On y avoit remarqué entre autres le portrait de cet imbécile Louis XIII, de cet homme dont l'inquiete pusillanimité, dont l'atroce poltronnerie fit plus répandre de sang que toutes les inquisitions ensemble. Ce portrait se trouvoit être un des chefs-d'œuvre du fameux Champagne dont les autres ouvrages embellissent actuellement le Muséum national. On avoit cru pouvoir en extraire un bras à moitié nud pour rendre hommage à ce fameux artiste; mais il fut, à la satisfaction générale, raporté au tronc dont il n'avoit pas dû être séparé. Ce spectacle offroit au moins la consolation de sentir que les arts ne seront plus à l'avenir prostitués à transmettre aux races futures l'effigie des despotes qui ont déshonoré l'humanité. »

avoient été mis tous les titres et drapeaux susmentionnés, et y ont mis le feu. » (*Archives de l'empire*, c. II, 823.)

BERCY (Seine). Registre des délibérations de la municipalité. « Le sixième jour du second mois de la seconde année de la république, une et indivisible,... à midi, le conseil général, entouré du bataillon de la commune, est parti par la rue de Bercy, suivi d'un chariot traînant ignominieusement des bustes de l'infâme Marie-Antoinette et de son frère, et d'une manne remplie de titres, de croix de Saint-Louis, *de brevets, de lettres patentes, d'édits du ci-devant roy et des ci-devant parlements*. La marche a été ensuite le long des murs des barrières jusqu'à celle de Charenton, dont la rue a été suivie jusqu'à la place d'Armes, sur laquelle se sont trouvés nos frères de la section des Quinze-Vingts, qui ont été accueillis par les cris de : Vive la république ! Ensuite les bustes et autres vestiges de la tyrannie, dont il vient d'être parlé, ont été hachés en pièces et jetés au feu aux cris de : Vive la république et des chansons républicaines, et surtout de l'hymne des Marseillais. Après quoi le cortége est venu à la maison commune, où a été rédigé le présent procès-verbal, que nos frères des Quinze-Vingts ont été invités à signer. » (C. II, 768.)

CHAMPIGNI-SUR-VENDE (Indre-et-Loire). Extrait du registre des délibérations de la commune, du 21 brumaire an II de la république française une et indivisible et bientôt universelle. « Le conseil général assemblé, il a été fait lecture de l'arrêté du conseil de la commune du 7 courant relatif au brûlement des titres féodaux déposés par les notaires publics et agents des ci-devant seigneurs et ex-nobles qui peuvent se trouver à Champigni, portant que lesdits titres seront brûlés en présence du peuple assemblé sur la place publique, près l'arbre de la liberté. Ce jourd'hui, à l'heure de deux après midi, le bûcher dressé sur cette place, les membres du conseil général de la commune s'i sont rendus escortés par la garde nationale... Les titres usurpateurs des droits du peuple trop longtemps opprimé, étoient alors dans un chariot attelé par des asnes ; avant de les livrer aux flammes, le citoyen procureur de la commune a demandé à faire lecture d'une lettre qu'il venoit de recevoir de Paris du citoyen Q....[1], ex-seigneur de Champigni qui lui annonce l'envoye qu'il lui a fait de *tous ses titres comme propriétaire de la ci-devant terre de Champigni*, qu'il regrette de n'être pas dans ce moment avec ses concitoyens pour avoir l'avantage d'y mettre le feu le premier, et l'engagement qu'il a pris tant de fois et qu'il renouvelle d'être un des plus fermes soutiens des lois de sa patrie. Des applaudissements unanimes ont suivis la lecture de la lettre du citoyen Q...., et comme tous les citoyens de la commune de Champigni ont toujours vu dans le citoyen Q.... un bon patriote, un zélé républicain dont la conduite civique ne s'est jamais démentie depuis le commencement de la révolution, il a été demandé que mantion honorable de la conduite du citoyen Q.... fut fait dans le présent procès-verbal ; qu'on y fît aussi mention de la lettre qu'écrivit le citoyen Q.... au mois de juillet dernier, par laquelle il annonçait le décret de la Convention consernant le brûlement des titres féodaux, enjoignant à son chargé de pouvoir de faire promptement livrer aux flammes tous ceux qu'il pouvoit avoir en sa maison de Champigni, qu'il ne vouloit pas profiter du délais des trois mois accordés par la loi. Ces titres

---

[1]. Je supprime les noms propres qui ne sont pas d'une notoriété acquise à l'histoire.

ont été brûlés le 10 aout dernier quoique la municipalité de Champigni ne connût pas encore la loi officiellement.

Après que les citoyens Lamey et Drouin, notaires publiques dans cette commune, ont eu déposés *les titres qu'ils avaient trouvés dans leurs études* depuis l'époque du dernier brûlement et ayant manifesté qu'ils ne vouloient pas attendre le temps de trois mois, le citoyen L...., ci-devant noble, a dit que persuadé que la véritable distinction, parmi les hommes libres, étoit la vertu et l'amour de l'égalité, il remettoit dès cet instant et *ses lettres de noblesse et tous les titres qu'il pouvoit avoir comme ex-seigneur de la Pataudière;* et à l'instant, le bûcher allumé, tous les titres de servitude ont été jetés aux flammes. La fille du citoyen L...., agée de neuf ans, a demandée a jetter elle-même au feu les lettres de noblesse de ses ayeux. Alors les cris mille fois répétés de vive la république! Ciel juste conserve nos représentants! ont sorti de toutes les bouches. L'ex-noble et le ci-devant roturier, enfants, femmes et vieillards, officiers municipaux, tous se sont donnés l'accollade fraternelle; le pauvre, a costé du riche, bénissoit la république. Ainsi s'est consommé le sacrifice d'expiation fait à l'égalité; les malles et sacs de toile qui contenait ces titres ont été brûlés; tout ce qui étoit impur à disparu, il n'est pas jusqu'à la cendre des papiers brûlés qui n'ait été jettés au vent. » (C. II, 823.)

CHATILLON-SUR-SEINE. Les administrateurs du district au président de la Convention (23 brum. an II) : « Citoyen président, bientôt le fanatisme sera détruit dans l'étendue de ce district comme dans le surplus de la république. Déjà plusieurs citoyens ont abjuré leur qualité de prêtre comme étant le fruit de l'erreur et de l'imposture.... Le numéraire à l'effigie ci-devant royale est déposé à la société populaire; *les lettres des anciennes écoles de droit et les matricules des ci-devant avocats* y sont livrés aux flammes. A quoi attribuer tant d'actes de civisme? Sans doute aux travaux infatigables de la Convention nationale et aux progrès de la sainte philosophie.... » (C. II, 823.)

LISIEUX. Registre des délibérations du conseil général de la commune : « Du 22 septembre 1793, l'an IIe de la république française une et indivisible, après midi, à Lisieux, se sont, pour satisfaire à toutes les lois de la république qui veulent abolir en toutes manière tous les vestiges et même jusqu'au souvenir de l'ancienne féodalité et que tous les titres de noblesse, tableaux des rois et autres tirans soient brûlés, et notamment à celle du 17 juillet dernier, et pour célébrer l'anniversaire de la république, réunis en la maison commune au conseil général où étoient les citoyens..... Le cortége est sorti de la maison commune et s'est réuni aux trois bataillons de la garde nationale avec lesquels il s'est transporté sur la place du marché public ou de la Fraternité, et a formé un cercle autour du bûcher dressé exprès. On y a jeté les tableaux représentants Louis XVI, Louis XV, Louis XIV et autres tirants subalternes. *Des lettres de noblesse de quelques particuliers de cette ville, des armoiries, des titres des gages leiges,* divers autres ornements de féodalité et le drapeau martial ont été jettés sur le bûcher. Le feu y a été mis et des cris de vive la république se sont à l'instant faits entendre de toutes parts. » (C. II, 664.)

MANTES. Le conseil général de la commune aux représentants du peuple : « Citoyens représentants, nous vous annonçons avec plaisir que nos prêtres commencent à quitter le giron de l'église pour entrer dans celui de la

raison. Dix d'entre eux viennent de faire abjuration entre nos mains; une partie nous ont remis leur traitement et leurs lettres de prêtrise, que nous leur avons échangé pour un brevet de patriotisme ; un plus grand nombre, de nos environs, les ont remis au district.... La superstition fut, de tous les temps, la fille de l'erreur et du mensonge ; trop longtemps ses ministres ont couvert d'un voile impure la vérité, fille ainée de la nature. C'est du sommet de la sainte montagne que la république françoise va recevoir les rayons de la lumière et de la grâce efficace qui portera tous les François a n'admettre (et cela sans mistère), pour les trois personnes de la Trinité, que la liberté, l'égalité et la vérité. C'est pour avancer et propager ces principes que nous venons de célébrer une fête civique dont le sujet étoit la plantation d'un arbre de la liberté en face de la maison commune, pour remplacer l'ancien, qui s'est trouvé cassé par un coup de vent, et l'anéantissement des titres féodaux et lettres de prêtrise qui ont été déposés à la maison commune.... Au-dessous de l'arbre de la liberté s'est élevé un feu dans lequel ont été jettés *les lettres de prêtrise*, les titres féodaux, des tapisseries a fleurs de lys trouvées dans la chambre d'audience et les confessionaux de notre église. Autour du feu, les citoyens, citoyennes et nos prêtres ont dansé la carmagnole au son d'une musique volontaire composée des citoyens de notre commune, qui se sont fait un vrai plaisir de déployer leurs talents pour ajouter à la solennité de cette fête civique.» (C. II, 810.)

Nantes. Procès-verbal de la séance du conseil du 10 aout 1793. «..... Arrivés sur la place du Département, au pied de l'arbre de la liberté, la commune de Nantes a fait brûler le livre ou registre nommé *le Livre d'or*, servant cy devant à recueillir tous les titres de noblesse de ses anciens maires. » (C. II, 768.)

Neuvy-sur-Baranjon (Cher). Registre des déclarations de la commune (décadi, 20 frim. an II) : « Le corps municipal assemblé pour l'exécution de son arrêté du 18 de ce mois, relatif à la destruction de tous les signes du fanatisme exposés dans le centre et sur les places de cette commune, afin qu'ils ne rappellent plus à des républicains les préjugés qu'ils ont vaincu, et qu'ils ne contrastent plus avec la fête de la raison, qu'ils se proposent de célébrer ce jour de repos, ces objets élevés par le fanatisme étant tombés, nous nous sommes joints aux membres du conseil général de la commune et à nos concitoyens, tant du centre de cette commune que de la campagne rassemblés en la ci-devant église Saint-Étienne, laquelle par nos soins n'offroit non plus aux yeux aucun de ces objets que nos anciennes erreurs vennéraient. La, un discours où la raison et la philosophie ont expié ceux fanatiques et mensongers que jadis on y a fait entendre, a été prononcé par un citoyen. Le maire.... a dit ensuite aux citoyens rassemblés : Vous venés de triompher de l'erreur ; vous allés élever à la place d'un de ces signes fanatiques que vous avés renversés, un nouvel arbre de la liberté. Cette production de la raison ne peut être mieux consolidée que par les cendres de ces vains parchemins, qui servaient de base à l'orgueil de ces ci-devant nobles, ou qui établissoient votre servitude par les droits onéreux de la féodalité qu'ils recevoient. Hé bien ! vous allés vous en affranchir ; votre municipalité qui, par la bienveillance de vos représentants en est dépositaire, va aussi vous faire triompher des humiliantes distinctions et des droits serviles qui pesoient sur vous. A

l'instant, tous ces monuments de l'orgueil et de l'injustice ont été conduit sur le champ de foire; là, près de la fosse où allait être planté l'arbre de la liberté, ils y ont été versés à plein sac; *les titres distinctifs, les dixmes, les cens, les rentes seigneuriales*, ont roulé pêle-mêle dans la fosse; elle en a été remplie, et de la cendre de ces monuments féodaux est sorti l'arbre de la liberté. » (C. II, 885.)

Puimisson (Hérault). Registre des séances publiques et permanentes de la commune : « Le cinquième jour de la première décade du mois de frimaire (an II), il a été fait lecture du décret de la Convention nationale du 17 juillet dernier, qui supprime sans indemnité toutes les redevances ci devant seigneuriales et droits féodaux, et en vertu de l'art. 6 du susdit décret, la citoyenne C...., ci-devant seigneuresse du présent lieu, fut requise de faire porter tous les titres constitutifs ou reconnitifs des droits suprimés et généralement tous titres féoddaux ou seigneuriaux; ladite C.... a fait porter ce jourd'huy, dans la salle de la maison commune, un tas de parchemins, *registres de reconnoissances* et un tas de papiers qu'elle a fait dire au conseil que c'étoit tous les titres féodaux ou seigneuriaux qu'elle avoit et qu'elle n'en retenoit aucun autre. Le conseil, en présence de tous les membres et des citoyens assistants, avant de procéder au brûlement, a voulu s'assurer si dans le tas de titres ou papiers réunis, il y avoit un *arrêt du ci devant parlement de Toulouse*, qui avoit accordé au mari de la citoyenne C.... plusieurs droits honorifiques, redevences ou charges sur les citoyens; il est résulté de cette visite que le susdit arrêt, en original, ni extrait, ne s'est point trouvé; en conséquence, la citoyenne C...., sommée de le remettre, a fait répondre qu'elle ne l'avoit pas, qu'elle feroit faire des recherches chez ses geans d'affaires pour se le procurer et le remettre sitôt qu'elle l'aura en son pouvoir....

« Dans le même instant, le citoyen Pierre Ch...., présent à l'assemblée, a remis un autre petit tas de *papiers et titres féodaux relatifs à un fief* qu'il avait acquis depuis quelques années dans le terroir de Leuzet et Labertarié, et, en applaudissant au décret du 17 juillet dernier, a demandé que ses susdits titres et papiers fussent brûlés. A ces fins, l'assemblée les a reçus et mis avec ceux de la citoyenne C.... qui vont être brûlés à l'instant.....

« Le bûcher allumé, le citoyen L., secrétaire greffier, a présenté à la municipalité et à tout le peuple *ses lettres d'avocat*, et après avoir dit : « Citoyens, je serois indigne de porter le nom de républicain si je ne fesois « pas dévorer par les flammes ces parchemins et lettres d'avocat, » les a jetés dans le feu en criant : « Vive la république! plus de titres d'avocats d'an-« cien régime! » Alors le peuple a répété : « Vive la république ! ça ira ; » et les titres féodaux jetés dans le bûcher, une fois dévorés par les flames, les cendres ont été jetées au vent. » (C. II, 931.)

Puiseaux (Loiret). « Aujourd'hui, 20 brumaire de l'an II de la république une et indivisible, en conséquence de l'arrêté du conseil général de la commune, du 7 du présent mois, portant que le brûlement des titres relatifs aux droits féodaux auroit lieu aujourd'huy, et qu'il y auroit à cette occasion une fête civique, les membres du conseil général se sont réunis à la maison commune sur les 10 heures du matin....

« L'impatience étoit peinte sur les visages; les titres féodaux ne brûloient point encore. Le maire les partage et présente une torche allumée au doyen de chacune des députations des différentes sociétés populaires in-

22

vitées. Le feu est mis à l'instant, et le peuple jette un cri de joye en voyant brûler les restes de l'oppression et de l'esclavage. Le maire de Briarre s'avance et livre aux flammes *les cueillerets et les déclarations censuelles* déposés à la municipalité par le cy-devant receveur-fermier du lieu. On se prend tous la main, on jure l'unité et l'indivisibilité de la république, et on danse autour du feu. » (C. II, 819.)

ROCHEFORT. La société républicaine de Rochefort à la Convention nationale (1er frim. an II) : « Citoyens représentants, chaque jour la commune de Rochefort et celles des environs donnent des preuves de leur amour pour la philosophie et la raison. Hier, jour de décade, a encore été un de ceux qui illustreront à jamais cette commune. A midi, les autorités constituées, la société des Amis de la constitution, se sont rendus à la municipalité. Là s'est formé l'ordre de la marche, la musique de la marine en tête jouant les airs chéris, la société populaire, les membres du district, la municipalité, les membres du comité de surveillance et ceux du tribunal criminel révolutionnaire, précédés des officiers civils de la marine sont allés chercher les représentants du peuple Laignelot et Lequinio ; le cortége imposant, mais ne ressemblant aucunement à ceux des fêtes de l'ancien régime, où le peuple, qui les payoit chèrement, y étoit totalement étranger ; cette fête étoit à lui et par lui, puisqu'elle avoit pour objet de porter le dernier coup à l'aristocratie et au fanatisme. Aussi a-t-elle eu le succès le plus grand. Le ciel, d'accord avec nos vœux, étoit pur. Nous sommes arrivés sur la place de la Liberté aux cris répétés de : Vive la république, vive la montagne, vive la philosophie ! Un bûcher au milieu duquel s'élevoit un grand madrier garnis de livres mensongers, de portraits de rois et de princes, de titres féodaux, d'images de la Vierge, de chapelets, de crucifix et de toutes les folies imaginables, qu'on ne pourroit pas croire si elles n'avoient été sous nos yeux, ont été lacérés et réduits en cendres, ainsi qu'un drapeau découvert on ne sait comment. Mais le plus étonnant, c'est *une bulle d'un pape* (couronnant ce dernier monument du fanatisme), qui avoit accordé à un individu le droit d'entrer dans le ciel et de conférer ce pouvoir à vingt personnes à son choix pourvu qu'à l'article de la mort ils fissent, ainsi que lui, un acte de contrition. Le maire, à un signal donné par Lequinio, mit le feu à ce sacré bûcher ; des milliers de livres furent la proie des flammes, et pour la première fois l'Être suprême reçut enfin un holocauste digne de lui. » (C. II, 888.)

SABLÉ (Sarthe). D...., instituteur, au président de la Convention (14 pluv. an II) : « Citoyen président, le 20 nous avons célébré une fête en l'honneur de la reprise de Toulon. Le même jour, le reste des titres de la vanité et de la superstition a été livré aux flammes. La Convention apprendra avec plaisir que les jeunes élèves de la patrie ont fixé, d'une manière particulière, dans cette fête solennelle, l'attention de tous les assistants. Ces jeunes républicains, enflammés de l'amour de la patrie et ennemis jurés des tyrans et de leurs satellites, ont traîné sur un tombereau le manetien de l'infâme Pitt, portant cette inscription : « Pitt, l'ennemi du « genre humain. » Ils précédoient avec ordre la foule des assistants, toujours en chantans des chansons analogues ; ce couplet n'a point été oublié : « Seigneur Pitt est dans l'embarras. » Chacun de ces petits sans-culottes étoit chargé d'un paquet de *tytres de noblesse* ; chemin faisant, il les déchiroit et les fouloit aux pieds en criant mille fois : « A bas ces distinc-

« tions, vive l'égalité ! » Arrivés à l'endroit où ces vains tytres devoient être brûlés, une chanson analogue a été chantée, et à la répétition de ce vers : « Des hochets de la vanité ! » ils les ont jetté tous à la fois dans le bûcher; ils ont ensuite arraché le mannetien de Pitt de son tombereau et précipité au milieu des flammes en criants de toute leur force : « Vive la « république, et périssent ainsi tous ses ennemis ! » La conduite toute républicaine de ces petits sans-culottes obtiendra sans doute mention honorable de la part de la Convention dans son bulletin, ce sera pour la deuxième fois qu'ils l'auront méritée; rien n'excite davantage leur courage et ne leur donne plus d'émulation. Je suis très-respectueusement, citoyen président, ton concitoyen, D., instituteur à Sablé. » (C. ii, 984.)

SAUMUR. Extrait du registre des délibérations de la commune, 25 brumaire an ii : « Un membre a fait la motion que le brûlement des *titres de noblesse*, actes et papiers concernant la féodalité indiqué au 27 de ce mois fut remis au 30.... Un autre membre a demandé que pour donner plus d'appareil au civique autodafé, il fut placé au-dessus du bucher trois mannequins costumés figurant la noire chicane, le cruel fanatisme et l'orgueilleuse tyrannie, pour être brûlés avec les titres. Le même membre a demandé, en outre, qu'il fût fait une injonction à tous les instituteurs et maîtresses d'école dans cette ville, et une invitation à tous les citoyens d'apporter à la maison commune tous *les Catéchismes* portant le nom de Monseigneur l'évêque, pour y être brûlés avec les actes de féodalité. Un troisième membre a observé que les notaires, officiers publics et autres entre les mains desquels sont principalement les actes relatifs à la féodalité, ont été forcés par les circonstances de faire transporter hors la ville leurs papiers pour les soustraire aux brigands; qu'à peine ils ont eu le temps de les faire revenir, puisque ceux du district ne sont pas même rentrés, ce qui les a empêché de profiter du délai accordé par la loi pour en faire le triage; il a demandé que par suite du brûlement proposé pour le 30, il fût indiqué un autre jour, qui pourrait être également fixé au 30 du mois prochain. Ces différentes motions..... ont été adoptées. » (C. ii, 821.)

SAUVETERRE (Gironde). Les membres sans-culottes du club montagnard de Sauveterre à la Convention (1er frim. an ii) : « Citoyens représentants, nous nous hâtons de vous prévenir que l'arbre de la liberté qui avoit été planté dans notre commune pendant une constitution vicieuse et tirannique et l'existence du tirant Capet, vient d'être remplacé par celui de la vraie liberté, appelé le Montagnard; que *nos registres, notre correspondance du même règne* ont été brûlés comme puisant dans les mêmes principes, aux acclamations de tous les citoyens de ce canton. » (C. ii, 841.)

VÉZELISE (Meurthe). Extrait du procès-verbal de la séance de la société populaire, du 24 brumaire an ii : « La séance s'est ouverte par le chant de l'hymne sacré de la liberté. — Les procès-verbaux lus, un membre, après avoir obtenu la parole, a dit : Que ce n'étoit pas assez d'avoir célébré la fête de la décade, institué une instruction publique et pris des mesures pour faire exécuter la loi sur le maximum; qu'il falloit extirper jusqu'au moindre germe du fanatisme et de la superstition en éclairant les hommes sur leurs droits et leurs devoirs; qu'il étoit temps d'établir la censure, de réprimer l'égoïste, de noter la tiédeur, d'étouffer le modérantisme et d'électriser les esprits; que les loix de la nature et les devoirs so-

ciaux prescrivoient l'union des êtres, et que tout républicain devoit s'empresser de leur obéir.

« Ces propositions, accueillies par un mouvement spontané des tribunes et de la société, amandées et discutées, il a été arrêté : 1° Qu'à l'instant tous les signes de mensonge et de superstition seroient détruits ; 2° Que tous les ecclésiastiques du district seroient invités à se déprêtriser et d'en remettre les lettres ; 3° Que tous ceux qui ont obtenu des brevets, lettres de licence, patentes et autres actes pour exercer des fonctions supprimées, seroient tenus de les déposer sur le bureau pour être brulés à la fête du décadi prochain ; 4° Que tous les tableaux des rois et tyrans que les citoyens peuvent posséder seroient apportés pour être livrés aux flammes le même jour ; 5° Que les communes qui portent encore des noms qui rappellent la superstition, seroient invitées de les changer en dénominations républicaines, etc., etc....

« Cet arrêté n'étoit pas terminé que le bureau s'est trouvé chargé d'une foule de parchemins, *brevets, provisions, lettres de prêtrise, licence, maîtrise, jurande* et autres actes portant attribution de priviléges et fonctions abolis. Pendant le cours de la séance, les vrais sans-culottes qui s'étoient empressés d'enlever les confessionnaux, sont venus annoncer que les débris en étoient apportés sur la place du Peuple et dressés en auto-da-fé. Aussitôt les tribunes et la société se sont rendues, sous le drapeau de la surveillance et précédées d'une pique, au-devant du bucher, où le président a mis le feu qui a consumé les restes de la superstition. » (C. II, 830.)

VIVIERS (Ardèche). « La société populaire de la commune de Viviers vient de donner une nouvelle preuve de son empressement à suivre tous les décrets de la Convention nationale. Dans sa séance du septidi, 7 brumaire, elle arrêta à l'unanimité qu'on suivroit en tout le nouveau calendrier, et qu'à dater du jour de la décade suivante on ne connoitroit plus d'autres jours de repos que les dites décades. La première a été célébrée avec la plus grande solennité, après avoir été annoncée la veille et le matin par des décharges d'artillerie ; il y a eu bal dans la salle de la société, et un concert où furent chantées toutes les chançons les plus énergiquement patriotiques, accompagnées par les différents instruments de tous les amateurs sans-culottes qui s'y étoient rendus. Aux approches de la nuit, tous les membres quittèrent la salle pour aller se réunir à la municipalité et autres autorités constituées qui étoient sur la place et se rendirent ensemble à l'arbre de la liberté pour procéder au brûlement de tous les titres féodaux, *brevets, provisions et diplômes* que les citoyens avoient déposé. Le cortége étoit précédé par la statue de la liberté tenant l'acte constitutionnel et portée par quatre sans-culottes pris dans la municipalité.... Suivait enfin un tombereau à fumier attelé de quatre anes, dans lequel se trouvoient entassées toutes les vieilles idoles de l'orgueil aristocratique renversées par l'égalité. Le premier de ces animaux avoit sur la tête une couronne royale, et étoit affublé d'un tapis parcemé de fleurs de lis ; le second l'étoit d'une antique banière représentant les atributs de la royauté, et les deux autres d'une ômuce de différente couleur. Arrivez au lieu désigné, on a livré le tout aux flammes sur un bûcher formé de toutes les grilles en bois prises dans les ci-devant couvents des ci-devant religieuses. » (C. II, 840.)

Toutes ces pièces, on le voit, sont claires et précises. Les documents livrés au feu ne sont pas des parchemins historiques arrachés par une fureur aveugle aux monastères, aux églises, aux châteaux; ce sont des titres portant reconnaissance de droits féodaux ou concession de distinctions honorifiques, reconnus pour tels après examen et enlevés le plus souvent aux études de notaires ou livrés par les particuliers qui en étaient possesseurs. De ces seize procès-verbaux de brûlement renfermant des indications sur la nature des papiers brûlés, il s'en trouve deux seulement, ceux d'Abbeville et de Nantes, où les titres sacrifiés avaient réellement de la valeur; dans tous les autres, on voit que c'étaient des brevets, des lettres de prêtrise, des actes émanés du gouvernement de Louis XVI, des titres de dîmes, cens ou rentes, des cueillerets, des diplômes d'avocat ou de maîtres-jurés, en un mot, des papiers et parchemins n'ayant pas l'ombre de valeur historique. Mais l'apparat donné à ces holocaustes[1] par les municipalités révolutionnaires et l'ineffaçable impression laissée par les événements de 1793 ont grandi le mal dans toutes les imaginations. La perte de séries précieuses a pu être attribuée de bonne foi, plus tard, à cette sombre époque, mais on voit que partout où elle n'est pas accompagnée de preuves directes, cette accusation portée contre la révolution ne doit être accueillie qu'avec réserve. La destruction des titres fut énorme alors en effet; mais même dans les départements, l'examen qui vient d'être fait sur pièces authentiques en fournit la preuve, les dix-sept vingtièmes de ces documents étaient indignes d'être conservés.

La première origine des archives départementales remonte

---

1. Dans la commune d'Azerables (Creuse), on dressa un bûcher formé de plus de cent quatre-vingts charretées de bois pour brûler deux sacs de titres si minces qu'un homme les portait en sautoir sur ses épaules. « .... Après la municipalité venoit une autre détachement de la garde, sur deux colonnes, au milieu desquels étoit un citoyen vêtu en ci-devant, monté sur un asne chargé de rubans tricolores. Le représentant des ci-devant portoit sur ses épaules, dans deux sacs rangés en sautoir, les restes odieux de la féodalité et étoit hué par deux groupes de jeunes filles et de garçons, et la musique jouoit l'air : « Ça ira. » Venoient ensuite quatre voitures attellées chacune de quatre bœufs qui conduisoient les vieillards et les infirmes.... Arrivés à la montagne de Montjouan, là se présente un feu composé de plus de 180 voitures de bois dressé autour d'un arbre s'élevant à plus de 60 pieds de hauteur autour duquel tout le monde se range. Le maire s'approche, fait allumer des torches qu'il distribue à la municipalité et aux orateurs, fait arracher les sacs des bras du représentant des ci-devant, en fait tirer les titres, les enfouit lui-même, y met le feu et est imité par tous ceux qui avoient des torches. L'effet du feu auroit été admirable et se seroit aperçu de 20 lieues s'il n'avoit été contrarié par un vent considérable et une pluye violente. »

à l'ordre donné par le roi dans sa proclamation du 20 avril 1790 à tous les états provinciaux, assemblées provinciales, commissions intermédiaires, intendants et subdélégués, de rendre aux administrations qui devaient les remplacer, c'est-à-dire aux corps administratifs des départements et des districts, le compte des fonds dont ils avaient eu la disposition et de leur remettre tous les papiers relatifs à l'administration de chaque département[1]. A cette disposition, la loi concernant la vente des biens déclarés nationaux (5 nov. 1790), ajouta la suivante : « Les registres, les papiers, les terriers, les chartes et tous autres titres quelconques des bénéficiers, corps, maisons et communautés des biens desquels l'administration est confiée aux administrations de département et de district, seront déposés aux archives du district de la situation desdits bénéfices ou établissements avec l'inventaire qui aura été ou qui sera fait préalablement. » Enfin, la loi du 5 brumaire an V ordonna la suppression des archives des districts et le transport dans le chef-lieu du département de tous les titres et papiers dépendant de dépôts appartenant à la république. Tels sont les trois principaux actes auxquels est due la formation des archives départementales.

Les inventaires qui devaient accompagner les remises faites par les anciens dépositaires aux nouveaux, personne n'eut le loisir de les faire; mais la loi du 7 messidor an II ordonna, dans tous les départements aussi bien qu'à Paris, l'exécution du triage. Trois préposés au triage dans chaque département (ce nombre pouvait être augmenté jusqu'à neuf) devaient être nommés par la Convention sur la présentation du comité des archives. Les nominations eurent lieu en effet, du moins pour un certain nombre de départements, et la Convention, qui voyait dans l'opération du triage le complément de ses mesures financières, la suivit avec beaucoup de zèle. Son comité des décrets, procès-verbaux et archives écrivait le 26 frimaire an III (16 déc. 1794) à toutes les administrations des départements :

---

[1]. 24 juin 1790; circulaire du ministre de l'intérieur à tous les intendants en exécution de cet ordre du roi : « Les instructions que S. M. me charge de vous transmettre aujourd'hui ont pour objet les dispositions que vous avés à faire à l'avance pour préparer la remise des papiers aux nouvelles assemblées administratives Les fonctions que vous aviez à remplir vous donnoient des rapports avec le chef de la justice, le secrétaire d'État de la province, le ministre des affaires étrangères, celui de la guerre, celui de la marine et l'administration des finances. Vous devez vous occuper d'abord, monsieur, de classer tous les papiers sous cette sextuple division, etc... » (Archives de l'empire, F² 366.)

« Nous comptions, citoyens, sur une prompte réponse à la lettre circulaire que nous vous avons écrite le 3 brumaire dernier pour vous demander des renseignements sur le nombre et la nature des dépôts publics de titres existant dans votre département, et sur la fixation du nombre des préposés à établir pour en faire le triage en exécution de la loi du 7 messidor. C'est en vain que nous l'avons attendue jusqu'à ce moment : il nous auroit été bien plus agréable d'être dispensés de vous rappeler que l'intention de la Convention nationale est que cette opération essentielle si longtemps différée soit promptement en activité. Vous avez dû sentir que le triage des titres étoit intimement lié avec le maintien du crédit national ; ne différez donc plus à nous donner des éclaircissements que vous devez avoir sous les yeux depuis longtemps, puisque ces dépôts n'ont pu échapper à votre surveillance. Nous les attendons sous deux décades au plus ; ce délai passé, en rendant compte à la Convention nationale des retards qu'éprouve cette organisation, nous ne pourrions lui dissimuler les causes qui l'ont arrêtée ni nous défendre de lui dénoncer au moins une insouciance coupable dont vous vous empresserez d'effacer jusqu'au soupçon. »

Vain appel. Les préposés, ne recevant rien de l'indemnité que la loi de messidor leur avait promise, abandonnèrent presque partout le triage et il fut constaté, au mois de prairial an IV, qu'il n'y avait à cette date que cinq départements (Calvados, Ille-et-Vilaine, Loire-Inférieure, Loiret et Seine-Inférieure) qui eussent envoyé des états de leur travail à cet égard. La suspension, c'est-à-dire la suppression du triage dans toute la France, excepté dans le département de la Seine et dans les neuf départements de la Belgique et du Rhin, fut prononcée par deux lois, le 22 prairial an IV et le 5 brumaire an V.

L'organisation des préfectures et l'attribution spéciale faite au secrétaire général par la loi du 28 pluviôse an VIII de la garde des archives départementales, achevèrent de constituer officiellement ces dépôts. Dans quelques départements, en bien petit nombre, le secrétaire général s'occupa de la mise en ordre des documents ; dans beaucoup d'autres, un homme laborieux et dévoué, nommé à titre provisoire de dépositaire par l'administration départementale et à peine indemnisé de son travail par une modique rétribution, demeura chargé du dépôt sous la surveillance du secrétaire général ; dans le plus grand nombre,

le soin des archives fut confié à un employé quelconque de la préfecture.

Le gouvernement impérial, à deux reprises différentes, témoigna pour les archives départementales d'une grande sollicitude. Au mois de septembre 1807, il adressa à tous les préfets une circulaire contenant des recommandations générales accompagnées de questions sur la convenance du local où les archives étaient déposées, la capacité de l'employé à qui elles étaient confiées, les fonds dont elles se composaient et les répertoires qu'on possédait pour y faciliter les recherches. Le 22 septembre 1812, sous l'administration de M. de Montalivet, la même circulaire fut reprise, mais avec un formulaire de questions beaucoup plus détaillé que le précédent. En voici le texte :

1. — Combien existe-t-il de dépôts d'archives dans le chef-lieu de votre département? Combien en chaque chef-lieu d'arrondissement?
2. — Quel local occupe chacun de ces dépôts?
3. — Quel est le nombre approximatif de liasses, cartons, portefeuilles, registres ou volumes que chaque dépôt renferme?
4. — De quel genre de papiers chaque dépôt est-il principalement composé?
5. — Quelle est la date des plus anciennes chartes ou autres pièces que l'on y conserve?
6. — Quels papiers se trouvent aujourd'hui dans les greffes des cours ou des tribunaux?
7. — Existe-t-il des archives notariales dans votre département? Les notaires ont-ils autrefois déposé leurs actes en des archives communes?
8. — Existe-t-il des inventaires détaillés ou sommaires de tous ces dépôts ou de quelques-uns, et desquels?
9. — Quelles sont les divisions et subdivisions établies dans ces inventaires?
10. — Depuis 1793 a-t-il été fait quelque triage ou quelque examen des papiers contenus en chaque dépôt? Quels ont été les résultats des travaux entrepris ou achevés sur cet objet?
11. — A-t-on réuni, trié, inventorié les papiers provenus des établissements monastiques, ecclésiastiques ou civils supprimés?
12. — Avant la réunion du territoire de votre département à l'empire français, n'avait-on pas exploité certaines parties d'archives? Ont-elles été restituées? Si elles ne le sont pas, où présume-t-on qu'elles existent?
13. — A-t-on connaissance que certaines archives soient restées entre les mains d'anciens fonctionnaires publics, et qu'elles aient été conservées dans les familles de ces fonctionnaires?
14. — Quel est aujourd'hui le nombre des personnes employées à la conservation de chaque dépôt d'archives dans votre département? Quels sont les noms des principaux conservateurs ou archivistes?
15. — A quelle dépense annuelle chacun de ces dépôts donne-t-il lieu?
16. — Enfin, quelle recette annuelle produisent les expéditions qui s'y délivrent?

Ces questions adressées aux préfets avaient pour but d'éclairer l'autorité centrale sur les moyens non-seulement d'améliorer l'état des archives de tous les départements de la France, mais aussi de dresser l'inventaire des richesses qu'elles renfermaient. C'est ce que la restauration, en suivant les mêmes errements, s'efforça de réaliser. Au mois d'avril 1817, les préfets reçurent l'ordre de faire exécuter un classement extrêmement sommaire; en 1820, le ministre leur envoya une seconde fois la circulaire du 22 septembre 1812 avec les seize questions dont elle était accompagnée; en 1829, il exigea encore de nouveaux renseignements. Toutes ces demandes eurent pour effet d'appeler l'attention sur les archives départementales, de stimuler le zèle des autorités locales en leur faveur et d'encourager les quelques érudits qui attachaient de l'intérêt à leur conservation et à leur mise en ordre. Elles servirent aussi à rendre les préfets attentifs à ne point céder avec trop de facilité aux revendications de titres que prétendaient faire les familles émigrées. Mais le gouvernement de la restauration passa avant d'avoir pu, sauf dans une douzaine de départements, obtenir d'inventaires. On ne parvint à ce résultat que sous le règne qui suivit.

Le point de départ des améliorations considérables opérées à cette époque dans le service des archives départementales est la disposition par laquelle il fut décidé législativement que les frais de ce service seraient désormais à la charge du département (loi du 10 mai 1838, art. 12, n° 19), tandis qu'ils avaient été pris jusque-là sur le fonds d'abonnement du préfet. Les emplois d'archivistes furent dès lors, ce qui n'avait pas encore eu lieu, suffisamment rétribués pour attirer des hommes capables et spéciaux. Le ministre de l'intérieur, M. le comte Duchâtel, mit en même temps à l'étude divers projets dans le but de tracer nettement les attributions de ces fonctionnaires, d'accélérer la mise en ordre de leurs dépôts et d'organiser d'une manière uniforme le travail dont ils devaient être chargés. Un membre du conseil d'État, M. Boulatignier, qui puisa son instruction à bonne source, car son premier soin fut d'avoir recours aux lumières de Daunou, fut spécialement chargé de préparer ces projets, qui aboutirent à la circulaire du 8 août 1839 intitulée : « Instruction pour la garde et la conservation des archives départementales, » à l'excellente circulaire du 24 avril 1841, que j'ai eu l'occasion de citer plus haut (page 51), à l'établissement de la commission des archives (6 mai 1841), enfin

au règlement général des archives départementales, du 6 mars 1843. Grâce à cet ensemble de mesures et à la sollicitude avec laquelle le pouvoir tint la main à leur exécution, les archives départementales prirent, à partir de cette époque, une importance auparavant inconnue. La commission des archives, commission consultative établie auprès du ministre pour suivre et diriger les opérations des archivistes ainsi que la rédaction de leurs travaux, apporta une telle activité dans ses fonctions qu'elle put elle-même publier au bout d'un très-court espace de temps deux ouvrages, qui sont à peu près les seuls qu'on ait eus jusqu'à présent sur cette matière. Sous son inspiration, tous les archivistes des départements opérèrent enfin le classement complet de leurs dépôts et la plupart d'entre eux rédigèrent des inventaires détaillés, tous sur le même plan, tracé d'avance par la circulaire du 24 avril 1841. Les premiers résultats de ce travail formaient déjà une série assez considérable [1], lorsqu'il a été interrompu, cette année même, par un changement de vues du ministère de l'intérieur. Les archives départementales et communales avaient toujours été régies par un bureau du ministère chargé en même temps d'autres attributions : au mois de janvier 1854, elles furent confiées à un bureau spécial chargé uniquement de ce service; deux inspecteurs généraux des archives, choisis dans le sein de l'École des chartes, furent nommés pour porter de vive voix à tous les archivistes les instructions du ministre et de la commission, pour stimuler leurs efforts et contrôler leurs travaux. En même temps, un nouveau plan d'inventaire a été prescrit qui peut promettre les plus heureux résultats, mais qui a cet inconvénient, toujours le même dans nos archives, de recommencer à frais nouveaux ce qui était en voie d'exécution et d'annuler tous les travaux précédents, tous les inventaires rédigés à grand labeur dans l'intervalle des années 1841 à 1854.

Jusqu'à ce que l'inventaire nouveau soit achevé [2], les deux volumes publiés en 1847 et 1848 [3] par la commission des Archives

---

1. Ils remplissent 28 cartons aujourd'hui déposés aux Archives de l'empire, section administrative.
2. Voyez, au sujet de ce travail, deux articles insérés au *Moniteur universel* les 26 janvier et 16 juin 1854.
3. 1° Catalogue des cartulaires des archives départementales, 1 vol. in-4°, 1847; 2° Inventaire général numérique par fonds des archives départementales, 1 vol. in-4°, 1848. —

peuvent, malgré les inexactitudes inséparables d'un premier essai dans un travail aussi étendu, servir de guide aux hommes d'étude dans tous nos dépôts d'archives départementales. Je puis puis donc, pour le moment du moins, me contenter de renvoyer le lecteur à ces deux volumes, dans lesquels ils trouveront l'état sommaire de tout ce que contiennent les archives de préfectures, et je m'étendrai de préférence sur les dépôts qui sont l'objet du chapitre suivant, parce que l'on a été, jusqu'à présent, tout à fait dépourvu de renseignements à leur égard.

Ajoutez une brochure in-4° publiée par le ministère de l'intérieur en 1841 (in-4° et in-8°) et contenant : le rapport présenté au roi par M. Duchâtel (le 18 mai 1841), les lois, règlements et circulaires relatifs aux archives, et une série de notices sur chacun des dépôts d'archives départementales.

ARCHIVES DIVERSES.

ARCHIVES DES COMMUNES, DES HÔPITAUX, DES ÉGLISES; GREFFES DES TRIBUNAUX; ARCHIVES DES NOTAIRES, DES FAMILLES, ETC.

En feuilletant les inventaires qui précèdent, en parcourant par la pensée ces vastes Archives de l'empire, ces autres grands dépôts de Paris dont je n'ai pu montrer qu'une faible partie, cette centaine d'archives départementales qui contiennent près de 300,000 articles antérieurs à l'année 1790, il semble qu'on se représente l'ensemble des dépôts publics d'archives existant en France. On en est loin encore.

Toutes nos communes ont aussi leurs archives, dont une grande partie remontent au xvie siècle et quelques-unes au xiie; les archives des établissements de bienfaisance ne sont pas moins anciennes; celles des tribunaux ont recueilli les dépouilles des juridictions seigneuriales supprimées en 1790; l'autorité ecclésiastique et, je crois, aussi les académies et les colléges ont conservé quelques débris des leurs; celles des notaires sont fort importantes; il n'y a pas jusqu'aux archives de nos colonies et jusqu'aux chancelleries des consulats de France répandus sur tout le globe qui ne dussent être l'objet d'une courte description s'il était possible de satisfaire entièrement au désir qui nous presse aujourd'hui de pénétrer à tous les points de vue et par tous les moyens dans l'histoire de la société française.

Ceci donne la mesure de ce que serait un véritable directeur général des archives de l'empire. Ce serait un des fonctionnaires de l'État dont les attributions porteraient le plus profondément et le plus au loin. Mais entrons dans quelques détails au sujet des dépôts que je viens d'énumérer.

Archives des communes. — Les préfectures ont absorbé dans leurs archives départementales les papiers laissés par les administrations générales ou provinciales de l'ancienne monarchie, qui toutes avaient cessé d'exister; mais il n'y a point eu d'interruption dans l'existence des communes, et par conséquent la

plupart des villes de France devraient avoir de belles archives si le temps les eût épargnées. Un très-grand nombre d'entre elles en ont en effet, non-seulement les grandes villes, mais même les plus petites.

Les rapports rédigés vers 1770 par les intendants des provinces sur les archives placées dans leurs ressorts constatent qu'il existait en France, à cette époque, 855 archives d'hôtels de ville. L'ancien gouvernement monarchique s'était préoccupé avec une grande sollicitude de la conservation de ces dépôts : l'on a cité avec raison, comme digne de remarque, ce fait que, durant le siècle qui précéda l'année 1790, on trouve renouvelée jusqu'à six fois la prescription adressée aux villes, bourgs et communautés du royaume de rédiger l'inventaire de leurs titres et d'en faire même le récolement annuel. Ces invitations n'avaient pas été entièrement vaines, et beaucoup de villes ont encore des inventaires qui datent de cette époque.

L'abolition de l'ancien régime municipal, la substitution de la loi générale et de l'égalité au système de statuts individuels et de priviléges sur lesquels reposait depuis le xiie siècle la constitution de la plupart des villes de France, furent une nouveauté plus fatale que les orages révolutionnaires aux titres des municipalités. Les anciens magistrats les avaient conservés pendant six cents ans avec un soin religieux; leurs successeurs, sous l'empire et la restauration, regardant ces vieux documents comme inutiles désormais, les abandonnèrent généralement au désordre et à toutes les chances de destruction. Le gouvernement de juillet 1830 étendit, au contraire, de ce côté le soin éclairé qu'il porta sur tous les souvenirs historiques du pays. Après avoir pourvu au bon ordre des archives départementales, le ministre de l'intérieur adressa aux préfets une circulaire, en date du 16 juin 1842, contenant des recommandations pressantes, d'excellentes instructions pour la conservation des archives municipales, leur administration et la confection de leurs inventaires.

Le maire est dépositaire, et par conséquent responsable, des titres et papiers de sa commune; c'est lui qui en signe les expéditions. Le maire qui cesse ses fonctions, ou les héritiers du maire décédé, doivent faire remise des papiers et autres objets mobiliers appartenant à la commune entre les mains de son successeur, et la remise doit être constatée par un procès-verbal dont un double est déposé à la mairie et l'autre reste au fonc-

tionnaire sortant pour lui servir de décharge. Le maire entrant en fonctions doit exiger l'exécution rigoureuse de cette disposition s'il veut mettre à couvert sa propre responsabilité. Après avoir rappelé ces règles générales, la circulaire expose en ces termes les principales mesures d'ordre et de classement que le ministre prescrit :

« Le premier soin des autorités municipales doit être de mettre les papiers à l'abri de l'humidité, de l'incendie et de toutes les autres causes d'altération ou de destruction. Il faut prendre aussi les précautions nécessaires pour que ces papiers soient placés hors de la portée de toute main étrangère et ne puissent être soustraits ou égarés.

« Dans les communes qui ont un hôtel de ville, il sera toujours possible d'affecter aux archives une salle ou un cabinet pourvu de tablettes, de casiers, de cartons et fermant à clef.

« Quand le local de la mairie ne se compose que d'une seule salle consacrée à la fois au greffe et aux séances du conseil municipal, il pourra être établi une armoire suffisamment profonde, garnie de rayons et pourvue de cartons. Elle devra, autant que possible, être divisée en deux parties : l'une, destinée à recevoir les pièces les plus anciennes et les plus précieuses qu'on ne consulte que rarement, sera habituellement fermée ; l'autre recevra les papiers et registres relatifs aux affaires courantes.

« Dans les communes où, à défaut d'un local spécial pour la mairie, c'est l'habitation personnelle du maire qui doit recevoir le dépôt des archives, il est encore nécessaire qu'un meuble spécial les renferme, sous la garde constante de ce magistrat. Un coffre paraît être alors plus convenable qu'une armoire, comme pouvant être transporté plus facilement dans les cas de mutations des officiers municipaux sans déranger les archives qui y seront disposées.

« Le timbre de la mairie devra être appliqué sur tous les papiers et documents appartenant à la commune.

« Quoique les archives soient plus ou moins volumineuses, à raison du nombre et de l'importance des affaires de chaque commune, on peut, sauf l'étendue plus ou moins grande des développements, leur appliquer une méthode et un cadre de classement uniformes.

« Pour la mise en ordre des archives, deux opérations doivent être exécutées : 1° les livres, registres ou papiers, seront

rangés par ordre de matières ; 2° les matières seront distribuées sous un petit nombre de divisions qui comprendront toutes les natures de documents.

« On commencera par reconnaître et distinguer les matières.

« Ce travail est des plus simples à l'égard des volumes ou registres. Ceux qui appartiennent à une même collection doivent être placés sur des rayons par ordre de dates.

« Le *Bulletin des lois*, le *Recueil des actes administratifs*, les délibérations du conseil municipal, les registres de l'état civil, etc., seront ainsi classés.

« Quant aux papiers, on recherchera d'abord tous ceux qui concernent une même affaire pour en former un dossier.

« Les papiers formant chaque dossier seront rassemblés par ordre de dates.

« Lorsqu'il y aura plusieurs affaires, et par conséquent plusieurs dossiers relatifs, soit à un même établissement, soit à un même ordre de fonctionnaires, en un mot, à une même matière, on les réunira dans un même carton, ou, à défaut de carton, en une même liasse. Ainsi, en ce qui concerne les affouages, on formera un dossier distinct pour le balivage, un autre pour l'exploitation des coupes, un troisième pour le partage entre les habitants, etc. : la réunion de ces dossiers formera le carton ou la liasse des affouages.

« Quand les dossiers relatifs à une même matière seront trop volumineux pour être contenus dans un seul carton ou pour ne former qu'une seule liasse, on les divisera en autant de cartons ou de liasses qu'il sera nécessaire.

« Ce travail une fois terminé, il sera procédé au classement définitif et à la rédaction de l'inventaire. Ces deux opérations peuvent être exécutées en même temps.

« J'ai reconnu, d'après l'examen attentif d'un grand nombre d'inventaires d'archives communales, que la nature et la composition de ces archives permettent d'y établir uniformément quinze divisions ainsi désignées :

A. Lois. — B. Actes administratifs de la préfecture. — C. Livres divers. — D. Actes de l'administration municipale. — E. État civil. — F. Population et statistique. — G. Contributions. — H. Affaires militaires. — I. Police. — K. Personnel. — L. Comptabilité. — M. Biens communaux servant à usage public. — N. Biens communaux affermés ou livrés à la jouissance commune. — O. Voirie. — P. Pièces diverses.

« Cette méthode de classement est applicable uniformément

aux archives de la presque totalité des communes. Mais il y a nécessité d'adopter une règle particulière à l'égard des communes, qui ont possédé antérieurement à la révolution une organisation municipale, et qui ont conservé des actes de cette ancienne administration. Bien que ces documents ne diffèrent pas essentiellement par leur nature des documents plus modernes, il est préférable de les en distinguer entièrement.

« Certaines collections, à la vérité, ne sont pas de nature à être scindées, notamment celles des registres de l'état civil ; mais la masse des archives peut toujours être séparée en deux parties, savoir : documents antérieurs à 1790 ; documents postérieurs à cette époque.

« La plupart des anciennes archives municipales comprennent les matières ci-après :

« Lois et actes de l'autorité souveraine.

« Registres, livres ou chartes contenant les priviléges, coutumes, traités, statuts ou actes municipaux, règlements, formation du corps municipal, etc.

« Délibération des conseils de la commune.

« Juridiction municipale.

« Registres et rôles concernant les impositions. — Cadastres compoix ou terriers. — Dépenses et recettes.

« Registres et pièces contenant la correspondance relative aux affaires de la commune.

« Titres des créances et propriétés communales. — Procédures.

« Jurandes et corporations d'arts et métiers.

« Cette nomenclature, à laquelle on ajoutera, au besoin, une dernière série intitulée *Objets divers*, fournit les éléments principaux du classement des anciennes archives municipales. Comme, en général, ces archives ne sont pas susceptibles de recevoir d'augmentation, il sera inutile de ménager dans l'inventaire des pages en blanc, si ce n'est à la fin pour constater les vérifications auxquelles cet inventaire, aussi bien que l'autre, devra être soumis.

« Il n'y aura pour l'ensemble de ces anciens papiers qu'une série unique de numéros. Une fois le classement terminé, il ne restera plus qu'à le maintenir tel qu'il aura été porté à l'inventaire. »

La sagesse et l'utilité de ces recommandations n'ont pu triompher de l'apathie des fonctionnaires à qui elles étaient

adressées, car une autre circulaire du ministre de l'intérieur, en date du 20 octobre 1850, a rappelé aux préfets celle du 16 juin 1842, en exprimant le regret que dans presque tous les départements cette dernière eût été perdue de vue.

On ne peut savoir encore si ce rappel fait en 1850 a porté de meilleurs fruits, mais il n'est pas douteux que dans un temps assez rapproché la sollicitude de l'administration centrale, le zèle des archivistes départementaux et les visites des inspecteurs généraux des archives n'obtiennent la mise en ordre et l'inventaire de tous les dépôts d'archives municipales dont les titres ont quelque valeur par leur ancienneté.

Archives hospitalières. — De tout temps la sollicitude publique a protégé d'un soin particulier les établissements de bienfaisance et garanti la conservation de leurs titres avec celle de leurs biens. Aussi leurs archives sont-elles riches. Il n'est pas rare qu'elles remontent au XIIe siècle; et dans un grand nombre de villes elles sont tenues avec beaucoup d'ordre, placées dans un local construit et disposé exprès, souvent dans une salle voûtée dont l'accès est défendu par une porte en fer; enfin de bons inventaires existent pour une partie d'entre elles. Cette classe de dépôts offre un avantage particulier pour les recherches historiques en ce que les fonds y sont généralement complets au lieu de se trouver, comme c'est trop souvent le cas ailleurs, interrompus et défigurés par des lacunes. Quelques archives d'hospices ont été déjà l'objet de travaux très-recommandables (Voy. plus loin les articles AVIGNON et DOUAI), mais on peut dire que c'est une mine vierge encore pour les érudits. Le ministère de l'intérieur s'était beaucoup occupé de ces sortes d'archives pendant ces dernières années, et le ministre avait fait préparer par la commission des archives départementales un projet d'instructions pour faire opérer dans toutes les archives hospitalières un classement uniforme. Voici le plan qu'avait arrêté la commission :

A. Inventaires. Instructions, lettres, récépissés et autres pièces relatives au dépôt même des archives et au service de ce dépôt.

B. Titres de propriété. Terriers, censiers, pouillés; pièces relatives aux terres, maisons, cens, rentes et autres droits de l'établissement. — Titres judiciaires; mémoires; pièces de procédure.

C. Acte de fondation de l'établissement. Diplômes et priviléges accordés par les papes, rois, évêques, seigneurs, etc. — Cartulaires.

D. Ordonnances, règlements, décisions, avis, circulaires et autres pièces émanées des diverses autorités.

E. Registres de délibérations, nominations et autres actes émanés des administrateurs de la maison.

F. Budgets, comptes et pièces comptables (deniers et matières). Etats de recette et de dépense; livres de caisse; inventaires et récolements du mobilier. — Économat. Marchés, fournitures, bâtiments, mobilier.

G. Service intérieur. Registres d'admission et de sortie. Religieux et religieuses. Service médical. Infirmiers. Domestiques. Demandes d'admission; demandes d'emploi.

H. Matières ecclésiastiques en général. Chapelle. Aumônier. Cimetière et inhumations. Nécrologes et obituaires.

J. Papiers des différentes institutions rattachées accessoirement au service de l'hospice. Bureau des pauvres. Mendicité. Tutelle des enfants trouvés et des orphelins. Ecole d'enfants. Salle d'asile. Ecole de sages-femmes. Vaccine, etc.

K. Pièces diverses ne rentrant pas dans les catégories précédentes.

Archives d'églises. — Les archives des évêchés, chapitres, paroisses, fabriques, chapelles, confréries et autres institutions ecclésiastiques séculières ont presque partout subi le même sort que celles du clergé régulier. Elles ont été, aussi bien que les chartriers d'abbayes et de couvents, portées au chef-lieu du district, et de là aux préfectures. Cependant, en quelques endroits, par suite de circonstances accidentelles, les églises conservent encore aujourd'hui des archives anciennes, qu'on y a, pour ainsi dire, oubliées pendant l'époque révolutionnaire. Voyez plus loin les articles L'ISLE, MANTES, etc.

Greffes. — Les archives renfermées dans les greffes des cours et tribunaux ont été, pendant la première république, l'objet de soins particuliers. L'Assemblée constituante ordonna, par la loi du 27 mars 1791, que la veille de l'installation des tribunaux de district, les officiers municipaux de chaque commune se rendissent en corps aux tribunaux supprimés et missent les scellés sur tous les papiers qu'on y trouverait, pour les faire transporter plus tard, après inventaire, aux greffes des juridictions nouvelles. Ces dispositions furent ponctuellement accomplies, et lors de la suppression des tribunaux de district, les greffes des cours d'appel et des tribunaux de première instance héritèrent de tous les papiers et minutes des anciennes juridictions seigneuriales à jamais détruites par les lois des 7 et 11 septembre 1790, 19 octobre suivant et 27 mars 1791. Nos tribunaux actuels, ceux du moins qui n'ont pas laissé leurs anciennes archives dépérir, conservent donc tous ces documents, qui doivent se trouver de nos jours, sans une liasse de moins, tels qu'ils étaient en 1790. Dans les contrées où il n'existait point de par-

lement, ils ne sont pas fort anciens et ne remontent guère au delà de l'institution des présidiaux (1552); quelques-uns seulement atteignent le xve siècle. Malheureusement, presque tous sont dans le désordre et l'abandon le plus complets. Les greffiers, absorbés par le courant des affaires, n'ont pas le loisir d'y donner leurs soins, et le ministre de la justice, auquel il appartiendrait de porter remède à cet état de choses, n'a pas encore pris les mesures nécessaires pour la conservation de ces papiers qui forment les archives judiciaires de l'ancienne France.

Archives des notaires. — Le nombre immense, la variété et souvent la date fort ancienne des actes que renferment les études des notaires, donnent aux archives notariales un intérêt d'autant plus vif qu'elles sont plus inconnues. Il arrive souvent, dans le midi surtout, que des notaires de bourgs et de petites villes conservent dans leurs archives des titres du xive siècle ou même du temps de S. Louis. Jadis, à la mort des notaires ou tabellions, leurs héritiers gardaient les minutes de l'étude afin d'en tirer un produit, ou bien les laissaient dépérir au grand détriment des familles. Les plaintes excitées par de tels abus obligèrent généralement les notaires nouveaux à acheter et à garder les minutes de leurs prédécesseurs. Mais l'encombrement est une autre cause de destruction. Aujourd'hui, à Paris, où les archives de notaires ne remontent guère qu'au xvie siècle, elles sont si considérables et le loyer des maisons si cher, que les locaux les plus insalubres, les greniers et parfois même les caves, reçoivent la partie la moins usuelle, c'est-à-dire la plus ancienne de ces documents. On a cependant trouvé et appliqué dès le xviie siècle un moyen très-simple de remédier à cet inconvénient: dans un grand nombre de villes les chambres des notaires ont établi un dépôt spécial destiné à recevoir les minutes des notaires décédés. Quelques villes importantes, comme Bordeaux et Rouen, ont conservé jusqu'à nos jours ces utiles établissements. L'un des membres de la commission des archives départementales et communales, M. A. Taillandier, conseiller à la cour de cassation, avait proposé de s'emparer de cette disposition très-heureuse, mais jusqu'ici exceptionnelle, pour la convertir en prescription générale; cette proposition n'a pas eu d'effet jusqu'à présent et si elle n'en doit point avoir, une partie des archives notariales du pays sera prochainement et irrévocablement perdue.

Archives des familles. — Je n'ai entendu parler dans ce livre

que d'archives publiques, c'est-à-dire formées officiellement et administrativement, à la différence des bibliothèques publiques et des collections particulières, qui sont le produit d'un choix arbitraire. Je n'hésite pas à joindre les archives de famille à la première de ces diverses catégories de titres, car les actes de l'état civil, les titres de propriété, les états de services et même les correspondances, tous ces documents qui forment le principal fonds des archives privées, n'ont rien d'arbitraire; ou si quelques pièces qui n'auraient pas droit d'y figurer s'y glissaient, un véritable archiviste ne tarderait pas à les reconnaître. La famille est le premier et le plus sacré des corps de l'État. Je place donc ici les archives de famille; mais pour mémoire seulement, car il est impossible aujourd'hui de savoir, même approximativement, ce que cette classe de dépôts contient. L'on peut cependant dire que le nombre est encore assez grand des anciennes familles seigneuriales, ou parlementaires, ou lettrées, ou seulement opulentes, qui, dans nos divers départements, conservent des titres et papiers de leurs ancêtres. On trouve dans ces dépôts, dans ceux du moins des maisons nobiliaires, des titres de propriété, des comptes, des procédures qui remontent jusqu'au moyen âge et parfois jusqu'au xiie siècle; mais les documents les plus précieux qu'elles renferment sont les correspondances et les écrits de toute sorte des personnages notables des trois derniers siècles de notre histoire.

La publication d'une liste de tous les dépôts que je viens de signaler avec l'indication, fût-elle très-sommaire, des fonds principaux dont ils se composent, serait un très-utile manuel historique et un puissant moyen de conservation. Mais l'étude de cette matière n'est pas encore assez avancée pour qu'une telle liste soit possible maintenant. Je ne puis, à l'aide de mes recherches personnelles et de renseignements que je dois à l'obligeance ou à l'amitié de quelques personnes [1], qu'en donner un spécimen très-défectueux encore, mais qui pourra se compléter et s'améliorer plus tard.

---

1. Quelque faible hommage que ce soit pour eux, je ne saurais me refuser le plaisir de remercier ici : MM. Thomas, archiviste de l'Hérault; Ch. de Beaurepaire, archiviste de la Seine-Inférieure; Merlet, archiviste d'Eure-et-Loir; Redet, archiviste de la Vienne; J. Garnier, archiviste de Dijon; Pilot, archiviste de l'Isère; d'Arbois de Jubainville, archiviste de l'Aube; Bilard, archiviste de la Sarthe; Barberaud, archiviste du Cher; Godin, archiviste du Pas-de-Calais; Héron de Villefosse, archiviste de la Nièvre; J. Ferron, archiviste des Basses-Pyrénées; Charronnet, archiviste des Hautes-Alpes; Anatole de Barthélemy (Côtes-du-Nord), Édouard de Barthélemy (Marne), Léop. Delisle (Normandie), Marchegay (Anjou), Deloye et Achard (Vaucluse).

AGDE (Hérault). *Mairie :* Papiers du consulat remontant à l'an 1451 ; une centaine de chartes des XIIIe et XIVe siècles ; quelques débris des anciennes archives de l'évêché d'Agde, comprenant les actes relatifs au temporel de l'évêque.

AGEN (Lot-et-Garonne). *Mairie :* Archives considérables remontant au XIIe siècle. On en a un inventaire dressé, en 1776, par les consuls de la ville (Voy. Champollion-Figeac, *Docum. tirés de la biblioth.*, t. 1er, p. 340).

AIX (Bouches-du-Rhône). *Mairie :* Les papiers de la ville d'Aix ne dépassent pas, pour la plupart, l'année 1536, époque où la maison commune fut incendiée par les troupes de Charles-Quint ; il n'échappa au feu qu'un petit nombre de titres des XIIIe, XIVe et XVe siècles [rapport du préfet, 1820].

ALAIS (Gard). *Mairie :* Statuts, priviléges, coutumes et autres documents des XIIIe et XIVe siècles.

AMIENS (Somme). Les archives municipales de cette ville forment un dépôt très-considérable et très-important où M. Aug. Thierry a puisé les matériaux des deux premiers volumes de son grand recueil des *Monuments inédits de l'hist. du tiers état*. Les plus anciennes pièces des archives de l'hôtel de ville d'Amiens sont de la fin du XIIe siècle.

ANGERS (Maine-et-Loire). *Mairie :* Registres des délibérations municipales à partir de 1480 : Comptes de *la Cloison de la ville* à partir de 1373. Les archives d'Angers, autrefois très-riches, ont été dispersées ou détruites en 1793 et 1794 ; mais il en reste de beaux inventaires que cette perte même a rendus précieux. — *Hôpitaux :* Riche collection d'anciens documents, 1170-1790 ; a été réunie depuis peu aux archives du département. — *Greffe* de la cour : quelques registres importants ; *greffe* du tribunal de première instance : anciens actes de l'état civil ; *greffe* du tribunal de commerce : beau cartulaire des juges et consuls, contenant leurs noms et leurs titres écrits en lettres d'or. — *Notariat*. Plusieurs notaires de la ville ont des minutes qui remontent au moins au XVIe siècle, notamment Me Pachault, chez lequel a été retrouvé le contrat de mariage de César de Vendôme, fils naturel de Henri IV, avec la fille du duc de Mercœur, et un acte de 1566, au moyen duquel l'archiviste du département, M. Marchegay, empêcha, il y a peu d'années, qu'un meunier fût dépouillé, par l'administration des ponts-et-chaussées, du moulin de Montjean, qui lui appartenait.

ANGOULÊME (Charente). Les archives de la mairie renferment une suite de priviléges accordés à la ville par Charles V, Louis XI, François Ier, etc. ; 80 liasses et plus de 200 registres contenant des actes divers relatifs à l'administration municipale, ses délibérations, les jugements de police émanés d'elle et toutes sortes de documents concernant l'histoire de la ville. — *Greffes :* Papiers des anciennes juridictions ; sentences remontant à l'année 1400. — *Notaires :* Depuis 1765 jusqu'en 1791, les notaires de l'Angoumois remirent dans un dépôt commun les minutes qu'ils possédaient, et dont les plus anciennes sont de l'année 1524. Ce dépôt spécial était estimé, en 1820, contenir quatre millions 603 mille actes.

ANIANE (Hérault). *Mairie :* Actes et transactions de la commune aux XIVe et XVe siècles.

ARCHIVES DIVERSES.

Arcis, château (Aube). Archives considérables remontant au xive siècle.

Arles (Bouches-du-Rhône). *Mairie :* L'inventaire de quelques chartes des archives de la ville d'Arles, des années 1125 à 1481, se trouve dans les *Docum. tirés de la biblioth.*, t. 1er, p. 49.

Arras (Nord). Archives municipales contenant, entre autres documents, une très-belle collection de registres mémoriaux du xive au xviiie siècle.

Aumale (Seine-Inférieure). *Mairie :* Collection de pièces intéressantes, notamment de chartes du xive siècle. En 1853, M. l'abbé Decorde, curé de Bures, en a dressé l'inventaire.

Auneau (Eure-et-Loir). Archives de Mme la comtesse de Rutant.

Avallon (Yonne). *Mairie :* Documents divers remontant au xve siècle. Ce dépôt était, au xviie et au xviiie siècle, beaucoup plus riche qu'il ne l'est aujourd'hui, ainsi que le constatent deux inventaires qui en avaient été rédigés en 1617 et en 1785.

Avignon (Vaucluse). — *Hôpital général :* Archives considérables qui remontent au xiiie siècle, et à l'aide desquelles l'archiviste du département, M. P. Achard, a rédigé un travail très-intéressant intitulé : « Notes historiques sur l'Aumône générale d'Avignon; » 1853, in-4°. — *Notaires :* On trouve dans l'Annuaire de Vaucluse pour 1839, un relevé des notariats anciens de la ville d'Avignon. — *Familles :* De Laborde (fonds de Seytres-Caumont; xive siècle et suivants); du Laurans (fonds de Serres, trésorier de la marine du Levant au xvie siècle); de Forbin; de Cambis-d'Orsan; de Baroncellis.

Bagneux (Aube). Archives municipales remontant au xve siècle.

Balnet-la-Grange (Aube). Archives municipales remontant au xvie siècle.

Bar-sur-Aube (Aube). *Mairie :* Belles archives municipales remontant au xive siècle. — *Hôpital :* Très-beau dépôt d'archives dont les plus anciens titres sont du xiie siècle.

Bar-sur-Seine (Aube). Les papiers de l'hôpital remontent au xiiie siècle.

Barbentane (Bouches-du-Rhône). Archives de la famille de Puget-Barbentane, remontant au xiie siècle.

Bayeux (Calvados). *Evêché :* Le Livre noir de l'église de Bayeux, l'un des plus curieux cartulaires de la Normandie, appartient toujours au chapitre, dans la bibliothèque duquel se trouve la plus belle collection de cartulaires qui existe dans la province. — *Hôpital :* Titres du xiiie siècle.

Beaumont (Vaucluse). *Mairie :* Transaction entre les communes de Beaumont et de Malaucène au sujet de leurs limites, 1359; livre de reconnaissances en faveur du seigneur de Beaumont, 1466; *id.* 1542-98; registres des délibérations depuis 1627; registres de l'état civil depuis 1672; comptes; procédures; etc.

Beaune (Côte-d'Or). *Mairie :* Charte de commune, 1203, avec les confirmations octroyées par les ducs de Bourgogne, les rois de France et les évêques de Dijon. Convocations de la ville aux états; serment de la Li-

gue, 1588 ; élections de maires ; débats pour la préséance ; coutume de Beaune, xıv^e siècle ; corporations des arts et métiers ; châtellenie ducale ; clergé ; écoles et collége (avec ses combats de coqs). Edifices publics : hôtel de ville, beffroi, halles. Juridiction municipale ; police ; cours d'eau ; viticulture ; voirie ; fortifications ; etc. 200 cartons. — *Hôtel-Dieu :* Fondé en 1443 ; archives intéressantes.

BEAUPRÉAU, château (Maine-et-Loire). Anciennes archives de famille.

BEAUVAIS (Oise). Cette ville possédait autrefois de fort belles archives dont elle a conservé l'inventaire, rédigé avec beaucoup de soin vers le milieu du xvıııe siècle, et dans lequel on trouve l'analyse d'un grand nombre de chartes des xıı^e et xıııe siècles. Il n'en reste rien à la mairie, où l'on ne trouve plus aujourd'hui que des papiers du xvııe siècle au plus tôt, et deux manuscrits, savoir : 1° Le livre aux cinq clous, registre in-fol. de 146 feuillets, en parchemin, écrit au xıııe siècle, et contenant le Conseil de Pierre des Fontaines, les Etablissements de saint Louis, un discours *Des philosophes et des moralités*, une copie de la charte de commune et des autres titres et priviléges de la ville de Beauvais ; 2° Un beau manuscrit à miniatures, daté de 1506, contenant une copie de la dernière partie du précédent volume. — *Bureau des pauvres :* On y conserve, dans une salle voûtée fermée par une porte en fer, de belles archives placées dans quatre grandes armoires. Chaque armoire est subdivisée en 36 à 40 boites ou layettes, dont chacune est consacrée à l'une des localités où les pauvres de Beauvais possédaient des biens ; les chartes du xıı^e et du xıııe siècle, munies de sceaux bien conservés, abondent dans ces layettes. — *Greffe de la cour :* Papiers de toutes les juridictions de Beauvais et des environs supprimées en 1790 ; ce dépôt, qui ne renferme pas moins de 18 à 20,000 liasses ou registres remontant aux premières années du xve siècle, a été inventorié (1847-51), par M. E. Quesnet, aujourd'hui archiviste d'Ille-et-Vilaine (Voy. *Docum. tirés de la biblioth.*, t. ıv, p. 7). — *Familles :* On conserve dans la famille du président Le Caron de Troussures les papiers de l'abbé Dubos et du voyageur Levaillant, qui tous deux appartenaient à cette famille distinguée.

BÉDARIEUX (Hérault). *Mairie :* Archives pillées ou brûlées en partie en 1793 ; cependant on en a conservé les délibérations de l'hôtel de ville depuis 1667, et trois ou quatre parchemins signés de François Ier et de Henri IV, sur les foires de la ville.

BERGERAC (Dordogne). *Mairie :* Elections des maires et consuls, comptes, droits et fonctions, propriétés et revenus de la ville, priviléges des habitants ; domaine du roi dans la châtellenie, reconnaissances, dénombrements, procédures, limites, établissement du présidial sous Henri II, collége fondé sous Henri IV, lettres de bourgeoisie, jugements rendus par les maires et consuls en matière de police, etc. Les plus anciens de ces titres sont un contrat de l'an 1326 relatif à la division des eaux du Caudau et les actes de la jurade depuis 1352 jusqu'en 1790. — L'inventaire de ce dépôt, qui est en bon ordre, a été fait au dernier siècle et forme un vol. in-fol. — *Greffe :* Plumitifs, sentences et autres papiers de l'ancien sénéchal et de ses 20 juridictions ordinaires, depuis l'année 1721.

BERTANGLE, château (Somme). Archives de M. le marquis de Clermont-Tonnerre, contenant principalement des mémoires militaires du xvııe siècle.

Beuzeville-la-Bastille (Manche). Archives du château de Plein-Marais, remontant au xiiie siècle.

Béziers (Hérault). *Mairie :* Les papiers de la ville de Béziers avaient déjà été dilapidés en 1387 et en 1451. Ce qui en subsiste est encore assez considérable; ils sont logés dans 26 belles armoires, et comprennent : cent chartes environ, restant d'au moins 2000 que Béziers possédait; les registres des consuls commençant à l'an 1435; une cinquantaine de compois ou livres terriers depuis le xvie siècle; les procès-verbaux du droit de cité accordé par la ville aux étrangers; une petite partie des archives de l'ancien chapitre de Saint-Nazaire de Béziers, dont le surplus a été porté aux archives du département; enfin quelques chroniques manuscrites, dont la principale : « Lo libre de las memorias, » gr. in-fol. de 89 feuillets, est une histoire de la ville et une description de ses libertés et franchises, composée par plusieurs de ses habitants durant la seconde moitié du xive siècle et les premières années du xve. La société archéologique de Béziers a publié cette chronique en 1836. — *Hôpital :* Archives assez importantes. — *Greffe* du tribunal : Documents modernes et registres de l'état civil depuis 1734.

Bonneval (Eure-et-Loir). *Mairie :* Titres relatifs à un projet de bureau d'élection à Bonneval, xviiie siècle. Lettre du duc d'Orléans pour accepter le titre de général de la garde nationale de Bonneval, 1789. — *Hospice :* Son plus ancien titre est une lettre patente de Louis XIV; décembre 1696.

Bordeaux (Gironde). *Mairie :* Archives considérables remontant au xiiie siècle; délibérations des maires et jurats; comptes et pièces comptables des trésoriers de la ville; registres de l'état civil; environ 3000 liasses et registres. — *Greffes :* Archives très-importantes de l'ancien parlement de Guyenne. — *Hospices :* Archives anciennes et très-considérables. — *Notaires :* Bordeaux possède un dépôt commun des minutes des notaires établi depuis l'année 1711 sous le nom de garde-note; on y trouve environ 2000 registres ayant appartenu à plus de 300 notaires, et remontant au xve siècle [rapport du préfet, 1813].

Bouglon (Lot-et-Garonne). *Mairie :* Charte et coutumes de la ville, écrites à la fin du xiie ou au commencement du xiiie siècle.

Bourges (Cher). *Mairie :* Un assez grand nombre de procès-verbaux d'élections et de délibérations municipales; plumitifs et autres documents relatifs à la juridiction de la commune. La pièce la plus ancienne du dépôt est de l'année 1485.

Bourgoin (Isère). *Mairie :* Délibérations municipales ou conclusions consulaires depuis le xve siècle; actes de l'état civil datant de la seconde moitié du xviie.

Brantôme (Dordogne). *Mairie :* Actes divers remontant à l'année 1400.

Breteuil (Eure). *Hôpital :* Charte de fondation (xive siècle), et titres relatifs à l'administration municipale.

Brezolles (Eure-et-Loir). *Hospice :* Quelques consultations d'avocats de la fin du xvie siècle, sur un procès de l'hospice contre le chapelain de Digny.

Briançon (Hautes-Alpes). *Mairie :* Registres des délibérations de la

commune commençant à l'an 1593; anciens cadastres; registres de l'état civil; la pièce la plus ancienne est la charte concédée à la ville par Jean, dauphin, XIIe siècle; on y trouve aussi une lettre de l'archevêque d'Embrun permettant à la commune de Briançon d'avoir un maître pour enseigner la grammaire, 1492. — *Greffe* : Papiers des anciennes juridictions supprimées; répertoires des notaires et des huissiers. — *Notaires* : Dépôt d'archives notariales contenant 300 protocoles et répertoires de 21 notaires de la ville et des environs [rapport du préfet, 1820].

BRIENNE, château (Aube). Belles archives.

BRISSAC, château (Maine-et-Loire). Anciennes archives de famille.

BRIVES (Corrèze). *Mairie* : Une centaine de titres anciens; jugement rendu par les consuls de Brives, langue romane, 1207; registre des dépenses et des recettes des domaines de Périgord et de Quercy, commencé en 1283; terrier de la seigneurie de Donzenac, 1415; compte rendu en patois, du passage de Louis XI à Brives, 1464, etc. (Voy. *Docum. tirés de la biblioth.*, t. III, p. 34).

BROU (Eure-et-Loir). *Hospice* : Titres de propriété du XVIIIe siècle; inventaire de biens et revenus, 1722.

BUCHÈRES, château (Aube). Archives remontant au XVIe ou XVIIe siècle.

CADEROUSSE (Vaucluse). Archives de la famille de Gramont-Caderousse (fonds d'Ancezune, de Sabran, etc.), remontant au XIIIe siècle.

CAEN (Calvados). *Mairie* : Peu de pièces antérieures au XVe siècle. L'article le plus important est le *Matrologe*, cartulaire municipal dont M. Léchaudé a publié une table à la fin de son ouvrage sur les archives départementales du Calvados. — *Hôpital* : Pièces du XIIIe siècle.

CASTELJALOUX (Lot-et-Garonne). *Mairie* : Livre des actes des consuls et de leurs comptes, 1372-1373.

CASTELLANE (Basses-Alpes). *Mairie* : 250 liasses environ; quelques-unes des pièces qui s'y trouvent remontent à l'année 1252 [rapport du préfet, 1820].

CASTELNAUDARY (Aude). *Mairie* : Archives considérables inventoriées pièce par pièce. Elles étaient jadis placées dans des niches pratiquées au mur. Les plus anciens documents qu'elles contiennent sont de l'an 1338. Série complète des registres de délibérations des consuls de la ville, depuis le 15 septembre 1513. — *Greffe* du tribunal : Lettres d'érection du siége de la sénéchaussée de Castelnaudary, 1553; registres d'audience du sénéchal et du présidial. — *Notaires* : Actes remontant au XIVe siècle.

CARPENTRAS (Vaucluse). *Greffe* : Le plus considérable des dépôts judiciaires du département. Il contient les archives de l'ancienne chambre apostolique de Carpentras, celles des officialités de Carpentras et de Vaison, celles enfin de plusieurs greffes de justices seigneuriales du comtat Venaissin qui sont venues s'y joindre lors de leur suppression en 1791, etc. — Archives de la famille des Isnards.

CAUSANS (Vaucluse). Archives de la famille de Causans.

CETTE (Hérault). La ville de Cette ne datant que de l'année 1666, ne peut avoir d'anciennes archives; le principal fonds qu'elle conserve sont les papiers du tribunal de l'amirauté pendant le XVIIIe siècle.

CHALONS-SUR-MARNE. *Mairie :* Archives considérables, mais en désordre : 200 lettres des rois de France, dont 60 signées de Henri IV; 8 liasses relatives à la draperie de Châlons, jadis fort importante ; on y trouve un grand nombre de chartes des xiiie et xive siècles, concernant les démêlés des drapiers avec l'évêque. Affaires des protestants. Affaires de la Ligue ; correspondance des princes lorrains. Collection des registres du conseil de ville, depuis 1417 jusqu'à 1789 (avec lacune des années 1424-30, 1530-33, 1570-73). Documents relatifs aux guerres civiles sous Charles VI, aux changements du gouvernement municipal, aux querelles de l'évêque avec les habitants de Châlons. Papiers des fabriques de la ville, xive siècle ; actes de l'état civil des douze anciennes paroisses de Châlons, xvie-xviiie siècles. Un registre in-4° de 510 feuillets, composé en 1503 par Louis Beschefer, procureur fiscal de l'évêché, et intitulé : *Droitz, prééminences, fiefs, prérogatives, etc., de Mgr Gilles de Luxembourg, évesque et comte de Châlons.* Ce volume, compilé sur d'anciens cartulaires et principalement sur le registre du bailliage de Châlons de 1328, est un précieux recueil de titres sur les formalités de l'installation des évêques, la jurisprudence de la prévôté épiscopale, les corporations d'arts et métiers de Châlons, les droits de l'évêque sur la ville et les seigneuries qui en dépendaient ; il contient enfin un catalogue de ces prélats et une collection des chartes émanées d'eux depuis le xiiie siècle. — *Greffe* du tribunal, classé récemment par M. Drouet, greffier : Titres du présidial et du bailliage, xvie siècle-1790. — *Hôpital :* Nombreux documents des trois derniers siècles ; huit ou dix du xiiie.

CHARBONNIÈRES (Eure-et-Loir). Archives de M. le comte de Charmoy, titres du xvie siècle.

CHARMONT, château (Aube). Archives remontant au xvie siècle.

CHARTRES. *Mairie :* 58 registres des délibérations de la commune, 1437-1789. Comptes des receveurs municipaux depuis 1357. Registres de l'état civil des onze paroisses de la ville ; le plus ancien remonte à 1526. Registres de police depuis 1700. Original de la charte de commune octroyée par Charles de Valois, mars 1297. Lettres patentes de Henri III, établissant la foire des Barricades et celle de la Saint-Barthélemi ; mai 1588. Pièces concernant les chevaliers de l'Oiseau royal ou compagnie du vidame ; documents sur les contagions de 1531, 1627, 1630. Priviléges, titres de propriété, etc. Total : 140 cartons, environ 80 liasses et plus de 500 registres. — *Greffe* du tribunal civil : Documents provenant des bailliages de Chartres, Janville, le Puiset, Saint-Prest, Prasville, Maintenon, etc. ; titres de la mairie de Loens et de la chambre épiscopale ; xvie siècle - 1790. Registres de l'état civil des communes de l'arrondissement de Chartres, depuis le commencement du xvie siècle. — *Greffe* du tribunal de commerce : Titres du xvie au xviiie siècle, commençant par l'édit royal portant création d'une juridiction consulaire dans la ville de Chartres, 5 décembre 1566. Registres d'audience contenant les jugements rendus depuis 1750. — *Hospices :* Belles archives, mais en désordre ; elles paraissent remonter jusqu'au xie siècle. — *Notaires :* Me Isambert : minutes depuis 1534 ; terriers des seigneuries de la Bourdinière, Craches, Chêne-Doré, Monteligeon, Rozay, Berchères-l'Évêque, Mignières, Saint-Loup, Saint-Prest, Luplanté, Mur en Muret, du chapitre Saint-Maurice de Chartres et du prieuré d'Oysème. Me Lemaitre : minutes de-

puis 1445; terriers de Dammarie. Me Fournier : minutes depuis 1607; terriers de Prunay-le-Gillon et Dampierre-sur-Blévy. Me Castel : minutes depuis 1544; terriers de Lunéville, Gastelles-la-Grappe, le Coudray, la Tour-de-Chartres, Grasville, Umpeau. Me Moulin : minutes depuis 1552; terriers du prieuré de Saint-Denys-de-Nogent, du vidamé de Chartres, le Bouglainval et la Barre-de-Lucé; aveux rendus à la baronie de Châteauneuf, de 1350 à 1410. Les autres notaires de Chartres n'ont que des minutes, quelques-unes du xve siècle.

CHAOURCE (Aube). Belles archives municipales remontant au xII^e siècle.

CHATEAUDUN (Eure-et-Loir). *Greffe* : Papiers des anciennes juridictions de l'arrondissement supprimées. Minutes de notaires commençant à l'année 1400; ces minutes avaient autrefois un dépôt commun dans le château, où les seigneurs de Châteaudun prenaient soin de les faire apporter ; après la révolution, elles furent offertes aux notaires en charge, qui refusèrent de les prendre; on les mit alors au greffe. — *Hospice* : Très-belles archives, dont les plus anciens titres sont du commencement du xI^e, ou même de la fin du xe siècle.

CHATEAUNEUF (Eure-et-Loir). *Hospice* : Titres remontant à l'an 1624.

CHATEAUROUX (Indre). Point d'archives anciennes à l'hôtel de ville. — *Greffe* du tribunal : Dépôt considérable renfermant les papiers des anciennes juridictions du bas Berry, supprimées en 1791. Bailliage de Châteauroux (formé seulement en 1740); bailliages de Châtillon, d'Argenton, d'Issoudun; prévôté, élection, grenier à sel d'Issoudun; justices seigneuriales supprimées, parmi lesquelles plusieurs renferment des titres assez anciens, celle de Valençay par exemple, où se trouvent des documents du xve siècle.

CLERMONT (Hérault). *Mairie* : Il ne lui reste, en fait d'archives antérieures à 1790, qu'un petit nombre de chartes, dont les premières sont du xIv^e siècle. Tout le reste, dit-on, a péri par le feu sur la place publique en 1792.

CLERMONT (Oise). *Greffe* du tribunal : Papiers des juridictions supprimées, remontant au xvI^e siècle. — *Hospice* : Quelques documents remontant au xve siècle.

COMPIÈGNE (Oise). Les anciennes archives de cette ville sont dispersées; MM. de Cayrol et de Crouy en ont rassemblé, à la bibliothèque de la ville, les débris, qui se composent d'une centaine de diplômes sur parchemin (dont le plus ancien est la charte accordée à la commune par Louis VII, en 1153), et d'un recueil de lettres adressées par les rois de France et divers grands personnages aux magistrats municipaux de Compiègne depuis le xve siècle jusqu'à nos jours. Les seuls titres anciens qui se trouvent dans les archives mêmes de la ville, sont une série des comptes municipaux depuis l'année 1406. On y conserve aussi une collection de notes, de mémoires et de dessins qui sont l'œuvre d'un citoyen de la ville nommé Leré, et qui remplissent près de 40 boîtes ou cartons. Pendant une grande partie de sa vie, de 1800 à 1835 environ, Leré décrivit, mesura et dessina avec une minutieuse exactitude, tous les objets intéressants qui appelèrent son attention, depuis les haches celtiques et les tuiles romaines, jusqu'à des curiosités telles que la tente de campagne de Napoléon, qui se trou-

vait à Compiègne en 1814. Les manuscrits de Leré sont une collection de très-grand prix pour l'histoire et l'archéologie du pays qu'il habitait.

Coutances (Manche). *Mairie :* Charte du couvent des jacobins de la ville, XIIIe siècle. — *Evêché :* Les archives de l'ancien évêché et de la cathédrale sont au palais épiscopal, et ont été mises en bon ordre par M. Dubosc, archiviste du département. Ces archives remontent au XIIe siècle. Cartulaire de la cathédrale, manuscrits importants du XIVe siècle; comptes et registres de délibérations (Voir Delamare, *Essai sur la cathédrale de Coutances*). Recueil des statuts des corporations industrielles de la ville (Voir l'*Annuaire de la Manche*). — *Hôpital :* Dépôt considérable, assez en ordre, contenant beaucoup de titres du XIIIe siècle.

Crillon (Vaucluse). *Mairie :* 12 registres de l'état civil, de 1588 à 1792; registres des délibérations, depuis 1475; registre des actes relatifs à la commune, 1592-1661; divers livres de comptes, 1623, 1626, 1632, etc.; registre des transactions de la commune avec le seigneur de Crillon et autres, 1557-1648; registre des ordonnances, rescrits et lettres des vice-légats et des recteurs du comtat Venaissin, 1760-83; livre d'anniversaires de l'église paroissiale, 1634 et suiv.; livre des confirmations faites à Crillon par les évêques de Carpentras, 1603-1736; cadastres, comptes, lettres, affiches, etc., etc.

Cussangy (Aube). Archives municipales remontant au XVIe siècle.

Dampierre, château (Aube). Archives du commencement du XVIe ou de la fin du XVe siècle.

Dieppe (Seine-Inférieure). *Mairie :* Archives considérables qui contiennent, en copie du moins, des pièces assez anciennes, telles que le Coutumier de la ville, recueil composé vers 1340. Elles sont réunies à la bibliothèque. — *Greffe :* Il s'y trouve, ou s'y trouvait, un état des fiefs du bailliage de Caux, au XVe siècle.

Digne (Basses-Alpes). *Mairie :* 200 liasses environ et 50 registres; la pièce la plus ancienne est une requête présentée par la commune à la comtesse de Provence (XIIe siècle), et au bas de laquelle la comtesse accorde aux habitants de la ville de Digne divers priviléges [rapport du préfet, 1820].

Dijon. *Mairie :* Archives très-importantes dirigées par M. Joseph Garnier, ancien archiviste du département de la Côte-d'Or. Elles sont classées en archives antérieures et archives postérieures à 1789, et comprennent vingt-quatre subdivisions marquées chacune par une lettre de l'alphabet.

A. Administration générale. — Etats généraux, 1411-1789; états de la province de Bourgogne, 1360-1789; parlement; chambre des comptes; bureau des finances; cour des aides; domaine; intendance de Bourgogne; bailliage; chancellerie, ban et arrière-ban; monnaies; pièces politiques relatives aux événements de l'histoire générale, tels que les troubles des Armagnacs, les campagnes du duc Charles le Téméraire, celles de François Ier, de Louis XIV, la Ligue, etc., 1410-1756.

B. Commune et administration municipale. — 1 : Charte de commune, 1183, et tous les priviléges octroyés par les ducs de Bourgogne depuis Hugues III jusqu'à Charles le Téméraire, 1183-1474, et par les rois de France depuis Philippe-Auguste, 1183-1781. 2 : Francs fiefs. 3 : Prévôté. 4 : Serments de fidélité, entreprises des ennemis, les Suisses, la Ligue, etc. 5 : Créations d'offices municipaux. 6 : Elections et préroga-

tives des vicomtes majeurs. 7 : Gardes des évangiles et commis du magistrat. 8 : Echevins. 9 : Conseillers ordinaires. 10 : Conseillers spéciaux. 11 : Notables, prud'hommes. 12 : Procureurs syndics. 13 : Substituts. 14 : Procureurs spéciaux. 15 : Secrétaire de la ville. 16 : Clercs de la ville. 17 : Sergents de la mairie. 18 : Trompettes. 19 : Ménétriers. 20 : Chambre de ville, ou pièces d'un intérêt général pour la magistrature municipale : préséances, séances aux états du duché, robes d'honneur, voyages en cour, réparations d'honneur, jetons, mobilier, buvette. 21 : Archives. 22 : Registres : I, cartulaires ; II, délibérations (300 vol.), 1341-1789 ; III, inventaires ; IV, correspondances, magnifique collection de 32 volumes, contenant 5566 lettres des années 1395 à 1799, toutes inventoriées ; V, registres d'état civil des paroisses avant 1792.

C. Juridiction municipale. — Actes prouvant le droit de la mairie à exercer la justice haute, moyenne et basse, 1197-1789. Débats pour la juridiction. Registres de justice civile et criminelle. Prisons, questionnaire, bourreau.

D. Culte. — Actes relatifs au clergé séculier et régulier ; au culte réformé.

E. Etablissements de bienfaisance.

F. Instruction publique. — Ecoles ; collèges Godran et Martin ; université projetée par François Ier, établie par Louis XIV ; cours divers.

G. Arts et métiers, commerce et subsistances. — Statuts et affaires relatives à tous les métiers de la ville, xive-xve siècles ; maîtrises et jurandes ; justice consulaire ; informations de vie et mœurs ; poids et mesures ; éminage ; manufactures et commerce ; délits et contraventions ; foires, marchés ; taxe et police des subsistances ; mercuriales ; blés ; approvisionnements ; boulangerie ; boucherie.

H. Affaires militaires. — 1 : Gouverneurs, lieutenants généraux de la province ; capitaine ou commandant militaire de la ville. 2 : Milice bourgeoise. 3 : Compagnies de jeux d'armes. 4 : Guet et garde. 5 : Arsenal de la ville. 6 : Fortifications. 7 : Milice. 8 : Garnison. 9 : Logements militaires. 10 : Casernes. 11 : Etapes.

I. Police. — 1 : Affaires générales ; fêtes publiques ; cérémonies ; entrées des ducs, rois, etc. ; présents faits au nom de la ville ; lois somptuaires ; mystères, comédies. 2 : Police de sûreté, séditions, malfaiteurs, prostitution. 3 : Police rurale.

J. Voirie. — Voyeur ou voyer ; rues et places ; constructions, pavé, boues, éclairage ; portes ; chemins, routes ; fontaines publiques ; puits ; égouts ; cours d'eau ; canal de Bourgogne ordonné par Louis XII ; moulins ; usines.

K. Patrimoine et biens communaux. — Territoire. Propriétés foncières : Hôtel de ville, halles, horloges ; édifices publics ; maisons et terrains appartenant à la ville ; communaux, promenades ; biens accensés ; octrois.

L. Impositions. — Collecteurs ; aides ; marcs ; fouages ; tailles, taillon, impôts extraordinaires ; impositions locales ; habitantage ; décharges, modérations ; priviléges ; rôles et comptes des impôts ; xive et xve siècles.

M. Finances. — Receveur de la ville ; emprunts et dettes ; créances ; états de la caisse municipale ; recettes et dépenses ; redditions de comptes ; contrôle ; comptes des receveurs du patrimoine et des octrois.

Ici s'arrête la division des archives antérieures à 1790, qui comprend 1450 registres et 1400 liasses contenant près de 60,000 pièces.

Archives postérieures à 1790 : N, administration générale ; O , administration municipale ; P, culte ; Q, établissements de bienfaisance ; R, instruction publique ; S, subsistances ; T, affaires militaires ; U, police ; V, voirie ; X, biens de la ville ; Y, contributions ; Z, finances, comptabilité.

Hospices : Les archives de l'hôpital général de Dijon ont été réorganisées en 1839 par M. Joseph Garnier, dont le rapport concernant ce travail a été publié. Ce dépôt comprend les archives de l'hôpital du Saint-Esprit, fondé en 1204 ; de ceux de Notre-Dame, de la Charité, de Saint-Fiacre, de Saint-Jacques, de la Chapelle-aux-Riches, de la Maladière, du Val-de-Suzon, d'Arceau, de Fouvent, de Brochon, etc. Les plus anciens de ces documents, parmi lesquels se trouvent beaucoup de bulles et de diplômes des rois et des ducs, sont du XIIIe siècle. — *Greffe de la Cour :* Les archives du parlement de Dijon ont été ouvertement dilapidées ; il subsiste encore cependant des dossiers de procédure du XVIe et du XVe siècle ; mais en grand désordre. — *Notaires.* La chambre des notaires de Dijon conserve aussi des titres anciens.

DOUAI (Nord). *Hospices :* Les archives des établissements de bienfaisance de la ville de Douai sont très-riches ; le secrétaire de cette administration, M. Brassart, en a publié, en 1841, un inventaire détaillé qui forme un volume in-8º contenant la description de 1890 articles, dont les plus anciens sont du commencement du XIIIe siècle.

DREUX (Eure-et-Loir). *Greffe :* Registres de l'état civil depuis 1625 environ. — *Hospice :* Charte accordée par Louis le Gros à l'Hôtel-Dieu, 1132 ; donation du bois de Gougerval à l'Hôtel-Dieu, par Robert de Dreux, 1186, etc., etc.

EMBRUN (Hautes-Alpes). *Mairie :* Archives anciennes qui passaient [en 1820] pour contenir une pièce de l'an 1034. M. Charronnet, archiviste du département, les a classées récemment, et y a seulement trouvé : une charte qui paraît du commencement du XIIe siècle, et par laquelle un homme se donne à l'église d'Embrun ; une charte d'attribution des droits régaliens par l'empereur Conrad à l'archevêque d'Embrun, 1147 ; une confirmation des priviléges de la ville par l'empereur Frédéric, 1238 ; un grand nombre de pièces du XIIe au XVe siècle, sur les débats soutenus par la ville au sujet des pâturages et autres droits ; des registres de délibérations à partir du commencement du XVIIe siècle ; des comptes consulaires ; des documents sur les guerres de religion au XVIe siècle, sur l'invasion du duc de Savoie, en 1692, etc.

ERVY (Aube). Les papiers de l'hôpital remontent au XIVe siècle.

EU (Seine-Inférieure). *Mairie :* Archives intéressantes. On y remarque surtout un manuscrit du XIIIe siècle, connu sous le nom de *Livre rouge* de la ville d'Eu. C'est un registre des priviléges et des délibérations de la municipalité. Il commence par une pièce des plus importantes, une traduction en français du milieu du XIIIe siècle de la première charte de commune de Saint-Quentin, l'une des plus anciennes de France, car elle fut concédée aux habitants de cette ville par les comtes de Vermandois vers l'an 980, et le texte original en est perdu. Cette pièce a été éditée avec peu de soin dans l'*Histoire de la ville d'Eu,* par M. D. Lebeuf. On a aussi, sur le *Livre rouge,* une *Notice* publiée par M. Le Roux de Lincy, dans la *Revue française* (1836).

Évreux. *Mairie* : Archives remontant au xiv⁰ siècle. — *Hôpital* : Cartulaire de la maladerie Saint-Nicolas, écrit au xiii⁰ siècle, contenant des actes du xii⁰ ; comptes du xiv⁰. — *Evêché :* Le cartulaire de la cathédrale est resté à l'évêché.

Falaise (Calvados), *Hôpital :* Pièces du xii⁰ siècle (Voy. l'*Hist. de Falaise*, par Langevin).

Ferrals, château (Aude). Archives de Mme la comtesse de Roquelaure.

La Ferté-sur-Aube (Haute-Marne). Archives municipales remontant au xiii⁰ siècle.

Figeac (Lot). *Mairie :* Dépôt important dont les pièces anciennes sont énumérées en détail dans un rapport de M. Marvaud (*Docum. tirés de la biblioth. roy.*, t. iii, p. 55). Voici quelques-unes des principales : Copie de plusieurs actes d'hommage rendus par les comtes de Toulouse aux abbés du monastère de Figeac, xii⁰ siècle ; procès-verbal d'une assemblée des états de Quercy, 1214 ; vidimus de la soumission d'un corps de routiers à Simon de Montfort, 1214 ; vidimus d'une lettre des consuls de Brives à ceux de Figeac pour demander des secours contre le vicomte de Turenne, 1224 ; traité de Raymond IV, vicomte de Turenne, avec les consuls de Figeac contre les routiers, 1230 ; accord entre l'abbé de Figeac et la ville, 1251 ; confirmation des priviléges de la ville par Saint-Louis, 1257 ; vidimus des chartes de fondation et de consécration de l'abbaye de Figeac (755 et 1095), xiv⁰ siècle ; registre des coutumes et priviléges de la ville, xiv⁰ siècle ; procès-verbal d'une assemblée du consulat dans laquelle on s'oppose aux demandes du roi, 1344 ; ordonnance du roi sur la monnaie à Figeac, 1350 ; pièces relatives à la domination anglaise ; minutes de notaires, 1376-1450 ; statuts de la confrérie de Saint-Vivien, 1398 ; registres d'impositions, 1400, 1550, 1615, 1620 ; registres de l'état civil, 1602-68 ; registres des actes consulaires, 1606-27 ; registres des délibérations de la commune, 1644-1718.

Frazé (Eure-et-Loir). Archives de M. le marquis Thiroux de Gervilliers. Titres remontant à l'an 1427.

Frontignan (Hérault). *Mairie :* Possède diverses chartes du xiv⁰ siècle, c'est-à-dire du temps de la domination des princes de Majorque et d'Aragon. Registres de reconnaissances remontant à 1451. Compoix, 1596-1622.

Ganges (Hérault). *Mairie :* Chartes et registres des xiii⁰, xiv⁰ et xv⁰ siècles, relatifs aux droits et priviléges de la commune ; 400 registres d'anciens notaires de Ganges ayant instrumenté aux mêmes époques. Compoix dressés aux xvii⁰ et xviii⁰ siècles. — Les archives du château de Ganges, qui étaient précieuses, ont été portées à Paris par l'héritier de la marquise de Ganges.

Gap (Hautes-Alpes). *Mairie :* Cartulaire connu sous le nom de Livre rouge ; ce manuscrit, le plus important monument historique du pays, contient la copie des priviléges de Gap et des actes passés entre les évêques-comtes et les habitants de la ville ; la transaction définitive conclue entre eux, la grande charte de 1378, est un document précieux. Les évêques de Gap ne pouvaient jadis prendre possession de leur siège qu'après avoir prêté serment, la main sur le Livre rouge, d'observer les priviléges

de la ville. Lettres de Lesdiguières et autres documents relatifs aux guerres de religion ; documents sur la peste de Gap, en 1630 ; sur l'incendie de cette ville par le duc de Savoie, en 1692 ; registres des délibérations de la commune depuis le xv⁰ siècle, mais sans lacunes depuis 1599 seulement. Ce dépôt est d'ailleurs en grand désordre. — *Cathédrale* : La fabrique possède, dit-on, d'anciens documents. — *Hôpital*, autrefois couvent des capucins : Parmi les titres anciens qu'il possède, se trouve un manuscrit intitulé : *Annales des capucins* contenant divers renseignements sur l'histoire du pays depuis 1530 jusqu'à 1658, époque de sa rédaction. M. Charronnet, archiviste des Hautes-Alpes, a donné l'analyse de ce volume dans le *Bull. de la Soc. de l'hist. du protestantisme français*, t. II, p. 368. — *Notaires* : Leurs archives ne remontent guère qu'au milieu du xvii⁰ siècle. Papiers des anciens bailliages de l'arrondissement.

GIGONDAS (Vaucluse). *Mairie* : Registres de l'état civil depuis le 9 juillet 1605 ; registres des délibérations depuis le 4 février 1592 ; comptes, 1586-1793 ; inventaires annuels des archives de la commune, 1733-90 ; statuts de la commune, 1591 ; cadastres, 1590-1658, etc.

GISORS (Eure). *Mairie :* Documents du xvi⁰ siècle et des suivants. — *Eglise :* Comptes de fabrique du xvi⁰ siècle ; ils ont été l'objet d'un travail publié par M. L. de Laborde.

GOURDON (Lot). *Mairie* : Documents historiques très-intéressants ; vente d'une maison par la commune, 1250 ; testament en faveur des églises de la ville, 1260 ; actes relatifs à l'administration municipale, 1253-97 ; engagement pris par un habitant d'aller combattre deux années dans la terre sainte, en expiation d'un homicide, 1289 ; rouleau long de 4 mètres contenant divers ordres donnés par les consuls pour la défense de la ville contre les Anglais, 1320 ; registre contenant l'historique de la construction de l'église de Gourdon, 1303-1514 ; registres des priviléges et coutumes de la ville, xiv⁰ siècle ; plainte des consuls et habitants, au roi, touchant les mauvais traitements exercés contre eux par leur seigneur, 1394 ; plan de la ville et du château, dessiné en 1446 ; procès-verbal de la démolition du château de Gourdon, ordonnée par le duc de Mayenne, 1609, etc., etc. (Voy. *Docum. tirés de la biblioth.*, t. III, p. 49).

GRASSE (Var). *Mairie :* On y conserve un dépôt extrêmement riche et précieux qui avait été complétement oublié depuis 1790, lorsqu'en 1854, dans le cours d'un voyage, M. Ferd. de Lasteyrie, en passant à Grasse le rendit à la lumière (Voy. l'article qu'il a publié à ce sujet dans l'*Athenæum français* du 25 mars 1854). Ce dépôt ne renferme rien moins que les archives de l'évêché de Grasse, celles de l'évêché de Vence et celles de l'abbaye de Saint-Honorat de Lérins qu'on assurait avoir été brûlées en 1793 ; les titres appartenant à ces trois fonds remontent aux premières années xi⁰ siècle ; M. de Lasteyrie cite une charte de l'an 1038 contenant donation de la seigneurie de Vallauris aux religieux de Lérins, et il y a, dit-il, des chartes antérieures. La mairie de Grasse contient, en outre, d'anciennes archives municipales et judiciaires.

GRÉALOU (Lot). *Mairie :* Ancienne charte de commune en langue romane ; cette pièce a été l'objet d'une publication de M. Champollion-Figeac.

GRENOBLE (Isère). Les archives municipales de Grenoble datent du mi-

lieu du xiiie siècle. Une charte de franchise accordée aux habitants de cette ville, en 1252, par leur évêque et par le dauphin, constate qu'un incendie avait détruit, en cette même année, leurs archives. Mais à partir de cette époque, Grenoble a conservé presque intactes ses archives municipales. C'est donc un dépôt précieux. Il a été, en grande partie analysé par M. Pilot, archiviste du département, dans son *Histoire municipale de Grenoble*, publiée en 1843-52. — L'*évêché* de Grenoble a conservé d'anciennes archives, notamment une série de procès-verbaux de visites pastorales commençant un peu avant l'année 1350. — La *fabrique* de la paroisse Saint-Laurent, de la même ville, possède des documents du xvie et du xviie siècles. — *Hôpital général :* Il date de l'année 1424; ses archives sont à peu près complètes. — *Notaires :* Dès le xviie siècle, les notaires de Grenoble étaient réunis en une corporation qui recueillait les protocoles et minutes de ses membres; ses anciennes archives forment le noyau de celles de la chambre actuelle des notaires de l'arrondissement; on y trouve des actes de notaires du xve siècle et même du xive.

GRILLON (Vaucluse). *Mairie :* 40 titres de propriété remontant aux années 1317, 1323, 1454, etc.; 2 livres de comptes des syndics, 1400-1531; 7 autres registres de comptes, 1596-1775; 9 registres des enchères et délivrances, 1428-an xiii; registres des délibérations depuis 1625, de l'état civil depuis le 12 octobre 1740 (Voy. un rapport de M. Chambaud, *Docum. tirés de la biblioth.*, t. ii, p. 128).

GUINGAMP (Côtes-du-Nord). *Mairie :* Documents du xvie au xviiie siècle, notamment une liasse de titres relatifs à l'organisation municipale, 1555-1709.

HEILLY, château (Somme). Archives remarquables contenant, entre autres titres, des chartes des xiie et xiiie siècles, concernant la fondation du prieuré de Saint-Laurent-des-Bois, proche Heilly (Voy. *Docum. tirés de la biblioth.*, t. 1er, p. 436).

L'ISLE (Vaucluse). L'église collégiale de ce lieu est riche en parchemins fort anciens qui sont encore aujourd'hui renfermés dans un des piliers de la nef, et qui ont dû à cette circonstance, dit-on, de n'avoir pas été brûlés en 1793.

ISSOUDUN (Indre). *Mairie :* Chartes de priviléges et autres titres concédés à la commune et remontant à la première moitié du xiie siècle; pièces relatives aux guerres de religion et de la Ligue (Voir une notice publiée par M. de la Villegille, *Docum. tirés de la biblioth.*, t. 1er, p. 231).

JALESNES, château (Maine-et-Loire). Anciennes archives de famille.

JOGANVILLE (Manche). Chartrier de la branche de la maison d'Harcourt qui possédait la baronie et le château d'Ollode; titres remontant au xive siècle.

JONQUERETTES (Vaucluse). *Mairie :* Registres de l'état civil depuis le 7 septembre 1625; registres des délibérations de la commune depuis le 4 juillet 1790 seulement.

LA BASTIDE-D'ANJOU (Aude). *Notaire :* Registres de 1600-93 concernant l'abbaye de Prouille.

LA-GARDE-PARÉOL (Vaucluse). *Mairie :* Registres des délibérations de

la commune depuis le 16 mai 1613 et des actes de l'état civil depuis le 10 août 1750; anciens comptes; anciens cadastres, etc.

LALINDE (Dordogne). *Mairie:* Chartes de priviléges, 1267-1611; registre des délibérations et actes des consuls commençant au xvie siècle.

LAMBALLE (Côtes-du-Nord). *Mairie:* Ses archives remontent à l'année 1400; elles contiennent un grand nombre de titres concernant les familles du pays et provenant des anciennes seigneuries; mais elles sont surtout riches en procédures civiles et criminelles des juridictions supprimées en 1791.

LA MURE (Isère). *Mairie:* Délibérations municipales ou conclusions consulaires depuis le xve siècle; actes de l'état civil datant de la seconde moitié du xviie.

LA PALUD (Vaucluse). *Mairie:* Titres divers relatifs aux biens et priviléges de la commune, 1278, 1283, 1306, etc.; cahiers de lièves imposées sur les habitants, 1419, 1601, 1603; cadastres divers, 1451-1740; registres de l'état civil depuis 1595; registres des délibérations depuis le 3 mai 1604; registre des ordonnances, lettres, etc., des vice-légats et des recteurs du comtat Venaissin, 1760-86; registre des confrères de la compagnie du Saint-Rosaire, 1718; comptes annuels du trésorier; circulaires, lettres, affiches, etc. (Voy. un rapport de M. Chambaud, *Docum. tirés de la biblioth.*, t. II, p. 132).

LA ROCHE-DE-BRAN, près Poitiers (château de). Archives de M. le duc d'Escars.

LA ROCHELLE (Charente). *Mairie:* Archives assez considérables, mais qui ne remontent pas au delà de 1630. Non-seulement les archives de la Rochelle, mais celles de plusieurs villes protestantes du royaume, qui y avaient été transportées comme dans la place forte du parti, furent enlevées par le cardinal de Richelieu et envoyées à Paris au mois d'octobre 1631. Elles furent déposées à la chambre des comptes et l'on en possède un état sommaire dressé en 1715; mais on ignore absolument ce qu'elles sont devenues, et quelques personnes pensent qu'elles ont été détruites en 1737 dans l'incendie de la chambre des comptes.

LE BARROUX (Vaucluse). *Mairie:* 6 registres de l'état civil, 1612-1793; registres des délibérations depuis le 1er mai 1663; comptes des syndics et consuls; comptes des trésoriers, 1670-1752; livre des actes de la commune; registre des lods et cens dus au seigneur, 1700-13; registre des ordonnances, rescrits, lettres, etc., des vice-légats et des recteurs du comtat Venaissin, 1690-1779; cadastre de 1654, etc., etc.

LE CRESTET (Vaucluse). *Mairie:* Registres des délibérations depuis 1601; registres de l'état civil depuis 1694; cadastres, 1654 et 1767; 7 terriers; enchères et délivrances, 1713-52; 2 registres des pensions dues par la communauté; registre pour la distribution des blés en 1787, etc.

LECTOURE (Gers). Les archives de la mairie de cette ville passaient pour avoir été détruites pendant la révolution, lorsqu'en 1844 elles furent retrouvées, par M. de Métivier, dans un galetas de la mairie, où elles étaient amoncelées comme papiers de rebut (Voir les rapports de M. de Métivier, *Docum. tirés de la biblioth.*, t. III, p. 39). Hommage rendu par

les consuls de Lectoure à Edouard Ier, roi d'Angleterre, 1273; autres hommages, 1308-1493; rédactions originales des coutumes de la ville, 1343, 1448, 1487; confirmations diverses de ses priviléges; pièces relatives à l'élection des consuls; registres de comptes depuis le xve siècle; charte d'établissement de la sénéchaussée d'Armagnac à Lectoure, 1473; pièces relatives à l'évêché, au chapitre et aux couvents de Lectoure, depuis 1309; lettres de rois et princes à partir de Charles VIII, etc., etc.

LE LOUROUX-BÉCONNAIS (Maine-et-Loire). L'église de cette petite ville est la seule du département qui ait conservé d'anciens titres.

LE MANS. *Mairie :* Les archives ont été livrées aux flammes par les Vendéens, en 1799; on en conserve les débris à la bibliothèque publique. — *Greffe :* papiers des juridictions seigneuriales, dans le désordre le plus complet. — *Chapitre* de la cathédrale : Registres et documents divers, dont les plus anciens sont du xvie siècle. — *Paroisses :* Archives des fabriques, xive-xviiie siècles. — *Hôpital général* fondé en 1658 et maisons de charité plus anciennes réunies à cet établissement : Archives remontant au xiiie siècle, classées en 1853 par M. Bilard, archiviste du département.

LE TOUVET, château (Isère). Belles archives de famille de M. le marquis de Marcieu, remontant au xiie siècle.

LE VIGAN (Gard). Archives municipales dont le plus ancien titre est un ordre donné par le duc de Montmorency à la viguerie du Vigan, le 21 avril 1632, de mettre un corps de troupes sur pied [rapport du préfet, 1812].

LES RICEYS (Aube). Archives municipales remontant au xvie siècle.

LISIEUX (Calvados). *Mairie :* Registres de délibérations et autres documents assez nombreux, mais ne remontant pas au delà du xve siècle. — *Greffe* du tribunal : renferme les papiers du bailliage-vicomtat de Lisieux et ceux du bailliage d'Orbec (Voy. un rapport de M. de Formeville, 1835; *Docum. tirés de la biblioth.*, t. 1er, p. 53).

LODÈVE (Hérault). *Mairie :* 80 chartes des xive, xve et xvie siècles, avec un inventaire desdites chartes dressé en 1591. Anciens compoix, 1408-1789. — *Greffe :* Papiers modernes et doubles des registres de l'état civil depuis 1734.

LOUDUN (Vienne). Archives municipales considérables qui ont fourni à un érudit de la ville, M. Arnault-Poirier, le sujet d'une suite d'études historiques insérées dans un journal de l'arrondissement.

LUNEL (Hérault). *Mairie :* Actes et mémoriaux de l'hôtel de ville depuis 1663. Registres des clavaires, qu'on peut considérer comme formant la tête de la collection précédente, et qui commencent avec les dernières années du xive siècle. Un compoix, in-fol., de l'an 1300; un autre de 1591, en 5 vol. in-folio. Un grand nombre de chartes du xive siècle.

MAINTENON (Eure-et-Loir). Archives de M. le duc de Noailles.

MANTES (Seine-et-Oise). La fabrique de Notre-Dame de Mantes possède des archives remarquables contenant la collection complète des registres capitulaires depuis le xve siècle, et une série de chartes de donation ou de fondation, dont plusieurs du xiiie siècle.

24.

MARTEL (Lot). *Mairie :* Registres de délibérations municipales commençant à l'an 1200; charte de coutumes et privilèges accordée par le vicomte de Turenne, 1248; lettre du même vicomte aux consuls de Martel, au sujet de la juridiction consulaire, 1249; registre judiciaire et de police des consuls, commencé en 1249; autre registre de même date; compromis entre les consuls et les habitants, 1252; documents relatifs aux guerres des Anglais; acte par lequel les consuls de Martel s'engagent à fournir à Guiscard, seigneur de Cavaignac, 400 hommes et 1000 livres d'argent pour chasser du pays les Anglais, 1399; nomination par Jean, comte d'Armagnac, d'un capitaine et gouverneur de Martel, 1346; registre des dépenses faites pour la construction du grand clocher de l'église, 1513; procès-verbaux de plusieurs assemblées des états de la vicomté de Turenne, 1515 et suivantes; plusieurs fragments de registres consulaires contenant des comptes de dépenses et de recettes, des jugements, des règlements de police, xve-xvie siècles. — *Greffe* de la justice de paix : Contient les papiers de l'ancien sénéchal, qui forment un dépôt considérable dans lequel se trouvent des insinuations de jugements de l'an 1290 (Voy. *Docum. tirés de la biblioth. roy.*, t. 1er, p. 318 et t. III, p. 61).

MARSEILLE. *Mairie :* Registres des délibérations de la commune depuis 1293; Livre rouge et Livre noir contenant les statuts et privilèges de Marseille, xiiie-xviie siècles; registres des jugements des tribunaux de Saint-Louis et Saint-Lazare, 1286-1491; collection des lettres originales adressées à la commune, 1390-1790; délibérations homologuées au conseil depuis 1539; correspondance de la mairie depuis 1640; Greffe-de-l'écritoire, ou collection des procès-verbaux d'expertise d'immeubles, depuis 1692; série de documents divers, ou documents sur pièces isolées comprenant 8 à 9000 chartes, dont la plus ancienne est de l'an 875. En 1823, lors de l'expédition d'Espagne, le préfet des Bouches-du-Rhône s'adressa au gouvernement pour l'inviter à réclamer des Espagnols une partie des archives municipales de Marseille, particulièrement des protocoles de notaires, dont Alphonse, roi d'Aragon, s'était emparé en l'année 1422, après avoir saccagé la ville. — *Chambre de commerce :* Papiers divers depuis l'époque de sa création (1599); délibérations (20 registres), 1650-1793; copie de la correspondance entretenue par la chambre sur les matières commerciales et politiques, de 1650 à 1793, précieuse collection de 50 volumes in-folio (Voy. un rapport de M. de Mas-Latrie, 1839; *Documents tirés de la biblioth.*, t. 1er, p. 28). — *Tribunal des prud'hommes :* Des lettres patentes du roi René, du 16 novembre 1477, sont le plus ancien titre de ce dépôt [rapport du préfet, 1820]. — *Intendance sanitaire :* Registres de lois et règlements sanitaires; mouvements de quarantaines pour les bâtiments, les passagers et les marchandises; rapports de médecins et de chirurgiens; instructions de l'administration sanitaire; série d'extraits d'actes des consuls, du parlement, de l'amirauté, de la sénéchaussée, du district et de l'évêché, 1638-1793. — *Hôpitaux :* Leurs anciennes archives réunies à l'Hôtel-Dieu formaient (1820) une série de 2619 articles, dont quelques-uns du xiiie siècle.

MIREVAIL (Aude). *Mairie :* Rôles des impositions depuis 1500. Cinq registres des procès instruits et jugés par les consuls de la ville, 1333-96.

MODÈNE (Vaucluse). *Mairie :* Statuts ruraux de l'an 1429; registres des délibérations depuis 1618; registres de l'état civil remontant à 1591;

livres de comptes des XVIIe et XVIIIe siècles; registre des ordonnances, rescrits et lettres des vice-légats et des recteurs du comtat Venaissin, 1760-67; cadastres, pièces justificatives des comptes; actes divers; lettres; affiches, etc.

Molières (Dordogne). *Mairie :* Charte de coutumes et priviléges concédés à la ville par Edouard III, roi d'Angleterre.

Montbéliard (Doubs). *Mairie :* Franchises de la ville, 1283-1534; Livre rouge, ou livre des admissions à la bourgeoisie, commençant en 1318; Livre doré, ou livre des actes municipaux, XVIIe siècle; etc., etc.

Montcuq (Lot). *Mairie :* Charte de commune en langue romane, concédée par Louis XI à la ville en 1463. Pièces du XVIe siècle.

Montpellier (Hérault). *Mairie :* Les archives municipales de Montpellier, bien qu'antérieures à l'établissement des consuls de cette ville, qui date du XIIIe siècle, ne prennent de l'importance qu'à cette époque. Elles se composent principalement des pièces suivantes : 2750 diplômes, chartes, bulles et autres titres, qui sont pour la plupart des priviléges accordés à la ville, du XIIIe siècle au XVIe; registres des délibérations consulaires jusqu'à la révolution de 1789, et des délibérations du corps municipal jusqu'à nos jours; registres des anciens greffiers consulaires; cadastres, compoix ou livres terriers; comptes des clavaires ou anciens receveurs de la ville, et pièces de comptabilité. On remarque en outre dans ce dépôt plusieurs recueils très-importants : 1° Le « Grand-Thalamus, » in-fol., parch., de 387 feuillets, contenant 606 actes relatifs aux habitants de Montpellier et aux seigneurs de cette ville, de 1204 à 1675; plus la continuation du Grand-Thalamus, 195 feuillets parch., 1680-1789. 2° Le « Petit-Thalamus, » in-4°, parch., 565 feuillets, divisé en cinq parties : les coutumes, les établissements, les serments, la chronique en langue romane-languedocienne, et la chronique française, de 1495 à 1574; une partie de cet ouvrage a probablement été écrite avant 1333 (Voy. la notice publiée à ce sujet par M. Thomas, archiviste de l'Hérault, *Mémoires de la Société archéologique de Montpellier*, 1840). 3° Le « Livre noir, » in-fol., parch., 51 feuillets, 77 pièces; écrit au XIIIe siècle. 4° Le « Mémorial des nobles, » manuscrit latin, in-fol., parch., 216 feuillets avec enluminures; contient 613 actes du XIIIe siècle, concernant les Guillems ou Guillaumes, seigneurs de Montpellier. 5° Un recueil in-folio de portraits en pied des anciens maires, consuls et greffiers de Montpellier, peints sur vélin; le dernier portrait est celui de J.-A. Cambacérès, maire perpétuel de Montpellier, père de l'archichancelier de l'empire, peint en 1765. — *Fabriques :* Les quatre paroisses anciennes de la ville, Notre-Dame-des-Tables, Saint-Pierre, Sainte-Anne et Saint-Denis, ne possèdent de titres que du XVIIe siècle, ou de la fin du XVIe au plus haut. — *L'Hôpital général* de Montpellier fut fondé au XVIIe siècle, sous les évêques Bosquet et Pradel; il hérita, en 1738, de leur successeur Charles-Joachim Colbert, neveu du grand Colbert. Ses archives sont importantes; cependant elles ne comprennent pas celles de l'ancien bureau des pauvres, qui se trouvent aux archives municipales. — *Greffe* de la cour : 1° Papiers de l'ancienne cour des comptes, aides et finances de Montpellier; 2° environ 80 anciens compoix ou cadastres des communautés de Languedoc; 3° Les papiers du bureau des finances des trésoriers de France, de Montpellier; 4° ceux des sénéchaussées de Montpellier et Béziers pour

le civil et le criminel, et ceux des justices bancrettes qui en dépendaient ; 5° ceux des tribunaux des quatre districts ; 6° ceux du tribunal civil, qui remplaça les quatre tribunaux des districts dans le département ; 7° ceux de la cour de justice criminelle ; 8° ceux de la cour d'appel ; 9° ceux enfin qui forment les archives de la cour actuellement impériale. — *Greffe* du tribunal : Papiers modernes, et doubles des registres de l'état civil depuis 1734.

MONTREUIL (Nord). Le greffe du tribunal contient les papiers des juridictions supprimées en 1791, et le greffe du *Gros* d'Hesdin.

NÉRAC (Lot-et-Garonne). *Mairie :* Contient entre autres documents anciens plusieurs documents des années 1130 et suivantes, relatifs à l'abbaye de Paradis dépendant de Fontevraud.

NÎMES (Gard). *Mairie :* Chartes et priviléges ; documents relatifs aux troubles survenus dans la ville à différentes époques ; justice et police municipales ; établissements publics ; tailles et subsides ; comptes ; papiers de la sénéchaussée et du présidial ; minutes de quelques notaires. La plus ancienne pièce de ce dépôt est une exemption du droit de tolte ou de prise, accordée aux habitants de Nîmes par leur vicomte, en 1118. — *Greffe* de la cour : Papiers de plus de 60 juridictions subalternes supprimées en 1790 ; ils ne remontent qu'au milieu du xviiie siècle. Papiers du sénéchal d'Uzès et de la sénéchaussée et présidial de Nîmes, 1500-1600 ; papiers des tribunaux de districts, etc. [1812]. — *Évêché :* En 1826, le préfet du Gard remit à l'évêque de Nîmes une collection considérable de documents provenant des archives départementales, et dont les principaux étaient : 50 registres ou cahiers des délibérations de l'ancien chapitre cathédral de Nîmes ; 40 registres d'insinuations ecclésiastiques ; une série de comptes concernant les décimes imposés sur le clergé, 1500-1785 ; une série de comptes du chapitre de Nîmes ; une de comptes des revenus et charges du diocèse ; une de mandements, mémoires et lettres adressés au clergé de Nîmes par les agents généraux du clergé de Paris ; une de bulles de papes ; divers registres « très-anciens, » intitulés : « Rôles des dignités et chanoines du chapitre de Nîmes, » etc.

NOGENT-LE-ROI (Eure-et-Loir). *Hospice :* Titres, dont le plus ancien est l'acte de fondation de l'Hôtel-Dieu, 1684.

NOGENT-LE-ROTROU (Eure-et-Loir). *Greffe :* Titres remontant à l'an 1540. — *Hospice :* Titres des xiie et xiiie siècles.

NONANCOUR (Eure). *Mairie :* Chartes du xiiie siècle ; cartulaire contenant les titres de la commune depuis sa fondation, sous Philippe-Auguste.

ORANGE (Vaucluse). *Mairie :* Les archives de la municipalité d'Orange étaient jadis rangées d'une manière fort ingénieuse, dans quatorze armoires portant chacune un nom qui rappelait d'une manière générale la nature des documents qu'elle contenait. L'armoire *Moïse* renfermait les lois, les libertés et les priviléges de la communauté ; *Apollo*, les discours et rapports de l'assesseur ou second consul, et les conclusions du conseil de ville ; *Tribunal agrarium*, les actes concernant les dommages commis contre les propriétés ; *Jethro*, les institutions et réceptions aux offices judiciaires ou municipaux ; *Adam*, les livres des arrêts des comptes des trésoriers de la ville et des hôpitaux ; *Josué*, les achats ou ventes de la commune ; *Minerva*, les chartes de l'établissement et des droits de l'université

d'Orange ; *Galaad*, les limites, contributions, pâturages ; *Pater patriæ*, la poursuite des droits de la communauté sur le fait de la paix, les eaux, ponts, murailles, chemins, poids, mesures, vivres, santé, etc.; *Christus*, les dettes payées ou amorties sur les quittances des trésoriers et autres comptables publics ; *Lazarus*, les droits des hôpitaux sur les trésoriers de la ville; *Publicanus*, les impôts, tailles et gabelles ; *Joseph, fils de Jacob*, les recouvrements de deniers, les comptes des consuls et trésoriers, les quittances de payement des dettes de la ville ; *Chaos*, les papiers divers qui n'avaient pu trouver place ailleurs. Cette ville avait donc autrefois de belles et importantes archives, mais elle en a perdu la plus grande partie dès la conquête de la principauté d'Orange par Louis XIV, en 1696. Il ne lui reste plus guère que les titres de l'armoire *Moïse*, dont les principaux articles sont des cartulaires contenant la copie de priviléges municipaux qui remontent à l'an 1258 (Voy. un rapport de M. de Mas-Latrie, *Docum. tirés de la biblioth.*, t. IV, p. 17).

Pacy (Eure). *Hôpital* : Chartes de saint Louis.

Pargnel (Aube). Archives municipales remontant au XVIe siècle.

Paris (Seine). Les archives de l'administration municipale de Paris sont réunies à celles de la préfecture de la Seine, dans les bâtiments de l'Hôtel-de-Ville. La partie ancienne de ce dépôt, relative aux affaires de la ville de Paris depuis le XIIe siècle jusqu'à 1789, a été placée sous l'empire aux sections administrative et domaniale des Archives générales. On a laissé seulement à la ville les pièces modernes qui offrent, principalement celles de l'époque révolutionnaire, un grand intérêt. On y a également laissé les anciens registres de l'état civil des différentes paroisses de Paris.

Ces registres, dont les plus anciens remontent aux premières années du XVIe siècle, forment une collection très-importante, et plusieurs savants ont déjà su, de ces simples actes de naissance, de mariage et de décès, tirer des renseignements précieux pour l'histoire. M. A. Taillandier en a fait sentir tout le prix dans une petite notice qu'il a consacrée à ce sujet, et qu'on trouve imprimée dans l'*Annuaire historique pour 1847*, publié par la Société de l'histoire de France. Je renvoie le lecteur à cette notice pour les différents détails qu'elle contient, et me borne à emprunter à M. Taillandier la liste qu'il y donne des paroisses de Paris dont les registres figurent dans cette collection, avec l'indication, pour chaque paroisse, de la date la plus ancienne où commence la série des actes soit de naissance, soit de mariage, soit de décès.

Paroisses de Saint-Ambroise, 1791 ; Saint-André-des-Arcs, 1525, 1545, 1545[1] ; Saint-Antoine, 1791 ; Saint-Augustin, 1791 ; Saint-Barthélemi, 1551, 1578, 1588 ; Saint-Benoît, 1540, 1586, 1596 ; Bonne-Nouvelle, 1628, 1639, 1665 ; Cardinal-Lemoine, 1688, 1688, 1634 ; Sainte-Chapelle basse, 1568, 1568, 1539 ; Saint-Pierre-de-Chaillot, 1620 ; Sainte-Croix-de-la-Cité, 1548 ; Saint-Côme, 1539, 1547, 1562 ; Saint-Christophe, 1597, 1649, 1597 ; Saint-Denis-de-la-Châtre, 1550 ; Saint-Étienne-du-Mont, 1530, 1668, 1668 ; Saint-Eustache, 1529, 1580, 1568 ; Saint-François-d'Assise, 1791 ; Sainte-Geneviève-des-

---

1. La première date est celle où commencent les actes de naissance ; la seconde, les mariages ; la troisième, les décès. Lorsque je ne mets qu'une seule date, c'est que les trois sortes d'actes commencent la même année.

Ardents, 1551 ; Saint-Germain-l'Auxerrois, 1528, 1541, 1668 ; Saint-Germain-des-Prés, 1791 ; Saint-Germain-le-Vieil, 1545 ; Saint-Gervais, 1531, 1608, 1639 ; Gros-Caillou, 1738 ; Saint-Hilaire, 1547, 1547, 1664 ; Saint-Hippolyte, 1604, 1633, 1653 ; Saint-Honoré, 1593 ; Saint-Jacques-la-Boucherie, 1525, 1523, 1613 ; Saint-Jacques-du-Haut-Pas, 1567, 1615, 1665 ; Saint-Jacques-l'Hôpital, 1616 ; Saint-Jean-en-Grève, 1526, 1515, 1629 ; Saint-Jean-le-Rond, 1655 ; Saint-Jean-de-Latran, 1592 ; Saint-Josse, 1527 ; Saints-Innocents, 1561 ; Saint-Landry, 1527 ; Saint-Laurent, 1527, 1611, 1622 ; Saint-Leu et Saint-Gilles, 1533, 1635, 1608 ; Saint-Louis-en-l'Ile, 1623, 1624, 1624 ; Saint-Louis-du-Louvre, 1603 ; Sainte-Madeleine-en-la-Cité, 1539, 1610, 1610 ; Sainte-Madeleine-la-Ville-l'Evêque, 1598, 1650, 1624 ; Saint-Marcel, 1546, 1620, 1620 ; Sainte-Marguerite, 1663, 1713, 1637 ; Sainte-Marine, 1634 ; Saint-Martial, 1527, 1657, 1657 ; Saint-Médard ; 1545, 1542, 1692 ; Saint-Merry, 1536, 1557, 1630 ; Saint-Nicolas-des-Champs, 1580, 1605, 1589 ; Saint-Nicolas-du-Chardonnet, 1536, 1603, 1538 ; Notre-Dame, 1791, 1634, 1791 ; Sainte-Opportune, 1541 ; Saint-Paul, 1539, 1560, 1585 ; Saint-Pierre-aux-Bœufs, 1578 ; Saint-Pierre-des-Arcis, 1539 ; Saint-Philippe-du-Roule, 1697 ; Quinze-Vingts, 1636 ; Saint-Roch, 1578, 1595, 1595 ; Saint-Sauveur, 1545, 1627, 1571 ; Saint-Séverin, 1537, 1599, 1594 ; Saint-Sulpice, 1537, 1544, 1604 ; Saint-Thomas-d'Aquin, 1791 ; Saint-Victor, 1594. — *Hospices* : papiers des établissements de bienfaisance du département de la Seine, remontant au XIIe siècle ; vaste et important dépôt.

PARQUET (château du), près Rouen. On y conserve l'original d'une charte accordée en 1170 par Henri II, roi d'Angleterre, à un « Anselmus Parcarius, » le plus ancien possesseur connu de ce domaine.

PAU (Basses-Pyrénées). *Mairie* : Le document le plus remarquable de ses archives est le Livre rouge, registre des chartes et priviléges de la ville aux XVe et XVIe siècles.

PAVILLY (Seine-Inférieure). Les archives du château de Pavilly, appartenant à M. Bézuel, sont considérées comme très-curieuses ; elles contiennent notamment des lettres adressées à Catherine de Médicis par Lamothe-Fénelon, ambassadeur en Angleterre, et des pièces relatives à Marie-Stuart. C'est là que se trouve le chartrier de la famille d'Esneval, dont M. le prince Labanoff a fait grand usage dans sa belle édition des lettres de la reine d'Ecosse.

PÉRIGUEUX. *Mairie* : 1° Registres : Registre des rentes léguées aux pauvres de la ville, 1247-1355 ; registre des statuts municipaux, 1476-XVIIe siècle ; registres des actes et de l'administration des consuls, savoir : Livre noir (1360-1449), Livre jaune (1458-1541), Livre de la maison de ville (1513-34), Livre de la chambre du consulat (1543-57), Livre vert (1618-1716), Livre vert (1686-1749). Registre des délibérations, 1728 ; registres des élections municipales, XVIIIe siècle ; registres des lettres de bourgeoisie, XVIIe et XVIIIe siècles. Livre des mandements des maire et consuls ; livre des arrêts de jurande ; inventaire des rentes dues à l'hôtel de ville ; XVIIIe siècle. Livre du greffe de la juridiction de l'hôtel de ville, XIVe-XVIe siècles. Livres des comptables de l'hôtel de ville (52 registres), 1314-1569. Registres de l'état civil, 645 registres remontant à l'an 1522. 2° Chartes : Série de plus de 500 diplômes, priviléges, traités, accords,

procédures, etc.; la plus ancienne de ces chartes, datée du mois de mai 1204, est un acte de foi et hommage rendu par les habitants de Périgueux au roi Philippe-Auguste. 3° Documents sur papier : Lettres de rois; lettres de magistrats ; copies de chartes et extraits de registres de la ville ; mémoires, consultations et correspondance concernant un procès soutenu par la ville en 1775, pour défendre ses priviléges; pièces imprimées. Deux inventaires des archives de la ville de Périgueux faits en 1657 et en 1728, et comprenant 930 articles (Voy. un rapport de M. Delpit, 1838; *Docum. tirés de la biblioth.*, t. 1er, p. 96). — *Greffe* du tribunal : Contient les registres et minutes du présidial et sénéchal, de la maréchaussée, des justices seigneuriales supprimées d'Agonac, Saint-Astine, Brantôme, Cendrieux, l'Eguilhac, Bourdeilles, Lisle, Vergt, Grignols, Hautefort, Périgueux ; les registres et minutes de la cour criminelle et du tribunal du district ; enfin une partie des registres de l'état civil, relatifs aux années 1668 à 1771 et 1737 à 1792.

Pernes (Vaucluse). Archives de la famille de Cabassole.

Pont-Audemer (Eure). *Mairie :* Archives remontant au xive siècle. M. Canel les a fait connaître et en a donné des extraits dans les *Mémoires* de la Société des antiquaires de Normandie, et dans son ouvrage sur les états de cette province.

Pont-Saint-Esprit (Gard). Archives municipales renfermant entre autres plusieurs chartes des années 1265 et 1270, relatives à la construction du pont sur le Rhône [rapport du préfet, 1812].

Pont-sur-Seine (Aube). Archives municipales du xviiie siècle.

Reims (Marne). Les importantes archives de cette ville forment le fonds d'un recueil en huit volumes in-4°, parus sous le titre de : *Archives administratives et législatives de la ville de Reims*, publié par Pierre Varin, 1839-53.

Rennes (Ille-et-Vilaine). *Mairie :* Archives évaluées à 50,000 pièces, dont les plus anciennes sont de l'année 1410. — *Greffe* de la cour, contient : Les arrêts du parlement de Bretagne, les arrêts de Tournelle ou de la chambre criminelle, les juridictions diverses, les sénéchaussées, les procès-verbaux et les minutes du présidial, les minutes des notaires, enfin une série de registres de l'état civil des départements de la Bretagne, principalement de ceux des Côtes-du-Nord et du Morbihan.

Richerenches (Vaucluse). *Mairie :* Quinze registres des délibérations depuis le 18 mai 1604 jusqu'au 17 mars 1793; registres de l'état civil depuis le 21 mars 1604; quatre registres des ordonnances, rescrits et lettres des vice-légats d'Avignon et des recteurs du comtat Venaissin, 1655-1790; livres des enchères et délivrances, 1727-89; registres et liasses de comptes; registre des délibérations de la confrérie de Saint-Denis, 1661-1790.

Rigny-le-Ferron (Aube). Archives municipales remontant au xvie siècle.

Romilly (Aube). Archives municipales remontant au xiiie siècle.

Romilly-sur-Rigne (Eure-et-Loir). Archives de M. le comte de Tarragon.

Rouen (Seine-Inférieure). *Mairie :* Les archives municipales de Rouen

sont importantes et bien rangées. Grâce à des inventaires rédigés il y a quelques années par M. Beauvet, les recherches y sont assez faciles. Chartes de la commune depuis le xiie siècle; registres de délibérations depuis la seconde moitié du xive; comptes municipaux depuis le milieu du xve. *Livre des Fontaines*, curieux manuscrit du commencement du xvie siècle, publié par M. de Jolimont. — *Greffe de la cour :* Dépôt immense dont la valeur historique a été démontrée par l'*Histoire du parlement de Normandie*, due à M. Floquet. Le conseil général en fait opérer le classement. Il se compose des papiers et registres du parlement, de la cour des aides, du bailliage, de la vicomté de l'eau, d'une partie du bureau des finances, enfin des juridictions supérieures des bailliages de Caux et de Rouen. Le plus ancien registre de l'échiquier du parlement est de l'année 1328. Il s'y trouve des registres du tabellionage, quelques-uns du xve siècle. — *Notariat :* Les registres du tabellionage de Rouen et de ses différentes branches forment une collection d'un haut intérêt; le plus ancien est de l'an 1350; les derniers, de la fin du xviie siècle, époque à laquelle les notaires furent autorisés à conserver par devers eux leurs minutes. Malheureusement ce dépôt occupe les voûtes du palais de justice de Rouen, où il fut placé en vertu d'un arrêt du parlement rendu à la fin du dernier siècle, et il y souffre beaucoup de l'humidité. Voir l'ouvrage de M. Barabé, garde de ces archives, sur le tabellionage de Rouen. A côté des archives du tabellionage, se trouvent celles de l'état civil de l'arrondissement de Rouen, collection importante de registres dont la liste se trouve dans l'*Annuaire* de la Société de l'histoire de France, 1847, p. 216. — *Archevêché :* Les archives renferment la partie moderne des titres de l'archevêché et de la cathédrale; les têtes de séries sont à la préfecture. — *Hôpitaux :* Une partie du fonds de la Madeleine de Rouen est aux archives départementales, l'autre est à l'hospice général, notamment les registres de comptes. Les archives de l'hospice général contiennent, en outre, celles de l'Hôtel-Dieu, comprenant des chartes du xiiie siècle et celles de l'ancien bureau des pauvres valides : c'est un dépôt digne d'attention. — *Familles :* Caillot Coquereaumont barons du Pont-Saint-Pierre, comtes de Tancarville, Romé du Bec, de Manneville, de Mortemart, Bigot.

SAINT-FLOUR (Cantal). *Mairie :* Archives remontant au xiie siècle. — *Greffe :* Papiers des anciennes juridictions supprimées en 1790 et 91 [rapport du préfet, 1820].

SAINT-GERMAIN-DE-PONTROUMIEUX (Dordogne). *Mairie :* Titres des xvie et xviie siècles.

SAINT-LÔ (Manche). *Hôpital :* Cartulaire important transcrit peu après le milieu du xiiie siècle.

SAINT-OMER (Pas-de-Calais). *Mairie :* « Je puis affirmer, dit M. de Givenchy (*Docum. tirés de la biblioth.*, t. 1er, p. 398), que dans les dix-sept provinces formant autrefois les Pays-Bas, il n'y a pas d'archives de ville plus riches, plus importantes et conservées dans un ordre plus parfait que celles de l'hôtel de ville de Saint-Omer. Tous les actes sont renfermés dans des tiroirs portant une étiquette. Il existe, en outre, un répertoire fait avant la révolution de 1789 et continué jusqu'à nos jours par les soins de M. Le Sergeant de Bayenghem, ancien maire de Saint-Omer. Ces archives contiennent beaucoup de chartes des comtes de Flandre, et

entre autres la charte de commune, donnée en 1127 par Guill. Cliton. »
— *Greffe du tribunal* : Contient les papiers de l'ancien bailliage. —
Eglise Notre-Dame : Dépôt renfermant 3000 registres et un très-grand nombre de pièces dont les plus anciennes sont diverses bulles accordées en 1075 et 1078, à cette église, par le pape Grégoire VII. M. Vallet de Viriville a fait, en 1843, le classement des archives de Notre-Dame de Saint-Omer, et le rapport qu'il a rédigé pour M. le ministre de l'instruction publique à ce sujet, est imprimé dans le t. vi^e des *Mém. de la Soc. des antiquaires de la Morinie*. — *Notaires* : Le greffe du Gros de Saint-Omer est placé provisoirement dans les greniers de la sous-préfecture de cette ville.

SAINT-PONS (Hérault). *Mairie* : Délibérations de la maison consulaire depuis le xviie siècle; compoix de la commune, xvie et xviie siècles.

SAINT-QUENTIN (Aisne). *Mairie* : Les archives de l'hôtel de ville de Saint-Quentin furent dévastées et pillées en 1557, lors du siége de cette ville par les Espagnols. Cependant elles sont belles encore et assez considérables. On essaya, en 1774, de les classer, mais cette opération fut exécutée sans intelligence. En 1845, le conseil municipal demanda un ancien élève de l'Ecole des chartes qui se chargeât du soin de les mettre en meilleur ordre et de les inventorier. M. Eug. Janin, paléographe distingué, aujourd'hui auxiliaire de l'Institut, répondit à cet appel et consacra près d'une année au travail que désirait la ville. Voici, d'après le rapport adressé par M. Janin au conseil municipal, l'état sommaire des archives de Saint-Quentin :

Archives civiles. Liasses 1 à 6 : Edits, lettres patentes, ordonnances, etc., 1213-1787. — 7 à 12 : Priviléges, affranchissements, xiie-xviiie siècle. — 13 à 20 : Elections municipales; offices de l'hôtel de ville, xiiie-xviiie siècles. — 21 à 40 : Juridiction municipale, xiiie-xviiie siècles. — 41, Préséances, cérémonial; 1563-1782. — 42 à 48 : Domaine de la ville, xiiie-xviiie siècles. — 49 à 56 : Défense et sûreté de la ville, xive-xviiie siècles. — 57 à 63 : Corps et métiers, *idem*. — 64 : Foires et marchés, xiiie-xviiie siècles. — 65 à 67 : Instruction publique, beaux-arts. — 68 à 115 : Comptes des argentiers, 1260-1789. — 116 à 118 : Comptes des commis aux ouvrages, 1327-1765. — 122 : Comptes de la halle aux Draps, 1317-92. — 123 : Comptes de présents de vins, 1366-xve siècle. — 124 à 126 : Comptes et rôles d'étapes, xviie-xviiie siècles. — 127 à 149 : Aides et octrois, tailles et taxes, 1294-1786. — 150 à 170 : Correspondance, xive-xviiie siècles. — 171 à 175 : Procès de l'échevinage, xvie-xviiie siècles. — 176 à 181 : Seigneuries, xvie-xviiie siècle. — 182 : Objets divers, cahier de doléances et autres pièces relatives aux états généraux de 1576, pièces de la Ligue, chevaliers de la couronne (1654-1774), jeu d'arc de Sainte-Christine (1788), confrérie des avocats (1580-1656), conseil de santé (1580-1724), canaux, travaux publics. — 183 : feuillets et fragments de manuscrits remontant au xiie et au xe siècle.

Archives ecclésiastiques. Liasse 185 : Pièces émanées du saint-siége et de divers archevêchés, évêchés et officialités, xiie-xviiie siècles. — 186 à 188 : Chapitre de l'église collégiale de Saint-Quentin, xive-xviiie siècles. — 189 à 260 : Eglises paroissiales, fabriques, xve-xviiie siècles. — 261 à 268 : corporations religieuses d'hommes et de femmes, xiiie-xviiie siècles. — 269 à 293 : Hospices, béguinages, biens des pauvres.

380 ARCHIVES DIVERSES.

Les archives anciennes de Saint-Quentin renferment, en outre, 133 registres. Le plus ancien d'entre eux, cartulaire des franchises de la commune appelé Livre rouge, est de la fin du xive siècle; tous les autres sont postérieurs à l'année 1557. On y distingue surtout la série des *Registres de la chambre du conseil*, qui sont 36 volumes contenant les procès-verbaux des délibérations municipales depuis 1559 jusqu'à 1789 sans interruption.

SAINT-SAULGE (Nièvre). Le notaire de ce lieu conserve les titres de la communauté des Jault, famille patriarcale dont M. Dupin aîné a fait l'histoire.

SARLAT (Dordogne). *Mairie* : Priviléges de la ville, 1427-1720. Comptes et impositions, mémoires, procédures, etc., 1455-1781. Registres de procès-verbaux des élections municipales, 1758-81 ; registres des délibérations de l'hôtel de ville, 1719-74. Avant 1789, les archives municipales de Sarlat remontaient au xiie siècle. Un rapport du préfet de la Dordogne, en date du 10 avril 1813, les décrit encore dans les termes suivants : « Les titres y sont distribués par liasses rangées dans l'ordre alphabétique et cotées par lettres, chaque pièce est étiquetée et numérotée. La liasse A comprend les titres du xiiie siècle et des temps antérieurs ; B, xive siècle; C, xve; D, xvie; E, xviie; F, xviiie siècle. Des lettres de rois, ministres et autres personnages pendant les guerres civiles, des mémoires sur d'anciens objets contentieux, des relations et journaux d'événements divers, des actes de police et de juridiction, des délibérations du corps de la jurade, etc., forment les liasses cotées G, H, I, J, K, L, M; enfin la lettre N désigne le résidu des archives de l'évêché, du chapitre et des maisons religieuses de Sarlat, qui fut porté à l'hôtel de ville pendant la révolution. Un recueil des registres du conseil de la commune de 1701 à 1790, et des fragments de registres plus anciens complètent cette collection. La pièce originale portant la date la plus reculée, est un statut en langue romane fait en assemblée d'habitants, concernant l'entrée du vin, en l'an 1105. Mais il y a des copies et fragments bien plus anciens. On en trouve qu'on croit de Charlemagne. On y voit aussi une copie de la donation faite en 817 par Bernard, comte de Périgord, à l'abbé de Sarlat, de la seigneurie de cette ville. »

SASSENAGE (Isère). Belles archives de famille de M. le marquis de Bérenger, remontant au xiie siècle.

SAUMUR (Maine-et-Loire). *Mairie* : Archives considérables, mais dans le plus complet désordre. — *Hôpital* : Le désordre y est le même et les titres peu anciens; mais on y trouve quelques volumes précieux : ce sont des registres de comptes et de délibérations de l'ancienne académie protestante de Saumur (xviie siècle).

SENLIS (Oise). *Mairie* : Dix tablettes de cire contenant les comptes de la ville de 1309 à 1313. Beau cartulaire du xiiie siècle dit le *Livre enchaîné*, et encore effectivement enchaîné dans l'armoire où la ville le conserve; il contient la copie des titres et priviléges de Senlis à partir de l'an 1173. Original de la charte de commune de 1173 et autres diplômes des temps postérieurs. Seize registres des délibérations municipales formant une suite non interrompue (si ce n'est de 1611 à 1665), depuis 1383 jusqu'en 1815. Ces archives intéressantes ont été inventoriées en 1839-40 par M. Fayolle, adjoint au maire.

Sérignan (Vaucluse). *Mairie :* Actes divers relatifs à l'administration communale et dont le plus ancien est de l'année 1318.

Serrant, château (Maine-et-Loire). Anciennes archives de famille.

Sisteron (Basses-Alpes). *Mairie :* 200 liasses environ parmi lesquelles se trouve un diplôme de Charles d'Anjou du 3 septembre 1257 et plusieurs lettres de priviléges émanées des anciens comtes des Provence. — *Notaires :* 900 registres du xive au xviiie siècle provenant de l'ancien dépôt de la chambre syndicale des notaires de l'arrondissement de Sisteron furent transportés, en 1819, de la maison commune, où ils étaient depuis la révolution, au greffe du tribunal [rapport du préfet, 1820].

Thiviers (Dordogne). *Mairie :* Délibérations et autres actes depuis 1651.

Toulouse. *Archives du Capitole,* c'est-à-dire de la mairie. Dépôt très-considérable dont les capitouls avaient fait faire avec soin dès le xvie siècle le classement et l'inventaire. On croit que les plus anciens registres qu'il contenait furent brûlés, en vertu d'un arrêté de la commune, au mois d'août 1793. Cependant le préfet du département écrivait au ministre en 1812, mais sans en donner aucune preuve. qu'on y trouvait des actes du xie et du xe siècle. M. de Mas-Latrie, qui le visita en 1839, au moment où l'archiviste de la ville, M. Goudet, cherchait à y rétablir l'ordre dès longtemps perdu, a signalé (*Docum. tirés de la biblioth.,* etc., t. 1er, p. 148), dans ces archives, un certain nombre de titres dont voici les principaux : 3 registres des résolutions et actes des consuls, 1141-xvie siècle. Lettres de Philippe le Hardi relatives à la rédaction de la coutume de Toulouse, 1283. Pièces concernant les priviléges de la ville. 1317, 1378, 1471. Traité de géographie, en français, daté de 1375. Franchises de la ville de Samatan, 1373; de la ville de Saint-Puy, 1396. Pièces relatives aux dépenses faites pour les jeux Floraux, 1446-1636. Comptabilité, 1466-1787; délibérations, correspondances, instructions et autres actes de l'administration des capitouls, 1438-1698. Sentences et autres actes de procédure civile émanés des capitouls. Revues et montres. Inventaires des armes de l'arsenal de Toulouse, 1636-73. Réceptions à la maîtrise de divers corps de métiers, 1544-1668. Délibérations et ordonnances des capitouls (52 vol.), 1524-1789. Annales du capitoulat, précieuse série de registres qui commençaient à l'année 1295 et où, dès l'origine, chaque capitoul nouvellement élu était représenté en miniature; un peintre attaché à l'hôtel de ville avait seul qualité pour faire ces portraits qui, placés d'abord dans le cœur des lettres majuscules, passèrent ensuite sur le haut des feuillets, puis remplirent les pages entières; malheureusement il ne reste plus au Capitole que 11 de ces volumes, contenant 108 portraits des années 1617 à 1635; le reste est perdu ou se trouve chez divers particuliers (Voy. *Mém. de la Soc. archéol. du Midi,* t. iv). — *Palais de justice :* Les différentes archives renfermées au palais de justice, forment le plus vaste dépôt de la ville. Les archives du parlement de Toulouse en sont le fonds principal. Le 3 septembre 1811, la cour impériale de Toulouse, sur le rapport d'une commission qu'elle avait nommée à cet effet, et sur les conclusions conformes du procureur général, avait arrêté que la collection entière des arrêts rendus par le parlement depuis le 7 juin 1444 jusqu'à l'année 1790 seraient brûlés comme inutiles. Le ministre de l'intérieur, M. de Montalivet, ne permit pas qu'une telle destruction s'accomplît. Cette

belle série subsiste encore dans les archives du parlement, avec un grand nombre de chartes, de lettres de rois, de procédures dirigées contre des personnages illustres, et d'autres titres remontant également au xve siècle, et que l'administration estimait, en 1812, s'élever à 50,000 liasses. Outre le greffe du parlement, celui de la cour d'appel et celui du tribunal, le palais de justice de Toulouse renferme encore douze autres dépôts de documents, savoir, ceux : 1° De la sénéchaussée et du siège présidial de Toulouse; 2° de la prévôté; 3° du conseil supérieur de Nîmes; 4° du bureau des finances; 5° des capitouls comme juges des causes criminelles; 6° des justices royales et seigneuriales et de celle de l'officialité; 7° de la maîtrise des eaux et forêts; 8° des gabelles de Languedoc; 9° de la maîtrise des ports et traites foraines; 10° de la chambre souveraine des eaux et forêts; 11° du tribunal de district de Toulouse; 12° des notaires. — *Notaires* : Le dernier des dépôts qui viennent d'être énumérés doit être l'objet d'une mention spéciale. En 1769, le nombre d'études du notariat de Toulouse était de 36; ce nombre étant trop considérable, le roi ordonna que ceux des titulaires qui décéderaient sans enfants mâles capables de leur succéder, ne seraient pas remplacés jusqu'à ce qu'il y eût douze suppressions. Les registres et minutes des charges éteintes furent laissées à la communauté et formèrent les archives notariales de Toulouse, collection qu'on évaluait, en 1812, à 20,000 registres dont les plus anciens sont du xive siècle. — *Hôpitaux* : L'Hôtel-Dieu Saint-Jacques et l'hôpital de la Grave possèdent des archives. — Enfin, on cite encore, comme existant à Toulouse les archives des lieutenants des maréchaux de France ou tribunal du point d'honneur; celles de la bourse commune des marchands (au greffe du tribunal de commerce); de la chambre de commerce établie en 1703 (à la Bourse); de l'ancienne administration des domaines (à l'hôtel de la régie de l'enregistrement); du canal de Languedoc; de l'académie des sciences, inscriptions et belles-lettres de Toulouse; de l'académie des jeux Floraux; de l'académie royale de peinture, sculpture et architecture de Toulouse.

Trainel (Aube). La fabrique de ce lieu possède des documents du xve siècle.

Troyes. *Mairie* : Très-belles archives municipales remontant au xiiie siècle. Tout récemment, M. d'Arbois de Jubainville, archiviste de l'Aube, a découvert, dans les greniers de l'hôtel de ville de Troyes, les archives de l'abbaye de Villeneuve, qui a joui d'une certaine célébrité sous le nom d'abbaye de Nesle qu'elle porta jusqu'au xviiie siècle; c'est un fonds d'environ 8000 pièces dont les plus anciennes sont du ixe siècle. — *Hôpital* : Dépôt d'archives très-important renfermant beaucoup de documents du xiie siècle et divisé en sept fonds, savoir : Hôtel-Dieu Le-Comte, xiie siècle; Saint-Abraham, xiie siècle; Saint-Nicolas, xiiie siècle; Saint-Lazare ou la Maladerie, xiie siècle; Saint-Bernard, xiie siècle; la Trinité, xvie siècle; Saint-Esprit, xiiie siècle; Aumône générale, xvie siècle; les layettes, qui sont la partie principale du dépôt, se trouvent parfaitement classées, mais les registres, au nombre d'environ 2000, dont les plus anciens appartiennent au xvie siècle, ne le sont pas encore. — *Greffe* : L'ancien bailliage de Troyes comprenait 570 localités dans lesquelles se rendait la justice, soit au nom du roi, soit au nom des seigneurs; le département de l'Aube comprend dans ses limites le plus grand nombre de

ces justices, plus 80 justices qui avaient dépendu du bailliage de Châlons, et quelques autres régies par les coutumes de Dijon et de Sens. Les papiers de toutes ces juridictions, bailliages, prévôtés, châtellenies, mairies royales électives et justices inférieures partagés d'abord, en 1791, entre les greffes des tribunaux de districts, furent, par un décret de l'an VIII, réunis à celui du chef-lieu. C'est un dépôt considérable dont les titres remontent jusqu'au milieu du XVIe siècle. Il a été, en 1849, l'objet d'un triage et d'un classement dont l'auteur, M. Boutiot, a publié le compte rendu dans l'*Annuaire* du département.

Uzès (Gard). Archives municipales remontant à l'année 1461.

Vacqueyras (Vaucluse). *Mairie* : Emprunts faits par la commune, 1571-77; registres de l'état civil depuis 1575; registres des délibérations depuis 1585; enchères et adjudications des revenus de la commune, 1633-an XII; cadastres, 1585-1651; comptes, copie des ordonnances, règlements, lettres, etc., des vice-légats et des recteurs du comtat Venaissin, 1760-85; etc., etc.

Valmont (Seine-Inférieure). Archives de la famille d'Estouteville.

Valognes (Manche). *Église* : Comptes de fabrique, XVIe siècle; beau cartulaire de la confrérie du Saint-Sacrement, écrit vers 1430.

Valréas (Vaucluse). Archives de la famille Du Pays-d'Alissac; XVIe siècle; lettres de Henri IV, Catherine de Médicis, Calvin, etc.

Vernon (Eure). *Hôpital* : Charte de fondation par Saint-Louis (1260) et autres pièces du même siècle; documents sur la navigation de la Seine.

Villebertain, château (Aube). Archives remontant au XIVe siècle.

Villenauxe (Aube). Archives municipales du XVIIIe siècle.

Villeneuve-au-Chêne (Aube). Archives municipales remontant au XIIIe siècle.

Villes (Vaucluse). *Mairie* : Quelques parchemins dont un de l'an 1371; registres des délibérations depuis 1590; registres de l'état civil depuis le 24 octobre 1604; divers cadastres dont un du XVe siècle; deux registres des inventaires dressés à chaque renouvellement des consuls, 1589-1815; registre des ordonnances, rescrits et lettres des vice-légats et des recteurs du comtat Venaissin, 1759-90; etc., etc.

Violès (Vaucluse). *Mairie* : Registres des délibérations depuis le 6 octobre 1675; registres de l'état civil depuis le 10 octobre 1732; divers livres des comptes annuels des trésoriers depuis 1631; une vingtaine de sacs de pièces justificatives desdits comptes; un cadastre de 1637; etc., etc.

Voiron (Isère). *Mairie* : Délibérations municipales ou conclusions consulaires depuis le XVe siècle; actes de l'état civil datant de la seconde moitié du XVIIe.

Vouppe (Isère). *Mairie* : Délibérations municipales ou conclusions consulaires depuis le XVe siècle; actes de l'état civil datant de la seconde moitié du XVIIe.

Yssel (Aude). *Notaire* : Registres commençant au 7 février 1477.

PIÈCES JUSTIFICATIVES.

I.

LOI DU 7 MESSIDOR AN II, CONCERNANT L'ORGANISATION DES ARCHIVES ÉTABLIES AUPRÈS DE LA REPRÉSENTATION NATIONALE.

(Voy. ci-dessus, p. 7.)

La Convention nationale, après avoir entendu le rapport des comités de salut public, des domaines, d'aliénation, de législation, d'iustruction publique et des finances, décrète.

Bases fondamentales de l'organisation.

Article 1er. Les archives établies auprès de la représentation nationale sont un dépôt central pour toute la république.

2. Ce dépôt renferme :

1°. La collection des travaux préliminaires aux états généraux de 1789, depuis leur convocation jusqu'à leur ouverture.

Le commissaire des administrations civiles, de police et des tribunaux, fera rétablir aux archives tout ce que le département de la justice avait retenu ou distrait de cette collection.

2°. Les travaux des assemblées nationales et de leurs divers comités ;

3°. Les procès-verbaux des corps électoraux ;

4°. Les sceaux de la république ;

5°. Les types des monnaies ;

6°. Les étalons des poids et mesures.

On y déposera :

7°. Les procès-verbaux des assemblées chargées d'élire les membres du Corps législatif et ceux du conseil exécutif ;

8°. Les traités avec les autres nations ;

9°. Le titre général, tant de la fortune que de la dette publique ;

10°. Le titre des propriétés nationales situées en pays étranger ;

11°. Le résultat computatif du recensement qui sera fait annuellement des naissances et décès, sans nomenclature, mais avec distinction du nombre d'individus de chaque sexe ; le tout dans la forme et à l'époque qui seront déterminées pour la confection du tableau de population prescrit par l'article 6 du décret du 12 germinal ;

12°. D'après ce qui sera réglé par l'article 4 ci-dessous, l'état sommaire des titres qui existent dans les divers dépôts de la république, notamment à Versailles dans celui des affaires étrangères, et à Paris dans ceux de divers départements du ci-devant ministère.

13°. Tout ce que le Corps législatif ordonnera d'y déposer.

Au Corps législatif seul appartient d'ordonner le dépôt aux Archives.

3. Tous dépôts publics de titres ressortissent aux Archives nationales comme à leur centre commun, et sont mis sous la surveillance du Corps législatif et sous l'inspection du comité des archives.

4. Dans tous les dépôts de titres et pièces actuellement existants, ou qui seront établis dans toute l'étendue de la république, il sera formé un état sommaire de leur contenu, suivant une instruction qui sera dressée, et une expédition de chaque état sera fournie aux Archives.

5. Les préposés à la garde des diverses agences exécutives, établies ou qui pourront l'être, ne sont point exceptés des dispositions des deux articles précédents, sans préjudice de leur subordination immédiate, et de leur correspondance directe déterminée par les lois.

6. Tous les titres domaniaux, en quelque lieu qu'ils existent, appartiennent au dépôt de la section domaniale des Archives, qui sera établie à Paris, et sont dès à présent susceptibles d'y être transférés, sur la première demande qu'en fera le comité des archives.

7. Les lois des 4 et 7 septembre 1790, 27 décembre 1791 et 10 octobre 1792, concernant l'organisation et la police des Archives, sont maintenues dans toutes leurs dispositions.

Division générale et triage des titres.

8. Le comité des archives fera, sans délai, procéder au triage des titres domaniaux qui peuvent servir au recouvrement des propriétés nationales; et quelque part qu'ils soient trouvés, notamment dans les dépôts indiqués par l'article 12 ci-dessous, ils seront renvoyés à la section domaniale, dont il sera parlé ci-après; et l'état en sera fourni de suite au comité des Archives, qui le fera passer à celui des domaines.

9. Seront dès à présent anéantis,

1°. Les titres purement féodaux;

2°. Ceux qui seront rejetés par un jugement contradictoire, dans la forme prescrite par les décrets;

3°. Ceux qui n'étant relatifs qu'à des domaines déjà recouvrés et aliénés seront reconnus n'être plus d'aucune utilité;

4°. Ceux qui contiennent des domaines définitivement adjugés depuis 1790.

10. Le comité fera procéder également, dans les greffes de tous les tribunaux supprimés, au triage de toutes les pièces qui seront jugées nécessaires au maintien des propriétés nationales et particulières, pour être ensuite, d'après son rapport et celui du comité de législation, statué par la Convention.

11. Sont réputés nécessaires au maintien de la propriété, tous jugements contradictoires et transactions judiciaires ou homologuées en justice, contenant adjudication, cession, reconnaissance, échange et mise en possession d'héritages fonciers, immeubles réels, droits incorporels non féodaux et conditions de jouissance improprement appelées servitudes.

12. Le comité fera trier dans tous les dépôts de titres, soit domaniaux, soit judiciaires, soit d'administration, comme aussi dans les collections et cabinets de tous ceux dont les biens ont été ou seront confisqués, les chartes et manuscrits qui appartiennent à l'histoire, aux sciences et aux arts, ou qui peuvent servir à l'instruction, pour être réunis et déposés,

savoir : à Paris, à la Bibliothèque nationale; et dans les départements, à celle de chaque district; et les états qui en seront fournis au comité des archives seront par lui transmis au comité d'instruction publique.

13. Les plans et cartes géographiques, astronomiques ou marines, trouvés dans les dépôts et cabinets dont il a été parlé dans l'article précédent, seront réunis au dépôt général établi à Paris pour la formation des cartes.

14. Les livres imprimés qui sont actuellement aux Archives seront, à l'exception des recueils reliés des distributions faites aux assemblées, déposés à la Bibliothèque nationale; et la destination des tableaux, gravures, médailles et autres objets relatifs aux arts, qui sont aux Archives, sera déterminée d'après l'examen qu'en fera faire le comité d'instruction publique; et réciproquement, les manuscrits qui intéressent le domaine et la fortune publique, et qui pourraient se trouver à la Bibliothèque nationale, seront renvoyés à la section domaniale des Archives.

Moyens d'exécution du triage.

15. Au moyen du renvoi qui sera fait aux bibliothèques des chartes et manuscrits spécifiés en l'art. 12, le surplus des titres existant hors de l'enceinte des Archives est partout divisé en deux sections, l'une domaniale, l'autre judiciaire et administrative.

16. Pour parvenir au triage prescrit, il sera choisi des citoyens versés dans la connaissance des chartes, des lois et des monuments; leur nombre, qui ne pourra excéder celui de neuf, sera déterminé par le comité des archives, dans la proportion qu'exigeront les besoins du service.

17. Ces citoyens seront proposés par le comité des archives et nommés par la Convention. Leur réunion sera désignée sous le nom d'*agence temporaire des titres*.

18. Leurs fonctions ne dureront que six mois, à compter du jour où ils entreront en activité.

19. Dans chaque département, le triage sera fait par trois citoyens qui auront les connaissances requises par l'art. 16. Ils prendront le titre de *préposés au triage*.

20. Néanmoins, dans les départements où se trouveront plusieurs grands dépôts provenant des anciens établissements publics, tels que les ci-devant parlements, chambres des comptes, cours des aides, bureaux de finances, etc., le nombre des citoyens chargés de l'opération du triage pourra être augmenté jusqu'à concurrence de neuf, sur les observations de l'administration principale du département, préalablement soumises au comité des archives.

21. Les citoyens qui seront préposés au triage seront présentés par le comité des archives et nommés par la Convention; ils seront surveillés dans chaque district par l'agent national, et termineront leur travail dans quatre mois au plus tard, à compter du jour de leur nomination.

22. Tous les dépôts des titres et pièces leur seront ouverts et soumis à leurs recherches; et partout où le décret du 5 novembre 1790, relatif aux chartriers des ci-devant chapitres et monastères, n'a pas reçu sa pleine exécution, tous scellés qui s'y trouveraient encore apposés seront levés à la première réquisition des préposés au triage et à la poursuite de l'agent national du district.

23. Tous les détenteurs ou dépositaires de titres manuscrits, ou autres

pièces spécifiées en l'art. 12, et appartenant à la république, excepté les agents en activité auxquels il en aurait été confié pour l'exercice de leurs fonctions, seront tenus de les remettre, ou au moins d'en faire la déclaration, dans un mois, à l'agent national du district de leur domicile, à peine d'être déclarés suspects. Les préposés au triage sont autorisés à visiter les cabinets des anciens fonctionnaires publics ou de leurs héritiers, qui n'auraient fait aucune déclaration pendant le mois, à la charge, 1° d'être accompagnés de l'agent national ou d'un commissaire par lui délégué, qui pourra mettre le scellé sur les objets qu'il jugera appartenir à la nation; 2° de ne rien extraire qu'après avoir rendu compte au comité des archives et reçu de nouvelles instructions.

24. Il sera de suite fait et envoyé au comité des archives un inventaire des titres domaniaux, qui resteront provisoirement dans les dépôts respectifs où ils se trouvent jusqu'à ce qu'il en ait été autrement ordonné.

25. Les pièces susceptibles d'être envoyées aux bibliothèques des districts, d'après l'art. 12, le seront par l'agent national, sur la désignation des préposés au triage.

26. Les pièces relatives à l'ordre judiciaire, et qui sont dans les greffes ou autres dépôts, seront divisées en deux classes, destinées l'une à être anéantie et l'autre conservée provisoirement.

27. Les préposés au triage formeront ces deux classes d'après les principes établis par l'art. 11, et désigneront l'une et l'autre par des étiquettes, portant respectivement ces mots : *anéantir, conserver*; ils en adresseront un bref état au comité, conformément à l'art. 4, et ils en confieront la garde provisoire aux greffiers des tribunaux, partout où la réunion en a été précédemment faite aux greffes. A l'égard des dépôts de ce genre qui se trouveraient séparément établis, ils resteront provisoirement à la garde de ceux qui en sont chargés.

28. Les agents nationaux auront droit de surveillance sur tous les dépôts, sans exception, et ils adresseront au comité, ainsi que les préposés au triage, leurs observations sur le mode de conservation, sur le nombre et la qualité des concierges, et sur les frais de garde.

Formation des dépôts à Paris.

29. L'agence temporaire des titres s'occupera, aussitôt qu'elle sera mise en activité, du triage de tous les titres qui existent à Paris, et de l'examen des inventaires qui seront envoyés des départements.

30. Elle désignera ceux des titres domaniaux qui seront susceptibles de l'anéantissement, dans les cas prévus par l'art. 9.

31. Elle proposera le renvoi à la Bibliothèque nationale de toutes les pièces qui doivent y être réunies, aux termes de l'art. 12.

32. Elle distinguera, dans la section judiciaire, les pièces qui doivent être anéanties ou conservées provisoirement, en rangeant dans cette dernière classe celles qui sont essentielles au maintien de la propriété, conformément à l'art. 11.

33. La conservation du dépôt auquel le triage réduira chacune des deux sections domaniale et judiciaire sera confiée, à Paris, à deux dépositaires, un pour chaque section.

34. Ces deux dépositaires seront présentés par le comité des archives, nommés par la Convention et subordonnés à l'archiviste.

35. Ils seront logés dans l'enceinte du local où seront établis les dépôts respectifs.

36. Le dépositaire de la section domaniale aura droit de faire toutes les recherches qu'il croira nécessaires dans la section judiciaire, d'en extraire, sous son récépissé, les pièces et registres dont il aura besoin, d'entamer et de suivre les correspondances relatives au recouvrement des domaines de la république.

Dispositions générales.

37. Tout citoyen pourra demander dans tous les dépôts, aux jours et aux heures qui seront fixés, communication des pièces qu'ils renferment : elle leur sera donnée sans frais et sans déplacement, et avec les précautions convenables de surveillance. Les expéditions ou extraits qui en seront demandés seront délivrés à raison de quinze sous du rôle.

38. Tous citoyens qui avaient produit, dans des procès terminés ou non, des titres non féodaux ou des procédures, seront admis à les réclamer avant la clôture du triage ordonné par le présent décret ; et, ce délai expiré, leurs productions seront supprimées. Les dépositaires sont autorisés à les remettre avant ce terme à ceux qui justifieront qu'elles leur appartiennent, et à la condition d'en fournir leur décharge.

39. Toute nomination faite jusqu'à ce jour, par quelque autorité et sous quelque dénomination que ce soit, notamment dans la commune de Paris, d'agents préposés aux triage et inventaire ou à la garde des titres et pièces, quelle que soit leur nature, est expressément annulée, et toutes opérations commencées cesseront immédiatement après la publication du présent décret. Néanmoins les gardiens actuels des greffes et autres dépôts continueront provisoirement d'en être chargés, jusqu'à ce qu'il y ait été pourvu, et il leur sera tenu compte de leurs salaires.

40. Les employés aux Archives nationales, et les adjoints des commissions exécutives établies par le décret du 12 germinal, ne sont point compris dans la suppression prononcée par l'article précédent.

Frais des triages et traitement des divers agents.

41. Chacun des membres de l'agence temporaire des titres, instituée à Paris par les art. 16 et 17, recevra douze livres par jour pendant la durée de son travail, et sera payé chaque mois à la trésorerie nationale sur sa quittance visée de trois membres du comité des archives, sans autre formalité.

42. Chacun des préposés au triage, institués pour les départements par l'art. 19, recevra dix livres par jour, et en sera payé chaque mois par le receveur du district, sur sa quittance, visée de l'agent national, sans autre formalité.

43. Les dépenses accessoires qu'exigera le triage seront proposées par les comités des archives et des finances à la Convention, qui en réglera le montant.

44. Chacun des deux dépositaires des sections domaniale et judiciaire établies à Paris par l'art. 33 aura 4,000 livres de traitement et un commis à 2,400 livres.

45. Le comité des archives présentera chaque mois à la Convention, à dater du 1er thermidor, l'aperçu sommaire des progrès du triage, dont il

sera rendu par lui un compte général, lorsque le travail sera terminé, ainsi que des dépenses qu'il aura nécessitées.

46. Tous agents employés jusqu'à ce jour au triage ou à la conservation des titres, à l'exception des citoyens à l'indemnité desquels il a été pourvu par les art. 12 et 13 du décret du 12 brumaire, adresseront au comité des archives, savoir : directement pour ceux qui sont à Paris, et à l'égard de ceux qui sont dans les départements, par l'intermédiaire et avec l'avis motivé de l'agent national de chaque district, l'état de ce qu'ils prétendront leur rester dû pour leurs précédents services, légalement justifiés.

47. La remise ou l'envoi de ces états se fera dans deux mois, pour tout délai, à compter du jour de la publication du présent décret, pour être ensuite définitivement pourvu, sur le rapport des comités des archives et des finances, au payement de tous les arrérages de traitement restés en souffrance.

48. Les décrets des 12 brumaire sur les Archives nationales, et 10 frimaire concernant les domaines aliénés, sont rapportés dans tout ce qu'ils contiennent de contraire au présent décret.

II.

ARRÊTÉ DU 5 FLORÉAL AN IV.

(Voy. p. 11.)

L'arrêté du 5 floréal an IV, portant organisation du Bureau du triage des titres et cité ci-dessus, page 11, paraît n'avoir pas été imprimé ; il m'a été impossible d'en trouver le texte ; mais les Archives de l'empire fournissent deux pièces intéressantes qui se rattachent à la publication de cet acte, et que voici :

1°. État annexé à l'arrêté du 5 floréal an IV :

« État du traitement des personnes employées à Paris aux sections domaniale et judiciaire des Archives nationales, et au triage et classement des titres.

« Section domaniale. — Citoyen Cheyré, préposé au dépôt, 4,000 fr.; un commis à 2,000 fr.; un second commis à 1,800 fr.; frais de bureau, y compris le garçon, 1,500 fr.

« Section judiciaire. — Citoyen Terrasse, préposé au dépôt, 4,000 fr.; un commis, 2,000 fr.; frais de bureau, y compris le garçon, 1,500 fr.

« Triage et classement. — Hommes de lettres : les citoyens Lièble, Rousseau, Devilliers, Blondel, Reboul, Danthonay, Mallet, Bouyn, chacun 2,400 fr. Déchiffreurs : Pavillet, Berger, chacun 2,000 fr. Expéditionnaires : Jouesne, Ponsar, Bailly, Laurent, chacun 1,500 fr. Deux garçons de bureau, 1,000 fr. Frais de bureau, 1,000 fr. pour chaque section : 2,000 fr.

« Dépenses extraordinaires et imprévues, 1,000 fr.

« Total général, 50,000 fr. »

2°. Lettre des membres du bureau du triage des titres aux citoyens composant le Directoire exécutif :

A l'occasion de cet arrêté les membres du Bureau du triage écrivirent la lettre suivante :

« Citoyens directeurs,

« Les membres du Bureau du triage des titres de la république, que vous avez réorganisé par votre arrêté du 5 floréal dernier, vous exposent que le traitement que vous leur avez alloué, ainsi qu'aux employés qui travaillent avec eux et à deux garçons de bureau, est sans proportion avec ceux qui leur étaient réglés par le titre de leur institution, la loi du 7 messidor, l'an IIe, et que vous leur aviez accordés vous-mêmes depuis l'organisation du ministère.

« En vertu de la loi, ils jouissaient par le fait d'une indemnité fixée aux deux tiers de celle des représentants du peuple. En vertu de vos arrêtés des 7 et 17 frimaire, ils avaient un traitement égal à celui des chefs de division des ministères ; les employés et garçons de bureau étaient salariés de la même proportion. Si nos besoins étaient encore au-dessus de nos traitements, nous savions aussi que le bien public demandait des sacrifices, et nous les faisions avec satisfaction.

« Mais, par votre arrêté du 5 floréal, vous avez réduit les membres du Bureau à 2,400 fr., les employés à 2,000 et 1,500, et les garçons de bureau à 500, le tout annuellement en mandats à valeur fixe, et par ces fixations nous sommes traités comme l'est la classe la moins occupée et la plus novice des fonctionnaires ministériels.

« Nous ne vous rappellerons pas, citoyens directeurs, que nos fonctions ont pour objet de former un établissement aussi glorieux pour la république que celui de la Bibliothèque nationale. Nous ne nous faisons pas un mérite de notre zèle à remplir nos obligations : nous exposerons seulement qu'il n'est aucun de nous qui n'ait apporté dans sa place le fruit au moins de trente années d'études laborieuses ; que nos travaux ne peuvent se comparer avec le service courant des bureaux d'administration ; que ceux-ci sont sédentaires, agréables et presque toujours d'une exécution facile ; que les nôtres, au contraire, sont fatigants par des courses continuelles dans les différents dépôts ; que notre santé et nos organes sont continuellement compromis par l'habitude de travailler au milieu de la poussière, de la moisissure et de la vermine qui tapissent ces dépôts, et qui couvrent les titres d'une nuit qu'il nous faut percer pour arriver à la lumière. Nous ne parlerons pas des dépenses particulières auxquelles nous entrainent des travaux d'une nature aussi extraordinaire.

« Vous nous honorez dans votre arrêté du titre de gens de lettres que nous n'avons pas recherché ; c'est apparemment une considération par laquelle vous avez voulu nous encourager, pour nous servir des termes du rapport de la commission des dépenses du 2 prairial relativement aux membres de l'Institut national ; mais nous observons que nos fonctions nous rendent absolument incapables de nous livrer à aucune autre occupation utile, et vous nous permettrez de vous dire avec la même commission que *nous ne devons pas être au-dessous des besoins de la vie.*

« Tel est cependant, citoyens directeurs, le sort qui nous est réservé par les dispositions de votre arrêté. Nous ne pouvons vivre ni faire subsister nos familles avec un traitement qui est absolument nul, et nous vous prions de ne pas nous laisser exposés au besoin de quitter des travaux dont nous sentons la nécessité, que nous sommes assurés de pouvoir rem-

plir utilement, pour trouver dans d'autres occupations ce que nous devons à nous et à nos familles.

« La nature de ces travaux, la hiérarchie sous laquelle nous les avons suivis nous a toujours assimilés aux chefs des divisions ministérielles, et nous attendons avec confiance de votre justice que vous voudrez bien nous rétablir sur ce pied en ordonnant qu'à compter du 20 floréal, jour où votre arrêté nous a été communiqué officiellement, le ministre des finances sera autorisé à allouer :

« Aux membres du Bureau du triage des titres, le même traitement qu'aux chefs de division de ses bureaux ;

« Aux six employés dont les talents sont les mêmes, les appointements qui sont propres à ceux d'une classe semblable dans le ministère des finances ;

« Enfin, aux garçons de bureau, le même sort que celui de leurs collègues dans ce département.

« Nos demandes vous paraîtront d'autant plus fondées que les dépenses de notre service sont couvertes par les livraisons que nous faisons des papiers et parchemins de rebut qui sont vendus au profit de la république. Cette livraison, jusqu'au 1er germinal dernier, s'élève, en papiers et parchemins, à la quantité de 222,916 livres. »

III.

ARRÊTÉ DU 8 PRAIRIAL AN VIII.

(Voy. p. 13.)

Art. 1er. Les Archives nationales, ainsi que les deux sections qui en dépendent, connues sous le nom d'*archives judiciaires* et d'*archives domaniales*, seront établies dans les lieux qui seront désignés par les consuls.

2. Les Archives nationales resteront, quant à présent, dans la partie des bâtiments du palais du Corps législatif qu'elles occupent ; la section judiciaire restera au Palais-de-Justice ; la section domaniale sera transportée au palais national des sciences et des arts, dans le local qui sera incessamment désigné.

3. Toutes les pièces, actes et autres objets déposés aux Archives jusqu'au 4 nivôse dernier y demeureront sans qu'il en soit rien distrait. L'archiviste y fera apporter, sans délai, les actes des deux conseils et des commissions législatives qui n'y ont pas encore été déposés.

4. Il sera proposé au Corps législatif une loi pour déterminer la nature, la forme et les époques des dépôts qui doivent être faits aux Archives nationales par divers corps constitués de la république.

Les actes ou pièces qui ont été déposés aux Archives depuis le 4 nivôse dernier y seront conservés, ainsi que les dépôts qui pourront y être faits ultérieurement en vertu des règlements ou arrêtés du Sénat conservateur, du Corps législatif ou du Tribunat.

5. Les travaux ordonnés et commencés aux Archives pour la rédaction et impression des tables analytiques, des procès-verbaux des assemblées nationales et autres objets, seront continués.

6. Il sera rendu compte aux consuls, dans le délai d'un mois, de l'état

des travaux faits par le Bureau du triage des titres, de ceux qui pourraient rester à faire d'après les titres qui sont encore dans ce dépôt.

7. La bibliothèque établie auprès du Corps législatif demeurera provisoirement sous la direction de l'archiviste dans le local où elle est actuellement placée.

Le salon de lecture ou conférence passera à la disposition du Corps législatif, et la dépense sera prise sur les fonds qui lui sont assignés.

La bibliothèque sera ouverte aux membres du Sénat conservateur, du Tribunat, du Corps législatif et du conseil d'Etat.

8. L'archiviste sera nommé et révocable par le premier consul : il sera sous son autorité immédiate. Il lui proposera les mesures nécessaires pour la sûreté du dépôt des archives.

9. Le traitement de l'archiviste est, à compter du 1er nivôse dernier, de la somme de dix mille francs. Il sera tenu d'habiter au lieu où les Archives nationales sont ou seront établies; il ne pourra s'absenter sans la permission du gouvernement.

10. L'archiviste nommera les employés de ses bureaux, les gardiens et employés des dépôts sous ses ordres; il en présentera chaque année l'état, avec la fixation de leur traitement, à l'approbation du premier consul. Il présentera en même temps l'état des dépenses nécessaires aux archives et à la bibliothèque.

11. Chaque année, d'après ses états, il sera demandé au Corps législatif un fonds pour les Archives nationales. L'archiviste, après avoir arrêté l'état de dépenses de chaque mois, l'adressera au ministre de l'intérieur, qui l'ordonnancera.

Les fonds pour les neuf derniers mois de l'an VIII et pour les premiers mois de l'an IX seront tels qu'ils ont été réglés par les lois des 3 nivôse et 25 ventôse derniers.

12. L'archiviste rendra compte, chaque année, des fonds mis à sa disposition en la manière qui a été ou qui sera réglée par les divers administrateurs des dépenses publiques.

13. Le présent arrêté, qui sera imprimé au *Bulletin des lois*, sera adressé par le secrétaire d'Etat au ministre de l'intérieur et à l'archiviste, qui rendront compte de son exécution au premier consul.

Le premier consul, signé BONAPARTE.

Par le premier consul :

Le secrétaire d'État, signé Hugues B. Maret.

Le ministre de la justice, signé Abrial.

IV.

DÉCRET DU 21 MARS 1812.

(Voy. p. 27, note 3.)

Art. 1er. Il sera construit entre le pont d'Iéna et le pont de la Concorde, sur le quai de la rive gauche de la Seine, un édifice destiné à recevoir toutes les archives de l'empire et devant contenir un emplacement de cent mille mètres cubes.

2. Les palais seront conçus de manière que le quart de cet établissement puisse être utilisé dès que la construction en sera achevée et que l'on puisse successivement procéder ainsi à la construction des autres quarts. Des espaces seront même réservés en forme de jardins, afin que, par la suite du temps, on puisse doubler l'établissement si cela devient nécessaire.

3. Ces bâtiments seront construits tout en pierre et en fer sans qu'il entre aucun bois dans la construction.

4. Les plans nous en seront soumis avant le 1er mai prochain, et le fonds de 200,000 fr. que nous avons accordé par notre décret du 6 de ce mois sur les fonds spéciaux de Paris, seront affectés aux premiers travaux de cette construction.

V.

ARRÊTÉ DU 6 MAI 1812.

(Voy. p. 65.)

Le ministre de l'intérieur, comte de l'empire, arrête ce qui suit :

Art. 1er. Les titres et papiers existant aux Archives de l'empire dans les différentes langues de l'Europe, et qui pourraient intéresser, soit des familles, soit des particuliers, pourront leur être communiqués sur leur demande, et il pourra leur en être délivré des expéditions.

2. Toute demande tendant à obtenir communication ou expédition desdits papiers et titres sera faite par écrit au garde des Archives de l'empire par les parties intéressées ou par leurs fondés de pouvoirs.

3. Pareille demande pourra être faite des titres et papiers qui intéresseraient des corporations ou des principautés; mais il en sera référé par le garde des Archives de l'empire au ministre de l'intérieur, qui statuera.

4. Pour les recherches, communications et expéditions demandées au garde des Archives de l'empire seront perçues les rétributions ci-après.

5. Si la demande contient l'indication précise de la date, de l'objet et des noms propres qui caractérisent la pièce dont on veut avoir communication ou expédition, il ne sera payé pour la recherche qu'une rétribution d'un franc.

6. Si les indications contenues dans la demande manquent de précision ou d'exactitude, la recherche sera payée trois francs, ou dix francs, ou trente francs, savoir :

Trois francs si les prénoms ont été omis ou mal indiqués, ou bien si l'on a seulement désigné l'année de l'acte à rechercher, sans déterminer le mois et le jour;

Dix francs s'il y a eu erreur dans l'indication des noms de famille, ou bien si, pour trouver la pièce ou les pièces demandées, il a fallu compulser les papiers ou registres de deux ou trois années;

Trente francs enfin si, pour satisfaire à la demande, il a fallu compulser les registres et papiers de plus de trois années consécutives.

7. On ne procédera à aucune recherche que lorsque la personne qui la demandera aura consigné une somme de trente francs, sauf à lui remettre, après la recherche, l'excédant de cette somme sur celle qui sera due en vertu des dispositions des art. 5 et 6 ci-dessus.

8. Les communications se feront sans déplacement, et seront payées à raison d'un franc par chaque pièce à communiquer, et trois francs pour chaque registre.

9. Les expéditions se payeront à raison de deux francs par rôle outre le prix du papier timbré sur lequel toute expédition de ce genre devra être faite.

Le rôle est de deux pages; chaque page est de vingt lignes, et chaque ligne de douze syllabes.

10. L'expédition d'un plan topographique sera payée trois francs par décimètre carré si ce plan ne contient que des lignes droites, et dix francs par décimètre carré s'il contient des lignes courbes.

11. Les prix ci-dessus déterminés pour recherches, communications et expéditions, seront doublés lorsqu'il s'agira du titre d'un capital de dix mille à cent mille francs; quadruplés pour une propriété de cent mille à cinq cent mille francs, et décuplés au delà.

12. Il ne sera procédé à aucune expédition que lorsque la personne qui l'aura demandée aura consigné une somme de cinquante francs, sauf à lui remettre l'excédant de cette somme sur celle qui sera due en vertu des articles précédents 9 et 10.

13. Les sommes consignées par les personnes qui auront demandé des recherches ou des expéditions demeureront acquises à la caisse des Archives si lesdites personnes ne se représentent point dans le délai de trois mois de la date de leur demande.

14. Dans les bureaux des Archives, il sera tenu registre : 1° des demandes de recherches, communications et expéditions; 2° des recherches, communications et expéditions effectuées; 3° des sommes consignées conformément aux articles 7 et 12 ci-dessus; 4° enfin des recettes, soit pour recherches, soit pour communications, soit pour expéditions, soit pour consignations délaissées.

On inscrira sur chaque expédition le numéro sous lequel elle aura été enregistrée.

15. Le garde des Archives rendra compte desdites recettes au ministre de l'intérieur, qui statuera sur l'emploi qui devra en être fait.

MONTALIVET.

VI.

PLAN PRESCRIT PAR LE MINISTRE DE L'INTÉRIEUR, DANS LA CIRCULAIRE DU 24 AVRIL 1841, POUR LE CLASSEMENT UNIFORME DES ARCHIVES DÉPARTEMENTALES.

1re PARTIE. ARCHIVES ANTÉRIEURES A 1790.

Archives civiles.

A. *Actes du pouvoir souverain et domaine public :* Collections d'édits, lettres patentes, ordonnances, etc.; domaine royal, apanages; au besoin famille royale.

B. *Cours et juridictions :* Parlements, bailliages, sénéchaussées et au-

tres juridictions secondaires; cours des comptes, cours des aides, cours des monnaies.

C. *Administrations provinciales :* Intendances, subdélégations, élections et autres divisions administratives ou financières; bureaux des finances, états provinciaux, principautés, régences, etc.

D. *Instruction publique, sciences et arts :* Universités, facultés, colléges, sociétés académiques.

E. *Féodalité, communes, bourgeoisie et familles :* Titres féodaux, titres de famille, notaires et tabellions, communes et municipalités, corporations d'arts et métiers, confréries et sociétés laïques.

F. — Fonds divers se rattachant aux archives civiles.

Archives ecclésiastiques.

G. *Clergé séculier :* Archevêchés, chapitres métropolitains, officialités métropolitaines et autres juridictions relevant des archevêchés; évêchés, chapitres épiscopaux, officialités épiscopales et autres juridictions relevant des évêchés; séminaires, églises collégiales, églises paroissiales et leurs fabriques; bénéfices, chapelles, aumôneries, etc.

H. *Clergé régulier :* Ordres religieux d'hommes, ordres religieux de femmes, ordres militaires religieux, hospices et maladreries, etc.

J. — Fonds divers se rattachant aux archives ecclésiastiques.

2ᵉ PARTIE. ARCHIVES POSTÉRIEURES A 1790.

Archives départementales proprement dites.

K. *Lois, ordonnances et arrêtés :* Moniteurs et autres publications officielles, registres des arrêtés des administrations de département, des préfets et des conseils de préfecture.

L. — Documents spécialement relatifs aux administrations de département, de district et de canton, depuis la division de la France en départements jusqu'à l'institution des préfectures en l'an VIII.

M. *Personnel et administration générale :* Personnel administratif, élections ou nominations des députés, des membres du conseil général, des membres des conseils d'arrondissement; élections communales, police générale et administrative, santé publique et salubrité, subsistances, divisions administratives, population, état civil, statistique, agriculture, industrie et commerce.

N. *Administration et comptabilité départementale :* Délibérations du conseil général, délibérations des conseils d'arrondissement, comptabilité générale du département, immeubles et bâtiments départementaux, mobilier départemental.

O. *Administration et comptabilité communale :* Agents salariés des communes, biens communaux, travaux communaux, aliénations, acquisitions, dons et legs; budget et comptes, octrois et revenus divers, voirie urbaine, voirie vicinale et cours d'eau non navigables.

P. *Finances :* Trésor public et comptabilité générale, contributions directes, contributions indirectes, cadastre, eaux et forêts, douanes, postes.

Q. *Domaines :* Domaines nationaux, administration et contentieux des domaines, biens communaux vendus en 1813 au profit de la caisse d'amortissement

R. *Guerre et affaires militaires* : Organisation et recrutement de l'armée, remontes, convois et subsistances militaires, garde nationale, gendarmerie.

S. *Travaux publics* : Ponts et chaussées, grande voirie, cours d'eau et usines, navigation, canaux, ports, mines et minières, desséchements.

T. *Instruction publique, sciences et arts* : Instruction primaire, instruction secondaire, instruction supérieure, bibliothèques, sociétés académiques, imprimerie et librairie, antiquités, théâtres.

U. *Justice* : Tribunaux, frais de justice, dépenses de l'ordre judiciaire.

V. *Cultes* : Clergé catholique, cures, succursales, chapelles, annexes, fabriques, communautés religieuses, pensions et traitements ecclésiastiques, cultes non catholiques.

X. *Établissements de bienfaisance* : Administration des hospices et hôpitaux, des bureaux de bienfaisance; comptabilité des hospices et hôpitaux, des bureaux de bienfaisance; aliénés, enfants trouvés, aveugles et sourds-muets, caisses d'épargne.

Y. *Établissements de répression* : Maisons centrales, prisons départementales, dépôts de mendicité.

Z. — Affaires diverses ne rentrant pas dans les séries précédentes.

VII.

TABLEAU DES ARCHIVES ÉTRANGÈRES RÉUNIES AUX ARCHIVES DE L'EMPIRE PAR NAPOLÉON 1er.

(Voy. p. 49.)

Pendant sa première gestion, M. Daunou fit imprimer un *Tableau systématique des Archives de l'empire*. Ce n'était, en effet, qu'un simple tableau contenant seulement le cadre des divisions principales suivant lesquelles on avait classé les documents. Tel est cependant l'unique renseignement qu'on ait possédé jusqu'à ce jour sur l'ensemble des archives générales de France et de leur contenu; encore ne fut-il véritablement pas *publié*, car on n'en imprima qu'un petit nombre d'exemplaires. Les uns sont datés de 1811, les autres de 1812, et il y en a de plus ou de moins complets. J'ai jugé inutile de reproduire ici la division française de ce tableau, abrégé devenu très-inexact aujourd'hui, de l'inventaire qu'on trouve ci-dessus, p. 88 à 283; mais les divisions étrangères me paraissent avoir conservé tout leur intérêt et mériter une publication intégrale. Je les donne donc, en y ajoutant ce qui manque aux exemplaires imprimés pour constater la situation où étaient les choses au 1er janvier 1813.

Division italienne.

1re SECTION. ARCHIVES DE ROME.

A. *Chartes.*

Pièces originales et détachées distribuées par ordre chronologique depuis le IVe siècle jusqu'au XIXe dans 360 boîtes ou cartons (A, 1-360).

PIÈCES JUSTIFICATIVES.

Plus 450 portefeuilles ou volumes contenant des pièces de même nature (361-810).

B. *Registres de bulles, brefs et suppliques.*

1re collection depuis Jean VIII jusqu'à Sixte-Quint (B, 1-2018).
2e collection. Bulles des papes d'Avignon (2019-2450).
3e collection. Epîtres des papes aux princes depuis Innocent III jusqu'à Pie VII inclusivement (2451-2680).
4e collection. Bulles depuis Jean XXII jusqu'à Pie VII (2681-7522).
5e collection. Suppliques et brefs depuis Martin V jusqu'à Pie VII (7523-14250).
6e collection. Brefs depuis Pie V jusqu'à Pie VII (14251-19087).
7e collection. Bulles depuis Grégoire XIII jusqu'à Pie VI (19088-19949).
8e collection. Bolle, editti, bandi, etc., 226 volumes composés de placards et feuilles imprimées (19950-20176).
Autres collections partielles ou incomplètes. Volumes. (20177-20596).

C. *Possessions et prétentions de la Cour de Rome.*

1. Investitures et donations par ordre chronologique (C, 1-112).
2. Investitures par ordre alphabétique des noms de lieux (113-742).
3. Investitures. Recueils (743-909).
4. Confins (910-992).
5. Visites (993-1088).
6. Lettres de la chambre apostolique (1089-1125).
7. Comptes de recettes et dépenses :
   1°. Introitus et exitus depuis l'an 1279 (1126-1724).
   2°. Rationes depuis l'an 1272 (1725-1935).
   3°. Collection de registres depuis 1275 (1936-2250).
8. Bénéfices (2251-2589).
9. Procès (2590-2634).
10. Mélanges de matières camérales (2635-2758).

Matières ecclésiastiques et gouvernement pontifical.

1. Conciles et synodes (2759-2783).
2. Histoire des papes et des cardinaux (2784-2891).
3. Conclaves (2892-3023).
4. Consistoires (3024-3552).
5. Gouvernement de l'Etat romain (3553-3634).
6. Congrégations diverses (3635-3674).
7. Congrégation de Auxiliis; jansénisme, bulle Unigenitus; jésuites (3675-3765).
8. Mélanges de matières ecclésiastiques (3766-4202).

D. *Nonciatures et légations.*

1. Légation d'Avignon (D, 1-351).
2. — Bologne (352-688).
3. — Ferrare (689-999).
4. — La Romagne (1000-1158).

5. Légation d'Urbin (D, 1159-1419).
6. Nonciature de France (1420-2430).
7. — Angleterre (2431-2465).
8. — Cologne (2466-2779).
9. — Espagne (2780-3389).
10. — Flandre (3390-3645).
11. — Florence (3646-3894).
12. — Lucerne (3895-4201).
13. — Malte (4202-4394).
14. — Naples (4395-4971).
15. — Pologne (4972-5389).
16. — Portugal (5390-5661).
17. — Turin (5662-6017).
18. — Venise (6018-6568).
19. — Vienne (6569-7416).
20. Recueils et portefeuilles relatifs à diverses nonciatures (7417-7792).

E. Secrétairerie d'État.

1. Minutes de la secrétarerie d'État (E, 1-49).
2. Lettres aux princes (50-90).
3. — aux cardinaux et prélats (91-295).
4. — aux particuliers (296-391).
5. Lettres adressées à la cour de Rome par des princes (392-580).
6. — cardinaux (581-750).
7. — évêques (751-1016).
8. — particuliers (1017-1244).
9. Billets (1245-1458).
10. Mémoires et pièces de correspondance (1459-1494).
11. Lettres d'émigrés français (1495-1541).
12. Lettres diverses (1542-1695).
13. Avis (1696-1756).
14. Relations (1757-1803).
15. Journaux manuscrits (diaria) 1804-1953).
16. Recueils de Clément XI (1954-2164).
17. Recueils divers (2165-2200).
18. Miscellanea. Collectanea (2201-2290).
19. Ouvrages manuscrits par ordre alphabétique de noms d'auteurs (2291-2351).
20. Ouvrages manuscrits anonymes (2352-2447).

Nota. C'est aux collections qui viennent d'être indiquées sous les lettres A, B, C, D, E que correspondaient les archives secrètes du Vatican. Les collections suivantes composaient les archives des diocèses, administrations ecclésiastiques ou congrégations établies auprès de la cour de Rome.

F. Daterie.

1. Bénéfices vacants par mort depuis 1587 jusqu'en 1786, 228 liasses (F, 1-228).
2. Résignations, 1703-1806 (229-400).
3. Dispenses pour mariages, 1517-1807 (401-839).
4. Graciæ speciales, 1730-1808 (840-952).

PIÈCES JUSTIFICATIVES.   399

5. Graciæ gallicæ, 1730-1808 (953-1071).
6. Positiones, 1700-1803 (1072-1120).
7. Pièces rangées par ordre alphabétique des noms de villes, etc. (1121-1430).
8. Nominations et présentations d'évêques par les rois de France (1431-1513).
9. Suppliques et résumés de suppliques (1514-2220).
10. Pièces à l'appui des demandes. Titres, preuves, témoignages, etc. 2221-2415).
11. Procès ou examens des élus ou présentés, 1564-1802 (2416-2624).
12. Professions de foi, serments de fidélité et provisions (2625-2660).
13. Informations et décisions, 1600-1635 (2661-2720).
14. Proclamations de prélats institués, etc. (2721-3000).
15. Brefs et bulles de daterie (3001-4470).
16. Miscellanea antiqua. Miscellanea diversa notabilia. Daterie, etc. (4471-5200).
17. Taxes pour dispenses. — Dispenses in forma pauperum (5201-5499).
18. Registres de taxes et recettes par ordre chronologique depuis Alexandre VI (5500-6200).
19. Compositions, modérations des taxes, par ordre chronologique (6201-7148).
20. Revenus de la loterie, Lecoghi dè monti, etc. (7149-7201).
21. Comptes du caissier de la daterie et autres comptes (7202-7298).
22. Supplément de papiers provenant de la daterie (7299-8727).

G. *Chancellerie.*

Environ 1000 registres non encore classés (G, 1-1000).

H. *Pénitencerie.*

1. 2834 liasses de suppliques et minutes de brefs depuis l'an 1469 (H, 1-2834).
2. Registres de la pénitencerie en matière matrimoniale depuis l'an 1469 (2835-3445).
3. Registres de la pénitencerie en matières diverses depuis l'an 1409. Sécularisations, facultés, etc. (3446-3841).
4. Taxes. Recettes et dépenses de la pénitencerie (3842-4256).

I. *Congrégation du concile de Trente.*

1. Actes originaux du concile de Trente. Correspondances et pièces accessoires (I, 1-161).
2. Travaux de la congrégation du concile de Trente sur les décrets de ce concile, selon l'ordre des sessions et des chapitres (162-384).
3. Lettres de la même congrégation depuis l'an 1564 (385-534).
4. Les registres par ordre chronologique (535-2877).
5. Affaires traitées par la congrégation du concile de Trente, par ordre alphabétique des villes et pays de la chrétienté (2878-3356).
6. Papiers de la même congrégation (3357-3658).

K. *Congrégation de la propagande.*

1. Actes de la congrégation de la propagande (K, 1-191).
2. Scriture referite. Pièces dont il a été fait rapport (192-711).
3. Scriture non referite (712-1108).
4. Congrégations ou assemblées (1109-1342).
5. Colléges de la Propagande (1343-1358).
6. Visites (1359-1396).
7. Mémoriaux (1397-1431).
8. Affaires traitées par la congrégation de la Propagande, par ordre alphabétique des noms de lieux (1432-1603).
9. Lettres (1604-2355).
10. Billets (2356-2411).
11. Audiences (2412-2502).
12. Informations (2503-2557).
13. Comptabilité (2558-2672).
14. Mélanges (2673-2899).
15. Manuscrits, la plupart orientaux (2900-2963).

L. *Congrégation du saint office.*

1. Procès depuis 1540 jusqu'en 1771 (L, 1-4158).
2. Sentences intra et extra urbem, 1497-1771 (4159-4630).
3. Suppliques, grâces, 1600-1804 (4631-4944).
4. Dispenses et facultés (4945-5075).
5. Décrets ou décisions générales sur le dogme et sur la discipline 1548-1771 (5076-5280).
6. Diversorum dubia diversa. Consultations et opinions sur des questions dogmatiques et canoniques. Années 1590-1793 (5281-5411).
7. Jansénisme, bulle Unigenitus, immaculée Conception; cérémonies de la Chine et autres. Controverses théologiques (5412-5542).
8. Minutes de lettres; correspondance active et passive du saint office depuis 1554 jusqu'en 1804 (5543-5900).
9. Collection d'actes et pièces du saint office par ordre alphabétique des noms de villes, provinces et royaumes (5901-6324).
10. Collection d'actes et papiers du saint office par ordre de matières : baptême, eucharistie, judaïsme, quiétisme (6325-6683).
11. Jurisprudence, procédures, officiers et administration intérieure du saint office (6684-7093).
12. Censures de livres par le saint office (7094-7215).
13. Congrégation de l'Index. Catalogues de livres permis et défendus. Registres de la congrégation de l'Index. Ses lettres. Permissions de lire des livres prohibés (7216-7499).

Nota. Après que ces 7499 articles ont été numérotés, on a retrouvé en diverses autres parties des archives pontificales environ 400 liasses ou registres qui sont à intercaler dans les séries précédentes, en sorte que le nombre des articles à comprendre sous cette lettre sera d'environ 7900.

M. *Congrégation des évêques et des réguliers.*

1. Évêques. Minutes depuis 1619 jusqu'en 1809. 5025 liasses et 434 registres (M, 1-5459).

2. Religieux. Minutes; années 1625-1809. 3000 liasses et 310 registres (5460-8759).

3. Religieuses. Minutes; années 1630-1809. 4000 liasses et 157 registres (8760-12926).

4. Mélanges et papiers divers de la congrégation des évêques et des réguliers. 4500 liasses et 390 registres (12927-17816).

5. Congrégation des immunités (17817-20706).

6. Archives historiques et domaniales de diverses corporations et communautés religieuses (20707-22039).

N. *Congrégation des rites.*

1. Béatifications et canonisations dans l'ordre alphabétique des villes, provinces et royaumes où sont mortes les personnes à béatifier ou canoniser (N, 1-3280).

2. Registres de décrets sur la liturgie depuis 1620 (3281-3430).

3. Pièces diverses rangées par année, depuis 1660 (3431-4430).

4. Lettres, suppliques et décrets par ordre chronologique depuis 1630 jusqu'en 1800 (4431-5892).

O. *Archives administratives.*

1. Congrégation Del buon Governo; 3120 portefeuilles rangés par ordre chronologique (O, 1-3120).

2. Autres archives administratives non encore classées (3121-7301).

P. *Archives judiciaires.*

5892 liasses, portefeuilles ou registres non encore classés (P, 5892).

Nota. Les archives du tribunal de la Rote ne font point partie de ces papiers judiciaires et sont encore attendues; elles consisteraient en 521 registres ou liasses.

Q. *Inventaires, tables et répertoires de tout ce qui précède.*

1. Tables alphabétiques par bulletins, 116 cartons (Q, 1-116).

2. Tables chronologiques et systématiques par bulletins, 201 cartons (117-317).

3. Registres contenant divers inventaires ou commencements d'inventaires des archives secrètes du Vatican (318-829).

4. Registres contenant des inventaires de divers papiers de la Daterie (830-1359).

5. Inventaires des papiers de la propagande du saint office et autres congrégations, etc. (1360-2177).

6. Travaux de la commission italienne, 30 cartons (2178-2207).

2ᵉ SECTION.

R. *Archives de Perugia et de Spoleto (non encore réunies).*

1. Chartes sur parchemin et autres monuments diplomatiques; 253 liasses (R, 1-253).

2. Délibérations politiques et collections historiques (254-753).

3. Correspondances politiques (R, 754-854).
4. Plans topographiques (855-874).

3ᵉ SECTION.

S. *Archives de la Toscane (non encore réunies).*

Archives de Florence.

1. Archivio diplomatico. Collection chronologique de chartes sur parchemin depuis l'an 776 formée en 1778 ; 1000 liasses (S, 1-1000).
   Autres chartes sur parchemin plus récemment recueillies dans le département de l'Arno. Mille liasses ou portefeuilles (1001-2000).
2. Archivio della reformazione. Anciennes archives politiques de la république de Florence, 2500 liasses ou portefeuilles (2001-4500).
3. Archivio Mediceo. Correspondances de la maison de Médicis et monuments de son histoire politique, 7606 articles (4501-12106).
4. Archivio moderno (depuis 1737). Relations extérieures et mélanges politiques. Papiers de l'ordre de Malte. Plans topographiques, etc., 1126 articles (12107-13232).

T. *Archives de Pise et de Sienne (non encore réunies).*

Pise.

1. 3462 chartes sur parchemin (de la Chartreuse de Calci) en 170 liasses (T, 1-170).
2. Ordre de Saint-Étienne, 894 liasses ou registres (171-1064).
3. Anciennes constitutions politiques des Pisans ; années 1164 et suivantes. Délibérations de leurs anciens et prieurs, 78 registres (1065-1142).

Sienne.

4. 19,963 chartes sur parchemin années, 1103-1648, avec leurs inventaires, pouvant former 900 liasses (T, 1143-2042).
   285 autres chartes ou portefeuilles de chartes sur parchemin provenant de communautés supprimées (2043-2327).
   Autre collection de chartes sur parchemin depuis le ıxᵉ siècle, 35 portefeuilles et 6 volumes d'inventaires (2328-2368).
5. Anciennes constitutions politiques de Sienne. Années 1260 et suivantes, 158 volumes (2369-2526).
6. Délibérations et correspondances politiques. Années 1248-1551, 936 volumes (2527-3464).

4ᵉ SECTION.

V. *Archives de Parme et de Plaisance (non encore réunies).*

1. Chartes, monuments et documents originaux, 464 liasses (V, 1-464).
2. Mémoires et correspondances politiques, relations extérieures, etc., 656 liasses ou registres (465-1120).
3. Gouvernement intérieur civil et militaire (1121-1404).
4. Confiscations pour crimes d'État (1405-1445).
5. Généalogies et fiefs (1446-1581).

PIÈCES JUSTIFICATIVES.

6. Affaires ecclésiastiques (1582-1730).
7. Confins et plans topographiques (1731-1948).
8. Recueils de matières diverses (1949-2042).
9. Histoire politique du duché et de la ville de Parme (2043-2542).
10. Histoire politique de la ville de Plaisance (2543-2698).

5ᵉ SECTION.

X. Archives liguriennes (réunies).

1. Anciennes chartes, monuments et documents originaux, 142 liasses ou volumes (X, 1-142).
2. Mémoires et correspondances politiques ; relations extérieures ; cérémonial ; 540 liasses ou volumes (143-682).
3. Lois de la république de Gênes, 135 registres (683-817).
4. Actes du gouvernement génois, du sénat, du doge, etc., 1085 liasses ou registres (818-1886).
5. Police générale et procès d'État, 40 liasses ou registres (1887-1926).
6. Noblesse et droits honorifiques, 36 articles (1927-1962).
7. Affaires maritimes et commerciales, 170 articles (1963-2032).
8. Affaires ecclésiastiques, 283 liasses ou volumes (2033-2315).
9. Confins, cartes et plans, 391 registres ou liasses (X, 2316-2706).
10. Collection relative à la Corse, 180 registres ou liasses (2707-2886).

6ᵉ SECTION.

Y. Archives du Piémont et de la Savoie.

Archives diplomatiques, historiques, ecclésiastiques.

1. Chartes, 150 liasses ou portefeuilles (Y, 1-150).
2. Maison de Savoie, 942 liasses, portefeuilles ou registres (151-1092).
3. Sardaigne et Sicile (1093-1353).
4. Maison d'Aoste et de Chablais ; duché de Montferrat, Milan, Genève, vallée de Lucerne (1354-1450).
5. Politique générale ; confins ; relations extérieures (1451-2073).
6. Matières ecclésiastiques (2074-2613).
7. Ordres militaires de Malte, de Saint-Lazare, de Saint-Maurice 2614-3852).

Archives législatives, administratives, domaniales, judiciaires.

8. Grande chancellerie (Y, 3853-4687).
9. Législation (4688-4821).
10. Administration intérieure ; ponts et chaussées, canaux et rivières ; salines. Gouvernement provisoire de Piémont (4822-4920).
11. Administration militaire. Génie, artillerie, etc. (4921-5031).
12. Matières féodales et domaniales ; finances. Monnaies. Comptabilité (5032-9591).
13. Archives judiciaires (9592-12212).
Plus, environ 40 liasses à transporter à Chambéry (12213-12252).

Z. *Archives de Genève* (*non réunies*).

1. Chartes depuis le xiie siècle, bulles, testaments, etc. Environ 30 liasses (Z, 1-30).
2. Traités de paix et d'alliance, actes de médiation, 20 liasses (31-50).
3. Lettres de souverains, etc., 16 liasses (51-66).
4. Relations et correspondances politiques, 200 liasses ou registres (67-266).
5. 400 registres de délibérations du conseil de Genève depuis 1400 (267-666).

&. *Archives espagnoles* (*réunies*).

1. Patronargo real. Droits de la couronne, années 872-1648; 151 boîtes ou liasses (&, 1-151).
2. Correspondances politiques, années 1285-1633; 1983 articles (152-2134).
3. Conseil d'Etat, années 1579-1699; 2745 articles (2135-4979).
4. Conseil d'Italie, années 1535-1700; 2032 articles (4980-6911).
5. Conseil d'Aragon, années 1581-1700; 789 articles (6912-7700).
6. Cortès de Castille, d'Aragon, Valence, années 1525-1628; 34 liasses (7701-7734).
7. Ordres militaires et chevaliers de la Quantia, etc., années 1462-1600; 29 articles (7735-7763).
8. Bulles d'investitures d'offices ecclésiastiques. Cartulaires ou copies de bulles, 26 liasses ou registres (7764-7789).
9. Grâces accordées par les rois, années 1452-1480. Cédules de l'impératrice, 1530-1533. 40 liasses (7790-7829).
10. 32 volumes de recueils, mémoires et plans topographiques (7830-7861).

Le surplus des archives triées en Espagne n'a point encore été expédié, savoir :
11. Secretaria d'Estado.
12. Secretaria de la Camera.
13. Registros de cedulas.
14. Consejo de guerra.
15. Pleythos (procès).
16. Cataluna, Aragon, Valencia, Cerdana.
17. Matières diverses.

Division allemande.

1re SECTION. CORPS GERMANIQUE.

A. *Comitalia*, 2156 liasses ou volumes (A, 1-2156).
1°. Diète de l'Empire; actes, procès-verbaux, recès, etc.;
2°. Accessoires de la diète;
3°. Chambre impériale de Wetzlar;
4°. Affaires de religion.

B. *Personalia*, 203 liasses ou volumes (B, 1-203).
1°. Election et couronnement des empereurs et rois des Romains;
2°. Mariages;

PIÈCES JUSTIFICATIVES. 405

3°. Fiefs de l'Empire ;
4°. Élections d'évêques et de coadjuteurs ;
5°. Promotions à des dignités, anoblissements ;
6°. Cérémonial.

C. *Extera*, guerre et paix, 1011 articles (C, 1-1011).
  1°. Direction et administration de la guerre ;
  2°. Traités de paix et alliances depuis l'année 1335 ;
  3°. Correspondances politiques depuis l'an 1516. Correspondances de Colloredo, Kaunitz, Lehrbach.

D. *Nationalia*, 1417 liasses ou volumes (D, 1-1417).
Relations avec les diverses puissances étrangères et avec les grands États de l'Empire par ordre alphabétique : Algerina, Alsatica, Anglica, Austriaca, Bavarica, Bohemica, Brandenburgica, Brunsvickiana, Danica, Gallica, Helvetica, Hetrusca, Hispanica, Hollandica, Hungarica, Lotharingica, Lusitana, Melitensia, Neapolitana, Palatina, Persica, Polonica, Roetica, Romana, Russica, Saxonica, Suecica, Transilvanica, Tripolitana, Tunetana, Turcica, Veneta.

E. *Privata et miscellanea* (E, 1-552).
Affaires particulières et diverses :
  1°. Série alphabétique. Aachen, Aremberg, Anhalt.... Würtemberg, Würzburg ;
  2°. Recueils et mélanges.

2° SECTION. GOUVERNEMENT DE CERTAINS PAYS.

F. *Belgique* (F, 1-5702).
  1°. Organisation intérieure ;
  2°. Corporations ;
  3°. Administration civile, militaire, judiciaire, financière ;
  4°. Gages, pensions, traitements, gratifications ;
  5°. Secours publics ;
  6°. Comptabilité ;
  7°. Politique extérieure ;
  8°. Dépêches, correspondances ;
  9°. Affaires particulières et diverses ;
  10°. Répertoires.

A ces papiers, formant en total 231 cartons, 3169 liasses et 2282 registres, se réuniront ceux dont on fait actuellement la visite et le triage dans les départements de la Belgique. Ce triage paraît devoir ajouter à cette partie des Archives de l'empire environ 3000 liasses ou volumes (F, 5702-8702).

G. *Gallicie* (G, 1-640).
640 liasses distribuées immédiatement sous les trois titres de Gallicie orientale, Gallicie occidentale et Gallicie en général, avec les sous-divisions suivantes :
  1. Organisation.
  2. Topographie.
  3. Population. Émigrations et immigrations.
  4. Administration de la justice.
  5. Police générale, correctionnelle, médicale.

6. Affaires des villes, affaires des cercles, diétines, etc.
7. Instruction publique, censure, affaires ecclésiastiques.
8. Commerce, manufactures, arts et métiers, canaux et routes.
9. Douanes et impôts.
10. Eaux et forêts. Postes. Monnaies.
11. Affaires militaires.
12. Affaires des Juifs.
13. Anoblissements, grâces, priviléges.
14. Direction des bâtiments, indemnités pour inondations.
15. Hippiatrique, ou éducation des bestiaux.

H. *Duché de Salzbourg.*
1. Histoire et topographie (H, 1-3).
2. Priviléges accordés aux princes archevêques (4).
3. Autorités publiques :
   1º. Le prince archevêque. Election. Vacance du siége. Cérémonial. Affaires privées. Apanage du dernier prince archevêque (5-83) ;
   2º. Le grand chapitre. Son histoire. Ses statuts. Ses actes. Ses procès avec le prince archevêque (84-137) ;
   3º. Le corps des Etats de Salzbourg (138-194) ;
   4º. Grands officiers héréditaires. Dignitaires. Ordre de Saint-Robert. Ordre de la Toison-d'Or (195-205).
4. Gouvernement.
   1º. Actes généraux. Décrets (206-493) ;
   2º. Relations avec les puissances étrangères; avec le corps germanique; avec le Tyrol; avec la maison d'Autriche; avec la cour de Munich, etc. (494-620) ;
   3º. Administration de la justice. Registres du conseil aulique. Police judiciaire. Affaires civiles, féodales, criminelles (621-634) ;
   4º. Administration des villes municipales et autres communes (635-639) ;
   5º. Police générale et spéciale (640-666) ;
   6º. Economie publique. Finances. Impôts. Comptabilité, etc. (667-758) ;
   7º. Affaires militaires (759-877) ;
   8º. Affaires ecclésiastiques (878-954) ;
   9º. Actes de grâce (955-956) ;
5. Affaires diverses (957-1015).

I. *Comté de Tyrol* et autres principautés.
1. Comté de Tyrol (I, 1-572).
2. Autriche supérieure (573-918).
3. Principauté de Behrtesgaden (919-922).
4. — d'Eichstaedt (923-951).
5. — de Passau (952-955).
6. District du Voralberg (956-957).
7. Dalmatie (958-1088).
8. Italie (1089-1124).
9. Divers départements administratifs établis à Vienne (1125-1352).

3e SECTION. ARCHIVES DU CONSEIL AULIQUE.

K. *Partie politique et administrative.*

1°. Administration et régime intérieur de la noblesse immédiate de l'Empire, Reichsritterschaft;

2°. Administration et régime intérieur des villes libres impériales avec tout ce qui concerne les jurandes, maîtrises, corporations, etc.;

3°. Procès-verbaux des commissions spéciales nommées par l'empereur pour examiner l'état des finances des villes impériales, comtés et autres États de l'empire, régler le concours des créanciers, etc. Debit-Wesen;

4°. Administration des postes de l'Empire; contestations y relatives.

L. *Partie ecclésiastique.* — Discussions sur la collation des prébendes; sur l'organisation et le régime des chapitres. Différends avec la cour de Rome. Établissement et expulsion des Jésuites.

M. *Partie féodale.*

N. *Partie judiciaire en matière civile*, tant en appel qu'en première instance.

O. *Partie judiciaire en matière criminelle.*

P. *Actes de juridiction volontaire.* — Confirmation de partages et de transactions. Nominations à des tutelles, etc. Litteræ promotoriales pro celeri justitia, etc.

Q. *Mélanges et pièces diverses.* — On n'a pu faire encore qu'un premier examen de ces diverses collections. Après leur arrangement définitif, le nombre des registres et des cartons sera d'environ 20,000.

Archives hollandaises.

(Non encore réunies.)

R. Environ 4090 chartes sur parchemin à distribuer par ordre chronologique, en 256 liasses (R, 1-256).

S. Traités, négociations, et correspondances politiques. Environ 156 liasses ou registres (S, 1-156).

T. Lois et actes du gouvernement; délibérations des états généraux, etc., 2805 articles (T, 1-2805).

V. Titres et documents domaniaux (V, 1-5781).

X. Marine et colonies (X, 1-4000).

Y. Compagnie des Indes et commerce (Y, 1-4160).

Z. Matières diverses (Z, 1-2160).

&. Inventaires des archives germaniques et hollandaises. Environ 160 volumes.

FIN.

ERRATA ET ADDENDA.

Page 35, ligne 16 : 1. Trésor des chartes, *lisez* J.
— 60, — 16 : Le nom et l'adresse, *lisez* Le nom, l'adresse et la qualité.
— id., — 21 : 6° le but de son travail ; 7° les observations, etc.
— 86, — 19 : M. de Stadler.... le 1ᵉʳ février 1853, *lisez* 1833.
— 177, ligne 4 de la note 2 : Les trois séries, *lisez* Les deux premières des trois séries.
Page 200, ligne 5, en remontant : Coiffée du pschent égyptien, *lisez* Et portant la coiffure plate des anciens Égyptiens, surmontée d'un serpent à sa partie antérieure.
Page 281, ligne 8 : Sauvé par Étienne Marcel, *lisez* par Tanneguy Duchâtel.
— 286, — 30 : F⁸, par exemple ; *lisez* F¹⁵.
— 292, — avant-dernière : 23 prairial (1ᵉʳ juin) : *lisez :* 11 juin.
— 333, — 5 de la note 2 : Mettre le feu aut holocauste, *lisez* Mettre le feu à cet holocauste.

A la page 23, j'ai parlé de la réunion des archives de la principauté de Montbéliard et de celles de l'abbaye de Savigny, près Mortain, aux Archives générales ; mais j'ai omis par erreur de les mentionner dans l'inventaire. Les titres de Savigny occupent quinze cartons sous la cote L, 1146 ; ceux de Montbéliard, qui avaient été mis dans un ordre parfait à Montbéliard même, en 1827 et 1828, par MM. Duvernoy et Morel, sont placés à la suite de la série K, sous les cotes K, 1521 à 2486.

Ajoutez aussi : K, 2487-2494, papiers de la seigneurie de Montpeyroux. Le n° 2494 est aujourd'hui le dernier de la série K.

K, III, Comptes. — Ce titre qui se compose de 548 registres et 18 cartons est pourvu d'un inventaire dû à M. Douet d'Arcq, et divisé en quatre parties : 1° Comptes des rois et reines ; 2° Comptes des princes ; 3° Comptes des provinces ; 4° Comptes des particuliers.

Pages 210 à 223, j'ai omis d'indiquer les numéros de la série L. Les voici, du moins par chapitres : Préliminaires, L, nᵒˢ 1-18 ; Titre I, Cartulaires, nᵒˢ 19-204 ; II, Bullaire, nᵒˢ 205-401 ; III, Clergé, nᵒˢ 402-408 ; IV, Églises de Paris, nᵒˢ 409-885 ; V, Paroisses, nᵒˢ 886-1145 ; VI, Archevêchés et Évêchés, nᵒˢ 1146-1177 ; VII, Monastères d'hommes, nᵒˢ 1178-1599 ; VIII, Monastères de femmes, nᵒˢ 1600-1696.

Le titre des Cartulaires, p. 210, n'existe plus aujourd'hui. Il se trouve confondu parmi les autres registres de la série L, que l'administration actuelle a fait réunir en une seule masse où tous les fonds sont confondus.

Je termine en rappelant les derniers mots de la note 2, page 177 et de la note 4 page 208, et en priant de nouveau le lecteur de ne point se fier aveuglément aux cotes et numéros indiqués dans les inventaires ci-dessus. Il semblerait que les attributions de lettre et de cote à une pièce d'archives, c'est-à-dire le choix du signe qui constituera son individualité, qui la fera reconnaître et lui donnera le baptême, doive être un acte bien réfléchi et sur lequel il ne soit permis que rarement de revenir. Cependant c'est actuellement un système aux Archives générales (je ne crois pas que le même fait se soit produit dans aucun autre dépôt) de changer, de déplacer, d'effacer et de refaire, de rendre méconnaissable enfin tout ordre ou commencement d'ordre établi d'ancienne date. Je constate l'état actuel, mais je ne puis répondre des remaniements qui s'opèrent chaque jour, au moment même où j'écris, et qui continueront sans doute à s'exécuter. Le lecteur se rappellera donc, pour se servir utilement des inventaires donnés dans ce volume, de s'attacher à la description des documents et de peu s'inquiéter des cotes et numéros.

TABLE DES CHAPITRES.

Pages.

Avant propos..

ARCHIVES DE L'EMPIRE. Ire partie : Histoire et administration.

Chapitre 1er. Historique depuis 1789 jusqu'à nos jours............ 1
Chap. 2. Bâtiments; aménagements intérieurs; condition matérielle des documents.. 26
Chap. 3. Classement des titres, fonds, sections.................. 48
Chap. 4. Communications; expéditions; sceau...................... 57
Chap. 5. Personnel et budget.................................... 68

IIe partie : Inventaire.

Section législative.. 88
  Série A. Collections de lois.................................. 89
  Série B. Procès-verbaux des Assemblées nationales.............. ib.
  Série C. Minutes des procès-verbaux et pièces annexées......... 90
  Série D. Missions des députés et papiers des comités........... 91
  Série AA. Mélanges.. ib.
  Série BB. Versements du ministère de la justice............... ib.

Section administrative. Série E : I. Conseil du roi............... 92
  II. Conseil de Lorraine....................................... 93
  III. Secrétariat de la maison du roi.......................... 94
    Maison du roi. — Écuries. — Garde-Meuble.................. 95

Série F. Administration générale de la France.................... 98
  F^1. Personnel.. 99
  F^2. Administration des départements........................ 107
  F^3. Administration des communes............................ ib.
  F^4. Comptabilité générale. — F^5. Comptabilité départementale. — F^6. Comptabilité communale. — F^7. Police générale. — F^8. Police sanitaire. — F^9. Affaires militaires. — F^{10}. Agriculture.... 108
  F^{11}. Subsistances. — F^{12}. Commerce. — F^{13}. Travaux publics.... 109
  F^{14}. Ponts et chaussées; mines............................ 110
  F^{15}. Hospices et secours. — F^{16}. Prisons et mendicité. — F^{17}. Instruction publique.. 111
  F^{18}. Imprimerie et librairie. — F^{19}. Cultes.......... 113
  F^{20}. Statistique. — F^{30} à F^{50}. Papiers des ministères autres que celui de la justice.. 114

Série G. Administrations spéciales : 1. Liquidation des dettes de l'État... ib.
  2. Ferme générale... 115
  3. Régie des aides.. 116
  4. Eaux et forêts. — 5. Loterie. — 6. Amirauté................ 117
  7. Succession Law et ancienne Compagnie des Indes............. 119

Série H : Administrations locales : Alsace, Amiens, Artois, etc.... ib.
Papiers de la Secrétairerie d'État................................. 124
Papiers de la Liste civile... 127

TABLE DES CHAPITRES.

	Pages.
Section historique. Série J. Trésor des chartes	128
1re partie. Registres du Trésor des chartes	145
I. Registres proprement dits du Trésor	146
II. Volumes divers faisant partie du Trésor	165
III. Copies et extraits des registres du Trésor	174
2e partie. Layettes du Trésor des chartes	177
1°. Les douze gouvernements de la France	178
2°. Mélanges	179
3°. Supplément aux douze gouvernements	182
4°. Supplément aux Mélanges	183
5°. Titres de Mercurol	184
6°. Titres de Puy-Paulin	ib.
7°. Comptes	185
8°. Coins de monnaies	ib.
9°. Tablettes de cire	ib.
Série K. Monuments historiques	187
I. Série des rois. Race mérovingienne	188
Races carlovingienne et capétienne	201
II. Copies de chartes	202
III. Comptes	204
IV. Histoire des princes du sang. — V. Dignités et offices	207
VI. Corps politiques	208
VII. Lois, coutumes, impôts, etc.	ib.
VIII. Histoire des provinces et villes	ib.
IX. Histoire étrangère	209
X. Histoire des cérémonies publiques	210
Série L. Monuments ecclésiastiques Préliminaires	ib.
I. Cartulaires	ib.
II. Bullaire	213
III. Clergé de France	214
IV. Églises de Paris	ib.
V. Paroisses	216
VI. Archevêchés et évêchés de France	218
VII. Ordres monastiques. Monastères d'hommes	219
VIII. Id. Monastères de femmes	222
Série M. Mélanges historiques	223
I. Ordres religieux militaires	224
II. Établissements d'instruction publique	ib.
III. Documents généalogiques	225
IV. Documents et manuscrits divers	226
Section domaniale	ib.
Séries N et O. Cartes et plans	227
Série P. Chambre des comptes	228
Série Q. Titres domaniaux	240
Série R. Domaines des princes	ib.
Série S. Biens des corporations supprimées	241
Série T. Séquestre, déshérences	248
Section judiciaire	ib.
Série U. Matières de jurisprudence	249
Série V. Grande chancellerie et conseils	ib.
Grande chancellerie de France; — Secrétaires du roi; — Prévôté de l'hôtel du roi; — Requêtes de l'hôtel	ib.
Grand conseil; — Conseil privé du roi ou Conseil des parties; — Commissions extraordinaires du conseil; — Conseils supérieurs; — Conseil souverain de Dombes	250

TABLE DES CHAPITRES.

	Pages.
Série X. Parlement de Paris	ib.
1. Registres	251
Olim; — Jugés; — Conseil et plaidoiries; — Conseil secret..	ib.
Ordonnances des rois de France; — Tournelle criminelle; — Procès intentés aux grands du royaume; — Conclusions des procureurs généraux; — Saisies réelles; — Grands-Jours	252
2. Minutes	253
Jugés; — Conseil; — Plaidoiries; — Conseil secret; — Patentes; — Dépens; — Remboursements; — Tournelle criminelle; — Grands-Jours; — Requêtes du palais; — Bailliage du palais	ib.
Chancellerie du palais; — Accords et rouleaux	254
Communauté des procureurs; — Greffe des dépôts	255
Pièces déposées au parlement	256
Série Y. Châtelet	ib.
Livres de couleur du Châtelet	ib.
Bannières du Châtelet	257
Publications d'ordonnances; — Parc civil; — Avis de parents et tutelles; — Défauts aux ordonnances; — Dépens	258
Communauté des procureurs au Châtelet; — Présidial du Châtelet; — Chambre civile du Châtelet; — Référés; — Chambre des auditeurs; — Chambre du conseil; — Chambre du procureur du roi; — Chambre de police	259
Petit criminel; — Grand criminel; — Pièces déposées	260
Commissaires au Châtelet; — Chambre des commissaires; — Greffiers à la peau; — Prévôté de l'Ile	261
Série Z. Cours et juridictions diverses : Cour des aides	ib.
Cour des monnaies de Paris	262
Cour des monnaies de Lyon; — Prévôté générale des monnaies; — Connétablie et maréchaussée de France	263
Amirauté de France; — Maîtrise des eaux et forêts de Paris; — Juridiction de la table de marbre des eaux et forêts de France...	264
Bureau des finances; — Juridiction de l'élection de Paris; — Bureau de la ville de Paris	265
Prévôté de l'Ile-de-France; — Chambre de la liquidation des dettes de l'État; — Chambre des bâtiments; — Greffiers des bâtiments; — Juridiction du grenier à sel de Paris	266
Chambre de la marée; — Bailliage de l'Arsenal; — Chambre pour la réformation des hôpitaux; — Officialité de Paris; — Chambre ecclésiastique; — Barre du chapitre de Paris	267
Bailliage de la Varenne du Louvre; — Justices seigneuriales	268
Minutes judiciaires; — Minutes de notaires; — Maison du roi ou Cent-Suisses	269
Série W. Tribunaux criminels pendant la Révolution	ib.
Annexes : Secrétariat des Archives de l'empire	ib.
Bibliothèque	271
Armoire de fer	272
Collection de sceaux	275
Objets mobiliers	279
ARCHIVES DES MINISTÈRES	284
Dépôt général de la guerre	288
1. Archives historiques militaires	296
2. Bureau des lois et archives	301
3. Dépôt des fortifications	304
Dépôt du ministère des affaires étrangères	307

TABLE DES CHAPITRES.

	Pages.
Manuscrits de Saint-Simon; — Correspondance du gouvernement avec ses ministres en pays étranger; — Traités...............	312
Manuscrits diplomatiques; — Papiers des limites; — Papiers de France; — Bureaux des consulats; — Autres collections diverses du ministère des affaires étrangères......................	313
Dépôt des archives de la marine................................	314
Archives de l'Université de Paris................................	318
Ministère de l'instruction publique.............................	320
Écoles de médecine et de droit.................................	324
Archives de la préfecture de police.............................	325

ARCHIVES DÉPARTEMENTALES.............................. 326

Les documents renfermés dans les anciennes archives de la France ont-ils été aveuglément livrés aux flammes pendant la Révolution ? 327

ARCHIVES DIVERSES.. 348

Archives des communes..	ib.
Archives hospitalières...	353
Archives d'églises...	354
Greffes...	ib.
Archives des notaires...	355
Archives des familles...	ib.
Notices sur les dépôts d'archives de 185 villes, bourgs ou châteaux de France, par ordre alphabétique.............................	357

PIÈCES JUSTIFICATIVES.

1. Loi du 7 messidor an II...................................	384
2. Pièces relatives à l'arrêté du 5 floréal an IV.................	389
3. Arrêté du 8 prairial an VIII................................	391
4. Décret du 21 mars 1812...................................	392
5. Arrêté du 6 mars 1812.....................................	393
6. Cadre du classement prescrit en 1841 par le ministre de l'intérieur pour les archives départementales............................	394
7. Tableau des archives étrangères réunies aux Archives de l'empire par Napoléon 1er..	396

ERRATA ET ADDENDA.. 408

Paris. — Typographie PANCKOUCKE, rue des Poitevins, 8 et 14.

ARCHIVES
DE LA FRANCE